修訂二版

西洋教育史

A History of Western Education

林玉体 編著

三民書局

國家圖書館出版品預行編目資料

西洋教育史 / 林玉体編著.－－修訂二版三刷.－
－臺北市: 三民, 2019
面；　公分
含索引

ISBN 978-957-14-5899-1　（平裝）

1.教育史 2.西洋史

520.94　　　　　　　　　　　　　103006048

© 　西洋教育史

編 著 者	林玉体
發 行 人	劉振強
著作財產權人	三民書局股份有限公司
發 行 所	三民書局股份有限公司
	地址　臺北市復興北路386號
	電話　(02)25006600
	郵撥帳號　0009998-5
門 市 部	(復北店) 臺北市復興北路386號
	(重南店) 臺北市重慶南路一段61號
出 版 日 期	初版一刷　2005年2月
	修訂二版一刷　2015年9月
	修訂二版三刷　2019年10月
編　　號	S 521030

ISBN　978-957-14-5899-1　（平裝）

http://www.sanmin.com.tw　三民網路書店

修訂二版序

　　本書出版多年，蒙讀者厚愛，值此修訂之時，增加一些教育發展趨勢，供讀者參考。

　　「教育」是千秋大業，古人說「建國君民，教學為先」。現今的臺灣師大，校歌頭一句是「教育國之本，師範尤尊崇」，卻只是「說說」、「唱唱」而已，實際作為並不是那麼一回事。目前廣告用詞中流行的一句話，可以恰當地描述此現象。該廣告詞由一位婦女發聲，表情很不屑地說：「查甫人（男性）不可只剩一張嘴！」從「教育」史來看，教育權幾乎都是男性包辦。如教育成果展現在「國力」上，則教育之興衰，正與國力之強弱成對比。

　　舉世之人皆知，現今在國際舞臺上耀武揚威的國家，都是文教昌隆的國家。雖然二十一世紀的今日，掌控全球軍事、經濟，甚至文化大權者，已非「西洋」的專利，但從教育角度言之，日本從十九世紀之竄起，是明治維新 (1868–1912) 採納教育家福澤諭吉 (1835–1901) 的「脫亞入歐」政策所致，向中國 bye bye，再見；全然地學習歐洲，尤其是德國、英國，其後是美國；大興文教、完全西化的教育制度，不只普遍實施於日本，還播種在臺灣。不多久，便一展國力，不到半世紀即東亞稱雄。1895 年戰勝「東亞病夫」，1904–1905 年又打敗「北極熊」。

　　中國的大清帝國及其接替的政權，也學得教訓，且有日本前例可循，除了到歐美取經外，更大量派遣留學生到本來在歷史上是漢人帝國附屬地的「倭寇」大本營日本。日本文教的「西洋化」，最顯明的是 1877 年成立的東京帝國大學，該學府幾乎是德國 1810 年所立「柏林大學」(University of Berlin) 的翻版；1928 年的臺北帝國大學的模式亦然，1922 年臺灣「高等學校」（即臺灣師範大學的前身），形同德國的「古文學校」(Gymnasium)。讀者若稍稔本書所涉的高等教育及中等教育發展史，就知悉這些教育機構，都是「學術」基礎十分濃厚的學府，從此人才輩出，正響應了 1776 年環球經濟學名著《國富論》(*The Wealth of Nations*) 作者斯密 (Adam Smith, 1723–1790) 的宏旨。國家要富，不是地大物博，而是人才，才是「國富」的最大金礦。

可惜的是歷史上，人類無知於此，導致一流菁英不只被「埋冤」（臺灣的另一發音），且大受打壓，一部「學術自由史」是血淚史（不妨參閱筆者編寫的《學術自由史》(2009) 臺北，心理出版社）。返顧過去，居教育位階最高而形成的「學校」，最能展現其具體成效的學府，莫過於大學。從歷史來看，東方中國根本不把「學校」這種「栽培人才」的措施當成歷代政府的重大施政目標，焦點只在短視地注重「科舉」而已。「一年樹穀，十年樹木，百年樹人」，是「至理名言」，但不也是「什麼都死，只是嘴巴不死」而已嗎？

西洋文教在大學中的閃亮巨星，首當是出現在愛琴海的希臘雅典，其後重點轉移到地中海各大城市。文藝復興時代的義大利，文風鼎盛，但相形之下，小池塘養不了大魚，愛琴海及地中海皆比不過大西洋，因之大西洋沿岸的重要都市崛起，其中，荷蘭的雷登大學 (University of Leiden)，是十七世紀最高聲望的學府。而由中世紀起，就舉足輕重的大學，如神學大學重鎮巴黎 (University of Paris) 及英倫的牛津 (University of Oxford) 與劍橋 (University of Cambridge)，加上十九世紀之初的德國柏林大學等，都後來居上；史上轟動全球且支配人類觀念的巨著，都是這些「大學」教授的心血結晶。

但時來運轉，撿拾文教成果卓然有成的高等學府，在美洲新大陸一一出現。迄今，美國大學幾乎是吸引全球一流師生的所在。在教育活動的各層面上，舉凡制度、課程、教材、教學法、行政、成績評量、學校建築、設備，甚至教育思想等，都亦步亦趨地以美國為馬首是瞻。其實美國教育的歷史底子，是來自於希臘雅典，而演變成為歐洲及全球文教的楷模。

就教育而言，「西洋」有演變成環宇性的可能。當然，文教的優劣短長，不可能簡化成二元而已。「富」與「強」，若無文雅性的教育洗禮，則淪為野蠻。西洋文教之延伸，並擴及其他地盤，不能輕率地以「霸權」或「宰制」就一言以蔽之，其實最受歡迎的「侵略」，莫過於文教「侵略」。當年日本治臺時在文教上採取「斷髮」（剪掉男生的長辮）及「放足」（不許女生纏足）措施，竟然引發了當時臺民的漢人種（民）族情結及祖先遺訓，而大力抵制。以今觀古，展現出「史的宏觀」，則功過如何，就瞭如指掌了。西洋教育有點類似西元之成為「公」元，如同西斤、西里、西時等之成為公斤、公里、公時一般，成為舉世各國尤其是第三世界國家取樣學習的楷模。當然，在「過

程」中，不可持殘酷不仁道的行徑，卻應大展「教育愛」精神。

　　本次修訂中，尤其在新增之「返顧與前瞻」單元裡，或許更可作為借鏡！敬請讀者注意。事後諸葛亮的智慧，由先行者「西洋」提供，該可給歐美以外國家作教育興革的最重要參考座標！包括本國臺灣在內！

　　謝謝三民書局編輯部的打字、編排、校對，並做些插圖，另也增加英文索引。

林玉体

2015 年 8 月於臺北青田苑

序

「教育史」一科，是教育學理論基礎的四大學門之一（其他三大學門是「教育哲學」、「教育心理學」、及「教育社會學」）。在「教育史」一科的研習上，就地域來分，有「臺灣教育史」、「中國教育史」及「西洋教育史」。住在臺灣的學生及老師，自以研讀臺灣教育史為第一優先，不過，西洋教育史卻仍是必修科，因為西洋教育史的資料及內容，實在可以作為全球教育改進的重要依據。現在人「本土化」(localization) 之呼聲甚高，因此臺灣教育史自應為臺灣的師生所了解；但「國際化」(globalization) 的衝擊也非常地猛，臺灣如要與世界先進國家接軌，自有必要研讀西洋教育史，否則就是夜郎自大了。

西洋教育史的研究資料，比起臺灣教育史及中國教育史，那是出奇地多。筆者數十年來的耕耘，也寫了數本西洋教育史的書，坦白而言，這些出版不敢說是「著作」，頂多是「整理」而已，雖然筆者在其中也夾雜有不少個人的見解與評論。在諸多參考書目中，J. S. Brubacher 所著的《西洋教育問題史》(*A History of the Problems of Education*, 1947/1966)，更是別出心裁，並且體系嚴明，文字清晰，見解獨到。如果讀者在研讀一般性的西洋教育史書籍之後，再來研讀該書，印象一定會更為深刻，對西洋教育的沿革輪廓更清楚，該書本由筆者中譯，現已絕版。為應讀者之需要，並經三民書局之請求，筆者樂意以該書為典範，並加上自己的「史識」，為西洋教育之演進作評註，還望讀者在參考之餘，也不吝賜教！

臺灣人自小便被灌輸「萬般皆下品，唯有讀書高」的觀念，讀書風氣之盛，所造成的教育現象，就是學校普遍設立，不過，讀書有用嗎？「仗義多屬屠狗輩，負心總是讀書人」，價值判斷的錯亂，乃因讀什麼書以及讀書目的的混淆不清所造成。歷史是一種「教訓」，鑑古可以知今；俗亦有云，人在作，不只天在看，歷史也在瞧。教育史的研讀，即可作為從事教育工作者的一個警惕，應該人人一卷在手，經常研讀，時時記取史訓，庶幾無愧教育工作者的職責。

本書不只是一本「教育史」的書，也可當作「教育概論」、「教育政治學」、

「教育經濟學」、「教育心理學」、「教育哲學」、「教育社會學」、「課程論」、「教學法」、「初等教育」、「中等教育」、「職業教育」、「師範教育」、「高等教育」等科目的參考用書。上述諸科，都是教育學的重要科目，也都包括在本書之中。尤其以「問題」為中心的教育史著作，確實很可以作為準備各項考試之用。書中也偶爾出現穿插有臺灣或中國的教育史實及史識，那是筆者在寫作相關資料時，由東西文化激盪出的火花，還望對讀者諸君有所裨益！

林玉体

2005 年 1 月

西洋 教育史

目次

修訂二版序
序

第一章　教育目的的演變

　　教育目的指揮教育的一切。因此我們在此將先從教育目的的演變談起。

　　目的有大有小，有長遠也有近程；目的也具有時間性及空間性，但「至高無上」的目的，就比較無時空色彩。俗話常說「養天地正氣，法古今完人」，這種要求之作為座右銘，大概任何時間、任何地點的人都適用。「為往聖繼絕學，為萬世開太平」，似乎也是「俟之百世而不惑」的「千秋大業」。但此種「理想」境界或大同理念，由於「懸的」太高，形同「烏托邦」（utopia，「沒有那種邦」意），就變成空話一場。相反的，如果目的是近在眼前 (end in view)，稍加努力即可達成，則對行為動機大有幫助。

　　教育目的亦然，在西洋教育史上，教育目的的演變就呈現上述的特色。教育旨趣是一種「方向」，引領教育活動的前進。形成教育目的的因素是什麼？哲學理念及宗教信仰嗎？經濟及政治因素是否也支配了教育目的的走向？心理學的發展，也算是掌控教育目的不可或缺的考慮吧！

第一節　原始社會中教育的保守性

　　土著及初民社會或正式的「學校教育」未興之前的「生活教育」，並無清晰可辨或自我意識型的「教育目的」這個概念。在那個時段，的確是「生活與教育」合一，教育生活化就是「正港」（台語，「標準」的意思）的寫照。簡單的說，兒童的一舉一動，旨在模仿成人；上一代也「一心一意」以「型塑」下一代使之「就範」為目標。成人的言行，就是「理想」，兒童只有「模仿」的份，不可逾越，更不可拂逆，否則必遭嚴厲的制裁。在這種氣氛之下，「教育」二字，「模仿」是主要旨趣。「教，效也」，「學之為言，效也」。「教」是「效」，「學」也是「效」，這是中國過去聖賢的解釋，十足的代表了中國長久以來的教育目的，如果說這種詮釋是初民土著社會的具體象徵，則中國雖自稱為「文明古國」，但與土著初民社會並無多大差異。因為該種只重「模仿」

不寄望創新的教育目的，是極其保守的。「保存」與「傳遞」列為第一優先，「創造」則是禁忌，「進步」就更免談了。

　　1.中國兩千多年來的教育活動，最足以作為「保守教育目的」的代表。這個東方的古國盛行科舉制度，在「武官考試」中，即令作戰已採用火器之際，科舉卻仍停留在射箭這個項目上；而在「文官考試」裡，即令到了二十世紀末，仍有一味要求以「文言文」作答的個例；並且試題及答題內容，幾乎與「經國治世」毫無關係，「士」之成為「仕」，目的仍停留在玄秘又空幻的古典文學中。舞文弄墨、詩歌茗酒的造詣，竟然成為出將入相的重要條件。戀舊與保守兩相合一，無視於生活及社會的「變遷」，這不是「保守」又是什麼呢？以「古」為「師」，就是教育的目標。❶

　　2.印度長期以來的民風，是以佛教「涅槃」作為最高境界，渾然忘我，靜止不動，放棄俗世塵念，一心與宇宙合而為一。個人極其渺小，如恆河中一粒細沙。印度人一生以終日「盤坐」為習尚，靜坐養心為常規，如能與世隔絕就可脫離人間困境，消極、逃避是印度人的人生觀，此種人生觀也就是「教育」活動的要求。每遇難事，即雙手一攤，表示束手無策；不肯動用腦筋，不願有所變革。如果降生今世是一種大錯誤，則早點結束生命，不正合乎印度宗教的旨趣嗎？中國宋明理學家也似乎注重此種「氣節」。

　　3.古代希伯來人以《舊約聖經》誡言為教育座右銘，要求兒童到成人都得走「正路」，而所謂的「正路」，就是要奉行古訓，子女之言行不可違背雙親，稍有逾矩，為家規國法所不容。至於古代希臘的雅典城邦，仍以遵古訓、習古風為尚；另一斯巴達城邦，更強調「服從」的重要價值。原來注重軍國民教育的斯巴達，為城邦犧牲生命的軍人是國民的理想目標；服從是軍人的天職。為了達成此一目的，長輩有責打下一代的任務，學童也以遭受「體罰」為光榮；因為在「體罰」中，就是考驗孩童是否服從的最佳良辰。更有「體罰比賽」，參賽者不只要忍受肉體的煎熬，還要表現服服貼貼模樣，甚至艱忍不屈的向行罰者致敬。❷

---

❶　筆者近著《教育史》一書（臺北，文景，2004）有中國教育史一章的評述，較為詳盡。

❷　體罰是教育史迄今仍無法絕跡的事實，但體罰竟然還有「比賽」，實在是一大奇譚。

土著及初民社會之以保守為教育目的，原因大抵有下述數種：

1. 人類早期生活並不安定，「不變」以應「萬變」，是處世準則。在動盪不安的初民社會裡，社群生活中出現歧異份子或與眾分離的作風，會帶給土著人民危害，這是要極力避免的。能得過且過，已屬萬幸；在生存條件極為嚴苛的時代裡，「守成」已極為不易，何能奢談「創業」，因此一些冒險行徑，皆在長輩或族群禁止之列。

2. 人人皆愛「面子」，這是心理因素。不變的遵守，表示對長輩的尊重，十足的給上一代面子；若是有所更動，即說明了欠缺服貼及敬重之心，這是愛面子的人無法忍受的。「臉面掛不住」的「愛面子」心理，古今（古代與現代）臺外（臺灣與臺灣之外）皆然，具權威型性格者尤烈。保守的社會，權威意味濃厚無比，愛面子之心理，足以解釋初民社會的一切，包括教育。

3. 絕大多數的初民社會，皆以古為尊。之所以如此，乃因他們認定古代先聖先賢的智慧及道德超群，下一代無法出其右。仰之敬之，就是新生學童的天職；他們的觀念是「返顧式」(backward) 的，不是「前瞻式」(forward) 的，且認定一代不如一代的「沉淪」(downward)，而非一代勝過一代的「提升」(upward)。「嘴上無毛，作事不牢」；「老子吃過的鹽，比孩童吃過的米還多」；「上一代走過的橋，比下一代跑過的路還長」，因此鄙夷新生一代的言行。保守成風，一成不變，教育上遵古尚俗乃為常事。

4. 人類的惰性，也是造成初民及土著社會安於現狀不求更新的主要後座力。既有現成，何需換新。「變」並不一定保證「好」，卻有可能越變越糟。在無法保證企變求新可以改「善」之下，只好將就現有的成規。加上「重德輕知」，「知識無用」，「無才便是德」，以及「大我」凌駕「小我」之上，惰性之氣勢更為旺盛。變花樣、動動腦筋，是須勤奮思考的，這種要求，懶蟲最不喜愛此道。求變的人，得負責騷動治安的罪名，且打亂了人類長久以來的思緒，任何人都難以擔當，只好隨遇而安，「日出而作，日入而息」，以「常」為師，以「古」為尚。惰性因之根深蒂固，牢不可拔。身為「習慣的動物」，只好套上「傳統的枷鎖」，於是腳鐐手銬便存在多數原始人民心中；即令自誇文明古國者，也莫不如是。依此言之，所謂的「文明」，也只是聊以自慰而已，哪有「文明」可言！加上體罰施行之時，長輩能在心裡飽嚐權威的味道，則

保守教育，不正是樂在其中者的一大享受嗎？又何樂而不為？不亦快哉的國度即現眼前，又哪顧及嚎哭大叫而受難的下一代呢？反正他們如同中國婦女在「多年熬成婆」之後，也可安享虐待媳婦的慰藉。要撫平童年的傷口，只需稍待時日即可屆臨，又何必猴急呢？

第二節　注重個人性的雅典教育

　　教育目的受到時空背景的影響，在不安全感籠罩之下，人們的教育及心態，當然難免會傾向「守成」與「懷舊」；但當社會安定、民生富足、經濟較為繁榮之際，就有一些人會開始偏離古風，喜新厭舊，推陳出新；團體的鐵律已較鬆散，**個體性** (individuality) 增強力道。創新取代了傳遞與保存，文教進步乃往前推動。教育史上首先出現此一現象的，在中國是春秋戰國，在西方就是紀元前六世紀左右的雅典。有趣的是，中西這種文教花朵芬香撲鼻的時代，竟是不謀而同的。

　　知悉中國文教思想發展史者皆知，春秋戰國由於應付時需，三教九流，百花齊放，萬家爭鳴，確實是中國學術史上難得一見的黃金時代；不幸的是此種千載難逢的佳機，曇花一現後便枯萎死亡。如擴大篇幅加以讚賞，則喪失教育史及思想史所應佔的「**史實**」比例；但西方同時萌出的陣陣花香，卻能若隱若現的永存於歐美世界。群性壓過個性，這是保守社會的具體教育措施。**泛道德主義** (Pan-moralism) 使德的比重泛濫成災，從此，「**善**」掛帥，「**美**」及「**真**」消失不見。嚴格來說，「**德**」的高度發揚，卻造成「德而無知」，變成蠢德，愚忠愚孝滿街是；且公德奇差，私德也敗壞無比。雅典城邦異於是，「**個人性**」抬頭，「**動態社會**」(dynamic society) 就是雅典城邦的寫照。「靜坐不動是奴隸的象徵」；「動」的具體表現，就是體育競賽。紀元前 776 年舉辦了第一次田徑運動大賽，奠定了史上四年一次的盛會，也是歐美社會以及環球迄今為止的注目目標。2004 年的「**奧林匹克大賽**」(Olympic Game) 即在雅典舉辦；如果不在希臘進行比賽，則奧運聖火也須在雅典點燃，希臘人有此殊榮，得歸功於古雅典城邦所展現的個人性教育目的。分殊的來說，「**個人性**」的教育旨趣，有如下的主張：

一、「個人」是「萬物的尺度」

「個人」是「萬物的尺度」❸，這句話是希臘最偉大的辯者 (Sophists) 普羅塔格拉斯 (Protagoras, 481–411 B.C.) 之名言。該句碩果僅存的「斷簡殘篇」(Fragments)❹，語意是「人」為萬物一切的衡量標準，衡量「萬物之是」，也衡量「萬物之非」；其實不只如此，人不只衡量萬物之「是非」，也衡量一切的「善惡」或「美醜」。注意的是，該句話的主詞 "man" 是「單數」，誠如亞里士多德 (Aristotle, 384–322 B.C.) 這位大哲學家所提醒的，是「個別的人」(individual man)。「個人」是「小我」，小我不必然要聽「大我」的；大我即「社會、習慣、風俗、祖先、城邦」。「個人性」的地位冒了出來，突破了「大我」的種種桎梏，從此個人希望海闊天空，任由馳騁，自由自在，無拘無束。因此一些離奇古怪，震駭人心的言論及主張，紛紛出籠。此種局面成為主流後，就衝擊了傳統的堤防，一道圍籬即將潰散，各路英雄豪傑，及智力出群者紛紛登上舞臺，如同運動好手一般，各顯神通。

「個人性」的潛能與才華，在被壓抑長久之後，如同飛出鳥籠的大鷹，或出閘的洪流，有吞噬或湮沒傳統觀念之虞。在言論上，眾說紛紜，結果產生莫衷一是的亂局，對「不變」的殺傷力奇大。如果任由放縱，則惡果將無法收拾。由於「個人」之所是不一定為其他「個人」之所是，「個人」之所非，也不必然就是其他「個人」之所非，其他的「價值」或「是非」判斷亦然。為了要撥亂反正，教育思想家之一的蘇格拉底 (Socrates, 469–399 B.C.) 對普洛塔格拉斯之定義提出修正，把「個人」改為「好人」(good man)，即「好人」才有資格作為萬物的尺度。而所謂的「好人」，是「知識＋品德」(knowledge + virtue) 者，並且強調「知即德」(Knowledge is virtue)，「無知即惡」(Ignorance is evil)，從此「知德合一」就是個人的最高教育旨趣。其後羅馬人及早先希

---

❸ Man is the measure of all things, of things that are that they are, of things that are not that they are not.

❹ 之所以稱為「斷簡殘篇」，是因為希臘的「辯者」命運如同中國春秋戰國時代的「名家」一般，著作均慘遭消滅之命運。他們的觀念失傳，只留下隻言片語而已，實在是文化及教育材（史料）上的大損失。

臘的辯者也一再呼籲，雄辯滔滔，更應作為教育目標。因為一個人知識好，品德佳，但不善於表達，則只能「獨善其身」，無法「兼善天下」，這不是很可惜嗎？因此又把蘇格拉底的說法再作修正，不過仍同樣把「個人性」列為第一優先的教育目的。

二、社會是個人的集合體

社會既是個人的集合體，個人好了，社會當然跟著好！個人壞了，社會也隨之墮落。「個人性」的美德彰顯在城邦的大我中，就是「公民」要件的完成。什麼是「公民」呢？依據「人性」(human nature) 的解析，大教育哲學家也是蘇格拉底的得意門徒柏拉圖 (Plato, 427–347 B. C.) 之解釋，人性是三分的。

⑴理性 (reason) 成份，此部分算是「金質」(gold)，位階最高，在人身的頭部；頭是圓的，代表完美圓滿。理性發揮的「德」(virtue)，是「智慧」(wisdom)。這種人在「小我」上是哲學家，在「大我」上則應該為國王（城邦元首），二者合一，就是「哲學家國王」(philosopher-king)。

⑵情性 (feeling) 成份，此部分算是「銀質」(silver)，位階居中，在人身的胸部，滿腔熱血，義憤填膺。情性發揮的「德」，是「勇敢」(courage)，這種人在「小我」上要路見不平就挺身而出，在「大我」上要急公好義，但須受「理性」的指揮，作個「軍人」(soldiers)，是最稱職的安排。

⑶欲性 (desires) 成份，此部分算是「鐵質」(iron)，位階最低，在人身中的腹部，腹部大腸小腸很多，想喝想吃，「食色」之性就在這裡。此種性應受理性的「節制」(temperance)，這才算是一種「德」。欲性強者應該從事生產勞動，作為農工商階級。

在「小我」的「個人」上，人性善於發揮三種「德」，**這就是最「妥善」(justice) 的安排；在「大我」的「城邦」上，三種人性的德也作為最妥善處置，則已上臻「正當」(justice) 的層次。這就是「理想人」，也是「理想國」。

三、「個人性」含有美的因素

美具有多彩多姿性，多元性，分殊性，及諧和性。希臘人在這方面的成

圖 1-1　梵諦岡宮壁畫「雅典學院」（拉斐爾）。右邊雕像是智慧女神雅典娜，左邊是文藝之神阿波羅；最中央是柏拉圖（腋下夾「蒂邁烏斯篇」手指天）及亞里士多德（一手拿倫理學一手指前），這是古希臘唯心和唯物之爭；畢達哥拉斯、伊比鳩魯、赫拉克立特、蘇格拉底、歐基里得、托勒密等哲人，以及拉斐爾自己，都可以在畫中找到。

就確實令世人刮目相看。「力」是野蠻及原始的展現，如不佐以「美」，則是粗俗不堪，且殘忍可怖。

⑴體育競賽最足以稱讚的是體態優雅，姿勢美妙；不是跑完後氣喘如牛，面如土色，疲乏不堪，不支倒地者；得標受讚揚者並不是單項冠軍選手，而是五項或十項全能。最受喜愛的運動項目是游泳及摔角，因為可以鍛練均勻的肌肉，四肢不會畸型發展。宇宙上的一切，人體最美，所以用真面目裸裎在眾目之下，諸如雕刻人體、繪畫人身，都是美術家的傑作。

⑵音樂樂器的選擇，一來注重多樣變化的**七弦琴** (lyre)，可以邊彈邊唱，而非挑**笛子** (flute)。因為後者只能吹不能唱，而且吹起來嘴部變形，臉色脹紅，

完全沒有美感——一向頗有教育見地的亞里士多德如此評論。曲調之諧和，弦律之動聽，皆能涵養心性，改善氣質。體育訓練也是一樣，注重通才，而不是專才。變成職業的運動選手或樂器演奏家，這就失去自由人的特質了。維持業餘的活動消遣，並不依此謀生，這才是「公民」的正途！

(3)美包括博，即多樣化而非單調。雅典的「學校」種類，不是像斯巴達一樣的只有「軍事訓練」而已，卻有「文法學校」、「體育學校」、及「音樂學校」三種，且學生可以一時上一種學校，然後又轉換到他校，或早上上一種學校，下午又上另一種學校。多管齊下的教育，才是「美育」的正確解釋。並且不趨極端，各種能力發展均衡，「不過份」(nothing too much)。

第三節　基督教的宗教虔誠

一般說來，西洋文化及教育的歷史基柱有三，一是希臘文雅教育的哲理，二是羅馬辯論口才的實用技巧，三是基督教對上帝的虔敬信仰。三者的教育目的各自有別。

1.基督教的宗教教育目的，強調來生、天國，以神為本位；希臘及羅馬的教育目的是人生俗世界的，雖含有濃厚的道德色彩，但那也是凡人的道德，並非與上帝同在的那種訴求。前者重自然及人生界，後者則仰賴超自然。人再怎麼偉大，有勇敢善戰的英雄，有腦力過人的思想家，有雄辯奇才的政治家及演說家，有想像力豐富的戲劇家或小說家，但凡是人，都有缺陷，不似上帝之真善、真美，且法力無邊。上帝無所不在，並且人的天性中即令有「理性」，發揮極致上臻哲學智慧之境，但「神跡」卻深奧不可測，非理性可以抵達；造物主是人的智力無法徹底理解的。說「人為萬物之靈」這句誑語的人，在上帝面前，自當懺悔思過。

2.天主基於神愛世人的情懷，遣派神之子耶穌降世，為了拯救迷途的億萬羔羊，自己身受十字架的災難，這種活生生的聖經故事，遂作為人生追隨的目標。現實世界充滿不公不義，黑暗與罪惡；但極樂世界則是公義遍在，光明永存。寄望來生，學耶穌行徑，乃是得救的不二法門；今生今世不必留戀，世界末日即刻屆臨。不必驚慌失措——在汪洋大海中，有上帝作領航員；在無邊無際的世界草原上，有耶穌作牧羊人。信仰堅定無比，是教徒的最終

教育目的。人死不足惜，其實，死只有肉體上的消失，但教徒卻能精神不朽，如同耶穌復活一般。

3.宗教教育活動最具體的是 529 年成立的「聖本篤寺院」(Benedictine monastery)，為聖本篤 (St. Benedict) 所創辦。聖本篤原繼承萬貫家財，但皈依天主後，視金錢如糞土，乃在人跡罕至之處興建寺院，過孤單的懺修生活，但有天主為伴，精神上頗為富足。一時引來不少虔敬信徒出家，共同遵守「安貧」(poverty)、「貞潔」(chastity)、及「服從」(obedience) 三項準則，也依此作為教育目的。寺院林立，是宗教信仰時代歐洲信徒的最重要庇護所。其後隨著基督教勢力的廣被於全球，連臺灣淡水都興建有一所本篤寺院。生活上安貧樂道，心地上貞潔如皎月，態度上徹底的服從聖經，這才是最道地的信徒奉行不二的教育宗旨。

4.短暫的人生雖不足惜，但那也是上帝的安排，因此在世時信徒也得傳抄《聖經》及古籍，此種要求，使寺院皆有抄書室及圖書館，為歐洲文化財作了無心插柳的保藏工作。除了向天禱告、俯地悔過之外，中世紀武士時代還要求武士得感念神恩，馴化蠻性，保護婦女及弱小，如此方能死後獲得上帝的寵愛。彬彬有禮的風範，烙下了基督教在武士心坎裡永生不忘的印記。幸福是人類的追求目標，堅信上帝，不只可以在人生也得福，死後更有「天福」(beatitude)，這是天主教早期最偉大的神父聖奧古斯汀 (St. Augustine, 354–430) 的名言。「信」是宗教的事，「知」是哲學的工作。「信」與「知」二者相衡，「信」高於知。「信」是上帝的指令，「知」是人類的活動。上帝的境界非俗人能夠領會，因此只要信即可，不必懷疑。如無懷疑，當然可以信守不渝；如有懷疑，也要先信，然後就有機會掃清懷疑疑雲。以懷疑論調來懷疑一切，其實這種人也「堅信」懷疑本身是不容懷疑的。而事實上，經過懷疑之後，許多疑點也就一一釐清，懷疑減少，信的領域擴大。真理就在上帝那兒，與上帝同在，最感安心與放心，這才是「天福」。只有心安才會理得，福就自然而至。在基督徒的信條中，「信」最居優先權，有了「信」，才有「望」，也才有「愛」。「因為我信，我才有了知」(I believe in order to know)，而非「因為我知，我才信」(I know in order to believe)。「信」給人類充滿信心，有了信心就勇往直前，向知的領域進軍，結果，已知部分更形牢固，不知部分越來越

少，甚至絕跡。此種境界，人生不亦樂乎？不亦快哉？這就是逼近「天福」
了！

第四節　人文主義時代的紳士

　　歐洲到了十四世紀的時候，由於社會漸趨安定，經濟漸漸復甦，這種教
育條件，猶如紀元前六世紀時代的古代雅典。加上人心思變，在漫漫宗教信
仰的長夜裡，神本主控一切的時代中，以「信」為第一的位階仍居要津，但
人本精神卻重新抬頭。寺院生活的確只能留住少數人，卻擋不住花花世界的
引誘。宗教太強調「善」及「德」，但偏善或泛道德，則又掩蓋了美及真的人
生旨趣。只嚮往來生的生活，不如把天國世界實現在當今的社會，這不是不
可能之事，事在人為而已！

　　人文主義可以說是古代希臘羅馬文教的復活與再生。除了嚴肅性的宗教
儀式及教規之外，還加上優雅及享受的人生樂趣，這並不妨害基督《聖經》
的要求。其實，人間與天國並非相互為敵或水火不容。基督教的教育目的如
與古希臘羅馬的教育目的，是一「正」一「反」的話，到了文藝復興時代的
大學者，就努力將二者「合」而為一。古希臘造就哲學家，古羅馬培育雄辯
家，基督教教育則旨在訓練聖者，文藝復興的人文主義教育則以「紳士」(gen-
tleman) 為依歸。

　　什麼是「紳士」的教育旨趣呢？文藝復興之星伊拉斯莫 (Desiderius Eras-
mus, 1466–1536) 簡要的說出四大條件：

　　1.幼嫩的心靈先植下虔誠的種子，先由宗教奠其基。
　　2.喜愛並透澈研究文雅學科。
　　3.履行生活義務。
　　4.自孩童時期，習慣於優雅有禮的態度。

　　可見「紳士」已非「寺院」中的方丈或聖徒，卻要步向城市，不只宗教
虔敬不敢或忘，且知書達禮，待人接物之儀態更見教養，甚至擔當起治國責
任。作個「宮臣」(courtier)、「郡守」(governor)、或「君王」(prince)，就是當
時封建社會最急迫的需求。「士」也就變成「仕」了，與中國傳統一般，他們
在軍事作戰上如同武士，在文學造詣上可以舞文弄墨，填詩塞詞，並嫻熟於

彈奏樂器。許多封邑的統治者以養士為榮，且獎勵音樂作曲家及演奏家；收藏古物，喜愛美術作品。在治理公務上，兼具法律及修辭素養，口才無礙，常有機會在大庭廣眾之前侃侃而談；體育訓練更不可或缺，游泳、摔角、劍術、及騎術，樣樣皆能展現技藝才華。

　　紳士教育注重「博」而非「專」，這也是亞里士多德對雅典教育所讚美之處。紳士要學的知識及技能相當多，但並不是旨在要求他們成為「學者」或「技師」。只知其一不知其餘，這就變成只有專精知識而無博通智慧的書呆子，允文允武，才是紳士最佳的角色。由於寺院中的僧侶日夜在與世隔絕的天地裡守孤燈伴天主，所以臉容枯槁者有之，體衰力弱者更為常見。但紳士卻要練就一身武功，因此身材高大魁梧，且體型優美，又加上文學美術的涵養，且佐以基督教義的滋潤，「新」的歐洲人即展現出來。

　　雖然一心一意的虔誠於宗教信仰，但仍無法忘情於人間俗世之引誘，尤其對文學之喜愛無法完全捨棄，這種困擾，本就是高級教士所面臨的問題，其中最為顯著的史例，莫過於**聖哲倫** (St. Jerome, 340–420)。這位古文大師，不只精通拉丁、希臘，且也對希伯來文有精深的造詣。皈依天主之後，受聘於羅馬皇帝，由他當召集人集合七十二位學者共同將希伯來文《聖經》翻譯成正統的拉丁文《聖經》，這叫做 "*Vulgate*"。但如此衷心致意於《聖經》譯作及其詮釋的大學者，有一天因發高燒而作了個惡夢：他匍伏在地，仰望著放出萬丈光芒的天主。天主瞪大眼睛質問他是何許人也，他答說是虔誠的教徒，豈知卻聽到聲如隆鐘的斥責：「你胡說，你是西塞洛的人！不要狡辯！」登時大驚失色。還好，這只是南柯一夢。**西塞洛** (Cicero, 106–43 B.C.) 是古羅馬最偉大的雄辯政治家，他的文學作品最受當時的師生所鍾愛。聖哲倫即使立志捨棄古代文學，卻仍偷偷的閱讀。幸而文藝復興時代的人文學者終於對這種兩難的困境作了突破：其實二者並不矛盾，更非敵對；紳士可以將二者得兼，相輔相成，甚至相得益彰。無知者能進入天堂這種論調早已失勢，文雅教育目的與宗教教育目的相配合，雙管齊下，兩者缺一不可，就是人文主義時代對紳士教育的要求。

第五節 「泛智」的主張

紳士的知識是以「博」為主，知識又為品德的奠基。文雅知識是「紳士」的基本要件，古希臘羅馬及文藝復興時代的教育學者都如此主張。英人培根 (Francis Bacon, 1561–1626) 大倡「知識即權力」(Knowledge is power)，其意即擁有知識者才能享有權力；知識的領域絕不限定在狹窄的單科，卻要「泛智」(pansophism)，這是捷克大教育家康米紐斯 (Johnon Amos Comenius, 1592–1670) 的論調。

1. 「泛智」的知識，是無所不包的「百科全書」，不只文還有理；有符號科學的邏輯及數學，有經驗科學的自然學科、社會學科與人文學科，上通天文下曉地理。「泛智」者的胃口奇大，既有形上也有形下，既有客體也有主體；既有神本也有人本，既有自然界也有超自然界。這種雄心萬丈的教育企圖，早由亞里士多德努力過，他試圖將一切的知識予以歸類，並作系統的分析與綜合。其後許多學術界的泰斗踵事增華，在量及質雙方面都有進展。一個受過教育的人如能無所不知，無所不曉，這不正是一種理想的抱負嗎？

2. 但知也無涯，生也有涯；以有涯的人生要盡汲無涯的知識源泉，就有壯志未酬身先死之憾。其實教育的旨趣，並非要「填注」一切的知識於學生心中，但如能培育正確的態度及訓練得當的方法，則就有了開啟知識寶庫的鑰匙。為學態度最為重要的是笛卡兒 (Rene Descartes, 1596–1650) 提出的「懷疑」(doubts)，為學方法最為關鍵的就是培根所作的「實驗」(experiments)。只要具備為學態度與求知方法，則已掌握了「泛智」的萬應靈丹，取之不盡，用之不竭，左右逢源，應付自如，畢生享用不盡。如同呂洞賓點石成金的手指，什麼時候需錢用，只要手指一點，黃金即滾滾而至。

3. 由此可見「工具」之重要。人類畫圓，要使用圓規；作實驗則要有望遠鏡及顯微鏡等儀器，以彌補經驗及感官知覺之不足。為學方法有亞里士多德之「演繹法」(deductive)，那是由普遍的共相 (universal) 推到個別的殊相 (particular)；培根逆向而行，反對這種舊工具，提出《新工具》(*Novum Organon*)，即「歸納法」(inductive)，強調五官資料的具體面；工欲善其事，必先利其器，只要有工具在手，又善於使用，則人性之智愚就可消除。只要把握住「態度」

及「方法」，則為學成就之高下就可弭平。這真是樂天派的教育目的觀。

　　工具有內外之分。外在的工具即如上述之儀器，內在工具即「心靈能力」(mental faculties) 的「鍛鍊」(discipline)。人生下來本來就有潛存的「心靈能力」，如記憶、推理、想像、比較、批判、質疑等，其中尤以「記憶」及「推理」最為重要。由於「泛智」的科目太多，範圍太廣，內容太雜，但只要將「記憶」及「推理」力好好予以「訓練」，就可以舉一反三，且將知識保存下來，不會遺忘。此種教育目的觀，就有必要強調數學及語文兩科了。因為數學以推理為主，語文則非背誦不為功。英國教育哲學家洛克 (John Locke, 1632–1704) 說，學數學不在於要學生成為數學家，但卻旨在要求學生處處講理、推理。

　　培根重科學實驗，以證據及事實為真理的效標，此種「方法」，使他博得「第一位現代化科學家」(The First Modern Scientist) 的美名；笛卡兒強調懷疑，這種反權威、反習俗、反傳統的為學態度，也使他贏取「第一位現代化哲學家」(The First Modern Philosopher) 的雅號。正式學校教育的光陰極為寶貴，為學求知若有方法上的訣竅，則可以無往不利，不愁「泛智」之擁有。

第六節　全民實用的教育目的

　　教育史上有很長一段時間，社會上只有間暇階級 (leisure class) 的成員才能享有教育，誠如古希臘大哲學家亞里士多德所說，只有上層治人者，有錢者，勞心者，才是「自由民」，其他人則辛苦於勞動，屬奴隸身份。前者與後者是「雙軌式」(two-track system)，教育目的彼此涇渭分明。學習科目也明顯有別，一唸古文，一學母語；心態上治人者高高在上，他們有政治權及經濟權；治於人者卑躬屈膝，他們只有手腳力，如經「教育」，則旨在訓練成為堅忍的士兵，敢死的水手，技術高超的工人，勤奮的農夫，聽話的僕役，效忠不二的隨從，如此而已。

　　但工業革命之後，勞心與勞力二者的鴻溝漸漸搭建起橋樑；法國大革命及美國民主式革命之後，貴族階級地位旁落，平民翻身。過去傳統的教育，只照顧到少數擁有特權的人，政治大革命後，全民機會平等，教育機會亦然。適用於全民的教育，當然以「實用」為依歸。法國革命政治家康多塞侯爵 (the

Marquis de Condorcet, 1743–1794) 就提出下述數點，作為全民式教育目的：

(1)整體來說，教育應該提供給各種族的每一個人都能滿足生活需要，追求各自的福祉，認識並運用各種權力，了解並履行各種義務。

(2)就個性發展來說，教育應促使每個人都能充分發展才華與天性上的稟賦，學習各種技術，執行身為社會一份子的功能，達成人人平等的訴求，包括政治平等、法律平等、及經濟平等。

(3)從社會角度言之，大眾的幸福與快樂是全民一致嚮往的目標，以博愛為懷，將個人的知識、技巧、及智慧致力於滿足全民需要，治療人類疾病，及減少男女痛苦上，實現大革命的「自由、平等、博愛」口號及抱負。

這種教育目的，面面俱到，各方兼顧，不過卻有抽象及空泛之嫌。就實情而論，十八世紀中葉以後的法國政府腐敗無能，教育思想家對政府完全失去信心，他們寧可從個人的立場出發，力主「和諧式的自我發展」，以作為淑世的基礎。堅信人性本善，兒童至上，自然為師。其中最具代表性的人物，有如下數位：

一、盧梭 (Jean Jacques Rousseau, 1712–1778)

過去的教育，以成人為本位，盧梭反其道而行，大倡學童第一。因此教育的主人是學生，不是老師；是下一代，不是上一代；是兒童，不是成人。過去的教育，把兒童當成小大人，現在則應把兒童視為兒童，兒童本身就是目的，兒童絕非大人的附庸。兒童生活在眼前，未顧及兒童現有的能力、興趣、與需要，卻一再要遷就成人的觀念及想法，這是本末倒置的。為了遙遠的、虛假的幸福，而犧牲了現有可以享受的短暫童年，人生何其不幸！

二、康德 (Immanuel Kant, 1724–1804)

這位德國哲學大師心儀盧梭，讀盧梭教育小說《愛彌兒》(*Emile*) 不忍釋卷，竟忘了行之數十年的散步習慣！但在教育目的上，卻以未來的遠大理想作為追求的目標。盧梭之不敢也不願把教育兒童的重責大任交給父母、上一代、甚至政府，乃因這些人都已變成殘害人性的元兇，倒不如相信兒童自己。康德倒沒有如此悲觀，至少還相信有些教育理想家的教育構思，是令人讚賞

的，把下一代的教育交在這批人手中，而不要受「政棍」、「財閥」等人的掌控；如此方能「以整個世界的至善以及人類所能達到的完美境界」，作為終極目標。教育不是只有現實面而已，更應該有理想面。政棍及財閥甚至不少家長都極其短視，他們只顧眼前。需知，「人無遠慮」，雖可能有「近樂」，但卻會帶來「遠憂」。盧梭以「兒童」具高超價值，以「自然」為至道（Nature 猶如 God）；康德則希望由正確又宏觀的教育家來辦理教育事業。「國辦教育」式的措施，他是深以為戒的。此種論調，英國自由派哲學大師小米爾（John Stuart Mill, 1806–1873，其父 James Mill 是大米爾）也頗為「甲意」（中意）！

三、兒童教育家

　　力主以兒童能力的諧和發展為目標，內在潛力的萌生，即為社會改革的動力。人人盡其才，連家道中衰、飢寒交迫的貧苦學童，甚至身心殘障的孤兒，都能藉愛的教育滋潤而獲得出人意料之外的成就，不僅適應生活沒有問題，且改造社會更由此獲得助力。**裴斯塔洛齊**（Johann Heinrich Pestalozzi, 1746–1827）對孩童熱愛無比，他的理想教育目的，就在兒童的快樂成長及學習中展現。而**幼兒園❺**的創辦者**福祿貝爾**（Friederich Wilhelm August Froebel, 1782–1852）甚至認定理想的人，就是兒童。兒童是天使，是上帝的化身，兒童的潛力如同神力，「**開展**」（unfolding）出孩子天賦的神力，不就是教育上最重要的目的嗎？使用的「**教具**」，他稱之為「**恩物**」（gifts），那也是上天之所賜。「**潛能性**」發展成為「**實現性**」，亞里士多德早已言之。美國文豪與自然主義思想家**愛默生**（Ralph Waldo Emerson, 1803–1882）特別要求教育必須發展兒童的自然天性，不可埋沒。自然天性有很多種，「假如他的思考利劍可以將人劈開，教育就應該將這把利劍出鞘且磨利之；假如他具有調和眾議的親和力，是社會團結的黏固粉，啊！加速他的行動吧！假如他是個善說笑的機

---

❺　kindergarten，此字由日人譯為「幼稚園」，中文譯者不察，在華文世界中也常照用不誤；將孩童學習的場所稱為「幼稚園」，是對「幼兒」的一大侮辱，更是對孩童人權的傷害；如能譯為「幼兒園」，則較妥當。中國都如此稱呼，臺灣教改人士不注意及此，還談什麼教改！此現象直至二十一世紀頭十年才見改正，「後知後覺」如此緩慢，可見「改革」之不易！

智者，慷慨好義之士，多藝的技師，剛毅的指揮官，強有力的盟伴，實用、高雅、聰明，是預言家、超人，則都好好配合，讓他有英雄用武之地。」天生我才必有我用，社會上都需要各色各樣的人，人人為社會所用，才是一個諧和的社會。此外，孩子的純真、無邪、可愛、赤子之心，是珍貴的資產。幸而還有孩子存在，才讓大人有返老還童的衝動。

四、自然主義學者

但兒童在天性上有「**自然性**」，有「**個性**」，但也有「**社會性**」。順自然 (follow nature) 的盧梭也從心理及生理的發展過程中看出，愛彌兒這個小孩在十三四歲青春期開始後，就對異性產生強烈的好奇，且同情及關懷他人之「**心性**」也隨著出現，因之教育目的的配合，就是「群性」的加強。德國哲學大師**黑格爾** (Georg Wilhelm Frierich Hegel, 1770–1831) 提醒教育工作者，除了「**個性**」(individuality) 的培育之外，還應發展「**普遍性**」(universality)。教育哲學的開山祖**赫爾巴特** (Johann Friedrich Herbart, 1776–1841)，更明確的從「興趣」項目上指出「**多方面興趣**」(many-sided interests)，以作為學童向外擴充興趣的範圍。在一般性的觀察中，可以發現當小孩看到別的小孩哭時，也會跟著哭泣，並且浮現憐憫的表情；一個孩子的興趣如多方發展，則人生意義也會較為豐富。興趣有知識上的、道德上的、理性上的、情性上的，種類不同，性質也不一，絕少人終其一生只有單一興趣的。而且早年的興趣，其後也有更易的可能。注重多方面興趣的價值，正是教育的重要目的。

五、斯賓塞 (Herbert Spencer, 1820–1903)

取「**完美生活**」(complete living) 的準備，作為教育最實用的全民教育目的，是英國社會科學家及教育思想家斯賓塞最突出的論點。教育目的含有濃厚的價值取向，也是高度主觀的。斯賓塞取「**功利效益說**」(utilitarianism) 作為衡量一切價值的取捨標準，這套標準也適用在教育目的的決定上。追求「**最大多數的最大幸福**」(The Greatest Happiness of the Greatest Numbers) 應該是杜絕眾說異調的一致性目標，且由個人擴充到社會，也是個體發展的必經途徑。因此在教育「**過程**」的優先順序及價值重要性的位階中，教育目的的順序如下：

⑴「自我保存」(self-preservation) 的直接活動，價值最高。這項教育活動，就是「健康」，包括身體的鍛鍊及心靈的陶冶。只有健全的身心，才能過「完美生活」。

⑵「自我保存」的間接活動，價值其次。這項教育活動，就是「職業」。在現代社會中，教育不能歌頌寄生蟲，卻應鼓勵自力更生。擁有一技之長非但可以謀生，而且也可以生活得有尊嚴，有意義。

⑶**養兒育女的活動**，價值第三。這項教育活動，就是「家政」。青年男女維持獨身生活或同性生活者，只是少數。既立業又成家之後，對下一代的養育，就絕不可蔑視。英國貴族樂於騎馬打獵，同僚之間都以養獵犬如何選種為話資，卻少言及自家還有「小犬」，這不是極為荒謬的怪事嗎？教科書內隻字不提男女如何攜手共組家庭。斯賓塞更不客氣的質問，英國人是否都是單身漢或無後主義的僧侶或修女！

⑷**公民的職責**：前三項是「個人式」的考慮，但一旦過**群居生活**，則是社會中的一份子，也是國家組織中的「公民」。公民有義務，也有權利，學校讓學生知悉這些，是責無旁貸的。

⑸**休閒時間的運用**：精神生活的充實，心靈需求的滿足，有必要充分利用閒暇時光，欣賞文學作品，聆聽音樂，參觀美術展覽，遊山玩水，出國旅遊，或加入運動團體等。

此種教育目的說，是頗富顛覆性的。在傳統教育目的中，價值重要位階恰好與其相反：在過去，第五種位居要津，斯賓塞竟然列為最末，雖然他說並非看輕文字、文法、及文學的重要性，但由於那是如同植物的花朵或果實部分，位居於生長之「後」；而「健康」、「職業」等則是植物之根。無根又哪有花；當然，無花也不完美──「優先順序」(priority) 不得不注意。對「最大多數人」而言，物質的、肉體的、自我的目的當然先考慮，其次才顧及到精神的、心靈的享受。五者齊全，那就是「完美生活」了。

斯賓塞此種說法，影響在他的出生地英國者並不大，卻支配了美國這個新國家的教育目的。1865 年的「內戰」(Civil War)❻ 之前，美國教育目的的宗教味甚濃，隨著國家意識的彰顯，染有的政治味就多了。「政」與「教」合

❻ 即南北戰爭，也是解放黑奴戰爭。

一，這也是歐洲教育的傳統特色。至於實用性及經濟性的教育目的，從來就不受重視。但隨著內戰的結束，國家重建以撫平創傷，又加上工商科學化的力道漸猛，實用性及經濟性的教育目的，從本來敬陪末座在教育目的的排行榜序列，快速前挪，不只並駕齊驅，甚至超前，將政治性及宗教性教育目的取而代之。美國地大物博，豐富的天然資源有待開發，全民皆渴望教育能讓他們在謀職賺錢上致富。當然，有了健全的身心，就是幸福的本錢。由於美國是當今世界最強的國家，美國教育目的也被列為世界各國所跟從或學習的對象，因之美國教育目的的變遷，有必要多費筆墨加以敘述。

十九世紀末葉，有關美國教育目的的論調，都是舶來品；德國的赫爾巴特及福祿貝爾，英國的斯賓塞，都是美國教育界師法的對象。但教育活動是不能全然移植的，在理論與實際之間的衝突上，新的理念酵素最易滋生。美國人的「美國人意識」高漲，加上入中學及大學人數暴增，「教育大眾化」(education for all) 不只出現在初等教育上，且往上攀升到中等教育甚至高等教育上。當然，傳統及歐洲論點是無法全盤捨棄的。1918 年「美國教育學會」（National Education Association，簡稱 N.E.A.）制訂了「中等教育七項主要原則」(Seven Cardinal Principles of Secondary Education)，雖然標題只明指「中等教育」，事實上也涵蓋了初等教育及高等教育。撇開傳統性的教育目的，如為知識而知識、心靈陶冶、和諧的自我發展等不談，反而明確又具體的列出下述七種「主要原則」，也按重要順序位階排列，簡直就是斯賓塞上述五項目的的美國教育版，只是稍作修正而已：⑴健康生活；⑵精於基本學科；⑶健全的家庭份子；⑷職業訓練；⑸履行公民職責；⑹善用休閒時光；⑺品德端正。

教育目的的「宗教」面非常淡了，只殘留著道德一項；「政治」面已滲雜入「公民職責」之內，其他幾乎都是較為純正的「實用」面，也返回教育的本來面目。就教育言教育，這也是教育目的的一種「進步」。

第七節　決定教育目的的學理論戰

學校教育越受重視，因而也越為普及之後，掌控教育「方向」的教育目的，就越受學界的重視，尤其是教育理論家，更不用說是教育的實務工作者

了。為了使教育目的更合乎科學性，以取得可靠性、信賴性、及客觀性，一群學者乃努力純以「**科學**」方法來制訂教育目的。但是教育有其「**實然面**」，卻更有深沉的「**應然面**」。換句話說，純以「**科學**」的角度來決定教育目的，置「**哲學**」於不顧，也大為教育哲學家所不滿。誠然哲學較為主觀，但難道主觀不可以變成「**互為主觀**」(intersubjectivity) 嗎？「**互為主觀**」一旦形成，不就等於逼近「客觀」了嗎？教育目的的學理論戰，從此開打。

一、教育目的的科學面

教育活動不能罔顧現實，如果教育能滿足學童的興趣、需要、與能力，那不就是頗富「**價值**」的教育目的嗎？在教育學領域中，「**科學意謂**」非常明顯的教育心理學家，莫不主張以學生的心理及生理衝動及性情來作為制訂教育目標的依據，注重「**心理分析**」(psychoanalysis) 的**佛洛伊德** (Sigmund Freud, 1856–1939) 更以性衝動、性壓抑、性解放、性自由來解釋一切行為反常的病因。教育活動「**配合**」這些現象，才最為實用。其次，教育社會學者也以「**科學**」的角度來處理**教育目的**事宜，將社會生活及經濟生活的分析及歸類，作為教育目的的規範。不只最高的教育宗旨可以從中突顯出來，且各年齡層及各社區的活動項目，也可作為決定各級學校（大學、中學、小學）及各地學校（城市或鄉村）的教育目標。如果活動項目再予以細分，更可作為編寫教材、選擇教科書、及規劃課程的座標。其實這也是斯賓塞五項教育目的及 N.E.A. 七項原則的條分縷析，如「公民」這一項，細分為「睦鄰」、「良心的投票者」、及「熱心照顧兒童的父母親」等。學習活動的「**認知**」(cognitive)、「**情意**」(affective)、及「**技能**」(psychomotor) 三大「**範疇**」(categories) 樣樣俱到，決定教育目的時就有了紮實感，而非空泛無實了。

二、教育目的的「哲學」面

教育哲學家對上述教育科學家之以「**現實面**」作為「**理想面**」，頗無法認同。教育科學家混淆了經驗層次與價值判斷層次，難道教育活動只遷就「現狀」，而不尋求「改善」嗎？「**現狀**」是目前，「**改善**」屬於未來。人類文明活動，不是只有對既有環境的「**適應**」(adjustment) 而已，那是太消極了；卻應

積極有所作為的以「理想」為目標。教育目的這個領域，是教育哲學家的地盤；這個地盤，教育科學家是無權置喙的。教育科學家旨在陳述教育的客觀事實，但評量教育事實的價值，那是教育哲學家的本份工作。教育哲學家也應該挑起這份大樑任務。

　　其實就「事實」層面來看，學童的興趣、需要、與能力等，是教育活動應該關注的「起點行為」，但絕非「終點行為」。教育哲學大師杜威 (John Dewey, 1859–1952) 將教育比喻為生長 (Education as growth)，但到底教育要「任其生長」、「助其生長」、或「導其生長」？「任其生長」是一種「放縱」，絕不可行；「助其生長」則有「揠苗助長」的古訓，也應警惕；「導其生長」才是正途。但如何導，導向何方，則是教育哲學家大費周章的工作。教育科學家只能告訴教育工作者孩童感興趣的「是」(is) 什麼，至於教育哲學家則要提供教育工作者學童的興趣「該」(ought) 是什麼；二者各有分寸，不得逾越。當然，二者身份可以得兼。英國哲學家休謨 (David Hume, 1711–1776) 曾提出「是」的領域不可與「該」的領域相混這種警告，否則就犯了「範疇的謬誤」(fallacy of category)；也就是說教育科學及教育哲學二者的「範疇」，在思考教育目的時，前者是沾不上邊的，千萬別飛象過河。

三、教育過程本身就是目的

　　將上述二者的「正」與「反」予以綜「合」，也深受黑格爾辯證哲學影響的美國教育思想家，杜威，認定教育具有「連續性」(continuity)，教育本身就是一種過程 (process)。以「解決問題」(problem solving) 為核心觀念的這位二十世紀最具影響力的教育哲學大師一再強調，教育目的，就是「解決問題」。因之教育含有強烈的「工具性」及「實用性」。在現代社會生活中，問題之出現是川流不息的。要想問題能夠解決，就得先了解現狀，知悉過去，這就有賴教育科學家的幫忙與協助；但問題一解決之後，難免有後遺症，因此也得運用「腦筋」(intelligence)，「持續」的克服問題，承擔「暫時」解決之後的後果。因此，目的具有「指導眼前的活動，刺激當前的行為，並作為衡量行動後果」的價值標準等用途。由此可知，教育目的在時間上有過去、現在、及未來三種元素。這種「過程」本身，就是目的；充分運用「腦筋」的結果，

人的經驗豐富了，解決問題的能力增強了，這就是「**成長**」(growth)。猶如植物一般，成長本身就是目的，除了成長之外，別無目的。教育也是除了「再」教育之外，別無目的。

這並不是說「教育無目的」，而是說「**教育本身就是目的**」。因為教育是「**動態**」的，「**變遷**」的，因之教育目的應依情境的不同而有變化，情境之變化多端，好比生活情境之複雜化一般。這種論調，遭受到許多人的誤解，以「**繼續生長**」為教育目的，但生長有好有壞。如果是癌症式的生長呢？**霍恩**(Herman Harrell Horne, 1874–1946) 就以此來痛加指責。這個論點，涉及到「生長」的持續性問題，也就是說，生長的「後果」。不過，杜威界定「生長」之有「**持續性**」就解答了此一問題了。因為病徵性的生長，無法使個體持續生長，卻加速死亡。就癌細胞而言，生長是快速的，但對人體來說，卻是生命細胞的快速消滅。癌細胞在人體內是「小我」，人體生命則是「大我」，只顧「小我」，罔及「大我」，難道是一種「**明智的行為**」(intelligent behaviour) 嗎？

可見「生長」有終極目標，也有短程目標。終極目標是天主教及傳統教育觀念上所甲意的。在社會安定、國際局勢和平、經濟繁榮之際，此種教育目的觀頗為得勢。美國**哥倫比亞** (Columbia) 大學教授**阿德勒** (Mortimer J. Adler, 1902-1991) 更取古希臘亞里士多德的立場，堅定的指出：「**教育目的對任何人而言都是相同的**。」教育目的沒有國界，無時空性，是絕對的，是終極的。以前沒有變更過，現在不會變更，以後也永遠不會變更。不過解決問題的方式不能一成不變，且遭遇的問題性質今昔有別，也因地而有差異，千篇一律的思考絕對無法應變。當戰爭及動亂期間的教育，則紀律第一，國家認同至上，群性優於個性，並且教育的保守性目的重新抬頭，集體主義的教育目的觀壓過個性的自由主義。《**學校敢於重建社會新秩序嗎？**》(*Dare the School Build a New Social Order?*) 這是另一位哥倫比亞大學的教授**孔兹** (George S. Counts) 於 1932 年出版一本書的書名。處在冷戰、風聲鶴唳、或戒嚴時代，學校那來勇氣「敢」於再造一個嶄新的社會秩序？相反的，當政治、經濟、文化條件是彈性極大，自由的容受性極強的時代裡，冒險衝刺大受鼓舞之際，則教育目的當然就需調整。不過二者到底何者為因、何者為果，何者在先、何者居後，這種兩難迷惑猶比蛋生雞或雞生蛋問題之無解一般。教育目的有

一致性，也有歧異性；有普遍性，也有特殊性；植物如為花生，則不管時間地點，長出來的都是花生；但花生有大有小，有長有細──教育亦然。

　　教育「是」什麼？確實很難予以定義清楚；教育概念頗為複雜，亦不易三言兩語就可交代。教育思想家多半取「教育似……」來取代「教育是……」，即使用 "as" 而不敢以 "is" 來作描述用詞。as 與 is 之區別，英文造詣具程度者當能領會；漢文也有諸多顯例，例如提到光陰「是」什麼？若答以：「光陰似箭，日月如梭」，則是佳句；總不可以說：「光陰是箭，日月是梭」吧！聽起來不是覺得「怪怪的」嗎？杜威的著作，就很謹慎地以 "education as growth"、"education as formation" 或 "education as life"、"school as society" 等辭句。漢文學者不察，竟然大唱：「學校即社會」、「教育即生活」。注意，「即」是「是」的意思，但「似」不同於「是」，一字之差，在意義上卻有失之千里之虞。❼

　　在教育的「科學面」上，以教育「似」什麼來取代教育「是」什麼；在教育的「哲學面」上，以「繼續性」帶有「該」意，確是迄今為止，「暫時」解決了「教育目的」的棘手問題。教育「似」生長，加上「繼續性」意義後，就可以說教育「是」也「該」為「繼續性的生長」，此既含有「實然性」也兼具「價值性」；教育「科學」與教育「哲學」二合一，應是最具體也最含有深度及廣度的教育目的。

---

❼　詳見林玉体「教育是……，教育似……」，《教育哲學》〈隱喻篇〉，林逢棋、洪仁進（主編），臺北，學富 2013, 3–20。

第二章　政治與教育

「政治」有時風味高雅，有時則極為不潔。政治人物有「政治家」(statesman) 及「政棍」(politician) 之分；前者光明磊落，有理想抱負，為全民福祉而犧牲打拼；後者則為一己私利，且常使出欺騙、陰險、狡詐、卑鄙、無恥等技倆。中國的造字者倉頡把這種人組成的團體，稱為「黨」，「黨」字是「尚黑」兩字組合而成，臺語正是「最黑」的意思，對「政棍」而言，的確非常傳神也合乎其意。教育活動與政治脫離不了關係，這是毋庸贅言的。本章就是論述二者在時間上的變遷。

就西文的字源學來看，"politics" 的希臘字，與 "city" 是同義語；換句話說，「政治」與「城市」二者合一，處理城市生活的許多事務，即公共事務，是人人關心的主題。亞里士多德這位大哲學家就基於此一層面，撰述他的教育理念，《政治學》(*Politics*) 一書就是他在教育方面的代表作。亞里士多德清楚明白的道出，公共事務的焦點，集中在權力的擁有上。權力的擁有，方式有多種。由一人獨攬大權者，這就是「獨夫」，政治學名詞稱為「君主政權」(monarchy)，也是「專制政權」(despotism)，或是「獨裁政權」(dictatorship)；由少數人掌權者，這就是「寡人」，政治學名詞叫做「寡頭政權」(oligarchy) 或「貴族政權」(aristocracy)；也有由全民共同分享的，這就是現代人所熟悉的「民主政權」(democracy)。歷史上，這三種型態的政權重疊的時期，很多也很長。我們所關心的是，教育的性質及方式，是否因政權型態之變易而有所更迭。尤其應該特別注意的，是治者之教育如何進行？何種方式才能培養出治術人才？治於人者需要教育嗎？如是，他們的教育又是什麼？這些問題都在教育史上出現過。

第一節　希臘的城邦政治與教育

希臘人以「城邦」(city states) 作為處理公共事務的政治組織型式。規範

城邦人民的準則，並非來之於貴族的言行。品德及操守，並非貴族所專有，反而城邦法律才是城邦人民一致遵守的生活方式。這在文明史上是往前推進了一大步。由於貴族是世襲的，也是遺傳的，並非後天環境所塑造；但城邦法律制定之後，「天性」的比重減輕了，人為的努力則加強。教育的樂觀性成份上升，認定人性是可變的，也是可教的。「德可教嗎?」(Can virtue be taught?) 在知識可教且品德建立在知識的前提上，答案當然是肯定的。在城邦的服務項目中，教育機會的有無，列為最優先。

一、以城邦為榮的政治教育觀念

斯巴達城邦是軍國民式的，城邦人民認定為城邦捐軀是一生最榮耀的職責。因此勤練身體，艱忍毅力的考驗，服從的習性，都是教育課程的最重要項目。最值得喝彩的是雅典城邦的文雅教育措施，促使雅典成為希臘軍事、政治、文化、學術、及商業貿易上的盟主。政治演說家貝里克 (Pericles, 495–429 B.C.) 在〈國殤演說〉(Funeral oration) 中，除了歌頌並景仰為城邦而犧牲的沙場戰士外，並道出雅典自由民城邦的可貴之處：「在教育方面，我們的敵手從搖籃時候開始，就以嚴厲痛苦的訓練方式來培養他們勇敢善戰的技倆；而我們雅典人卻以愉快的方式活著，但在遭遇該有的危險時，仍然奮力以赴，毫不畏縮……。我懷疑這個世界上的任何地區，能培養出與雅典人相同的人士——在唯有自我依賴的情境裡，在面對許多緊急事件之際，仍能屹立不搖，並生活得幸福、優雅、且多才多藝。」雅典城邦措施，使雅典人民熱心參與公共事務，冷漠及不關心是疏忽職責的；貧窮並非壞事，但習於貧窮、安貧，才是不能寬諒的。事在人為，不可安於現狀。人才之輩出，自可預期。辯者及三大哲學教育家陸續出現，就是雅典城邦教育最成功的註腳。

二、依天性分工

柏拉圖的《共和國》(*Republic*)，強調人人對城邦公共事務的分享上，依天性來作分工。「團結」的城邦，必有心甘情願的城邦份子心甘情願的為城邦安危戮力以赴，這就涉及了對城邦的認同與忠誠問題了。只有靠自由意志的抉擇，因材施教的安置，人盡其才的規劃，人人盡其本份才華，無怨無尤；

不生怨懟、猜忌、仇恨，城邦人民打從內心中油然而生對城邦的情愛，對土地的狂熱。則任何偏面的、個別的、及相互衝突的爭論，都將一掃而光，不只城邦穩固如玉山，且人人安詳和諧。「個體」與「群體」是一種有機的結合，凝固不分離，一致性及穩定性隨之出現，「理想國」就是此種景觀。人性中智性部分優異者出掌城邦大政，情性部分突出者捍衛城邦安全，欲性部分強烈者加緊生產工作。這就是最正當的法則，「天經地義」，任何城邦人民奉行不渝。先天加後天，遺傳加環境，稟賦加人為，除此之外，還有其他政治及教育法則嗎？

三、政治與教育的整合

　　亞里士多德的《政治學》(Politics) 也分析政治與教育的關係。視城邦為一整體，就應該有單一整體性的目標，不只作為政治目標，且也是指導教育走向的。「如果有人以為他只屬於他自己，這是大錯特錯的觀念。每個人都應該想到他屬於城邦，每個人都是城邦的一份子。部分的處置，當然應由整體城邦來決定。」不過，亞里士多德並非一個只有「大我」而忽視「小我」者。順著他老師柏拉圖的見解，人人發揮他的「潛能性」，以到達「實現性」的地步，若城邦提供此種環境，則人人主動自愛，自然心中以城邦為念了！

　　那麼，雅典城邦此種政治架構，是符應亞里士多德所分類的那一種型態呢？柏拉圖的「哲學家國王」，是「專制」、「獨裁」體制；但「治者」有高下位階，最高層的治者只有一位，其下者則猶如金字塔，公共事務由少數人承擔，所以又接近貴族體制或寡人體制。至於人性中最下層的欲性生產工作者，也含有「決定」的判斷功能，這一層是多數眾民的，因之又有民主體制的意味了。不過不管如何，三種城邦人民之過問或負責公共事務，皆需以「知識」為準繩。治者之中獲王位者稱為「哲學家」，當然是知識掛帥，位居其下的軍人或農工商，也不忘要以知識作輔佐，否則「勇而無謀」或「生產而無技巧」，那又失去「恰當」性了！「人人皆可為王」是有條件的，知識最是不可或缺的條件。如有人以為「知而無德」，災難更大；需知柏拉圖的老師蘇格拉底說過：「知即德」，且「德即知」。一說及「知」，「德」即緊隨而至，二者如影之隨形。在希臘三哲中，知的百分比最高，教育品質之提升及政治風氣的改善，

都植基於此。

第二節　獨善其身的教育時代

　　城邦如果解體，「大我」消失了，則「小我」只好獨善其身。希臘城邦隨著時移勢易，在西元前 338 年時為馬其頓王朝擊敗，城邦失去政治的獨立性及自主性。人人接受教育的動機，已不在於處理公共事務上，而在私人生活裡獨自享受幸福的追求。**伊比鳩魯哲學** (Epicurean Philosophy) 及**斯多噶哲學** (Stoic Philosophy) 乃應運而生，且廣受歡迎。「**快樂主義**」(Hedonism) 及「**禁欲主義**」(Stoicism) 認定，善惡的標準就是快樂及痛苦(快樂即善，痛苦即惡)；或乾脆禁絕一切欲望，終生苦行。城邦既不存在，加上羅馬帝國滅亡後，歐洲陷入兵荒馬亂、蠻族入侵、生活不寧的黑暗歲月中，人們已失去了「大我」的寄託，只有仰身於自我的修行了。這種氣氛，也為基督教的興起鋪好了路！安心立命都已自顧不暇了，那能想到公共事務的處理呢？

　　基督教義對信徒獨善其身的詮釋，意義繁多；從文明史的角度來看，是一大進步。在古希臘及羅馬社會的政治組織架構裡，自由民與奴隸，是截然二分的階級；二者之權利與義務，天差地別，教育機會也形同霄壤。基督教得勢之後，人人可以得救，全民皆能獨善其身。此種上帝恩寵，子民皆能普沾，毫無例外，不因種族、性別、膚色、社會地位、心智等而有「大小目」（大小眼）的歧視。眾生平等的法律觀念從此建立了起來，《聖經》就是全民共同遵守的法則。此種「**正義**」觀，源之於宗教，比希臘學者之奠基於哲學，更具神聖莊嚴性。

　　其次，獨善其身的作為，眼光是朝向天國，那是對上帝履行最高的義務。今生今世的幸福不足惜，那是短暫也非真實的；倘若今生今世苦難頻降己身，那就正是考驗信仰堅定與否的良辰。現實社會的不公不義，增強了對公義世界的心理嚮往。由上帝當「**國王**」，比任何人間的一切政治人事之安排，更為理想。基督教興盛之後，教會林立。羅馬天主教的教皇，各地教會的大主教、樞機主教、神父、聖者等，皆是上帝在地球上的代言人。無條件的服從，不只是寺院僧侶的「**天職**」，且是《聖經》的律令。黑暗的漫漫長夜中，這是一盞明燈，使歐洲人還能在污濁的現實社會及羅馬帝國裡，引出明辨是非的行

為準則。

第三節　封建君主及百工技藝的教育

在現代國家成型之前，歐洲是封建君主當政時代。基督教人人平等的權利及義務關係，距離完全實踐的時日還早。注重教育，只停止在理論階段。古代希臘及羅馬，史書上僅記載**亞歷山大大帝** (Alexander the Great, 356–323 B.C.) 這位馬其頓王朝的統治者受過大哲學家亞里士多德的教學，但由於英年早逝，雖曾報答師恩，卻未能看到這位大帝身兼哲學家，滿足其「師公」對「**哲學家國王**」的期待。而史上的哲學家，幾乎也都無機會當上公共事務的最高指揮官。

享有治權、意識到自身教育的重要性、連帶也要求官吏及貴族子女應受教育的第一人，就是神聖羅馬帝國的**查理曼大帝** (Charlemagne, Charles the Great, 742–814)。他禮聘名師，建「**宮廷學校**」(Palace School) 的興趣大於蓋碉堡，致教師之高酬重於購軍火。他還警告百官勿以對王忠誠為足，還得知書達禮。封建時代，識字的實用性很低，社會上最流行的風尚是比武械鬥。武士帶有保家園衛封邑的職責，要獲得「**武士**」的頭銜，得身經百戰、履履比武並將對手擊落馬下才能封爵。幸而在武士教育的過程中，還得撥出部分時間來寫字吟詩、彈琴書畫。武士也是紳士，文武兼備，才是治術的上乘要求。宗教改革的先鋒健將**路德** (Martin Luther, 1483–1546) 換另一種口吻說，比武可以使人勇敢善戰，識字也可達成此項功能。因為識字之後就了解《聖經》教義，從此對其信仰之堅定就信心十足，那正是對抗惡魔**撒旦** (Satan) 最雄壯的武器。治人者與治於人者，對此種裝備皆不可小覷！

文藝復興時代以還，中世紀以城堡為中心來處理公共事務的政治方式已漸失勢，城市生活取而代之。火藥的發明及大砲的使用，威脅了歷經數百年由苦工所興建的城堡，也摧毀了厚達數尺的圍牆，安全感消失不見；城市因貿易交流而繁榮，暴發戶成為新興的中產階級，獲利豐厚，生活奢侈。商人與君主結合，以商攻政，「**宮臣**」(courtiers) 之名出現，政商兩棲。宮臣應接受何種教育，當時的人文學者為此著書立說，但皆逃脫不掉傳統與時尚兩大主流。傳統即古希臘羅馬文學之研讀，時尚即法律之研究及作戰技術之嫻熟，

加上馬術及劍術等消耗體力的運動，與武士之培育無多大差別。至於百工技藝或賴各種行業謀生者，則有「行會」(guild) 的組織，如理髮、制革、織布、製作皮鞋等，「師傅」「收徒見習」(apprentice)，教導打掃應對之生活禮節，俟年齡漸長，手藝越精，則成為「技師」(journeyman)；當火候漸升，其「精心傑作」(masterpiece) 普受同行的行會肯定後，則可以開帳授徒。這種社會架構之設計，是安全感及穩定性的另一來源。教育的對象有漸漸下放的傾向，但階級性仍十分牢固。治者層是作政策決定的，「宮廷學校」只收容少數人而已，他們甚至在宗教信仰派別林立的「新教」地區，也代該郡主轄區範圍之內的人民決定應該信何種教派。其他貴族子弟從小即到武士家學武練藝，從「侍童」(page) 上升為「扈士」(squire)，而後由教會負責人策封為「武士」(knight)，程序如同「藝徒制度」(apprenticeship) 一般。

封建君主的教育，是文武兼備，智德雙修；百工技藝的訓練，則強調手藝靈巧。但二者皆共同要求信仰的虔敬、道德的遵守、及禮儀常規的保存。

第四節　雙軌制隱然成型

治者與治於人者，勞心者及勞力者，貴族及平民，少數的上層及多數的下層，甚至是男人及女人，古典語文及現代母語，理論科目及實際活動，這種「雙軌制」(two-track system) 經過長期的累積醞釀，已變成教育的普遍現象。不只職責分工，其賦予之價值高下也有顯著差別。雖然基督教人人平等的理念說得再清楚不過，但在教育機會的享有上，卻並不均等；再加上學理上天性智愚說的根深蒂固，雙軌制教育措施便廣為歐美人士所接受。

希臘及羅馬的社會，即令有正式的學校，也只有「自由民」才能享有，其他階級或身份的人只能接受非正式的教育 (即生活及環境的教育)。全民皆享教育機會，只是少數教育哲學家的主張。即令基督教義寫著上帝對信徒一視同仁，但在實際的教會組織中，寺院的教義教學也只及於少數僧侶及女寺院 (convent) 中的少數出家婦女。中世紀由帝王或郡主所經營的宮廷學校，甚至是文藝復興人文主義學者所歌頌的文法學校或古文學校，幾乎清一色都只學古典語文，貧窮者無法入學。羅馬皇帝雖以獎學金來鼓勵「腦袋重但錢袋輕」(品學兼優，但家境清寒) 的貧苦學生，但時日並不長，也未持續下去。

宗教改革時期，新教及舊教皆努力興辦學校，將學校視為改變宗教信仰或堅定宗教虔敬的工具，但教育的對象，也大半以貴族為對象；路德雖有普及全民教育的呼籲，但他只是神學理論家，並非實踐家。他的大學同事擬透過公權力，強制要求一切學童皆要入學，規定凡文盲者皆不許結婚。人人皆想成家，要達成此種願望，先須識字，這招果然奏效。但在十六世紀的歐洲社會裡，那也只是聊堪自慰而已，因為普及教育必得仰賴許多配套。舊教地區興辦的**耶穌會** (Jesuit, Society of Jesus) 更是注重中上階層的教育，貴族子弟入校時所安排的座椅，「**較為舒服**」，對於需要嚴重處罰的學生，「**假如他的階級越高**」，則越能引起學校行政首長的注意而網開一面。值可嘉許的是此種學校並不收費，升級全憑成績來評定。此舉贏得第一位現代化哲學家笛卡兒的讚許，他早年入學於耶穌會辦的學校，因學校較不重視社會背景，只依學生個人能力來升降等級，他讚美此種措施「是一項極為良好的發明。」連這麼簡單的設計，都能搏得大思想家的歡欣，且令他印象深刻，理由無他；政治及社會結構不僅建築在不平等的理論基礎上，這些不平等還確立於世襲的階級組織中。

　　長久以來的傳統觀念一向認為，教育，尤其正式的學校教育，只需讓上階層的子弟享有即可；下階層的學童不必給予教育機會；就算退一步讓全民普沾教育甘霖，則其性質及時限也與上階層的教育大相逕庭。時代進步之後，開明派及慈善為懷的上層人士雖還不致於狠心完全斷絕貧苦大眾的教育機會，但他們所構思的教育體制，顯然也是十足雙軌精神的，這在歐洲各地都大同小異。當時各地所辦理最佳的學校，雖偶而也為天資優異但無財力的學生開放入學大門，但絕大多數學生都是權貴子弟，對於其餘的學童，時人的看法是，地位卑微的人，一生的工作都只是勞動性的，不需動用心思與腦力；他們的職責，就是極盡服侍之能事，言聽計從就已足夠；既是最低級的職務，也是最沉悶、乏味、又疲勞的工作，承擔此種工作，原始本性就已足夠，不需高深的知識，頂多只需不怎麼艱難或複雜的職工技巧而已。連民主政治的大師**洛克** (John Locke, 1632–1704) 都持這種看法，他在這方面上的見地，遠比他在政治學說上保守，他只為勞動階級提供工作學校一種而已，該種學校，目的在於要求工人子弟從小就習慣辛苦又勤勞的工作；還吝嗇的構想，以學童勞動產品在市場拍賣後的金錢，維持工作學校的經費。自力更生，一舉兩

得，還可培養高尚的品德呢！

學校教育如無固定又足額的財源，則註定就無法長期生存下去。下層子弟的教育何其無辜，得靠自力救濟或別人的慈善施捨。人口學家**馬爾薩斯**(Thomas Robert Malthus, 1766–1834) 頗不以為然，治本之道是「讓他們接受正規的教育，以及傳播給他們最有關的政治道理；才是我們在能力所及的範圍之內，真正可以改善他們的生活情境，使他們成為幸福及和平的國家臣民之唯一方法。不幸，這些措施，我們卻做得極少。英國低層階級人民的教育，完全假手於少數幾所主日學校來進行；這種學校乃是由個人的捐獻而興建，而這些捐資興學的人，又以他們所喜愛的偏差教材來教導學童，這的確是國家的一大恥辱。」這種心懷，遠比洛克更為寬廣，並非只需在冬天裡讓凍餓的孤兒喝碗熱沸的麥米粥、洗個熱水澡就足夠 (洛克就曾經這麼說)。這樣子作，只是浪費金錢，並更增加他們的不幸與不滿。難道他們就註定是作工勞動的料，無法更改此種命運嗎？

弱勢族群接受「**基本**」教育完成後，學習即告中斷，在「**學制**」中完成「**小學**」之後，即行離校。這一軌道的教學，素質較差，設備較劣，聲望較低，教師專業訓練不足。教材內容強化尊卑觀念及自我滿足心理，讓受教者心甘情願包辦低賤又不可免的工作。

平民軌的教育結果，也有不少畢業生甘願認命，受困於身份卑微的枷鎖裡。未入校之前，無憂無慮；入校之後如讓學生更為狂傲，不屑於勞動或職業工作，自認身份已與同儕有別，則徒增困擾，也大失慈善人士慷慨解囊的美意。其實不少有錢人之斥資興學，出發點也是自私自利的，他們希望普勞大眾還是停留在「**勞**」的位階，以防止社會騷動；只需讓「**勞**」的技巧提升一級而已。

不甘願屈就現實的平民，一嚐教育機會而能展現其潛能者，便矢言尊嚴的重要性。他們要求在各項學校教育的措施上，一律平等，包括接受中上教育的機會。此種努力，正是「**單軌**」教育啟動之時！

以美國為例，黑人或有色人種與白人的雙軌教育，是美國教育史特別明顯的特色。在南方，黑人或印地安人的正式教育幾乎完全空白，法律上甚至規定提供這些人教育是違反法律的；其後推動之黑人教育，是黑白分校，雖

倡言兩校「**平等**」，但「**分離**」本身就帶有歧視；有些黑人教育家更自我矮化，非常實際的規劃課程只走職業、技術、及勞動方向；但有些則要求與白人看齊。單軌制未成常規之前，這些都是階級教育的景觀。在殖民地的教育上，此種景觀尤為突出。英人的屬地如印度及馬來西亞等，日本治理臺灣時的教育，都是雙軌制的典型代表！

第五節　單軌制在困境中掙扎

　　英國及法國是世仇，在學校教育的制度發展史上，兩國也南轅北轍，尤其在十八世紀下半葉的大革命時期。如果說英國是雙軌制的代表，法國則走單軌制這一途徑。前者是傳統貴族式的，後者則屬自由民主式。

一、理性主義崛起

　　理性抬頭之後，開明人士發覺，理性此種「**官能**」，並非貴族所專有；事實上平民擁有的理性成份，並不亞於貴族。理性力道大增之後，要求事實證據的經驗因素，也如影隨形。內在的理性加上外在的客觀事實，造成了科學勢力的蓬勃發展。此股勢力，對祖先留傳下來的政治、法律、經濟、及教育不平等大加抨擊，認定這些不平等，並非上帝的旨意，卻是人為的扭曲，才使少數人牟利，多數人遭殃。此種不公不義的人類悲劇，應悉數廢除，不容再現。

二、平等的概念

　　人人平等的主張，早見於基督教教義；但即使當基督教普遍由歐美人士所信仰後，不只在許多層面上未實現該教義的訴求，教育機會上也仍是雙軌制當道；理性時代則注入了一股人人平等的新活力。第一位現代化科學家的培根曾大膽宣稱，科學花朵四綻時，即使一位平庸的人，也能使用科學方法來支配自己的生命。科學對一切現象，皆可提供恰切且機械的解釋。「因為我們研究科學所使用的方法，可以使各人的機智拉平，而僅為優越才能保留部分餘地。運用最準確的規則來操作運算，科學方法可以無所不能。」法國理性主義的健將與第一位現代化哲學家的笛卡兒也樂觀的說，人類的天份，也就

是人的一種良知，都均勻的分配在每一個人身上。

透過立法，把上述主張落實。法國大革命時革命思想家擬議，男女學童一律強迫入相同的學校，費用由公款負擔，吃相同的食物，穿同樣的制服，接受同樣的教材及教學方式。此種矯枉過正的法案，胎死腹中。學理上，人人皆受相同的教育，是否真正符合教育機會平等的真諦，頗引發思想家的爭論。自然主義的教育大師**盧梭** (Jean Jacques Rousseau, 1712–1778) 及**康多塞侯爵** (The Marquis de Condorcet, 1743–1794) 在這方面持以保留態度。他倆所追求的平等，是指經濟及法律條件上的平等；至於身心兩方面，則因人人殊異，怎可強求彼此一致雷同呢？這不是違反了自然律則嗎？依個人的天賦能力及需要來設計教育情境，使個體皆有機會發展各自的才華，才是公正政府的首要職責。只穿相同服裝，唸同樣的教本，上相同的學校，這就算平等，那也只是平等的假相。國家可以強迫所有學童吃同樣的食物，質及量皆不得有差異嗎？這太過荒謬了。

三、國家教育的浪潮突湧

國家或政府應承擔教育每一位公民的責任，因材施教，且有教無類。但國家或政府需要各專司職務的人才，教育工作就需達成此項任務，有實用技藝的，有美術的，有科學及文學的，有將軍、外交官、行政官、及教會負責人；不可掛一漏萬。這是另一學者**伽洛泰** (Louis René de La Chalotais, 1701–1785) 的主張，也是柏拉圖教育學說的法國版，但另一個嚴肅的問題在此出現。以法國大革命之初的政府而言，既然是革命家推翻的對象，腐敗不堪，無惡不作，此種政府及國家，人人避之唯恐不及，又怎能由此種國家及政府膺教育大眾的重責大任？亞里士多德認為人人附屬於國家，是國家的一份子；盧梭則持不同看法，認定人人隸屬於大自然，大自然高於國家，也高於政府。大自然是至善的，人人傾向於大自然的至善性，就可以使人人擺脫國家及政府的束縛，人人與自然合一，成為貨真價實的自然人。由此來淨化社會，清除國家及政府的污垢。社會上一切職責的履行，包括公民的培育，都應取法大自然，以大自然為師。盧梭的大自然，猶如柏拉圖的「**哲學家國王**」，二者皆以此來解開「**國家與個人**」、「**政府及公民**」二者循環論證的兩難困境。單

軌制有統一口徑，有殊途也有同歸。

四、單軌制的忽隱忽現

　　法國大革命的極端自由、平等、及博愛主義，為教育學制上的單軌制提供美好的環境。平民翻身，與貴族平起平坐的日子看來近在眼前；可惜因革命時暴發的流血騷動造成社會的不安，以及對特權貴族的激烈報復得不到歐洲人普遍的好感，更不用說引發了貴族的誓死反撲，因之良法美意皆流於紙上談兵；為眾民所設的小學，反不如傳統唸古文的中學如**學園** (*Lyceé*) 及**學寮** (*Collegé*) 來得聲勢浩大。單軌制形單影隻，倒曾在普魯士曇花一現。當普魯士掙扎於拿破崙的蹂躪時，政治思想家**菲希特** (Johann Gottlieb Fichte, 1762–1814) 大倡國家主義，期求全民放棄私利而注重國家公益。人人應該接受教育，不只因人人都是有尊嚴的個體，並且國家的自由及獨立性，更是人人教育的最高旨趣。有獨立的人人，更需有獨立的國家。教育實踐家**裴斯塔洛齊** (Johann Heinrich Pestalozzi, 1746–1827) 更倡言愛的教育，擴及教育的對象及於全民。任何人都應「擁有智性上的獨立，沒有它，人性的真正尊嚴不能維持，職責也無法完全履行。」人人的獨立性不容剝奪，猶如國家及政府的獨立性不容侵犯一般。以此種全民皆獨立性的教育來救國，正是菲希特發表十二次《**告德意志國民書**》(*Address to the German People*) 的用意所在！

　　但是菲希特及裴斯塔洛齊的平民教育觀念及獨立教育精神，在普魯士並未大行其道！當平民教育理念開始發酵擴散而侵害貴族權益時，貴族階級的讓步立即停止。1848 年歐陸各地的反動，打壓單軌制的實施；國家或政府非但不把教育看成是解除鐐銬的工具，反而利用它變本加厲的禁錮人民的自由。

　　1859 年進化論大師**達爾文** (Charles Darwin,1809–1882) 的大作《**物種原始**》(*The Origin of Species*) 問世，優勝劣敗，適者生存，弱肉強食，這是大自然的演化律則。這種生物學的無情現象，又滋生出「**社會達爾文主義**」(Social Darwinism) 的負面學說，對單軌制更是一大殺手。社會達爾文主義之正面詮釋，以愛、關懷、合作，來取代血鬥、競爭、無情、冷漠，還得假以時日。德國哲學家**尼采** (Friedrich Wilhelm Nietzsche, 1844–1900) 又提出「**超人**」(Superman) 一詞，駁斥平民教育論，認為平民天生下來就是要服侍並服從他人

者。「大眾的教育不是我們的興趣所在，而是少數精選出來從事偉大及專業工作者的教育（才是吾人的目標）。」只有弱者才講道德、平等、正義，超人才不屑於此。人類文明的進步，不都是超人的成就嗎？超人的觀念，不幸為野心政棍所操弄。他們認定帝王即是超人的化身，凡人都得臣服其下。此種理念，使教育及政治，為德國「納粹第三帝國」(Third Reich of the Nazis) 鋪好了路！希特勒一位高級顧問 Alfred Bäumler 是「哈」尼采的（尼采迷）。

在納粹上臺之前的威瑪共和 (the Weimar Republic) 民主憲政之下，曾有短暫的時期，試圖採用上下階層子弟教育機會平等化的教育措施。第一種措施即將所有學童，不管他的社會地位如何，都送進普通小學就讀，普通小學即稱「基礎學校」(Grundschule)。既然人人皆入此種學校就讀，則階級懸殊的尖銳度就可減輕，社會團結力也較凝固；此外另有「高等學校」(Aufauschule) 來收容優秀的小學畢業生接受中等階段的教育。然而此種單軌式民主化學制，在希特勒 (Adolf Hitler, 1889–1945) 上臺後立即取消。

五、軍國民式的極權教育

納粹上臺後，獨裁的希特勒元首 (Führer) 及一小群組織嚴密的納粹黨，即變成國家發號施令者，政教合一，且強調軍國民式斯巴達型的教育。培養領袖的「希特勒學校」(Adolf Hitler Schulen)，體力的訓練先於智力的運用，且納粹黨意凌駕一切。黨國一體，教育變成政黨的奴僕。哲學家黑格爾 (George Wilhelm Friedrich Hegel, 1770–1831) 又為這套軍國民教育提供理論基礎：國家至上，民族第一，政黨優先。個人或公民都只是小我，一定得納入大我的國家當中；個人或公民絕不可離納粹黨而獨立自存。德國的納粹黨接受黑格爾學說，義大利的法西斯黨 (Facist) 教育首長香第爾 (Giovanni Gentile, 1875–1945) 也步其後塵。國家在個人之上，教育目的一定得將國家意志注入於個人意志之中，國家法律人人皆應熟悉，不可有陌生或疏離感。國家是普遍的，絕對的；國語、國文、歷史、及文學乃是人人必修的課程。效忠國家或政黨領袖，是最優秀公民的表徵。黑格爾的此種國家至上論，一到馬克思 (Karl Marx, 1818–1883) 手裡，就變成階級鬥爭的「正」(thesis)、「反」(antithesis)、及「合」(synthesis)；即資產階級與工人一「正」一「反」之鬥

爭，最後變成無產階級專政之「合」，此種歷史唯物辯證是一切真理的最後依據。共產黨國際世界的來臨，正是黑格爾國家絕對理念的復活。蘇聯及中國的共黨及國民黨專政，教育已十足變成政治附庸，個人重要性大幅旁落。「共產主義是中國人民的最高精神食糧，有幸成為共產黨員，是畢生最大光榮。」連世界最頂尖的桌球選手鄧亞萍都這麼公開的說，可見黨化教育的荼毒多深！

六、民主教育的溫床與沃土

　　國家發展型態在十八世紀之後的英國，是「**工業式的民主**」，在美國則是「**共和式的民主**」；英美兩國可以說是民主教育的溫床與沃土；也為其後環球教育改革樹下了楷模。

　　⑴英國是工業革命的發源地，更早在 1215 年就發佈民主大憲章；其後國力居世界之冠。由於物質生產暴增，中產階級人口快速上升，國會慣例是以財產之多寡作為選舉權有無之重要依據，因此參政機會及教育機會之擴充，也是必然的結局。十九世紀在國會通過許多法案，不只初等教育廣被及全民，還延伸到中學階段；1884 年所有男人都有選舉權，1918 年一次世界大戰結束，婦女也獲得選舉權。在民主教育的發展上，英人採取漸進的方式，在二次世界大戰前夕甚至直到二十一世紀開始之際，英人仍以傳統的古文及數學為重的**伊頓** (Eton)，**哈洛** (Harrow)，及**拉格比** (Rugby) 等「公學」(Public Schools) 而自傲，還誇口說英國因有傳統的雙軌制，因此產生兩種不同人的教育。公學畢業者入牛津及劍橋兩個世界級大學，投身內閣，甚至位階高到首相；而全民皆有一流的民主風範及素養，實賴民主式教育的徹底實施。

　　⑵美國幅員遼闊，墾荒地的環境，緩和了歐洲階級組織的嚴苛性。在農耕種植之地，「亞當耕，夏娃織，斯時也，誰是平民，誰是貴族？」1776 年美國民主革命成功，擺脫英國祖國而在政治上獨立，邁向共和；立即把原有稱為「國王學院」(King's College) 及「皇后學院」(Queen's College) 更名為「**哥倫比亞大學**」(Columbia University) 及「**路特加大學**」(Rutgers University)，因為美國已無「國王」及「皇后」。字典編纂家**韋伯斯特** (Noah Webster, 1758–1843) 直截了當的說：「憲法是『共和的』，教育卻是『皇室君主的』。政府之這種措施，對我來說，它的違背常理是非常顯著的。『前者』將公民權利擴充

到每一位誠實又勤勉的人；而『後者』卻剝奪了大部分人民最珍貴的遺產。」
接著這位連臺灣師生皆熟知其名的《韋氏大字典》作者又說，暴虐的政府可
能因民智的開發而威脅到他們的權力，因之限制教育機會的擴充；其實，共
和政府也會腐蝕，除非將民智的啟迪儘可能的擴散於全民中。「全民普及教育，
可以保存並延續我們的自由制度⋯⋯。國民明智，他們就會警覺謹慎；提供
他們偵察毛病的方法，他們就可以運用這種方法來補偏救弊。」民主或共和的
政體，一定要有民主或共和的教育觀念及內容。

　　民主既由人民當家作主，也是決定政權的最後
判決者；選舉處理公共事務的政治首長，決定法律
之制訂，都有賴「偉大人民」的智慧與勇氣。美國
教育總統**傑佛遜** (Thomas Jefferson, 1743–1826) 說，
人民是儲藏政治權力最安全的倉庫；但他也知道，
如果人民無知無識，則那種倉庫就不安全。教育是
自由的砝碼，法律所定義的自由，也是共和政體之
下人民表示意志的自由，絕不是掌握於無知群眾的
喧囂意見中。無知式的自由，這簡直是詭論，也是
荒謬至極。教育不培養學生的獨立思考性，明辨是
非善惡的批判性，則此種公民，又那能寄望成為獨
立又民主國家的成員或官吏呢？掃除階級鴻溝的觀

圖 2–1　傑佛遜 (Thomas Jefferson, 1743–1826)

念，在教育上完全採單軌制，是樹立全民平等最起碼民主式教育的要件。此
種理想，首度在美國實現。

第六節　政治及種族上的教育平等

　　「平等」是法國大革命 (1789) 的口號，早在 1776 年的美國獨立宣言中，
也陳述：人人生而平等。且又說這是「**自明之理**」(self-evident)，不辯自明。
起草獨立宣言者，正是那位美國的教育總統傑佛遜。但傑佛遜對「平等」在
教育上的應用，卻與另一位總統**傑克遜** (Andrew Jackson, 1767–1845) 的「平
等」教育理念，在政治上有不同的詮釋。

一、傑佛遜式的教育平等措施

作為一位教育總統，他不只創辦了一所心目中的理想大學，即「**維吉尼亞大學**」(University of Virginia)，還為他的家鄉**維吉尼亞州** (State of Virginia) 設計一套平等觀念的學制，以「**能力**」為準繩。首先是全民皆入的初等學校，然後能力優秀的畢業生就選入中學，最後再汰選出資賦傑出者入大學。兒童的材性並非完全雷同，適性的教育，才是教育平等的實質措施；如材堪造就，卻礙於經濟條件，則國家或政府有責任克服此種困難。學制上不可再存有種族、性別、階級、宗教信仰等此種藩籬，革除此種陋規，則有待法律及政治上的明文規定。

二、傑克遜式的教育平等作風

在美國西部墾荒地帶，平等措施極受歡迎。土地係免費，因為地廣人稀，不動產人人皆擁有；經濟機會之平等也帶動了參與公共事務的機會平等。如同古代雅典一般，官吏不必具備什麼教育資格；就是州的公共教學之視導官，也無條件限制，身份由投票產生，而人人皆有投票權。依財產之有無而限定投票權，這在西部墾荒地，是一種笑話！傑克遜總統等人又進一步相信，既然政治參與及經濟獨立權都已實現，則人的心智能力也平等，且人人皆良善，皆可為官，也皆可接受任何層級的學校教育。**小學大眾化** (Primary education for all) 已水到渠成，**中學大眾化** (High school for all) 的呼聲也真囂塵上。公款設立的「**中學**」(Public High School) 及私人設立的「**學苑**」(Academy) 如雨後春筍般的林立。

英國工業慈善家**歐文** (Robert Owen, 1771–1858)，可能就是在美國墾荒地推動傑克遜式平等主義最徹底的一位代表人物，他希望所有學童在共同的學校裡「吃同樣的食物，穿同樣簡單樸素的衣服，接受同等的款待，學相同的學科。總而言之，不可稍有不平等意味，不得殘存有富者驕傲並蔑視貧者的念頭，要能忍痛為這個平等的年輕國家作個共和的衛士。」他還以帶著社會主義色彩的口吻，要求共和國的政府所設立的學校，對於學童的教導責任，應該是「全天候的，非僅一天六小時而已；供他們吃，讓他們穿，允許他們住。

不只指導學業功課，還要關注他們的職業工作及娛樂活動。」儘管這些用字遣詞如此富有烏托邦情懷、彷彿重新聽到法國革命家的教育主張，也無論該種論調引發多少廣泛的討論，美國百姓或工人所要求的其實並沒有這麼多。若可從本來一般人「無」而到「有」的教育機會之享受，就已心滿意足，並不多作非份之想！

三、黑白教育糾紛

美國教育的發展史上有一項他國所無者，即黑人及印地安人受到教育的歧視；其實這種教育現象，也源之於政治、經濟、社會階級、及觀念上的不平等所累積而成。這是美國史上的重大污點，民主教育之士無不戮力以赴，尋求此種棘手問題的解決！

此一問題的嚴重性，出現在十九世紀後半，教育的民主化也因此萎縮下來，不似先前的樂觀。**美國南北戰爭**（Civil War，又稱為內戰）解除了南方黑人的束縛，讓有色人種獲得自由身，稱為「**被解放的自由人**」(freedman)，而與白人相同，享有「**自由人**」(freeman) 權利，但傳統觀念及歷史包袱仍對黑人之教育機會極為不利。黑人教育家**華盛頓** (Booker T. Washington, 1856–1915) 所爭取的黑人教育權，極為謙卑，要求黑人之學校教育，只教導黑人精於管理商店，手靈足敏於田地農耕，並培養節儉、勤奮習慣，過個滿足的一生即可。最高法院判決黑白分校並不違憲，只要「**分離但平等**」(Separate but Equal)；南方諸州白人政府頑強的抗拒黑人平等的教育權利，並以一種平等的假相來蒙騙國人，1963 年黑人利用解放黑奴一百年的機會，對**民權** (Civil Rights) 作了一次激烈的衝刺，採印度**甘地** (Mohandas K. Gandhi, 1869–1948)❽之非暴力抗爭，以遊行、聯合抵制、示威方式，對黑白教育機會之不公平，宣洩他們的憤怒。「**分離但平等**」案件平反，因為「**分離**」本身就已不平等。此種裁決，的確可供他國借鑑。臺灣目前仍然有人大力鼓吹專為原住民或客家族群設專屬學校，實在是開教育公平性的倒車。美國聯邦政府為了貫徹最高法院明智的重新判決，不惜調動聯邦軍隊來保護黑人小孩進入黑白合校的教育機構。此外，為了撫平黑人長期以來遭受白人主體性教育評價的

---

❽　官方用語通譯甘地，臺語譯為顏智，則更切近原音。

不公對待，《平權積極行動法案》(*Affirmative Action*) 之通過，使黑人大學生比白人大學生獲得更特殊的優厚機會。雖然白人之學業成績遠比黑人為高，但如果各學科成績採黑人主體文化為標準，則黑白學生孰優孰劣，就難分高下了！

第七節　民主教育的理論深究

政治之走民主這條途徑，已勢不可擋。當然即令在眼前，世界上仍然有不少國家及政府，是權威當道，專制橫行。但這些國家及政府，也不得不口口聲聲的說「堅守民主陣容」，或者以各種藉口，作為還未能實施民主的理由；更倡言民主是漸進的，他們不敢拂逆民主潮流，只是即令萬事俱備，也欠東風。

個性的尊重，是民主教育觀念的座右銘。個人天賦資質皆同等的培根及笛卡兒說法，從遺傳學的觀點言之，已成明日黃花。心理及生理學上個別差異的科學研究，給堅信該觀念者一記迎頭痛擊；個性的尊重，變成了倫理及道德上的訴求，康德的訓令，是民主教育的無上箴言：「對待他人，要視之為目的，而非只是手段而已。」不過，人格或個性之民主價值，到底是從上帝的聖經教義中得來，還是依柏拉圖的**公義** (just) 觀念產生，抑或來自於盧梭的大自然，倒是言人人殊，莫衷一是。但至少，個性的尊重，是民主教育的核心部分。

把「**民主**」與「**教育**」合而為一且作哲理的分析批判的，就是美國在二十世紀影響全球最為深遠的教育哲學家杜威。這位中國學者胡適之與臺灣悲劇人物林茂生的業師，在 1916 年於一次世界大戰纏鬥不休之時，出版了《**民主與教育**》(*Democracy and Education*) 一書。無疑的，該書是自柏拉圖《**共和國**》(*Republic*) 一書以來，討論教育及政治或社會理論最重要的著作，也是首度對民主政治的教育含意，作系統及徹底的解說。

杜威先以家喻戶曉的日常生活事實，來說明民主政治與教育工作之密不可分；但是他認為，只提出以民為主的政府，必須仰賴全民教育，方得成功，這種論證是膚面的；他有更深層的詮釋，深信民主不只是一種政治形式，也是一種生活態度，更具有經驗交流的意涵。社群或團體，皆存在於經驗之交流中，也因意見之溝通而存在。意見之溝通，表示人人都有意的參與公共事務的討論。這種現象有兩項特色，一是組成社會的成員，在社群中都能自覺

且相互的共享不同種類及不同性質的利益；二是社群與社群之間要有擴大交流並促進交流的自由；符合這兩大特色，才是民主。在民主社群中，每個成員都有權利主動的發表意見，將你見我思透過公共表達，並相互聆聽對方的意見或「異」見，養成相互尊重、包容、甚至欣賞的態度；從而擴大自己的視野，消除自己的偏見，這就是「成長」。「人性唯有個體指向群體時才得以發展」；一個人不可能離群索居，群體不但無礙於個體的生長，反而會使個體的生長意義，更為豐富，更為多采多姿。

　　一個有機的群體，就是「社群」(community)，不是各自「只掃自己門前雪，休管他人瓦上霜」的「社會」(society)。"Community" 的字意有 "common" 的語根，那是「共同」意，即 "consensus"，即「生命共同體」，或稱「共識」。要達到此一目標，必須藉由 "communication" 的管道，「溝通」缺之不可。溝通必須有誠意，甘願放棄己見來接受對方可能提出的高見，且有耐性聆聽對方的辯解。如此的生活習慣，必須從早年的教育就起步。則不必擔心種族、血統、國籍、經濟、宗教信仰、及社會階級的藩籬，大家都是一家人。尤其在美國這種複雜的移民社會裡，語文不通，觀念歧異；只有依民主式的教育，才能使美國不會變成紛爭暴亂的所在，而成共奏美妙和諧的交響樂章之國度！美國不該是世界各國種族的「大熔爐」(melting pot)，消失了各組成元素；也不是「萬花筒」，更不是「大拼盤」，或「大雜燴」，因為這些都把「成員」或「元素」當成互不相屬也互不相涉的個體。相反的，在「交響樂」裡，樂團的每一份子共同遵守指揮的發號施令，自覺意識上有個共同的目標要達成，在演奏過程中，各顯神通，把該奏的部分悉數淋漓盡緻的發揮出來。除了充分了解樂器性能及平時勤加練習之外，還能在演奏中分享其他演奏者的盡情演出。個體與社群完全融入其中。樂隊猶如社群，也猶如國家。這不是「理想國」又是什麼呢？

　　《民主與教育》於一次世界大戰、世界不少地方烽火蔽天之際付梓，杜威發現戰爭慘劇之根源，乃因社群生活未具民主品味而來。學校應該成為民主社群生活的雛型。這種呼籲，又經歷二次世界大戰、韓戰、越戰、阿拉伯戰爭、及冷戰的考驗。二十世紀以來，民主與極權的兩大陣營相互較勁的結果，證明專制的蘇聯共產已於 1980 年代解體，而共產中國集團也積極向美國

學習。民主幅員已越為遼闊。以臺灣為例，經過半世紀以來民主鬥士之努力，在政權掌控上，已由獨裁轉移成為民主式的決策。今後全球教育的用心所在，人性的尊嚴，獨立個性的注重，創新思考的獎勵，則個人最能滿足，國家也最能富強。民主政治及民主教育的此種走向，殆為正確無誤的道路！

　　臺灣的師生及許多人，或許由於長期以來受盡外來政治的肆壓，一聽政治，就極為敏感且視之為禁忌。不少人揚言，教育不應涉及政治，而要「中立」，卻不知不覺中早已有了「政治」上的定見，而不許有他見，尤其是「異見」。殊不知教育與政治的關係非常密切，幾乎不可分。學校教育使用的教學用語及文字，不都因政治因素而有變化嗎？更不用說教材內容、教學科目的釐訂了。即以臺灣為例，十七世紀荷人治臺，教臺生唸荷文、學荷文；日人治臺時臺生要學「國語」（日語）；中國人治臺時，臺生也學「國語」及「國文」。此外像希臘人學希臘語文，羅馬人要學拉丁文，到了十八世紀歐洲各「國」相繼獨立建國，英、德、法、義等語言文字就分別是各自國家的師生共同學習的對象。至於歷史、地理，以及文化概念，莫不因政權的輪替而有更動。故應正面地面對教育與政治二者關係，不可逃避。「民主式」的政治，才是今後應培養的政治觀念！這與下章敘述的「認同」教育，十分有關。

第三章　認同教育之演變

　　具體來說，一提及教育，就涉及語文。文盲之定義叫做目不識丁，即連「丁」這麼簡單的「字」都不認識；但中國人受過文字教育者知悉「丁」這個字，非中國人即令大學教授或博士學位者，卻不知「丁」是什麼語意。可見「語文」一科的地域性多麼的明確；至於歷史、地理、及文學等科目的地域性，也不下於語文。學習這些，難免產生情緒上的狂熱感情。從而因情而滋生出愛惡，常是醞釀此一語文使用者與別一語文使用者之間的衝突與紛爭。其後更複雜化到「愛國主義」(patriotism) 與「國家主義」(nationalism) 的教育，如果政棍又操弄其間，則與民主式教育之發展背道而馳。此種教育變遷，頗具意義，也值得吾人深思！

第一節　鄉土、民族、及文化的認同

　　早期的古代教育，都是愛鄉土式的，還不到對「民族」熱愛這種層次。因為同一個「民族」，卻由許多「城邦」組成，這些「城邦」，政治組織架構不同，教育措施也南轅北轍，這是在說古代的希臘「民族」。眾所週知，希臘「民族」有許多「城邦」存在，其中雅典及斯巴達是最典型的代表。雅典人為保衛雅典人而戰，雅典人的教育，歌頌雅典城邦的榮耀，這在貝里克的〈國殤演說〉中早已指出。斯巴達亦然。當時的城邦是小國寡民，地域相對的不廣，彼此都以自己的城邦為傲，雖然所有城邦人民皆是希臘民族。效忠的對象，只止於城邦，而非泛指整體的希臘。城邦彼此之間互爭盟主時，火拼之熱烈也極為壯觀。希臘民族觀念之淡薄，出現於整個希臘地區遭受馬其頓的菲力浦王國及其子**亞歷山大大帝** (Alexander the Great) 向希臘入侵時，希臘各城邦無法聯合起來共同予以對抗，終於導致希臘政治勢力的消失。其後取而代之的羅馬教育也局限在愛羅馬這個城市而已，學童要向羅馬的「**七丘城**」(The City of the Seven Hills) 效忠，而非對整個帝國或說拉丁語的民族拼命，

雖然在帝國內的各地臣民，大家共遵羅馬法，也共享**羅馬統治下的和平 (*Pax Romana*)**，但是人民之「**守法**」，不如他們對羅馬這個鄉土所付出的「**情感**」之愛，這是天性也是自然的流露，沒有勉強的成份。懷鄉愛土，人人皆同。

　　愛鄉土的教育方式，大部分表現在敬愛希臘及羅馬城市的地方英雄及神祇上。希臘城邦政治勢力雖瓦解，卻因希臘人都有個共同的希臘語文來維繫希臘人的一體性，口說的或文字書寫下來的希臘語文擴大了各城邦人民的視野，羅馬人使用拉丁語文，也是使羅馬人有向心力的一股力道。訓練愛鄉土的教育方式，就是將它與軍事訓練合一，或視之為必須履行的義務。年輕人接受訓練完畢之時，通常都得舉行一個莊嚴肅穆的宣誓儀式，聲言效忠鄉土；甚至宗教制裁都與愛鄉土有關。年輕人接受的告誡是，如果在服務桑梓時膽怯懦弱，則不僅沒有臉面，也是不虔誠的。

　　各地區的人民難免都對該生長地存有濃烈的鄉土情，但政治或軍事版圖擴充到如同羅馬帝國那麼遼闊到整個歐洲甚至非洲時，要羅馬城以外的地區人民也都熱愛羅馬鄉土而放棄對自己鄉土的鍾情，這是不可能的任務。對遙遠的陌生地如何萌生懷念或思慕？既非自己故土，又哪來「鄉愁」？除了對鄉土的認同之外，比較值得一提的是對民族的生命共同體感受，尤其是該民族歷經流浪或遭受壓迫時，這個民族就是猶太，也是當今以色列人民的祖先。當他們在無家可歸、被放逐、或被囚禁時，則猶太人民就以民族為念，加上猶太宗教的洗禮，他們就團結一致。猶太民族之此種情懷，成為萬民一心的教育焦點所在。鄉土情加上民族愛，成為猶太教育的特色，當中還染有狂熱的宗教信仰成份。

　　在國家認同的勢力未興之前，文化認同變成一股主力。以雅典為主的希臘文化及教育，不只希臘人及希臘學者為文稱道，更廣受其後統治者羅馬政治人物及教育思想家的讚美，甚至羅馬上層階級都寧願放棄自己的母語拉丁語，而滿嘴以希臘語作為交談或演說的工具，還親自赴雅典留學，希望全盤「**希**」化，猶如中國於大清晚年「**全盤西化**」一般。抓幾個希臘學者來當奴隸，教導羅馬人學希臘語文，作為他們的「**教僕**」。但星移物換，當拉丁語文得勢而凌駕過希臘語文之後，拉丁文化普受後人的推崇；「復古」的認同，變成文藝復興時代人文主義教育思想家口徑一致的呼聲。文藝復興之星的**佩脫**

拉克 (Francesco Petrarch, 1304–1374) 寧願生為古人，認為如有幸能與古羅馬的先聖先賢為友，則一生幸甚。羅馬**奧古斯都時代** (Augustan Age，即西元前 27 年到西元後 14 年的拉丁文學全盛時代) 的輝煌成就，更激勵這位義大利人文學者企圖利用教育復活該段黃金歲月的思想與事業。不過佩脫拉克並不認為教育純為回返過去的榮耀而服務，卻更希望祖先的風光能夠重生並理想化。換句話說，復古只是手段，再生及覺醒才是目的。

這種古代燦爛文化的復活與認同，彰顯在學校教育的具體措施上，就是要求年輕一代的現代人勤學古文的文法、修辭、及文學。並且有機會接受此種古文學校教育的，就是中上階層的貴族及富商子弟。義大利是文藝復興及古代羅馬文化及教育的老家，以「宮廷學校」為主力而散發到歐洲各地的「古文學校」，如德意志地區的**古文學校** (Gymnasium)，法蘭西的**學園** (Lyceé)，英格蘭的伊頓，哈洛，及**西敏寺** (Westminster) 等，都是各地士紳教育中填注了滿堆希臘文、拉丁文，甚至是希伯來文之學習所在。古文鞏固了歐洲人大一統的觀念。政治上有個名存實亡的「**神聖羅馬帝國**」 (Holy Roman Empire)，信仰上有個統一的「**天主教會**」 (Catholic Church)，文化上則有拉丁等**古文** (Classics)。長期以來，維繫歐洲社會的安定，就有賴這三方面的認同教育。

第二節　國家認同教育的萌生

這種「統」的局面，首先由掌「獨」大旗的神學家、也是宗教改革的大學教授**路德** (Martin Luther, 1483–1546) 所戳破。他從上帝與人的關係作立論的出發點，認定信仰純屬個人的良心問題，不必假借第三者插手，因之教會之存在，於理論上純屬多餘。由於《聖經》的詮釋言人人殊，因之天主教會的訓令，權威性及說服性大降，個人性地位相對的提高。由相同信仰者組成的教派各自林立，這對統一型的羅馬教皇威信產生慘重的傷害。抗議性極強的**新教徒** (Protestants，原意即「抗議者」) 另起爐灶，各立門戶；這對早已奄奄一息的政治組織，是宣佈死亡訊息的訃聞；而新興教會的活力，卻如旭日東升；這股勢力慢慢的掌有信仰決定權、政治權、財政權，及教育權。此外，古文之掌控，也有日乏月疲之頹勢，各地母語之普受眾民及千萬信徒之喜愛，自在意料之中。在「統」與「獨」的消長中，可看出「獨」的力道已

如出閘的猛虎，歐洲從此有了各「國」的雛型。

　　突出國家意識的，首度出現在法蘭西。十九世紀之前的法蘭西、德意志、義大利、甚至英格蘭等，都是地理名詞，不是政治名詞。當時的歐洲人對獨立國家觀念並無自覺。1789 年，巴黎爆發革命，法王被黜並被戮首，震驚其他歐洲的君王，這些君王乃聯合派遣軍隊到法蘭西鎮壓革命志士，以便阻止他們「自由、平等、博愛」之人權「怪」論闖入，並防妖言惑眾觀念之蔓延。此種舉動，反而引發了大眾革命，連普勞階級也組成人民軍與之對抗。全民赴戰，這在歐洲是第一次；不分階級，上下一條心，同仇敵愾，也是頭一遭。不只大家共禦外侮，還有共同的歌曲及旗幟，這更是史無前例。這些旗及歌，其後就是法「國」的「國旗」及「國歌」。「法蘭西」也就變成「法國」了。

　　中世紀的武士，任務是保衛家園。封建制度之下的采邑，領地有大有小；各采邑之間時有紛爭，彼此爭獨立自主權，但形式上都得聽令於教會或神聖羅馬帝國。羅馬教會及羅馬帝國威勢不再之後，各地掙脫此種枷鎖者時有所聞。宗教信仰及疆域上與羅馬教皇決裂又與歐陸有天險界限者，就是英格蘭。**亨利八世 (Henry VIII , 1491–1547)** 因為離婚事件，公然與**梵蒂崗教皇 (Vatican Pope)** 叫陣並決裂，從此，英格蘭也就變成了「英國」。而 1776 年由英國移民到美洲新大陸的人民竟然也揭竿起義，深信英美兩國是「一邊一國」，從而在地球上建立第一個民主共和的聯邦合眾國。「美國」之名也從此出現。

　　美、英、法這三個「國家」，為了增強國人對國家的認同，以區隔與別國之差異，遂在教育上大倡國家主義。英國政府下令大中小學教師都得宣誓對英皇效忠，**牛津 (Oxford)** 及**劍橋 (Cambridge)** 兩大學的入學生皆必須先通過宗教虔敬測驗，**英皇至上 (supremacy)** 是最高信條，連政治學說上大倡**寬容 (tolerance)** 且為文寫作《**論寬容**》(*On Tolerance*) 的洛克，都認為寬容不是無條件的 —— 親羅馬教皇而不親英者，就不在寬容之列，因為有叛逆及不忠之嫌。師生**不遵英國國教者 (Dissenters)**，重者處死，輕者則罰款、解職、或驅逐出境。

　　美國立國以來，雖然迄今仍以英語文為國家官方（正式）語文，但愛國教育家**韋伯斯特 (Noah Webster, 1758–1843)** 為了喚醒美國人獨特的本國意識，不只編寫許多含有美國本土內容的教科書，還將美國人所說的英語，稱

為「**美式英語**」(American English)，以有別於「**英式英語**」(English English)，在腔調發音上，二者顯然不同，且拼字及用法上，二者也懸殊有別，如美式英語的 "center"，英式英語是 "centre"；美式英語的 "theater"，英式英語則為 "theatre"。他的字典不只變成美國學校各界所使用的參考及教學工具，且廣為非英語國家的師生所喜愛，並非「專為美國的英語教學」而編寫。並且立國之後不久，就把原先高等學府中校名稱為「**國王**」的學院 (King's College) 及「**皇后**」的學院 (Queen's College) 更改為「**哥倫比亞大學**」(Columbia University) 及「**路特加大學**」(Rutgers University) 了，因為在一個既民主又共和的國家，怎會有「國王」及「皇后」這種稱呼呢?

法國大革命之後，學校教學用語，以法語為主，在意見溝通中排除地域觀念對國家統一的障礙；並且在學校課程中，將「**共和倫理**」(republican ethics) 之教學列為除了 **3R's**（reading, writing, arithmetic，即讀、寫、算）教學之外的必修科。既宣揚全民統治及民族自決等信條，革命人士認為，除非讓老百姓在學校普及教育中接受「共和倫理」，否則大革命就功敗垂成了。此外，法國民俗及民歌，更是教科書內不可或缺的教材。

在鼓吹愛國教育的國家認同上，美國的教育工作者更趨領導地位。**諾克斯** (Samuel Knox, 1756–1832) 認為唯有下一代子弟接受美國認同的教育，才能將種族複雜的歐洲移民，建立起單一的美國。**盧虛** (Benjamin Rush, 1745–1813) 更說國家認同教育，不僅可以達成社會同一，並且也可以造成遵循共和路線的政治統一，這是法國人所企求達成的，美國也更如此。韋伯斯特更抨擊把美國小孩送到國外接受教育的作風，他建議送子女赴國外旅遊或留學之前，必先對美國共和式的政體，產生堅定不移的政治信念。首任總統**華盛頓** (George Washington, 1732–1799) 畢生有個教育願望，祈求在首府規劃一所聯邦政府設立的國立大學，作為統合美國各分殊複雜元素的最高學術教育機構，使多中有一，異中有同。這都是國家認同教育的策略!

第三節　國家至上教育與民主教育

認同，從空間層面來說，有自我的認同，這是蘇格拉底說的「**知你自己**」(Know thyself)；有鄉土式的認同，如希臘的城邦；有信仰上的認同，這是宗

教上的認同；有主權獨立的國家認同，這是政治上的認同。空間有大有小。就教育角度而言，當國家認同而使眾民一心的為建國或禦外侮而犧牲個體生命時，先是由集體意識所激起，共同推翻暴政如美法的大革命，或如菲希特之《告德意志國民書》，喚起普魯士人民的「**民族**」意識，兼注重裴斯塔洛齊的自我發展式教育方法，不用外在的驅迫手段來強要學童認同，卻能使蟄伏的潛能性發展而達到實現性階段，則這股「**力**」，就是建國或救國的最佳本錢。菲希特的演說以及藉裴斯塔洛齊的教育愛感召，使普魯士人民的德意志國家感情宣洩無餘，尤其處於危機中的人民，此種成份最容易發酵。一個個體若身陷困境之中，如有他人伸出援手，又以關愛的眼神視之，則最容易獲得該弱勢者的認同。

但如果國家因此而建立，卻又逢內憂外患，瀕臨滅亡或併吞之境，此時政府若採取「**民族至上**」或「**國家第一**」的愛國式認同教育，則有可能大大的違背了民主式教育的旨趣。其實，人性的尊嚴，個性的發展，自由意志的表達，人性的光輝等，這些項目的注重，如能在某個「**國家**」中實現，則人人必奔相走告，心連心，手牽手，打死不退，捍衛此種國家之永續生存。此時小我與大我不分，個體與國家已合而為一。國家提供人民此種重要感，是其他地區無法享有的，誠如英國經濟學家**亞當斯密** (Adam Smith, 1723–1790) 描述美國立國後的制憲會議氣氛一般，新共和國人民感受到的重要感，是歐洲最偉大的臣民休想擁有的。「無分小店東、商人、及律師等，都變成政治家及立法者，他們都被雇來設計一個擴張勢力的新政府形式。他們還自滿的宣稱，他們國家的勢力將成為史無前例，也是無可匹敵的世界最大強國——事實上也是如此。」人人心裡既惦記這種念頭，則配合責任及機會來提出接受愛國教育的要求，也就只是前奏曲罷了。歐美兩地這種心理情愫的差異，也出現在中國及臺灣；由於中國文化的專制性，導致於迄今的中國人都無法用自己人民的選票來直接選舉國家領導人；但此種人人可以當家作主、同時也是國家主人的身分，卻在臺灣出現。因此臺灣人民在這方面自覺的重要性，在漢人文化史上也是前無古人的。臺灣人的臺灣國家認同，就順理成章的成為教育主流。國家認同教育在此種氣氛之下，與民主式教育，二者更易如膠似漆。

當國家認同教育一旦完成，國也建了，獨立政府也組織起來了，則國家認同教育應適可而止。從此應走的康莊大道，就是民主式的教育。因為就政治現實面來說，只有真正的民主式教育，才可以造就政治家。國家若過份插手教育活動，從教育史上來觀察，弊多於利。因為國家認同教育，是基於情性的宣洩，就柏拉圖人性解析來看，情不受理的節制，則狂熱過頭，樂極生悲，愛國變成害國！如經政棍對國家認同教育的煽動，群眾盲從地呼應，則一發不可收拾。將教育權完全置於國家政府的公權力手掌中，早有高瞻遠矚的教育思想家提出警告，是萬萬不可的！

國家應否負責教育，這個問題在歷史上，並沒有比「國家與個人的關係應如何」來得實際。起初，主要的著眼點放在個人上。個人是目的，國家是手段。此一議題，法國革命時代的思想家康多塞侯爵於十八世紀末說得一清二楚。他在《公共教學報告書》(*Report on Public Instruction*) 中說：

> 為全種族的所有個人提供他們滿足需求的方法，確保他們的福利，教導他們了解並運用他們的權利，領會並履行他們的義務。

> 確保每一個人都能技術高超、完美的執行社會功能，充分發展天賦能力；由之而建立全民實際的平等，也造成法律所認可的真正政治平等。

> 這應該就是國家教育的首要目標。從這個角度來看，這種教育是政府責無旁貸的義務。

個人與國家，到底誰先誰後，誰主誰僕，這是個纏鬥不休的話題。不過要釐清此一難題，得視時空複雜的環境而定。嚴格來說，個人能力無法在真空中充分獲得發展。尤其當國與國之間存在著敵對關係，則將個人附屬於國家利益之下，也是必然的結局。

個人如何認同國家，國家又如何接納個人，**黑格爾** (Georg Wilhelm Friedrich Hegel, 1770–1831) 這位哲學家用國家的有機論方式解決此種難題。國家是客觀理性的顯現，個人則是非理性的，是嗜欲的自私動物。當個人情願把自己寄放在帶有教育陶冶性質的國家法律及制度中時，才有希望得到最大限度的發展。也只有在此種際遇裡，個人才有希望成為真正理性的動物。介於個人觀點的最高旨趣（把人當人看待）以及國家教育（人是國家的一份

子）二者之間的協調，不可能時時不變，安穩如山。
雙方向心力強，則罅溝縮窄；離心力大，則裂縫增
寬。二者操弄得恰到好處，不趨極端，這種美景，
只存在於理論界，實際界從未出現過。偏於個人的
運動，曾在十九世紀於普魯士及法國蠢蠢欲動，但
強調國家的反動勢力立即崛起，尖銳的爭取歐洲霸
權所造成的軍事對峙，造成國家認同教育窄化為狂
熱及盲目的愛國主義。仲裁雙方，通常皆訴諸軍事

戰爭，兩次世界大戰及其後全球政局之不安，都是
個人與國家二者比重無法均衡的結果。在盲目的愛

圖 3–1　黑格爾 (Georg
Wilhelm Friedrich Hegel,
1770–1831)

國教育中，課程是削足適履的鞋，個人必須按國家
需要去穿那雙鞋，而且非穿不可。文學作品還被取作「**我族中心主義**」(eth-
nocentrism) 之工具，宣揚種族優越，他族皆是次等；歷史史實還被竄改，史
觀必須迎合國家目的，鄰國都是敵人，且環伺四周，無一友善。仇恨教育是
發動干戈的合理化工具。思想純正、對國家忠誠，甚至對領袖高度崇拜，遠
比知識教育來得重要。這種現象，十足的證明了民主教育的嚴重匱乏。

第四節　歐美國家型的教育組織

　　十八世紀之末及十九世紀之初，歐美兩洲幾乎都陸續出現了國家這種政
治組織。由國家來負責教育事業的趨勢，也越來越明顯。而各國相互較量國
力的結果，也使各國政府及人民發覺，教育水準之提高及對象之普及化，乃
是國家競爭力最不可忽視的基礎工作。由國家單位的中央政府來規劃教育活
動，遂成為教育發展史上的大事！

一、法國的國家教育觀念

　　法國大革命之後，教育行政自然走國家主義的路線。出生於瑞士、但一
生活動皆在法國的大思想家盧梭，大倡「**返回自然**」(Back to Nature)，對巴黎
政府之詆譭不遺餘力；但當被徵詢有關波蘭教育之改革時，仍然要求國家政
府應挑起教育的重責大任。只要把腐敗的政府推翻了，則共和式的政府當然

義不容辭的可以享有教育權。**拿破崙** (Napoleon Bonaparte, 1769–1821) 給法國教育的改造是永恆的，他組織了自小學以至於**法蘭西大學** (Université de France) 的所有教學措施，厲行中央集權式的教育行政制度，全國所有的課程、教科書、教學過程、學制等，各地皆同，共受中央政府一條鞭式的指揮。

二、英國的放任政策

傳統的英國人及政府一向不太關心普及全民式的教育，因此中央政府對國家型態式的教育採取放任態度。但十九世紀初期，因工業革命所生的社會動盪力，促使英國國會通過一系列的教育改革方案，才真正啟動了教育改革的列車，解開了平民教育的束縛。不過中央政府對平民的教育服務，是漸進式，速度極為緩慢。首先，只撥經費補助私立學校機構，其後實施「**依績效給付**」政策 (Payment-by-result)，中央政府享有全國各級學校的視導權，全國一致性的教育輪廓隱約可見；但所謂的「績效」究係何指，依學業成績嗎？依升學率嗎？就主政者的觀點，是該努力辦「學校」呢？還是努力辦「教育」？英人也警覺到類似法國的中央集權措施，無法適應個別及地方上的需要。1870年國會承認，地方教育行政機構在全國教育制度中，應佔重要地位。中央及地方攜手合作，二者共同協調與制衡，一來將國家需要附屬於人民的需要之下，二來則可拯救英人免於因狂熱或短淺的愛國主義而成為祭壇的犧牲品。

此外，英國是工業革命的發源地，也因工業革命的驚人成功，使英國快速成為日不落帝國，殖民地數目之多，幅員之擴及環球，使得英人以作為英國人為傲，此種國家意識，更使英人不費吹灰之力就達成國家認同教育。這就是無形的教育潛在力量！

三、美國的全國性教育組織

美國將教育組織發展成**全國性的**，曾經大費周章。第一次出現國家教育勢態的，乃是於「**西北地區**」(Northwest Territory)1787 年的「律令」(Ordinance of 1787)，鼓勵美國人向西北墾殖，其中規定：「宗教、道德、及知識，乃是組織良好政府並為人類獲得幸福所必需，因此所有學校及其他各種教育措施，應予以長期支持。」這種條文對興辦國家教育極有野心，但在實際作為上，卻

語焉不明，曖昧不清。其真意所在，只是引誘東部「**新英格蘭**」(New England) 人向西北部移動而已。

憲法是國家的根本大法，美國憲法並無教育條文，且白紙寫黑字的註明，教育權歸州及地方。(憲法第十修正案) 此種現象，影響美國教育甚為深遠。之所以如此，原因頗為複雜。但有兩點值得一提：

1. 1789 年憲法制訂時，舉世各國並無明確的國家型教育制度。美國是新興國家，教育觀念及教育實際多步歐洲後塵。當時共同組聯邦的各州，教育從來就是私人性質的。獨立革命之前成立的九大「**學院**」，皆為新教教派所辦，大學都如此了，中小學更如此！

2. 多數的立國元老都受過教會教育及私立學府之教育，此種經驗或許也使他們覺得中央政府不必負責教育事業。只有第一任總統華盛頓例外，他有另類眼光獨自倡導在首府設立國立大學；但此議遭受到第一所大學**哈佛** (Harvard) 校長**伊利歐特** (Charles W. Eliot, 1834–1926) 的反對，國立大學遂胎死腹中。

努力使教育國家化並富有美國風味的史實很多，下述數件，尤堪注意：

1. 韋伯斯特的美式英語讀本，變成全國通用的教科書。美國並無類似臺灣那種「**統編本**」教科書，但韋伯斯特編寫的教材，師生幾乎人手一冊。除了使用美式英語發音及拼字之外，取材於美國鄉土且重點放在國家認同者居多。

2. 內戰之後由**林肯** (Abraham Lincoln, 1809–1865) 總統簽署的**墨里爾法案** (*Morrill Act*)，各州普遍成立「**農工學院**」(A and M College，A 指 Agriculture，M 指 Mechanics)，又稱「**捐地學院**」(Land-Grant College)，即聯邦政府捐給各州土地，但指定作為興建農學院及工學院之用。希望以科學知識及技術來帶動農工的現代化。這些高等學府雖名之為「州立」，但聯邦政府掌控了經費權。中央關心教育，已實質在進行中。

3. 聯邦政府的行政單位，統籌全國性教育的部門，位階及職責時有變遷。1867 年，美國首度出現「**教育部長**」(Secretary of Education)，是一級單位，與國防部、內政部等同位階，且由知名教育學者**巴納** (Henry Barnard, 1811–1900) 為部長。但由於權限太小，只具搜集教育訊息、資料、意見之用，對各

州及地方之教育事業也無人事權及行政裁量權，只有建議權。其後該教育行政單位還附屬於內政部之下，改稱為「局」(Bureau) 而非「部」(Department)，研究及統計變成「教育局」的重要職責。1953 年，教育更與衛生及福利部門合在一起，而升格為「部」，即「衛生、教育、與福利部」(Department of Health, Education, and Welfare)。不管部門名稱叫什麼，權力比起法國的教育部，實在是微不足道。

第五節　國家認同與教會認同

歐美的教育，一向是由教會所辦理；教會學校的目的是要求師生認同宗教教派；十九世紀開始，學校大部分是由政府負責，在國家主義聲勢浩大之時，由國家所經營的學校，當然要求師生要認同國家。認同國家與認同教會，二者是否相容或彼此對峙，的確啟人深思！國家教育是世俗性的，教會學校則是非世俗性的；國家教育希望師生效忠於國家，教會學校則要求師生堅定宗教信仰。此外，天主教教會學校是以羅馬教皇的訓令馬首是瞻，認定他們的信仰具有普世價值，永恆又絕對，無時空性，也無國界；國家教育係針對某國、某地、某種語文、或某種習俗而設，且認定教會學校的意旨與此背道而馳，因之國家政府的教育經費，並不撥給教會學校使用。

教會學校的歷史比國家教育來得悠久，教會學校迷戀羅馬文化，喜愛拉丁文；加上基督教分裂成為新教及舊教，教派林立，各教派對於《聖經》之解釋又極為紛歧，各不相讓，也極為堅持；又有教會禱告儀式及服飾。國家教育規定國家慶典儀式必須舉國一致，舉手向國旗致敬就是恰切的一個例證，此種身體姿態，對某些宗教教派而言，與他們所持不得向雕刻偶像鞠躬的宗教信仰相違背。如果教會學校教導師生不必當兵的觀念，那就與國家教育教導人民之從軍是義務看法，二者水火不容了。

國家 (state) 與教會 (church) 二者的主從關係，更糾纏不清。如果國境內只有一種教會，「政教」（政治與教會）合一，則教育活動聽政治的或聽教會的，並不生疑義。但像美國這種教派複雜的國度裡，且各教會又在興辦學校的熱度上，不落人後；為了生存，教會學校無不使盡各種手段來爭取國家稅收的教育經費補助。因為教會學校的開銷如純靠信徒的捐款、學費的徵收，

或教會基金的補貼，是鬥不過免費入學的公立學校的，公立學校由政府的龐大稅收來維持。美國有些州的州政府及地方政府，悉數不給分文予教會學校，教會學校數量大幅減少，自生自滅。有些州則補助教會學校學生的營養餐點或交通費用，但其他則一切免談。

有些教派學校是外國移民者所籌辦的，他們教導信徒的除了美式英語文之外，還有他們「祖國」的語文。這些教派學校比較不關心美國的國家利益及社會安全，甚至易在國家認同上產生混淆。國家辦理的公立學校，則「美國化」(Americanization) 鮮明。在國家大力承擔教育重責之後，教會學校非但不是競爭對手，且日暮途窮。由公款所辦的公立學校，校運昌隆，絕非經費拮据的教會學校可比。除非教會學校素質極高，階級身份突出，家長願意在繳交教育稅負之外再繳交高額的學費，否則教會學校的前途極為悲觀。由教會學校所生的認同歧異問題，嚴重性及複雜性也相形減少或絕跡。如果有些教會學校明目張膽的依據他們自我解釋的《聖經》教義，只認同上帝，不認同特定國家、國旗，甚至撕毀國旗，雖然在美國這種高度民主又自由的國家，即使法院裁決愛國並不一定要唱國歌或向國旗致敬、踐踏國旗並非罪行、國家利益也不高於一切、規定英語為必修科是違憲等讓美國人及世人思考震驚的判例，但多數美國人是無法認同教會學校有類似此種極為奇異的措施。尤其在美國遭逢戰爭危險、經濟蕭條、恐怖攻擊事件時，則若有明顯不認同美國的教育活動，雖為「法」所容，卻無法見諒於廣大的多數美國人。此類教會學校學生的註冊人數絕少，只是稀有的「異類」而已。

第六節　國際主義與教育

教育史上，不少教育思想家並不認為教育人民認同鄉土、擴大認同民族或國家，乃是最高旨趣；他們認為此種教育目的太過狹窄，不如更上一層樓，以認同國際作為鵠的，作個地球人，堅持**大同主義** (cosmopolitanism) 或**無政府主義** (anarchism)。德國戲劇作家**萊辛** (Gotthold Ephraim Lessing, 1729–1781) 說：「愛國，充其量是一種英雄式的惡。」愛國狂熱的結果，是情感的高度發洩而失去了理性及冷靜的知識判斷。英國辭典編纂家**強森** (Samuel Johnson, 1709–1784) 並提出一句名言，認為愛國是「懦夫的最後庇護所」。掩蓋自

己的害國勾當，以愛國來障人耳目，不明究裡的人還為此種行徑者歌頌之、讚美之。「愛國有罪嗎?」就是最為流行的口號。英國政治思想家**潘恩** (Thomas Paine, 1737–1809) 更說:「世界即我國家。」至於在教育上表明大同主義精神的，則是盧梭，他希望教學的正確尺碼就是自然人，而非國家政府所刻意培養的公民，作個公民，也不要成為某特定國的公民，而是「**世界公民**」。

捷克的傑出教育思想家康米紐斯 (John Amos Comenius, 1592–1670)，主張教育在獲得「**泛智**」(pansophism)，即一切知識；語言學習應以「**世界語**」(universal language) 為對象，而非「方言」或「國語」。在聯合國於 1945 年成立之前約四百年，他即支持以國際組織來解決世界紛爭。**美國哲學學會** (American Philosophical Society) 曾經以有獎徵文要應徵者為這新生的聯邦共和國擬訂一種全新的教育制度，榮獲次獎的**史密斯** (Samuel Smith, 1750–1819) 建議美國所有學校，應培養「不與任何特殊時、地、或人」發生關係的永恆德行，以及「遠超出激烈愛國感情之上」的學生，如此世界方能太平，地球也將永有安寧之日。1643 年，康米紐斯早就這麼說:

> 本世紀由於許多人得了暴亂症，並且這種病症驅使他們瘋狂的進行相互之間的破壞與殘殺，因之有必要趕緊提出解藥。我們親眼看到整個世界動盪不安，破壞性的爭執與戰爭火焰經年累月的蹂躪了國家土地及人民，以至於人民都處心積慮的密商埋葬對方的策略。可是這種結果，只有造成同歸於盡，與整個世界的毀滅而已。假定這個世界還不完全毀滅，則為了世界的安定，培養某些人為全世界而再度獻身的心意，乃是迫在眉睫之舉。世界的協調與和平，必須為全人種所擁有。我所說的和平與協調，並不是指人民與法規當中以及民族與民族之間的外表和平，而是指內心經由一套觀念與一組感情而激起的內在和平。假如這個境界可以抵達，則人類將大有希望。

康米紐斯是有感而發的，這位與臺灣也稍有緣份的大教育家，生在三十**年宗教戰爭期間** (1618–1648)，各教派及信徒皆忙於戰爭，他「太平天國」的教育理想，曲高和寡，孤掌難鳴。幸而此一高瞻遠矚的教育理念，接棒有人；只是接其棒的時間，拖延了一兩百年時光。發起組織國際性的單位或組織來調廷各國糾紛，並且打從「內心」深處，消除彼此之誤解，促進雙方之瞭解，

放棄以教育來遂其政治目的或透過教科書宣揚我族中心主義；進而以合作來代替對立，以關懷來消弭冷漠與疏離，這才是康米紐斯所開出的解毒劑。可悲的是，一方大倡國際化，另一陣營卻高談法西斯、納粹，及共黨集權的教育措施。鷹鴿相處，鴿只有被吞噬的命運。二次世界大戰之前的法國將軍貝登 (Marshal Henri Philippe Petain, 1856–1951) 於 1934 年看出一項教育事實，預言法國在數月之內必親嚐納粹的鐵蹄，因為法國教師浸浴於歌舞昇平中，沒有培養年輕的一輩人，在體力及智力上都精於作戰，則又如何對抗窮兵黷武的德國希特勒政權呢？

以戰止戰，這是最不得已的措施。極權專制國所雷厲風行的愛國教育，帶有盲目性質；民主共和國起而迎戰而鼓吹的愛國教育，則染上心甘情願意味。兩相決戰，證明人性的尊嚴面最後取得勝利。實現康米紐斯夢想的國際組織「**聯合國**」(United Nations) 扮演國際和平的角色。「**教育、科學、及文化組織**」❶ 積極投入各國文教交流，消除國家主義所滋生的誤解，注重心理建設，呼應康米紐斯的遠見。英國首相**艾德里** (Clement Atlee, 1883–1967) 說：「**戰爭既肇因於人心，則和平之保衛，必須將人心予以再造。**」❷ 雖然有人批評說，戰爭之起源並非完全來之於人「心」，其他的經濟及政治因素也是發動戰亂的禍源，不過「**心理建設**」仍是世界和平的奠基工作。世界觀及環球化教育，有必要先清除各國教科書中，對自己國家與其他國家人民所注入的歧視、偏見、敵意或傲慢的毒素。預防戰爭且永遠阻止戰爭之發生，有必要繼續加強國際主義教育。

教育的「**本土化**」(locaiization) 是教育活動過程的「**起點行為**」，教育的「**環球觀**」(globalization) 則是教育措施的「**終極目的**」；兩者相會，則既有「**本土化**」又兼「**環球觀**」，這種用語，稱為 "Glocalization"。但「**起點**」與「**終點**」的課程與教材，如何安排得恰到好處，此一問題實在是大費周章，正在考驗教育學者的智慧！

---

❶ UNESCO, United Nations Education, Science, and Culture Organization

❷ Since wars begin in the mind of men it is in the mind of men, that the defences of peace must be constructed.

第四章　經濟對教育的影響

　　教育學科目中有「**教育經濟學**」之名。從教育史上來看，教育與經濟，二者關係密切，無錢就辦不了教育。但是否能使之成為一門「學」，實有待商榷。

　　影響教育發展過程的社會因素當中，恐怕沒有一種因素比經濟因素帶給教育更為持久的問題。不過奇怪的是，經濟因素卻常被忽略、蔑視、或擱在一邊。教育本由經濟所扶持，但教育活動中卻不情願把經濟當作一門重要的教育課程。為什麼實用性及職業性的科目，在聲望上遠不如文雅科目？這種現象，不僅在經濟繁榮時存在，即令在經濟蕭條時也是如此。此外與此相關的經久性問題，是為什麼教育的興衰與經濟的榮枯，週期非但密切配合，並且還步調一致？這種週期，工業國家比商業或農業國家更為明顯。難道教育必須因人類謀生的方法有別而有不同的教育方式嗎？這些問題的解決，也是教育史上的具體內容。

第一節　適足以維生與生產過剩時的教育

　　初期的經濟生活，條件極為苛刻，三餐能夠溫飽即已心滿意足。其後人類經過腦力的運作，產量劇增、品質提高。這兩種經濟狀態，都使教育活動有所差別。

一、適足以維生的經濟狀態

　　適足以維生的經濟狀態，人民的生活恰恰好收支相抵，不虧欠也不節餘。全部時光及精力，皆花在打獵、捕魚、種田、蓋屋、收成上，維持著最起碼的物質生活。假定努力稍有懈怠，則生計頓時發生困難，寅吃卯糧的時日，生活是極為不安全的。這種經濟狀況，幾乎為所有早期民族或原始民族所共有，文化進展殆為不可能，有之也是偶然的，教育也是非正式、無形的。在工作上、打獵中、器具製作裡、以及安撫鬼靈等時候，才附帶有教育活動。

有形的及正式的教育（學校教育），他們並無空暇進行。

二、生產過剩的經濟狀態

正式教育或學校教育，乃是生產過剩時的產物；產量超過消費量，乃因獵場的設備良好、土壤肥沃、人力勤勉，或者偶然在技藝上有所改善而造成。但不管原因如何，在那種經濟型態下，即使生產努力有點鬆懈，也不需擔心生存之無法延續。文明因之而生，文化也將因之而起。中國古人說，逸則淫，這是悲觀也不必然的；相反的，有了悠閒時光的善用，人類就可脫離動物性的生活。盡人皆知，自遠古以來，尼羅河 (the Nile) 的每年泛濫，肥沃了埃及河谷土壤。種在河谷的穀物，不僅足夠人民維生，且還有大量剩餘。最少，那剩餘的穀物足供維持少量的人民可以享受休閒時光的生活。這裡所說的少量的人，就是僧侶。幸運地，僧侶運用休閒時間來研究自然界影響人類生活的神秘力量，如星體之運行及四季之循環等。

希臘人之善於運用休閒時光，無人能出其右。希臘人之經濟繁榮，乃植基於他們與鄰近人民之商業貿易而來。由於他們傾全力將閒暇時光作為教學用途，因之，閒暇並非無所事事，而是「**教學**」的一種暗喻。有空教學者，即是有閒階級者。猶太文化對這層關係更珍惜不已。《傳道書》(*Ecclesiasticus*)這麼說：「知者之智，乃因他有閒暇時間；少有工作的人才會有智慧。持鋤者、手握驅趕牲畜之刺棒者、放牛者、勞動者、滿口都在談論閹牛者怎能擁有智慧呢?」整個社會是如此，家庭這個小社會也是如此。希臘大哲學家柏拉圖 (Plato, 429–347 B.C.) 就注意到一種事實，有錢人家的子弟乃是最早入學而最晚離校的人。

三、教育本身成為目的

學校教育與閒暇生活之合一，產生第一種現象，是學校教育與生產式的生活脫節，學校教育的「工具性」也減低其重要性。本來教育是旨在謀生的，教育是一種手段，現在則變成教育本身就是目的了。勞心者與勞力者二者分家，各自的教育也有別；勞心者的「生活」，是另有天地，他們需要獲得政治及宗教上的地位與知識；勞力者的生活則與體力有關。第二種現象，是教育

之興衰恰與經濟之榮枯二者相互呼應。古代希臘就是最典型的例子。古代希臘教育的黃金時代，即蘇格拉底，柏拉圖，及亞里士多德等教師的時代，當時的經濟最為繁榮，雅典是海上貿易的霸主，也是生產交易的集散地與中心點。無疑的，雅典公民所擁有的財富以及由此而滋生的閒暇時光，就可以提供青年子弟接受比以前其他各地人民更多的教育機會；不僅在全民中識字的較多，並且人們接受教育的時間也較長；更有甚者，經濟的繁榮更導致於專業教師階級──辯者之出現，他們非但因雅典教學可以收費甚豐而群聚於雅典，並且還可在那兒進行觀念的交易；貨品交易，思想也互換。由於經濟條件的改善，也使時人能容忍接受新奇的見解及作風，這是極其重要的。社會能夠發展到此一地步，要拜經濟大有起色之賜。

　　因經濟條件所累積出來的物質財富，一旦有利於教育發展之後，也造成另一種財富的形成，這就是精神、文化、及心靈的財富；這種條件可以使教育活動延續下去，歷久不衰。雅典的經濟景氣大好之時，雅典大學盛極一時；其後雖然雅典的經濟環境不如羅馬，更不用說政治及宗教條件了，但雅典的教育學術活動仍居古羅馬的樞紐地位。詩人**賀瑞斯** (Horace, 65–8 B.C.) 說：「希臘將擊敗她的野蠻征服者予以臣服。」換句話說，羅馬以軍隊攻佔希臘，希臘以文化讓羅馬甘拜下風。這種情況的反面，就是教育走下坡的時候，恰與經濟蕭條的時期並行。羅馬帝國在政治上解體，在經濟上也破產。經濟正是教育存在的「**必要條件**」（「有之不必然，無之必不然」，即缺乏經濟條件，「必」無法有學校教育之發生）。中世紀時的經濟惡化更有增無已，一些史家名之為「**黑暗時代**」(Dark Ages)，多多少少反映出此種事實。「**適足以維生**」型的教育，再度展現，能夠提供知識研究所必備的剩餘財富及休閒時間，已經少得可憐，殘存的學校教育活動，只不過是早期教育活動的餘波而已。其後十字軍東征，東西貿易又活絡起來後，中產階級興起，富商雲集，建築**大主教堂** (Cathedral) 成風，巴黎的**聖母院** (Notre Dame) 尤為宏偉。被稱為中世紀「**母大學**」(mother university) 的**巴黎大學** (University of Paris) 更放射出文教的光芒。值得注意的是，這些母大學都是**專業性的** (professional universities)，以培養「**神父**」、「**律師**」、及「**醫生**」等專業而設。之所以如此的原因，乃是由於復活的貿易所得的利潤，首先投資於大學所造成。當這些利潤累積成堆

之後，暴發戶的休閒幅度乃大為擴充，他們不只有錢興建「**學寮**」(colleges)，更支助遠地貧苦學生的生活及學習費用，教授之薪津也就有了著落。教育的重點，又由專業教育轉變為文雅教育及學術教育，並把這些列為教育目的。盛極一時的「**教父哲學**」(scholasticism)，則充分說明了經濟及學術教育二者之息息相關性。

戰爭是破壞經濟發展及教育活動最禍患無窮的元兇。歐洲文藝復興之後的三十年宗教戰爭，造成經過戰火蹂躪地區文教及貿易活動絕跡的地步。美國十九世紀的內戰，也使美國南方的教育及經濟發展大受打擊，到處傷痕累累。重建經濟及文教秩序，實在大費周章。在戎馬倥傯之際，民不聊生，「各人顧生命」，文教興趣擺在腦後！

四、國民教育發軔

全民普及教育的一大助力，來之於產業大革命。生產機器取代了勞動人力，婦女解放，個人財富大增史無前例，休閒時間增多；國家財富也因稅收不虞匱乏而經濟力驚人。全民免費入學的教育夢想，終於實現。萬事俱備，東風也不欠。不分種族、性別、政治及經濟地位、宗教信仰、甚至年齡，凡人皆有同等尊嚴與價值的呼籲，早就是基督教的基本原則。此種立論，教育史上有不少古道熱腸的教育家及慈悲為懷的博愛人士，也為此立論全力以赴。但埋藏這麼久的種子，竟要等一千九百年之久，才能開始萌芽生葉，開花結果；基本原因，就是產業革命滿足了實現該立論最不可或缺的經濟要件。

產業的盈虧變成支配學校教育的一大主力因素。由於此種影響力極為直接、立即且有形，因此學校教育的內容（即課程及教科書取材），也以日常生活實用為主要考慮；師生且一再的以經濟謀生或賺錢為求學問知的核心目的，生活實用乃成為主要目標。農業工業化以及生產科學化，就是產業革命與學校教育兩相結合的重要證明。美國總統林肯簽署而通過的「**農工學院**」法案，使大學教育邁向農工化，中小學教育更不言自喻。學校教育這麼的仰賴經濟，造成經濟大蕭條來臨之際，學校也就關門大吉，似乎經濟是主，教育是輔的角色了。不過，教育史上也有教育帶動經濟起步的先例，教育是最能贏取利潤的國家投資，因為腦力的開發，比金礦等的採掘，更是「**國富**」的來源——

經濟學家**亞當斯密** (Adam Smith, 1723-1790) 於 1776 年著《**國富論**》(*The Wealth of Nations*) 中就這麼說，英國及日本都是佳例。土地大、人口多，此種國家，貧窮者不勝枚舉，中國及印度不就是這個樣子的嗎？相反的，十九世紀晚期的丹麥，以及二十世紀兩次世界大戰期間的墨西哥，都是小國，但兩國的政府與人民通力合作，訴請教育來作為挽回經濟暮氣的手段。教育的改革使國家增加了人力資源，加強創造力的培育；產業結構的改組，注重人文教育以減少勞資糾紛。並且健全人生觀的建立，可以使「欲望的貧乏」獲得舒解；相反的，若鼓勵人們擴大「物品的貧乏」，則窮凶奢欲，逸淫無度，大力倡導經濟的過度開發，則不只環境污染、身心敗壞、生活品質日趨下降；令人深加警醒的是，地球上的天然資源也有用罄的時辰，果真那種日子來臨，人類不只無法恢復到適足以生存的時代，並且只好坐以待斃了。

第二節　教育上工作與閒暇二元論的起源

休閒時間的多寡或有無，決定教育活動的性質。但休閒時間在古代社會裡，並非由於付出勞動的結果才賺取得到的，它卻是一種社會特殊階級的財富，一種與眾有別的社會階級之標誌。某些人生下來即一生享有休閒時光，另一些人則呱呱墜地後就得勞動終生，不得清閒。前者位居社會階級中的上層，他們是貴族，養尊處優，不愁吃不愁穿，是白領階級，在冷氣或熱氣房裡享受；前者的經濟謀生工作由後者代勞，代勞者在古代世界就是奴隸，中世紀是農僕，工業社會裡是藍領階級，在酷冷或炎熱烈日下揮汗如雨。希伯來人更認為，工作使額頭冒汗來賺取麵包，是一種災禍降身的表示，因為人類的祖先**亞當** (Adam) 違反了上帝的指令，因之需要工作。

一、二元的社會結構

在古代社會的二分結構裡，是沒有中間地帶的。「非此即彼，也非彼即此」(either...or)，並非「二者得兼」(both... and)。那時也有技工及商人，雖然他們的身份是自由民，但其實卻形同奴隸，他們以服侍他人為本務，接受物質的酬勞；社會身份甚為卑微，因為許多手藝超群的奴隸與他們競爭的緣故。時人認定這些人身份低下的原因，乃是他們是「**動手動腳**」的，而非「**動心動**

腦」。基於這層理由，斯巴達禁止自由民學習手藝。亞里士多德也說，假如有人心向德行，則應盡可能的助其提升；但因勞動而得報酬的人，則簡直與奴隸無異，更可證明這種並非「出身名門」的人不能追求德行，因為他們的心中為報酬所佔。社會階級是一種身份問題，視其生為閒暇之家或勞動之家而定。實際上也缺乏社會流動來改善自己天生就註定的社會身份。換句話說，社會身份是世襲的，代代如此！

　　基於此種情況之下的社會結構，乃產生了深遠的教育結果。很顯然地，適合於享有閒暇利益者之教育型態，與適合於以手工作者之教育型態，方式上有極大的差異。以手工作的人，沒有予以正式教育（即學校教育）的必要。好幾世紀以來，他們所需要的學習，都可以在日常工作當中非正式的學習得到，這稱為「做中學」(Learning by doing)。就整體而言，技工及手藝人員的教育，與手工勞動者之教育相同。但對上層階級而言，正式教育是必要的，且可以作為裝派頭之用。學習語言、文字、或數學符號之所以必要，乃藉此使他們可以與記載下來的過去文化為伍。如果此種訓練對教士階級為不可或缺，則它之對官吏有用，二者之距離也只不過幾步之遙而已。總而言之，執行那些職責的上層階級人士，為數不多；他們沉浸於語文及數學符號的學習，並以那些學習的本身當作目的。

二、二元的教育活動

　　為兩種社會階級提供兩種教育，更有深一層的理論基礎。這種基礎將兩種不同的教育活動予以合理化。亞里士多德以人的人性來確認既存的社會階層，他認為人性有兩種，一是嗜欲性，一是理性。前者是低階的，後者是高階的；高階當然應該指揮或節制低階，這才叫做「正當」(just)。相應於人的這兩種人性，也就產生了社會的兩種階級，上層階級即負責社會的指導及管制工作；適合於他們的教育，就是心靈方面的教育。而下層階級唯嗜欲是從，因之適合於他們的教育，就是肉體上的教育。其一是「思」的教育，另一則是「行」的教育；前者是文雅的，需要休閒時間以便發展抽象觀念，後者是手工的，勞動機會佔了全部時光。這種分野也形成了早期教育的一種評價標準。教育活動越純為心靈方面的，價值越高。因此最高尚的閒暇時光之運用，

就是拿它來追求知識，並且以追求知識本身當作目的。文雅教育的陶冶，價值層次最高。

亞里士多德對人性的分析既適用於個人，也適用於社會。這種理由化的分析，使得建基於此的教育結果，乃主宰了教育史上的教育活動一直到現代。將古代教育的底層掀出地面的有趣事實，出現在中世紀晚期。中世紀的農業經濟，在社會的結構上仍然是二元的。封建制度雖然階級層次有多種，但基本上的差別，仍然只有**貴族**（地主）與**奴隸**（佃農）二級而已。因之在封建社會裡，我們發現它仍延續著工作與閒暇之區隔，或者至少也可以分別出利用手去作工或去作戰，是屬於另一種社會階層者的任務，這並不令人驚異！

由於這個緣故，中世紀晚期的學科如哲學、神學、及邏輯等抽象性學科，都在聲望上獨佔鰲頭，因為這些學科都是純心靈陶冶性質的。法律及醫術也包括在受人敬重的學科領域內，因為這些學科以手操作來服侍他人的程度，沒有手工藝那麼明顯。不過醫學教育比法律教育的地位更低，理由無他，乃因前者更著重在身體方面的處理而非心靈方面的涵養。繪畫、雕刻、建築等美藝也比文雅學科低下，凡含有手腳動作在內的活動，都被時人看輕。至於文雅科目本身，價值之高下也昭然若揭，「**前三藝**」(Trivium) 之「**文法、修辭、及辯證**」，就非「**後四藝**」(Quadrivium) 之「**算術、幾何、天文、音樂**」所可望其項背。

第三節　中產階級教育的興起

在傳統「二元」的社會階級之中，本來只有「上下」兩層級而已，但隨著時代的演變，尤其在商業及貿易之復活而產生的文藝復興運動，在社會經濟的階級結構上，開始了一項基本變革，這就是中產階級的出現，即在封建社會中，介於上層階級及下層階級之間的中間階級。在封建制度裡，階級性質要依各階級對田地的關係而定，因為那時的經濟型態，全然是農業型的。新成立的中產階級卻因性質與商業貿易有關，流動性較大；中產階級之成員搖身一變而成為資本家，他們的財富，寄託在紙幣、信用狀、及商業股票上。為了賺取帶有風險的利益，他們的作風，較不受農業經濟的嚴格束縛所限制，因此贏得了獨立性，社會人士也對之刮目相看。他們是勤奮的，雖無富甲萬畝的貴族之社會身

份，但並不因他們也得工作而降低身份到如同佃農般的地位。

一、中產階級興起

中產階級之興起，對教育之影響是非同小可的。為這層人士所提供或他們所要求的教育，以實用為主要訴求，漸漸的，社會上也開始首肯實用性而非抽象性教育的價值了。中產階級人士組成「**行會**」(guilds)，行會有行規，規定各行業的學徒要遵守。為了保存貿易資料，語文及數學符號之正式教育，乃由行會辦理的機構予以訓練；同時，地理、航海、及測量等新科目，也備受注目。這些新興科目的教育價值，大為抬高。

但新興科目再怎麼實用，卻無法與傳統社會原有的閒暇階級所獨佔的文雅科目相抗衡。中產階級若靠新興科目之賜而起家，在獲取社會較高地位之後，仍嚮往或迷戀古典科目。此外，延續數世紀之久的閒暇階級，即令目睹中產階級有進逼或威脅之情勢，也不願對社會聲望之變動有任何妥協。此種心態反映在教育上的，是貴族階級在固守文雅教育的信心上，紋風不動、屹立不搖。英國的洛克在《**教育論叢**》(*Some Thoughts Concerning Education*) 一書裡，曾建議士紳子弟應以學習一項技藝作為他們教育的一部分；瑞士的盧梭在《**愛彌兒**》(*Emile*) 教育

圖 4–1　富蘭克林 (Benjamin Franklin, 1706–1790)

小說中也要求貴族在動蕩不安的社會裡有一技之長，以便應付生活之所需。儘管這些建議的精神多麼令人佩服，但實際採取此步驟的速度，卻極為緩慢。學校教育的保守性，極為明顯。

二、古典學校的立場

固守原有地位的學校，稱為人文學校，或是古文學校；因中產階級之崛起而設的實用性學校，持續不懈的在聲望不被看好的逆境中，勇往直前；其中最為突出的學校名稱，就是出現在歐美的「**學苑**」(academy)，德意志境內的「**實科學校**」(*realschule*)，英格蘭地區的「**技藝學校**」(technical school)。

其中，「學苑」的勢力最為醒目，尤其在美國。創辦「學苑」最力的美國教育家兼政治家富蘭克林 (Benjamin Franklin, 1706–1790) 是由中產階級而發跡的人士。「學苑」中有兩部，古典語文部與實用英文部二者互爭雌雄。雖然實用英文部在初期稍顯劣勢，但後勁十足，不久即橫掃教育界。古典語文部從而在新大陸絕跡，文雅性的古文學校只殘存於歐洲古老的國度裡。

　　新舊學校的爭奪教育地盤，相對應的是一種足可與傳統封建文化價值相匹敵的新文化價值觀。亞里士多德這位西洋人極為崇敬的哲學家，曾為他自己身處的希臘時代所產生的閒暇階級之教育特殊利益，提出哲理上的解釋；他的身心二元論，也為其後的中世紀封建時代及文藝復興時期之上層階級之古文知識論撐腰；中產階級的新文化價值觀，為了與此一源遠流長且望之不可侵犯的理論分庭抗禮，遂搬出了基督教《聖經》教義的啟示真理，那是信徒不敢違背的，尤其是新教改革家按字源學來探討「職業」(vocation) 一詞，讓他們找到那是「神召」(Calling) 的意思。英國安立甘教會 (Anglican Churches) 的《教義問答書》中出現如下的訓令：「我終生履行職務，在那種職務活動中，才能使上帝樂於召喚我。」換句話說，職業無貴賤，只要敬業甚至樂業，上帝都會欣喜萬分，都能得「神召」。人人擔任不同職務，此種安排，也是上帝的旨意。並且神愛世人，絕不因身為貴族或身為佃農而有差別。謀職找工作，是上帝的意旨，目的在於使人們自足於神對各子民的召喚。此一論點，尤其對於那些生來即要作手藝勞動而不得閒暇者而言，能夠使他們視勞力乃是一種修行。如因修行而牟利，更是一種累積的神恩。新教此種倫理觀，不只為職業奠定了神聖尊嚴，也為其後的資本家獲得與神同在的安慰。

　　在美國的學校教育裡，尤其在「學苑」中，普遍採用了韋伯斯特 (Noah Webster, 1758–1843) 的拼字書《初級讀本》(*The Primer*)。該書所選的教材，都在宣揚中產階級人士的善行及倫理。一方面要默從自己的職業，並讚美工人的美德；在不幸及不安全時刻，需展現忍耐、堅毅、及謹慎風範，如此即可扭轉危局。另一方面，更非常成功的教導人們更為積極的人生觀。富蘭克林是自學成功的典範，他為一般人編寫的《年曆》(*Almanac*)，如「積少成多」(a little makes a mickle)，更使大家朗朗上口。鼓勵年輕一代要辛勤勞動，強調節儉習慣；此外，更沒有忽略獨立性、進取心、及自信力的重要性，咸認這

些習性是有酬報的。

三、實科學校的出現

上層階級的士紳仍能依舊入古典語文學校就讀，新興的中產階級則有新設的「實科學校」收容他們的子弟；但下層階級的學童仍然由於不利的經濟條件而阻礙了他們接受更多的教育機會；他們在前述中產階級地位合理化的努力中，並無分享絲毫利益，甚至那種合理化的說詞，更要他們安份守己，不要作非分之想。最能說明由於經濟條件剝奪了他們教育機會的，莫過於英國散文家**曼德維爾** (Bernand de Mandeville, 1670–1733) 於 1724 年所說的下述一段話：

> 在一個不容許奴隸存在的自由國家裡，最穩固的財富，乃是建立在多數貧苦的勞動身上。他們不但是培養不敗的海軍及陸軍之溫床，並且如果沒有他們，則吾人不能有生活享受，國家也不能生產有價值的物品。在資源有限的社會裡，我們要安適，就必須讓人口最大多數的他們既貧窮又無知。知識會增加欲望的範圍與種類。人民欲望越少，則供應他們生活的基本需要就更為容易。……職務上需要讀寫算的人，有必要教他們讀寫算。但在生活上不需要此種技巧的人，則讀寫算對於貧者相當有害。貧者應該被迫去天天勞動來獲取他們天天要吃的麵包。

「上層」的「文雅」享受，建立在「下層」的「勞動」工作上。知識無用論的說法，仍甚囂塵上。這裡所言之知識無用，只針對下層階級而言。即令一些較為開明的人士，也有人不贊成，甚至提出警告，經由學校知識教學措施，來作為下層人士往上爬升社會階梯的辦法。他們期望各各安於其位，不必要有「社會流動」(social mobility)，尤其是由下往上的晉升。他們認為如果下層階級的子弟不願再耕田作工，或不滿於父執輩的社會身份，則將會造成社會的動亂。法國《百科全書》(*Encyclopedia*) 的編輯家**狄德羅** (Denis Diderot, 1713–1784)，就主張維持嚴厲及高度的學術水準，「以便將地位卑微的家長要孩子免於重操上一輩低賤舊業的雄心，以及要子弟接受神職、醫學、或法律工作的幻想，予以阻止下來。在一個社會裡，沒有一種觀念比父親蔑視自己職業，並妄圖轉換

此種狀況為另外一種生活狀況的措施，更為有害。」換句話說，在社會「**秩序**」
裡，農人之子恆為農，士人之子也恆為士，這是最佳的安排。不要「吃碗內，
看碗外」，安份守己，這也是一種道德。此種道德觀，還相當強勢呢！平民靠
教育來翻身，勞動者入學後可以出頭天的日子，還得等待！

第四節　工業革命帶給教育的利弊得失

「有錢能使鬼推磨」，古今臺外皆如此。在社會階級上，中產階級由於工
業革命而向上層階級移動，這種身份就是資本家；另一方面，下層階級也因
工業革命而增加了工作及物質報酬的機會；生產過剩，加上機器取代了手腳
操作而省下更多的休閒時間。如果學校教育是有閒階級的禁臠，則這塊肥肉
不但上層階級吞食較多，中產階級及下層階級也能一嚐美味。不過，工業革
命帶給教育的影響，首先是害多於利；其後才是利大於弊。

一、工業革命破壞藝徒教育制度 (Apprenticeship)

在該種制度中，藝徒通常都在師傅家裡或開業場所接受個人式的指導而
學習某種技藝，指導包括工作習慣、品德行為、以及生產與交易技術等。由
原料到產品的製作完成，皆一手包辦，如皮鞋業；手藝之始及手藝之末，也
沒有他人代為操勞，如理髮業。但當這些技藝工作一旦機器化之後，就縮短
了工作時程，長期的訓練變成多餘，學的「業」可以速成。並且雇主與傭工
之間的關係，也比較缺乏人情味；本來師傅及藝徒因日日相處，且為期數年
之久，雙方情同父子，在技藝機器化之後，此種溫馨的氣氛轉為淡薄。此外，
過去的產品皆具獨特性，美的鑑別性也油然而生；機器取代手工操作之後，
產品無差異性，美的成份減少。單調又乏味的人生觀也從此滋生。

其次是兒童及婦女之成為工廠工人。為了廉價取得勞動力，除了機器發
明而大獲改善之外，大量雇用童工及女工，也是工業革命之後所帶來的社會
影響。由於勞動時間久，工廠環境又有害於童工及女工之健康，她們的身體
狀況，是比成年男人較為脆弱的。稚齡年齡的男女因機器傷害所帶來的身心
殘障，遠比手工時代來得嚴重。且早年即剝奪了她們的教育權，這無異摧殘
了民族及國家幼苗。

二、慈善學校的設立

十八世紀末，上述的惡化狀況還很輕微，十九世紀初，慘狀就變本加厲了。看看《悲慘世界》、《塊肉餘生錄》、《孤雛淚》等小說，就可以知悉童工及女工的實情。富有古道心腸的資本家及工業家，乃鳩資興辦慈善學校，收容童工及女工，一方面減少工作時間，一方面免費入校。教會團體在這方面的貢獻最大，英國的「增進基督教知識會社」（Society for Promoting Christian Knowledge，簡稱 SPCK，成立於 1698 年）及「海外福音宣教協會」（Society for the Propagation of the Gospel in Foreign Parts，簡稱 SPG，成立於 1701 年），紛紛在英國境內及海外殖民地設立「幼兒學校」(Infant School) 及「主日學校」(Sunday School)。其次，慈悲為懷的工業教育家歐文 (Robert Owen, 1771–1858) 以悲天憫人的心情，不忍目睹他所投資的磨坊內之童工及女工之苦況，乃在工廠附近設立一所學校，先限制童工年齡不准低於十歲；十歲以下的兒童，免費入學，校方提供營養餐點及生活必需品。他深信環境萬能說，因之在他的學校裡，除了有一個運動場外，還有一間陽光充足及空氣流通的教室。校內另有自然實物及圖書。資本主義的大評論家也是唯物主義的大師馬克思 (Karl Marx, 1818–1883) 在他的曠世大作《資本論》(Das Kapital) 一書中提到此學校時，大為讚賞，認為歐文的學校為未來社會的教育，提供了示範。「每一名兒童到達某一年齡時，都得接受教育，這種教育使生產勞動力及教學與體育合在一起，這不僅是增加生產效率的一種方法，並且也是培養完人的唯一方法。」

三、教育是權利，不只是慈善事業

慈善學校之設立，是應急的、零星的、片面的；隨著時代的進步，時人喊出教育是權利的聲浪漸高，這種訴求，終於形成了訴求國家政府運用公權力，以徵稅方式來擴充教育機會的結果。但此項訴求，在教育史也橫生枝節。首先是英美這兩個工業化快速進步的國家中，政府的經濟放任 (laissez-faire) 理論大行其道，「無為」(do-nothing) 政策是工業革命之後暴發戶的最愛，如果徵收教育稅，他們必須繳納雙重的稅款，因為他們的子弟都入收費昂貴的

私立學校就讀，除了繳交私立學校學費之外，還得繳交另一份稅款來支付公立學校的開銷。在爭取公立學校廣納下層階級子弟的措施上，貴族或上層階級是大力阻擋的。力爭上游的下層階級為了打贏這一仗，他們先得在投票權上取得勝利，如此就可以憑多數決來迫使政府，普設免費的公立學校，為他們的子弟提供教育服務。任何人都知道，這種問題相當複雜，是一塊佈有許多地雷的大戰場。

首先是公立小學的全民化，美國在這方面的成效最為卓著。不少一流的教育行政首長，如卡特 (James G. Carter, 1795–1849)、曼恩 (Horace Mann, 1796–1859)、及巴納 (Henry Barnard, 1811–1900) 都在美國各重要的紐約州、麻州、及康州努力著普及教育法，他們被恭稱為美國國民教育之父，尤其是曼恩在麻州教育行政首長的長年任期內發表年報，以其雄辯口才，懇求各界同意國民教育對進步國家的重要性。「似乎毫無爭論的證實著，教育不僅是一種道德上的革新工具及一種智力的乘數，並且也是物質財富上最為肥沃的根源。因之教育是一種權利，它不僅應該包括在全國資源的大存貨清單上，且應居那張清單的最前頭。」簡單的說，教育是國力增強的最大保障，更是最有利潤的投資。麻州在美國歷史上，成為最具政治力、學術力、及文教力影響的州，得歸功給曼恩。

其次，在各州漸漸實現初等教育普及化之後，下階的平民之教育欲望並不因此歇息下來，他們還更祈求有中上公立學校教育的機會。一種新型的、公立的、也是免費的「中學」(High School) 就取代了過去的「學苑」了。「中學」的目的是比較屬於終結性的，並不旨在作為升入大學院校的預備；男女合校，實用性十足，科學課程更受重視，促使本來以農立國的美國，更加速工業化的來臨。

小學及中學全民化也平民化後，高等教育廣設大學收容中下階層的子弟，也是遲早的事！1865 年農工學院之設立法案的通過，以及州立大學、初級學院 (Junior College) 或社區學院 (Community College) 的林立，使社會各階層幾乎都享有平等進入各級學校接受教育的機會。除此之外，由來已久的古典語文霸佔課程的局面已開始崩解，希臘文、拉丁文、希伯來文作為必修與入學必考科目之規定也陸續取消。經濟因素在教育上的份量倍增，已成為無可抵

禦的教育現象。有錢人出任學校董事會董事，捐資給學校較多者被選為家長
會會長；教師因「財」施教，學生送的「束脩」較多者，便多獲得師長的關
愛，都成為不爭的教育史實。

第五節　職業教育與工人組織

　　教育的經濟化當中造成教育史最大改變者，莫過於職業教育之進入教育
體系，這股趨勢由工業革命帶來更大的動力。職業課程與傳統的文雅課程是
否能等值齊觀，引發教育界及社會各界的爭論。大部分人士都認為職業教育
是狹隘的、近利的，尊嚴不高。在校內，職業科目通常都在特別場所進行，
如工作室、農場、林場、工廠等，且行政處理也與文雅教育不同，師資來源
也另有管道。雇主常常希望職業課程要訓練學生例行及自動化的技術，較忽
略職業與社會文化的關係，以及科學的理論研究，勞動的廣泛意義從此欠缺。
在此種狀況下，職業輔導只不過是工作介紹及工作安插而已。簡言之，職業
教育旨在將學童投入既存的中產階級之資本制度裡，而不把這種制度當作是
人類長久以來爭取自由所得的當前結果、也不鼓勵學童改善這種制度。換句
話說，安於現有制度而已。

　　工人組織是由勞動階級所組成的。由於勞動階級所受的學校教育有限，因
此工人組織對教育所抱的願景並不具有宏觀性，若只顧及教育的經濟面，這誠
然是不足的，格局也不高；如僅安於所提供的初等教育，則眼界又太低。就教
育史而言，貴族或資產階級之所以樂意興辦小學，原意並不在於解放或發揮存
留於勞動階級那種平庸文化的潛能。事實上，勞力者或許仍具有勞心者的才
華，他們一旦普獲全面教育機會之後，也能上臻於勞心者的社會地位。但他們
又如何來看待職業教育或勞動教育呢？首先必須爭取的，是雙軌學制的徹底取
消，校內的公民或文雅教育與職業學科或勞動課程，學童悉數參加。其次，工
人運動家在美國發現，美國工人或勞動界，並未遭遇到歐洲同業那樣淒慘的不
幸命運。在十九世紀期間，墾殖地區的自由土地使農夫不像歐洲的佃農那般的
無田可耕。自由又空曠的西部，形同一個安全的活塞，從而減輕了階級意識的
壓力，並且墾殖地區的社會流動性，也使得工人或勞動階級的傑出者，大有用
武之地。不只工人領袖往社會階級的上層流動，就是普勞大眾也視自己為中產

階級而非無產階級了。他們分不清自己特有的教育需要與其他階級有別，乃因為他們太有自信其不分階級的教育，可以提供該種需要。

著名的法學家**格利列** (Horace Greeley, 1811–1872) 警告他那個時代的人，不要誤以為學校教育乃是解救工人或勞動階級的萬應靈丹。這種警告，頗發人深省。他倒認為教育改造之前，必先經濟改造。十九世紀早期的某些工人領袖也能體會此一觀念。事實上，這些領袖擔心，有人祈求在投票權及財產權的變革之前，需先進行一段時間的教育及準備；他們認為這只不過是轉移下層人民的視線，也是使他們忘了自己主要經濟利益的詐術。他們提出一個問題，一個貧無立錐之地的家庭，怎能夠獲得教育的利益呢？並且假如教育改造先於經濟改造，則會產生一種危險，即工人階級將會把表面的權力當成實質的權力了。理論上，格利列及上述工人領袖的疑慮，就是經濟與教育二者之優先權問題，二者相互排斥還是可以得兼，有賴教育哲學家的解析。核心問題就是勞動尊嚴不可等閒視之、或只當虛應故事。至少在學校制度及行政上，總不可出現特定職業的工人學校。這就與黑白分校一般，「刻板印象」(stereotype) 是一種致命傷。

教育史上徹底消除該種「刻板印象」的國家，是 1917 年之後蘇聯革命所帶來的教育現象。整個國家的教育制度，首次由下層階級或無產階級的觀念及利益所支配，並由揮舞鐵鎚及鐮刀者來組成政府。勞工的神聖性，也因工人階級的神聖性而獲得肯定。私有財產制度解體，傳統擁有資本的資產階級或上層階級，不可能再壓榨或剝削勞動階級，一切皆共產。共產社會呼籲人民要各盡其能，各取所需，而不像貪得無饜的資本主義社會一般，人民競取超過本人所應得的經濟財富。格利列所說的教育改造及經濟改造，一併進行，同時解決。共產革命的領導人要求「**新蘇維埃人**」(New Soviet) 要熱愛工作，並把社會利益擺在個別的私人利益之前。

政治革命及經濟革命一旦獲得穩定性的成功之後，接續下來的就是教育革命。學校亦步亦趨的以工人或無產階級利益的課程為核心，但這並不意謂所有教育都具職業性質，而是把無產階級的主要活動（即工作）列為課程的核心。學校、工廠、及農場，三者合一。社會學科、科學課程、人文美藝的學習並不忽略，而以其作為擴大工人生活意義之用。

第六節　經濟階級對立論的破產

因經濟活動而滋生的資產階級及無產階級，白領階級及藍領階級，閒暇階級及勞動階級予以強作「二分」的教育哲學家，是古希臘的亞里士多德；始終不懈予以攻擊的教育思想家，則是美國的杜威。杜威說二元論犯了兩層錯誤，在大作《民主與教育》(*Democracy and Education*, 1916) 有專章討論及此。第一，在一個自由民及奴隸所組成的社會裡，二元論的確可以成立；但在全民皆自由的社會中，二元論是不合時宜的，且也不是事實。民主式的社會有必要將閒暇的觀念予以重新改造，機器取代手工之後，本來只有單一階級才能享有的休閒時光，現在人人皆能享有了。過去，閒暇是上層階級據之作為勞心而使下層階級成為勞力的專利品；但是現在，任何人都得勞動，任何人也都得勞心。「休閒」(recreation) 有「再創作」的字意，那是重新獲取精力以便工作或勞動。

第二，杜威之所以反對工作與休閒二元論，乃因這種理論是植基於陳腐的身心二元論之上。我們當還記得，亞里士多德贊同上層閒暇階級教育與下層勞動階級教育這種二元說法，因為這種分法，恰好與他所主張的人性含有理性及嗜欲性且二者一上一下之立論，若合符節，前者是心靈，後者是肉體，二者沒有交集，相互隔離。其師柏拉圖之理念世界與現象世界，更有此種明顯的色彩。杜威採取另類觀點，強調「過程說」(process) 及「連續論」(continuity)。二元不是兩個不相關的點，卻可以連成一條無法分割的線。身及心，勞力與勞心，行及思，職業及文雅，實際及理論，具體及抽象等，二者都是程度問題，不是全有或全無問題。所以馬克思以為資產階級必與無產階級發生階級鬥爭，這是昧於「過程說」及「連續論」的；二者不是敵對，化解雙方的誤解，資方與勞方有必要經常保持連繫，彼此對話，且角色之互換，在工商發達的國家，是極為平常的事。

> 在民主社會裡，教育的首務，就是要擺脫二元論的糾纏。並建構一種課程，使得全民在自由操練中，以思想為引導，視閒暇乃是承擔責任作服務工作後的酬勞，而非處在一種免於服務的狀態。❶

---

❶　John Dewey 著，林玉体譯，《民主與教育》，臺北，師大書苑，1996，頁 295。

　　「有教無類」是一種動人的教育口號，也是「進步」的指標。實現此理想，條件甚苛，其中之一就是經濟因素。教育活動必要有經費，因之產業革命著實左右了大部分的教育活動。一來個人比較富有了，二來國家更有發展教育的資本。至於經濟學家對教育持何種看法，也不可小視。不少西方人誤認「物質主義」(materialism)❷的重要學者馬克思，更不用說臺灣在中國國民黨力唱反共抗俄的長期教育「洗腦」之下，對馬克思學說產生頗為嚴重的誤解、扭曲與抹黑。本章在最後不得不費些篇幅，敘述一下經濟理論對教育產生的影響，其中引了不少馬克思的「教育主張」。「太過」與「不及」，皆非允執厥中之道，但由於過去的偏向與極化，為了平衡，有必要加重另一端的籌碼，如此的槓桿才能持平。且多多少少也補本章「經濟對教育的影響」之不足。從某一角度來說，教育之目的，是使任何人都有謀生能力，經濟因素在教育進步上，份量頗重。如何使人人在謀生的經濟力上過幸福快樂生活，的確該是教育「進步」所最不可忽視的。

一、經濟學家之論教育，派別很多

　　其中有宿命論或悲觀調者 (fatalists)，蘇格蘭學者也是《國富論》(*The Wealth of Nations*) 一書之作者斯密 (Adam Smith, 1723–1790)，認為工業化注重分工，分工越細，所需專業技巧及知識越多；但平民及勞工階級無力及此，因為天賦或是教育程度不足，他們只能從事簡易、機械式的工作，因之也不熟悉國家整體利益之所在，戰時就不知為國犧牲。除了從事已習慣之工作外，適應其他工作或轉行都很困難，除非政府盡全力改善此狀況。斯密建議大力推動公共教育，收工人及其子弟入學。他是反對公辦教育的，卻支持私辦教育，但那是對貴族而言。工人自幼即做工，又無暇半工半讀，潛能無由挖掘。他贊成國辦學校以便教工人 3R's（或 4R's)。此舉被馬克思評之為吝嗇式及施捨式的教育，只打「同種療劑」(in homoeopathic doses)——提供微量藥劑而已。洛克對工人教育亦有此建議。不只如此，基本教育應使學生產生「尚

---

❷　materialism，日人譯為「唯物主義」，中國漢人照單全收一字不改，是十足的誤導也錯譯。關鍵在於「唯」，唯是「只有」之意。該主義者只強調民生、物質極為重要而已，並不看輕精神（心）的功能。

武精神」(martial spirit)、「更端莊，更守秩序」(more decent & orderly)、「更減少誤蹈入無理取鬧，尤其對政府措施採不必要的抵制」(less apt to be misled into any wanton or unnecessary opposition to the measures of government)。此種職業教育論點，是希望工人一心以國為念（政府既定制度），而非利及個人，維護群性為優先。美黑人教育家華盛頓 (Booker Taliaferro Washington, 1856–1915) 之重職教而非文雅教育，也是希望黑人認命，勿與白人爭長論短。

不過另也有學者持慈愛式教育 (philanthropic)，如洛克 (Locke) 及奧文 (Owen)，這已在本書中提及。

馬克思於 1847 年向德國的布魯塞爾工人協會 (Workers' Society of Brussels) 發表演說，批評不可只提供小麵包，或一點點教育給「普勞者」(proletarians)，他們是唯一受阻於當前社會環境的人。要知道，既存的世界是可能的世界中最為美好的，因此更該鼓勵工人藉此機會來改善自己，其中之一就是接受教育。

工人連基本生活需求（物質的、經濟上的、肉體的）皆無法滿足，何能奢求馬思洛 (Abraham Maslow, 1908–1970) 高層心理上的「自我實現」；斯賓塞 (Herbert Spencer, 1820–1903) 之五種「重要知識」，也把休閒生活之知識放在最末。實際為主，不要烏托邦式的一躍沖天。

現代工廠 (modern industry) 取代了混合式勞動 (compound labour)，工人只要作很簡易的工作即可，不需受過教育或訓練也能勝任，年齡小也無妨，收入不僅有利於資本家，也可補工人家長之開銷不足。普魯士的工廠林立，學校法根本無濟於事。工人的家長也不願送子弟入校，即令入校了，校內的道德教育，原則來之於資本家的，以灌輸資本家的道德理念為主，純以資本家的經濟利益為唯一考慮。

但工業一旦起步，就是不歸路了。工廠工人有不需技術層者，但更需技術分工部門者也越來越多，工人所需較博也較多的技能及轉行力，也越來越明顯。工廠就此種需要來「訓練」更多工人，但出發點也只考慮於利及資本家而已。倒是工人也因之收到邊際效益，分享了其中之利。分工的舊有勞動技巧在工業技術升級時，則受淘汰，資本家在雇不到新手時，也得想辦法使老手轉業而施以新式訓練。

　　蘇俄共黨領袖列寧 (Nikolai Lenin, 1870–1924) 說：「我們公開宣稱，與生活及政治隔離的學校，是騙人的，也是虛偽的 (lies & hypocrisy)。」以社會教育取代最具神聖性關係的家庭教育，及早使幼兒脫離個人或私人式的家，進入共產「社會」，最足以符應共產主義的教育觀。因之共黨國家的幼兒教育場所最多，政府施政也以此為重點。

　　其次，在工業資本社會裡，分工越細，機器越精，操作越繁或越難，工人所需的「訓練」就相對增加，擔任的工作只是整個製造過程的一微細部分（如螺絲釘），似乎成為一個「跛足者，怪物」(a cripple, a monster)，只能當一小局部工作而已，仍只是一個「機器人」(automaton)，卻別無選擇，他的技術限定了他。就整個社會而言，此種「個人」，當然算是不健全的（如跛足般）。但工人為求生存，又不得不如此。

　　轉業有成，勞動者才越覺得是個人。下引一位法國工人在美的經驗：
我從未認為我有能力在加州被雇用時可以從事各種不同的工作，我確信我除了作凸版印刷工作之外，別無所能。我在這個充滿冒險者的世界中，他們之改職易業猶如換衫一般。天啊！我也同他們一般了。當個礦工無法得足夠薪酬時，我乃離開而到城裡，陸續成為一個活版印刷技工 (typographer)、石板整瓦工 (slater)、鉛管匠 (plumber) 等，結果使我發現我可以適合於作任何工作，我感到不是個軟骨動物 (mollusc) 了，而比較像是個人。❸
這就涉及到職業學校的教育了。

　　低階工人入工人技術學校或職校，高技術工人或專家則入高職、技術、或科技大學。如法國之專科學校 (école d'enseignement professionnel)，收容一般工人來入校，而在巴黎的科技學校 (École Polytechnique) 則注重專業技術層面。法國在第二及第三共和時，一位政治人物柯蒙 (Clude-Anthime Corbon, 1808–1891)，早年從事木雕工 (wood carver)，後是一本雜誌 (L'Atelier) 之編輯者，更是國會 (National Assembly) 議員，贊成共和，反對共產，立法支持保障工人權益。1859 年出版《專科學校》(De l'Enseignement professionnel)，一

---

❸　Robin Small (1944–)，紐西蘭奧克蘭 (Auckland) 大學教育學院副教授，《馬克思與教育》(Marx and Education, Ashgate, 2005, 115.)

書，再版多次，認為工人只要具有預備性的教育工作，則可發展他的官能，且善用之。過去技職藝徒制之師資不良，且工人一就職，就懶於轉業，懼怕改變現狀，遲延於學新東西。他堅信一位平庸能力的人，可以學許多不同職工工作，必要時還可轉業他就。一業定終生 (*chacun son métier*) 是錯的、有害的。他舉出許多反例，工業革命時的大發明，不是大部分由轉業者所設計出來的嗎？

若瓦特 (James Watt, 1756–1819) 這位蘇格蘭人謙恭持恆的作他的製錶工，我們就沒蒸汽機了；若阿克萊特 (Sir Richard Arkwright, 1732–1792) 一直只固守他本行為雇主修鬍子 (clients' beards)，就無紡織機了。又如美國的福爾頓 (Robert Fulton, 1765–1815)，如仍然持續作他首度從事的珠寶業 (jeweller)，其次是人像繪畫家，而從不參與「與己無關」(what did not concern him) 者，則吾人還得等候汽船不知多久才能造出來。❹

二、職業教育面臨的兩難，是分工的學習及其所衍生的問題

㈠分工是一種必要的惡

分工雖導致產量大增，但毀了工人的知力及體力發展。機器取代了人力，分工越細、工人作的工作越簡易，機器又可取而代之，不需人力了，工人處境越發不利。

當一個人知悉他可以轉其他較好職業之後，他就不會重操舊業，尤其舊業只不過是「少數簡單的操作」(a few simple operations) 而已時。因之，位於中級的職校 (technical schools) 就介於初等教育及多科技 (polytechnical or technological education) 之間。此外，工人的團體組織力應發揮影響力，在政治上指揮全局，共產「國際」(International) 就是如此。

法國支持專科學校 (*enseignement professionnel*) 的人堅信：「凡懂如何操作銼刀 (file) 及車床 (lathe)，或是鉋子 (plane)，鋸子 (saw) 及鑿子 (chisel) 者，就真的有能力去做所有一切無止盡的工作所要操作的」。不過，那是在手工業 (manufacture) 時代，至於機器 (machine production) 時代，則不盡然。

馬克思曾這麼說過，日耳曼的理想 (The German Ideology) 規劃出未來社

❹ ibid. 117

會中的勞動狀況是：共產社會裡，無人進行獨一無二的活動，人人都可能變成他擬想作的任何一行。我可能今日作一種工作，明日工作另一行。晨獵、午釣、晚照料家畜、晚餐後評述時事，就如同我現在是個用心思考者一般，而不必同時又是獵人、漁夫、牧羊人或是評論家了。這大概是他的「烏托邦」！（看看現在的臺灣風景渡假勝地，不是有類似此種廣告用語嗎！早上種田，下午釣魚、黃昏泡溫泉，晚上品茶！）

(二)在勞動與教育之關係上，馬克思討論最多

童工是有必要的：在第一次國際工人協會大會 (Congress of the International Workingmen's Association) 時，馬克思草擬童工決議，堅信兒童就是未來的工人。從事社會生產這種偉大工作，對兒童及青少年而言，是男女共同合作中「進步、健全、且合法的趨勢」(progressive, sound & legitimate tendency)。雖然在資本社會之下，童工被扭曲而成為一種令人憎惡之舉，其實，9歲開始都應該成為生產勞動的一分子，無人例外，這是自然法則，不可作寄生蟲，如此才有得吃，不只靠腦力工作，也依手維生。

1.從德育而言，成人有工作才有酬，小孩亦然。這是「自然法則」(the general law of nature)，具有普世性也是不辯自明的 (universal & self-evident)。未來的社會，旗幟上寫明：「依自己能力，取其所需」(From each according to his ability, to each according to his needs)。勞動既是權利也是義務，所有消費者必須也該是生產者，依自己生產能力，取自己之所需；生產能力大者，取較大的需——這不只是道德原則，還是經濟原則。

2.教育上的理由，學奧文的樣，生產勞動與教學合一，不只可增加生產效率，且可充分發展個人。

3.具訓練 (training) 意義，可以獲得原先未有之能力。

4.從政治層面而言，童工與教育合一，可以及早轉換當前的社會，培養階級意識，為社會革命鋪路。

5.從戰術 (tactical) 層面而言，童工與教育合一，目前已是如此，証明成功在望。舊有體制須另起爐灶，未來的教育種子已萌芽，不必栽新種。

其實英國早在 17 世紀，貝勒斯 (John Bellers, 1654–1725) 就提出教育與勞動手工二者之關係，提議設「工業及一些實用商務及農耕的學府」(College of Industry of all useful Trade & Husbandry)。奧文也發現及此，馬克斯認為強調童工的教育價值，頗具意義。

> 懶散的學習，比學到懶散，好不到哪兒去⋯⋯勞動是給生命燈加了油，且從中引出思想火焰⋯⋯蠢蠢地把孩子招來，也只不過把孩子們的心靈弄笨了 (An idle learning being little better than the learning of idleness...Labour adds oil to the lamp of life, when thinking inflames it...A childish silly employ leaves the children's minds silly)。

在活動中學習：但活動 (activity) 卻是指 play（把玩），而非 work（做工）。雖 work 也具教育價值，但 work 不同於 play。古羅馬的教育場所稱為 Ludus，那是 play 之意，即「玩」的所在。play 與 work 性質有別，後者還牽涉到「工資」及「產品」問題。把 work 與 play 合一，才充分具有「教育」價值。

Play vs. work（「玩」與「工」的對比），二者是兩極。英哲學家謝勒 (Ferdinand Canning Scott Schiller, 1864–1937) 論「美育」(aesthetic education) 時說：「人只有在充分領會是個「人」(human being) 時才會玩（取遊戲人生的角度，享受人生），也只有在玩的時候才真正抵達「人」(human being) 的境界」。❺

謝勒的「把玩」(play) 觀念，認為「把玩」這種行為，旨在美的滿足；充分表現出他是步康德的後塵。把玩時的滿足，是不計利或益的 (disinterested satisfaction)，不思所得、所欲、所費，已具超脫之意，此境界即是「美育」的所在。由實體所「產生」的美，由人來體會，該種「美」與「實體」之間只是「本質」與「外表」之關係。只有「人」，才會由「本質」而生出「外表」之美感（或醜感），美醜等與實體本身無涉。

工人的教育，勞動佔舉足輕重地位。學生年齡越大，「把玩」(play) 進階到「工作」(work)，甚至是「勞動」(labour)，學校教育如何把工作 (work) 予以「轉型」(transform)，就變成「把玩」(play)。「工作」真「好玩」，此種意境，就是一種美的享受。斯密提到勞動時，認為那是失去自由及獨立自主性的，是一種咀咒 (curse)，如作為處罰之用（犯規時罰掃廁所等），幸福只能在閒暇時才有。馬克思答以，斯密若提出克服勞動所生之苦，則本身就是自由

---

❺ Friedrich Schiller, *On the Aesthetic Education of Man*. F. M. Wilkinson & L. A. Willoughby (trans). Oxford. Clarendon Press. 1967. 107。

的顯現；並且一旦克服了，則外在目的也跟著消失，外在及自然的 (external, natural) 那種「必要性」(necessity)，此種特質，轉換成只是由個人自己所置入，不就變成「自我實現」(self-realization) 了嗎？

苦中作樂，工作享受，享受工作。把工作當作「引人的臨盆」(travail attractif)，臨盆時的「陣痛」(travail) 是痛中之極痛，但產婦不也因之有「痛快」感嗎？多迷人！「工作」(work) 並不純是好玩而已。自由性的「工作」，如作曲，難度是要命的高，需最大限度的努力才有所成。斯密把「勞動」(labour) 視之為心理上的苦樂，此種活動的「感性」面，還可加上別的，即視「勞動」(labour) 是正面的、積極的、創造性的活動 (ibid. 132)，這也是 free labour（自由自在的樂以勞動）。「最要命的嚴肅面」(the damned seriousness)，是把勞動看成短期成果，則勞動者的立即心情，當然不為他或他人所歡迎。但若以遠瞻眼光視之，勞動正是自我實現的最佳對象。馬克思舉作曲為例，也應用於文學及科學研究成果。此種「勞動」，並非旨在謀生──資本社會就可能如此，勞動 (labour) 與自由勞動 (free labour) 二者活動之區別，前者目的由他人訂，後者則自訂；前者有外在 (external) 目的，後者則屬「內在」(internal)，把工作 (work) 變成自由的 (free) 而非「外逼」(forced)，這才是馬克斯的主旨。

㈢**教育與勞動必二合一，且「政」、「教」合流，教育目的與政治目的同**

先不管是否旨在推翻資產階級 (bourgeoisie)。教育若與生活隔離，或與政治分開，是騙人的，也是偽善的 (is lies & hypocrisy)。資本社會的教育，只不過是造就出工廠所需的勞工，對工人階級進行政治灌輸而已。介於資本主義 (capitalism) 及共產主義 (communism) 之間，就是普勞專政 (the dictatorship of the proletariat)，學校乃是普勞專政的工具，不只作共黨共同原則的手段而已，且是普勞大眾的普遍通有意識。普勞階級組織起來並發揮教育影響力，「清掃」(weeding out) 那些「無可救藥」(incorrigible) 的因素。

教育與生活合一，生活指社會生活，且是政治生活（或經濟生活）。更有甚者，此時此刻，不需學校了，因整個生活「似」教育，社會「似」學校，孩子立即從事社會工作，就足以培育文化人，也知悉如何帶小孩，人人皆是教僕 (pedagogues)，孩子直接從社會工作邁入工廠工作，也可入圖書館，找到他有興趣的答案。

屆時學校生活、教育、社會、遊玩、做工等一切，都合而為一。只是此時，教育問題就迎刃而解了嗎？一項冷酷的事實，象徵資本主義及共產主義兩大陣營的分野指標之「柏林圍牆」(Berlin Wall)，於 1989 年倒了，這雖是政治大事件，卻由此也可看出東西兩大陣營的教育，尤其職業教育之分野。不過究其實，作為共黨思想主流的馬克思，在 1960's 時西方學界重新重視他的早期作品，發現他是個人道主義者，與存在主義 (existentialism) 之主張若合符節。「經濟」或「職業」的「教育面」，經過他的闡釋，也與「人文化」合流。

第五章　教育哲學的演進

　　長久以來，哲學問題與教育問題就關係密切。有時候，教育開始革新之際，並不覺察有哲學問題牽涉在內；有時候，教育之改變，卻是在哲學的有意引導下進行。無論是哪種狀況，好幾世紀以來，教育都鍥而不捨的尾隨著哲學理論的應用，而最能認清這二者關係的時代，莫過於二十世紀。事實上在十九世紀時，身為所有學科之母的哲學，又衍生出一種新學科——「**教育哲學**」。相信該學科在二十一世紀更會蓬勃發展。

　　教育的本質既是一種變化的歷程，就特別需要有路標或航道來引導其活動。尋找這些方向，只好訴諸哲學。教育既在探討人的可能變化，因之就有必要研究教育的目的。什麼是善的目的呢？更基本的問題是，到底什麼是善？這個問題即屬於哲學支派中倫理學研究的對象。但人如何認知善，以及人在什麼時候才能確信他已認知？並且，什麼是知識？師生如何肯定以為何種知才是真知？什麼是真理？這些問題，則是哲學的另一支派，即知識論所探討的目標。相應這些問題，就產生第三種更複雜的問題，即進行教育的這個世界（宇宙中另有許多其他世界），性質是什麼？它是變動不居的嗎？還是它有某些絕對元素能讓教育找到自己的定點？人應該只為今生才受教育呢？還是為來世？接受教育的人性本質，又是什麼？關於這些「存有」或「實體」的一般性特質，則屬於哲學的第三支，即形上學的研究領域。任何一個歷史時代的教育，都至少曾提出一個前述的問題。事實上也就是這些問題以及其他類似問題，才構成教育哲學上經久難解的問題。

　　西洋教育哲學史的演變，各學門爭奇鬥豔，在學術舞臺上陸續登臺，熱鬧非常。遠非東洋尤其中國之罷黜百家、獨尊儒術可比。

第一節　辯者的主張

　　遠古的人民，可能很少知道或甚至不知道他們教育過程所隱含的哲學。

教育的主要功能就在於保存過去，使種族經驗不致於流失，因為種族經驗乃是獲得安全並對抗動蕩環境的不二法門。假如這種教育型態還隱含著什麼理論的話，那麼就是「存在即價值」(to be is to be right; whatever is, is right)。在早期的民俗或風尚中，變動是不受鼓勵的；即令有改變，也相當緩慢，久而久之就形成了「凡是現在已如此的，將來也必如此」這種看法；以及「凡過去是這個樣的，現在及未來也是這個樣」。假如從來就如此，則實體的本質性本身，也是如此。在這樣子的文化裡，教育功能是既明晰也直截了當的，因之很少甚至完全不需要什麼哲學來引導教育的過程。

上述情況，就連古希臘教育也不例外。不過到了紀元前五世紀時，希臘人開始重視他們的教育問題。原本作為強化民俗及風尚的社會條件，因為遭受內外壓力，乃導致於人們對舊有生活方式的不滿。與波斯人戰爭獲得大勝，以及當時史無前例的經濟繁榮，可能就是造成社會不能靜如止水的主因，也促使人們企求新的社會適應方式。當大家越清楚領會到舊有習俗無法滿足新環境的要求時，人們就越敏銳的注意到教育問題。當舊習俗不足以應付新環境，而新規範又未經考驗以致於還無法為大眾所接受之時，則年幼者的教育應該如何進行？這些問題便亟待人們費心思來解決。努力思考的結果，就是哲學的誕生。

首先將當時因社會不平靜而產生的教育根本問題予以揭發的，可能就是希臘的「辯者」。辯者用理性批判傳統的教育方式，認為該方式太注重既有社會習俗的傳遞與保存，過於靜態與保守；抨擊毫不選擇的將祖先遺訓代代相傳。相反的，他們主張教育活動應建立在理性的基礎之上，並且課程教材也應配合學童的個別需要，他們並不以社會習俗作為教學的指標，卻揚言：「個人為萬物的尺度。」不只拿辯者最出名的普洛塔格拉斯這句名言當口號，且許多辯者還以收取學費作為教學酬勞。時人之所以甘願取出荷包交上束脩，乃因辯者口才傑出，還以當時引起爭論的熱門話題當辯說的題目，進行正反兩方面的教學，而正反之主張還是以辯者之意見為依歸。既然個人是萬物的尺度，因此任何事情對他們而言，都是相對的！

辯者的個人主義與相對主義觀念，被維護傳統的首腦人士大為厭惡並予以譴責。反對個人主義及相對主義的原因，乃因為這些觀念發展的結果，會

變成懷疑主義；一種論點既有正也有反，此種立場，易使學童懷疑不變的道德準則。辯者此種行徑，也使他們擔上欺詐的罪名。傳統秩序的贊助者，為了避開辯者銳利的推理鋒頭，乃提出一種較有教育理論性質的問題，他們對於辯者運用邏輯辯證法以及語言學的推理方法，就可以使學童學得德性或價值之主張，也大感懷疑。以毒攻毒，以疑擊疑。依據保守的傳統意見，德性常模老早就由貴族或上流社會人士的言行典型所制訂。因之德行是先天的，並非由後天教學所得來；它是由身體力行以及模仿高貴人士之舉動而來，而非透過理性或智力上的運用就可獲致。因之，帶有民主意味的辯者，妄圖將德行教導給那些並非出身名門之輩，是註定非失敗不可，且也不被鼓勵與讚許。

　　辯者與保守人士所爭辯的論題，乃是當時更為基本的政治爭論波及於教育的附帶問題。由於閒暇階級的治人者及勞動階級的治於人者，二者教育機會之有無，有如天壤之別；且雙方都認定德行代代相傳，命運上天註定，連階級也是世襲的。但大教育家**蘇格拉底** (Socrates, 469-399 B.C.) 因出身平庸，其父是雕刻師，其母是助產士，因之取民主觀點而與辯者站在同一條戰線上，認為德行是可教的。他之獲得此種重要結論，乃由於他首先看出沒有任何行為可以稱之為善，除非該種行為係接受指向於善的知識所引導。換句話說，善行者首先必得了解「善」是什麼的知識或理論。當時一般人也承認，理論知識是可以教的。既然行動依賴著知識，因此德行確是可教。知在行之先，德建立在知上。但是光有德的知識就能保證必有德的行為嗎？蘇格拉底確信如此。因為「知即德」(Knowledge is virtue)，「不知即惡」(Ignorance is evil)；「知」與「德」無法合一的人，那是「知」並不徹底，也就是說，這種人的「知」，未達真知的地步；該種知是表面的、膚淺的、虛假的。觀念在指揮行為，正確的觀念，必然引出正確的行為。

第二節　柏拉圖主義

　　蘇格拉底的及門弟子**柏拉圖** (Plato, 427-347 B.C.)，對於德行的可教性，就沒有其師那般如鐵的信心。柏拉圖早年的哲學觀念，是為蘇格拉底辯護的，但其後寫《米諾》(*Meno*) 一書時，又似乎有不同意見。在該對話式的著作裡，

他舉出數例來反駁其師的主張，其中一明顯的事實，乃是不管孩子在多麼端正的父親或廉直的教師教導下，長大後還是可能成為放蕩不拘的年輕人。同樣的，柏拉圖也反對德行是天生的說法；他指出，才能出眾又剛正不阿的父親，卻養出愚劣甚至無賴的孩子，這種例子多得無法勝數。既然這是條死胡同，柏拉圖就不步該道，卻在另一書《共和國》(*Republic*) 中開闢新天地。在這本代表他教育哲學的曠世作品中，他先分析人的天性、社會的性質、及知識的性質等問題，這是前無古人的作法。

其次，如果知識就是德行的話，就如同其師蘇格拉底的主張，那麼知識除了有個人層面之外，也含有社會層面。就前者而言，辯者提出「個人是萬物的尺度」，個人運用才智而給傳統信念作批判分析；依後者來說，守舊之士認定學習是以傳統風尚為萬物尺度的，個人納入社會中。「個人化」與「社會化」二者要擴張到何種程度，二者是否必生衝突，如何化解？教育應該培養個人意見的自由表達呢？還是諄諄教誨每個社會成員學習不受時空影響的普遍知識？課程應該是由時下流行意見的記述所組成，還是要由永續不變的實體性來規劃？

一、人性的分析

為了要了解柏拉圖在教育哲學中如何將紛歧的因素，歸約為一個體系分明以及相當諧和的整體，有必要先從他分析個人（即受教者）的天性開始。天性三分說，首由柏拉圖提出。第一是欲性 (desires)，即人的感官及導向於行動的各種肉體驅策力；第二是情性 (feelings)，表達了人的意志功能；第三種是理性 (reason)，與前二者之肉體性不生姻親關係，單獨存在。

對應這三種人性的成份，也有三種不同的價值或道德性。欲性的「德」(virtue)，就是「節制」，或自我克制。欲性之「德」，就是無畏、剛毅、或勇敢。理性之「德」，就是智慧或深謀遠慮。三「德」合一，就是「正義」(justice)，也是「恰當」，也就是說，三德及三性相互配合，發揮得恰到好處。教育在個人層面上，致力於此。

二、社會的分析

相應於人性三分說，柏拉圖也把社會作分工，即社會活動有三種層級的劃分。第一層級者專事生產工作，依「欲」性行事，但卻需靠「理」性來「節制」；第二層級者充當軍人戰士，展現無比的血氣之勇；第三層級者是統治階層，這群人憑智慧來治理眾人之事。社會組織如此的按人性三分說妥切的予以安置，這種社會也是最具「公正」的社會。各組成的社會份子都為整體社會的大利著想，三種階級的人皆各自展現出「節制之德」、「勇敢之德」、及「智慧之德」，這不是理想的共和國嗎？

三、認知的分析

認知也分成三種層次。第一層是「幻影」(image)，那是虛假不實的，由感官的錯覺所生。第二層是「感覺」(sensation)，屬常識之見 (common sense)，眾人之見 (public opinion)，以個人為判斷是非、善惡、美醜的標準；第三層是「知識」(knowledge)，此種知識境界與實體本有界合一，不因感官之瞬息變化或常識意見之變動而變動，卻是無時空、普遍、絕對的。第一層認知是心神失常者之見，第二層認知是辯者之見，第三層認知則是哲人之見。就認知的完美度來說，第三層最無瑕疵。

但人們是否只能依賴肉體感官來認知呢？這就大錯特錯了。感官經驗所獲得的印象，頂多是幻覺及感覺而已，未及知識層次；知識之獲得，需憑「靈」(soul) 的運作，即「思考」、「反省」、「推理」。認知之成為可能，有個前提，即「知識早已存在於心靈之中」，這叫做「先天觀念」(innate ideas)。如果一個人本無知，則學習等於是徒勞之舉。就好比「本來無一物」，則再費多久時光的努力找尋，仍然空無所有；但柏拉圖樂觀的深信，人人皆有「先天觀念」，卻在誕生之際由於陣痛而遺忘。學習或教育的過程，就是「回憶」的功夫，失而復得，乃是教育的職責。認知的此種教學特質，在數學科目裡最為顯著。數學的觀念，都不在經驗界中。圓形、點、線、面、角形等觀念，都只存在於心靈裡，且先天即有，又是完美無缺陷。所以數學是所有學科中價值最高的學科；其實其他學科也含有此種性質。沒有人可以用眼睛看出最完美的圓、

或用圓規畫出最圓的圓，但完美圓的觀念確實存在；此種觀念猶如柏拉圖舉的另一個例子般，他說上帝只造一張床，那就是「床」的觀念，也是最理想的床；工匠才依理想床的觀念，動手去製作床。但每一張經由工匠製作出來的床，都與心目中的理想床有一些距離，即令巧奪天工，但仍有美中不足之處。吾人現實世界能睡的床，都是經驗界的床，而非心中的理想之床。其次，理想之床只有一個，工匠製作的床則有萬千；無數的現實床毀了、消失了、不見了，但心中之理想床卻永恆如一。四時皆準，百世不惑，這不是絕對真理的所在嗎？認知抵達此種境界，已臻真知層次。蘇格拉底說品德建立在知識上，若「真知」才能有真正的善及真正的美，則真知已得時，真善及真美也在手。真善美三者集於一身，就是最完美的個人；由個人散發出來的社會德性，就是最完美的社會，也是最完美的國家。「理想國」此刻出現矣！

第三節　亞里士多德的教育思想

　　柏拉圖的高足**亞里士多德** (Aristotle, 384–322 B.C.)，才是希臘教育哲學在中世紀及文藝復興時代為眾人所熟知的大哲學家。雖然在他的著作中，直接探討教育的部分沒有像他的老師那麼廣泛，不過倒也有不少論點不同於其師。他之受惠於其師，是不言自喻的。就像早他之前的師公蘇格拉底及師父柏拉圖一般，亞里士多德也繼續探討存在於希臘教育哲學中的問題，即德如何被認知？且德與知如何合一？起先，他並不同意於把知與德看成是二而一的，這種想法太過簡化問題。他承認該種論點，對引發天性本就高尚之人的善良品行而言，容或堅強有力；但對一般眾人而言，恐怕就會失去效用。善行除了具備對善的真知之外，還需佐以更多條件。他在教育代表作之一的《**政治學**》(*Politics*) 一書中明說：「有三種條件可以使人行善積德，即人的天性、習慣、及理性。」

　　第一，人的天性也有三分說——人的天性之基本特質就是活動，活動有三個層次。最底層也最簡單的一層，是植物性的活動，如生長、繁殖、及新陳代謝等。其次一層或中間階層就是動物性的活動；這一層除了含有植物性活動之外，另有感官活動、嗜欲活動、及位置的移動等。高於這兩層之上的活動，就是人的活動層次，也是理性的活動；此種活動，在種類及性質上，

都異於前述二者。亞里士多德 將人定義為「理性的動物」，就是這個道理；人也因有理性，才與動物有別。

　　第二，關於習慣方面，亞里士多德與柏拉圖同一口吻，咸認年幼者與動物活動頗為相近，皆因嗜欲性而引發。沒有證據證明兒童在行為當中，能發揮他們天賦上的道德性，有之也來自於習慣行為。品德善行是一種習慣，那是必須靠練習才能養成的。他用帶有明顯行動意味的字眼來描述習慣的意義：「做中學」(Learning by doing)。靠理性才能達成的德，吾人不能寄望在童年期中就表現出來。德是成年人的目標，童年若也有德，那也是依習慣而來。依習慣而行的德不是必然的，且只有其然（習慣），而沒有其所以然。

　　第三，理性的二分——理性有二，一是「實踐理性」(practical reason)，一是「理論理性」(theoretical reason)。前者係針對兩種下層活動而言，它一方面限制心靈的嗜欲活動，一方面也指揮心靈的嗜欲活動，使之有正確的活動方式。道德及政治乃是實踐理性特別著力的領域。至於理論理性的功能，則完全屬於純粹式的活動，在這種角色上，理論理性是全然認知性的，它專心注意於探討普遍真理的冥思上，是形上的而非形下的。

理性
- 理論理性：睿智、形上、冥思的
- 實踐理性：道德、政治、形下的

　　幸福 (happiness) 是人人追求的最高目標，幸福植基於品德。而理性只有人才擁有，人在運作理性並以智力的培育為主要活動時，才是獲致幸福的主德 (cardinal virtue)。

一、實踐理性的幸福

　　實踐理性活動所獲致的幸福，表現在道德層面及政治層面上，此時的理性，與嗜欲活動聯合運作，使活動不要有「太過」與「不及」這兩種極端，卻要達到「恰到好處」(just) 的地步。「勿趨極端」(nothing too much)，這種「金科玉律」(Golden Mean)，就是柏拉圖所倡導的「正義」或「正道」了。勇敢之德，就是解釋這種說法的最佳例子；勇敢之「太過」就是魯莽，「不及」就

是懦弱。其他的德，如節制、慷慨、謙恭、及正直等亦然。

二、理論理性的幸福

　　理論理性活動所獲致的幸福，全然是冥思性的，本身自足，本身就是目的；實踐理性的德，寄放在政治及道德這種幸福之外的層面上，理論理性則與幸福完全合一，那是最高幸福的頂端。他說：

> 遠超出其他恩賜之上的神性活動，必然是冥思性的，因之在人的活
> 動中最接近於此的，就最能得到幸福……。幸福與冥思擴張得同樣
> 廣博，最能冥思的也最能享受真正幸福，這並非僅是一種附隨現象，
> 而是冥思的必然結果。它本身就是珍貴的，因之幸福必有幾分冥思
> 形式。

這種結語在教育上產生的結果，乃是以智力的培育、以及為知識而知識的教育觀，大力影響亞里士多德之後各世紀的教育哲學主張，即令是二十一世紀的今天也不例外。

三、國家的幸福觀

　　幸福是個人所追求的，也是國家的目標。個人的幸福，要透過道德及智德的身體力行及訓練，方可獲得；善良的國家要賴善良的公民來組成，而善良的公民絕非單靠運氣就能產生。在提到柏拉圖的《法律》(Laws) 一書時，亞里士多德說:「我們出生後就應該用特殊方法予以教養，就如同柏拉圖所言，應該享樂時我們享樂，應該吃苦時我們吃苦，因為這就是正當的教育方式。」可見他認為國家必須對公民教育採取積極的態度。教育乃是政治的一支，亞里士多德在他的《政治學》一書中本要提出他最有系統的教育哲學，令人惋惜的是，他並沒有把該書中有關教育的部分論述完成。不過，吾人也可以從亞里士多德整體的哲學觀中，理出他的教育思想，從而實現了個人及國家的幸福。

　　首先，他並不完全接受其師柏拉圖將理念世界與現象世界視作二元對立的看法；他不將抽象的普遍觀念安排在變動不居的現實世界之外，卻認為二者是一種連續性的歷程；猶如個人的幸福與國家的幸福，二者並非截然分離，

卻相互有聯繫性。普遍性經常可以在表現普遍性的個例當中發現出來；普遍界之中有個體界，個體界之中也含有普遍界。國之中有個人，個人之中也有國，二者永不分離。個人觀為辯者所強調，通觀則為柏拉圖所注重，亞里士多德把二者之「正」與「反」，作了一種哲學上的「合」。

　　教育上一與多的問題，也賴此解決；變與不變的形上理論，也不必費口舌爭辯了。依亞里士多德的說法，這就如同**質料** (matter) 與**形式** (form) 的關係一般。質料是「內容」，不具形式，無行動力；形式則是架構，表現出秩序、創建性、或智力的原則。吾人所目睹的世界，乃是形式運作在質料的結果。由於質料常取內加於本身的各種形式，因之變動不常。換一種方式來敘述他的看法，或許更為清楚明白。即「**潛能性**」(potentialities) 到「**實踐性**」(actuality) 之間，有一種不間斷的歷程存在著。潛能性是質料，實踐性是形式，前者是動或變的起點，後者則是終站。質料多變，形式則永恆如一。亞里士多德在著作中，以橡樹的生長來作比喻，當橡樹種子開始發芽之際，它的活動性就在進行。先將種子種於土壤下，然後長出幼苗，茁壯而終成為一棵龐然橡樹。在此種狀況下，橡樹本身又繁殖成另一種橡樹的形式，該形式的種子在恰當條件的土壤、氣溫、水份、及陽光之下，重新運行生長的週期。橡樹的質料經過多種變化，但橡樹的形式卻季季相同，都名之為橡樹。各地各時的橡樹，形狀、大小、高矮、粗細等容或有別，但橡樹之名則恆一。換句話說，教育的進程多變，但教育的目標則人人皆同。學科學習也是如此，個人幸福及國家幸福，也皆可取此比喻予以詮釋。萬變不離其宗，質料逾越不出形式之外，潛能性只能在實踐性的時空下發展，個人也只能在國家之下活動，理念世界指揮現象世界；就這些觀點來說，亞里士多德雖然修正柏拉圖的主張，但他仍然活在其師的陰影之下。

第四節　基督教的教育論點

　　基督教的來臨，乃是促使教育哲學得重新改造的一股巨大動力。雖然基督教在羅馬帝國時代是威勢強大的道德及宗教力量，但卻要等到中世紀結束時，教會的神學家才開始轉移視線，把神學運用到教育理論上來。這位神學教育思想家，就是「**天使博士**」(Angelic Doctor) 的**聖多瑪斯** (St. Thomas

Aquinas, 1225–1274)，他的神學著作《神學大全》(*Summa Theologica*) 是迄今天主教神學最權威的典範，也是天主教詮釋《聖經》教義最後的依據；他另有《學監》(*De magistro*) 一書，內容與教育直接有關，也是經營教會學校最應重視的教育理論著作。十六世紀時，基督教世界分成舊教 (Catholic) 及新教 (Protestants) 兩派陣營，新舊的神學家對教育又持另一種看法與主張。

一、聖多瑪斯

　　這位天主教世界中最受頂禮膜拜的神學家，由於最心儀亞里士多德，甚至使教會重新定位亞里士多德的角色。論及學童的天性，二者幾乎異口同聲；只是比喻不同而已。亞里士多德舉橡樹的生長來說明教育的歷程，聖多瑪斯則把教學類比為醫術，醫生不能單就病體而開處方，因為病人體內早有內在的潛能來維持身體健康的平衡。潛能性（免疫力）及實踐性（健康）的觀念，一一浮現。醫生不能取代病人，猶如教師不能代替孩童一般；行醫如此，教學亦然。教師只能幫助學童運用他自己的潛能來學習，從外往內的灌注是下下之策，誘使學童內在的潛能向外盡力發展，這才是正道，也是良方。其實，此種論調，希臘三哲早已言之鑿鑿，聖多瑪斯只不過是重述先人的說法而已，沒有什麼新論。

　　作為神學家的他，觀點與其他教育哲學家最大的差別處，乃是他本諸宗教的立場，特別強調「超自然」(super-nature) 的「啟示」(revelation) 功能。這種超自然境界，絕非希臘哲學家作人性三分說中的最高層次可以抵達，因為那是高於「理性」之上的。理性運作所臻之「理念世界」，如是永恆如一，則高於理性的神性，更是「永恆哲學」(*philosophia perennis*) 之所依。上帝是「第一動者」(The First Mover)，「第一因」(The First Cause)，「純粹形式」(Pure Form)。人是上帝所造，人性中之理性居人性中的最高層，但神性又高於理性之上。人類運用理性可以理解的部分，當然要深信不疑；如果理性運用的結果也無法理解，超越理性的極限，此時就得仰賴上帝的天啟了。凡天啟者皆來之於上帝，上帝的聖言，價值高於人類的語文，也非哲學家的議論所可望其項背；因此只要是聖言者，皆全盤接收。「信」了，就可以「知」；並非「知」了，才信。"I believe in order to know"，「信」(Belief) 先於「知」(knowledge)；

而非「知」先於「信」；"I know in order to believe"，那就太過狂妄，以為人定勝天（上帝），這是會遭受天譴的，絕不可造次。休想再揚言人為萬物之靈了，因為人是這麼的渺小，也這麼的無助。昔普洛塔格拉斯大言不慚的說，人是萬物的尺度，希臘哲學家改為：好人是萬物的尺度；羅馬雄辯家又修正為：雄辯家才是萬物的尺度。依基督徒的觀點言之，這些說法都罪不可恕。只有天啟觀念，才是萬物的尺度。

置上帝於基督教哲學的中心，遂滋生出明確的教育結果。第一，教會教學變成極具嚴肅及權威性。耶穌是**師傅** (master)，信眾都是「**門徒**」(disciples)，前者「擁有權威的身份」進行教學；來之於主的教訓，後生皆得聽從。第二，超自然的教育哲學觀以皈依天主作為最終的教育旨趣，但除了這種遠程目標之外，另也有近程的宗旨。終極目的是所有人的最後目的，也是人的最終命運。達到此一境界，人人必須回溯源頭而向造物主的上帝請求神恩。依基督教傳統的說法，上帝依祂的形像造人，神創造一切，人是最接近神的被創造物，信徒要無條件的服從上帝，愛神，且死後與神同在，如此才能分享永生幸福。近程教育目的乃是中間性質的，在於培育良好公民並使其學得一技之長，重視家庭及國家觀念。這是比較具有現世意味的。

聖多瑪斯明言的超自然哲學觀，成為一切哲學立論最堅實的根基，教育哲學更不例外。以前的哲學家即令也觸及此層領域，但都語焉不詳。基督教哲學焦點則全部集中於此，並且有人格化的上帝化身耶穌活在人間，又有一部信徒奉守不渝的《聖經》作為教本；耶穌為贖世人之罪而上十字架的動人故事，更被信徒津津樂道。基督教的教育活動，有了如此深沉的神學及哲學理論，其宗教教育的影響力，才會無遠弗屆，橫掃整個西洋世界，其後更普及於全球。

基督教教育哲學的另一論點，也是以前教育哲學界未提及的一項主張，即「**原罪**」(original sin) 的觀念。希臘的辯者、三哲、羅馬雄辯家都以「人」為中心，對人性本善給予樂觀又肯定的態度。但基督教教義卻持完全相反的論斷。《聖經》裡〈**創世紀**〉(Book of Genesis) 中「**伊甸樂園**」(Garden of Eden) 的故事，現在已是家曉戶喻，童叟皆知。**亞當** (Adam) 受了**夏娃** (Eve) 的慫恿，不聽神令，偷吃了禁果，道盡人性的墮落與沉淪，以及物欲及情欲對人一生

的支配。

　　幸而靠著「信、望、愛」，人人就可以得救，重回上帝的懷抱。神也愛世人，就算是無惡不作之徒，只要仰天禱告，俯地懺悔，也有再生的希望。要洗滌原罪，就需仰賴上帝的恩寵，並取法於耶穌的行徑。教會普設學校，讓全民廣沾上帝恩澤；教會林立於各地，教會內都有懺悔室，信徒只要坦誠以告，向上帝現世的代言人宣洩心中之不安，上帝都會寬宏大量，赦免人人的大罪小過。這不只具有遷善改過的教育功能，對於人心寧靜及社會安定，也功不可沒。並且無分階級、老幼、智愚、貧賤、身份、種族等，上帝皆愛民如子。擴大此種神恩，就是普及教育觀念之建立。這對掃除雙軌學制的貢獻，亦應在教育史的功勞簿上，記上一筆。

　　此外值得一提的是聖多瑪斯非常強調抽象概念在教學上的價值。文字符號本身，是教學不可或缺的工具，抽象意味十足。神學家大皆蔑視感官經驗的膚面性、變動性、及不可信性，而文字符號的學習，有助於抽象概念化的達成。上帝是一種「共相」(universal) 概念，而非「殊相」(particulars) 的具體個物，領會這一層，並一再的抽象化，是絕對必要的功夫。最具權威也最有抽象概念的教本，就是《聖經》。《聖經》文字的背誦、闡釋、及理解，變成宗教教育活動的全部。「起始是聖言 (word) —— 聖言與神同，聖言來之於上帝。」此種立論轉換成另一種教育形式，就是文字語言的學習，居教育的重要地位，此種流風，為人文學校注重古語文的學習，建立了基礎。

二、新教的教育哲學觀

　　中世紀時的「教父哲學」(Scholasticism)，聖多瑪斯也是要角之一。「共相」及「殊相」之爭論，甚囂塵上；以「共相」為優先的學派，稱為「唯實論」(Realism)，他們認定越抽象的概念，越具「本質性」(essential)，最為「真實」(reality)，其他皆是虛假；相反的，認定文字語言等抽象概念只不過是一種「名稱」，此派學說稱為「唯名論」(Nominalism)，倒認為個體的經驗或感官印象才最真實。前者重形上，後者主形下。前者認定超自然的天國世界價值最高，後者則偏愛個體性及偶有性。基督教立教以來，特重權威，且權勢集中於羅馬；個人性及地方性廣受忽視；宗教改革的重點，即在扭轉此一偏態。新教

是對舊教的抗議，新教徒就是「**抗議者**」(Protestants)；從此，西洋的基督教世界分成兩大壁壘分明的陣營，且敵我對立。舊教主張全部信仰觀念「統一」在羅馬教皇的最高權威指揮之下，新教則倡導個體性的「獨立」，咸認信仰純屬個人與上帝之間的關係，不需第三者的團體或教會神父介入。個別性、地方性、獨立性十足。以往，如果個人依賴自我所作成的判斷，若與教會階層的集體權威對抗時，則被目之為不自量力的自誇，不合時宜的驕傲，甚至還被處分為異端，不是上火柱，就是送向斷頭臺，「**開除出教**」(excommunication)就是結局。「**禁書目錄**」(index) 及「**異端審判所**」(inquisition) 隨時侍候！這些手段，都是中央集權的教會，對付獨立自主性的教徒所慣用的技倆！因為新教革命之際，個人的獨立思考性大受鼓舞，並以之作為教會改造的銳利刀鋒！

　　不過，新教徒手持這把銳利刀鋒，砍斷了與羅馬教會的關係，但卻未能盡情的放手讓每個獨立個體的信徒都人人一把利刃，來斬除個人與個人所隸屬的地方教會的關係。在宗教革命之際，人人揮動干戈，不只將羅馬教會當成死敵，有時卻也將刀口指向自家人，新教與舊教鬥得你死我活，新教與新教之間也沒有寧日。這大概是上帝賜予人類自由意志的慘重代價吧！新教教育非但未把個人性的解放，當作其後繼續從事一切改革的精神武器，還顯然對個人性解放而滋生的信仰自由，備感不安。即令是那位成功打破天主教教會權威的**路德** (Martin Luther, 1483–1546)，也認為當有人違忤其意見時，則訴諸某種權威來解決爭端，是必要之舉。路德認為，上帝命令個人的最終權威是《聖經》，而非教會；雖然在基本上，個人仍可以自由的享有解釋《聖經》權，但是非但《聖經》可以左右信徒的心智，即令是一般教科書及教師，也會奴役學童心靈，這是人盡皆知的教育事實。因之就是這種教育理論，使得新教的教育哲學，無法立即在傳統權威型的教育實際措施上，進行明顯又立即的改革。新教革命除了發生政治上的影響，獨派贏過統派，使新興國家初具雛型，除此之外，它對文化及教育的影響，則未能劍及履及。文教隨時潮所蕩漾，通常都已是尾波！

　　值得注意的是，新教更變本加厲的深化原罪的教育觀念。新教的主將**喀爾文** (John Calvin, 1509–1564) 堅信，人性非但本墮落，且徹底沉淪與敗壞。

只有賴上帝的廣大神恩才能獲救。上帝既是全知，且能預知，早已知悉並安排好誰才可以獲救。被救者當然感謝神恩，未獲救者更體認那是上帝發揚正義的表現，罰惡懲罪，本就應該，何能怪上帝，又哪敢說上帝的不是！喀爾文此種禁錮式的說法，強烈縈繞在早期移民美洲新大陸的清教徒心中。因之早年殖民地時代**新英格蘭** (New England) 地區學校盛行的教育理論，認為兒童乃是「**惡魔撒旦的手足**」(limbs of Satan)。兒童許多天性上的需要及興趣，必須予以制止，因為「**性本惡**」所生的興趣及需要，乃是要**根除**的。並且既然人性本惡，因之體罰乃理所當然。體罰越多，體罰越重，反而是教育的常態及正道。而夏娃引誘亞當偷吃禁果，所以女生之性惡更大於男生。男女生教育機會之多寡以及重男輕女的教育觀念，也因原罪的教義說法，根深蒂固的長期存在歐美人士的腦中。體罰及性別歧視，在理論上都與宗教信仰之愛背道而馳，這也是困擾著基督教神學教育家的棘手問題！

第五節　知識論與教育⑴

　　知識的獲得，向來就是教學的重點所在。如果知識又是「建立品德的基礎」這句蘇格拉底名言為時人所接受的話，則知識教學就等於教育的全部了。西洋史上幾乎所有教育哲學家都提及知識與教育之間的關係。不管是人間世的思想家或超自然的神學家，幾乎皆認定「共相」層次之認知，價值高於「**殊相**」。聖多瑪斯在《學監》一書中說：

> 關於知識之獲得，我們必須承認某種認知潛能早已存在於我們的心靈中。換句話說，心靈有主動性，透過個別物的感官印象所形成的概念，乃是抽象化的共相結果。不管該概念複雜得像定理，或簡單得像存在的觀念、整體的觀念、心靈可以立即捕捉等觀念。從這些普遍的原則流放出來所有的原則，就如同胚種能量的擴散一般。因之從這種共相的認知中，心靈才可以認知現實世界裡的個別物——後者在先前只被心靈潛在的認知而已。也因此，認知共相這一層面時，才可以說已獲得了知識。

　　「共相」與「殊相」，是認知層面的兩極。一般說來，「知識論」(Epistemology) 探討的一個面向，就是學童如何認知，這個問題的解答，有兩種方案，一是

認為人有五官，感覺經驗乃是提供知識的來源；一是相信人有心靈的主要運作，理性推理及思考，也可獲得許多知識。前者把重點放在「**殊相**」上，偶有的、個別的、具體的、且多變化的；後者則以「**共相**」的認知為核心，永恆的、普遍的、抽象的、本質的。就知識的價值層面來說，二者都應珍惜，優劣頗難一致。依教育的觀點而言，教育如是一種「**歷程**」，如同亞里士多德及聖多瑪斯之所言，教育活動有始有終，則歷程之先應以殊相為主，歷程之結束則以共相為歸趨。兒童既是動物性居多，感官知覺當然優先；成人如是理性之人，則抽象推理應該加強。不幸，教育哲學家及神學家雖也言及殊相的重要性，但比重卻不如共相來得大。

　　教育哲學觀開始扭轉傳統導向而擺回殊相的時代，發生在十七及十八世紀開始興起風浪的**自然主義** (Naturalism)。自然主義的矛頭指向自然科學，不僅它的方向新穎，且在培養自然科學興趣的擴展上又極為快速。自然科學當然注重殊相的知識觀，因為該種知識要倚賴人類的感官報告。十七及十八世紀累積起來的自然科學事實與資料所建構的世界觀，與以往由權威學者所建構的宇宙觀大相衝突，且二者之裂隙越來越大，有增無減。

　　其實亞里士多德及聖多瑪斯也看重感官知識的學習價值，尤其前者，更是生物學家出身；但他倆卻都認為那是次要的，附屬的，甚至不可信賴的。中世紀的人又偏愛那種非物質的對象，把非經由感官所獲得的知識當成為上帝的知識。同樣的，到了文藝復興時代的人文學者，因為以人為本位且又迷戀於古典語文，因此也與自然擦身而過。傳統哲學方法又以探討最終目的或形式為軸心，並且將它安置在可以導致於純粹形式及事先預設的架構裡。到了自然科學興起之後，感官訊息所報告的資料卻顯示一項令人訝異的事實，即自然世界裡的種種現象及關係，並不與古代人所預想的符合。比如說，行星並不以完美的圓形來繞行，它的軌道卻是橢圓形的；完美的圓是完美的形式，也是純粹形式的代表，那是上帝所預先安排好的。至於說望遠鏡發明之後，天文學家發現太陽有黑點，這無疑的對宗教信仰虔敬者是莫大的挑戰，也令他們驚慌失措。因為信徒都把最光亮的太陽比喻為上帝，上帝完美無缺，猶如太陽毫無瑕疵一般。因之綜合新事實來建立新的世界架構，乃是迫在眉睫之事。英國科學家**培根** (Francis Bacon, 1561–1626) 出版《**學問的演進**》(*Ad-*

vancement of Learning) 及《新工具》(*Novum Organon*) 兩著作，首開先河。不過，新世界架構之層面，開始對教育哲學產生明顯的影響，卻是漸進的，且是許多學者著書立說的結果。

自然主義強調的「自然」(nature)，嚴肅的說，有兩種語意。其一，「自然」中的「大自然」，就等於「超自然」，在英文中的 "Nature"，是要用大寫字母的。"Nature" 等於 "God"(上帝)，也是中文的「天」或「道」，那就與宗教神學家所說的一模一樣了。不過，自然也有落入凡俗世界的一面，那就是知識上的「殊相」面，而非前者之「共相」面。配合此項論點，教學活動就應順著自然來進行。捷克大教育家且也與臺灣教育史稍有淵源的**康米紐斯** (John Amos Comenius, 1592–1670) 為此說開其端，他是新教的牧師，也堅信人性本原罪，但他並不悲觀，為

圖 5–1　培根 (Francis Bacon, 1561–1626)

了救贖原罪，人性如依自然天性，也大有可為。《**大教育學**》(*Didactica Magna*) 中說：「假如我們希望找到一帖彌補天性缺點的藥方，這一帖藥方也得在天性本身當中去找。因為除了取法天性之外，任何技藝或作法都無能為力，這是確然無疑的。」他的前輩**拉德凱** (Wolfgang Ratke, 1571–1635) 與他一般，兩人共同尋覓一種非但不違反自然程序，反而與自然程序合作的教育方式。

康米紐斯在教育史上最大的建樹，就是圖畫教學，也就是感官教學。透過感官，才是合乎自然的學習法。此種立論，恰與十七世紀人文教育學者之歌頌古典文字學習大倡反調。拉得凱給教師的實際建議，是先呈現具體實物，然後才予以解說；而實物與文字或符號一併出現，則為康米紐斯對教師的忠告，對這點之推廣，他特別徹底，還出版史上第一本有圖畫的教科書《**世界圖解**》(*Orbis Pictus*)，該書還經荷蘭牧師的引薦，本擬實行於臺灣；可惜臺灣師生無緣消受此種福音。❶以往教科書內都是密密麻麻的字，筆劃多、字義又抽象艱澀。如今一邊是圖畫，一邊是說明圖畫的文字，又有具體的內容，

---

❶　荷蘭人在臺時日不長，只有 37 年 (1624–1661)，就被鄭成功取而代之。如果荷蘭人在臺能繼續統治，則西方最進步的教育理念，有可能在美麗島實現！

學童學習起來，當然雀躍萬分了。他的教育哲學雖是「泛智」(pansophism)，泛智即一切知識，並非單憑感官印象所得的自然知識所能涵蓋。此種野心，也必先自感官經驗起步。

　　新教的**虔誠教派** (Pietism) 及**美以美教派** (Methodism) 呼應此種看法。信仰既來之於個人的宗教感受，因之內心真正體驗神靈的再現、作個活生生的「**見證人**」，這才是最具體也最實在的宗教生活。不只**外感官**（即五官）是親目所見，親耳所聞，**內感官**（即心靈）也信誓旦旦，活像一幅栩栩如生的繪畫，試問信徒還會疑信參半嗎？宗教信仰如此，教學活動也如此，效果將大為顯著。這些教派領袖之一的**弗蘭開** (August Hermann Franke, 1633–1727)，就有一門徒創辦了「**實科學校**」(*Realschule*)，顧名思義，即注重實物教學，是日耳曼地區最富自然科學意味的學校。

　　此種教育哲學的感官面，還從**經驗主義** (Empiricism) 的始祖洛克 (John Locke, 1632–1704) 的著作中，獲得如虎添翼的助力。在追問知識起源這個哲學問題時，他乾淨俐落的說，只用一個字就可解答，這個字是 "experience"；在中文，就變成兩個字了，即「經驗」。在《人類悟性論》(*Essay Concerning Human Understanding*) 中，他認為人性猶如**白紙** (white paper) 或**蠟板** (*tabula rasa*)，並無先天觀念存在，學習就是感官印在蠟板上的記號而已。人若無感官，則一切觀念或知識都是空白；人若無健全的感官，則知識或觀念也就有偏差。所以學校的要務，就是經常檢查學生的視力、聽力、皮膚感覺、味覺、及嗅覺。這也關係到學校的建築、教室的結構、採光、濕度、溫度、及通風的設備等。洛克還非常沉穩的說，獲得知識的可靠來源，除了外感官之外，內感官的功能也不可小覷。因為心靈對於感官印象進行著分辨、比較、與總括的工作。洛克不愧是一流的思想家，他的知識論內外兼顧，面面俱到；不過，**感官唯實論** (Sense Realism) 的比重很大。

　　或許根據「經驗」原則吧！傳統認定由來已久的「**自明真理**」(self-evident truths) 都是**先天的**，如上帝的觀念、正誤感、邏輯上的命題（如矛盾律）、數學公設，或孟子所說之「**四端**」（惻隱、羞惡、辭讓、是非──仁、義、禮、智）等，不經學習即可知曉，但洛克聲言這些觀念都必須經感官知覺才能獲得，是後天環境的產物。為了證明他的說法，他乃從事觀察而發現上述觀念

並非對任何時間、任何地點的人皆是自明的。自明真理或觀念如是先天即有，則人人皆同有一大堆的自明真理或觀念，且永世不變。並且洛克還不罷休，更對基督教的人性論給予迎頭痛擊，他說兒童之善惡性，係因受到好壞的教育所影響，原罪的觀念，是找不到經驗事實與證據的！

　　但洛克的經驗主義在實際的教育應用上，卻相當被動保守。教育工作者並不如同自然科學家那般的偏重使用感官來作為尋覓知識的探險斥候兵，仍停留在背誦與記憶上；靜態的心靈冥思仍居主位，感官教學只是配角而已！

第六節　知識論與教育(二)

　　在知識論上，經驗主義當道的時辰，與其打對臺的**理性主義** (Rationalism) 卻也抬頭。傳統哲學家不是一再的將人性中的「**理性**」，擺在最高位階嗎？柏拉圖還說理性安放在人身的頭部，情性在胸部，欲性在腹部；三者位置之高低，顯示出價值的對應性。經驗主義強調感官，那是亞里士多德安放在人的動物性層次的，尤其是外感官，因為人之有五官，動物也有，且有時動物之五官還比人類更為敏銳。人最可珍貴者，是「**人是理性的動物**」。知識並非依感官而來，而是憑理性的運作。十八世紀是理性高抬的世紀，不管感官帶給科學一種如何新穎的物理世界，但有不少事證卻說明，感官資料並非純然可信，且經驗知識還經常改變。偉大的天文科學家**哥白尼** (Nicolaus Copernicus, 1473–1543) 告訴我們，就是由於感官的欺騙，才使世人都認為太陽繞地球運行；中國人說「地方」，也是誤認地球是「方」的。他費了九牛二虎之力，從幾番辛勤觀察後所作的理性思考，終於得出與經驗事實恰好相左的結論，提出了**太陽中心說** (Heliocentricism)，糾正了好幾千年以來人們單憑視覺所得的**地球中心說** (Geocentricism) 謬誤，也反駁了權威論調。高唱理性至上的法國哲學家兼數學家**笛卡兒** (Rene Descartes, 1596–1650) 及英國的偉大物理學家**牛頓** (Sir Isaac Newton, 1642–1727) 走得比天文學家更遠，他倆將亞里士多德所說的「本質」(essence)，用數學公式予以說明，並以簡單性及一致性來解釋宇宙的物理關係，在學術上獲得極高的尊崇。

　　十八世紀的人們，將感官獲得的初步資料，也是粗糙的素材，用理性予以整理。這世紀稱為「**理性時代**」(Age of Reason)。理性時代的特色，就是仰

賴理性；這具有很深的意義，因為人們不必再借助古代的權威，更不必仰仗基督教的神啟。人既然可以依自己的理性獨立站起來，新觀念也跟著產生。宇宙有宇宙法則，法則也是「理」則，星體也依該法則來運行，秩序井然；人是宇宙的一部分，一切言行，也是按理而來，不可逾越。「理」支配一切，包括宇宙與人生。教育順「理」來規劃，此種教育哲學觀，最值得稱道。即令是宗教，也應走理性的路線，這就是「理神論」(deism)。用理性也可理解上帝的存在，哲學家運用各種說理的方式，來反駁無神論、泛神論、多神論的見解，不只為神學界打出一片天，且為教會辦的學校找到合乎宗教教學的康莊大道。

經驗主義的知識觀，既然偏重五種外感官，因此途徑多元；但人的理性心靈只有一種，因之形成單元的教學方法論。瑞士大教育家**裴斯塔洛齊** (Johann Heinrich Pestalozzi, 1746–1827) 觀察出人性具有統一法則，就如同數學公式一般的千古不易。健全的教學法則不是多而是一，那就是「**心理上的必然**」，甚至那就是「**人性的機械性**」、或「**所有教學的機械形式**」。這種集中於「一」的形式，統合了他也贊成的實物教學方法。要是說該種「一」是「上帝」的話，則將「**理性**」與「**神性**」合流，也是裴斯塔洛齊所追求的。

理性主義另有社會層面，即打破傳統及專制的束縛。在教育上，極力清除雙軌制，傳統亞里士多德之勞心及勞力階級，皆不合乎「**理**」則。一切社會的不平等，都不是先天依宇宙法則所安排，卻都種因於人為的規劃。環境決定一切，教育萬能；這種論調也出現在法國大革命時期的社會哲學家口中。這些學者樂觀又肯定的說，人是教育的產物；最完美的宇宙，就是理則運作的宇宙；依此理則，也據之作為改善社會環境及教育環境之用，**赫爾維修斯** (Clande Adrien Helvétius, 1715–1771) 就是這麼說。教育實際不按牌理出牌者，多得不勝枚舉，那都是越軌而出錯的。英國工業慈善家**歐文** (Robert Owen, 1771–1858) 在他為工人子弟的教育而設立的學校裡，仍明顯有此主張，道盡環境對教育的影響：

> 全部你所應盡力而為的，乃是在學生四周圍繞著恰好適於培養他應
> 用習慣與意向的環境，如此他就能變成他所應變成的人。即令他的
> 惡根無法完全予以克制，但那些惡根也會變成無害的——只要環繞

在他身邊的都是良言善行。

俗話說：染於蒼則蒼，染於黃則黃；近墨者黑，近赤則紅。結交好朋友，父母以身作則，則孩子必走正途。反之與酒肉同儕為伴，雙親作惡多端，則又怎能期望下一代是個堂堂正正的人呢？文教區及風化區的子弟，態度及觀念必有顯然差別；孟母要三遷住家，道理即在此。

經驗主義的教育萬能說，更為一清二楚。在這方面，兩種主義是殊途同歸的；但在知識論上，二者則涇渭分明。經驗主義注重由外往入的「**灌輸**」(indoctrination) 或「**注入**」(instill)，這些字眼與「**教學**」(instruction) 極為相近；理性主義則強調由內往外的「**引出**」(elicit) 或「**開展**」(unfolding)，這種辭句又與「**教育**」(education) 密切相合。經驗主義認定可靠的知識只止於經驗界，超出經驗界之外的都存疑，相信真理是相對的、暫時的；理性主義則信心十足的支持絕對真理說，讚美符號科學的價值，數學的重要性居所有學科之首。

第七節　兒童至上論

誠如洛克之所言，兒童是理性的休眠期。以經驗為師的洛克希望教師對學童之講「理」，也只能限定在學童可以「理」解的範圍之內；若講一些非常抽象又極為疏遠的大道理，則教者雖諄諄，聽者必藐藐，教學效果大打折扣。並且人性除了理性之外，還有情性，尤其教學的對象是兒童及青少年，他們血氣方剛，情性十足；此時如過份偏重理，就不符合教育的歷程了。

宇宙的「理」則，也是一種「美」，且具有神秘性。美就是情調，神秘性也帶有嚮往性，衝動就成為最寫實的畫面。衝動每依情所激起，在人生一世中蕩漾出漣漪，憑添不少悲歡離合的逸事或情節。教育哲學史上特別歌頌情愛的思想家，就是出生在瑞士卻影響於法國的自然主義兼**浪漫主義** (Romanticism) 的學者**盧梭** (Jean Jacques Rousseau, 1712–1778)。浪漫主義與理性主義打對臺的教育觀，對十九世紀及二十世紀的歐美教育理論及應用，發生最重大的影響。

一、盧梭的自然主義

盧梭的教育小說《**愛彌兒**》(*Emile*) 風靡全球，他以多愁善感的個性，與

生花妙筆的文字，描述兒童的天真、純樸、誠實、及可愛性。歐洲，尤其是巴黎，理性走過頭了，成人矯揉做作、虛偽、形式化、繁文縟節；而城市更是罪惡的淵藪，遠不如鄉村自然之美。教育上，他把重點安放在兒童自動的衝激力上，這是一種獨立的資產。具體來說，遊玩等於是孩子的生命，它佔了童年的全部。禁止好動的兒童遊玩，等於要他的命，不幸的記憶也支配了他終生。天生情感及衝動不只應該作為教育理論及教育實際的出發點，還應依此為標準。並且孩童天性本善良，而非墮落。「來之於造物主的手中，萬物皆善；但一經成人之手，就一切為惡了。」此種論調，難怪教會要燒他的書。他也因此走投無路，一生顛沛，落魄不堪！

在感官教學上，盧梭除了走經驗主義及感官唯實論的路線之外，還特別看重感官教學所帶來的愉悅氣氛及興奮作用，那才是最具意義的部分。其後教育哲學界之強調興趣與動機，肇因於此。

其次，在學童的本能活動裡，雖然他也步亞里士多德及聖多瑪斯之後塵，認為學習的基本性質就是自我活動及自我肯定，但卻更進一步的依兒童本位立場，認定這些自我活動及自我肯定的本身，才具最高的教育價值，而非那些受束於傳統的習慣或由習俗定下的德行。換句話說，盧梭相信，兒童本身發之於大自然天性的自我活動及自我肯定，本身就是教育目的；大人及教師不必雞婆的干預甚至過問。若以為應該用上一代的標準來型塑下一代的言行，則需知，「來之於成人手中的萬物皆敗壞」這句警訓。要是擔心孩子「任」性而行，則自然本身就是一種**制裁** (sanction)，也會給予**懲罰** (punishment)。最公正也最無私的獎懲，不是出於師長之手，卻來之於大自然。這也是道德學上「**自然後效說**」(natural consequence) 的來由。

二、奉獻的情愛教育

學童既在一生生長的過程當中，處於情感旺盛期，因之教師之教學，更應該發揮**奉獻** (devotion)、**付出** (commitment)、**犧牲** (sacrifice) 的情懷。教育史上受到盧梭的情愛教育小說影響而畢生展現教育愛精神的實際教學工作者，就是裴斯塔洛齊。首先，**教師**必須具備古道熱腸、心地善良、慈悲為懷的人格特質，並伸出援手給特別需要體恤的學童，這種學童在傳統社會裡是

不受他人聞問的，被冷落的，甚至是被遺棄或虐待的。他們身無分文，貧無立錐之地，三餐無以為繼，單親或無親，或許還是殘障子弟。裴斯塔洛齊的教學精神之感人，許多軟心腸者無不落淚。按盧梭的說法，對上一代及這一代已沒什麼指望，幸而下一代還未被污染；如何善加呵護，正是教師的重責大任。教師之具備教育愛情懷者，是出污泥而不染的少數俊秀，不忍目睹孤苦伶仃的幼童流浪街頭，發願收容他們，提供一個溫馨的教育環境，不惜自己與骨瘦如柴者為伍而幾乎成為乞丐，卻仍堅持崇高神聖的教育使命感，展現出 "Everything for others, nothing for himself" 這種令人肅然起敬的教育「情操」，為教育史增填可歌可泣的事跡。裴斯塔洛齊的教學傳記，後人看了而動「情」者，不知凡幾；就如同盧梭的教育小說因為感情太豐富，以致讓德國大哲學家康德 (Immanuel Kant, 1724–1804) 忘了數十年如一日的於固定時間散步一般，餘波迴旋，久久無法忘懷！

第八節　德國學界的教育哲學觀

在學術史上，最早也最具學術造詣的地區，是用希臘文寫作的希臘；其後由於教父哲學家融合哲學理論與宗教信仰而成為神學，這些教會神父精通拉丁文，所以拉丁文作品在學術界的地位，與希臘文分庭抗禮，且成為十八世紀前歐洲學術界及教育界普遍及共同的語文。不過，由於宗教改革的分裂，各地語文相繼萌生，又加上現代化大學之出現在日耳曼地區，致使德國在十八世紀及十九世紀時，執學術界及教育界的牛耳；**德文**地位扶搖直上，幾乎可以與希臘文及拉丁文三分鼎立。

理念主義 (Idealism) 的教育學說：此一學派源遠流長，自古希臘蘇格拉底倡導**先天觀念** (innate ideas) 以及柏拉圖和亞里士多德之注重「理性」(reason) 以來，由之而形成的「**觀念世界**」(noumena) 及「**現象世界**」(phenomena) 之分野，前者又被賦以最高價值，所以本來「實然」領域的「**觀念**」(idea)，變成「應然」地盤的「理念」(ideal)。這在柏拉圖的教育著作《理想國》(*Republic*) 一書裡，更可看出他把知識論當中位階最高的「觀念」，搖身一變而成為道德學及政治學所追求的完美理想形式。

教育哲學家迄盧梭為止，對於學生可以認知外在世界的「**實體性**」(reality)，絕少甚至不發生任何懷疑，雖然認知的途徑有別，但如果下苦工且改善認知方法，則「實體性」即可掌握。但這種信心，到了十八世紀末葉，卻發生了嚴重的動搖。懷疑論 (Scepticism) 即使出現在辯者及其後的時代，但都被理性主義的大師或教父用亞里士多德所遺留下來的三段論式 (syllogism) 予以化解。即令以「懷疑」(doubts) 起家的笛卡兒，也以「確信不疑」(certainty)終結。淺白來說，「一切皆可疑」就是一項絕對確信的真理，即絕不懷疑「一切皆可疑」本身。這就是邏輯上的「詭論」(paradox)。

洛克早有此先知。他將認知對象的屬性分為三種層次，第一性是對象本身，即對象的「實體性」。第二性即感官知覺的印象，如色彩、大小、輕重等；第三性屬於認知者對認知對象所生的主觀評價，如善惡或美醜等。這種說法卻遭受蘇格蘭哲學家休謨 (David Hume, 1711–1776) 的強烈質疑，他甚至拒絕承認任何知識是有效的知識，因為他找不出有什麼感官印象可以當作有效推論 (valid inference) 的「前件」(antecedent)，而感官印象正是洛克這位經驗主義的健將所深信不疑的。至於一般人習以為常而不生疑義的因果關係，休謨更不客氣的指出那只不過是因 (cause) 與果 (effect) 二者時間上的先後及空間上的鄰近巧合而已，沒有必然性。自亞里士多德以來，因果關係即被視為「實體性」之一，但在休謨的眼光裡，那純是習俗的成見，不可置信。

哲學史上因休謨而生的懷疑論，驚醒了沉睡於理念主義溫床上的德國哲學大師康德，並在他的自傳中如此承認。但康德不信邪，一方面接受休謨強有力的辯說，承認「實體性」本身（他名之為「物自體」，*das Ding an sich*）是不可知的。不過，康德卻承擔起一個任務，就是為常識世界觀辯護，而常識世界觀卻是休謨所要極力埋葬的。康德因之提出一項令人震驚也是扭轉乾坤的結論，哲學史上稱為「哥白尼式的革命」(Copernican Revolution)，認為諸如因果、時空、關係等現象，乃是心靈的先驗範疇。此種學說深深的支配了十九世紀及二十世紀早期的教育哲學。換句話說，以前希臘三哲認定的理念世界是一種客觀的實體性，康德卻認為那是屬於心靈屬性主觀的範疇。這種區別，在學習歷程上就看出端倪，心靈活動的主體性、主觀性、或自動性增強了；以心靈的主觀範疇來規約實體性，而不是客觀的實體性要心靈去遷就或去迎合！作為「啟蒙運動」(Enlightenment) 的明星，康德當然高呼人類

心靈活動的主體性。

這種知識論的新導向，對於教育哲學的影響是非同小可的。影響最突出之點，乃是旁觀式的心靈論及被動式的教育學說都得改頭換面，重新建構。先前哲學家們認定實體性可被認知，以為學生的心靈多少像個錯綜複雜的照相程序。心的功能就是取得實體性的**拷貝** (copy)。但康德一反此說，強調心不在拷貝實體性，而是要在內心建立起本身對實體性的觀念。康德將觀念改為理念，知識論的意味濃厚；柏拉圖的構思，則大有形上學的架勢。不過，康德注重個人內在心靈之感受，與浪漫主義觀點有異曲同工之妙。這或許是他熟讀盧梭作品所產生的效果。

康德如此注重學生個別心靈的內在感受，而主體性及主動性又是心靈範疇中之要素，因之義務感及逼迫性，遂必然產生。這就是有名的「**無上命令**」(imperative category) ❷ 之道德教育觀了。學童之接受教學，就是要指導學生遵照「應該如何行」而行，而非「想要如何行」就可以如何行。「只要我喜歡，什麼都可以」，這種口頭禪，是品德教學的大忌諱。康德唸過洛克的書，洛克說：「只要我喜歡，我就禁絕」，變成康德的一道無上命令。「依欲而行」是等而下之。「**應該**」的觀念，依康德的說法，並非是經驗的產物，卻是「**意志**」的先驗結構。雖然意志有一種自然傾向會趨於「**應該**」，但因呈現眼前的各種欲望而阻礙其實現。因之，教育就要訓練或幫助「**應該**」的意志，使之能自我實現。

但是光有善的意向（內藏的動機），仍然是不夠的。意志在希求實現自我時，還應在方向上指出線索。康德提出的線索，就是實踐的律令。他定下的律令是：「對待人的任何舉動，不管這個人是你自己或他人，都應把他當成目的，而絕不只是手段而已。」這句話的敘述形式是新的，但其倫理意義卻相當老舊，至少基督教義早已如此說過。此處有必要一提的是，該句話在其後民主式的教育哲學裡，變成「**尊重個性**」的基石。

康德的學說，更由大哲學家**黑格爾** (Georg Wilhelm Friedrich Hegel, 1770–1831) 接續。兩人的著作，提及教育的部分都不多，教育哲學皆蘊藏在一般性的哲學脈絡裡。黑格爾認為心靈除了藉自我體驗或自我思惟之外，都不必另

❷ 台大殷海光教授曾譯為「應迫範疇」，是神來之筆的譯法。

有假藉，思惟歷程本身，就是基本實體。「絕對心靈」(Absolute Mind)、「觀念」(Idea)、或「精神」(Spirit)，都在它自身所訂的發展計畫裡，有所自覺的繼續演化。這種發展，具體化於自然天性中，並且也具體化於社會制度裡，後者對教育而言，是更為重要的。他說一部社會制度史，只不過是上述的「絕對心靈」、「觀念」、或「精神」在實現自己的連續階段而已；兒童之心靈在納入社會制度時，等於是「個別心靈」融入「絕對心靈」以便自我實現。此時，「觀念」(idea) 就可以提升為「理念」(ideal)。換另一種字眼來敘述，「觀念」或許就形同亞里士多德所說的「潛能性」，而「理念」就是「實現性」了。潛能性並非無邊無際，它是受限於實現性的。以理念來指揮一切的觀念，猶如康德的無上命令一般，任何人皆不得違抗。個別的心靈自我活動以上臻絕對心靈境界，那就是觀念轉化為理念的過程，此種過程完全操之在我。

　　過程之中有對立，也有調和。對立就是「正」(thesis) 及「反」(antithesis)，調和就是二者之「合」(synthesis)。這就是有名的黑格爾之「辯證法」(dialectics)。此種說法應用於哲學上的，就是個別心靈上的「觀念」，必有一正一反現象，合則成為「理念」；最高的「理念」，就是「絕對」。從教育的立場來說，教育上的「正」，就是指兒童初受自然環境及天性條件所束縛的生活；「反」乃是擬解脫此種束縛。「合」就必須要「自我隔絕」(self-estrangement)，其意即指學童在少年期必應隔絕因情感或衝動而生的奇幻想法，而體認出個別經驗都有局限性及偏狹性，所以是不足的，有必要向外追求那基於想像及思惟生活的普遍性。簡言之，觀念是殊相，理念則是共相。依黑格爾的見解，順從共相或理念，遵循絕對，才是「智慧」的開端。學校就是讓學童獲得普遍理念的最重要社會機構。而在學校裡最能讓學生擁有理念性的最佳教材，價值也最具普遍性的，莫過於古希臘及羅馬的文學。緬懷於古代精神成就的絕對性，將自己的相對性附屬其下，這並不會阻撓自我發展，卻是讓自己在自我實現的路程中獲得絕對自由的最佳途徑。走完「自我隔絕」的天路歷程後，年輕人就會以染有文化的大我來豐富他的小我。自此之後，他就以國家公民的身份來繼續自我實現。國家公民乃是「絕對理念」在實現它自身時的最後及最高階段。此種體認，也內在於心靈本身，不假他求。

　　康德及黑格爾都是哲學史上響叮噹的大師，兩人皆在名大學任教，但與

學校教育的關係不大，雖然康德也寫了一本《論教育》(*On Education*)，但内容泰半是洛克及盧梭的翻版；黑格爾曾擔任過中學教師及校長，但教育作品不多。受到這兩位大師影響而創辦史上第一所幼兒園的**福祿貝爾** (Friedrich Wilhelm August Froebel, 1782–1852)，即取萬物皆有永恆統一性作為教育哲學「**理念**」的主要依據。教育的過程，就是將此種「理念」，由内往外「**開展**」(unfolding)，此種開展，頗帶有神秘的宗教味，即令稚齡的幼童，在把玩的活動中都是神意盎然。遊戲是兒童的生命，絕非如清教徒視之為罪惡，且玩具是神所賜，那是「恩物」；而恩物中最具理念涵意的，就是圓形的球或花。兒童在「**幼兒園**」(kindergarten) 中目睹花草生生不息的景象，觀察萬物内藏的動力「**開展**」出來與外在的表現建立起連繫關係，則就越能將主宰宇宙的神聖統一性顯出來，玩具是「**恩物**」(gifts)，藉著恩物，就可以「**内在外在化**」(inner-outer)，但也可以「**外在内在化**」(outer-inner)，「觀念」與「理念」互為消長；他更進一步的強調，遊戲時不是只因遊戲會帶來快樂及興奮而已，而是遊戲本身就是教育。因為在玩具的遊戲中，兒童的内在天性就被召喚。因此，玩具的設計，變成教育活動的全部。福祿貝爾的玩具，從此名聲通遍寰宇，連臺灣都不例外；1896 年日本統治臺灣的次年，臺南關廟就設有第一所臺灣的幼兒園，使用的就是福祿貝爾之教具。

第九節　美國學界的教育哲學觀

　　理念主義的教育哲學觀，壽命並不長；二十世紀、尤其在快速往前邁進的美國社會，對此種學說，更興趣缺缺。由於理念強調「**無上**」及「**絕對**」，有「**安於現狀**」(*status quo*) 的色彩。若移植於二十世紀的美洲新大陸，是嚴重水土不服的。人們期望利用科學及科學方法來重建教育哲學，對形上領域大失興趣。美國獨立建國後，新思想蓬勃發展，歐洲理論相繼輸入，加上民主政治的大力推展，又有得天獨厚的天然資源之開發，使得國力快速提升，兩次世界大戰的考驗，證實美國不只在軍事國防力量上成為全球超強大國，且也是維護人類自由民主的最大堡壘。究其原因，民主教育的成功是一大主因。而支持民主教育的背後，必有一套民主式的教育哲學為其基石，這類教育哲學，名堂不少，有「**實用主義**」(Pragmatism)、「**工具主義**」(Instrumentalism)、

「試驗主義」(Experimentalism) 等，而以代表人物**杜威** (John Dewey, 1859–1952) 的教育哲學總其成，他的代表作《**民主與教育**》(*Democracy and Education*) 更明言「民主」與「教育」二者的關係。杜威的教育哲學，是上述各種主義的總其成者。

首先，杜威生於進化論發表之年 (1859)，**達爾文** (Charles Darwin, 1809–1882) 研究並出版《**物種原始**》(*Origin of Species*)，陳述高等動物係由低等動物所演化而來。人的智力之出現在宇宙舞臺上，是比較晚起的，在變動不居且問題亟待解決的環境中產生。知識之產生，是因為問題存在。知識的功能，就是「**解決問題**」(problem-solving)，因之知識之「**實用**」性大增，知識也是解決生活問題的「**工具**」；但人們運用智力的結果，並不一定滿意於以往及當前的解決方式，總想「**試驗**」再試驗，然後問題的解決就能更為徹底。

此種知識活動所追求的真理觀，並非絕對。這是杜威學說最異於傳統及歐洲哲學之處。由於社會多變，新事件之湧現經常不可預期，使用舊有的解決方案，不必然管用。心靈活動如一成不變，就是智力僵化、老化、腐化的象徵。相反的，變化與新奇，佔了杜威哲學的重大份量。柏拉圖頗為蔑視變化與新奇，認為那是屬於「**現象世界**」而非「**理念世界**」；亞里士多德雖言及生長性及變化性，但那也是「**質料**」的特質，而非「**形式**」，形式是永恆的。康德言無上，黑格爾說絕對，這都是一脈相承，杜威則另闢蹊徑，不作前賢的追隨者。亞里士多德說橡樹形狀百百種（質料），但作為橡樹（形式）則只有一種，這種結局是封閉的；達爾文的演化論卻是開放的，因為橡樹也可能變種，又有誰能百分之百作絕對正確的預期呢？就問題的解決來說，問題的性質由於時空性的差異而絕對不可能有雷同的問題。運用智力如能解決問題，此種經驗也會一再的「**重組**」(reconstruction)，且「**持續**」(continuity) 不斷。「**重組**」與「**持續**」，是杜威教育哲學的重要辭彙。重組與持續本身，就含有教育的本質意義。

教育的定義，就是再教育。學童接受教育之後，教育成功的證明，就是學童期望繼續接受更多的教育。一堂課上完了，卻欲罷不能，還想繼續上；這才是教學的大功用。相反的，如果師生都在等下課鈴早點響，頻頻看錶，如坐針氈，此種教學就如同植物的生長一般，接近枯萎。要是學生期待寒暑

假早點結束以便早點到校，清晨起床臉上充滿陽光跑步衝向教室，或畢業時離情依依，就是教育成功的具體事證。當然，這其中必含有成就感、參與感、分享樂趣感，這些又都是民主所必備的條件了。

連續性也是一種「過程」(process)，使兩極不間斷，且縮小鴻溝。如此則對立性就會消除。而連續性的過程，是永不休止的。所以此種教育目的觀，也不是封閉的，用語不能是 "end"，因為 "end" 代表結束。看電影到最後，出現 "the end" 時，就代表沒什麼可看而該準備出場了。中文用語也不應用「畢業」這種字眼，如用「卒業」，則更為離譜。其實這些都只不過是另一過程的「開始」而已。"Commencement" 的英文字，是「開始」的意思，這比較合乎杜威教育哲學的精神。教育史上出現的所謂二元論或兩極對立，這些都是誤解了教育的本意所造成。以「教師與學生」這二者來說，怎可解釋二者不能相容呢？其實學生之中有老師，老師也應當終生學習當個學生啊！每一種身份都是「起點」，沒有「終點」的時刻。其他如「興趣與努力」、「個人與社會」、「文雅性與職業性」、「知與行」、「工作與遊戲」、「兒童與課程」等，皆應作如是觀。教育哲學史上的一切問題，皆可以靠此種哲學觀予以解決。萬流歸宗，杜威不愧是二十世紀以來最具影響力的教育哲學家。

二十世紀的最初四分之一時間裡，杜威教育哲學遭受的阻力甚小，在美國及海外都受到擁護，中國、日本、及臺灣更有支持者。在杜威聲譽如日中天時，保守派人士似乎低估了杜威所鳩集起來的動力。或者可以說，保守主義者太效忠他們的傳統，因之沒有覺察出杜威的學說恰好是與他們對立。但自二十世紀四○年代開始，一股頑強的反對勢力開始形成。他們從哲學的昏睡與惰性中覺醒了，群起而攻，反擊的勢力延續到第二次世界大戰之後，還未終止。那時，杜威幾乎變成所有重要議題的「訴訟主體」(cause celebre)；同一陣線的盟友，大部分是公共教育的專家，而列隊控告他的敵人，則多半是學術界的教授們，尤其是人文學者以及許多對學校教育不滿之士。

其實兩大陣營的攻防，似乎可以說是杜威與傳統哲學一來一往的舌戰。教育哲學的歷史總清算，正在美國學術界登場，而美國是二十世紀以來全球最具指標性的國家，所以此種爭辯，也引發全球學界的注目。美國有一群人在經過二十世紀二○年代的「飛輪」(Free Wheeling)、三○年代的不景氣，四

〇及五〇年代的世界大戰、以及和平之後冷戰的持續、再加上與蘇聯共產集團的太空競爭之後，對於帶有進步性、相對性、及試驗性的教育理論，存有不少保留，傳統勢力便趁之反撲。「**精粹主義學者**」(Essentialist) 所提倡的教育哲學，大談永恆目的，以不變應萬變，學科注重精粹、抽象、及共相。這些名堂，在杜威之前，都各領風騷。如今幽魂再現，也有不少人為之奔走呼告。實際上，自然科學——尤其是太空科學的突飛猛進，連人類登陸月球都已成為事實，而金星、火星、土星等星球之奧秘，也漸漸為人類所揭開。只是，宇宙是個無底洞，浩瀚無邊際。哲學家或神學家若以絕對為訴求，而教育也要求所有人、所有時間、所有空間，都得相同永不變易，就與新時代的精神格格不入了。

不過二十世紀以來，由於世局動蕩不安，與毀滅性的科技戰爭，令人悚驚不安，**存在主義** (Existentialism) 順勢而興。存在精神之廣傳，道理甚易明白。因為存在主義者看出人的困境就是孤獨及焦慮，不管戰爭與否，人最恐懼的就是他個人的存在可能消失或滅絕。在不明生活意義的時刻，以不安來面對自己無法決定的未來。生命的意義，就是勇於參與行動並承擔後果的責任。這個重點，杜威在著作中早已提及，且「**參與**」正是民主教育的精髓所在，因為如此才能深覺生命的意義。當「**存在時間**」(existence time) 出現時，學生面臨挑戰、叛逆、苦惱，此時的危機就是考慮自殺。兒童期此項困擾問題並不明顯，青少年時期及其後，它幾乎就佔滿了人生時光。如何化解、跳脫或昇華，正是以「**問題**」為核心的教育哲學要戮力以赴的。

「**民主**」(Democracy) 及「**科學**」(Science) 作為二十世紀以來教育哲學的主力，正是美國學界——尤其是杜威的最大貢獻。「科學」源之於「**理性**」，「民主」則源於「**情性**」。啟蒙運動以後，「理性」力量高漲，稱為「**現代主義**」(Modernism)，二十世紀後期，則出現了「**後現代主義**」(Post-Modernism)，存在主義就是其中的一支。從前強調 I.Q.（**智慧商數**，Intelligent Quotient）在教育的地位，後現代社會尤其加重 E.Q.（**情緒商數**，Emotional Quotient）的價值。民主社會特別講求生活的和諧氣氛，教育上也是如此。此外，更加強 A.Q. 的實力，即「**逆境商數**」(Adversity Quotient)。以便讓學生在面臨挫折、失敗、不如意時，能以智慧度過難關，化險為夷，甚至勇敢迎向冷酷的現實。

在「知你自己」這句蘇格拉底的老話上，有了更圓滿的領悟。這些都是教育責無旁貸的重擔！

教育的研究，包括「教育史」及「教育哲學」在內，可以「巨觀」(macrocosm)，也可「微觀」(microcosm)。前者是舉國規模式的、大批發式的；後者則是細小的、零售式的；常語說「魔鬼藏在細節裡」(the devil is in the details)。現在的哲學界有觀念分析或解析哲學一派，即注重「字、詞、辭、句」之解析，旨在觀念之正確性上及清晰性上，不要受惑，用字遣詞要謹慎。比如說，「是」與「似」是有別的，is 也不是 as，尤其當它是「主要用字」(key word) 時。黑心的政治人物，傳統皆叫他們是「政客」，這真是用辭不當，「政棍」才名符其實，與黨棍、軍閥之危害相垺，不可以辭害意。受過教育者不得不密切注意。文字的教育功能太大，也為教育哲學家應著力費心之處！「臺灣自古屬於中國」，教科書或著作如果這麼寫，請問何謂「自古」？古到什麼時候？臺灣在歷史上曾被荷、西、日統治過，如果「臺灣自古屬於中國」，則也可說「臺灣自古屬於荷蘭、西班牙、日本」，因為這也是「史實」！

希臘史家修西狄底斯 (Thucydides, 471–400B. C.) 早說過，人、自然、及動物界中，如有個強人，則另一強人必向他挑戰，結果有可能兩敗俱傷；但也可能是強中自有強中手，新強勝過舊強。就哲學界言之，比較受注目的哲學家一登臺亮相時，必作為時人及後人所挑戰的對象。兩雄或多雄相爭（可惜未見有雌者），就是一幕哲學史的劇情。猶如鬥技場合一般，某一時間或地點的優勝者及較量者，或許並非上上之選，但有時則精銳盡出，熱鬧非凡，各顯神通。但以文爭取代武鬥，解析哲學此股清流，絕不擔心有來自於歐陸的混濁曖昧卻自以為深奧氣之抵制。當然，讀者品味之懸殊，也是意料中事；但置「教育」為導向者眼中，著實該給個警訊，但願樂意該調調者不要誤人子弟，使千年以來的迷糊仗仍像唐吉訶德 (Don Quixote) 式的向空氣揮舞著刀劍，旁人看了發出傻笑而已！

第六章　教育心理學的發展

　　教育史上經常被提出的棘手問題，就是「**學習如何發生**」。此一問題之所以棘手，理由不言自喻。因為那是屬於人的性靈這種神祕的問題，以人心來探究人心，猶如以眼來看眼；「不識廬山真面目」，乃因「只緣身在此山中」。當局者迷，有賴旁觀者提供一清二楚的景觀。心的性質如何，心又有什麼作用，心如何接受刺激又如何引發動作？學習的個別差異性如何，這些差異可以測量嗎？心理衛生是否有標準可言，標準又是什麼？早期，這些問題的研究，都屬哲學的範圍；但十九世紀以後，心理學已獨立成為一門學科，且還不以「心」為主要研究對象，而自詡為「**行為科學**」。

第一節　官能心理學

　　「學習如何發生」，西洋學界對此問題提出答案者，早期多屬思辯性的哲學家。

一、柏拉圖

　　柏拉圖 (Plato, 429–347 B.C.) 似乎是最早提出心靈如何獲得觀念的學者。面對希臘思想史上的古老問題——**德能教嗎?** (Can virtue be taught?)——他認為可能的答案有二：一是把德當成為神的恩賜，則德是無法教的；二是視德為可經由環境而獲得的行為類型，教育是環境的一大因素，因此德是可以透過後天學習得來的。前者是天生遺傳（上天所賜），後者則是後天習得。柏拉圖放棄選擇後者，因為環境論有不可克服的困難，既然本來沒有，則其後又怎麼會有。無中生有，這絕不可能。因之他只好堅信觀念係屬先天存在，人的心靈也早就藏有潛能，德是其中之一，觀念是其中之二。

　　德能教嗎？觀念可學嗎？二者既屬先天，後天的教育又如何著力呢？依柏拉圖的哲學見解，孩童降世之後，心性早已複製先天存於宇宙的完美觀念。

「原本」(original) 經過「抄本」(copy) 之後，完美性就打了折扣，模糊不清晰，加上心靈投放在肉體上，因之大大的阻礙了心靈的全力發展。降生的瞬間又陣痛無比，因之原本有的潛能幾乎忘得一乾二淨。學習遂純屬於一種「回憶」(recollection)；藉著感官印象，可以喚起與此相應的心靈觀念。「覺醒」(awakening) 及「思考」(thinking) 都是學習的要件。知識的多少、觀念的有無、德行之厚薄，全依該要件之俱備與否來決定。

身心二元的學習論也從此建立。「心」存有觀念，「身」則提供感官知覺；二者之重要性有高下之分，且認定由心而回憶的先天觀念，即令有瑕疵，但都比由身所生的感覺知識，正確得多。身且是心在學習上的重大障礙，所以勞心者的教育地位及政治地位，遠非為勞力者可比。二者之知識及品德層次，更有尊卑之分。

二、亞里士多德

柏拉圖的高足亞里士多德，才是將心理學安置於「心」的學者。"Psychology"（心理學）一字之字根 "psyche"，與「心」(mind, soul, spirit) 同源。不過，亞里士多德並不把「心」視為靜止狀態的一種「本質」，卻直截了當的以心的功能來描述，人之有生命也因此而來。光有肉體不見得是個活人，有了心的運作，才可以算是活生生的人。並且心不只賦予有機體以生命，還能促使有機體充份發展其內在潛存的「官能」(faculties)。亞里士多德舉出的「官能」有五種：

(1)**植物性官能** (the vegetative)：有機體賴此以生長並維持本身生存，如消化、呼吸、新陳代謝、光合作用等。

(2)**嗜欲官能** (the appetitive)：食色性也。其後的心理學及生理學家稱之為「本能」(instincts)。

(3)**感覺官能** (the sensory)：即五官（視覺、聽覺、味覺、觸覺、嗅覺）。

(4)**動作官能** (the locomotive)：即移動，「動」物所以異於「植」物或「礦」物之處。

(5)**理性官能** (the rational)：即推理、想像、分辨、批判、領悟、抽象、綜合、歸納等。

這五種官能中，第五種與教育的關係最為密切。人類如無此層次的官能，則與動植物無別。更有甚者，亞里士多德還將理性官能分為主動性及被動性兩種。心靈官能中最為重要的，當然屬主動性官能，其特性就是它與肉體完全分離，並且是不朽的，它從太初心靈的巨大儲藏庫中注入肉體，使肉體開始在宇宙中具備形體；當肉體死亡時，它又重新回到原先的儲藏庫裡；投身於肉體，只是短暫的。在將此種說法納入基督教的思想架構時，靈魂不朽論特受教徒所垂愛，不但賦予它心理學上的意義，還給它神學上的地位。基督教教義汲取了希臘思想，使得其後心理學說的發展相當複雜，並且也使得後人在學習過程的客觀分析上，帶來了尖銳的爭論，憑添心理學及神學的豐富內容。

三、聖多瑪斯

以心的功能或官能等字眼來描述心靈，這種方法自亞里士多德以來，即有許多人贊同。中世紀的教父哲學家，包括**聖多瑪斯** (St. Thomas Aquinas, 1225–1274) 在內，以及大部分的天主教教育學者，都是如此；並且也為文藝復興時期及其後時期的學者所廣泛接受。在這段長時期中，爭論的主要焦點，並非在官能心理學本身的學說上，而在於官能的數目及對官能的恰切描述上。有些學者堅持官能數只有一種，他人則不作如是觀：十九世紀的**骨相學者** (phrenologists) 就認為官能數多達二打以上；另有一些人把亞里士多德所列的五種歸納為三種，即知、情、欲，這就回復到柏拉圖的人性三分說窠臼裡了。其中尤其對官能中的判斷、記憶、想像、及觀察等，最為教育學者所注意！

在以心的官能或能力來敘述人「心」之後，學者乃認為學習就是那些官能的運用及活動，尤其是理性的認知。這是非常合乎邏輯的發展結果。依據亞里士多德及聖多瑪斯的說法，理性的認知官能並非自我發生的，它需要感官經驗來刺激。「呈現於心靈的，必先呈現於感官」，這是當時教父哲學界最流行的術語。理性官能一發作之後，就展現出許多方式，每一方式都對學習相當重要。一來它有抽象能力，將外觀予以抽離，並非只注意表層而已，卻能深入底層。二來它的活動層次井然有序，按部就班，條理分明，學習步驟就是按照該種歷程。三來它能獲得「**睿智直覺**」(intellectual intuition)，上臻

自明 (self-evident) 的宇宙公理。亞里士多德更認為此種境界的抵達，並非漸進式的點滴累積，卻是瞬間的成就。其後的**完形心理學** (Gestalt Psychology) 即植根於此，強調靈光一閃式的頓悟學習。教父哲學家也會說那是上帝的神靈啟示，單靠人智是無能為力的！

四、康米紐斯

官能心理學在教育上的應用，最大的危險是它在學習中誇大睿智力而有貶抑感官力的傾向。古代及中世紀教育學者對睿智力的倚重，還情有可原，因為他們一再認為從感官印象而得來的知識，是變動不居且不可信賴的，教徒更認為人身肉體的官能，價值更低；來之於睿智界及天啟界的理念，垂諸萬世而不惑。不過，表面上是對感官知識進行夾擊，實質上卻企圖對睿智力所得的知識堡壘作全面毀滅的企圖，在兒童教育的鼓吹上，卻也時有所聞。尤其在童年時的學習上，五官官能能力的發展，更備受重視。

首先試圖把睿智力與感官力在學習認知上予以擺平的學者，就是十七世紀的捷克大教育家**康米紐斯** (Johann Amos Comenius, 1592–1670)。「呈現於心靈的，必先呈現於感官」，這句時代諺語，對他的啟示最大；學習是有時間先後秩序的，不可躐等，不可躁進，卻需循序，如此才不會拂逆、擾亂大自然的安排。感官教學優先，百聞不如一見，親目所視，親耳所聞，親鼻所嗅，直接用手撫摸 (觸覺)，這種印象最深刻，也不會忘懷。好高騖遠、不走想飛，則很可能跌得粉身碎骨。歷史上長久以來都太沉迷於追求睿智力這種學習最終階段的成果，而忘了萬丈高樓也得平地起的教訓，才會導致學習經驗都充滿了痛苦的結果。

其次，官能之數量不管是一還是多，即令是兩打以上，其實若依睿智力的運作，則皆可歸結為單純的數種而已，其中尤以推理力的價值首屈一指。學習時間有限 (生也有涯)，但知識無邊無際 (知也無涯)；因此學校教育或正式學習的設計，就是以「訓練」這種少數的官能為目的。比如說，推理能力強加訓練，就可以「舉一反三」，否則就朽木不可雕了。聞一可知十，更可知千萬。因此學習特重形式、文字、符號、或公式；至於其內容，那是芝麻小事，無關緊要。最早也最清楚表達此種說法的，莫過於羅馬雄辯教育大師

坤體良 (Quintilian, 35 B.C.–100 A.D.)，這位拉丁語文世界最偉大的教師說：
「幾何這門學科對兒童教學之具備價值，乃因它可以訓練兒童的心靈，銳化
兒童的心智，並且能使知覺敏捷。幾何學的價值，乃存在於學習過程中，而
非如同其他學科之存在於所獲得的知識裡。」

　　這種學習論，稱為「形式訓練說」(Formal Discipline)。一種官能，尤其
是最重要的官能，如加以「訓練」，並且「形式」少而「內容」多，因之重複
的予以「形式訓練」，則會自動的「遷移」(transfer) 到其他官能上，也對自身
官能能力的增強有所幫助。除了推理能力涵蓋一切之外，記憶能力亦是學習
最不可或缺者，尤其是在傳統的學校教育之中。因此背誦古文、學習數學，
都是學科中的必修科。因為這兩種學科，最具形式訓練意義。經驗主義大師
洛克 (John Locke, 1632–1704) 也表明數學的教育功能，並不在於培育學生都
成為數學家，而是要求人人都是「說理」的人。至於「忍受困苦時可以表現
體力，心力亦然。」所以鍛鍊身體與鍛鍊心智，道理沒什麼兩樣。洗冷水澡可
以強身，堅忍毅力則可以強心。這都有必要天天鍛鍊，不可中輟。繼續「推
演」此種論調，則可以達到一種結論，即教學上越讓學童不感興趣的學科，
教育價值越高，因為可以培養「忍耐」，而「忍耐」是美德之一。兩世紀之後
的美國幽默大師丹尼（Finley Peter Dunne, 1867–1936，即 Dr. Dooley）開門見
山的說，只要學生不喜歡的，學生務必得學，而不必管學生學到什麼。像「耐
力」這種智能學習、品德操守、及體能訓練皆屬基本的「官能」，一旦具備，
則可以終生受用不盡，左右逢源。

　　用另一種說法來敘述此種理論，或許更為清楚明白，就是學習時以注重
方法最為要緊。方法一到手，就可以適用於任何學科，優異的記憶方法或推
理方法，就是學習成功的保證。並且此一方法熟練了，還可「遷移」。洛克說：

　　數學可以使人的心靈具備嚴謹的推理習慣，並也可以使之隨時準備

　　進行推理；學生一旦有了推理的方法，則能夠在恰當的時機「遷移」

　　到知識的其他領域。

　　其次，如果學習的全部時間都放在「方法」、「形式」、「抽象」的記憶及
推理上，則此種學習生活變得非常枯燥乏味。但教師如仍執意如此，則就要
大動藤條或戒尺了。體罰長期佔據教育史，此種學習理論之久受推崇，乃是

主因。

當然，對堅持先天觀念最具永恆價值的學者來說，官能心理學才是解決觀念如何認知的問題。觀念既非後天環境的產物，更非藉感官通道而獲得，卻是透過一再的抽象思考而後所得的「形式」。該形式早就先存，學童只不過是在「回憶」並重新「發現」(discovery) 原已有的觀念而已。

第二節　感官心理學

一、人性如蠟板

大膽的提出人性無先天觀念的學者就是洛克。他說觀念之中的十之八九，皆來自於感官；人性如**蠟板** (tabula rasa)，這種論調是石破天驚的，學習是由外往內的過程。不過，五官所提供的感覺報告，相當混亂，且又是被動的。難道心靈只是個受容器、照單全收嗎？且心靈又如何將外來的印象加以整理排序、刪除、綜合、比較、辨別、且推理又想像呢？五官是不具這種「**官能**」的。為了解決此種理論上的困境，洛克提出感官有內外之分，**外感官** (external organs) 即大家熟悉的五官；**內感官** (internal organ) 即心靈的「**力量**」(power)，其實，該力量就是官能心理學所言之「官能」。

十八世紀法國有兩位心理學家更把洛克的感官心理學推到另一極致，洛克學說中的心靈官能「**力量**」，還佔十之一二，但**赫爾維修斯** (Clude Adrien Helvètius, 1715–1771) 及**孔笛拉克** (Etienne Bonnot de Condillac, 1715–1780) 甚至認為內感官也是外感官作用的結果，內外不分。比如說，色彩濃度這種視覺經驗（外感官）的分辨能力（內感官），乃依感官所得的報告而形成。人如果生下來即無五官，或五官有缺陷，則前者是觀念等於零，後者則是有偏差。一位天生目盲的人，不可能有色彩的觀念。對之提及紅、綠、黃等顏色，簡直是對牛彈琴。

學習乃是經由感官大道而來，此種說法在教育學上建立了穩固的基礎之後，教師對學童感官的「**訓練**」，卻採取與官能訓練相同的方式，此種教育史實，實在是十足的諷刺。教學之注意焦點，並不在於關心經由感官孔道所引入的經驗內容，卻專門留心於如何訓練五官使之反應敏銳、迅速、及正確。

即令對學習過程有洞見的**裴斯塔洛齊** (Johann Heinrich Pestalozzi, 1746–1827) 也認為，感官的形式訓練，也如同心靈能力的形式訓練一般，可以「**遷移**」。

二、觀念聯合論

洛克對教育心理學另有一項建樹，即是「**觀念聯合論**」(Association of ideas)，不過首創此詞的學人，卻是亞里士多德。學習中若記憶的事項帶有⑴**接近性**，⑵**連續性**，⑶**相似性**，及⑷**對立性**，則記憶的效果大增。感官知覺所引進來的印象非常多，如果各印象彼此之間帶有上述四種性質，則容易「**聯合**」起來。十九世紀早期，蘇格蘭人**布朗** (Thomas Brown, 1778–1820) 更提出四個次要條件，即⑴**久暫性**，⑵**生動性**（強度），⑶**多寡性**，以及⑷**新近出現性**。感官印象停留久者、活潑有力者、次數頻頻者、以及剛剛出現者，當然方便於記憶。教學時注意這些性質，效果當然較大。

三、統覺論

赫爾巴特 (Johann Friedrich Herbart, 1776–1841) 的「**統覺論**」(Theory of Apperception) 認為觀念、情感、及意志，乃是心靈與環境相接觸的結果。有利於聯合者，即變成意識的焦點及注意的重心，且能獨立自存；反之即潛到意識之外，雖暫時的遺忘，但卻不時擬重新進入意識層。觀念的相似性，有彼此增強的作用；觀念的相異性，則生互斥功能。當增強到足以使個體對外在環境的刺激有所選擇時，稱為「**統覺**」(Apperception)。「統覺」最強有力也最清晰不過的，就是新觀念與舊經驗相聯合，此時所聯合而生的印象，就是「**統覺團**」(mass of apperception)。教與學的第一步驟，就必須喚醒學童心靈裡的舊有經驗，第二步才呈現新觀念，第三步把新觀念與舊經驗兩相比較其異同，第四步是總括，最後則是應用；教學的整個步驟於焉完成。兒童從熟悉的舊有經驗，踏入到陌生但卻與熟悉部分有緊密關係的新觀念裡。新舊結合成「團」，外來的變成自己的而形成「統覺」了。

新觀念若能安排得與舊經驗相聯合，則必有一種愉快感，學習動機就引發出來了。以往訴諸意志力的傳統作法，現在不必那麼費力了。**學習的意願**一啟動，教師又按序的予以教學，教學成功就如囊中取物。教學猶如科學實

驗一般，有前有後，循序進行。因之教學方法之科學化、系統化、實驗化，不脛而走。這種說法，對於教師新手之訓練，最具迷人魔力，教育行政機關更要求師資培育機關要讓師範學生熟悉此種心理學說及教學方法。

　　不過，此種心理學說及教學方法，弊端就隱含在利端當中，也是最受嚴厲批評的部分。教學方法如千篇一律，則有落入機械化的危機；其次，學習動機及意願，仍等待教師妥善安排新觀念與舊經驗產生統覺作用時，才「**被動**」的萌出，因之受苛評為「教師心理學，而非兒童心理學。」赫爾巴特的學說，風靡全美，新大陸一批傑出教育學者還以赫爾巴特之名組成一個學會 (National Herbart Society for the Scientific Study of Education)，以「**科學**」來研究「教育」。此學會自二十世紀初成立以來所發表的文章當中，從杜威 (John Dewey, 1859–1952) 的著作裡就可以看出，這位教育哲學界的泰斗所不滿的，就是作為教育哲學之父的赫爾巴特，太把動機當成教學之「後」的成果；其實依富有生物學意味的心理學，學童天性的原始本能，求知欲早就是自發自動的，俟教師教學才喚醒的學習意願，那種學習價值已經是次等的了。

　　杜威認為衝動性是個體自我往外自發活動的產物，並非外在環境衝擊自我個體的結果，新觀念與舊經驗聯合時的統覺會生愉快感，這是不錯的，但那也只是一種被動的愉快感而已；動機要教師引發，卻非由學童自生，這並非最佳的學習心理學。學童內發又主動的挑選學習對象，並非由於它們能夠引發學童興趣，卻是因為它們可以作為達成學童某種目標的「**工具**」。

　　興趣的真正原則，乃是自我與事實或自我與預擬的行動路線，取得同一的原則；它處於行動者自己生長的方向上。因之假如行動者要實現自我，則那是迫切需要的。興趣，在基本上是一種自我表現的形式。那就是說，興趣是作用於原始傾向所產生的生長。

「**原始傾向**」即是本能。本能的成長本身就內涵有興趣在，興趣是內加的，不是外鑠的。不信杜威這種說法的學者，在二十世紀時，由於佛洛伊德的心理學（詳後）對於先天生理衝動，尤其是性本能的重視，也終於信服杜威的觀點。

　　傳統上認為「**興趣**」與「**努力**」對立 (interest vs. effort)，杜威卻認為二者是盟友。索然無味的訓練工作，要比興趣盎然的學習工作，更需要依賴學童

的努力，杜威認為這種想法是荒謬的。缺乏興趣的學習，並不是費點決心與努力就能夠補償。倒是努力的時分，正是表示某些阻礙橫跨於達成雄心之途的通道上，才產生了興趣的緊張狀態。因之，興趣越濃厚，越需要努力。克服難關時的快感，猶如孕婦陣痛臨盆之時產子一般的「**痛快**」。

赫爾巴特是德國哲學家，杜威是美國教育思想家。兩國政治環境的差異，也表現在二者學習心理學的論點上。杜威說：

> 在一個特重權威的國家，以及在兒童個性的塑造中特別強調兒童明確也顯然地臣服於禮儀要求的國家裡，該種要求不管在戰時或平時，都是由權威發號施令的，則該種心理學說（指教師心理學）是極其自然的。不過，在一個承認每一個個體都自有權威性，並且發號施令也在於取得協調而不是要求他人卑躬屈膝的國家裡，則（教師心理學）就不是該有的心理學了。

第三節　進化論對教育心理學的影響

達爾文 (Charles Darwin, 1809–1882) 是生理學家，他的進化論學說，影響所有學術理論，包括教育心理學。杜威就是以生理學來解釋教育心理學，這正表示教育心理學的範圍已較前廣泛，不再侷限於哲學或形上學的領域。此種改變，早已在十九世紀末即已奠基。在十九世紀的末段四分之一的時間裡，心理學已變為科學學科之一；如果以赫爾巴特作為哲學上著名的教育心理學家中的最後一位，則**霍爾** (G. Stanley Hall, 1846–1924) 可以說就是新科學時代重要教育心理學者當中的頭一個。在**萊比錫大學** (University of Leibzig) 接受實驗心理學的開山祖師**溫德** (Wilhelm Wundt, 1832–1920) 的指導，霍爾於十九世紀的最後十年返回美國，先在美國第一所現代化的大學**約翰霍普金斯** (Johns Hopkins University) 大學任教，杜威就是他的學生，其後出任**克拉克大學** (Clark University) 校長，是十九世紀末以前美國最出名的教育心理學家。

一、孩童中心運動

霍爾對教育心理學的主要貢獻，乃是他進行**兒童研究**。雖然他不是這種教育運動的首創者，但他卻以平易近人的語法來描述該種運動，使該運動廣

為人知。他稱呼該運動為「孩童中心」(*Paidocentric*) 運動，自此以後到二十世紀之間，「兒童中心」(Child-Centered) 這個老生常談的辭句變成一股聲勢浩大的力量。**進步主義** (Progressivism) 教育運動也隨之而興。他對兒童研究之熱衷，並不在於拿兒童來作為進行興趣、注意、遺忘、及學習理論之探討對象，而是在於了解兒童的心靈內容。雖然我們早已說過，兒童研究運動並不自霍爾對它產生興趣始，但這種運動卻由於他出版了一本《**兒童入校時的心靈內容**》(*The Content of Children's Minds on Entering School*) 的著作而風行起來！

霍爾所搜集的研究資料，是當時所謂的**新技巧**（問卷法，Questionaire）來進行的，此種新技巧日後被評為缺點繁多，但也提供給二十世紀霍爾本人及其學生如**格塞爾** (Arnold Gesell, 1880–1961) 等人在作嚴謹的科學研究時，非常珍貴的新識見。除了方法新穎之外，更具意義的是霍爾以「**發生心理學**」(Genetic Psychology) 來解釋研究資料。由於霍爾受到達爾文生物學進化論學說的影響，相信生理支配了心理，神經機能（生理）若不生疾病，則不會有精神病（心理）；並將學習理論建立在胚胎學上，認定有機體演化的不同階段都在人類胚胎的孕育期間內「**複演**」。更有甚者，他還進一步提出一種學說，認為種族演變的社會階段，也在兒童出生之後的教育歷程中再現。比如說，人從蠻荒時代演化到文明時代的每一過程，都會在嬰兒期邁入成年期的過程中有相應的階段。在某一階段時兒童是個狩獵者，另一階段他就演化成一位營造師。教師教學及課程編製，必須密切注意且配合此種「**發生學**」(Genetics) ❶的起始與終結。

此處有必要一提的是，人的歷史在演化過程中，會出現諸如爭鬥或比武等行為。這種行為雖然在過去的人類生活中，是適應環境的有效方式，但目前卻不應予以鼓勵。不過當該種行為特徵出現在青少年時，由於他們血氣方剛、精力過剩，因之予以發洩，聽任其自然發展而不必予以禁止，這是霍爾所言之「**瀉淨理論**」(Theory of Catharsis)。精力發洩完了，就疲累不堪而安然入睡；因此提供諸如體育競賽、讓青少年迷上美式足球，這都是良好又妥善的教育應對措施；這種學生在年齡日增之後，也不會有敗壞的品德出現。

---

❶　此字也可譯為基因或遺傳。

　　霍爾之享有心理學家的名望，乃因他的複演說及發生學而來。此種理論倒有一段黃金歲月，但當更精確的科學研究結果出現時，此種理論終被淘汰。因為人性之發展及社會之演變，常走捷徑而不必複演。比較經久的論辯，乃是他對「青年期」(adolescence) 所作的不朽研究，以精確的科學辭句來描述青年期那種狂風暴雨 (storms) 般的特徵，不只生理急速生長，在性徵上令青少年大感好奇與詫異，且心理上的叛逆、自我的追尋、孤獨的感受、以及行為的衝動等，都滋生出徬徨不知所措的內在煎熬。心理學者如何處理此期的教育問題，才是教育心理學研究的焦點所在。

二、功能心理學的興起

　　詹姆斯 (William James, 1842–1910) 是美國實用主義哲學家兼心理學家，是哈佛大學的名教授，也大受達爾文進化論的影響，強調生物學與教育心理學必須兩相配合。〈向教師談心理學〉(Talks to Teachers on Psychology) 的演講中，他請求教師放棄古典傳統的哲學式心理學，改以生物學或生理學的方式來探討心理學。首先他不認為有一種純粹作為認知之用的太初心靈，心靈是在演化過程中才慢慢呈現，它的主要角色，就是幫助人們在適應環境中解決生活問題。

　　其次，在指明心靈與生物上的環境適應作用，二者同一之後，詹姆斯更進一步指出心靈活動的生理基礎。他本身學醫，特別敏感於心理學與其姊妹學科（生理學及神經學）之間的緊密關係。這層關係早由德國學者加以研究過，其實此種學說淵源，還可上溯到柏拉圖；這位希臘大師明言心靈理性位居腦部（頭部），生理及心理二者功能合一。但由於他大力主張身心二元，亞里士多德也支持此說，且提及心理作用的「心」(mind) 等同於生理器官的「心」(heart)，導致現行英文中的「用心學習」(to learn by heart) 變成習慣語。但亞里士多德卻又說「心」寄於「身」上，是一種累贅與束縛，且身死後心仍不朽；此種說法，大大的阻礙了其後身心關係單元論的發展。十九世紀下半葉，科學心理學家在這方向上的研究大有斬獲；霍爾發現心理上的神經病（精神病），導源於神經生理的不正常。詹姆斯也同意此說，不過，聽眾（教師）因此種論調富有唯物色彩而恍惑不安。

為了心理學的邁向科學化與客觀化，詹姆斯不覺得有必要將身心關係提出精確的解釋，倒認為只要能夠說明心理活動的功能，教師就應該會心滿意足。以心的「功能」(function) 來描述心理活動，叫做「**功能心理學**」(Functional Psychology)，且以「**本能**」(instincts) 來取代傳統的「**官能**」。他反對把學習者當成是印象的被動收容器，心靈不是像照相機一般的把外界資料悉數攝取進來，「**刺激**」(stimulus) 並不必然有「**反應**」(response)，二者之間有個「**有機體**」(organism)。某些反應是不學即能的，是天賦本能的一種。先天觀念改以先天本能，二者異名而同實。但官能心理學所說的官能，是專注於理性的成份，如推理、想像、批判等；詹姆斯所言之本能，比較染有生物學的色彩，如懼怕、愛、好奇、模仿、驕傲、雄心、好鬥、佔有、及建造等。這些字眼，與學習太有關係了。

官能心理學所言的學習，特重「訓練」與「遷移」，但功能心理學則強調「**條件反應**」(conditioning) 或「**聯合遷移**」(associative shifting)。有機體具選擇性及主動性，會對刺激有所保留或延緩予以反應。「有了刺激，就必然有反應」，這只不過是本能現象而已；學習應依本能，但並未受束於本能，否則就是心靈的僵化與奴化了。如果學生遇到「春天」這種作文題目（刺激），竟然全班、全校、甚至全國學生都以「反攻大陸」（反應）作為結尾；或是給予不同的刺激（如作文題目改為「夏天」），也舉國學生共有相同的反應（都寫反攻大陸，無一例外），這才是教育的最大危機。

任何學習，都會產生反應上的改變，且也修正了刺激。一種本能性的刺激反應，經過某種「**條件限制**」，結果變更了原有的刺激反應模式；教師應該對此種心理現象，深切了解，才能保證教學的成效。這是詹姆斯對教師的建言。

三、刺激反應聯合的心理學

二十世紀頭四分之一時間裡最傑出的功能心理學家，就是哥倫比亞大學名教授，也是詹姆斯得意門生的**桑代克** (Edward Lee Thorndike, 1874–1949)。他先是研究動物的學習而聞名遐邇，繼而觀察動物如何逃脫迷箱，然後提出數種有關人類學習歷程的結論。他的學習理論，核心點是認為正確的學習或

反應，大部分是偶然的，是「**嘗試錯誤**」(trial-error) 的結果，在嘗試中偶而有了成功機會。學習的進步，就是指錯誤次數的減少以及成功次數的增加。這種現象，還可以畫成學習曲線。換句話說，學習就是正確刺激與正確反應的聯繫。他的教育心理學，也被稱為「**連結論**」(Connectionism) 或「**刺激反應聯合心理學**」(S-R bond Psychology)。

　　桑代克為教育學界所熟知的是他為學習提出了**學習律**。其中最重要的是練習律及效果律。練習律是說，當情境與反應之間的連接，若一再的予以練習，則連結力即增強；反之則減弱。「**熟能生巧**」(practice makes perfect) 就是這個道理；勤能補拙，人一己百，人百己千，也是古代人運用練習律的格言。**效果律**是說，連結形成或在練習時，如能伴以愉快或滿足的效果，則連結力就增強；相反的，若煩惱或痛苦出現在二者之連結時，則連結力減弱。獎懲的教育，正是效果律的運用。

　　將動物的學習作實驗研究，然後應用在人類學習上，這是桑代克在心理學史上最大的貢獻。早他一代的俄國生理學家榮獲諾貝爾獎的**巴夫洛夫** (Ivan Petrovich Pavlov, 1849–1936) 以狗的流口水反應作制約實驗，是人盡皆知的事實。飢餓狀態的健康狗（有機體）一聞香味四溢的肉（刺激），立即有流口水的反應，這純是「**本能反應**」(instinctive response)；但實驗者在端出肉的同時或稍前，如伴以鈴聲，則實驗數次之後，狗未見肉卻聞鈴聲時，也照樣流口水。本能反應已形成「**制約反應**」(conditional response) 了。許多學習就是如此，人與動物沒有兩樣。媽媽在餵奶時向嬰兒說：「餵奶」這種聲音，則本來嬰孩在飢餓想吃奶（本能刺激）會哭泣（本能反應）的現象，一看有奶瓶或乳頭出現，就停止了哭泣，其後即令無奶瓶或乳頭出現而只聽「餵奶」聲音時，也照樣停止哭泣，從此且「學會」了「餵奶」的音調意義。

　　官能心理學的形式訓練說及學習遷移論，即令在二十世紀仍然勢力不衰，但經過桑代克及其同僚的實驗研究，學習遷移大受懷疑，遷移即令是可能的，也條件限制多多；若兩種學習的性質相近或相似，遷移較易。不過仍有諸多困擾問題亟待釐清。善於走象棋者是否也精於下圍棋，打字速度快者是否彈鋼琴也彈得好，數學成績優異者是否推理能力一流（洛克的希望），這些論斷都屬未定之天！不過教學問題的實驗室研究，倒豐富了教育心理學的內容，

教育界也因此熱鬧非凡，教師忙於作實驗研究，採用何種方式的教學有利於學生學習加減乘除，朗讀或默讀較具閱讀效果，中文字橫排或直排何者有助於學習，一節課應排多少分鐘？教室採光以何方向為優？黑板或白板以何者更具教學效果？背英文單字採何種排列利於記憶？這些教育及學習的問題，都是教育心理實驗的對象！

四、行為主義的震撼

瓦特生 (John B. Watson, 1878–1958) 是「行為主義」(Behaviorism) 的健將，他將功能心理學的科學性更往前推進，大膽的把「心」或「意識」現象，都用「行為」來表達。「心理學」放棄研究「心」了，因為「心」是內存的，「內省法」(Introspection) 這種實驗心理學大師溫德 (Wilhelm Wundt, 1832–1920) 所特別青睞的方法，瓦特生毫無保留的予以遺棄，只有外表的行為動作，才是心理學走向真正科學之路。心理學與哲學之間殘存的藕斷絲連，現在要全部切斷，再無瓜葛；並且行為科學完全取材於「人」的動作，而非藉動物行為的實驗。因為動物行為與人類行為容或有「相似」(as)，但卻非「等同」(is)。以動物為主的實驗而興的功能心理學，也與以人為主的實驗而起的行為科學，二者分道揚鑣。

行為科學完全訴諸身體的行為反應，難怪批評者稱呼這種心理學為「筋肉痙攣心理學」(Muscle-twitch Psychology)。如把思考描繪為一種喉頭或潛層聲音的習慣。瓦特生堅信人一出生，只有三種本能，即愛、懼、及怒。這三種本能，都外表的顯現在具體行為當中，可以客觀、明白、又具體的以量來測量。至於「戀愛」這種主觀的心理現象，也可以客觀化且量化，如脈搏跳動的次數、臉上緋紅的變化、或呼吸的急促速度等。說話是否真實，有測謊器的報告就一目了然，無法搪塞或掩飾。

既然全部以外顯的行為作為研究或實驗對象，除了突顯出心理學完全步入科學之外，也向環境萬能說及教育第一的理論靠攏，而不信遺傳或基因說法了。實際上，瓦特生一句大言不慚的話，迄今仍令學界震驚，也更令教師咋舌，他說若給他一打健壯的小孩，在他控制的環境中進行教育，他就保證可以把這群小孩訓練成「醫生、律師、藝術家、大企業家，或者是乞丐、盜

賊；不管他們原先的天份、嗜好、傾向、能力、祖先的職業或血統如何。」不用說，行為主義在這方面已經不是一派的教育心理學說，而是形成為教育的命定論哲學派別了。不知瓦特生是否有能耐可以把一位 I.Q. 30 的學童，教導成傑出的發明家？

五、對教育測驗及個別差異的重視

以精確的科學方法來測量個別差異，雖然遲至十九世紀末才開始，但個別差異的事實，在教育史上的每一段時間卻都受到學者的重視。凡是認真教學的老師，都會發現學生的個別差異非常顯著。注意到個別差異，並不是什麼了不起或值得大書特書的事。中國的孔子將學生分類為政事、文學、言語，及德行四種；柏拉圖早就把學生分成治者、戰士、或生產階級三類，那是依據學生心性之金質、銀質，或銅質而來。在教導羅馬人成為雄辯家時，坤體良也發現某些學生是智力過人的，但愚不可及的學童，在數量上與生來即畸型異狀者同，都是罕見的。羅馬帝王並以腦袋及錢袋分出四類學生，一是腦袋重錢袋也重，二是腦袋重錢袋輕，三是腦袋輕錢袋重，四是腦袋輕錢袋也輕；這是簡單的邏輯解析，只有第二種的學童才由政府提供獎學金。文藝復興時代人文教師**維多利諾 (Vittorino da Feltre, 1378–1446)** 並不鼓舞超過學生能力範圍之外的教學方式；洛克也觀察到學童有各種不同的天性，他自承要想使憂鬱的孩童愉快，或使好動的孩子沉靜，是無能為力的。

在教育史上，洛克的人性如蠟板理論，曾用來支持個別差異的存在說法，同時也作為反擊它存在之用。雖然他說人性在出生之時都空無所有，所以每個學童的心性皆同，但他又說由經驗（感覺）印在如蠟板的心靈所產生的印象，無法像印在銅鐵上的印象那麼經久。他的法國追隨者沒有注意到這層比喻，因而提出一種說法，認定不只人性如蠟板或白紙，且心靈的感受性也一律相同；若有差異，純是後天環境及教育所造成。不過，個別差異不管來之於先天還是後天，**自然 (nature)** 還是**教養 (nurture)**，有一種補償說卻為大家所接受。補償說是優於此者就劣於彼，如思考遲鈍者則可由腳力敏捷、聲音美妙悅耳、或臂力強壯來補償。這是令人欣慰的。歹馬也有一步踏，這句臺語，也映證了補償原則。

　　既然個別差異是公認的事實，則如何評斷，就成為教育學界熱門的話題。長久以來，老師採用背誦或記憶性的考試，來考核學童在智力及學業成就上的優劣差異，看出綿羊及山羊之分。這種方法起源於何時何地，已無法查考。十八世紀的美國，教育界使用諸如「優」(*optimi*, best)、「良」(second *optimi*, second best)、「差」(*inferiores*, inferior)、「劣」(*pejores*, worse) 四個等級；十九世紀早期，四級記分轉換為數目字，以阿拉伯數目字的 1 到 4 來登錄學童成績。其後還更精細的予以細分如 2.4 或 3.5 等，演變成從 0 到 100，終成為最流行及最受歡迎的作法。但仍有不少教師懷疑此種作法的可靠度，有些教師或學校又走回頭路，採用四級或五級記分法。有些則採用英文字母來評定等第，如 A 或 C；更精緻的就是 A$^+$ 或 C$^-$；中文老師就用甲上或丙下這種字眼。評分有字母式、數目式或敘述式的。三者各有優劣。但流於主觀或純依教師對學童個人的愛惡，才是評分有弊端的致命傷。

　　因此，對學童個別差異性要求作精確的測量，是教育界普遍的心聲。既然**牛頓** (Sir Isaac Newton, 1642–1727) 用數學方式可以算出星體之間的地心吸引力，因之數學是解決上述問題的萬應靈丹。英人**高爾登** (Francis Galton, 1822–1911) 發展出新式的統計技巧，美國人**加太爾** (J. McKeen Cattell, 1860–1944) 則專注於學童在反應時間、視覺及聽覺的靈敏度等作測量。法國人**比奈** (Alfred Binet, 1857–1911) 及其助手**西蒙** (Théophile Simon) 更發展出「**智力測驗**」；他倆接受法國政府的委託而製作一種測驗，以便政府更能精確的知悉何種學童因智力過低而需要接受特殊機構的處理。聞名全球的 I.Q. 測驗終於問世，廣泛的用來測驗正常兒童、優異兒童、以及遲滯兒童之用。美國學者曾予以修訂，稱為「**史丹福比西修訂量表**」(The Stanford revision of the Binet-Simon Test)。各國教育界採用經過修訂以符合國情的智力測驗量表，成為普遍的教育現象。有趣的是 1930 年之後，蘇聯竟然禁止「**兒童教育學家**」(Pedologists) 使用智力測驗，認為該種測驗是資本主義社會限制教育機會的偏見措施。其後由於遺傳學者**李森科** (Trofim Denisovich Lysenko, 1898–1976) 在官場的失勢，而使得這種憎惡感逐漸消失。該遺傳學者宣稱**後天的習得性**可以遺傳，這是與科學研究及實驗大有出入的。

　　不過，使教育學者感受測驗及統計的重要性的心理學家，就是桑代克。

這位哥倫比亞大學教授首先開設測驗課程，且探討統計在教育上的應用。從此教師應熟悉教育統計學上的名詞，如「平均數」(Average)、「中數」(Means)、「標準數」(Sigma Scores)、「概率誤差」(Probable Errors)，及「相關」(Correlations)等概念。教育與數學結合，在教育統計學一門學科上，就可知端倪。桑代克更語出驚人的說：「凡存在的，都存在於量；凡存在於量的，皆可用數目字予以測量。」一時測驗統計如虎添翼。這種說法，引來了他同事杜威的質疑。杜威嚴肅的指出，教育並非僅是關心已存在的，更應關心還未出現的。換句話說，教育不是只有「實然界」(is) 而已，還有「應然界」(ought) 更具價值。測驗只能測出「已存在的」，因之測驗也有所未及之處。測驗不能涵蓋教育的一切。此種來之於教育哲學家的評斷，倒應為教育心理學家作重要的省思。

　　不過，測驗及統計即令不能窮盡教育的領域，卻也實際上解決了許多教育及社會的疑難雜症。團體智力測驗及個別智力測驗的長足進步，還證明對美國之動員參與兩次世界大戰相當有益處。除了智力測驗之外，另有各學科的成就測驗；且性格測驗、性向測驗、及興趣測驗也紛紛出籠；加上其後注重的情緒商數、逆境商數等，心理學在教育的地位水漲船高。至於補償原則的傳統觀念，也因高斯 (Karl Friedrich Gauss, 1777–1855) ❷ 之常態分配曲線，證明某一特質能力，與其他特質的類似能力，二者之間有高度的相關。此種發現，也將傳統的補償觀念一掃而光。比如說，「紅顏」此項優越的特質，卻以「薄命」來取得平衡；或學科成績優異者必然在音樂、體育、或勞作上差人一截等。這些在統計測驗上，皆無法證實。糾正時人或傳統錯誤的教育觀念，科學是一劑良藥，猶如進化論取得科學的發言權一般。但是，進化論所引發的爭議，也未能完全平息——神學界反彈最大。至於官能缺陷的補強或補償說，也有不少事實證明其為不虛。當然，學業成績佳是否一定是體育表現拙劣，這二者的相關係數如何，猶為未定之天。「心」的官能與「身」的官能能否相輔相成，猶待心理學界繼續研究；但目盲者的觸覺比常人靈敏，這倒是不爭的事實。果真如此，也比較公平，基督徒必相信這是上帝的「公義」。

---

❷　著名的德國數學家及天文學者。

第四節　完形心理學與認知學習

　　進化論對教育心理學界的影響，雖然氣勢如虹，但並沒能支配整個教育心理學的地盤。英美兩國的心理學家心儀科學式的心理學說，比較注重以分析的觀點來解釋兒童學習，重部分而非整體。歐陸另有一派心理學說，則反其道而行，認為學習認知，是整體性的。哲學史上恰好也有「**整體主義**」(Holism)、物理學上有「**場域論**」(Field Theory)、生物學上有「**有機組織研究**」(Organismic Approach)，因此在二十世紀強調學童「**整體**」(whole) 的教育學於焉產生。視學童為一整體，而非細分為學業、興趣、人格、成就等層面；學習也是一整體，不必像功能心理學之詳剖為「**主學習**」(primary learning)、「**副學習**」(secondary learning) 及「**輔學習**」(concomitant learning)；或如二十世紀中葉之後盛行的「**認知**」(cognitive)、「**情意**」(affective) 及「**技動**」(psychomotor) 三種。注重整體的心理學，稱為「**完形心理學**」(Gestalt Psychology)。此派學說，認為心靈活動乃在於反映整個情境或全部的形狀方位。*"Gestalt"* 是德文，即「完形」的意思。

　　用圖畫來說明，就能很快的了解完形心理學的中心要旨。比如說，任意畫一個邊長不等但卻有缺口的三角形或圓形（如圖 6-1），吾人的心靈就無可避免的要將缺口補起來而使其成為一個「完形」。這種有意將缺口補足的心理傾向，就是完形論的主要特徵。教學也不必教全部，學童自動就會把剩餘部分補足。人類的心靈，是對「**整個**」情境予以反應的，而非只是部分而已。對於完全不顯露但卻隱約可見的情境之反應，就如同對完全顯露之反應一般。完形心理學家更使用「**頓悟**」(insight) 一詞來說明學習性質。在檢視情境當中

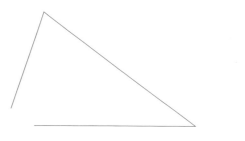

圖 6-1

所有因素之後，突然，有些因素即落入成型或變為形狀方位。解幾何問題時，就「**整體**」情境來考慮，就「**悟**」出那個地方作補助線，則問題癥結就頓然開朗起來，正確答案也就握在手（心）中了。哲學界有「見」(vision) 這個字，如莊子有見於天，無見於人；這種「見」，就是「洞見」。洞見就是通觀全體而悟出個中訣竅。

　　德國名心理學家**柯勒** (Wolfgang Köhler, 1887–1967) 作過猩猩實驗；一頭 I.Q. 較高的動物，在借助於一根棍子而「**學習**」到如何取得棍子可及之處的食物之後，現在給牠兩根棍子，但食物放得更遠，使牠必須將兩根棍子相接方可取得食物。在這種實驗安排的情境之下，猩猩進行了一小時餘的嘗試錯誤行動。牠把兩根棍子連在一起以解決問題的方式，「**頓然**」出現。這種解決問題方式的來臨，絕非任性的，也不是偶然的。兩根棍子分開，皆無法取得食物；兩根棍子結合，才是取得食物的「**完整形狀**」。圖示如下：

圖 6–2

圖左之猩猩與食物之間，都有「**缺口**」，圖右則二者連繫成一直線了。

　　完形理論與嘗試錯誤說，二者並不相同。前者視學習是某種「**新**」花樣的出現，「**新**」不是單由情境的分析中了解出來，卻是情境予以重組然後領悟出個中奧秘。或許情境中的各元素彼此皆有關係，有些關係已明，有些則潛存，「**智慧**」較高者就「洞見」其底細。作整體通觀者必較能看出全局；只關注枝節部分者，則陷入局部困境。碰運氣式的嘗試錯誤，就是重複千萬遍，還是仍如只試一次般；不知變通，又不冷靜思考，則困擾問題猶存。胡適之的〈嘗試歌〉，其中有「嘗試成功自古無，放翁（陸游）這話未必是；自古成功在嘗試。請看藥聖嘗百草，嘗了一味又一味；又如名醫試丹藥，何妨六百

零六次。」不過，藥聖及名醫在嚐味試藥時（或後），如不「用心」思考，機械式且原封不動式的再進行嘗試，則保證不會成功。這當中最重要的解決因素，就是「用腦筋」(intelligence)。

「用腦筋」的學習，就得注意學習的廣泛情境，包括思考，問題解決，及創造性在內的學習形式。此一研究的早期學者，就是杜威本人。不過，當他寫《思惟術》(How We Think) 時，他的著作與其說是心理學的作品，倒不如說是一部邏輯論文。杜威特別強調學習當中，「意義性」及「關係性」的發現，那也是一種「創見」，「創見」與「頓悟」，都是解決問題的不二法門。引伸杜威意旨的，是另一位實用主義的教育家波得 (Boyd H. Bode, 1873–1953)。波得建議心理學家除了研究個體的刺激反應之外，更應進一步探討學習的目的性；含有目的的學習，是個體保持其對刺激予以重新建造的能力，將客觀的情境作主觀的重新組合，這其中就有變化多端的花樣。不只趣味性十足，且意義性、價值性、關係性也可以從中顯現。以福祿貝爾設計幼兒玩具為例，這位神秘主義的幼兒教育家喚醒兒童的想像力，認定球是圓的，此種符號象徵代表著上帝的完美意義；球的跳躍形狀千變萬化，代表神的無所不能。至於體認出天上兩顆星星的閃爍，象徵著父母親恩愛的眨眼，從此也悟出兒童對宇宙的童稚觀。❸刺激反應此種繼續不斷的重新建構歷程，頗符合杜威對教育的定義。杜威不是一再的提及經驗的重新建構與重組嗎？不只印象深刻，刺激活化，且意義層次更往上提升。

創造性思考與學習，或許就在這種過程中呈現出來。教育中最珍貴的成果，可遇不可求的境界，有可能因此得來不費功夫，別人是踏破鐵鞋無覓處的。在國際太空探險的競賽當中，教育重點放在創造力的培養。一般說來，富有創造性的學生，智商都很高；但智商高的學生，卻不一定富有創造力。老師多半喜愛智商高的學生，但卻討厭富有創造力的兒童，因為後者的想像

---

❸　1776 年這個年代，對美國人而言，代表的意義繁多；赫爾巴特學說之受美國人垂青，因素之一，可能是他的生年就是 1776 年。1947 年 2 月 28 日在臺灣發生二二八慘案。臺灣人的憤怒陰魂，經歷過 57 年的 2004 年總統大選，代表臺灣主體意識的候選人勝出，超過對手 0.22857，解讀者認為意義繁多，這些「認知」，久久不會忘懷。

力與發明力，常常造成思想的分異而非與老師一致。

第五節　心理分析說與社會心理學

一、心理分析說的影響

　　注重整體的心理學中，恐怕沒有一種會比**佛洛伊德** (Sigmund Freud, 1856–1939) 的心理分析說對教育產生更重大的影響。這位奧國維也納的醫生用潛意識的解析來治療嚴重的精神病患。病人如能坦誠以告自己感受到的困擾問題，回憶或解開他們過去最深層也最不願公開的隱私，則醫生就越能了解病因，並因之克服行為之反常、失常、或變態。

圖 6–3　佛洛伊德 (Sigmund Freud, 1856–1939)

　　「**心理分析**」(psycho-analysis) 的重要技術，是解夢。俗話說，日有所思，夜有所夢。意識有顯潛二者之分，赫爾巴特早已說過，所有行為都因個體原始生理的衝動所激起，這些衝動無法產生正常的功能時，則造成對環境的不良適應，精神病也因之而起。原始生理衝動中尤以性的衝動，最是社會傳統觀念的禁忌，因之該衝動常被壓抑下來，但並不消失，卻潛藏於意識之下，稱為「**潛意識**」(subconsciousness)，經常在尋求宣洩的管道。在「萬山不許一溪奔」的狀況下，潛意識隆隆作響，四下流竄，遂造成心神不寧的感覺，一些反常或變態的行為跟著出現。焦躁、無意識的行為或機械性的重複活動，就變成常見的「病」症。甚至「**自大情結**」(Superiority Complex) 及「**自卑情結**」(Inferiority Complex)，也是心態不正的具體現象。在夢裡，潛意識浮上意識層，醒覺時又立即躲入潛意識中。心理分析就是要作底層的解剖。所以催眠或作字句符號的自由聯想，就可以分析出潛意識的狀態。

　　佛洛伊德注意到，大多數的精神病患都可歸因於童年時的不幸遭遇，這一點對教育太過重要了。坎坷命運的童年經驗被隱藏在潛意識，精神病苗獲得安全的寓所，卻成為成人反常行為的主要源泉。那時，成人反常行為之來由，已潛藏在意識之下，原始動機也隱而不露，自身也不能知悉。此種說法

給父母及教師一個大警訓，不得不更謹慎的為兒童提供較健康美滿的家庭環境。

另外值得一提的是，心理分析對心理健康運動是一股推動力。十九世紀末，學校注意生理衛生的用心，二十世紀時已擴充到兼及心理衛生方面的照顧了。好久以來，在醫學、犯罪學、社會服務、學校教育、甚至宗教領域上作開墾工作的研究先鋒，早已知道有必要對心理病犯進行診斷及治療。而心理分析及心理測驗二者之長足進步，也助長了對心理變態者的研究，咸認預防勝於治療。而性解放更是二十世紀中葉之後全球的一致趨勢，性教育的重視及提早教學，並經由心理衛生之教學以維持學生擁有健康又正常的心理，這種職責也成為學校的一項重要業務。學校為了要承擔此種功能，遂設置了訪問教師、特殊班級教師、及輔導諮商人士等職位，他們都扮演了半心理治療者的角色。

二、社會心理學的重要性

教育心理學越注重整體，則研究的重點就越從個別的學習者轉移到社會情境中的學習者。獨學時的心理與全班共同學習時的心理，二者是有所差異的。美國社會心理學家**米德** (George Herbert Meade, 1863-1931) 首先指出**社會心理學** (Social Psychology) 在學習理論上的重要性。從古時候開始，人們都認為兒童有個「自我」，但米德卻不認為如此，他說「自我」是社會交互活動的產物。首先，嬰孩自出生之後並不能分辨他自己、他的家人、或環繞在他四周的人。以後他能夠如此分辨，那是學習的結果。這種論調，當然有洛克的影子；嬰孩甚至不知自己的拇指是他自己的還是身外物，只有他在吮或咬拇指時有所感覺，才體會出拇指原來是他身上的一部分。在隨意或無意的活動中，他也選擇那些別人所讚美的習慣與態度，學習扮演他的家人、鄰居、同伴、學校、教堂、以及其他機構所期望他扮演的角色，假如他無法迎合這些行為標準，則扶持他生存的社會群體就會對他失望甚至予以懲罰，結果乃導致於他的人格甚至他的名聲，都會由這些社會勢力的張力所塑造。許多人都有從眾的心理。

另一位特重學習的社會面者是**勒溫** (Kürt Lewin, 1890-1947)，本來他是

完形學派的一員，還自稱自己屬於「場域理論」的學者。二次世界大戰的來臨，引起他更專心於「社會動態」(Social Dynamics)的探討。在教育上他有一項突出且領袖群倫的研究，主旨在於：一位教師在教室裡執行教學工作時，以民主式的態度、獨裁式的作風、或放任式的方式，到底會使學生產生什麼類型的行為。有其師必有其徒，米德認定學生易學習領導者所表現出來的風格。「上所施，下所效」，正是中國古人對「教」字的定義。其後，社會心理學家著手研究角色扮演，以便探討團體學習的現象。

　　學校教育的普及，已是教育史上必然發展的結果，學校是社會機構的一種；學童入校後，行為就有可能「社會化」(socialization)；而團體社會的情境，如何影響學童的學習，乃是社會心理學家致力研究的課題。教育心理學不單只研究個人的學習，還得兼顧團體的學習了。

　　不少學生家長或教師，都同意或支持「非學校型態的教育」(deschooling)，乾脆讓學生在「學校」之外的場所，尤其是家庭接受教育。古代羅馬教育家坤體良早已提出學校教育優於家庭教育的說法。中國人也說「獨學而無友」，則「孤陋而寡聞」。學童除了受父母親人之影響外，同窗及教師之支助力更大。「社會心理學」的研究，實在值得上述之省思！當然，學生的「教育」不是只在「課業」表現而已，人格、性向、態度等「正面」的發展，才最應顧及。

第七章　教學法的演進㈠

不管教育哲學家熱衷於爭辯學童是否有先天觀念，還是一切觀念都是環境（教育）的產物，但教師的一項重責大任，即是如何運用最有效的方法來改善學童的行為；其次，運用何種手段使得學童不但變化氣質，且也了解一言一行的意義。此外，教師還得設計某種方式來激勵學童學習，使得學習活動較易產生，並且學習效果較為顯著。

教學法的演進，絕非孤立的議題；教學法與上述數章的內容，關係密切，尤其與教育心理學的理論，更如影之隨形，這是人盡皆知的事實。此外，人性問題及世界觀等教育哲學概念，也是決定教學方法的重要因素。最後，教育目的以及學童成長地之社會環境、經濟條件、及政治組織，也左右了教學法的演進。這些因素一有變化，教學法也就亦步亦趨的跟著發生變化。

教育哲學家及教育心理學者都一再的確認，學童天性上有求知欲，且求知欲還極為強烈。但為什麼長大成人之後，此種教育最有利的本錢卻耗光了，這或許與教學方法的優劣及教學態度的好壞有密切關聯；當然，教材的選擇及課程的規劃也是一大主因。自古至今，教學法並非一成不改，卻是迭有變遷的。

第一節　模仿與記憶

原始人民甚至早期的文明民族最感焦慮的，就是如何謀生並維持生存。當時的社會環境極端不穩，安定是第一種訴求，也是唯一的訴求。因為當時的人類對環繞在四周的一切，所知不多，且誤解重重；意外事件發生，就驚慌失措，且束手無策，甚至得坐以待斃。這些民族如果能夠代代綿延，就得謝天謝地，非常滿足了。他們決不願進行各種實驗或新奇的行為，倒希望不要丟棄祖先遺留下來的經驗。在這種情況之下，早期民族找到一種最適宜的教學方法，這種方法就是「**模仿**」。首先，兒童在**遊玩**中模仿大人的舉動，兒

童的遊戲就是成人活動的縮影。年齡越長，則模仿成人的舉動就越直接也越頻繁。大人與小孩一同打獵、種田、抓魚、處理家務、參加族群及宗教儀式活動。文化越進步，則文化之保存越仰賴故事及口語教訓。因之，在文字未發明且充份使用前，故事、傳說、及神話等，都是兒童記憶的對象。此種教學方法，可以使原有文化綿延不斷地傳遞給下一代。

甚至在文字發明以及民俗有了記載而免遺失之後，教學方法仍然停留在模仿及記憶階段。中國傳統的教師都習慣於向學生誦讀傳統的經典，然後要學生跟著複讀。還要求課文必須朗讀出聲，以便記憶。音量越大，記憶越久；私塾或書院就是書聲朗朗的所在地。學生主要的學習活動，就是「**背書**」，學生背著課本開始朗讀。先正面交給教師課本，然後**向後轉** (back)；背對了，再正面向著教師取回課本，準備再背更多的文字；背錯了也正面向著教師，伸出雙手挨打。這就是傳統中國教學的寫照。這種簡單的學習測驗，在學生受完教育之後所參與的科舉考試中，仍然照作不誤。科舉的任官取士中，榜首乃是落在那位記憶力最強、複述力最佳的考生身上。評定優劣是以文詞之優美及記憶之正誤為準繩。在文章寫作的格式上，雖然也偶有部分考官頗欣賞某些應考者的特有筆調，但符合古代名學者作文的格式如八股文等，才是決定考生金榜題名或名落孫山的最重要尺度。

難能可貴的是「**至聖先師**」孔子，要求「知之為知之，不知為不知，是知也」此種進步式的為學「**態度**」；也提及「學而不思則罔，思而不學則殆」此種「**學思並重**」的為學「**方法**」。孟子也警告勿「揠苗助長」，為學不應求速成，卻需有耐性的等候。宋朝的程伊川還說，在可疑處不疑，那就等於「不曾學」。此外，中文詞語還蠻有現代化觀念，一個人知識好，叫做「學問」高。換句話說，為學要有造詣，是一邊學，一邊問。「博學、審問、慎思、明辯、篤行」是為學的五大步驟，實在是可圈可點。

古代印度的教學方法，同樣有教學詞語甚佳、但實際教學配合不上的情況。強調的重點，仍在古代聖賢書籍的背誦。如果記憶能佐以了解，那是最好不過；但學生通常只會記憶而已，能了解的人數不多。因之學習時枯燥乏味又單調，採取嚴厲的體罰，乃是必然的手段。聖人**瑪奴** (Manu) 雖說：「良好的教學應該給學生沒有不愉快之感，有德操的老師必須使用優雅又溫和的

語句。」但他也承認，教師偶爾疾言厲色來處分不努力記憶的學生，也是應該的。中國古聖先賢更強調「師嚴」才可望「道尊」；且「教不嚴」，是「師之過」也是「師之惰」。「不打不成器」，藤條或戒尺隨時待候，是教學的最重要「教具」與「設備」！

希伯來文的 "shanah"，是「教」的意思，但原意卻是「重述」(to repeat)。因為《摩西法》(Mosaic Law) 的學習，是一件純記憶的活動，即把該法一字不差的「重述」一番，如此才可使人民一致的奉守法律。耶和華（Jehovah，主、上帝）在《聖經》中告誡祂的子民：「我所命令於你的，遵守之，不得加，也不得減。」幸而在《猶太法典》中也令人振奮的提到「了解」的重要性，不過「了解」是次要的，位居「記憶」之下。「先記憶後領會。」二者如不能得兼，則捨「了解」而求「記憶」了。由此可見猶太人與中國人及印度人都把「教學」與「重述」當成同義語；重述不成，就是挨打。最可怕的希伯來文字 "Musar"，是「毒打」的意思，且與「教學」等同。「不可蔑視主的毒打」，等於就是「不可蔑視主的教學」，正是《聖經》中的一句話。棍子是教學的標誌。《舊約》〈箴言篇〉('Book of Proverbs') 還說：「不使用棍子的人，是恨自己孩子的人；愛孩子的人在恰當的時候，是會責打孩子的。」「孩子的心與愚蠢相連，棍子可將愚蠢從孩子心中驅出並糾正孩子的過錯。」「棍子及譴責會產生智慧，任他自由的孩子會辱及母親。」〈傳道書〉('The Book of Ecclesiasticus') 更支持此種論調：

> 愛孩子的人持續給予孩子鞭痕，孩子最終就會敬愛雙親。責打孩子的人是給他恩惠的人，在同伴當中，受責打的孩子是值得誇耀的。太寵愛孩子的父親縛起他的傷，不忍心每一陣的哭聲。但不羈的馬會變倔強，任性的孩子會變成剛愎。縱容孩子，換來的是讓你畏懼；與孩子玩耍，他會傷你的心。不要對他笑，否則你將有憂愁。在他年幼時，不要給他自由；對他的過錯，不可裝聾作啞。當他年輕時，就使他頸子下垂；當他還是孩子時，就打他雙頰；否則他會頑固不馴順，這將會是一件令你痛心疾首的事！

如果棍子無濟於事，則〈申命記〉('Deuteronomy') 更明言，這樣的孩子可置之死地。

相較於上述的嚴屬性，其後的猶太教學法似乎比較和緩。猶太法這樣寫道：年紀較大的學生不應該再接受體罰，否則會使反抗性深入於他們心中。並且，處罰的對象應專對那些可因處罰而改善學習成果者。假如學生資質愚蠢，缺乏學習力，則不該予以體罰。即使體罰在所難免，也要「一手打學生，兩手撫慰學生」。打在兒身，痛在娘心。

古希臘時代的教學法仍與上述沒什麼兩樣。荷馬及其後的長久時代裡，先聖前賢的言行，乃是年幼學童所模仿的對象。在城邦政治作為希臘人民生活的主要型態時，學童須記住城邦法，下一代經常在上一代的目光監視之下；父親的眼睛，斯巴達的「喚起者」(Inspirer)，雅典的「教僕」(pedagogue)，都在提醒學童：「這是公正的，那是不公正的；這是榮譽的，那是不榮譽的；可以作這，不可作那。」大辯者普洛塔格拉斯還繼續說：「假如學童遵照指示，則既良且善；假如不聽話，則以恐嚇毆打讓這塊歪曲的木頭變直。」

教學法與體罰脫離不了干係，這種教育史實的另一種面貌出現在斯巴達，這個以軍事訓練為主要教育方式的城邦，用體罰來訓練學童對痛苦的忍受度；忍受鞭打的痛苦，就如同忍受飢餓、寒冷、及炎熱的痛苦一般。處於戰爭狀態下的社會，全民忍受痛苦乃是必要之舉。如果自願在「月神」(Artemis)祭壇前接受鞭打比賽的記錄屬實，則斯巴達孩子是歡喜甘願的接受鞭打呢！

第二節　師生對話

希臘教育之光輝燦爛，在於這個西方文明的搖籃地，並沒有無限期的以模仿及記憶方式來綿延祖先文化。紀元前五世紀時，固守於習俗的教學法，首次受到批判。鼓舞批判精神的傑出人物，就是聲名歷久不衰的大教師**蘇格拉底** (Socrates, 469–399 B.C.)，並且他的名字是與他善用及慣用的教學法相連。他的教學，不在於傳授知識，卻是在探討可被對方接受的有效知識。他採用的方法，是「**師生對話**」，一問一答。問者或答者，不限定是老師或是學生。其實在真理面前，並無師生之分。只是聞道有先後，術業有專攻而已。

蘇格拉底有時顯然在內心裡早已知悉問題的答案，但他並不一口就宣示出來，卻要詰問對方。如果對話群中有人提出一答案，蘇格拉底就立即「節外生枝」或又提更為複雜或更為深奧的問題，來檢視該答案的可信賴度及準

確性。一般人所提的答案，通常都是沒有經過深思熟慮的傳統說法，有時只不過是重述習慣觀念而已。蘇格拉底採用此種教學法的用意，是要雙方在對話或對問當中去思索出一種比較妥善或正確的答案。每個人都是學習者，邊問邊學，「學問」兩字可同時進行，也可分開進行。

　　許多人認為蘇格拉底的教學法是十足諷刺性的，蘇格拉底的教學風格，令人印象深刻。他先向對方所提的答案表示首肯，但對方不要高興得太早，該種首肯是暫時的，也是表面的。他層層反問，如他父親雕刻師般的說明對方答案有所不足，將不合宜的贅料割除，剖析到問題的底層。他還自認無知，不像辯者 (Sophists) 那般的自狂為智者，他只是個愛智者而已，「愛智」就是「哲學」的原始語意。有個故事說蘇格拉底因為德爾菲 (Dephy) 廟曾出神諭 (oracle)，指出他是最聰明的希臘人而感到困惑。他深信神不會騙人，但又自認無知；為了印證神諭及自己信念的真假，遂決定與眾人對話交談，希望從中找出比他更聰明的人出來。最後發現別人的聰明都是虛飾的，愛面子的；別人自以為已有了知，其實卻是無知。蘇格拉底自認無知，因此他比別人多了一個知，即有無知之知，而別人連無知也不知，可見神諭的確是正確的。蘇格拉底的母親是助產士，故又自喻其教學法為「產婆術」(maieutics)；產婦肚子早有小孩，助產士就用各種方法讓孕婦順利生下小孩；其中最為要緊的是，生子要自己來，別人無法取代。兒童心性即有先天觀念存在，教師的教學法就是循循善誘的「引出」該早已存在的觀念，以之建構成知識。生產過程有幾個要角，產婦、助產士、及嬰孩；相應於教學情境的就是學童、教師、及知識，但產婦及學童是主角。孕婦生子要自己來，猶如學童求知要自己來一樣，別人頂多幫點忙，卻是不能代替的。這種類比，不只點出教學法的要旨，也扼要的道出教育的真諦。

　　蘇格拉底的大弟子柏拉圖 (Plato, 427–347 B.C.)，在《米諾》一書中舉出一實例來印證他的老師之論調。該書的對話主角米諾 (Meno) 是一名奴隸，但別以為奴隸就無先天觀念。經過蘇格拉底精巧的問話，米諾也明白的知悉幾何定理的演算。柏拉圖除了重視對話之外，還強化了產婆術的理論依據。人人皆有先天觀念，但在降生的一剎那，由於陣痛而忘了。有的人忘得多，有的人忘得少，純因陣痛的強弱而定；其後一生中，有人知得多，有人知得少，

原因完全由回憶的勤惰來裁決。學習不能無中生有，因此不是「發明」(invention)，而是「發現」(discovery)；也不能「創見」(creation)，而只能「重見」(revision)。這種理論可以使我們了解，拉丁字 "educere"，語意是「引出」，其後即是英文及法文的 "education"，以及德文的 "erziehung"，這些字都以 "e" 開頭，帶有「引出」(elicit) 意，由內往外引出。

對話之中加強分析、推理、批判、反駁、比較、且評價，這又名之為「辯證法」(dialectics)，那是**邏輯** (logic) 一科的早期名稱。由內往外的對話或辯證，若缺乏具體及個別的事實認知及語文表達的能力，則顯然有所不足。流行於十九世紀的裴斯塔洛齊教學法點出此種要旨，法國教育學者孔派亞 (Gabriel Compayré) 也有類似發現，指出蘇格拉底及柏拉圖的教學法，僅適用於數學（包括幾何）等說理性的學科，至於敘述性學科如歷史、地理、自然科學、及語文學科，則由內往外的教學法，就大受限制。由內往外，注重「引出」，因之「思辯」成份佔了全部。「書」這個字怎麼唸，是什麼意思（語文），醮溪在何處（地理），二二八事變的起因何在（歷史），為什麼會下雨（自然科學），這些科目的教學，學童原本腦袋空空（洛克的學習理論），則再怎麼費力的引出，仍然是一無所有。就是 I.Q. 200，也「想」不出來答案。希臘時代的學者並非沒有看出對話法或辯證法的瑕疵，辯者就指出經驗事實及感官印象的重要性。但蘇格拉底及柏拉圖又認為，尋求經驗事實及感官印象，是不重要的教育活動，因為個別性及獨特性的知識，是膚面的、變動的、一知半解的；為學認知不應停止在該種層次，只有透過對話法或辯證法，才能使學童的思想上臻一致性及一貫性的境界，該境界就涵蓋了歧異性、多樣性、個別性、或獨特性。前者是「共相」(universal)，後者是「殊相」(particular)；從「共相」推到「殊相」，這種思想方法，就是「演繹法」(deductive)。柏拉圖的學生亞里士多德在《工具》(*Organon*) 一書中，也以「三段論」(syllogism)來具體的說明演繹邏輯的運用，奠定了思想方法及教學方法的邏輯基礎。

凡人必死	All men are mortal
蘇格拉底是人	Socrates is a man
蘇格拉底必死	Socrates is mortal

「凡人必死」是一種普遍事實（共相），「蘇格拉底」是一個個體（殊相），所以蘇格拉底必死。共相如真，則殊相必真。

第三節　羅馬教師的修辭教學法

羅馬人並非教學法的改革家，在模仿希臘人的措施中，並沒有學到希臘人在教學法上最有創造力的一面，即師生對話及辯證法。事實上，羅馬人的教學法從不出模仿的範圍，他們在往前進的文明過程中反而步調朝後。模仿與記憶這種原始文化的特質，長期存在於羅馬教育中。

像猶太人一般，羅馬的小孩必須記憶羅馬民族所訂的十二銅表法，也像希臘人一樣，以高貴的成人榜樣作為學童模仿的對象。而步向成人的途徑，並非請來「**教僕**」（Pedagague，身份是奴隸，雅典的措施）來監視，卻由父親來引導。羅馬小孩陪伴父親在公共集合地、軍營、以及運動場上活動，從中學習堅毅、謹慎、熱忱、誠實、及虔誠等品德，不僅模仿傳統歷史上的英雄人物，更直接從隨侍父親及父執輩的友伴中學習一切。羅馬最偉大的教師**坤體良 (Quintilian, 35–100)** 說，格言的學習既久且難，榜樣的模仿則容易多多，又馬上看出效果，這句話幾乎已成諺語。

其後，在羅馬人擴張他們的政治勢力及於希臘，而希臘也以文化臣服羅馬作為回敬時，希臘的教學材料及教學方法乃漸漸滲入羅馬教育中，羅馬小孩開始學希臘語及希臘文學，知識教育的比重加多，而非以往的德育掛帥了（傳統社會的教育都如此）；羅馬人以雄辯為教育宗旨，因之學童自小就得花多點時間在文法、修辭、及演說的訓練上。

首先我們學基本音，即字母；然後學文字的形狀及字義；其次學習音節及其變化。熟悉這些之後，就學習詞類，如名詞、動詞、連接詞；及這些詞的音量，長音或短音，急重音及緩重音，詞的性、格、數、語態、字尾變化等千百種與此有關的材料。在我們盡知這些之後，也直到此時為止，我們才開始寫及讀。

希臘文字及拉丁文字的學習，羅馬人還發明一種誘因，製作餅乾或動物字母，寫對的可以吃餅乾或償以該動物字母當獎品；至於 3R's 中的「**算**」，羅馬人還精巧的使用算盤。他如文學作品的研讀，則教師或大人須精挑細選，

然後從許可的作品中予以分析及討論。程序有六：⑴教師先朗讀一遍，特別注重發音、標點、及修辭上的表達；⑵將比喻性的詩詞作一番解釋；⑶推演類比，包括歷史上的及神話上的；⑷評論作者的選詞用字並解釋冷僻字詞的字源學；⑸注意作者使用的文法格式；⑹將選文作文學上的評論。如此則可保證語文表達的清晰有力，且說話有藝術的教學成效，那也是「雄辯家」的具體條件。

　　羅馬雄辯教育家坤體良作有《辯學通論》(*Institutes of Oratory*) 一書，是教育史上第一部直接涉及教學法的著作。重點放在記憶與模仿而非獨立判斷能力的培育。他認為孩童期是記憶力及模仿性最強烈的時光，應該善加利用。其他的教學活動，都作為增進這兩種能力而來。為了刺激學童向學，他並不反對訴諸學童的雄心壯志甚至是嫉妒心的方式，鼓勵學童彼此之間的競爭，雖然他也知道競爭過程中會產生弊端。這種方法，其後的兒童教育家**蒙特梭利** (Maria Montessori, 1870–1952) 最為反對。為了不使學童對學習感到厭惡，坤體良儘量以褒代貶，使用讚美語句。他主張玩樂及遊戲，羅馬字 "*Ludus*" 是「**學校**」的意思，字意是「**玩耍**」(play)，如此才不會枯燥乏味。至於在學習當中，偶爾來個假日，則也不無學習效益。

　　至於訴諸鞭打來驅使學童向學，坤體良並不贊同，雖然在他的時代裡，體罰是家常便飯。「從棍子中縮回雙手」，乃是「**放學**」的指示。他反對體罰的理由如下：⑴體罰只能施用於奴隸身上；⑵體罰的次數多，學童就習慣了，效果不佳；⑶既已體罰成習慣，則長大後失效，無助於糾正功能；⑷以大欺小，是一種可恥的行徑。這種說法除了第一點之外，都無可爭議。可惜要讓體罰在教學法當中絕跡，時日還不到，即令在二十一世紀的今天，全球各地包括臺灣，教師喜愛此道者仍比比皆是！

　　作為一名有經驗的教師，坤體良當然體認出兒童的個別差異性，並能對不同學生使用不同的教學法。其實這也不算什麼大不了的成就。猶太教師早就根據學生的記憶力而把學童分成四種：海綿式的儘量汲取，漏斗式的慢慢滴入，篩子式的有所選擇，及簸穀式的汰除殘渣。不過教育史卻無記載猶太教師曾據之發展出不同的教學法，坤體良倒依據學習速度來分類。他看出有些學童穩定而持續的學習，有些學童的注意集中力相當快速且劇烈；如同其

他教師一般，學習遲鈍者，教師是常感不耐的；但自作聰明者也會引來教師的疑忌。有些學童需要驅策力，不推不動；有些學童則操之過急，應稍加收斂，否則欲速則不達。有些學童因恐懼而學習，害怕挨打；有些則因恐懼而癱瘓，因人而異。總之，他比較贊同以激勵學童的向上心來陶冶學童的學習力，並以譴責來勒住衝動又急燥的學童。掌握住學童心理，就可以活用教學方法，這是成功教師的竅門。

第四節　傳教法

基督教現已是全球最大勢力的宗教，信徒數量最多；除了基督教有極其深厚的神學理論基礎之外，信徒傳教法之優越性，以及以宣教為一生志業這種使命感，是其他宗教無法望其項背的。創教主耶穌，本身就是一位偉大的教師，《聖經》裡有許多格言都這麼說：「主耶穌教導我們，說……。」並且，環繞在他四周的隨從者都因他的宣揚教義而與他建立師生關係，信眾都是他的「門徒」(disciples)，拉丁字的 "*discipulus*" 的語意就是「學生」。

傳教之所以成效卓著，傳教者本身的至高權威性，當然是最大的因素；耶穌是上帝在地球上的代言人，不只是門徒眼中的至聖先師，且是神的化身。他的一言一行最受尊重，這種人格的最高、最後、最上性，也是另類的教學法；同樣的話出諸於凡人口中並沒什麼份量，但從耶穌嘴巴道出，就是絕對真理；信徒百分之百服膺，不敢與之「對話」，更不用說質疑問難了。這種氣氛就與凡俗界的教學大師蘇格拉底大異其趣！雖然二人皆以身殉道，不過此種悲壯的結局，更加強了後人對他們的頂禮膜拜！

耶穌教學雖帶不可抗拒的權威性，但他卻用直喻及寓言來教學，取材於信徒所早已熟悉的個人經驗中，但又富於人生哲理的闡釋。教學既切題，表達又動人，門徒印象深刻，大概只有冥頑不靈或笨瓜蠢蛋才無法領會耶穌的教學意旨。他還鼓勵門徒發問，但預先早已知悉他們問題的所在；熱愛學童也是他教學成功的原因。「讓受苦的孩子到我身邊，讓他們不受禁止的進入上帝的天國。」他扮演牧羊人的角色，讓羊群都能肥飽的度過一生。

早期信徒或傳教士的宣教對象是下層無知的群眾，教學法採傳統的講述及勸戒，以及教義的背誦與記憶，內容是極為獨斷的，信仰比理性推論還重

要，正統性的建立最為重要，為了信仰的一致，〈教義問答書〉('Catechism') 即
採用一問一答的方式，但卻與蘇格拉底的對話法相差甚大。前者是簡答的一
問一答，偏於事實或信仰上的認知，如「耶穌如何死亡」(問)，「被釘上十字
架」(答)；「耶穌媽媽是誰」(問)，「聖母瑪麗亞」(答)。後者的問與答中的
答，有時也是簡單的「是」或「否」，但有時的問及答，都是長篇大論，且《對
話錄》的結語常是開放的，換句話說，就是無固定答案，或是存疑。

　　稍後的傳教對象，包括有受過中上教育的信徒或學者。文字的學習、文
法規則的背誦、及文章修辭的寫作，變成教育的全部，此種教育現象，看在
教會負責人及神學家眼裡，就憂心忡忡了。該種教育非但與信仰無涉，且有
害於信仰的堅定。無知者更能進入天堂，「**知識無用論**」的「**反智**」(anti-intel-
lectualism)，是早期《聖經》解釋最權威的**聖奧古斯汀** (St. Augustine, 354–430)
為時人所熟知的警語。信徒最重要的是品德而非知識，即令知識教學也應注
重從做中學，文法教學不應太依賴文法規則，而是在與說話正確的人當中直
接模仿與學習，修辭與雄辯亦然。此外，學習不應勉強，也不需強迫，在威
逼之下學習，效果會大打折扣。「沒有人在違反自由意志的情況下可以學習得
好，雖然表面上似乎學習得好。」鼓勵學生問問題，是解決學習動機問題的方
法。這位早年有叛逆記錄的大神學家希望學生有顆質疑好問的心，曾經嘲弄
式的說：「誰有那麼傻，把孩子送到學校，就單只為了學習老師的看法而已呢？」
但是他的求學經驗卻極為不堪，記憶與體罰，是他對學校留存下來的印象。
年屆七十時，有人問他是選擇返老還童還是等待死亡，他毫不猶豫的說選擇
後者，因為童年生活不堪回首！

　　中世紀的所謂黑暗時代，教學法沒什麼長進，不過流行於那段時間中的
武士教育及藝徒教育，都注重教育與實際生活的合一，非常實際。幼年的侍
徒 (page) 及**藝徒** (apprentice)，都在碉堡內服侍封主 (**武士教育**)、或注重生活
禮儀、灑掃庭院 (**藝徒教育**)。侍從隨後在封主 (本身就是武士) 及女主人的
照顧下，學習騎術、武器之運用、武術規則、及溫文儀態；僧侶在長老殷勤
指導之下，學習宗教禮儀，耕種或抄寫古籍等技術 (**寺院教育**)；而各種手藝
之熟練，也在師傅親傳的操作，共同參與或獨自製作產品的過程中，慢慢體
會個中奧妙。

教父哲學 (Scholasticism) 興起之時，中世紀**大學**也就出現在西洋世界裡；這個時候，正是天主教會忙於將亞里士多德的哲學吸入於基督教義的時代，希臘哲學與基督教觀點，二者融合為一。此種努力，貢獻最卓著的是巴黎大學的靈魂人物**亞培拉** (Peter Abelard, 1079-1142) 教士，他與朋輩相異之點，即不採傳統獨斷的教育方式，而將許多嚴肅的論題用公開討論的方式來進行，因之吸引了許多學生。巴黎大學之名震寰宇，與他的叫座教學，息息相關。名著《**是及否**》(*Sic et Non*) 中，列舉出許多問題，但不提出正確答案，而是系統的搬出過去偉大學者甚至聖徒對該問題所回答的答案，有的是「是」，有的則是「否」。由於他的違反傳統，導致正統人士對他深惡痛絕，他的一生也以悲劇告終。

教父哲學中最著名也是天主教闡釋《聖經》最崇高的權威**聖多瑪斯** (St. Thomas Aquinas, 1225-1274)，教學態度就與亞培拉大異其趣。他斬釘截鐵地告訴學生，是就為是，否就為否，沒有「是或否」這種曖昧地帶。心儀亞里士多德，也採用亞里士多德的「**三段論式**」，任何問題，皆可因此得到「**必然**」的推論結果。「**是**」的答案必然得到三段論式的有效肯定，「**否**」的答案則予以不疑的駁斥，不會讓信徒莫可適從。此種方法，使他為學生挖掘一道濠溝之後，馬上又把它填滿，以便學生能夠順利的由此岸通往彼岸。但三段論式的熟用與正用，則需先弄清楚「**大前提**」(major premise)、「**小前提**」(minor premise)、「**結論**」(conclusion)、「**大詞**」(major term)、「**小詞**」(minor term)、「**中詞**」(middle term)、及「**周全性**」(distribution) 等性質；文詞的解析，是這位聖者認為教學最不可或缺的先決條件；他甚至認為文字符號本身的價值，勝過文字符號所代表的實物。在信徒之前呈現一個具體又感官可察覺的實物，只不過是使他了解該實物所屬的類中的某一種特殊屬性而已，此種特殊屬性就是「**殊相**」，是有限的。文字符號卻不然，沒有此種限制，它可以符號化該實物所屬類的全部屬性；換句話說，文字符號比較能接近概括化的「**共相**」，因之比具體或感官所可觸及的實物，更能提供信徒廣闊的知識範圍。

中世紀大學的教授，清一色都是虔敬的教徒，尤其是神學大學的教授。為了使信徒（學生）能夠獲得堅定不疑的信仰，在三段論式的推論上，還強調「**爭辯**」(disputation)，即「據理力爭」，將學生分成兩半，善用雄辯術，雙

方相互爭辯。論點一出來，一方即為它辯護，以抵禦對方的攻擊；另一方即反駁。此種型式及傳統，一直延用至今。目前學位論文的口試，英文叫做 "defence"，即抵擋口試者的任何批駁；攻擊與抵禦的成功與失敗，端賴當事人對爭辯知識的熟悉程度以及運用三段論式規則的敏捷度而定。最核心的爭辯主題，莫過於證明上帝的存在。他們發展出多種本體式的論證或定義式的論證，讓不信神者啞口無言。

三段論式是一種爭辯「架構」，為了充實架構的實質內容，中世紀的大學教授，採用「照本宣科」的「讀課」(Lecture) 方式，來充實學生或信徒的知識。加上聖多瑪斯的注重文字及符號功能，因之「讀課」的教學法大行其道。在書籍太神聖又太缺乏的時代裡，誰擁有教本，誰就有機會當教師，尤其在注重背誦及記憶的時代裡。第一本印刷而成的書還得等待數世紀之後才出現。「讀課」法停留的時間很長，即令在二十世紀的臺灣，筆者於 1960 年就學於臺灣師範大學教育系時，仍有老教授一字不差的按教本文字宣讀給學生抄寫。中世紀歐洲寺院教士傳抄下來的典籍或經文，是教學上恭之為無上至寶的材料；拉丁字 "legers" 之過去分詞 "lectus"（英文的 "lecture"），就是教書的意思。讀課或講學，充其量只不過是教師唸，學生抄的聽寫而已。聽寫也需不斷的重複；其後教本較多時，此種聽寫變成說明或「評論」(commentation) 或「摘要」(Summa)，由教師整理出重點並予以講評。

在教學法裡，書本的地位如何，是一項教育史上爭論的老話題。希臘大哲學家對於教本之侵犯口語教學領域，感到不滿，因為學童的記憶力將從此大減。修辭學者艾蘇格拉底 (Isocrates, 436–338 B.C.) 認為在效力上，書本低於口語讀課，因為口語教學可以用音調、表情、強弱、快慢、手勢、儀態等來闡釋作者的概念，書本是死硬又冷冰冰的文字符號，缺乏這些力量。柏拉圖批評書本的地方更多，他攻擊書本使得學童記憶力大為減弱，且課本無彈性，不能如同教師一般的查出學生不明白之處而作更詳細的說明，且無法適應個別差異此種事實。他說，教學像種田，不同的土壤需要不同的穀子。為了彌補書本在這方面的缺陷，教師就得以口頭教學來適應不同類型學生的需要。中世紀的大學，除了讀課之外，還有辯論練習，以補這方面的不足。

不過課本的好處多多。但書價太昂貴，且得來不易，因之在中世紀大學

裡，書本廣受敬重。有了書本，觀念的統一性及權威性就容易建立起來。在權威及統一當道的時代裡，這是順理成章之事，有些書本還可以說擁有了經典的威勢；比如說，哲學上的亞里士多德著作，法學上的**查士丁尼法典** (Justinian Code)，醫學上**希波克拉底** (Hippocrates, 527–414 B.C.) 及**格倫** (Galen, 200–130 B.C.) 的書，更不用說神學上正統《**拉丁聖經**》(*Vulgate*) 了。如能有一卷在手，那信徒就得畢恭畢敬供奉在最安全也最神聖的所在。讀課（師）及抄寫（生）時要莊嚴肅穆，正襟危坐，摒息靜氣，心中不可有雜念，全神貫注，絕不可旁鶩。因之讀課時的氣氛，也是學校教育的一景，除了知識教學之外，更具道德及信仰意味。

　　印刷術發明之後，書本的教育價值已無可置疑的建立了起來。書量大，價格較不高昂，且教學也不必再侷限於教師與學生之間的私人傳達，文教的普及更為遼闊，傳授知識之範圍及速度，乃大幅度的擴充與增加。並且思想之控制，在以手抄書的時代裡比較容易，現在則大感困難，加上印刷的書比手抄或讀課時立即寫下的資料，正確性大得多。現代文明之有驚人多樣性及教育之普遍性，大部分係印刷術之發明而來，此種說詞也不為過。但隨著 E 世代（電子傳遞）的來臨，書本的價值卻中挫。不過親眼目睹莎士比亞的手稿、培根的日記、洛克的原稿手跡這種心靈上的感受，或如親聆柏拉圖的講學、蘇格拉底的對話、亞里士多德的逍遙聊天此種教學情調，必然非靜坐書桌、翻閱經過排版、字跡端正又機械式的先賢著作可以比擬。家中如能珍藏稀世聖賢手書，不但價值連城，更是愛書人的一大至寶！

第五節　人文學者的教學法

　　讀課及爭辯，乃是教導成年學生在中世紀大學裡攻讀神學、法學、及醫學等專業性學科的教學法。這三種中世紀大學所集中注意的學科，都得奠基於文學教育上，如文法規則的活用，文字修辭的出神入化，這在文藝復興時期的人文教育學者心目中，重要性是不容忽視的；既作為專業學科的基礎，則人文學者的教育對象，年齡較輕；學校成員既變，教學法也跟著更改。拉丁文字及文學，希臘文字及文學，甚至為了宗教信仰的研究起見，希伯來文字及文學，對這三種古典文字及文學之熟悉，就是人文學者的教學資料，教

學法遂從邏輯的三段論式、爭辯、及讀課，轉到文法及修辭上，記憶及模仿法又再度復活，重上教學舞臺。古文的教學法，可以用三個拉丁字來表示，一是**格言** (*Praecepta*)，二是**範例** (*exemptla*)，三是**模仿** (*imitatio*)。最足以代表人文學者日漸失質時的教學狀況，莫過於自限於一位羅馬時代最典型的古典作家**西塞洛** (Cicero, 106–43 B.C.) 之作品裡，師生皆取之為作文的楷模，且都變成了西塞洛的猴子，還自鳴得意，猶如中國書法家之以某人文體自況，洋洋得意，還不以為恥。

文藝復興的最佳精神，乃在於享受多彩多姿的美藝生活，因之彈性、變化、不走成規、不落俗套，乃是最佳的時代註解。教學法要推陳出新、引人入勝，最能代表此種作風的，當屬荷蘭學者也是文藝復興時代的大文豪**伊拉斯莫** (Desiderius Erasmus, 1466–1536)。在《文雅教育的開端》(*De Pueris Instituendis*) 一書中，開頭就很謹慎的注意到教學對孩子的「**先天能力**」及「**自然傾向**」之影響限度；體認出每一個學童並不在各個發展方向上都具備才幹。事實告訴我們，少數最特殊的天才學童，也只不過能發展三四個方向而已。這種看法也告訴教師及家長，教學法是有效力上的限度的。教師教學技巧再如何神龍活現，總不能把低能變成天才。當然，把天才教成笨瓜，那是教師的罪大惡極！「深入淺出」，入學時資質深，畢業時變淺了，則就是「毀」人不倦的禍首了。

人文學者既重古文，伊拉斯莫對古文之教學法有他獨到之處，他極熟悉古代名師的系統教學法。在《學習程序》(*De Rativne Studii*) 一書中，他師法坤體良的教學法建議，要求教師先以欣賞作者之作品開始教學，介紹作者生平事跡，評價作者文采及作品之風格或特色，然後探討作者在作品裡的觀點。不是光背文章而已，尤其要注意作者之遣詞用字，隱喻及諷喻，並指出作者風格之獨特性及優雅性；另外，伊拉斯莫還希望教師要將教材作道德評估。可見要當個文學教師，條件是極為嚴苛的；在活用教學法之先，還得深入文學精髓。有面有實，教學才可望成功。

當教材意義深邃奧秘而在解釋說明遭遇困難時，伊拉斯莫有如下的指示：首先不可太匆忙，按部就班的學習才能駕輕就熟；第二，可以不予理會或至少可以延後來解決的問題時，現時就不必去面對它；第三，

當遇到的困難必須面對時，則用漸進的方式，並且盡量使學生對它
發生興趣。

純粹為了要難倒學生而使學生感到難以解決，此種作法既一無是處，心態也
可議。有些老師故意的出連老師都難以解出的考題來整學生，這種老師已無
為人師表的資格。此外他更有具體又可行的建議：

教師不要忘了一種練習，即要學生重新說出在課堂內所講述過的教
材。……一字不差的將教材予以重述，當然是不必要的，倒要學生
用自己的話說出已聽過的教材。我個人不贊成學生把教師的讀課材
料都筆記下來，如此才可以在其後的日子裡，免於依賴這種靠筆記
所提供的外來幫助而形成的記憶。

三個簡單的字眼用來指導記憶練習，「了解、排列、重述」。他對讀課的課本
內容之是否字字珠璣，已有存疑。

　　文藝復興也是個人主義勢力高漲之時，迷於機械的記憶並奴性的模仿古
希臘及羅馬作家文學風格，就與獨立性及個人性格格不入。伊拉斯莫還嘲笑
沉戀於形式思辯的教父「**哲學家**」(philosopher) 為「**蠢學家**」(foolosopher)；
法蘭西的**孟登** (Michel de Montaigne, 1533–1592) 更進一步的駁斥當時文字符
號的教學，簡直如同將知識灌注在漏斗一般，漏斗的窄邊就放在學童的耳朵
裡。孟登在《**兒童的教育**》(*The Education of Children*) 一書中，勸勉教師不
應太堅持要求學童重述教材，相反的，他倒建議教材應具實際應用性：

允許學童自己去品嚐、辨別、與選擇；有時候為他開啟前進的路，
有時則讓學童自己去挖掘；那就是說，教師不要獨自在創作、獨言
獨語，卻也應回頭來聽聽學童如何說……。使學童把所學的用千百
種方式予以表現出來，並且還能適用於多種學科的學習上，看看是
否學童已能領會，是否已把教材據為己有。

比如說，為了要讓學童在自己的體會中學習，孟登建議「在學童附近如果有
個奇特或稀有之事，那麼就讓學童去看看，如一幢雄偉的建築，一座莊嚴的
高山，一位傑出的人，或一處古代爭戰的地方。」這就是鄉土教材，如此的教
法，必然引發學童無比的興趣。好的開始，就是成功的一半。

　　英國女王伊利莎白 (Elizabeth) 的宮廷御師也是劍橋大學名人文學者**阿斯**

堪 (Roger Ascham, 1515–1568) 一針見血的指出人文學者對讀書的重要價值，他聲稱：「一年的學習，勝過二十年的經驗；並且由學習所得的知識，較為安全；由經驗所得的知識，則較為貧瘠，也不能使人增進智慧。」文字作品或精選的教科書，代表人類的智慧結晶；古文之學習絕對不可少，學習古文的方法，就是採用羅馬教育家的「**雙重翻譯**」(double translation)，將希臘語文譯成拉丁語文，又將拉丁語文回譯成希臘語文；在英國，就是將拉丁語文譯為英語及英文，然後又將英語及英文回譯為拉丁語文。這是「**雙語教學**」(bilingual instruction) 的最佳途徑。

至於令學童望之卻步的文法規則之教學，伊拉斯莫採用非正式的直接教學，即在學童盡情的與友伴玩樂及工作時，隨機教學。語文是一種習慣，在自然環境中經常練習，自然就學得呱呱叫的語言，沒什麼痛苦可言。並且也利用社會情境，即同儕的好勝心來激勵鬥志；「輸人不輸陣，輸陣歹看面」，維持高度的求學壓力與緊張，這是集中注意聚精會神的良方。

第六節　耶穌社的講解法

耶穌社 (Jesuits, Society of Jesus) 是羅馬天主教會對抗新教最重要的教會組織，也是興辦學校教育最力的單位。造成耶穌社學校的教學享有盛名的原因，乃因為教學法集合了古今優良教學法的大成，其中最值得一提的就是「**講解法**」(prelection)。

一、講解法的意義及步驟

從字源學上來看，「**講解**」源於「**讀課**」，但講解絕不是只令學童原封不動的背課文而已，教師必須先行預習，對作品充份的領會，還得準備相關資料供學童自修之用。依耶穌社教學指南的《**教學大全**》(*Ratio Studiorum*) 一書的提示，講解法有一定的步驟：⑴教師首先不作任何解釋的把選給學童閱讀的作品向學生閱讀一番。⑵重讀一遍並加解釋，注意學童是否已了解。⑶分析教材，說明每一段落之間的關係；討論每一段落的恰當性；此外更強調修辭。⑷在同一作者或不同作者的作品中，摘出與本選文相似的文字格式或辯論章句；教師還藉機將研讀的教材作一番歷史上及神話上的評註。⑸以全文

的評價或摘要為總結。

可見耶穌社的教師必須相當有學問，學科專業知識豐富，上課前還得充份準備教材。《教學大全》說：「假如教師並不憑一時衝動或沒有就緒即上臺的話，那就是說他在家裡已作徹底的準備並仔細閱讀，則講解法給學童的幫助真大。」即令批評耶穌社最嚴厲的啟蒙運動大師**伏爾泰** (Francois Marie Arouet de Voltaire, 1694–1778)，也承認當他接受耶穌社教育時，就聆聽過良好的講解，受益良多。只要教育還停留在以培育學童品嚐讀寫古代語文時，則此法是

圖 7–1　伏爾泰 (Francois Marie Arouet de Voltaire, 1694–1778)

教學法中的佼佼者。美中不足的是耶穌社不准用該法來教導現代作家的作品，並且講解法在教導語文之外的學科上，也力有未逮。自然科學、音樂、美術、勞作、或社會科學的教學法，就應該另闢蹊徑，別求良途了。

教師在講解法上須花不少心血，相同的，學童在課後之勤加學習所花費的時間與精力，也不少於教師。在大部分的情況下，學童在講解法中的學習方法，就是記憶；即令不是文字記憶，至少也是內容的記憶。有些學習只不過是機械的背誦，但並非全部學習皆如此。因為《教學大全》並不允許學童在講解中一字不漏的筆記下來，倒相當鼓勵學童不必要「全都錄」。教師並不硬性規定學童像錄音機式的全部錄下來，但卻應培養一種判斷力，知道什麼部分是重要的，非筆記下來不可。

二、複習與考試

講解法還要求學童對舊教材的一再複習，每天、每週、每月都複習乙次；年末則有一次考試，以測驗學童一年來的所學，衡量學童雙重語文翻譯的能力，並考查所學習的各種規則之熟悉度，還得交一篇自創的作文。

考查學童時先檢視學童的記錄資料，考試過後，在考官對學童印象還相當熟悉之時，就聚在一起來安置學童的班級升降。《教學大全》有如下的記載：

假如學童明顯的表現出不適宜升級就讀，則杜絕他的升班之門。設若學童才能甚差，但因年齡的關係留在原班升了年級；若無其他例

外原因而經教師證實為不勤勉的學童，則降一級就讀，但名字不在
該班級名單內。無知者及不能升級者，並且在自己班上也不能有所
獲益者，則與校長商討，這種學童無處安插，只好通知家長或監護
人要好好的注意這種後果。

「平庸學童」(mediocrity) 的定義是介乎升級與留級之間，「能夠聽懂也了
解學習材料且也略略地(不太令人滿意地)提出心得報告」，但卻「進步不大」。

三、辯 論

在複習功課時，學童要注意與講解觀念相左的任何想法。假定這些相左
的想法，造成學童本身的困擾時，則交給教師，或留到辯論課時來研討。辯
論課的主要題材，是哲學及神學性質的。《教學大全》所提的辯論課教法，即
令在今日也有參考價值：

教師形同加入雙方的陣營一般，讚美優良的意見，並要全部學童對
它加以注意；假如有學童提出不尋常的及困難的反對意見，則教師
就提示給防衛者某些支持，或指導反對者；教師並不沉默太久，但
也不整節嘮叨，而是儘量讓學童知無不言；他……不允許反對派的
學童所提的反對論點離題太遠，使得不能立即得到實際的答案；也
不准站不住腳的及有漏洞的答案存在；辯論過後，教師得簡短的作
總結，並評價整個的辯論問題。

辯論一定有正反雙方，彼此的爭勝，乃是耶穌社在各種教學層次中，藉
之以作為激勵學童向學的主要設計。此種技倆並不新穎，羅馬教育家坤體良
早就提過。耶穌社使用的競爭，是將學童分成能力相埒的兩組，兩半的學童
都聚精會神的挑出對方在背誦、論點、或觀念上的錯誤或瑕疵；且每名學童
也自找另一學童作為競爭的對手，各自尋對方的毛病。被老師評定成績在對
方之上，猶如武士打敗對手（擊落馬下）一般的具有勝利及光榮感。

四、能力分班

講解材料，無法全部學童一體適用，不同能力及不同學習背景的學童，
就應分開教學。程度不一，短長互見；如能依能力的優劣來分班，則教學效

果就會顯著，競爭也比較激烈。耶穌社的能力分班，在教育史上是創舉。其次，耶穌社還採用同一名教師跟隨同一班教學的辦法，教師與學童相處較久，認識較深，學童的底細，教師知之甚詳。此外，耶穌社除了以辯論來輔助講解之外，還很巧妙的佐以戲劇演出。學童不只拿羅馬及希臘的戲劇作品來研讀，或把文學作品改寫成舞臺劇本，然後個個粉墨登場，扮演作品中的角色，背誦對話臺詞。最後，耶穌社更體認出光學習而不遊玩，則學童會既笨且土，此種認知，在當時也是無人能及。因之耶穌社的學校規定，每天都有休閒娛樂時間。

五、體罰問題

由於提供這麼多種變化的教學法，教師又熱心教學，因之講解起來引人入勝，耶穌社學校也得到一個好結果，即訓導問題比同時期的學校少。辦校以溫和為主，「不必急於行罰，也不必太予譴責」，這是《教學大全》的訓示。非懲戒不可時，也命令教師不要把犯過的行為與犯過的學童名字相連。罰以該名學童額外的功課，此種方式遠比給予學童吃皮鞭來得佳。

班級有班長，負責管理班上學童的行為，並向教師報告，但他不可體罰違規學童。耶穌社學校的體罰，另有一套設計，即有特定人士專管這件棘手的訓育問題：

> 對於不勤勉於功課或不遵守道德規範的學童，並且單用好言相勸也
> 無效時，則任命一位不屬於耶穌社的人作為「懲治者」(corrector)。
> 這名懲治者是令學童懼怕的，在學童需要被體罰時，及該接受何種
> 體罰時，則由他來行罰。當懲治者的言語及其職責對他不發生效用，
> 改變他的行為也毫無希望，又是其他學童的絆腳石時，則請他退學，
> 不要再讓這種學童留在校內，因他在校內對自己既無利且累及無辜。

不過這種特殊例外狀況，要留給校長去判斷，尤其在開除之後仍不足以救治他的敗壞行為時為然。即使在此時，校長仍得特別注意到，自己的裁決必秉持著博愛濟眾及慈悲為懷的心腸。連學校都管不了這種學童，試問離開學校之後，又有哪種機構可以「**教育**」他啊！

六、評　論

雖然一般人都承認耶穌社教學法之功效卓著，但當時也有採用不同教學態度及教學法與之抗衡者，主要的反對人士之靈魂人物是天主教徒**詹森** (Cornelis Jansen, 1585–1638)；在宗教信仰上與耶穌社相背，導致教學法也持異議。詹森等人創辦的學校，名之為「**小學校**」(Little School)，乃由於他們要另別苗頭，不滿耶穌社妄圖爭取高等教育及組織規模龐大的虛矯作風。同理，對於耶穌社之以找匹敵對手作為刺激學習動機的方法，也抨擊得不遺餘力。他們認為，找競爭敵手的學習法容易造成偽裝，並且最後會養成驕傲性格，若造成同學的不合而心生怨恨，那已經是「**反**」教育的勾當了，那有資格辦學校啊！學習的根本之道，要發自內心，自己與自己比，不要與別人比；「人比人，氣死人」。此外，詹森的「**小學校**」具有現代化精神，學習材料不限定在古典語文上，且兼及母語教學，耶穌社是不屑於此的。

兩種教派同屬舊教的天主教，都譴責學童人性上的墮落而造成學童教育上的體罰問題，但小學校更比耶穌社學校注重以神恩來克服此種缺陷；為了要使學童品行善良端正，教師就得戰戰兢兢的無時無刻來監視學生，繼續不斷的日夜關照學童言行，每一班的學童數不超過六名，的確是「**小班小校**」，用意在此。教師是學童的長年友伴，即令晚上睡覺時也同床共眠，對於問題學生，教師更要忍耐，並作更多的禱告。如同聖奧古斯汀的母親一般，總有一天，浪子也會回頭，感受神恩，達到悔過向上的目的。

其次，耶穌社的教學法中出現有戲劇表演一事，在英國的**清教徒** (puritans)是大不以為然的。他們要求嚴肅心境的清淨作風，當然反對學童當男伶或女伶；不過，如放眼當前世界各地的學校教學結果，學童之中出現在電視臺及表演場中者，比比皆是，此種景觀，也令人覺得耶穌社有先見之明。

活用教學法，並以同情態度來對待學童，在十七世紀末，更由法蘭西的一位修道院院長**費內隆** (Francois de La Mothe-Fenelon, 1651–1715) 之《**女子教育**》(*Education of Girls*) 一書中，看出其辦校的精神所在。光看書名，就知悉該著作在教育史上的定位，不僅在男性教育包辦所有教育活動的時代裡，是一本劃時代的作品，且內容也提供傑出的教學法，別出心裁，令耶穌社及

小學校刮目相看。費內隆的教學法，適用於男女學童。基本觀點在於減少形式的教學，不要成天教訓。教學成功的保證，就是善用學童的好奇心及強烈的求知欲。因之他勸告教師不可厭煩於學童提出問題，卻應該抓住學童所問的問題來進行隨機教學，學童一定凝神靜聽。

費內隆意有所指的道出傳統教育的大弊病，在於：

把某一方面都看成是樂，把另一方面都當成是苦；如讀書求學都是苦，玩耍都是樂。果真如此，則運動之後，學童怎能興高采烈的衝入教室呢？學童只不過是不耐煩的在遵守規定罷了。讓我們改變一下這種安排吧！讓我們把學習活動進行得生動有趣，讓我們的心境很自由又快樂，允許學童在學習功課時偶爾發出笑語出來，他們需要以此來清新他們的心靈。

逼迫學童學習的時間不應太長，並且還得以笑臉或合理的解釋來向學童說明學習對他們的用處。比如說，可以準備有個未來的職業，形成正確的判斷力，在人生活動中恰當的運用理性，且習於運用理性。

但費內隆並不放棄使用威嚇法來管制難駕馭的學童。不過，這是在所有方法都使盡但卻無技可施之後，才訴諸此法作為解決的手段，也是不得已的「最後一招」(last resort)：

當孩童第一次衝動越軌時，不要責罵他，對你自己的孩子也是如此。假如你責打你的孩子，則孩子會認為你也是受壞脾氣及怒性而衝動，而非基於理性及情愛的行為，那麼你將失去無可彌補的權威。假如孩子在衝動之初你就加以斥責，則孩子心靈是不會平靜的，也不會承認自己的錯誤，不會平抑自己的情緒，更不會體認出你的忠言價值，更使孩童不尊重你自己。你應該時時表現出你自己就是自己的主人。證明這一點的最好方式，莫過於耐心。……說及孩童缺點的同時，要提解決缺點的方法，因為這對有意遷善改過的人是相當有鼓勵性的。冷嘲熱諷所產生的羞辱及氣餒，應盡力予以避免。

被壞脾氣或情緒所控制，則本身就非主人，而形同奴隸了。

第七節　訓導法規

　　教學不只出現教法問題，也伴以教材問題；但教學層面，除了知識之外，也包含品德。學童接受教學，由於教法及教材出現問題，因之品德陶冶也變成學校亟待處理的重要問題。訓導法規之出現，幾乎與教育同其長久。

　　學校對學童的訓導，一向採取嚴刑峻法；因之學校此一名詞，是惡名昭彰；在校內，知識教學變成次要，品德規範上升為主位；並且「教訓」二者不分，且「訓」也因「教」而引起。上節談到的講解法，連帶滋生出體罰問題，這也是必然的，因為二者的「相關係數」非常高。

一、根本癥結

　　體罰成因極為複雜。體罰或處分，也有必要講究「法」，這在教育上無疑是一大諷刺。文藝復興時代創辦「宮廷學校」(Palace School) 的義大利名人文教育家維多利諾 (Vittorino da Feltre, 1378–1446) 希望教學的所在稱為「快樂之屋」(The House of Pleasure) 或「愉悅窩」(The House of Joy)，他佈置的教室有彩繪的動植物、花卉、飛禽等，教師要溫文有禮，以仁慈之心來善待學童。一改宗教氣氛濃厚的中世紀觀念，甚至教士還依《聖經》的指示，在溫和告誡失敗時，不妨動用棍子。絕大多數的教師都取此作為體罰學童的藉口。即令是大文豪伊拉斯莫駁斥此種聖訓，他也贊成在「使盡了獎懲方法之後」，教師才可以體罰學童。當然他的允許是有條件限制的。假定教師必須動用棍子，「那就讓教師知道，棍子是作為指導或斥責之用的；自由人應該遵守的是，處分應該仁慈而非基於報復。」他向教師發出警告，那些品行不端的學童，乃是「由於教師素來沒有運用良好智慧，使得他們墜入自卑、貧困、無廉恥、及為惡的生活中」所造成。非體罰不可，則「棍子的使用仍然要能使學童不失自尊」。但哪有教師可以到達這種境界啊？教師真難為。有人問他，如果孩子已無可救藥，任何驅策力都失效時怎麼辦，伊拉斯莫即答以將這種孩子趕出去做工。「但是我需要學費呢？」教師說。「那我也愛莫能助，你的職責就是教養孩童，但恐怕獲利才是你職責之根吧！」見錢眼開，唯利是圖，此種「經濟型」的教師，或許數量還不少呢！

英國的教師教起書來，要手執一根 "cane"，"cane" 就是「棍子」；"cane" 的臺語發音就是「打」；孩子不聽話，不讀書，教師就拿起 "cane"，"cane" 在學童頭上。那位身兼英女王宮廷御師的教授阿斯堪與伊拉斯莫相同，都不贊成學童在暴力的威嚇之下被迫學習。阿斯堪希望師生關係相當和諧並自由，學童在課業上一有疑問，求助的對象會是教師，而非同伴友朋，因為後者的知識水平差前者一大截。「問道於盲」，哪算學習啊？此外，對已盡心力但卻仍嚐敗績的學童，不應予以責罵，也不面現不悅，否則對這種學童的打擊極大，且也不公平，他繼續求學的意願將立刻永遠消失。體罰若成風，則因習於體罰，體罰功能將失效。「蠻皮」（臺語）的學童，打了也不痛。既希望學童羞於恥辱及被罰，就不該讓學童「習於」羞辱及被罰中；法蘭西提倡旅行教育的學者孟登說，學童可習於冷熱風雨，但不可習於挨打刑罰。

二、路德的怨嘆

教學本是一項人間最艱鉅的工程，大哲學家**康德** (Immanuel Kant, 1724–1804) 這麼說也頗符合實情。但多數的教師才識不足、學問不豐，對兒童心理及天性又無識見，且對教育真諦也所知不多且不正確，教的又是一大群不具雄心及能力平庸者；體罰最具「**速效**」，但有無「**實效**」，則不在他們的考慮範圍之內；「人無遠慮，必有近樂，卻有遠憂」；教師在長期任教中未有體罰學童經驗者，百中無一。此種惡劣史實，不必贅言。新教掌改革大旗的日耳曼神學教授**路德** (Martin Luther, 1483–1546) 憤憤不平的說，如果路邊有一棟建築物，裡邊傳來批批拍拍的打罵聲及嚎咷痛哭聲，則那棟建築物必是「學校」無疑。教師「只知如何打，如何讓學童受苦。」「學校就是囚房及地獄，教師就是暴君及獄卒。」只要此種災情稍緩，他就謝天謝地：「我們的學校已不再是地牢及煉獄了。以往，學童都無時無刻的受災受難，鞭打、顫抖、哀痛、可憐，學童毫無所學。」

長久以來即令是由「**神愛世人**」的基督教所創辦而普遍林立於西洋社會中的學校，一方面由於「**愛之深，責之切**」的觀念，一方面更奠基於人本犯原罪的宗教信仰，「**愛**」的成份少，「**責**」的比重多。學童在學習或遊玩中所表現的剛愎任性，歸根究底，就是原罪在作祟。惡魔既在人之初的天性底層，

因此許多虔誠的教徒及教師，就認為從學童身上將「惡魔」打走，是必然的過程。事實告訴我們，路德雖然指責惡魔乃是人類災難之源，但在糾正人性的措施上並未採取毫無限制的措施。在評註聖保羅 (St. Paul) 所說的「父親們，不要挑起孩子的怒氣，他們是會氣餒的」這句話時，認為該諭令並非在禁止體罰，而是要求父親們在體罰孩童時，內心要洋溢愛意。「由怒氣指使者，只不過是火上加油而已。」對於孩童因懼怕而生的精神病，路德有一些見解頗具現代觀：

> 一位膽怯、鬱鬱不樂、精神萎靡的孩童，將喪失一切的自信心，並且完全不能履行生活責任。這種孩童在任何行為之時，懼怕就不時的冒了出來。還不止如此呢！在孩童時期，如果懼怕就已攫奪了他的心，則終生將很難驅逐懼怕感。假如孩童對於父母親所說的每句話，都感到顫抖不已，且已變成習慣，則日後就永遠如此，即使對樹葉之沙沙聲亦然。同時也不應讓雇用來照顧孩童的媬姆以惡作劇或啞劇來使孩童懼怕，尤其在夜間。不過家長對於孩童的教育，應該以教導他們合理的懼怕為宗旨；那就是說，怕他們所該怕的，而不是因怕而導致畏縮，或因怕而使孩童終生受到傷害。

就現實面來說，體罰若不可免，則面對體罰的「合法化」，教育史上卻是罄竹難書。1553 年，日耳曼馬德堡 (Magdeburg) 的《學校法》(*School Ordinance of 1553*) 規定，學校對學生的處分，依嚴重性的順序為：警告、申斥、記憶或抄書、戴愚蠢標誌 (*signum ignorantiae*)、鞭打、罰錢、監禁、開除。最有名的愚蠢標誌即戴圓錐形紙帽 (dunce's cap)。"dunce" 這個字代表「愚蠢」，是有歷史典故的。教父哲學家、牛津大學神學教授斯哥德 (Duns Scotus, 1264–1308) 無法趕上人文時潮的來臨而大力抗拒主流意識，是判斷上的落伍者及愚蠢者，他本人及追隨他的人遂被人文學者如此諷刺。

依上述的順序，體罰在八種處罰中位居第五，但由於肉體痛苦，氣氛最僵，造成的教育問題最為嚴重。十七世紀時美洲新大陸的殖民地麻塞諸塞 (Massachusetts) 地方杜徹斯特城 (Dorchester)，還把棍子當作神令，作為指導學童之用。

三、兄弟會

舊教的教會及教育團體，除了比較注重中上階層教育的耶穌社之外，另專心於平民教育的**兄弟會** (Christian Brothers)，也在教育史上留名。尤其值得大書特書的，是這個教會組織，詳細討論訓育問題。創辦者**拉薩爾** (St. Jean Baptiste de la Salle, 1651–1719) 於 1684 年成立兄弟會（小學校於 1661 年毀於耶穌社手中）。**《學校經營法》**(*Conduct of the School*) 在兄弟會學校中的地位，猶如《教學大全》在耶穌社學校的地位一般。

首先，《學校經營法》要求的學校氣氛，一般說來是十分嚴肅的，如同進入教堂一般。不過嚴肅並非指教師的儀態莊重、純樸、或是用語兇暴或猛烈，而是在舉止上極為寂靜、無聲甚至到冷漠的地步。負責教學之責的「兄弟」們接受警告，不得與學童嬉戲，也絕不讓學童親密的接近教師，或雙方混得很熟，生怕因此學生會無大無小，不會心生敬畏之情。維持對教師應有的尊敬與禮貌，是學童學習的第一課。集會時不得玩耍，更不可喧嚷來擾亂鄰居安寧。入校後沉默不出聲是必守的規定，師生都得如此。背誦指導或功課研習，大部分是用手勢來進行。這種學校似乎有點像聾啞學校。違規者，處分有如下五級：第一級，也是最輕微者，叫做**申斥** (reprimand)，但使用機會不多，因為大家都得靜默不出聲。第二級是**懲罰** (penance)，如下跪或學習額外的〈教義問答書〉。第三級是掛上**套圈** (ferrule)，十二吋長有把柄的皮製又狹長的金屬箍，套在逃學者或遲到者身上。第四級是**鞭打** (the rod)，對象是不注意聽課、打架滋事、及拒絕服從者。第五級是最為嚴重者，即**開除** (expulsion from school)。

其次，處分的場所是學校比較不引人注意的地方：

> 當學童正準備接受處分時，教師在內心中也要有所準備，希望在處分學童時要帶有慈善胸懷，一心向神；然後嚴肅又安祥的離開教室。當抵達學童應行處分之場所時，學童早就在那等候，教師先向學童說一些話，要學童謙卑有禮的接受處分，並要下定決心改過。……當教師有迫使學童接受處分的職責時，還得在其後的日子裡使學童了解自己的過錯，並承認自己的過錯。要他反躬自省，並且要有強

力的決心不再犯同樣倔強的過錯。學童受處分後，還得禮貌的在教
室中下跪於教師面前，感謝教師的處分；然後轉頭向十字架對上帝
叩恩，同時宣誓不再犯同樣的過錯。

上述規定中比較值得一提的是，學童受罰後不只不可心生怨恨，還得謝
恩；挨打之後仍需向教師及神敬禮。至於教師，因為每一位皆有處分學童的
權利與義務，兄弟會嚴格要求處分必須公正無私，出發點在於為學童好；經
過慎重考慮後才決定是否應予處分；處分之輕重要與犯過的性質及程度成比
例，但都以溫和為度，「內心極為寧靜，外表極為自制。」以免事後懊悔。最
後，處分能延遲時日進行，則是較佳的設計，以免氣在心頭，下手較重。

但處分尤其體罰對象應予以排除的是不唸書的學童，學童不會因受罰而
對讀書感到興趣；也不可純粹為了殺一儆百結果濫打無辜，也不可體罰後造
成肉體上的傷害。比如說套圈不要套在頭上或身上，而只能套在左手掌上，
空出右手以便寫字。但不知「左利」（左撇子）的學童怎麼辦？或許當時學童
都是「右利」者。並且處分時不可說出侮辱性的字眼；此外，教師應能分辨
頑劣生及膽怯生，無禮生及愚蠢生的區別。而體罰要打在肉多的地方如屁股
或手掌，總比打手背或手指，較易為學童所接受；打頭部是千萬不可的。

隨著時代的進步，1811 年的《學校經營法》中出現如下的規定，也顯示
出體罰雖未能絕跡，但也有替代品了：

為了使我們的教育能迎合當前和善寬容的氣息，我們已禁止或修正
包括體罰在內的種種措施；並且以其他較進步的方式，一方面以優
良標誌、寄予希望、及獎賞，一方面則以劣等記號、剝奪權利、及
增加課業等來代替體罰。

四、洛　克

體罰是教育問題。三令五申嚴禁體罰，禁不勝禁，釜底抽薪之計才是上
策。體罰之根除，只有在教育邁向正常化且教育全面改革之後，才會使體罰
在校園裡絕跡。首先道出此種見地的，是英國哲學大師**洛克** (John Locke,
1632–1704)，他鞭辟入裡地指出為學要下功夫，學有所得並非輕鬆容易；教
育之珍貴處也就在這裡。凡事要打拼，沒有便宜途徑。在他的《**教育論叢**》

(*Some Thoughts Concerning Education*) 一書上，一開頭他就這麼說：「忍受困苦時可以表現體力，心靈力亦然。」教育上的謬誤在於無價的給予學童獎賞，正確的作法是該給獎才能給獎。培育學童運用思考作理性推論，此種能力達成時才該給獎。因此教學過程中，就得設計出難易有度且越來越艱深、枯燥、又乏味的教材，來讓學童循序漸進。學得什麼並不重要，知道如何學習才有價值。「**方法**」一到手，則可以舉一反三，聞一知十。心靈力的訓練上臻此種火候，才是教育真正的成功。師生皆有此種體會，就不會誤用體罰。

　　此種層次的達成，逼迫或威嚇是無效的，根本不起作用。洛克舉例說，強迫學童抽陀螺，則學童會厭惡抽陀螺；連學童本來喜愛的活動，一有外力鞭驅，即生排斥；更不用說不少學童的推理能力本來就拙劣。但量力而為，體察個別差異，因材施教，則體罰或許可以免。此處所言之「力」，包括體力及心力。讓學童有成就感，心緒就佳；此刻的學習成效，當然非厭惡學習時可比。獎比貶，更有教育效果，也合乎學童心理需求，成就感就是學習上最大的滿足。快樂學習，就是如此。而成就的表現，就是推理力的增強。至於品德行為上的訓練，節制是一美德，亞里士多德及柏拉圖早已言之，但自由更是追求的目標。二者不趨極端，勿使節制成忸怩不自在，自由形同放縱，卻應平衡得恰到好處，此種「中道」（金科玉律），就是德育的要旨：

> 能夠找到一種方法來提高學童從容自如的、主動的、及自由的精神，同時又能夠限制他去從事許多令他人焦慮不安的事，在這種似乎矛盾的方向當中予以協調的人，依我的看法來說，已經真正了解了教育的秘密了。

這就是一般所說的「**恩威並重、寬嚴並濟**」的進德修業境界。教學法是如此，教學態度更是如此。

　　在學習當中，教師刻意建造特高的欄要學童去跨，這是沒什麼價值的，學童會遭受挫折感與失敗感，這是教學大忌。此時行罰，真是天理難容。學童是走細步的，因為腳小身矮，不像大人可以邁大步。課程與教材出問題了，怎能責怪或體罰學童啊！錯不在他們。學習的每一步驟應該「都能與已知的經驗取得連繫；雖與前有別，但差異並不太大；是新的、學童以前不知的、能夠促進領悟力的；但一次一點點即可，使得進步既明顯又確實。所有按照

這種方式去進行的教學，都能有成效。」教師太懶，搬出一大堆古文，該打的反而是教師而非學童了。關於語文教學方法上，洛克主張以會話或口語來教古典語文及現代語文；當學童善於說話並流利於言談時，再來精研文法規則。

　　如同費內隆一般，洛克認為教學當中如能啟動學童的好奇心，就是最佳的教法，好奇與好問如同雙胞胎，不只不令教師煩惱，且是一項寶貴的教育資產。教師把奇特的事物擺在學童面前，以激起學童的探究心，然後公開的讚美學童的表現。並且他建議家長及教師經常向學童說理，說學童可以領會的理，則學童就有樣學樣，提早運用理性來思考，並以理來解決問題。學童若無法言之成理，或推理有謬誤，則以羞恥感來予以糾正；無理取鬧，是羞於見人的。不過此時師長應抱著寬容的態度，給學童自我糾正的機會。太過嚴厲，洛克提出警告，孩子會在內心這麼的自言自語：爸爸你什麼時候死去。政治上力主寬容且著有《論寬容》(On Tolerance) 的這位民主政治大師，在懲罰學童上要求態度溫和；但寬容是有限度的，教育上也如此；在無法規避鞭打的狀況下，他例舉倔強及說謊是不可原諒的錯誤，非有皮肉之痛不可，且要斬草除根，即鞭打徹底。比如說，孩子竟然公開的蔑視他的父親，提出誰才是最高的權威這個問題時，則非打耳光不可。在撒謊上，坦白及誠實的道歉才可以倖免體罰。但體罰或處分之後應注意是否孩童已有改善跡象；如果情況反而惡化，洛克指出，師長只好為其孩童祈禱了！

　　只有教育哲學家才會認定，體罰問題的底因全部都是教育問題。訓導規則只是治標，揚湯是無法止沸的！釜底抽薪，才是正道！

第八章　教學法的演進㈡

第七章所敘述的，是十七世紀以前的教學法理論與實際，其中不乏可取之處；但不幸的，每一種優良的教學法理論與實際，卻不能廣為流傳或為多數教師所接受，甚至有時是說的及心裡所想的是一套，但在進行教學時又是另一套。前章引用的不少名言佳句，仍然可以作為各時代預備從事教學者的指導語；但言者諄諄，聽者卻藐藐。一些可以作為座右銘者，如不只要學生記憶教材，還要了解教材；教師要耐心解釋，訓導要溫和等；該座右銘幾世紀以來不知重述了多少遍，但實際教學時仍忘諸腦後。

依據學童的天性，這是教育或教學的至理名言，也是亞里士多德及聖多瑪斯異口同聲說的話。天性有二，一是身，一是心；他倆甚至說，呈現於心靈的，必先呈現於肉體的感官。但此種甚為流行的身心二元論，卻使得教師只對心靈感興趣而忽略了肉體的重要性，這種歧視，可以由教學法之強調記憶、背誦、講解、及辯證來獲得證實。並且基督教原罪的教義觀念深入教徒心中，更以為學童在接受教育時如有缺失，則該譴責的是人有墮落的肉體而非人有心靈。身心既有先後，但教學時卻捨本逐末。

自十七世紀以來，導致於教學法突飛猛進的因素，乃是教學法不但重視心靈能力，且也特別加強肉體或感官能力；加上教學對象已轉移到年幼學童身上，十七世紀以前的教學對象，主要的是年紀稍長的成人。不過不管如何，體罰仍是教學法上常出現的問題。就以美國最早成立的高等學府**哈佛** (Harvard College) 為例，1636 年立校之初的校長，竟然曾有一次拿起一根足可打死馬的棍子鞭打一名大學生。十七八歲的年輕人，照打不誤；但要是稚齡學童不必有籐條的夢魘，則年齡稍大，當然就與體罰絕緣了。

第一節　感官唯實論的教學法

假如十七世紀開始的教學法是身心二元教學理論的分水嶺，比較注重肉

體及感官，則恐怕有人會懷疑，為什麼本章不自洛克對教學法的影響開始，而卻把它放在前章的結尾。要解決這層懷疑是相當簡單的。洛克的教學主張，確實的提出感官的重要性，把感官看作是進入心靈「蠟板」(*tabula rasa*) 的唯一管道，而他又是經驗主義的大師；但是在《**教育論叢**》(*Some Thoughts Concerning Education*) 這本他的教育代表作裡，這些思想卻沾不上邊；該著作也在他的哲學巨著《**人類悟性論**》(*Essay Concerning Human Understanding*) 出版之後才問世，但兩書的明顯關聯度不大。我們所知道的是，洛克太沈迷於心理學的知識論層次，沒有體認出心理學大有助於教學法的發展。

一、康米紐斯

號稱為第一位現代教師的，當屬康米紐斯 (Johann Amos Comenius, 1592–1670)。他設計的教學法是前無古人，使得身體感官非但不妨礙心靈的發展，還有助於智能的成長，因為他出版了一本有圖畫的教科書，書名叫做《**世界圖解**》(*Orbis pictus*)，使語文教學如魚得水般的能夠優遊自在；初學拉丁文的學童在學習拉丁字或語彙的同時，因旁邊都附有圖畫而更能了解。當然，具體的東西比較可以用圖畫畫出，抽象的理念就難以在這方面著力；不過，教學的初始，是應該由具體到抽象的，卻不可欠缺具體就一步登天式的上臻抽象，這是傳統教育的通病。提醒世人此種通病，康米紐斯另有一本膾炙人口的教育巨著，名為《**大教育學**》(*Didactica Magna*)，指出任何教學都應經由感官作媒介，並且可以同時運用一種以上的感官，因為像視感官（眼睛）與聽感官（耳朵）二者是可以相互增強其功能的。想想看教物理而不使用圖像教學的景觀吧！當時的學童都只以研讀亞里士多德的作品為學會物理，他不得不感嘆又反對，力勸教師應以感官教學開始，因為感官與兒童當前的領悟界最接近；並且，感官教學的過程是由易及難的。只有在學童獲得感官印象之後，教師才可以要求學童記憶，由記憶而了解，由了解而生判斷。

同理，康米紐斯主張學習的順序是**實物先於文字** (things before words)，**例子先於法則** (examples before rules)；這就與過去的教學過程大異其趣了。不過他也要求教師不可忽略一般性概念的教學。在強調感官教學的重要性時，本可走火入魔式的蔑視心靈能力的培養，就如同亞里士多德及聖多瑪斯一般

的由於過份強調心靈能力的價值而貶低感官能力的地位；但康米紐斯是兩相兼顧，共相與殊相，演繹法與歸納法，都是不相上下的為學方法，但教學之初是以殊相的感官以及經驗的歸納為起始點，然後才步向演繹而抵達共相的理念。先後有別，如此而已，二者都不可偏廢。

康米紐斯對於經由感官的教學法深具信心；當時他已發現，由經驗事實引導的多種科學研究及探討，宇宙的輪廓真相，漸漸的呈露出來。數世紀以來，學者採用了亞里士多德及聖多瑪斯的觀點，以理念架構來敘述自然現象，太過於形式性及目的性，並且把它們安插於最高又最純粹的上帝裡；然而俗人、平庸百姓及孩童，又如何能領悟此種深奧的哲理？運用**三段論式**的演繹推理當「工具」，本諸於亞里士多德的邏輯著作《工具》(*Organon*) 一書，是學界無可搖撼的方法；但自十六及十七世紀以降，由於地理大發現等重要事件屢現西洋人面前，方法的推陳出新，首由英國號稱為第一位現代科學家的**培根** (Francis Bacon, 1561–1626) 發難，大膽又直接的挑戰老工具而寫出一本《**新工具**》(*Novum Organum*)，衝著亞里士多德而來。提倡由殊相到共相的「**歸納法**」(inductive)，以與舊式的「**演繹法**」(deductive) 互別苗頭。經由感官觀察來搜集資料，總結出概念，從而了解實在體的真實性及宇宙的真相。不過，雖然培根或許知道他的《新工具》對科學的重大貢獻，但由於他對耶穌社學校實際教學的讚美，顯示出他在教法上未傾全力運用新工具這種新武器。揮舞這套新武器的教育家，就是康米紐斯。培根眼力朦朧之處，康米紐斯的視界卻清晰無比。在教學法的運用上，康米紐斯有一項洞見，他提出一種超越純粹利用感官歸納式的教學法。《新工具》既能輔助科學家發現星體運行的不變律則，則也能為教師找出教學的統一法式。

> 一旦我們發現了正確的方法，則教學當非難事。我們可以教導任何數量的學童，它比印刷機每天要印出一千頁字跡清楚的紙張還容易多多。……依照我的計畫而實施的教育，是相當愉快的，就如同我們看到一部自動機器的印刷機一般，只要機器裝置得靈巧，則活動過程就不會有差錯。

視學校如同工廠，教學仿如印刷機；只要工廠的機器零件無差池，則一發動就有滿意的產品及成果。此種說法，迷戀了其後許多教學工作者，連裝

斯塔洛齊都著迷不已，以無比信心來進行「機械化」的教學工作。二十世紀的美國教育家霍恩 (Ernest Horn) 還說，由於方法之進步，使得時人認為教導讀、寫、拼音等之有效度，直可以與醫學上的診斷效力相比。康米紐斯深信感官教學法既無瑕疵也無錯誤，他又另有一類比，即視樂器的演奏來比喻教學。教師如因學童犯過或學不好而予以鞭打，這種行徑，就形同樂師因樂器發出怪音而拍打甚至擊碎樂器一般的愚蠢及可笑。不如像樂師一般的勤加練習演奏技巧，怎能怪樂器本身呢？

感官教學法並非康米紐斯的獨創，事實上在他之前已有不少教育學者提及；比他年長二十歲的拉德凱 (Wolfgang Ratke, 1571–1635)，大他兩代（60 年）的英國倫敦聖保羅公學 (St. Paul's Public School) 校長穆爾卡斯特 (Richard Mulcaster, 1531–1611)，也早已提過類似看法。甚至他的晚輩但卻是人文主義的學者與《失樂園》(*Paradise Lost*) 一書的作者米爾頓 (John Milton, 1608–1674)，在《論教育》(*Tractate of Education*) 一書中也這樣寫道：

> 因為我們不經由感官可及之物就不能發現自我，不藉可視見之物並對下等創造物作細心又有層次的探究，則無法清晰的了解上帝及渺然不可見的對象；因之此種原則也應該適用於任何一種謹慎的教學中。

感官教學法也就是自然教學法，即依歸納及實驗。上述諸教育學者皆口徑一致的提倡「實物教學」先於「形式教學」，「具體」先於「規則」；親自經驗是教學的第一要素，不可端賴機械式的記憶或重複練習。至於無意義音節或不解語意的古文背誦，若還以為此種學習具有學習遷移及官能訓練效能，這是他們嗤之以鼻的。並且任何學科都應以母語作工具，以取代古典語文這種教學媒體。

光說不練是沒有用的，也比較不可能在教學法大海中興起漣漪。康米紐斯之教育學說及神學論點，或許沒有多少人領會，但他的《世界圖解》確實是教育界的一本福音書，師生幾乎人手一冊，喜愛不置，不忍釋手。其後日耳曼地區的赫克 (Johann Julius Hecker, 1707–1768) 在哈列 (Halle) 創辦「實科學校」(*Realschule*)，更將感官教學實施於學校中，使實科學校另具風格，聲名大噪。一方面，校內收藏有犁、耙、房屋、及船隻建造的模型，一方面還

帶領學童遠足以便收集動植物或礦物標本,到工廠參觀手工藝品的製作過程。連集哲學家、數學家與政治家於一身的**萊布尼茲** (Gottfried Wilhelm von Leibniz, 1646–1716) 也為文建議,學生要在解剖室中研究人體,在藥劑店裡學化學,在植物園及動物園裡採集討論植物學及動物學;他還要求學校應增加實物搜集,如又能有罕見物品的博物館陳列更多實物,則是更佳。這位微積分的發明者,其實是學亞里士多德的老調,亞里士多德以生物學家出身,他的門生是馬其頓王**亞歷山大大帝** (Alexander the Great),東征西討之際下令軍士將奇花異草及珍禽野獸收集起來,以供其師研究,並陳列於**亞歷山大里亞大學** (University of Alexandria) 的博物館中。

感官教學的益處甚多,由於教學活動的動態化,已沖淡了訓育的嚴肅氣氛。處罰的可能性降低,更減少體罰的出現。學校的可怖性陰霾,也靠感官教學而掃清。

傳統教學法中如也有感官教學的成份,則頂多是用眼睛注視書本,用耳朵聆聽講解或讀課,用皮膚去接觸皮鞭的毒打,如此而已;嗅覺及味覺棄置一旁;且集中的注意力,只是密密麻麻的文字,又是遙遠、艱澀、冷僻、深奧的古典語文。「**記憶**」或「**背誦**」就是最主要的教法及學法。其實也未見有「**法**」在。重複的背,教學時光就完全花費在這上面。文字或符號又不能還原成實物,這才是感官教學的擁護者所痛斥的。法國大革命時兩位教育理論家在這方面也有一些值得參考的說法。第一位是著有《國家教育論》(*Essay on National Education*) 的**伽洛泰** (Louis René de La Chalotais, 1701–1785),他說:

> 所有我們的哲學及教育都可以用幾個字來表示。在認知方面,實物
> 本身是重要的。讓我們注重真與實,真理本身只不過是實在,它在
> 實存物中,我們心理只能認知實存物而已。

對於任何以抽象概念作為開端的教學法,他都認為不適合於教導孩童。他本人以身作則,除了眼睛所及的事實知識之外,都不予教學,不管學生是七歲還是三十七歲。記憶的對象如是有用的事實,則從來就不會有超過負荷之感。將無可爭辯的事實及實物收集起來,並作觀察,累積起來以為奠基之用,則知識的高樓大廈就可以興蓋起來,且屹立不搖。

第二位感官教學的法國學者**孔笛拉克** (Etienne Bonnot de Condillac,

1715–1780) 則對注重記憶的教學，不留情面。

　　我認為教育如果只在培育記憶力，以為可以造就驚人的記憶神童，那麼我們已經造就了這種人。但驚人的記憶力只在孩童時代才有。……只靠記憶的知識是空乏的……。沒有學會思考的人，是不曾受過教學的人，或者可以說是受過不良教學的人。

　　真正的知識是會運用思考的知識，那是得到了最紮實的知識；思考的知識比記憶的知識為多，記憶只能保存而已。能夠重新予以發現的事物，比單賴記憶才知的事物，學起來比較容易了解。只給學生知識是不足的，更應該教導學生靠自己來尋求知識。正確的指導學生這種習慣，就是教學重點。假如學生能夠按部就班，他就可以得到真正的觀念，還可以與其他觀念建立起連續性及相關性。一旦要複習這些概念時，學童就可拿這些概念與遙遠的概念相比，而選擇他所希望學習的概念。思考式的教學，可以重新發現吾人所已學過的——因為會思考的學生，知道他當初是怎麼發現的。而記憶則無法使我們重新發現我們之所學，因為它不知我們是怎麼知道的。

　　靠感官的刺激，產生觀念的聯想，進行層次分明的思考，此種價值，高於純是記憶所得的資料；那才是「知識」。

　　此外，既強調感官教學，當然在感官可及的範圍內，最具意義性。所以母語教學及本土教學，就成為國家主體意識及獨立建國的核心理念。此時，教育與政治合流，也是法國大革命或美國獨立革命的觸媒劑。

二、裴斯塔洛齊

　　將感官教學法的理論與實際合而為一的教育家，就是教育奉獻精神賺人眼淚的**裴斯塔洛齊** (Johann Heinrich Pestalozzi, 1746–1827)。本來初民社會的教學活動，是道道地地的感官教學方式，但自從人類使用文字符號來記載文化，學校也走捷徑，不重直接經驗之獲得，而強調經由印刷或書寫文字來學習間接知識之後，教學法最為偏差之點，乃是每一個時代的學童都得背誦古文，而沒有真正了解古文的意義。這種缺點，幾乎是每一世紀的改革家都能覺察出來的。不過，雖然許多人主張記憶與了解應該兩相配合，但如何使學

童能夠了解記憶的材料，卻很少甚至沒有採取步驟。裴斯塔洛齊針對此點，明顯的道出其中要害之處：

> 當一位對某件事相當清楚的第三者，以他認為人們聽起來會清楚的語文向我說話時，他的話對我而言卻是不清楚的；某件事對他是清楚的，但對我卻不清楚。因之那些話是別人的話，不是我的話。這不過是表明了，他自己的觀念，對他來說是相當清楚的觀念而已。

教師的「教」，及學生的「學」，二者之間會生鴻溝，關鍵即在於此。即令是教師自認為極端清楚的理念，但要教給學生領會時，經常會發生學生聽起來「霧煞煞」（模糊不清）的結果。如果教師連自己的想法都不十分清楚，或對所欲傳授的知識囫圇吞棗的話，則更難望學生會有解惑的效果了。

糾正這種師生之間產生誤解的唯一方法，裴斯塔洛齊認為，教師應該以實物讓學童獲得感官印象，等這些印象發生效用之後，教師才將實物之名告訴學生。學生知悉名之後，跟著就研究實物的形及數等屬性。他的教學科目遂集中在「語言」、「形狀」及「數目」三種領域裡。

不過裴斯塔洛齊特別強調感官印象除了由教師所提供之外，學生更應主動去尋覓，且依自己能力去了解；其實這是勿庸操心的；只要不限制學生的活動，學生自然有極多又有趣的感官印象，他們的解釋也有時出人意表；不用競爭方式來激勵，他們在自我活動中就有愉快感。自我活動是急不得的，但獲得的知識卻最為真實也最為穩固。但當時一般人只想早點看到教學成果，比如說家長焦急的想知道他們的子弟學了多少 ABC，背了多少教義問答，而不在意於學生如何增強了思考力、感受力、及行動力。這種觀念上的相左，使得許多人無法支持裴斯塔洛齊的教學，且認為只有富家子弟才適用，因為只有有閒階級才能進行緩慢的學習。諷刺的是，裴斯塔洛齊收容的學生，都是貧苦孩童。

採用實物教學法，則教師準備教材之負擔，就重於使用背誦的老教學法。過去，教師一次叫一兩位學童到前面來背課文，學童偶一發問，答案都在課本上，也非常確定；教本就是師生的仲裁官。實物教學法，就與此完全不同。教師同時教許多學生，以學生可以了解的實物來教導該實物的一些知識，解答了與實物有關的問題，然後又提出新問題，往往到最後也沒有定論。雖然

教師必須即席解釋說明，但他如想解釋說明成功，則在未入教室之前，就得對教材作謹慎又充份的準備。這種準備，不僅要求教師對教材有比傳統教材更為廣博的學識，還得精通教學法及教室管理，至於了解個別差異及學童心理，自不在話下。

教學順序當然是從簡單到複雜，由易及難。不幸的是在這方面，裴斯塔洛齊犯了極嚴重的錯誤，這不能怪他，因為他無暇思索邏輯的一致性問題，卻日以繼夜的專為類似乞丐的孩子找麵包，幫他們洗洗臉。他誤以為「簡單」乃是將教材支解成元素，如上述已提及的「數目、形狀、及語言」；以語言教學為例，學童先學字母，然後由字母組合成音節，再由音節組成字，依序又組成為片語與句子。音樂教學亦然，學習唱一音調之前，必先學會音符與音階；寫字課則先學會許多直線、曲線、圓形、角形、或錐形等。他不知邏輯上的簡單卻造成心理上的厭煩與乏味。試問上起繪畫課時，一再的要求學童畫直線或曲線等，而非直接作素描；學語文不直接說話（完整的語句），卻持續的唸字母如 A、B、C 或 Ab、Eb、Ib、Ob 等，則那能引發學習樂趣呢？引伸此種現象，則有可能誠如英國小說家狄更斯 (Charles Dickens, 1812–1870)所敘述的一段故事。他說馬戲團裡一位天天與馬為伍的女團員，不知馬的定義而感到侷促不安；但從未看過馬或對馬所知不多的學童，卻能馬上給予答案，一口氣侃侃而誦：「四足獸，草食動物，四十隻牙齒，即二十四隻血齒、四隻犬齒、及十二隻門牙。春天脫毛，沼澤地區的馬也脫蹄。蹄硬，必須裝鐵；由嘴上的記號可知其年齡。」將整體的馬「解析」成這麼多「元素」，卻不以整匹馬的「實物」供學童作「感官」刺激的對象，則此種教學不也是流於傳統教學背誦定義的老套嗎？

幸虧裴斯塔洛齊的學校，並非以教學知識為主要，分析成元素的「數目、形狀、及語言」教學，只佔教學時光的少量而已。裴斯塔洛齊之所以成為偉大的教育家，是他因無私奉獻而散發出情愛的教學氣氛。學童樂意向學，是受到裴斯塔洛齊的人格感召。即令他的教學法錯得離譜，但無傷大局；他的學校像個「家」，充滿溫馨與情愛；即令有體罰情事，學童也樂於接受。「愛」是教學的焦點，此種教學精神才是主要，至於教學法的運用，那已是次要且屬枝節了。因為教學法再怎麼出神入化，如果教者沒有以愛作出發點，則又

如何能激起學童的主動求學意願呢？那才是教育的要素啊。裴斯塔洛齊之有此種作風，除了人格特質之外，是受到浪漫主義歌頌返回自然的大思想家**盧梭** (Jean Jacques Rousseau, 1712–1778) 的影響。方法是小技，精神才是軸心。

　　盧梭的教育小說《愛彌兒》說：「只要學童願學……，則任何方法皆適合學童。」西諺有言，你可以強拉一匹馬到河邊，但你不能逼馬喝水。人更不用說了，因為逼迫是違反自然也拂逆天性的。愛是天然的表現，只有愛才有磁性，也最能激起學童的向上鬥志。一味的研究方法，不如營造氣氛，學童就會自動自發。興趣與意願，是教學靈魂，不應採用約束的手段讓學童處於困難及挫折中，或讓幼稚心靈常保警惕且要他堅忍不屈。

　　以「愛」為出發點、或以「情」為主要心思的教育家，難免長於浪漫而拙於邏輯；自由自在，無拘無束。方法是講究一致性的，情愛則以彈性為主。

　　感官教學注重感官直接印象的獲得，情愛的散發也如同感官印象一般的可以由學童直接感受。裴斯塔洛齊之教學，在知識上可名之為「**直觀**」(intuition)，即讓學童直接觀察，而非經由第三者的老師或教科書來教導；其實他的「直觀」，更富有品德意味，即學童直接感受到教師的愛。准許、鼓勵、關懷，而非處處責罵、鞭打、忽視、甚至虐待。

三、盧　梭

　　強調孩童自小就應取得自由權的，莫過於盧梭，他主張嬰兒衣裳要以寬鬆為主，以便輕易又快速的展開肢體活動，依自己的意願來四下探索，感官印象隨之而至。假如孩子蹦蹦跳跳的，則非但不干擾他，或名之為「**過動兒**」，反而要高興這才是健康的寶寶；如果他不四下爬行、走動、跳躍，那麼他又怎能認識周遭的空間及實物呢？盧梭認為給予學童自由，還有一項更為基本的理由，即他相信每個人天生都有獨特的性情。他發現當時教學法的最大毛病，在於要求所有學童都毫無分別的作相同的作業，因之破壞了每個人特有的心理傾向，這只能獲得平庸的一致性而已。不過吾人不應誤會，自由不是放縱，盧梭也不承認有那種無任何限制的自由；他指出自由使得學童不但不會要求別人，並且也無權去指使他人；自由就是仰賴自己。要做到這一點，我們就應該限制自己的欲望，用自己的能力來達成自己的目的。不用擔心，

自然本身就會「限制」人類行為，不必依人為的約束。成人對學童的指使或禁止，會引發學童的憤怒或埋怨甚至仇恨，若由自然下達命令，則人人必須服從且無話可說。盧梭這種依自然而非取決於人的思想，是不折不扣的自然主義學說。假如愛彌兒這個孩子不能準時出發參加遠足，大家就不必等他；假如他打破了窗戶，那麼就讓他在寒夜裡受冷；假如他大吃大喝，他就會拉肚子。大自然在這方面是冷酷無情的：在視力不良的地方也要窺看書，他就會視線不明，眼力受傷。誰叫他不按照自然的吩咐呢？自然懲罰是每試不爽的。唯一的缺點，是有時要等待很久才有自然報應。但其實，人又何必急呢？

對！教育是急不得的。盧梭要教師記住一項最重要的一般性原則，即如同孟子的警告一般，不能「揠苗助長」，也是常人說的「欲速則不達」。臺語「呷緊（快）弄破碗」也是同一語意。「尊重兒童，不必太急於斷定兒童是善是惡。……讓自然有充裕時間，不可越俎代庖，否則違反自然。」小時候稍有表現，大人就稱呼為神童或資優；童年成就平平或低劣者，即被標籤為無可救藥、不長進、或無指望，這都是欠缺「遠慮」的結果。大雞慢啼，不要期望小雞時就啼得聲嘶力竭；「小時了了，大未必佳」，不是常常掛在嘴邊的口頭禪嗎？

盧梭說，假如嬰孩在離開母親胸脯之後就進入理性的年齡，則十八世紀以前所進行的教育，也是蠻適合的，那些年代是以成人的眼光來衡量小孩的，兒童形同小大人。成人之想法與小孩之想法，過去的教師認為不該有差異，因之適用於成人的理性推論或演繹法，也適用於兒童。空空的心靈應該儘早填滿，盧梭的浪漫主義就在於抗議此種不合兒童心理學的措施。依他的學說，兒童期的心靈及心靈發展法則，是與成人大異其趣的，教學法應與之搭配。尤其兒童期的五官感受力，是教學的最主要資本，自有生命開始，就已開始學習，因為感官活動即已展開。依理性而進行的教學活動，應該延後。孩子終日不停的跑跳，一生中從來未曾有過如此忙碌的生活。大人及師長不用操心，孩子此種天性，一方面是創造主所賜予，一方面也正因活用身體五官，恰是學習的最好本錢！

盧梭是個理論家，並未有實際的教學活動；由於自顧不暇，又力倡人性本善，成為教會捕捉並燒其著作的對象，因之自己的孩子也不能親自依他的學說來教導。不過他的自然主義教學法影響了許多人，其中之一的**巴斯道** (Johann Bernhard Basedow, 1723-1790) 即將此法實驗於他自創的「泛愛學校」(Philanthropinum)中，學童穿著像小孩而非大人式的服飾，頭髮剪短，衣服寬鬆，不束頸子；但卻也戴假髮，以會話方式學拉丁，用遊戲來引發學童學習動機；同時校內還有手工、體育、及野外遠足等！

第二節　班長制教學法

英國人在教學上最為時人所稱道的，就是「班長制教學法」(monitorial method)。一向只注重精英及貴族的英國傳統教育，中上教育的成就非凡，平民教育則乏善可陳。但貝爾 (Andrew Bell, 1753-1832) 及蘭卡斯特 (Joseph Lancaster, 1778-1838) 所宣揚的「同時教學法」(simultaneous method)，可以適用於大班級，因為比較省錢，效果也驚人，在提倡普及教育所遇到的阻力中，此種教學法可以說在逆境中還能為保守之士所接受，不只風行於英，且狂熱於美。不過由於缺點太多，大概不到三十年（一代）的時光，即已受時潮所淘汰。儘管如此，此種教學法卻由來已久；由於在教學及行政上兩相宜，頗受教師及學校的歡迎。利用班長來幫忙教師教學，最少可以上溯至十七世紀的康米紐斯，更不用提更早的人了。其實，兄弟會的信徒也曾經採用過該法；貝爾及蘭卡斯特之所作所為，只不過是將此種作法推行得更廣為人知而已。

這兩名英國教育工作者比較新穎的改進之處，就表現在教室佈置上；利用最經濟的方式，以一名教師來教導盡可能的多數貧窮學童，這是他們的絕妙想法。為了達到此項目的，他們製作牆壁圖表，學童圍聚在牆壁面前就可以進行教學；還使用沙盤及石板來教導學童寫字；除此之外，教學仍是傳統式的。直接模仿、機械記憶、及背誦等，幾乎佔滿了教學時間。這種方法，在班長取代教師來負責教導班上學童時，更形明顯。教師把讀寫算這三個學科（即 3R's）的材料，先教給班長，然後班長再去教導學童。一名班長或許負責十名學童的教學，則一校如有一千名學童，就得選擇一百名班長。通常被選上的班長，是背誦力較強（知識教學）、及塊頭比較大（德育教學）的。

班長制教學法只以經濟立場作考慮，試問學童可以取代教師的角色嗎？因此此種教學法雖受到英國皇室的青睞與獎助，更風靡美國，但卻敵不過比較進步式的教學法，對於兒童天性的體認及適應，至少無法與裴斯塔洛齊的

教學法及教學精神相比美。班長制教學法在教育史上的主要貢獻，在於它贏得了公眾、尤其權貴對普及教育的支持，以為平民教育費錢不多。一千名學童的學校，只聘一名教師即已足夠。果真如此嗎？教育可以如此廉價嗎？它只能迷惑一些短見的家長及上層階級；事實上，班長教給學童的，只不過是教學甚至是教育上的微小部分而已，佔的百分比不應太高。迄今為止，此法仍未完全絕跡，種因於此。從教育社會學及教育心理學的角度來看，同儕教學仍有其可取之處；但把教學重擔，完全放在班長身上，這就太不了解教育的真諦了。

第三節　五段教學法

中國及臺灣的教師界，在 1960 年代左右，都詳知「**五段教學法**」；該法是教育哲學家**赫爾巴特** (Johann Friedrich Herbart, 1776–1841) 及其門徒所創。教師寫教案，幾乎完全採用五段程序，且視為教學法的至寶，風光了好長的時間。

我們當還記得裴斯塔洛齊教學法之優點，就是它比康米紐斯之《世界圖解》之教學方式，更能使教師幫助學童對文字有清晰的了解。裴斯塔洛齊的方法並沒有忽視文字學習的重要性，只是它把學習的文字化或概念化，與感官知覺或印象二者聯在一起，密不可分。但只是清楚觀念的形成，還不能算是學習已經結束，即令那種觀念已植基於感官知覺上。當裴斯塔洛齊指出，教師如何運用恰當的步驟，使得學童能由感官知覺而獲得定義或予以概念化時，則教師如何教導學童從此一觀念過渡到彼一觀念，及如何使新觀念與舊經驗或舊觀念相融合，這種工作，就留給十九世紀前葉三位教育改革大家的第二位赫爾巴特去完成了。第一位是裴斯塔洛齊，第三位是福祿貝爾。

赫爾巴特不辱使命，他比前人更為有效的將他的教學法建立在非常明確的學習心理學理論上。我們應該還記得，他的理論植基於**觀念聯合心理學** (Association Psychology) 上，通稱為「**統覺論**」(The Doctrine of Apperception)。簡言之，該學說認為新學習必須與舊學習有所聯繫。兒童對於一件實物，不僅對它有知覺，還有「**統覺**」。那就是說，早先與環境接觸所得的概念或觀念，繼續不斷的存在於內心中，它可以影響心靈對新環境的接受方式。

　　為了使「統覺」能夠出現在教室中，赫爾巴特分析教學過程為四個明確步驟，並要教師遵守之。但這些步驟，在他逝世之前並沒有引起時人的注意，倒是好幾十年之後，他的一位追隨者重新提出這些步驟，並改成眾所周知的五個步驟後，才受教師界重視。赫爾巴特的四步驟如下：⑴**明晰** (clearness)：將教材分析成清楚明白的部分；⑵**聯合** (association)：新材料與舊觀念聯繫；⑶**系統** (system)：新舊觀念有了一致性；⑷**方法** (method)：即應用於問題解決上。

　　他的門徒——**萊比錫大學** (University of Leipzig) 教授**齊勒** (Tuiskon Ziller, 1817–1882) 將「四段」修改為「五段」：⑴**準備** (preparation)：教師以自認學童都已熟悉的教材開始。他的開始點，恰是裴斯塔洛齊的停止點，即以心中清楚的概念開始；心中之有清楚概念，乃由於以前由觀察或感官知覺而來。假如學童沒有或缺乏清楚概念，則仍然由感官觀察作出發點。⑵**提示** (presentation)：教師明確提示當日或該堂課所要學習的教材。⑶**聯合** (association)：這是五段教學中最重要的一段，教師必須指導學童，把前述兩段作一比較，要學童注意有些提示的新教材，早就在「準備」步驟裡已經變成熟悉的教材，但有些是超出舊教材之外的。教師越能用觀念聯合或比較而把新舊教材作謹慎的聯繫，則他越能使學童獲得心理學上的統覺學習目的。⑷**系統或總括** (generalization)：教師向班上學童提出其他新穎但卻與本日提示的新教材同性質者，要學童注意。即觸「類」也能旁通。⑸**應用** (application)：此時就是學童的習題寫作，將「知」應用於「行」上。不只「聽」懂，還把作業作對。

　　在作為解釋教材的技術上，這五個步驟是非常嚴謹且按部就班的。但在指導學童學習上，還得配以學習動機。在這一方面，赫爾巴特也有相當獨到的見解。一般說來，教學如能引發學生興趣，學生就樂於向學；反之，上課就是苦差事。興趣不僅是學習的開始，應該還是教學的結果。教學之後，學童如果有了學習的興趣，則他日後就會自動學習。換句話說，興趣就是當觀念在吸引或融會貫通新或類似的觀念之途中，所產生的一種愉快的成就感，那是因「**統覺**」所生；依赫爾巴特心理學上的術語來講，興趣乃是「**類化團**」在運作的功能表現。因之，赫爾巴特及其從人乃對課程教材的連續性及廣博

性大為注意，如此才能造就出學童「**多方面的興趣**」(many-sided interests)，也才能在其後的日子裡，有助於解釋教材並增進學習動機。

根據上述，我們可以知道，引發學童之興趣，乃是教學的重要工作。但引起興趣，絕對不是教師對學童取樂或視之為一種消遣。採用赫爾巴特教學法的教師，必須用溫和但又堅決的手段，使得教學活動既不是在玩樂嬉戲，但也不是苦差事。航行於這二者之間，當然相當困難；他也不敢奢望每一個教師都成功地航行於其間。他毫不掩飾的說：

> 即令是最優良的方法，也不能使每名學童都能獲得足夠程度的統覺注意力，這件事是不容忽視的。因之，我們只好訴請學童的自願注意力了，也就是學童的決心。

赫爾巴特建議教師，為了要使得學童決心向學，或決意於功課，就得在先前灌輸正確的觀念，如此才可望學童有正確的決心與毅力，而不必太依賴外在的獎懲。

最後，赫爾巴特的統覺論所引伸出來的一項洞見，就是他認為光是用禁止來阻絕學童的不良行為，效果並不佳，卻應改用新活動來取代該行為在學童心目中的地位；因之管理學童的最佳方法，就是讓學童時時刻刻都有事做。在動態性明顯的童年階段，學童是每種活動都想嘗試一番，或有一顯身手的衝動；從中培育出新又有價值的興趣，來改變或消失舊有又無意義的興趣。因此體罰是不必要的，卻以「**剝奪自由活動**」方式代之，那是學童最心痛的處分。至於開除學籍，那是下策，因為並沒有解決問題，那只不過是把管教責任推到別人身上而已；眼不見為淨，但髒照樣存在，只是移於別處，有良心的教師，又能心安嗎？

第四節　自我活動

將「**自我活動**」(self-activity) 不只視之為教學手段，且看成為教學目的的，就是第三位教育改革家，也是幼兒園的創辦者**福祿貝爾** (Friederich Wilhelm August Froebel, 1782–1852)。福祿貝爾一方面謹記盧梭對於尊重學童這一訓語，一方面又要教師在學童發展過程中，接受學童的自發天性所引導而非教師所帶頭的活動，這是他與裴斯塔洛齊及赫爾巴特比較不同的地方。因此他

主張教師或家長所使用的教學或訓育法，應該是防衛性多於訓令性的，那也是盧梭「**消極教育**」(negative education) 的詮釋，那就是說，師長應該小心避免干擾學童的自我表現或自我發展的自然法則。相反的，教學上的各種努力都應該創造出一種環境，使得學童天性上的本有能力，都有機會自由且自然的展現出來。教學法偏重「**引出性**」，而非「**注入式**」；是「**創造性**」而非只是「**模仿**」而已。其實這也不是什麼高見，蘇格拉底等人早已言之在先。大哲學家康德也有類似主張，但福祿貝爾卻真正將之應用於幼兒教育機構裡，理論與實際搭配。

　　福祿貝爾認為，最能激勵學童自發性的自我發展及自我表現的方式，莫過於遊戲。古羅馬的「**學校**」(Ludus) 一字，就是「**遊戲**」的意思。福祿貝爾之前，對於遊戲的教育價值，流行著許多不同的意見；有人認為遊戲是無害的校外消遣活動；有人尤其是**清教徒** (Puritans) 之輩則反對遊戲，認為遊戲乃是惡魔遊手好閒的行徑；中國的《三字經》更說，「勤有功，嬉無益」；另有不少教育家如洛克及巴斯道等人則運用學童所熟知的遊戲來作為糖衣，以引導學童吞食穿插於遊戲中的學習材料；與福祿貝爾同時代的**黑格爾** (Georg Wilhelm Friedrich Hegel, 1770–1831)，在未成為舉世聞名的哲學家之前，是一名教師，他說遊戲是錯誤的，因為在遊戲中，教師使學生淪落為孩童性，而不將他們提升到嚴肅的實在界階層。但一位更名聞邇邇的哲學家**康德** (Immanuel Kant, 1724–1804)，在他講述教育課時，因深受洛克及盧梭的影響，所以對遊戲的評價甚高，他甚至認為兒童既渴望遊戲，因之兒童就自我約束，甘願依遊戲規則來玩遊戲。

　　但只有福祿貝爾才真正體會出遊戲本身就是一種教育。他並不贊成教師拿遊戲來作為訓育或教導學術性教材的工具，他也不認為把遊戲當作休閒活動的一種；相反的，他非常嚴肅的認為，遊戲乃是教師用以宣洩兒童內在能力的最好手段；他之會有此種主張，乃由於他強調遊戲乃是兒童不受成人及習俗限制時，最自然的自我表現活動。

　　假如遊戲乃是兒童在不受成人限制時的一種活動，則有意引用遊戲來作為一種教學法，乃產生了廣泛的教育含意。在那廣泛的教育含意中，成人及教師應該有意的容許兒童作更無拘束的行動，這是以前的教學法所缺少的。

不過，這種浪漫式的自由，除了向盧梭那兒學來但絕對不是異想天開式的放縱式自由之外，另有哲學依據；福祿貝爾方法之本諸哲學，就猶如赫爾巴特方法之建基於心理學，康米紐斯及裴斯塔洛齊教學法之運用一般科學比喻法一般。對福祿貝爾而言，自由並非教師所授予兒童的，或許可以說是上帝所賜的「恩物」，此恩物表現在自我活動中。可惜的是他的老家德國是獨裁式的國家，對於幼兒園活動之充滿高度自由所擔心引發的社會及政治影響，恐慌不安，幼兒園終遭封閉。最能達成他使用自我活動教學法的國家，就是實施民主政治的美國。

福祿貝爾更將裴斯塔洛齊的實物教學法，以「恩物及工作」(gifts and occupation) 方式，融入在他自己的教學法裡，這是他的教學法比較有特色的部分。裴斯塔洛齊擺出許多實物要學童運用感官來予以認識，但福祿貝爾則陳列少許的「恩物」，就「佔據」(occupied) 了學童的心靈；他對於由感官觀察所得來的立即知識並不十分熱衷，倒是對於因恩物的形狀及由此而引發的遙遠知識，十分盼望。他的教學法，富有宗教情懷，十足的表現在幼兒園的園地裡。

在福祿貝爾的幼兒園中，重要的恩物就是球，「玩球」變成學童的工作。球在學童手中，並非如同裴斯塔洛齊所期待的要學童因此學習了圓形，而是由於球的圓形而認識了神的觀念，上帝無所不包，猶如球一般。另一重要恩物是立方體，它的重要性在於它的長方線條及平底邊都與圓形或球形相反；福祿貝爾認為相反性相當有宗教及教學意義，因為學習乃是經由相反性的調和或協合而產生。而協調球形及立方形的結果，所代表的恩物就是圓柱體。所有這些經過精心設計的恩物，就是大家習慣稱呼的玩具，都在於間接的指明了一項真理，即不可以忽略對立性質，硬與軟、長與寬、真與假、男與女等，都應同時認識，同時教學。

整體性蘊藏於對立性中，黑格爾的正反合，也有此種過程；福祿貝爾追求對立性中的整體性，希望經由幼兒園的學童來組成一個社會的有機整體。裴斯塔洛齊也曾經試過在他的教學法裡孕育出一股團體氣氛，將教室或學校氣氛變成與家庭裡的仁慈及同情氣氛相同；福祿貝爾進一步，擴大家庭而成為一個相親相愛的社會。幼童在園內的排列形狀，就是令人不能忘懷的圓形，

圜與圓音義都相同。圓形如同球形，是無所不包的整體性象徵。幼童的這種整體感，在他們於幼兒園內排成圓形隊伍時可以產生，當他們進入社會生活時仍應該產生。從這個觀點而言，幼兒園只不過是延續母子早期就已形成的親密社會關係之一種機構而已。在學校的團體生活情境中，學童知悉本身是一整體，同時又是整體中的一部分。這種說法都是教學法中非常突出的說法，不過由於從中也透露出「**符號主義**」(symbolism) 的風味，導致於大受美國幼兒教育及一般教育家的非議。

　　福祿貝爾認為自我活動法不僅適用於童年階段的幼兒園，且也可延伸到一切的學校機構裡，成為教學法的主軸。可惜的是他在這方面的努力，初期並不成功，且當他擬採用此種教學法於較高教育階段時，他已餘日無多；此種抱憾，留待給其後他的美國追隨者來完成。

第五節　歐洲教學法傳入美國

一、讀詩、講解、背誦

　　十七世紀開始，美洲新大陸有了歐洲移民式的學校，當時所採用的教學法，根據美國名教育行政家**巴納** (Henry Barnard, 1811–1900) 在**康州** (Connecticut) 所作的調查，發現各學校採用許多不同的教學法，但皆宗師歐洲。其中一種方法就是「讀課」，此種教學法淵源於中世紀；讀課不只在高等學府展現其活力，且也擴及到初等學校上；與讀課法有關的是「講解」法，這是耶穌社最拿手的教學法；當耶穌社勢力伸展到新大陸時，講解法也在美洲大行其道。

　　巴納於十九世紀中葉左右，發現在「**國民學校**」(common schools) 裡，最流行的教學法，就是背誦法，學童聽令到教師桌前「背」對教師也「背」著課本複述教材或回憶課文而已。有時是單個人背，有時則群體背；群體背時還得把課文背得全班音調諧和一致，不可快慢不一。但要做到這一步卻不太可能，因為學童通常並非使用同一版本的教材。因之困擾教師教學的另一問題，也是巴納另一調查所發現出來的問題，就是他看出僅六種主要學科，卻使用了近二百種不同的教科書。當時巴納的同輩但年歲稍長的麻塞諸塞州教

育行政長官**曼恩** (Horace Mann, 1796–1859)，曾引用了某人的一項估計，算出不管學童接受何種教科書教學，當使用背誦教學法來進行教學時，學童的學習時間，一天只有二十分鐘而已，教師教學則花了四十分鐘，但卻費了三百二十分鐘的時間來靜坐並聆聽學童的背課。

這樣子的教學一直等到學年結束所舉行的公共考試時才停止。此時，學童要在許多家長及有興趣於參觀考試的民眾面前，口頭回答由教師或學校委員所提出的問題。此種考試當然不可能很公平的考評學校教育的成果。善於發問的老師如果根據學童的程度提出恰當的考題，就可以使學童在學校所學的成果，表現得比實質的還更優越；反之，有些學童在回答的場合中相當困窘，能作答但卻答不出來。結束這種類型的考試，時間是 1845 年，當年波士頓的學校委員會急於評鑑全州國民學校之教育實況，以筆試代替口試。為了促使此種變更能普獲支持，學校委員會乃提出許多論點，咸認新的筆試方式是不偏不倚的，因為每名學童都需回答相同的問題，並且沒有教師可以暗示學童作答；考試又比較徹底，因為包括了更多的學習範圍。此外，它還是一種可以保存下來的資料，以便作為其後數年的比較之用；最後這一項更具教育史的意義。

當時流行的教學法，充其量的優點只是讓學童可以隨意的組織並解釋他人授予自己的經驗，這種經驗當然遠比自己的已有經驗較為廣博；但最大的壞處，就如同一位無名氏教師所說的，是方便對任何愚蠢者皆可以教學的穩妥方法。一位獨斷性及權威感甚重的教師，在進行背誦教學的時候，無疑的會產生學童學習動機及訓導上的問題。活潑好動的多數學童要他們靜坐課堂內，「黏著於充滿節孔及邊緣粗銳的椅子上，腳不著地，又無靠背；身子的一邊是一團發熱的烈火，另一邊則是刺骨的寒風。嚴厲的教師奧比留❹又是鐵手木腦，命令學童需正襟危坐；直到輪到自己朗讀時，不得想東想西，更不能亂動。數小時如此拘束的情況下，難道可憐的小孩不想搖擺一下嗎？」又怎麼可能禁止他與人竊竊耳語、開個玩笑、左顧右盼、或沈迷書包裡五花八門的惡作劇道具呢？

該種教學法對於訓導權威觀念之形成，有推波助瀾之功。當時的學校作

---

❹　Orbilius，體罰最出名的羅馬教師。

風就是如此，因之也容易引爆。時人多數認為師長都是個個高高在上，學童則是卑微的；這種上下關係，也由記錄上帝教訓的《聖經》中得到支持。師長有權發號施令，學童有義務要服從。「服從」的定義，是：

> 遵守能力比自己優越的權威者之指令，服從的行為，是內在動機都追隨他人的意志與權威。孩童相信家長所說的為真，因為那是家長說的；也相信家長要他們做的行為是正確的，因為那種行為是家長要他們做的……。學童接受教導，咸信所有校規都依權威而訂，權威存在於教師那兒。……嚴重的體罰並非是最後才使出來的手段，而是在必要責罰學童時，第一種應予行使的方式，並且也是真正能拯救學童的方式。

「體罰」不是形同洛克等人所說的「最後一招」，卻是家常便飯。熟悉德國大哲學家康德著作的美國教師，也知悉這位著有《論教育》(*On Education*) 的大學教授，將訓導觀念賦予哲學解釋。康德認為學童之要有服從感，是有兩層意義的；一是對成人教師絕對意志的服從，一是對普遍道德律令之服從。由逼迫而來的服從，是絕對的；由自願或基於自己信念而來的服從，是理性的。康德認為成人的注意焦點，有時應順從學童的意願，但學童卻有許多行為非履行不可，因為那是義務所頒訂的。違反命令就是缺乏服從心，因之有必要予以責罰。責罰可以是肉體的，也可以是道德的。但不管何種方式的責罰，都不能斷喪學童的意志。康德的這段話，大概也可以正確的描述美國教師或家長對孩童的管教方式。

二、假　日

無疑的，早期學校訓導問題之癥結，在於上課時間太長。學童在古代學校裡要從日出即上學，日暮才放學。在這麼一整天中，學童的過剩精力得不到發洩，又是靜態的作功課及背書；不會心生反抗，才是怪事！解除單調乏味又連續性的學校學習之主要技巧，乃是訂定某些日子為假日。「假日」(holidays) 之字源是「神聖日子」(holy days) 的意思。希臘的學童在整個學年當中有近乎九十天的假日，假如有人以為他們的假日過長，則請不要忘記，他們並無猶太基督社會「安息日」(Sabbath) 的那種習俗，在基督教的日曆當中，

許多其他神聖日子，也作為學校放假的日子。放假時，師生皆大歡喜！不過，假日定在神聖日也有一層重大困難，即神聖日子在一學年中並不分配得很均勻。因之，中世紀的歐洲也流行一種習俗，即規定每個禮拜的第四天如果不遇上神聖日子時，就作為假日。事實上即使在目前，仍然有一些歐洲國家如義大利，仍以星期四作為假日，而不採用如美國的以週六作假日的作風。但不管如何，都是週休二日，七天中只上學五天！

　　教育學者早就指出，光唸書而不休息，會使學童既笨且蠢。不過，學童在學校上課的日子，大半係依交通因素及經濟能力來計算，而非根據教育理論來安排。在殖民地時期的美國，即 1776 年之前，學校有時放了長假，因當時農業經濟社會很需要學童於夏天到田裡工作；但有些學校之利用夏天上課，乃因冬天有交通上的困難。二十世紀以來，以工商業為主的美國及已開發國家，學校有了夏季班及夏令營，此種現象，破壞了長期以來已有的漫長暑假這種習俗！

三、訓　導

　　學校的整個學習情況，如太多的記憶、太少的解釋、簡陋的學校設備、及權威性的訓導等，此種氣氛太濃，難怪會不時爆出體罰的聲響。曼恩曾訪問過一所 250 名學童的學校，發現教師一週五天鞭笞學童 328 次，平均一天66 次。顯然地，教師認為胡桃棍子就是唯一的教育「板」，板的英文字是 "board"，負責學校的教育主管單位叫做 "educational board"。真不知體罰學童這麼多次的教師，還有餘暇教書嗎？不過，一般而言，公眾卻贊成此種方式，還會怪放下鞭子的教師呢！「省了鞭子，寵壞了孩子。」(Spare the rod, spoil the child!)《舊約》的聖令不可違背！

　　即令人性有怠墮的一面，如身體亂動、喁喁私語、及戲謔等，但十九世紀中葉開始，卻有一種對學童天性的善良面及新看法出現。這種現象，部分來自於盧梭的浪漫主義，部分來自於一般性的人道主義，也部分來自於民主政治新觀念的醞釀而成。此種醞釀，漸漸形成一股穩定的信念，即認為學童在遭受權威壓抑之下成長，以及要求學童只為服從而服從，則學童不能獲得自由，也不能把學童培養為植基於自由原則之下的國家之良好公民。如果更

因體罰還得感恩，則奴性更強，尊嚴已在地上遭受
踐踏了！

　　因之訓育的新原則慢慢呈現出來，**奧科** (Bron-
son Alcott, 1799–1888) 就把它嘗試實施於獨立革命
成功之後的共和國時期（內戰以前），在課堂內設計
學生自治的情境來訓練學童的責任感。曼恩也主張，
訓育之指導原則，並不在於要學童於外表上都一致
遵守規定或法則，卻要在內心中有一段遵守法規的
動力。責罰不應按犯規的程度而有比例上的輕重，
卻要考慮犯規者的動機。同理，另有教育工作者聲
言，教師如光要求學童之勤勉，以及教室管理之井

圖 8–1　愛默生 (Ralph
Waldo Emerson, 1803–
1882)

然有序，這是不足的。關鍵性的問題是教師作此種要求，到底是要訴諸什麼
手段？且基於何種動機？

　　一旦把注意焦點轉向學童動機時，則有必要對學童好動又精力充沛的天
性重新予以評價。明智之士體認出，學童過剩的精力並非惡魔在體內滾動，
卻是好奇心的表現，或是操作的欲望，更是身心發展的正常現象。只要提供
有趣的教學活動，則學童精力就被吸入其中，他就疲累而不致於搗蛋作怪或
違反學校常規了。體會此種真相的人士，也是首先看出良好教學與良好訓導
乃是二而一，且是表裡一致的人士。好幾世紀以來，這兩樣活動，常被誤解
為分開的教師活動。現在，終於有一個新日子已現曙光了，但還只是曙光而
已。

　　喜愛黑暗者、怯懦者及保守者，都對黎明曙光感到恐懼。大詩人**愛默生**
(Ralph Waldo Emerson, 1803–1882) 發表「**尊重兒童**」的訓令，無情的予以痛
擊：

　　我就聽到有人對我這種建議大聲反問著：難道你真的拋棄了公私管
　　教的韁繩嗎？難道你要把年幼孩子置於隨他之所欲以及瘋狂的離奇
　　想法境界中，而稱呼這種漫無法紀的無管束境界，叫做對兒童天性
　　的尊重嗎？我回答著，尊重兒童，從頭到尾尊重他，但同時也尊重
　　你自己……。訓練兒童的兩項要點，就是保存他的「自然性」，並且

訓練他的「自然性」；保存他的「自然性」，但去除喧囂、愚弄、及
惡作劇；保存他的天性，並且在天性發展的方向上，以知識武裝之！

四、裴斯塔洛齊式教學法

基於上述，可見歐洲教學法正在美洲新大陸翻版演出，且幾乎是完全照
抄式的再錄一遍。教學觀念的新曙光已漸清晰可見，也是從古老的舊大陸直
接照射過來。巴納在康乃狄克州的教學法調查裡，已經注意到當時的教學法
有採用歐洲新教學法的趨勢，尤其是裴斯塔洛齊的方法及教學精神。他也提
到相互教學或班長制教學法，但評價甚低，還認為要予以限制。但對裴斯塔
洛齊的方法及態度，讚美不已；曼恩亦然，還傾全力推銷到麻塞諸塞州來，
該州其後是美國教育最進步的州，其來有自。雖然，該時流行最廣的教師用
書，是佩基 (David Perkins Page, 1810–1848) 所著的《教學理論與實際》(*Theory
and Practice of Teaching*)，在該著作中，他警告教師不得在情感上為班長制教
學或實物教學所困，還以冷漠態度對待裴斯塔洛齊的教學法；但由於裴斯塔
洛齊方法注重學童活動而非予以壓抑，乃漸漸受美國教師界所青睞；巴納及
曼恩慧眼識英雄，在歐洲老社會許多教學法群中，找到了最正確也最良好的
教學法。

當裴斯塔洛齊教學法在美國獲得穩定據點時，紐約州一所師範學校的成
立，給它一個極大的推動力，該校恰好在南北戰爭爆發的1861年立校，即奧
斯威哥師範學校 (Oswego Normal School)，創校者薛爾頓 (Edward A. Sheldon,
1832–1897) 倡導裴斯塔洛齊方法不遺餘力，尤其對實物教學情有獨鍾；對加
拿大教育博物館之搜藏大批實物，印象深刻；奧斯威哥仿之，形成一股旋風，
稱為「奧斯威哥運動」(Oswego Movement)；薛爾頓本人是個優秀的宣傳家，
也是稱職的教師，該師範學校是美國最具影響力的師資培育機構，以此作核
心，當師校學生畢業後，裴斯塔洛齊的實物教學法，遂廣被於全美各地。

這些受過新式教學法洗禮的老師，無論到什麼地方，大家都幾乎步調一
致的先以籌設學校博物館開始。許多當時所成立的博物館，到現在仍屬學校
古蹟。但實物教學法並不以設立博物館為竣事，還得佐以其他教學的新技巧；
從此之後，新教法及新技巧也沒什麼稀奇了。但在初期，教學是令人一新耳

目的，如搜集標本以建立學校博物館時所使用的田野遠足，以及商店實習。最早看出商店及農田乃是實施裴斯塔洛齊方法最理想環境的教育工作者，就是瑞士的貴族**曹倫堡** (Philipp Emanuel von Fellenberg, 1771-1844)。此種理論與實際的搭配，在美國進行手工勞作運動時，輸入美國，許多美國早期的大學院校也因手工勞作運動而興建起來，並且學校之成立物理、化學、及生物實驗室，也得歸功於該運動！

乍看之下，實物教學法、手工勞作運動、或商店實習等，都是歸納教學法的一種應用。教師幫助學生從實地觀察中形成概念，陪同學生先獲得一大堆初步的感官印象，然後用歸納方式將這些感官印象予以分析與比較，從而得出概念化作用及類別化作用。但歸納法的教學方式，並不意味著從感官知覺到抽象概念的單行道方式而已。事實上，學童如再能反其道而行，那才表示教學的真正成功；在相反的學習方向上，學童以概念作為引導，指向他所預期接觸的實物；順著這種方向進行的教學法，叫做「**演繹**」教學法。兩法同時進行，以哲學術語來說，歸納法是由外往內的先從殊相著手，然後才得出共相；演繹法則是由內往外的先從共相為主，然後推演到殊相。二法不宜偏廢！

五、五段教學法

在美國南北戰爭結束二十年後，赫爾巴特的教學法才在美國普受重視。原因是美國年輕一代的留學生負笈德國後，宣傳五段教學法不遺餘力，赫爾巴特是名大學教授，裴斯塔洛齊則較無學術領域中的赫赫頭銜。由德返美的年輕教授宣稱，赫爾巴特所發展出來的教學法，是適合於教學任何科目的「**一般方法**」，五個步驟就是心靈在學習活動時的邏輯程序。師範學校也在頃刻之間相信此種說法，而取之作為重鑄教學模式的典範，赫爾巴特的五法被嚴格的遵守著，五法變成普遍法則一般，放諸四海而皆準。但是太固守於法則，乃產生呆板的形式作風，這是教學法的大忌。過了一些時日之後，普遍法則之說難免受人攻擊；不少人對於心靈只用一種學習法來進行學習活動這種理論，大表懷疑；更多的人則認為特殊學科如閱讀或特殊功課如體育訓練等，應該運用「**特殊方法**」來教學才屬正確。

　　十九世紀的最後十年，正值赫爾巴特的狂熱勢力達到最高潮之際，但退潮已現；二十世紀初一位著名的美國教育心理學家卻仍力挺赫爾巴特教學法，他就是**哥倫比亞大學** (Columbia University) 教授**桑代克** (Edward Lee Thorndike, 1874–1949)；這位披荊斬棘的把教育心理學作科學研究的傑出先鋒人物，認定學習是制約式的，或是觀念聯合式的，與赫爾巴特之「**統覺論**」不謀而合。所以當桑代克要把科學研究結果轉到實際的教室教學時，乃直接取赫爾巴特的教學法步驟；此種作為，並不令人驚奇。

六、自我活動教學法

　　福祿貝爾的教學觀念，也由那批喜愛自由的德國人，在他們於祖國進行 1848 年革命失敗後，移民美國而把它帶到這個新國家。福祿貝爾的自我活動概念，首先只實行於私人設立的幼兒教育機構裡；南北戰爭後，公立學校也深受福祿貝爾的影響力，造成這種趨勢的領導人物，就是**密蘇里** (Missouri) 州**聖路易** (St. Louis) 市教育局長且後來成為**美國教育總長** (United States Commissioner of Education) 的**哈里斯** (William Torrey Harris, 1835–1909)。

　　長久以來，自我活動的教學法，只施用在幼兒教育或初等教育之前期而已。其後，它終於突破此種瓶頸而朝兩方向發展，一即滲入手工訓練運動中；這種運動，強調手藝乃是福祿貝爾的「**恩物及工作**」觀念最具體化的表現，並且也是該種觀念的擴充。另一種方向即向公共學校的低年級及高年級發展，福祿貝爾早已認為他的方法，適用於該種學童學習。在美國，努力不懈的致力於此方向的，就是崇拜裴斯塔洛齊也心儀福祿貝爾的一位退役上校，南北戰爭之後，**派克上校** (Francis W. Parker, 1831–1902) 把身體動作列為小學各年級主要活動，同時也修正福祿貝爾之觀念，並不把自我活動僅限定在形式化或神秘化的象徵活動上，卻發展在所有的活動型態裡，如姿勢、說話、音樂、模型製作、繪畫、著色、及書寫等活動，大大的沖淡了宗教意味，以適合美國的國情。

　　既然派克上校那麼的注重動作表現，因之他也不容忍傳統式的教室管理措施，因為太要求肅靜了。假如孩童在內心上願意動作或有動作表現的傾向，則教室內將預期有某種程度的紊亂，如學童的走動，但這是妨礙「**秩序**」了

嗎？上帝所賦予人的第一恩物，就是選擇。既然沒有人能為他人選擇真理，則學童的未成熟心靈，在練習選擇的時刻，總會有騷動存在。當學童違反學校常規而犯了過錯，雖然馬上予以責罰就解決了該問題並且帶來了安靜，但這種處理方式並非教育方式，並且學校一味的要求安靜，也不是教育該有的目標。在懼怕的威迫之下剝奪了選擇的自由，學童終無法養成學習管理自己的習慣。

自我活動中的「自我」，應該特別突顯其教育意義。內在動機的重要性，當然強過外在動機。這種教育理念，歐洲學人早已點出，但美國學者更精準的要求那才是教學成功的最重要觀念。佩基對於舊大陸中不少教育學者主張用外在的獎懲作為激勵學童求學的手段，大不以為然。他抨擊獎賞或懲罰的措施，理由是有傑出表現者，與他所接受的獎賞物品，二者無法相比；反之亦然。知識與品德無價，任何有形的金錢（獎學金）或物質獎項，不能與之等同。其次，獎懲也產生不該有的對敵心，並且它也只對少數渴望得獎或避免受罰者才生效，其他人則漠不關心，尤其獎懲對象不是數量很多的時候，且當大量的獎賞出現時，則得獎或挨打也並不希罕。尤其獎懲有個致命傷，即學童的外在學習環境並不平等，家境富裕及貧無立錐之地的學童，要他們學習成果齊一，這就只看表面而未究底層了。如果有獎懲才會有學習活動，否則就停止，這哪算是該歌頌的教學現象呢？

大受黑格爾哲學影響的哈里斯，則以正反合辯證法，說明教學中「自由」的意義。他認為自由乃是將自我馴服於道德律之下，才算大功告成。此一境界若已達成，則道德律就使學校具有統一性。此種統一性，即是黑格爾所說的「合」(synthesis)；它植基於個人狹隘的奇想，即「正」(thesis)，以及含有廣泛社會經驗意義的道德律，即「反」(antithesis)，二者而來。假如學童犯過而使學校的統一性遭受破壞，則有必要予以修補。若學童因受責罰而被逼去作修補工作，則學童的自由意志被教師任性的霸佔了。最理想的訓導方式，就是要求學童能獨立的克制自己，自我制裁，或自我警惕不得犯過；並且在正與反的對立與衝突當中，自由自在的裁示或決定，而形成一種超乎「正」與「反」之上的「合」。自治、自律、自愛、自決，都是自我活動的要項。

時代巨輪轉到二十世紀時，把自我表現及自我活動的教學法作最大幅度

擴充且帶有浪漫色彩的，就是參與「進步教育」(Progressive-education) 運動
的人員。他們對「活動主義」(activism) 信念的執著，深不可拔；學校措施，
皆以「活動」為名，如「活動學校」、「兒童活動」、或「活動課程」等，且他
們對自由的推崇，幾乎到了虔敬的地步。「不自由，毋寧死」，加上「生命誠
可貴，愛情價更高；若為自由故，兩者皆可拋」。此種來之於法國大革命響徹
雲霄的口號，大受美國人歡呼，咸認自由活動乃是發展潛在能力的唯一正當
方式。其實，進步教育浪潮不只出現在美國，連蘇俄都有自由派學者為它搖
旗吶喊，甚至主張片刻的自由也應珍惜膜拜。和平運動的小說家托爾斯泰
(Count Leo Tolstoy, 1828–1910) 主張兒童可以自由上學，自由離校，自由上課，
自由不上課，完全依自己隨興來進行活動。對這些進步教育人士而言，自由
不僅是教育過程的終點，且是正確的教育方法。只有在自由的氣氛之下從事
活動，包括教學，才具意義，學童可以無拘無束的表現自己的個性；並且也
只有在自由的教學過程中，才會滋生出原創性的教學成果，這是評量教學功
效的最重要指標。原創性的表現，可以透過繪畫、模型製作、手藝、歌唱作
曲、舞蹈、及作文等媒介，甚至數學解題，學童盡可能自由的把內在情感的
最深層予以宣洩出來。自由奔放的社會氣氛，當然吸引了歐洲專制政體之下
的自由派教育學者；尤其是福祿貝爾的一些門生，在德國遭受打壓，發現美
國是他們發揚自我活動教學法的最好溫床。加上當時藝術界流行著「表達主
義」(Expressionism) 風潮，「新」潮式的音樂、美術、或雕刻應運而生，「新」
教育也與之附合！

　　不過，支持浪漫主義的理論，在二十世紀時有了變化；科學概念取代了
十九世紀以哲學為立足點的教育學說。二十世紀初期，最為人所熟知、也最
具教育科學意義的，就是教育心理學上出現了「動態心理學」(dynamic psychol-
ogy)。在哈佛大學 (Harvard University) 任教的詹姆斯 (William James, 1842–
1910) 及哥倫比亞大學教授桑代克強調的本能心理學，都在教學法上重視兒
童的天生衝動力（即本能），且極力呼籲學校功課之負荷減輕。另一位名心理
學家也是約翰霍普金斯大學 (Johns Hopkins University) 教授霍爾 (G. Stanley
Hall, 1846–1924) 早就宣揚瀉淨理論，主張自由的驅散心中的惡傾向，「不表
現即無印象」；不過，對於自我活動及自由活動方法最具刺激及震撼作用的，

莫過於維也納醫生兼心理學家**佛洛伊德** (Sigmund Freud, 1856–1939) 所提倡的心理分析理論。大部分的心理疾病，依佛洛伊德的解剖，都是由於社會傳統長期又強力的壓抑或阻撓本能活動所致，尤其是性本能。心理分析的一帖藥劑，就是放鬆禁令的約束力，並且也允許天生的衝動力比較不受韁繩所束縛。心理分析說解放了人類，也解放了教育，更解放了藝術！

第六節　美國版的教學法

　　歐洲舊世界的教育觀念漸漸影響美國之際，美國的教育界一方面受到外力的刺激，一方面也希望在教學法上有自個兒的主張。他們先感激於從國外介紹進來的教學法，使教學效果大獲改善；但也有一些領袖人物早就感嘆於美國教師界太借重於德國教育的理論與實際。最早道出此種不滿心聲的，可能就是曼恩，他曾經親自到德國取經，對於所聽所聞，獲得頗多的激勵與啟示，尤其取法於裴斯塔洛齊者最多；但他並不「盡」信歐洲作風；派克上校及大教育哲學家**杜威** (John Dewey, 1859–1952) 對赫爾巴特的教學法之能否照單全收式的施用於美國，大感懷疑。既大倡創造力，則新穎且帶有美國味的教學法，從此誕生。美國版的教學法，不但後來居上，且領袖群倫，變成環球教育界學習的對象。

一、問題教學法

　　對教學法最有貢獻、最具原創性、也最卓越的美國教育學者，就是杜威。在基本原則上，杜威認為他的觀念，與主張教師在教學時，應充份利用學童天生就具有的活動傾向，二者相合。在利用這種傾向時，他走兩條途徑，一是清楚的了解教材，二是注意學習動機；其實這也是二合一的，有其一就有其二。

　　首先為了要讓學童清楚的了解教材，他當然提倡自我活動原則。對「**做中學**」(Learning by doing) 的觀念，他作了史無前例的引伸。與歐洲教育先輩有所不同的，是他用「**問題**」(problem) 來取代裴斯塔洛齊的「**實物**」(things) 及福祿貝爾的「**恩物**」(gifts)。讓學童實際感受到或面臨問題立現眼前，學童的學習才會開始；但開始教學時，應該讓學童自動自發的自我去摸索，充份

運用感官刺激，如此才能對問題的性質，了解得一清二楚。他也對亞里士多德之特別強調理性活動、心靈活動、或內在活動，有所修正；他也兼顧外部的肢體動作，心動之外，還要手動，眼動，腳動，身動。身與心，二者皆動。至於經驗主義大師如洛克諸人之有學習係被動的接受感官印象之說，杜威更不客氣的說出真相是：

> 只要花五分鐘的時間把孩童獲得知識的途徑作一不偏不倚的觀察，
> 就足夠推翻一種觀念，一種認為學童只是消極的接受現成的、又是
> 孤立的聲音、顏色、硬度等等印象的觀念。

相反的，杜威發現，學童不停的玩弄實物或處理實物，因為心中存在著有所不解的問題，目的不在於知悉這些實物的孤立屬性，而在於了解假如玩弄或處理了這些實物之後，這些實物會發生什麼變化。因之，對於「教實物而非教文字」這句古訓，杜威則以「不要教太多實物，卻應讓學童明白實物的意義」來回答！就以福祿貝爾舉的球為例，孩童一拿到手時立即出現的問題，是球的性質是什麼？孩童從抓球、丟球、捏球、擊球等動作，就比較能知悉球的屬性；又從觀察球的跳狀，明白球與其他實物的異同點。幼兒園的玩具（恩物）數量不必多，學童不是無意識的把玩而已，能從中體驗出意義，則就欲罷不能，否則玩具再多，也會生厭，引不起學童「繼續」把玩的興趣。

自我活動一生出意義，興趣與動機也就伴隨而至；但是該種意義，絕對不是福祿貝爾那種神秘的、抽象的、遙遠的、象徵性的、符號性的意義；卻是兒童可以理解與想像的，且也可與感官經驗界相連繫。自我活動的定義，是明確的引導學童完成一種目的的一系列變化；因之，他要學校以實物或材料作為工作或遊戲當中達成某種目的的手段，而該種目的也基於兒童的內在衝動行為。為了要達此目的，他要學童在自己的環境裡有所作為，然後以自己所擬的目的來注意活動所生的後果。顯然地，這種說法與命令式的指定功課，或單給學童「忙於工作」(busy work) 的觀點，大異其趣。對杜威而言，自我活動就得有觀察及實驗的機會，亦即運用心中的觀念於實物中。

自我活動不外乎問題的解決，杜威在一本《思惟術》(*How We Think?*) 中非常清楚的列舉問題教學法也是科學方法的五個步驟。⑴學童必須覺察出困難，感受到自己的活動受到阻礙；此時也想到如何使自我活動能持續下去。

⑵感到困難後，就得探查問題的性質，並明確的知悉它的範圍。⑶當困難情境經過徹底觀測及分析之後，就得尋求資料以便找出或許可以解決困難的線索。⑷用假設的方式，將搜集的資料予以引伸推理，然後在內心中勾畫出如果將某種假設訴諸行動，則將會有何種後果。⑸把認定最可行的假設，實際的在行動中予以驗證。如果問題消失了，則證明困難已解決；否則得從頭來！

這五種步驟，即是「**假設**」(hypothesis) 及「**求證**」(verification) 的方法，是除了「**演繹法**」(deductive) 及「**歸納法**」(inductive) 之外的「**設證法**」(abductive)。學童必須體驗親歷其境的感受，從中了解術語及詞彙的正確定義。杜威在此處為學校實驗室、實習商店、及遠足旅行等活動課程提供嶄新的教學法理由，這些活動，不是只供學童運用感官而已，也不僅要認知具體的或神秘化的實物，或減輕學業活動的常規束縛，而是要學童從實地驗證中學到困難解決的程序及樂趣。

杜威的問題教學法有五個步驟，赫爾巴特的五段教學法也有五個程序，二者是否有所差別，這是吾人應予注意的地方。最重要的分別處，在於杜威的教學法，幾乎是以學童為主，赫爾巴特則把重點放在教師身上。杜威說：「赫爾巴特方法並無涉及到學童覺察出困難或矛盾，其實這是全部學習過程中的起點及推進力。」所以一主動一被動，已是昭然若揭。其次，赫爾巴特方法中之「**提示**」，是教師介紹新教材，但杜威在為解決問題而進行的材料搜集中，有部分材料並不是唾手可得或就近即可輕易獲得，卻是有待挖掘或實驗的；積極性及主動性更為明顯。此種方法的「**思考**」因素，更居重要地位，「**用腦筋**」(intelligent) 是不可或缺的。最後，在「**應用**」步驟上，杜威的方法含有不少不確定性及不安穩性，因為並不保證問題一定可以解決。

教學法當中的「**興趣**」，德國及美國的這兩位大師都相當重視，但是赫爾巴特把興趣當成為教學之後的成果，杜威卻認為興趣本天生，是學童原始就具有的衝動性或感受性，是內心想宣洩精力的一種渴望。杜威很謹慎的要教師注意，不要以為學童的某些外表姿態如專心或努力，就以為該生一定對學習發生了興趣；因為那種姿態，有可能是受到糖衣式或人為式的引誘才產生，那是表面的。興趣應該是發自內心的，「歡喜做，甘願受」；虛假的敷衍，反而不是教學的正途。天生衝動果真被挑激出來，則由此而生的努力，就遠比

訴諸理性、或感性上的無上命令、倫理上的義務感等，更能自由的流露出來。

問題教學法是折衷於教材的論理性組織及心理性組織之間。這二者並非對立，更非不相容；既然演繹與歸納共生，那就表示教材沒有一成不變的單一性型態；假設與求證連繫不中斷，也不孤離。以知識為中心的論理性組織，以及以學童學習興趣為主軸的心理性組織，取之作為教學時，要視情況而定。對初學者的教學而言，當然是優先採用心理性的教材組織；對成人或在某知識領域已稍有造詣者來說，則採用論理性組織為宜。

最後我們要予以注意的，是杜威的問題教學法對社會的影響。他排除了福祿貝爾的神秘主義，而採取一種常識之見，認為學校就是一種社會組織，一種小型的社會；學校如果是民主式的，社會才有望成為民主式的。學校不只變成學童的團體，並且學校也與家庭及社會打成一片，絕不相互脫節或孤立。開放學校設備，利用社會資源；家庭裡的烹飪、縫紉、及手工藝等，學童早已相當熟悉；經由這種媒介來找問題，則學童自有選擇教材的責任，就地取材，從中挖掘問題，用心用腦袋解決，依此來改善社區或家庭環境。這種社會是進步式的，進步式的社會得依賴進步式的學校來引導。進步必然產生變遷，此種教學的社會意義，還充份反映在教室管理上。杜威心目中的學校總要比傳統學校較為不寧靜，也較無秩序感，他並不因此憂心反而極感自然與正常。學童由於熱心於探討來解決他們所面臨的共同問題或私人問題，到底應採取什麼途徑或方法，因而會有討論、走動、查資料、或挖掘等動作，此種教室景觀，與學童呆若木雞式的靜坐於課桌椅上直到教師解除了束縛後才見的活動，二者之別有如霄壤。一方是規則由教師自訂，教師也得日夜偵察監視違背者。一方則教師可以利用時間去注意並鼓勵學童養成邁向成熟的積極習慣；如有規則公佈，也是來之於學童自己，也由學童司法。

二、 設計教學法

杜威的問題教學法這罐新酒，卻不常注入於新瓶子裡。許多保守之士企圖利用它來作為舊有形式教學之用，他們想不出有什麼道理不能用問題教學法來教傳統課程。恰好在第一次世界大戰結束之時 (1918)，當問題教學法正要陷入過去那種形式作風之際，杜威的得意門生同時也是同事的**克伯屈**

(William H. Kilpatrick, 1871–1965) 適時施出援手予以拯救，並把它改造成為「設計教學法」。

設計 (project) 的概念，並非全是克伯屈本人的創見，它老早就在農業教學中實施過。在農業教學中所進行的設計教學，是把學校所學習的農業理論應用在自己的農莊上，因此這種教學法，在許多層面上，帶有問題教學法的特徵，說它是一種問題教學法也不為過。學生在一個具體的自然場地裡（如農莊），估量其情境，擬訂一個所需要的行動計畫，執行計畫時就得設計出方法及材料的處理方式，並檢驗其成果。

將問題教學改編而成的設計教學法，在美國境外所受到的歡迎，遠比美國為甚。二十世紀之後的美國大學，已快速的趕上歐洲一流大學，在教育學的園地裡，紐約市的哥倫比亞大學之**教育學院** (Teachers College) 更執牛耳地位。杜威及克伯屈兩位大師皆在該校任教，該大學吸引的外國留學生，盛況猶如十九世紀時德國大學一般。不只亞洲國家的日本及中國，赴該大學求學者絡繹不絕，連歐洲學子也不例外。德國稱**設計教學**為 *"Gesamptunterricht"*，特別強調一件事實，即各種不同學科都附屬於實際活動科目之下，且隨時為達成實際活動目的而進行教學。俄國人名之為「**複合科目**」(complex)，在 1917 年革命之前，尤見流行；因為那時有形教育及無形教育的界線還不太明顯，且成人在工廠或農場的工作都可以帶到學校裡來處理。

為了要使問題教學法的生動活潑性，能夠為設計教學法所擁有，克伯屈希望設計教學法是一種一般性科目的教學法，而非僅限於諸如農業等狹隘性的教學法，後者早已有人應用且流行甚廣。為了擴張它的範圍，設計教學法尤其注入了某種動機因素；克伯屈說，設計教學法中的動機因素，形成了「任何有目的的經驗單位，也是任何一種有目的的行動；它的主要目的，也是內在驅策的目的，⑴要能確定行動的目的；⑵要能指導行動的過程；⑶要能提供行動的動力，即它的內在動機。」

克伯屈所設計的「**設計教學法**」，等於是教育的全部，這是他的理論最具前瞻性的特色。他說教學法有廣狹兩種，猶如教育有廣狹兩層面一般。他的學習心理學，認為學習可孤立可不孤立，但都應有「**輔學習**」(Concomitant Learning) 存在。比如說，學算術時，直接學到了加減乘除等知識，這是「主

學習」(Primary Learning)，但同時也學到了對算術的愛惡、對本學科的研究產生奮力不懈或無精打采，以及養成其他類似的習慣與態度，如精確的要求或推理的領會，這就是「輔學習」了；當然還有「附學習」(Secondary Learning)，即附帶於該學科或與該學科有直接關係的知識，比如說學歷史時也「附帶」的學到了地理。一句英文的老格言是：「教」這個動詞有雙重受格，教師不僅教算術，他還在教人呢！

知識掛帥的教學，是把教學看得太窄了；設計教學法擴大了教學效果的版面，認知之外，更應強調情意，因之態度及情緒感性，美的欣賞更不可忽略，這其中就蘊含有道德品味及情操了。裴斯塔洛齊的「**直觀教學法**」中的道德直觀，是教師人格的感召，此種精神再度在設計教學法上復活。除此之外，設計教學法在教學繪畫、舞蹈、作文、戲劇表演、及音樂演奏上，更可揮灑輔學習的功力！

三、個別化式教學法

傳統的背誦教學法為人所詬病的一項弱點，即沒有注重學童個別差異的事實。全班齊一式的教學，且按年齡分級並升級的措施，被許多進步教育家批評得體無完膚。當教育心理學家正在精確的畫出個別差異的輪廓時，第一線的教師乃實驗出個別化式的教學法。允許學童依自己進步的速度來升級，最有名的此種安排，乃是「**道爾頓法**」(Dalton Plan)。學童與教師先訂一個「**契約**」(contract)，契約中規定功課作業完成後，才又另下一次功課作業的契約。每名學童完成契約的時間，早晚不一，作業功課履行的時間可以自行安排與控制。完成一契約之後，才准另訂契約。

其次稍為複雜化的設計，是在**伊利諾** (Illinois) 州盛行的「**文納特卡制**」(Winnetka Plan)，不僅學童按自己學習速度升級，且同一名學童也因不同科目而有不同的升級速度。每名學童都作診斷測驗，來決定他應該承擔的工作量及工作性質。當學童按照自己所訂的學習速率來進行學習，又認為自己已完成該科課業時，他可以先來個自我測驗，看看是否可以通過教師的測驗，以便接受新工作及新學習。每位學童對每一學科的學習速度，快慢不一，學「寫字」科目與練習「算術」功課，會出現個別差異的能力懸殊現象。此制比道

爾頓制更為詳細，二者皆不忽略團體活動，上下午都有一半的時間花在遊戲、音樂、自治、及公開討論等活動中，所有學童都得參與。

　　傳統的教學法，除了將個別差異事實置諸腦後之外，還帶有權威教學意味，這在以民主為號召的美國中，是格格不入的；過去的教室禮節，完全是專制及封閉時代的產物，教師一入教室，全班學童立即起立；與教師說話，都得稱 "Sir"（男）或 "Lady"（女）；講桌位子抬高，好讓教師可以俯視全班學童。二十世紀前期的民主時代裡，如何使教室教學能培養學童獲得民主社會所強烈要求的合作性及創造性，乃變成民主心態的教育學者一致努力的目標。教學方式如何形成一種氣氛，一方面沖淡教師的肅殺之氣，一方面也沒有減少教師教學所應擁有的內在權威，又能使學童的個別差異性及自發自動性充份獲得發展。有些人修正了過去背誦作風，給予學童責任感，在複述（背誦）時，學童面對全班，或採取學童相互質問而非單由教師問問題。此種方式，進行在學童各自接受不同作業的小組教學時，最有價值。有些教師為了減輕他們自己形式上的外在權威，還把教師桌椅移到教室旁邊，甚至搬到教室後面，而非置於全班學童之前的正中央。

　　班級教學更為民主化的方式，就是組成不拘形式的討論團體，來進行諸如文學、政治、經濟等較具爭議性科目的教學；因為人文及社會學科的「**最終**」及「**最後**」答案不多；學童的創造性思考或自我信賴性也就因之顯露無遺。傳統例行常規式的教學過程──「**指定功課、研讀、複述、考試**」(assign, study, recite, test)，非得大大修正不可。加上學童在家研讀功課的情況，各生有別；有的學童在家有私人的房間可以安靜的作功課，又有家教陪侍在側；但大多數學童抵家後立即丟下書包拿起鋤具到田裡幫忙農耕；有些家長給予孩童道德上的鼓勵，但多數家長則對孩童作業不屑一顧，也無能為力予以協助；為了彌補此種缺陷，學校行政首先出現了某種安排，即學校建了閱讀教室，或延長下課時間作為教師輔導學童學習之用；此外，教育學者還出版一些參考用書來指導學童如何作功課，如何應付考試。教育性的書籍放在圖書館的書架上供師生翻閱。

　　將「**指定功課、研讀、複述、考試**」的教學程序作重大改進的，莫過於「**作業**」(assignment) 的指定法。長久以來，教師都有一種隨便亂指定作業的

習慣，如抄 10 頁書或作 10 道習題等。但自赫爾巴特方法被介紹且予以運用之後，教師就得用心去準備習題作業了。五段教學法的最後第五段（**應用**），通常都是習題作業的指定，好讓學童在第四步驟（**總括**）的學習中所學得的原則加以練習或應用。並且個別差異的重要性，隨著心理學的發展更受到重視，教師必須指定不同的作業給不同的學童；除了共同性的基本作業每一學童皆須完成之外，另有為優越生指定較多或較艱深的習題，為低劣生指定較淺易或較少的作業等方式。杜威的問題教學法，更注重問題的研究以及指導，因之田野旅行、實驗、訪問等，都使教學法的運用，形形色色，而非單調又機械了。最後，班級教學更富民主化、多元化、專精化、及社會化的，莫過於二次世界大戰後期所發展出來的「**協同教學法**」(Team Teaching)，學童可以在同一班級裡接受不同教師最傑出也最拿手的教學及指導；不只所學較為正確，且也可進行科際研究，更知悉學科與學科之間相互有關。教師除了負責教學之外，其他教學上的行政處理，如學業成績的記錄保存等雜事，也有專人負責，這個專人，也是協同教學當中的一份子，更是協同教學團體內的成員。

四、電化教學術 (Educational Technology)

二十世紀初期，有影響力的教學法，不管是歐洲舶來品或是美國土生的研發，都已使出全力的影響於二十世紀中葉裡，這是極其顯然的教育史實。教育學者在各種風行的教學法塵埃落定後，只能在已確定的大原則下作修枝剪葉的工作。假如說背誦法已成明日黃花，則教師當時所奉行不二的教學法，即赫爾巴特及杜威教學法，風光的時代也同樣消失。教學方法已有折衷性，因不同目的、不同課程、不同科目、及不同學生而有不同的教學法。假如在教學法的領域上還能作拓荒工作，希望能產生新突破的，則大概只有電化教學術了。二十世紀末時，又因 E 世代 (Electronic) 的來臨，電子媒體的使用，也滲入校園中；電子科技作為教學媒介，廣泛為教師所喜愛；上課之使用投影片、**多媒體簡報** (Power Point) 等，可以說是教育學界令人一新耳目的景觀。

教育學者對電化教學大幅度的感到興趣，乃是工業上的自動化波及於校園的結果。工業上的自動化，可以說是二十世紀後半期全美經濟生活的主要

面。有人認為電化教學形同半路殺出來的程咬金 (*deus ex machina*)，是另一種形態的班長制教學法，此說也深具教育史意義；由於戰爭期間生育率特高所造成學童大量入學及教育經費的相對暴增，此種教學技術可以使教育費用大減。

電化教學法中最新穎也最令人驚異的設計，就是電化教學機器的使用，遠距教學、空中教學、電視教學等，名堂很多。但是教學機器，絕非早年物理科學及機械學聯合改善教學所使用的那一種。二十世紀之前，早已有兩項發明在教學法的改善上最為突出。第一項就是紙及墨水的使用，其次就是十五世紀發明的印刷術。二十世紀之初，也有兩項發明對於教學法之影響產生無比的神奇性，那就是錄音機及照相機。假如說康米紐斯的《世界圖解》是給了教師一種法力無邊的教學新工具，則更可以說，照相機、收音機、電影、及電視等新科技時代的電化儀器，更提供給教師一種新的教學資源。

值得注意的是，這些重要的大眾傳播器具之獲得技術上的進展，卻是經濟因素大於教育因素。因之現在的問題是，如何將它們拿來作為教學之用。**教學機** (Teaching Machine) 的使用就是一個顯例。在教學機上，教育學者設計該機器的「**硬體**」(hardware) 時，得顧及到學童的學習心理學理論，那是「**軟體**」(software) 部分了。教學機的問世，使得「**刺激反應**」的心理學大受刺激，也大受重視。以前的教學偏重刺激，但教學機的教學卻因注意反應而使教學大見成效。教學機的特性有三，一是學童積極的參與學習活動，二是教學機能夠立即提供「**回饋**」(feedback) 或認可，三是學童能依自己的進步速度來進行自我的學習活動。

在廣泛的利用這種新教學法時，硬體的設計只是一半工作而已，另一半則是軟體的學習材料之設計，使教學機發揮教學功能。「**編序教學**」(programming) 之成敗，端賴它是否能製作出按學童在學習程序上進行的小步驟及重複步驟而定。而學習程序或步驟到底要多少，這似乎不是論理問題，如同赫爾巴特或杜威，或甚至蘇格拉底在《米諾》中所述的一般，倒要依靠經驗觀察才能決定，並且個別差異的事實也絕不容忽視。

電腦對於教學過程提供了更廣泛的幫助，此種電子儀器因能儲存並能尋回資料，對於師生的教及學，是一大福音。運用這種儀器，學童在教學機上的各種操作及表現，都可以記錄下來，教師及指導人員就可據此而認出學生

學習的困難所在。至於電腦對於圖書館及學校各種資料的處理所產生的方便，更無需贅語說明。

不過，教學儀器再怎麼翻新，應該諮記在心的是，教學是師生的互動，其中「人」的因素最關緊要。師生即令眼前可以因電化及電子儀器之發明而把莎士比亞戲劇手稿影像「傳到」眼前，但如能親自到他的故居目睹手稿的「**真本**」，那種心靈上的感受所引發的心情反應，將是畢生難忘的學習經驗，絕非動手操弄電子儀器的印象可以比擬。捨本逐末，這大概是電化教學器材作為教學法媒體中最應避免的結局。

「最現代」的高科技及電子化教學儀器、種類五花八門、層出不窮，確實對教學印象之加深有無比的作用；但須知，如欠缺一股求學的鬥志與毅力，以及某些內在的「心思」，則光賴「他助」，也不是獲得寶貴知識的萬應靈丹！讓我們舉「最古老的」蘇格拉底反思方法之特色，作如下說明：

1.對話時，蘇氏先自承無知，讓對方傾洩地道出自己的看法，蘇氏聆聽後，先謝謝對方的好意，讓他頗感滿足，但旋即提出其中有一兩個困難，使他困惑不解，有待釐清，對方也就趁機剖陳以告。雖是如此，蘇氏卻技巧高明地控制全局，不要離題或動用情緒，既然對方已道出諸如勇氣或正義等字眼，可見對方必知該辭句的正確定義。對方就又自以為是地剖述己見，但蘇氏的善於提問，終使對方啞口無言，許多對話到最後都無雙方皆有共識的「定義」，只好改天再議。

2.在 *Euthyphron* 這本書中討論虔敬 (piety)，有一對話者 (Charmides) 涉及節制 (temperance)，另一對話者 (Lysis) 則以友誼 (friendship) 為主題，但卻無定案，尤其在一觸及「義」與「不義」(justice & injustice) 時，不可只思及「正面」，也該旁及「反面」，正面即「義」，反面即「不義」。如此，才周全不偏。好比說何謂「不義」，如「欺騙」(deceive)、「傷害」(injure)、「奴役」(enslave) 等，那都是「不正當的」，即「不義」，但那是針對友人而言，才算「不義」。要是偷了友人的劍呢？若知友人已陷絕望而求自刎時，偷偷地把他的劍取走，難道這是不正當之行嗎？父親騙了生病的孩子，為的是要他喝下可以治病的藥呢？可以怪父親有不義之行嗎？因之，「動機」才是決定行為義與不義的主要背後考慮，不可只視表面上的行為。

第九章　課程的發展㈠

　　任何影響教育發展的因素，都會對課程內容及形式產生重大的改變，不管那種因素是政治的、經濟的、哲學的、心理學的、宗教的、或是科學的。探討課程發展的重點，有下述諸問題需釐清：課程的選擇應依據人性論、學習法、或是教育目的而來？課程定義是什麼？課程性質是什麼？一談到課程，幾乎也就等於談到整個教育了。

第一節　「傳統」課程的起源

　　假如有人研究歷史，則他將發現原先的課程都是非常實用的。「文明古國」的埃及、巴比侖、印度、及中國，實用課程皆大同小異，課程活動形同日常生活活動。下一代的學童為了要精於承擔上一代的成人工作，需接受特殊課程的訓練。願意成為技工的，由技師負責；戰士要善於武器的運用，教士則需熟悉於宗教儀式及教規。這種職業分工，是中世紀以前歐洲社會的現象。不過經由課程的設計來綿延傳統文化於不墜的，首先出現在希臘。希臘人不只創造了現行主要學科課程的名稱，還規劃出有用的課程。這套課程之無所不包性及內容比例的平衡性，在教育史上真是前無古人，它涵蓋了人生的智、德、體、及美四種，且四者調和分配恰當得無以復加。

　　希臘的智育課程，就是吾人所知的**七藝** (seven liberal arts)。為了敘述方便，七藝分為**三藝** (trivium) 及**四藝** (quadrivium) 兩種。前者就是**文法、修辭、及邏輯**（希臘人及中世紀人稱為**辯證**）。這三藝，也就是這三門學科，源於希臘人的日常公民生活，尤其是雅典人的公民生活。由於對民主政治的喜愛，這個偉大的民族在早期就樂於以透過公共討論的方式來處理公共事務。為了要在公眾集會場所說話有力，時人認為有必要從事文字的解析工作，這樣子就可以知道文字結構的奧秘、說話者的動機、及語勢的強弱。希臘教師如辯者**普羅塔格拉斯** (Protagoras, 481–411 B.C.) 在這方面的建樹，使得好幾世紀

以來，學童在接受文法語言學的訓練時，都應感激他。這位辯者也是最出名的教育家，最早教導人們如何經由詞類的認識、詞類名稱之了解、及語法規則之使用，而使說話精確。普洛塔格拉斯對文法有研究，**柏拉圖** (Plato, 427–347 B.C.)、尤其是**亞里士多德** (Aristotle, 384–322 B.C.) 則對辯證有心得，其他學者則對修辭有造詣。

三藝的肇始，並不全然因政治目的而起。希臘人也知道這三門學科如同工具一般，教師好比雕刻師，他們拿這種工具，根據兒童天賦來塑造兒童的心靈形狀。比如說，柏拉圖把辯證當作課程之首，並不只是因為這門學科可以使學生在辯論場合中獲得決定性的勝利，或者因這門學科可以闡明某種特殊真理，而是由於在知識的領悟上，它是獲得普遍真理的基本工具。這種說法才使得三藝科目在其後的幾世紀裡，變成課程當中最為重要也最為古老的學科，因為三藝說明了心靈法則本身。

智育課程的另一類四藝，乃指算術、幾何、天文、及音樂，這四科都與數學有關；幾何與算術是數學中的兩種科目，天文是星體的運行秩序，可以用數字計算出來，而音樂的聲調是有頻率的，頻率數目比例的恰當就是諧和音。各種技藝及家庭管理之需要幾何及算術，也說明了這兩科的實用價值。柏拉圖更認為數學有敏銳心智的功能，即令學童在數學方面相當遲鈍，但「學習它之後，則一般智力有增無已。」數學的最大用處，可能就是它可以使學童作抽象思考，不必經由具體物就能直達真理境界。

除了天文學之外，在幾何學裡，發明畢氏定理的**畢達哥拉斯** (Pythagoras, 580–500 B.C.)，也希望將其他科目如地理、物理、及醫學包括在課程之內；不過，儘管天文學具有使人明白季節及時刻等實用價值，但富有科學意味的四藝，卻未在希臘人的教育想法裡獲得青睞。科學的探討涉及到具體實物的研究，而具體實物之研究雖必須借用心智，但也得透過感官。不過，感官卻是真理最不正確的報告者，因為同一具體對象，經由感官印象所得的報告，卻常生變異，因之掩蔽了在抽象思考當中不受歪曲的真理本質。感覺之中有許多是錯覺或幻覺，這是人盡皆知的事實。既然科學及科學研究只能探討純粹存在物的外觀，則它在課程中乃淪為次等地位，此種不利地位要等到十六及十七世紀現代科學昌明後才改觀。

　　早期對三藝之倚重並對四藝較為蔑視，也就是說強調語文研究而輕視科學研究，或喜愛人文主義而厭惡自然主義，此種說法還由**蘇格拉底** (Socrates, 469–399 B.C.) 所認可；至少，根據柏拉圖的記載是這麼說的。在柏拉圖的名著《對話錄》(*Dialogues of Plato*) 裡，對話者之一的**斐德羅** (phaedrus) 以蘇格拉底未曾走出雅典城牆一步而予以控告時，蘇格拉底反駁道：「我是知識的愛好者，我的老師都是住在城裡的人，而不是在樹林及鄉野裡。」這話也形同「秀才不出門，便知天下事」的俗語一般；讀破萬卷書即可，何必行萬里路呢？

　　喜愛三藝尤勝於四藝，此種心態更為心靈與物質的二元主張所加強；這種二元論，源於身心二元論。不過，希臘人在此種說法中，雖然特別重視心的價值，但他們也十分相信體育的重要性。口腹之欲或身體功能，容或比心靈能力低賤，但卻不許予以忽略，一般希臘人也沒有忘記它，他們只是不願意過份強調體育訓練，因為恐怕會因此形成嗜好競技風氣及職業運動主義。2004 年國際奧林匹克比賽在雅典舉行，每四年一次的環球體育競賽，即令不在希臘舉辦，也需在雅典點燃聖火；此種事實，正足以表示古代希臘人注重體育比賽的價值。

　　希臘的體育課程，包括了許多有名的比賽，這些比賽發展到極致，乃變為泛希臘式（希臘文教廣被的地域）的奧林匹克競技節日慶典的舉行，此種慶典儀式，在當今世界運動會中仍然存在。希臘人最熱衷的主要運動項目，是跑、跳、摔角、拳擊、丟標槍、及擲鐵餅。本來這些活動都有軍事意義，如為了戰爭而勤練標槍等。不過時間一久，他們之從事運動，除了軍事目的之外，仍然含有道德及美感價值；其後更造成品德第一，體適能第二的結果。由於希臘人堅信體育競技可以強化意志力及決斷力，因此他們大半認為品德之美必尾隨著身體之美。力加上美，尤其著重美的成份，是希臘運動中最令人景仰的地方。

　　希臘人把體育運動當作是糾正品德缺點以及優柔寡斷性格的解毒劑，同時他們也知道體育運動之過與不及，都非正途。太嚴苛的體育鍛練，就如同亞里士多德所說的，易使學童野蠻；太少運動則造成軟弱；恰到好處的中道，才是良策。並且，希臘人不只將體育運動的量作適當分配，還將運動項目作比例的安排；因之他們最讚美全能運動者，不只有善跑者的美腿，還有善擲

者的健壯手臂，更有善泳者的均勻美體。最受希臘人所甲意的運動項目，就是摔角，因為摔角運動比其他運動，更能發展全身體能。

希臘的運動及教育既重美，並要求體育活動的平衡及比例，因之也要求體育與智育兩種課程之間的平衡及比例。最足以在二者之間居中協調的學科，莫過於音樂。廣義而言，音樂是詩歌式的藝術；狹義來說，音樂的本質就是律動；它不僅包括**七弦琴 (lyre)** 及**笛子 (flute)** 等的優美音調之學習，還涉及舞蹈及抒情文學尤其是詩詞的了解；邊彈邊唱的音樂，遂作為體育及智育的共同分母。並且，音樂還將本身之韻律節奏感及諧和感，注入於智育及體育中。

希臘人也清楚的知道，人們若不會彈奏樂器，或在體育運動項目中無一技之長，也並不妨害他對於音樂及體育競賽的欣賞。他們希望學童要學習樂器的彈奏，但不可太耽溺；練習彈奏樂器所花的時間過久，就如同花費太多時間在運動一般，都應該予以譴責。職業性的體育競技師及專精的樂師，都是鄙俗的，這兩種人都缺乏教育的文雅氣質。亞里士多德更把練習樂器時間的中道，擴充為樂器音調的中道；他很明確的指出，克制性的曲調遠比喧囂式的曲調為佳。會彈奏樂器又會欣賞音樂，就如同亞里士多德所言，這種人可以一方面自我娛樂，另一方面也可以評判他人彈奏曲調的優劣。從另一角度來說，音樂有助於品德陶冶，這是柏拉圖的觀點。

就希臘教育的四育——智、體、美、德——而言，德育並非是最不重要的一環。其實，德育皆涵蓋在其他三育之中，四育交融在一起，彼此不可分。德育教學之滲入課程的其他方面，如音樂與體育，都配合得相當勻當。道德的教學，尤其在辯者的教學中，都獨立設一專門學科來進行，但那種教學，也涉及到德育對全人發展的影響。

最後有一項要敘述的是，雖然希臘社會因得利於工商活動而倍極繁榮，但希臘文化在課程方面有一種令人深感興趣也影響後世極為深遠的矛盾之點，即他們罔視職業教育課程的重要性。解釋這一矛盾之點的理由，並不難尋求。希臘工藝因與古代的奴隸制度，關係密切；自由民不願有卑屈的標誌，並且勞動也剝奪了自由民在體育場、競技場、文法學校、及音樂學校練習的時間，更妨礙他們對公民義務的履行，更不用說許多手工技藝因需要久坐不動以致身體傴僂駝背而缺乏美感了。不過，職業課程在希臘文化中雖不佔一

席地位，它卻由非正式的學徒制度來進行。古希臘的立法者**梭倫** (Solon, 638–558 B.C.) 曾有一規定，假如家長不能教導子弟一種技藝，則家長屆耄老之年時，無法奉養父母之子弟，應予免罪。有趣的是此種習俗，也存在於猶太社會中；眾所周知，耶穌本身是一名木匠，聖保羅則是一位帳蓬製作者。

適合於希臘教育的課程，對羅馬教育而言，是綽綽有餘。羅馬人專注於理想的雄辯家之教育，他們發現希臘式的文法、修辭、及邏輯學科，非常有用。在向希臘人借用課程之時，羅馬人唯一新加的科目即是希臘語文，因為學習希臘語文可以盡吸希臘文教寶藏。因之在文法科目之下，羅馬人不只要學母語的拉丁文，還得學外語的希臘文。如此，希臘語文及拉丁語文這雙重語文科目，乃形成現在通稱的「**傳統**」(traditional) 或「**古典**」(classical) 課程。

第二節　基督教對課程的影響

從政治史的立場而非基於文化教育的角度來考量，西洋史中的希臘被羅馬所取代；但羅馬帝國時代因王位之爭奪而引發帝國的瓦解，政治權力卻弔詭地由基督教會來頂替。課程的變遷會受政治勢力的影響，這是無可爭議的事實。當羅馬人先入為主的看重文法、修辭、及辯證這種希臘七藝中的三藝，雖然並沒有因此而忽略了更具科學性質的四藝科目之研究，或因而沒有顧及課程中的道德及美感內容，但這些成份在羅馬教育課程裡地位之低落，也是不容置辯的。課程無法強化德性，在羅馬帝國晚期越形明顯：當時，公德與私德二者皆敗壞不堪。若非基督教之興起而產生一股社會穩定力，否則道德之墮落，會降到不堪入目的地步。

羅馬文化的外觀仍一息尚存，則羅馬人感受基督教對於傳統課程的影響就相當遲緩。隨著羅馬帝國的滅亡，以及在中世紀作為西方世界最強大社會穩定力的天主教會興起，課程裡注入道德及宗教材料，乃有增無已。這些教材，主要是教義問答、讚美聖詩、以及早年聖徒神父的著作。基督教徒既深深的期望世界末日的來臨以及基督的復活，因之基督教學校課程乃幾乎全部以道德及宗教為其內容，而忽略了世俗性學科，甚至還積極的將它們排斥在外。舉例來說，體育運動為禁欲作風所取代，僧侶解釋著說，肉體既為下賤及嗜欲之所在，並且肉體是物質的，不同於心靈，死後又不能永生續存，則

何必關心介意？中世紀的人們非但不注意肉體，且壓抑了身體的自然天性，懲忿窒欲。文雅科目如文法、修辭、及邏輯，都在狂熱的宗教領袖所下的禁令中消失。他們擔心這些學科的學習，會導致於對異教哲學的喜愛；因之這些學科不僅廢置不用，還應極力避免與之接觸。在大力摧殘與壓抑之下還能倖存的，就是時人以文摘的方式將文雅科目予以節縮，或只列綱要，或只剩下斷簡殘篇。單從這些片面的資料，實在難以一窺往昔文雅科目的輝煌舊觀。

直到中世紀晚期，教會人士才體會出，如果把握住希臘羅馬教育的三藝，則其力道足以支持基督教哲學的成立。因之他們漸漸的把文法、修辭、尤其是邏輯安排在課程裡，特別喜愛亞里士多德的三段論式及演繹推理。不過，基督教會學校課程仍然太侷限於宗教性及道德性，使得鼓吹科學方法的**培根** (Francis Bacon, 1561–1626) 不得不嚴厲批評當時課程的太偏重邏輯，尤其取亞里士多德那種「老工具」作為神學的奠基工作。培根的觀點與蘇格拉底恰好相反，他特別強調基於自然的課程，而非建立在心靈基礎上的課程。他說：

> 人心與人智，假如著力於物質界，那是神造物根據物質內容而作的
> 冥思，範圍有限；但假如對本身著力，那就好比蜘蛛網一般，是無
> 止境的，並且也實實在在的識出蜘蛛的網，它的網絲及整個蛛網之
> 精緻也令人讚美；不過，它卻無實質，也無實利。

人心作用於物質上，雖範圍有限，但卻有踏實感；人心作用於人心上，就類似蜘蛛結網，卻空無一物。

第三節　人文學科的起起落落

一、鼎盛時期

希臘時代德、智、體、美四育平衡的課程，直到十四世紀到十六世紀的文藝復興時代才又重現。事實上，健全的課程理想，在中世紀時是被遠拋於九霄雲外的。當時貿易商業活動以及大規模的政治組織，都還靜如止水，因之時人根本把健全的課程理想置諸腦後。甚至直到歐洲的政治及經濟條件，已發展到幾近於與以前的希臘及稍後羅馬的黃金時代相同時，這層理想仍未能受時人注意。首先是義大利北部的商業及貿易復活了，政治生活也較為穩

定，人們較為富有，閒暇階級再度產生。閒暇階級子弟認為中世紀的狹隘課程已不具實用價值，他們的注意力集中在世俗性的活動上，而少涉及中世紀世界所感興趣的來世事務。在這種非宗教性的行為導向當中，他們為了要好好度過這一生，乃從事於新教育效標的尋求。

　　獲得新教育的效標，人文主義健將佩脫拉克 (Francesco Petrarch, 1304–1374) 在殘存的希臘及羅馬文學抄稿中，發現了此種效標。文藝復興時期的學者，知道在古代的文明社會裡，人們的生活尺度遠比他們目前所屬的時代進步，也較為優質，因之研究希臘及羅馬民族的言行乃變成時尚。既要研究古希臘羅馬，就得學習希臘語文及拉丁語文。師生為了捕捉希臘人及羅馬人在藝術、文學、及科學上的精華，希臘語文及拉丁語文乃成為學校之內的重要課程，此種現象，直到二十世紀初期，仍然盛況未衰！

　　古典語文是學習文法、修辭、及辯證這三藝的媒介，是陶冶心靈的中心學科，統稱為「人文學科」(Humanities)。依亞里士多德之見解，心靈是人具有獨特優越性的所在，因之人文學科在陶冶人的心靈上具有特殊價值。文藝復興時代的教育學者瓜里諾 (Battista Guarino, 1434–1513) 說道：「我們的祖先將古典語文稱為人文學科，因為那是最適於人的研究，也最適於人的活動。」

　　文藝復興時代的課程重文輕理，這種情形，表面上似乎與中世紀之特別強調宗教及道德學科之學習一般，是偏於一端的，但事實上卻並不盡然。人文課程的意旨，在於讓學童獲得健全的訓練，就如同古典文學提供給希臘羅馬的學童一般。人文課程之有此種走向，乃是受指揮人文課程的人文主義教育目的所左右。人文主義的教育目的，在於培養「聰明又善於口才的虔敬人士」(*Sapiens atque eloquens pietas*)。這句文藝復興時代流行的口號，點出當時教育的重心所在，挑出希臘四種重要課程中的三種，即「智」(*sapiens*)、「美」(*eloquens*)、及「德」(*pietas*)。當時教育所要培養的理想人士如「宮臣」(courtiers)、「郡守」(governor)、或「君王」(prince)，他們的教育訓練，印證了上述事實。精於一些男性化的舉動，如擊劍、游泳、摔角、及騎術，還會吟詩誦詞，彈奏樂器；並且還得以一位經由平衡而健全課程所培養出來的傳統理想人物，作為取法的對象。此外，舉止優雅，更不可或缺。這種要求，部分係由文藝復興時代承繼了希臘羅馬文化而來，謙恭與尊敬，是傳統美德。

舉例來說，希臘學童不可坐在長者面前，而長者也很少坐，因為靜坐不動是奴隸的象徵；另一部分乃係延續中世紀武士教育的結果。為了要享有武士頭銜，必須學習在婦女跟前態度端莊，在戰場上與敵人交手時要有勇敢氣概；武士的禮儀規範變成行為準則，是作為一位紳士所必須遵守的。

　　在智育方面，三藝仍受重視。邏輯則不像從前中世紀時那麼的位居要津，而比較受忽略的修辭卻恢復了古代時所擁有的地位；三藝當中的文法列為最優先科目，義大利的**弗格留斯** (Pier Paolo Vergerius, 1370–1445) 宣稱，文法乃是所有學科的基礎；而瓜里諾也認為如果不徹底學好文法，則全部知識體系就好比建築在虛有其表的地基上的房子一般。此外，時人對四藝的蔑視，遠比希臘人為甚；此種教育史實，頗與當時思潮不搭調；因為文藝復興的晚期，正是科學大發現的開始，是**伽利略** (Galileo Galilei, 1564 ～ 1642)、**哥倫布** (Christopher Columbus, 1446–1506)、 **哥 白 尼** (Nicolaus Copernicus, 1473–1543)、及**克卜勒** (Johannes Kepler, 1571–1630) 的時代。不過，這些史上重要的天文學家及航海家，從來未曾在學校裡學過什麼科學的東西。吾人不禁懷疑，學校教育到底有什麼功能，在文明史上又扮演什麼角色？

　　如果更深入探討人文主義課程的道德面及美感面，則可以看出**阿爾卑斯山** (The Alps) 以南較注重美感面，以北則對道德面較為關注。南方的義大利人，認為探討人文學科是享受美感生活的方法，古代作家在詩詞形態的造詣，乃是他們研究的主科；學童取古代作家的作品風格，作為改善自己說話及作文的楷模，並且身體儀態之優美就如同說話之優美一般，值得注意講求；不過，舞蹈之加入作為紳士教育的一部分，倒引發一些爭議，因為當時有一些「**假道學人士**」(divines) 擔心舞蹈會傷害年輕人的品德。總而言之，南方較熱，人民較豪放，行為較浪漫，感性較強。

　　北方較冷，難免在氣質上較嚴肅，道德面因之加重了份量；尤其在日耳曼地區，人文主義課程乃作為宗教改革及社會改革之用。北歐人所領會的希臘及拉丁文學，並不偏重在那些文學體裁之優美上。雖然，在北方人所顯示出來的批判及獨立作風中，古代文學之美仍受他們激賞。在較多學者廣泛閱讀古代作品，以及更多學者精於分辨之後，日耳曼終於成為提倡新教改革的先鋒地區。批判的精神不容許宗教及社會的腐化，因之要求改革。加入改革

陣營的份子，就有必要拿基督教義及異教教材作為課程，經由這些課程的教學，更能使他們了解並分析人的價值。並且，隨著宗教改革的成功，政治改革及經濟改革，也就在其後的數世紀裡緊跟而至，西洋文教面貌從此大變！

二、衰退時期

　　無疑的，在文藝復興的極盛時代，拉丁及希臘語文的古典課程，或者稱之為人文課程或古文課程，的確有很大的價值。古典語文之研究有無可置喙的活力，不必經由老師賣力去誘導，學生自然就傾心去研讀。但在文藝復興晚期，這種令人欣悅的教育情境已日漸惡化；雖然仍有大量的學生非常喜愛人文學科的研究，但也造成更多數的人，因缺乏天份與性向，而無法了然於人文學科所蘊含的文化內容，這是勿庸置疑也無可避免的。因為在甚感不足的教師荒當中，不少教師覺得要熱心指導學生領會古典文化，實在肩負太重。他們如果能成功地教會語文，就算不觸及文化內涵，也已感到心滿意足。不久之後，所謂一個盡職的教師，就是善於教學語文文法的老師，如此而已，這種情況，乃形成風氣。並且，拉丁及希臘文法上的詞句，並非個個都具有同等的優美度；於是教師更把人文課程予以縮小範圍，只取一位拉丁作家西塞洛的作品作為典模。為了要盡力的淨化課程內容，人文學者的這番努力，使得教育墮落到最狹隘也最貧瘠的地步。就教師而言，教文法規則容易，教文學內涵難；學童背誦文法規則並不艱深，但要深悉文學底蘊，則屬不易。

　　人文課程的沒落，更由於社會上的基本因素所構成。雖然優雅的拉丁文，長久以來都是學術及外交用語，也是教會及法庭用語，但它卻不能持續的與地方語文相抗衡。歐洲從「統」邁向「獨」的過程中，各政治領袖發現大一統的羅馬帝國勢力下的拉丁語文，並不為各地方母語使用者所喜愛，且母語的提倡，有助於國家的獨立。其後，十八及十九世紀的民主革命及工業革命，由於強調平民的重要性及母語的實用性，因之平民所使用的各地母語，價值日漸提高，以致母語侵佔了古典語文的地盤，危及了人文學科作為直趨文化大道的壟斷地位。並且，十七世紀科學大有進步之時，人文課程對之卻文風不動，更拒絕接納科學課程，這都是人文課程發展的致命傷。

　　別一廂情願的以為人文課程從此就大權旁落；事實上它雖遭受強烈的挑

戰與質疑，但自古以來即享有的威望，在課程地位裡，仍高居首席，不可能在迎受單一重擊之後立即倒臺。課程發展所顯示出來的文化遲滯及教育保守，由此可見一斑；但發生反彈，也勢所必然。第一種反彈是承認古典學科雖已陳腐，但因具有明確的心靈訓練或陶冶價值，因此也必須繼續保留在課程中。這種說法指出，只要充份應用高度語法變化以及複雜語意的語文，如拉丁文及希臘文，則會產生有利的結果，即令是這些古典語文的「內容」一無是處！

在這裡我們應該注意的是，透過文雅科目來陶冶心靈的訓練論調，絕不同於鑄造心靈的古典理論；古典理論主張以有價值的學科如文法及邏輯之「內容」來鑄造心靈，這些學科「內容」，正敘述著心靈運作的法則；但訓練論卻絕少顧及到課程的「內容」，尤其是那些不能培養堅忍、勤勉、記憶、及推理等習慣的「內容」。英國的大教育家洛克 (John Locke, 1632–1704) 說，數學因可作為心靈的磨石，因此數學的價值甚至高過拉丁文。課程的訓練論，並非新論，雖然在十七及十八世紀甚至十九世紀時都有它的一流解說者，但它的古老，可以遠溯至中國；中國早有學者語文（文言文）與常人語文（白話文）之不同；猶太學童也得練習久已不用的希伯來文來研讀〈摩西五書〉("Penta-teuch") 因而深感苦惱；羅馬人為了要模仿希臘文化，在希臘文化因素漸漸不足以適應羅馬人的生活情境時，他們還認定希臘文化因素具有濃厚的訓練價值。

後期文藝復興時代，人們對於因拉丁文及希臘文的課程所形成的文化遲滯而引起的另一種反彈，乃是促使人文課程更趨向於實際。英國大詩人及《論教育》(*Tractate of Education*) 一書的作者米爾頓 (John Milton, 1608–1674)，就是這一運動的領袖之一；米爾頓認為，沒有一個國家有足夠的過去經驗可以作為教育青年學子之用，因之有必要將描述整體文明經驗的其他語文也列入為課程，以便彌補本國過去經驗背景的不足。在追溯希臘及羅馬文學時，應該有所選擇，俾所選用的材料，與時人生活發生密切關聯。這種觀念，稱為「人文唯實主義」(Humanistic Realism)。此種主義的影響力不大，因為社會潮流之所趨，已強烈地反對人文主義保留原先面目，要求應脫胎換骨——既要新瓶也要新酒。

課程發展的另外一股尚實走向，即是「社會唯實主義」(Social Realism)。

法國作家兼市長的**孟登** (Michel de Montaigne, 1533-1592)，就是這種課程改革的健將。他本人接受過人文主義課程的訓練，也贊同將人文科目擺在課程裡，但卻要附屬於旅行教育及社會生活教育之下。有一句雙韻詩，可以看出他的主張:「**愚夫遊西蕩東，遠勝愚夫呆在家中。**」(How much the fool that's sent to roam excels the fool that stays at home.)

走出家門及校門，而與不同文化階層的人士接觸，此舉將可以把尚實色彩，注入於缺乏實用意味的傳統課程裡。且帶孩童遠足或旅行，在面臨大自然及大社會時，孩童早已興高采烈，又哪用體罰啊！我們曾經看過有老師帶孩童遠足時，一邊走路一邊打罵嗎?

在未談及唯實主義對課程改造的第三種方向，也是較為激烈的改造方向，即「**感官唯實主義**」(Sense Realism) 之前，容我們先敘述十八世紀復活的「**新人文主義**」(Neohumanism) 對傳統課程的影響。「**新人文主義**」所謂的「**新**」，就是對希臘語文特為看重，「**人文主義**」雖也重視希臘語文，但是拉丁語文列為第一，希臘語文屈居第二。希臘語文之學習，只不過是取之作為閱讀希臘文版本的《新約聖經》而已；但十八世紀之注重希臘語文，較無這層宗教意味，重點卻在於希臘文雅生活理想的追求，較具世俗面，尤其當面臨「**生也有涯**」這種無可避免的命運時，這層理想可以予人寧靜感，並且它在給人們自由的心思以便在有限歲月裡獲得相當勻稱的發展上，佔有重要地位。新人文主義對十九世紀的課程發展，產生了極大的左右力量；德國大教育家也是教育哲學的奠基者**赫爾巴特** (Johann Friedrich Herbart, 1776-1841) 之把希臘詩人荷馬之史詩《**奧德賽**》(*Odessey*) 當作為德育的軸心，無疑的是受了新人文主義的影響；十九世紀末，美國最為傑出的一位教育行政長官**哈里斯** (William Torrey Harris, 1835-1909)，對於文法在課程裡的價值，也回復到古希臘人的教育觀點。他說:「文法為兒童開啟了認識先哲內心活動的途徑，同時也幫助他領會個人的精神自我。」

課程經過這一劑新人文主義運動的皮下注射後，對大多數人而言，它的藥效消失得頗快，但卻殘留於少數精選的學生體內。十九世紀結束之前，還有許多教師為了支持古典語文在課程裡的地位，也認定古典語文具有心靈訓練價值。但在二十世紀時，這帖長期的興奮劑則遭禁止使用。心理學的研究

結果，對於心靈訓練論、官能心理學、及學習遷移說，大加懷疑。拉丁文及希臘文之學習所培養出來的注意力、記憶力、及推理力，可以自動的轉換到其他學科如歷史與數學等的學習上，或遷移到學生的專業選擇或職工選擇上，實驗心理學的研究卻對此種說法大潑冷水，從此激起了文理科課程價值的論戰。在獲大量經費補助且也謹慎將事的進行「古典學科研究」(Classical Investigation) 之後，研究報告於第一次世界大戰之後不久由普林斯頓大學 (Princeton University) 出版，古典語文學科之支持者終於不得不承認，訓練論應予廢棄，至少也應嚴格的限制其應用範圍。古典語文學科非教學不可的話，也應取較實用性的觀點。古文學科的傳統優勢已不再。

唯實論的第三波，對於課程之從文過渡到理，最為激進，這就是「感官唯實論」的興起；這批教育學者不厭其煩的指出，知識之由來及儲存，皆經由感官這個途徑。十六世紀及十七世紀之前，學童所學的知識都是文字或符號的，整本教科書是密密麻麻的字或公式，內容又是古代的權威作品，尤其取自亞里士多德；亞里士多德是早期的一位偉大科學家，他的演繹邏輯推論，多半都持目的觀，即大前提 (major premise) 都具「共相」(universal) 性質，是無可爭議的自明真理或公設。但十七世紀及十八世紀依靠感官觀察而非仰賴目的冥思的結果，顯示出亞里士多德的許多結論，都有重新修正的必要。古代的科學企圖預測自然，走在自然之先，且「先斷」(predetermination) 自然，以「目的」來規範自然；十六及十七世紀的科學則轉而追隨自然，作為自然的謙卑僕役。「人定順天」，大自然才不會反撲!

熱心於利用新方法而以感官來探查自然的學者，如英國的培根及捷克的康米紐斯 (Comenius, 1592–1670) 都看出，經由科學可以建造一種嶄新的百科全書式課程。自希臘時代以還，百科全書式的課程理想，即不時的出現在其後的時代裡；事實上，希臘時代的七藝，就是為自由民所準備的有價值之百科課程，亞里士多德遠比古代學者更是百科知識的化身。他的著作之多及知識之廣，使中世紀人稱呼他是「知者之師」(master of those who know)。十七世紀時，科學所產生的樂觀主義，使得培根有膽量說:「我已將所有知識作為我的研究範圍。」康米紐斯接受培根的影響，開始坐下來寫他的名著《大教育學》(Didactica magna)，並宣佈他已找到「教導所有人所有知識」的技巧；這

種雄心勃勃的百科全書主義的復活，有一項新的頭銜，即「**泛智主義**」(Pansophism)。不過培根及康米紐斯等人都沒有體認出，科學不只將現存知識予以簡化而已，它還擴充了知識的範圍；而擴充幅度之廣，使得每一個人都無法能夠再度與亞里士多德一樣，在一個有限的腦袋裡盡裝入所有的知識。

　　不管時人的想法多麼樂觀，亞里士多德的觀念仍然繼續獨斷地統治了大部分的課程規劃；大多數的教師仍然遵照傳統的方式，強調文字的學習，而不注意感官經驗的重要性；「**文字先於實物**」(Words before things)。直到十九世紀結束前，主宰課程的主力仍然是人文主義而非自然主義。十八世紀時有少數學校如**弗蘭開** (August Hermann Francke, 1663–1727) 創辦了「**教育所**」(*Padagogium*)，**赫克** (Johann Julius Hecker, 1707–1768) 設立了「**實科學校**」(*Realschule*)，及**巴斯道** (Johann Bernhard Basedow, 1723–1790) 興建了「**泛愛學校**」(*Philanthropinum*) 等，都極力倡導感官唯實教材，並將新科學課程介紹入他們各自主辦的學校課程中；除了增加舊四藝中的天文學之外，他如力學、地理、自然歷史、及繪畫等新科目，也加入課程陣營。教室內的教具也增加了，地球儀、望遠鏡、顯微鏡、及圓規等，紛紛出籠。有些上述教育機構，還有植物園，各種船類的比例模型、犁、及攪拌器等。這些教具給學生的新鮮感，遠非傳統以書本為主的課程所能望其項背。

　　贊成科學課程者，更由於法國大革命所伴生的社會價值之重新建造而更為振奮。政治上的激進份子極想重訂社會秩序，使之更符合自然的公平法則。他們的這種主張，與希望經由自然的同等性而徹底改造課程的教育學者之論調相吻合。二者說法之類似，也在美國出現；在為這個新生的共和國擬訂最適合的教育型態時，獲得此一論題徵文比賽亞軍的**史密斯** (Samuel Smith, 1752–1839)，就提議以富有強烈意味的自然科學，作為國家教育的課程。

　　十九世紀的課程編製，以功利效益主義，唯實主義，及自然主義的立場為根底來製作科學課程。其中，科學課程最富有功利效益色彩的國家，就是工業革命的老家英國。而英國極力倡導科學課程加入為學校課程的大學者，乃是宣揚**達爾文** (Charles Darwin, 1809–1882) 進化論的**赫胥黎** (Thomas Henry Huxley, 1825–1895)。赫胥黎平鋪直敘的說，作為偉大的殖民國家如英國，又擁有無可估量的工商利益，但沒有從事促使工商發達的物理學及化學之教

學，這種政策實在相當短視。後來，有增無已的國
際貿易競爭，使得英國人最後不得不接受這種論點；
其他工業大國如德國、法國、及美國，也從十九世
紀中葉以後，同意此種說法。

圖 9–1　赫胥黎 (Thomas Henry Huxley, 1825–1895)

此處應予提出的一點，即是科學及其伙伴工業
之發展，才使得數學在課程中重新獲得地位。在人
文主義甚盛的文藝復興時期，數學多多少少是受忽
視的；文藝復興之前的中世紀，數學更為一般人所
遺忘。不過即令在那時，數學並沒有如同科學研究
那般的完全失去其價值；使數學能免於消失的原因，乃是數學可以作為抽象
的心靈訓練之用。數學教學既走這個方向，就不必與自然界的具體偶發性糾
纏在一起。這層理由，也就如同柏拉圖所說，使得人們在對自然的純粹理念
作冥思時，即拿數學作為最崇高的科目；數學不屬經驗界，它是實體界的一
種。近代科學昌明之後，數學的價值已非以思辯的哲學角度來衡量，而是以
科學計算的用處來看重數學。舉例來說，天文學家克卜勒所提出橢圓式的星
體運行假設，大部分係根據數學推算出來的結果；物理學家**牛頓** (Sir Issac
Newton, 1642–1727) 也依賴數學來計算地心引力原則。由於科學秘密的解開，
是刺激了工業生產革命的主力，因之數學教學之必要性乃大增。這種緣故，
使得十九世紀及二十世紀的所有各級學校裡，都把數學列為最重要的課程，
二十一世紀的今日，也不例外。

雖然功利效益主義、自然主義、及唯實主義的主張，都注重科學課程，
但科學的擁護者對於人文學者及古典主義學者之聲稱只有語言學科才可以提
供更佳的心靈陶冶說法，相當不以為然。科學課程的倡導者如英國大學者**斯
賓塞** (Herbert Spencer, 1820–1903)，更不讓人文學者專美於前，他宣稱，科學
課程不但如同古典語文科目一樣的具有心靈陶冶效用，且還凌駕過古典語文
在這方面的功能。他說：「語言使人熟悉非理性間的關係，科學則使人認識理
性間的關係。前者僅僅運用記憶力而已，後者則兼用了記憶力及悟性力。」即
令斯賓塞並不過份強調科學課程在作為心靈陶冶上高居一等，他也堅信，科
學課程在作為道德及宗教信仰的訓練上，也非他種學科可以比擬。舉例而言，

科學課程訓練出一分證據說一分話的真誠態度，這不是最佳的人品情操嗎？而科學工作者在探討真相及釐清事實上的堅持及執著，這形同一種信仰，也與宗教無異。

第四節　文理科課程的抗衡

人文主義及自然主義，或文學與科學在課程方面的對抗，由來有自。前已述及，這種對抗，至少可以遠溯自七藝中語文學科的三藝及泰半係科學科目中的四藝之對立。如果吾人不健忘的話，蘇格拉底是早期的人文學者，他之研究人遠比他之思考自然科學來得興趣濃厚。相反的，培根則偏愛於理科研究而非人文探索，他認為自然統一性的課程較人心變異性的課程為佳。這種抗衡，在人文主義長期宰制著學校課程以來，並不尖銳；但近代科學取代了古代科學之後，二者之衝突就有點水火不容。由於現代自然科學所斷言的世界觀越來越有決定性的結論，使得由人文主義所預知的宇宙觀不得不進行根本的改變。因之文科學者漸漸覺醒了，他們不得不起而防衛自來就居安全地位的人文主義課程。

文理科課程的衝突，蔓延到十八、十九、甚至二十世紀中。為什麼人文主義不在早期就對自然主義採取寬宏的讓步，以便平息二者之間的火氣呢？回答這個問題，可以由十八世紀末期人文學者對巴斯道所創辦的「**泛愛學校**」之攻擊中得到答案。泛愛學校乃是用來考驗當時自然主義教育理論的學府，課程不只包括有科學材料，還運用康米紐斯的感官唯實論所規定的教學法，更運用《愛彌兒》一書的作者**盧梭** (Jean Jacques Rousseau, 1712–1778) 之浪漫式自然主義所敘述的教學法來實施教學。

一、古典人文學科的抵禦

人文學者對泛愛學校課程的第一種指摘，是文理課程正式交火的第一遭。前者抨擊後者有導入狹隘的功利性傾向，妨礙了文科學者所重視的一般文化陶冶。因為，自然主義僅僅只是以實用的知識來填滿學童心靈；人文主義則旨在心靈的基本功能上強化並訓練學童心靈，獲益更廣更深。其次，人文學者更痛詆泛愛學校課程所犯的一種與此有關的錯誤，即自然主義課程為了要

涵蓋全部實用的知識，因之學科數目繁多；相反的，文科學者誇稱文科課程數目只要少數的幾種學科就夠，即足以訓練心靈，並且使心靈在其後各種能力發展的方向上，都能發生遷移作用。人文學者的第三種控訴，罪名更重；他們指出自然主義及感官唯實論的課程，既然那麼的看重實物教學，則有唯物主義的傾向；相反的，人文主義課程是由觀念所組成，重精神而輕物質，與道德之關係較密切；理科課程則與道德關係陌生。

雙方你來我往，拼鬥越烈，鴻溝越深；不快之情也溢於言表。「一年的旅行勝過二十年的讀書」，與「一年的讀書勝過二十年的旅行」；雙方各說各話，沒有交集。事實上此種不愉快的對立，至少在所有希臘哲學家當中，柏拉圖並不認為二者應該誓不兩立，他還說，沒有自然知識或不知自然目的，則無法知人，且也不明人的歸趨。

導致二者口角的原因很複雜，且口角演變成嚴重的互斥。教育史上首先出現的一項與此有關的事實，當時赴希臘求學的羅馬人，對於征服人或控制人，遠較征服自然或控制自然，來得有興趣。為了要達到此目的，他們遂從希臘文學作品中學習到對人的了解以及對人的控制方法。除了希臘文學作品之外，羅馬人也將自己的文學作品加進去。因此歐洲北方人進入學校所接受的希臘及羅馬文化，也就感染了這層文學傳統。

甲意於了解人而較不喜於控制自然及征服自然，也有哲學上的理由。自然界經常以具體實物呈現在吾人面前，這是會干擾了解的，因為具體實物的屬性變動不居。以「樹」這個例子來說，樹的形狀、大小、枝葉、樹皮等等，種類太多；其實這些都算是樹的「**偶有性**」(accidents)，有時空限制，也是一種「**殊相**」(particulars)；偶有性再怎麼多，「樹」終歸是樹。樹的**基質**或**本性**(essential)，內藏於樹的「**觀念**」(idea) 裡，那是絕對的，不因時空而改變，所以是「**共相**」(universal)。觀念或共相不僅不必受困於具體物的又雜又多當中，且當它文字化或縮寫為符號化之後，學習起來就既經濟又廣泛，不必學個別的具體實物那麼費時與麻煩了。**聖多瑪斯** (St. Thomas Aquinas, 1225–1274) 就這麼暗示過：知識最好是從文字的課程當中得來，而非從實物當中獲致。「因為文字乃是智力內容的符號。」

文字或文科的課程，在中世紀以及新教改革時期，勢力驟增。在這兩段

時期當中，學習材料乃向過去權威及真理單位的文學作品中挑選，而非來自於當時對自然或社會作一手資料的研究當中取材。並且亞里士多德的演繹邏輯，又被用來將教父及基督《聖經》所早已安排好的教材傳遞給後代。因之，把既定的文學傳統予以界說、歸類、及闡釋，此種教學法乃延續了好幾世紀，而把亞里士多德受人忽視的歸納邏輯，以及其後自然科學所使用的探究法、發明法、及發現法遠拋在背後。早期新科學科目之無法加入傳統課程行列，乃是由於在實物教學而非觀念教學中，缺乏方法所造成。演繹法大行其道，歸納法還未受垂青。

人文主義除了採取積極態度以維護本身地位之外，也使用消極方式來迎戰感官唯實論及自然主義。十七世紀及十八世紀，理科科目無法昂首進入學校課程，乃因理科科目的主要課程目的，只在於滿足技術工人、商人、及精於作戰的軍士之需要而已。因之屬於勞動階級的舊有標誌，乃轉移到為這層階級而設想的理科課程上，刻板印象難除。不僅如此，科學課程還染上另一個不幸的污名：由於科學乃是已往的地主及貴族將其權力變遷到新工業資本家的工具，科學遂成為資本主義的奴僕。人們也跟著認為，新科學只是為了教導工業革命的領袖一些技藝科目，而不涉及道德教學。這種指控，恰好呼應了人文學者所聲稱科學是唯物的，以及科學麻木於道德價值的說法；需知人文課程對道德教學，是相當注重的。

不過，在文理科課程紛爭迭起之際，並非所有參與爭辯的學者都採取「非此即彼」的二分態度；幸運的，倒有部分學者的立場較為溫和，贊成「二者得兼」的觀點。比方說，有些新人文主義者就企圖採取盧梭浪漫式的自然主義名稱，認為盧梭教育理想的「自然人」，可以經由希臘文化的學習而達成，因為希臘文化乃是自然發揮到極致的最好代表。十九世紀的前半期，影響美國教育觀念相當深遠的德哲赫爾巴特，也甲意這種觀點；且還擴充這層觀念，主張課程應由兩種原素組成，一為人的知識，一為自然的知識。其後英人**阿諾德** (Mathew Arnold, 1822–1888) 也首肯其說；阿諾德發現，不同的人有不同的天份：

> 這個人有特殊稟賦可以知人，從事人文學科的研究；那個人有異樣才能可以知天，進行自然學科的探討；知識的圓圈裡包括這兩種，

我們無論如何，都應該在全部知識圓圈裡得到一些概念。
阿諾德的著作，在英美兩國都擁有不少讀者。

赫爾巴特的格言，變成二十世紀編製課程的流行意見。二十世紀以來的
課程，不僅在它包含有文理兩科課程上顯示出進步，且還採取步驟來消除二
者鴻溝或彌補二者裂痕。人類學、經濟學、及社會學等社會科學已加入課程
行列，而這些學科教材連繫了人的生活及自然環境二者，所以不能單單把這
些科目劃歸為文科或理科；科際整合也變成時代潮流，沒有一種學科是純文
或純理了。

二、現代人文學科的出現

國家主義及民主政治的勢力，對於人文學科或古典語文學科在課程裡所
形成的獨霸局面，有消極的破功作用；這股勢力的積極面，就是將前已述及
的新科目加入課程中，有人稱這些科目為「**現代人文學科**」(Modern Humani-
ties)。研究人的學科除了上述的人類學、經濟學、及社會學外，新人文主義者
還列上現代語文及歷史兩科。這兩科有必要特別予以敘述。

現代語文或地方母語之加入課程陣營，可以說是感官唯實主義及自然主
義勃興之後的附產品。這兩種主義堅信，課程裡如果有更具體的實物材料，
則學習起來就更為有趣，也更為精確。並且如果以母語作為教學語言，則教
學就較為生動，也較為清楚。真正了解世界，本已相當困難與曲折，如果再
依傳統方式把不熟悉的第二種語言當作教學語文，如拉丁文或希臘文，則對
世界的朦朧無知將更甚。其次，如果理科真理難以與傳佈於古典文學中的錯
誤世界觀相抗衡，則理科的提倡者乃對該種錯誤的世界觀不但採取敵意，且
也對維護及確定該種錯誤世界觀而享有甚大聲望的拉丁及希臘語文相當不友
善。為了要增進現代科學以便打擊古代科學，因之有必要與現代的地方母語
構成聯盟，共同來為抵抗古典語文而奮鬥。

不少激進人士甚至這麼說，在文字書寫的藝術、語文表達的流暢、或為
詩作詞上，古典語文的作家們，已不能如同往昔一般的凌駕於十八世紀的現
代語文作家之上。英語文、德語文、法語文、義大利語文、西班牙語文等，
都是地方性的母語，也是現代語文，已與希臘語文及拉丁語文的古典語文有

所區隔。二者之反目，所用詞彙還相當刻薄：現代語文被稱為活語文，古典語文則被稱為死語文。如果認為死語文還應擺在課程神桌上供奉，理由只是它較為艱難，因之也較具心靈陶冶價值；針對此種立論，法國數學家**達朗拜** (Jean le d'Alembert, 1717–1783) 的答辯是：「與其精於說寫死語文，不如善於說寫自己語文，即使後者的學習更難也在所不惜。」

　　起初，由各地母語發展而成的現代語文之被接受為教學用語，遠比它之作為一門學科課程來研究，來得容易多多。那就是說，課堂講學的語文工具是地方母語，然後地方母語文學才在課堂裡作為一門研究科目。其次，把現代外國語文也包括在課程之內，這是課程改革的第二步驟，但這得等到國家主義興起的十九世紀才開始。十九世紀之前，拉丁文還在課程表上佔一席地位，且花費的教學時間也特長。當時的歐洲人認為，所有的人除了要有政治上「統」的觀念之外，還應有信仰上的統一感。「統」派勢力獨大，在天主教教會及神聖羅馬帝國中，拉丁語文是普遍用語，所以大學生轉校，或各地（國）師生群聚一處，溝通並不困難。但十九世紀開始之後，「獨」派抬頭，歐洲的各「國」，才是社會團結力的中心。此種體認一旦發生，這種意識一開始萌芽，則每一個國家都發現，提倡本國語言的教學或母語教學，有助於本國人民彼此之間意見的交流及相互之間的了解，因而國力可以增強。

　　現代母語之加入課程，這種波濤洶湧的運動，大部分有浪漫式的意味，也有國家主義在推波助浪。假定理性主義代表了美國及法國大革命時期的特色，則浪漫主義的作風則為革命後十九世紀早期的時代標誌。為了要紮根每一個國家的特有精神及情感，自兒童教育開始，乃以各地方各族群的民俗、民間文學、及民歌作為課程來進行教學。並且既以愛國主義作其靠背，學童乃有強烈的動機，要以本國母語的古典作品來作為衡量人性的尺度。至少在此刻，學童既經人文化之後，他可以選擇**古典語文**（如拉丁文）或**現代母語**（如英語），他也可以利用古代人文學科或近代人文學科來達成教育目的。在以希臘文寫作的荷馬之《奧德賽》或以英文寫作的莎士比亞之戲劇上，可以二選一，也可以二者皆列為選讀的課程。

　　此外，十八世紀晚期及十九世紀早期對於平民之注重，除了帶有國家主義及浪漫主義作風之外，還富有民主主義意味。既然平民手中握有政治權力，

則學校教育的主要用語，當然要使用平民的用語。美國愛國之士**盧虛** (Benjamin Rush, 1745–1813) 就不容情的貶低希臘語文及拉丁語文的教學價值。他認為，這種語文在民主國家裡是只有極少數的人才使用的；維持一個共和政體的政府，唯有以平民所使用的母語將知識廣被於眾人時，方有可能。

現代人文學科的第一類是母語及母語文學，第二類是歷史，第三類是公民，第四類是地理；後三類依序稍加說明。

浪漫式的國家主義，既從存在於民間頗久的民俗文學中獲得生機，不久，此種主義也拿歷史學科來達成同樣目的。十九世紀之前，歷史這一科在課程中並無實際的獨立地位，在前幾世紀裡，唯一被認為值得知道的歷史，就是希臘及羅馬史；不過那種歷史也僅僅在研讀希臘及羅馬文學作品當中偶而一提而已。文藝復興時代由於以復古為口號，歷史這一學門的重要性才露曙光；耶穌社所頒佈的《講解教學法》中，在進入「**本課的廣泛介紹**」 (eruditio) 時，教師需提供學童一些有關於本課的歷史材料。當現代母語將古典語文學科擠到課程領域裡的一個小空間時，歷史這門科目也只扮演了現代文學的部分角色。此種緣故，使得美國《韋氏字典》編纂家**韋伯斯特** (Noah Webster, 1758–1843) 在他所編的一本完整的學校讀本之標題中，將歷史科定義為：「適合於改善學童心靈使之具有高尚品味，並作為教導學童認識美國地理、歷史、及政治之用」的學科。

由於國家主義及民主政治的強烈要求，十九世紀晚期，歷史這一科終於從文學中分離而在課程裡佔有獨立地位。讓我們再度引用盧虛的話，他認為培養保衛美國制度的未來鬥士，最重要的教學科目就是歷史科，尤其是指「古代共和政體，以及歐洲各時代各地方的自由進步與專制統治時期的歷史。」歷史一科之加入課程，除了政治上的因素之外，赫爾巴特更認為歷史科具有道德教育價值，他說教育的主要目的，是德育的完成；文學及歷史兩科，乃是作為「**人的知識**」之兩個主要源泉。「**人的知識**」再加上「**自然的知識**」，就是全部課程所涵蓋的知識了。

把「公民」列為課程中的一科，這種努力可以溯源於最古時代。比如說，羅馬孩童要背誦拉丁民族的基本法，即十二銅表法。美國在殖民地時代，著名的《1642 年之麻州法》(Massachusetts Law of 1642)，也規定行政官員必須

使學童詳讀該殖民地方的主要法規。法國大革命時期，學童務必要唸「**共和倫理與道德**」一科。十九世紀及二十世紀初期，公民科相當受美國各級學校的歡迎；但該科內容並無超出政府結構的分析之外。直到一次世界大戰時，「公民」一科也涉及到政黨派系或選舉糾紛，但為了避免學校的學科教學活動涉入政爭、宗教信仰之糾纏、以及黑白對立、或奴隸制度之存廢，在「公民」一科之選材上，格外謹慎，頂多只負責作事實的敘述，不作價值之判斷，尤其在中等學校以下的教學為然。不過在高度民主及自由化的美國，社會人士及教育學者也普遍認為，國家的政治安定，有必要仰賴從自由討論的教育氣氛下所培養的學童來維持。

最後讓我們來說明**地理**一科。自從新航路的大發現以來，地理一科之納入課程表內，此種必要性，與日俱增。早期的地理科教材，只不過是記載地名及疆土領域而已。但十九世紀的國家主義及工業化，使得地理科教材有了大革新；那時的地理偏重人文地理，強調人與物理環境之間的關係研究。地理之人文化，使得它在現代人文學科裡也是舉足輕重的一門學科。其實，地理科也有另一層面，即自然地理，包括氣象、地質、土壤、礦物等，那是理科地理了。文理兩科合一，在地理一科上也極為顯著。

第五節　藝能科課程的演進

藝能科包括體育、勞作、音樂、美術、及課外活動。這些是向來被冷落的教學活動。

一、體育的擴張

受國家主義及民主政治對課程的刺激所影響的一門學科就是體育。為了要了解這種情況，有必要先行認識，人們因盧梭對於身體的自然發展說法而引出對體育運動的新興趣。由於他以浪漫式及自然主義的觀點去看兒童，他認為兒童可以依據內心傾向，自由自在的來遊戲、跳、爬、跑；為了使兒童便於無拘無束，他建議學童衣服要簡單與寬鬆，不要束得緊緊的。這種說法，乃是對傳統將小孩裝扮成小大人作風的一種抨擊。在他的時代裡，母親們仍然要包紮嬰孩許多層衣物以便嬰兒的四肢能伸直，因為她們不知道嬰兒的四

肢自然就會伸直。對自然寄予信心，這種新希望，使得**康德** (Immanuel Kant, 1724–1804) 這麼說：「大人教導小孩如何走路，好像是人沒有學過走路就不會走路一般的可笑；這實在相當值得深思。」兒童精力解放的結果，使得學童身體健壯並且習慣於酷冷及炎熱的環境中。盧梭強化身體的觀念，無疑的是得自洛克及其著作《**教育論叢**》(*Some Thoughts Concerning Education*) 的靈感啟發。「**健全的心靈寓於健全的身體。**」(*Mens sana in corpore sano*, a sound mind is in a sound body.)「身」先於「心」，且身心二者皆需經得起艱苦的考驗。本業為醫生的洛克，建議孩童自小就應習於洗冷水澡；臉因為從來沒有穿著衣服，所以比胸膛更容易接受冷水的洗滌。他看到博物館陳列著中國婦女的三寸金蓮，比英國三歲小女孩的鞋子還小，乃痛責這種國家怎麼如此不人道。二十世紀的中國女留學生個子矮小，到服裝店買衣服，甚至可以在童裝部選購！

　　盧梭對體育的看法，首先由巴斯道所建的「**泛愛學校**」予以實驗。雖然該校不久關門，但後繼有人。有一位德國年輕人名為**穆斯** (Johann Christoph Friedrich Guts Muthus, 1759–1839) 的，進行自然主義式的體育教學，獲得成功。他介紹一種運動制度，即是後人所熟悉的「**健身術**」(gymnastics)，提供了跑、跳、爬等運動的「器具」；比如說，為了要使學童有爬的鍛鍊，他使用了繩索、梯子、以及桅柱。他的另一種貢獻，是發展出有關健身術的理論與實際，以及生理學與醫學理論之間的關係。不過，健身運動並非體育的全部課程；其他如手工訓練、園藝、田野旅行、與遊戲等，也是他所設計的體育課程。

　　假如說穆斯是德國健身運動之祖，則**楊恩** (Friedrich Ludwig Jahn, 1778–1852) 就可以說是健身運動之父。前者以健身運動來配合自然，猶如表現在生理學及解剖學的一般；後者則以愛國主義的立場來推行健身運動。普魯士接受**耶拿戰役** (Battle of Jena) 被擊敗的恥辱，使得楊恩渴望有一天可以丟開拿破崙套在頭上的軛。國人如果體力堅強，體格健壯，則反抗壓抑的號角一響，普魯士人就可以重新獲得自由；病夫是會自取其辱的，也是敗國之因。為了達成這個宏旨，他的第一個步驟，乃是將放學回家的學童糾集起來，由他負責作戶外的健身訓練，加上「**徒步旅行**」(hikes)；天候惡劣時，健身的課外

活動訓練就改在室內繼續進行。

身體的強壯與國家的興盛，二者關係密切，楊恩這麼以為，大眾也深信，且與愛自由的精神一致。在**體育館** (*Turnplatz*) 或**健身房** (*Turnhalle*) 裡，並無固定課程，活動的自由以及個人的創新，乃是當時的定則。學童可以作時興的動作表演，也可以選擇獨自的遊戲。楊恩曾在柏林當過裴斯塔洛齊式的學校教師，卻也因自由言論而坐過牢；他認為身體運動可以使個人的自然力，有發展與生長的機會。經由體育以獲得自由，他希望每個人都能享有。自此之前的體育運動，雖在文藝復興時期再現，但那也是「宮臣」或紳士課程的一部分，平民並無該種福氣。將體育運動作民主式的廣被於眾人中，這種作法倒使不少保守的統治階級大感驚訝。

楊恩的體育課程有點課外活動味道。成功的促使體育變成正規學校課程之一的學者是**司匹斯** (Adolf Spiess, 1810–1858)。為了達成這種目的，他作了一件非作不可的工作，即將體育運動依學童的各種能力、年齡、及性別而分級；並且為了要使這種分級運動在任何時間內皆可以進行，他乃建議把體育館或健身房蓋在校內。將體育訓練變為行軍練習以及班級型態作操練，這就是其後**軍訓**的雛型。

從事體育的生理研究及解剖研究的國家是在瑞典，而非在德國。瑞典的**林格** (Per Henrik Ling, 1776–1839) 直接根據自己在這兩門人體學科的研究結果，設立了一套健身訓練制度，該制度不僅為身體強健者而設計，也為孱弱者而著想。他另有一種同樣重要的主張，認為運動應該是個人式的而非團體式的。雖則林格非常有興趣於身體鍛鍊的醫療價值，但他與楊恩相同，皆以愛國動機來提倡體育，這一點也是不容忽略的。

歐洲德國及瑞典的健身運動橫跨過大西洋之後，在十九世紀的美國課程裡，有了黃金時代。不過，美國從南北戰爭結束起，最為流行的運動，卻是由**路易斯** (Diocletian Lewis, 1823–1886) 所介紹進來的一套「**柔軟體操**」(Calisthenics)；在柔軟體操中，他幾乎拋棄了所有健身房或體育館所需要使用的笨重器具。事實上，路易斯如此作法的主要目的之一，乃是在於糾正當時美國人的誤解。許多美國人以為只有天天練習那些笨重的體育器具，才是鍛鍊身體的良方。他以柔軟體操來發展機體活力，並表現出體態的優美，手臂、

腿、及軀幹之自由活動，即可達成此項目的；設備簡單，如印地安棒及啞鈴，既輕巧又經濟。因之路易斯廣為宣傳此一理念，認為體育課程不必像正式的健身房那麼注重裝備，而可以在任何角落裡進行。體育競技或軍事訓練，在路易斯心目中，都無法取代柔軟體操的地位，因為那兩種運動，都不能使身體的每一部分作系統又平衡的練習。

不管路易斯對體育競技的看法是對還是錯，教育史實告訴我們，美國人似乎在天性上較適合於作激烈的體育競技而不適合於作健身房裡的運動或有點女性化的柔軟體操。十九世紀後半期，體育競技所獲得的瘋狂動力，使它在二十世紀時成為風靡全國的運動，社會大眾或大學師生甚至廢寢忘食的觀看諸如美式足球、籃球、或棒球之校際比賽，在該種比賽中，創新性、機智性、團隊活動性、誠實性、以及青春活力性、甚至粗野的蠻性，都顯露無遺。年輕人旺盛之體力，宣洩在這些競技上，總比打架滋事，較具教育效果！

此外，與運動競技比賽有關的是健康教育課程的注重。南北戰爭後，生理學已成為一門學科，其後也加入衛生學；但課程內容相當沉悶又乏味，因充斥太多的解剖名稱，以及骨骼、肌肉、及器官部位之了解。禁酒及戒煙運動的結果，許多州都下令，學校必須教導學生認識會上癮的藥物以及含酒精的飲料所造成的身心傷害。

二十世紀時，由營養學、牙醫學、及心理衛生學等的研究，使健康教育有更實用性的內容，來取代生理學及衛生學等舊有教材。內科及牙科檢查已成為學校活動的一部分。不過儘管有這些改善，第一次世界大戰時的徵兵統計資料，卻也發現役齡人員身體之殘缺，數量極為驚人。1929 年，**胡佛 (Herbert Hoover, 1874–1964)** 總統召集一項白宮會議來討論兒童健康及福利問題，結果通過了《**兒童憲章**》。其中指出，民主政府以關心兒童的健康為義務。第二次世界大戰時，對徵集兵員所作的資料統計，已顯示出這方面有了長足的進步，當然，健康課程待加強的地方仍多。

二、勞作在課程中的地位

國家主義、民主政治、及工業革命，都將文藝復興時代的傳統人文課程，轉換為十九世紀以來新課程的主要社會勢力。這三種勢力中，吾人前面所述

的，較少提及工業革命。我們早已看出，科學之興起，如何帶動了工業革命，也知悉工業革命回頭來如何促使科學在課程中獨佔鰲頭。但還有一點有賴我們去探討的，是推動工業革命的勢力，如何與自然主義及民主政治勢力相結合，共同改變整個勞作課程的面貌。

　　為了要了解這種轉換過程之實況，首先有必要先行認識工業革命之前，職業教育的教育地位。長久的奴隸制度及封建制度，使得工業革命這種社會大變動之前，職業教育在受人敬重的學校課程內，幾乎沒有立錐的餘地。即令有職業教育活動，比如說工商技藝之訓練，織布或理髮行業的學習等，也都在學校之外的**藝徒制度** (apprenticeship) 中進行。藝徒制度盛行在中世紀晚期及文藝復興時期的**行會組織** (guild system) 裡。歐洲及殖民時代的美國，該制度不僅是一種為各項技藝施行教學傳授的制度，還負責各種專職訓練。在藝徒制度的教學規定中，要求**師傅** (master) 教導**學徒** (apprentice) 兩件要事，一是本行業的機密，或「**祖傳密技**」(misteries)；二是識字及品德陶冶等一般性的教育。學徒大半都住在師傅家中，一言一行的舉止，都在師傅的監視之下，「**教導**」是全天候的。

　　工業革命來臨之後，技藝產品之生產與製作，從家中轉移到工廠，動力機器也取代了手工。生產方式既產生這麼重大的變遷，則職業教育或技藝教育就有必要進行激烈的調整。以往，手工工人熟知製造品的全盤製造過程，他是全包的，從製作原料的獲得，到製作品完成時的分配等，他都悉數負責。但機器工人則不同，由於分工尤其精密的分工，因此在大件產品的製作過程中，如一部紡織機的製作，他只不過了解整個機器製造過程中的一小部分而已。並且，他也沒有一位師傅來負責他的一般性知識教育及道德教育。他現在的上司，就是雇主，雇主是一位工業資本家。雇主對雇工的私人教育，是沒有特殊權責的。

　　工業革命所引發的職業教育之重新調整方式，並沒有馬上顯現出來，倒是有兩種趨勢慢慢的產生了。第一，雇主認為他無權也無責為雇工進行職業教育，因之學校乃首度體認到，必須有義務將這個遭受遺棄的孤兒收容過來，職業教育課程應擺在學校裡。第二，工業機器之操作，既基於複雜也有點深度的科學原理，加上工業資本制度的政治學理論及經濟學主張，也相應的是

頭緒紛繁而令常人費解，因之將職業訓練提升層級，在高等學府的正式學校課程上佔一席地位，乃勢所必然。

在這兩種趨勢越來越明顯之際，感官唯實論及自然主義的勢力，也唆使勞作在課程裡扮演一種新角色。我們應當還記得，感官唯實論者極力以實物的教學，來重造十七世紀特別重視文字的文科課程；不僅將建築物、船隻、及木箱模型等作為學習對象，並且也將製作手工藝品的工具包含在研究的範圍內，這是最自然不過的結果。因之，課程之更為實際性與職業性，兩者之間的距離，只不過是近在咫尺而已。將唯實主義帶進德國**實科學校** (*Realschule*) 的赫克，說明該種學校的目的，是「為那些不擬追求學術而卻適合於從事工業、商業、農業、及美藝的學生，發展他們在這方面的天賦，並提供他們在這方面的初步訓練。」此種生機力，也使得美國一種實用性的學府稱為「**學苑**」(Academy) 的，如雨後春筍般的林立於各地；在美國及德國兩國，這兩種性質幾乎相同的教育機構，立校年代幾乎雷同。「**學苑**」不僅設有航海、測量、及簿記等實用科目，並且這種學校的主旨之一，是要學童為生活而接受教育，而非作大學的預備學校。

盧梭的自然主義教育學說，更為勞作教學取得理論基礎，也強化了唯實課程的職業傾向。他對勞作所採取的自然主義態度，表明在他確信「所有謀生活動中，最接近於自然狀態的，就是手工勞動」這句話裡；而他對手工教育所強調的自然主義說法，也顯現在他主張愛彌兒這個小孩「與其待在家裡接受一小時的文字教學，不如從事一小時的手工勞動能學習得更多」這種諷刺話中。他更進一步的指出：「假如我不讓學童埋首書堆而要他到工廠去，他的手開始工作又發展他的心靈，則當他把自己想像為一位工人之時，他實際上已經是一名哲學家。」此外，盧梭之要學童學習手工活動，是兼有個人目的及社會目的的。「學習一種技藝，相當重要；不過，主要目的不在於了解該技藝如何操作，卻在於克服對該技藝的偏見與歧視。」這句格言，真含有哲理。拿鋤頭的、用掃把的、捏泥土的、操作機器的，都不可以瞧不起自己的手工勞動！職業無貴賤，此種心理建設，才是職業教育面臨的最大挑戰！

其次，巴斯道的「**泛愛學校**」之首度將手藝作為課程的一種，這就跟將科學與體育作為課程的一部分，情況一模一樣，都是由國家主義的動機而產

生的結果。不過，在這方面的努力上，更見功效的是瑞士大教育家**裴斯塔洛齊** (Johann Heinrich Pestalozzi, 1746–1827)。在開始時摸索而後發展成有名的「**實物教學**」(Object Instruction) 裡，他費了早年時光，而想出教導職業課程乃是改善貧者不幸際遇的最佳方法。我們應該知道，裴斯塔洛齊在教育史上享有令人動容的貢獻，就是他一生以「**貧民教育**」為志業；可惜的是為了要簡化工職技藝的學習，他反而步入死胡同；因為他將身體之勞動或手藝之操作予以分析，成為擊打、推動、扭曲、及搖擺等自然動作，然後要學童天天作這種分解動作；還對這些活動寄予厚望，認為可以因此學到任何手藝，甚至是最需要技巧的手藝。顯然地，此種課程與植基於**形式訓練論**的課程，二者相差不太遠，其實也沒什麼兩樣。不過我們可以諒解的是，裴斯塔洛齊雖非一流的教育理論家，卻是感人肺腑的教學實踐家。

　　把學童的天然動機與職工技藝活動，二者連在一起而更見成效的，當屬同是瑞士的貴族兼教育學者**費倫堡** (Philipp Emanuel von Fellenberg, 1771–1844)；在他的莊院裡，他創辦了一所學校把手藝及農業課程之教學擺在第一順位。追隨在裴斯塔洛齊之後，他認為以商店及農場裡的工具或材料當實物時，則實物教學最能激發兒童的自然活動。費倫堡的學校，不只在它所提供的職業課程上異軍突起，還在它的經濟自足上獨具慧眼。其後，更由於以職業活動作為充實盲啞學童的生活，以及作為因生活墮落而變成不良少年的拯救方式，也為時人所稱頌，因之它的辦學績效尤為豐碩。

　　費倫堡的種子移植到美國之後，乃在「**手工勞動學院**」(manual-labor college) 裡生了根。這種學院的設置目的，倒不在於將手工勞動加入課程行列，而是提供給學生在虔心於學習更為傳統的學術課程時，能夠自力更生，自助自足。影響美國職業教育的未來走向更為重要的教育機構，乃是配合藝徒制度之解體而成立的「**機械學府**」(mechanics' institutes)。這種學府大抵都設有跟職業方面有關的圖書室以及各種模型與礦物的櫥子，並且也常為有雄心的年輕機械師提供增進機械知識的演講。十九世紀後半，這種學府還升格為高級的**技術學院** (technical institutes)，比較著名的是**庫珀職校**（Cooper Union，紐約市，1859），**浦拉特**（Pratt，紐約市），及**瑞色爾**（Drexel，賓州費城）；技術學院不僅將工業革命所產生的困惑問題設法予以解決，還對種族尊重作

了很大的努力，於維吉尼亞 (Virginia) 州為黑人而設的漢普敦 (Hampton, 1868)
及阿拉巴馬 (Alabama) 州的塔斯克基 (Tuskegee, 1881)，在堪薩斯 (Kansas) 州
為印地安人而立的哈斯凱爾 (Haskell)，是其中較為突出的學府。

　　盧梭持自然主義的論調而主張將勞作包括在課程之內，他的想法，並非
全然的把勞作看成為一種謀生的準備；其他的教育學者也認為手工訓練除了
經濟上可以使學童自立之外，另有教育意義；盧梭之前，洛克就很推薦技藝
訓練的重要性，他甚至還將這種訓練介紹給士紳階級的子弟；洛克發現技藝
訓練非但實用，有功利價值，並且它還是一種良好的健身運動，也是一種愉
快的消遣。不過把勞作或手藝活動當心靈享受的饗宴，對謀生階級的人而言，
是一種一廂情願的說法，甚至是沒有親歷其境者隔岸觀火的夢幻言論吧！

　　將勞作的教育價值發揮到淋漓盡致的，乃是力倡遊戲教育意義的教育家，
也是創辦幼兒園的福祿貝爾 (Friedrich Wilhelm August Froebel, 1782–1852)。
他步著盧梭的後塵，相信學童的自我活動，乃是學童的重要天性；並且，遊
戲既是學童自發自動的自然形式，則在年紀稍長的時候，勞作也變成自發自
動的自然形式。嬰孩時的遊戲，就是童年以迄一生的勞作。在《人的教育》
(*Education of Man*) 一書中，他說：

> 如果將人的工作、生產、以及製作，看成只為了保全身體，獲得食、
> 衣、住等，這種貶低的錯覺觀念，吾人或者還可忍受；但要宣揚並
> 傳播這種觀念，則萬萬不可。人唯有在他的精神本質或神聖本質向
> 外顯現的時候，才算是最基本也最真實的工作。……因之，年輕人
> 及正在成長的人，應該在早年就有外在的工作，以便從事創造性的
> 及生產性的勞動。……由工作及生活中所學得的功課，以及在工作
> 及生活裡所知悉的東西，乃是印象最深刻也最能啟發智慧的學習。

　　福祿貝爾視勞作富有教育意義，這種理論充份應用在他的「恩物及工作」
(gifts and occupations) 觀念中，尤其在每一個幼兒園裡的花園耕耘裡。他還認
為，經由這種方式激勵出來的遊戲，就是兒童的勞作。一名福祿貝爾的追隨
者辛內由 (Finn Uno Cygnaeus, 1807–1881) 說，福祿貝爾的作法對兒童相當有
益處，但有必要擴充而實施於年紀稍大的學生活動內；他為後者擬訂的課程，
有「木工手藝」(Sloyd) 活動；但特別指出，所有這些活動的產品都非旨在買

賣，倒要注重整潔與確實；重點放在訓練眼睛使之精於辨明良好形狀及模式，雙手能聽從心意使喚或指揮等，才是這些手藝操作最應講求的教育目的。不過，就如同裴斯塔洛齊一樣，如果將木工手藝課程予以分解成細目，則仍然犯了形式訓練論及學習遷移說的傳統謬誤！

　　將勞作看成是一種文化活動而非正規課程當中的職業活動，這種觀念於十九世紀的最後二十年傳入了美國。**阿德勒** (Felix Adler, 1851–1933) 所創辦的「**工人學校**」(Workingman's School)──後來演變成「**倫理文化學會**」(Society for Ethical Culture)──乃是美國第一個發展這種概念的學府。教育哲學家**杜威** (John Dewey, 1859–1952) 則將此種觀念賦予二十世紀迄今的形式與內容。杜威跟著盧梭及福祿貝爾的歷史傳統之後，相信教育活動的本根落在好動的兒童天性上；不過，杜威有別於福祿貝爾的，是他不認為勞作的教育意義，是學童將內在的神聖本質予以宣洩的外表形式（這就是前述的「**內在外在化**」）；杜威捨棄了將內在精神動力予以符號化或象徵化的形式課程，認為這種課程反而加重了學童的心理負擔；倒不如就教育言教育，不必附帶神秘色彩或宗教意涵；勞作本身就是實用性的工作，如家庭手藝中的烹飪、紡織、刺繡、木工等操作，並且將這些操作，置於課程的中心地位。他進一步指出，一個民族的文化，乃是由該民族的人民之求生方法來著色的；勞作應該作為著色中的主色；同時，勞作也應該因為它具有文雅性而非純職業面，因而顯示出獨特價值；以往的學術性學科之研究，應與勞作配合。歷史、地理、及數學的學習，可以讓學童擴大對勞作的了解；勞作也有助於將這些學科之研究，作更具體性的應用。

　　經由「**技術學院**」之設立，而將工藝及勞作課程融入課程之內，並且也賦予這種課程文雅味，這方面的進步很大，但美國時時欠缺經過職工訓練的技術人員。一個聯邦政府委員會在美國於第一次世界大戰參戰前所作的調查，悲觀的指出不到百分之一的美國工人，曾經接受過他所任職的技藝訓練。這種情況，還是在技術學院、**捐地法案** (Morrill Act, Land-Grant Act) 所設的**農工學院**（Agriculture and Mechanic College，簡稱 A & M）、十九世紀末就開始出現並提供商業課程的私立商業專校、以及特別注重工商課程的中學設立之後所得出來的結果。為了補救此種缺憾，1917 年國會通過了**史密斯─赫夫斯**

(Smith-Hughes) 法案，聯邦政府花大錢支助職業教育之推動。有趣的是此舉卻引起「美國勞工聯盟」(American Federation of Labor) 的擔憂，呼籲這些重要措施不可把職業教育帶入狹隘之途，以免勞工子弟在心底烙上階級痕跡。

三、藝術課程的變遷

如果敘述工業技藝之加入為正式學校課程，卻沒有提及藝術也同時成為學校課程的一份子，則是不當的。前已述及，透過音樂的藝術，早就在七藝的古代課程中有了立足點。假如課程中沒有繪畫科目，可不能怪亞里士多德不推薦該科，因為他認為繪畫在人們以人的形式來作為美的判斷時，相當有用。然而亞里士多德與其師柏拉圖一般，認定形相界的價值不如實體界；因此繪畫是幻影中的幻影，是雙重的抄本，離真本甚遠；寫實的繪畫，這兩位哲學家是不屑一顧的。然而雅典文雅教育中的「美」之成份，是希臘文化最傲人的表現；在希臘社會的有閒階級及奴工階級鮮明時，也就出現了文雅學科及勞作活動的對立。只有自由民才有餘暇來欣賞並學習文雅科目，勞作活動是奴隸的天職；不過，不含勞動成份的美術作品之品味，也是上層貴族階級的奢侈行徑。由奢侈過渡到多餘，那只是咫尺之遙而已。希臘藝術具體的表現在人體雕刻及建築上。

美的藝術，包括繪畫、音樂、圖案設計、歌唱等；自希臘時代以至十九世紀，藝術即令在西洋史上具有輝煌的成就，但在正式的學校課程中，竟然消失不見。縱使在文藝復興時代以「美」為軸心的時代裡，曠世的藝術天才輩出，但他們都非出身於學校。一般性的學校，未見列有藝術科目，也未聞有專門訓練藝術的學校出現。音樂在中世紀時有特殊歌唱班來教學，那是教會負責的；圖案設計也可以在藝徒制度中學到繪畫或書法技巧。

十九世紀時，課程裡注意藝術之勢力乃開始醞釀，因為國家主義在十九世紀之初力道漸猛，使得人們對民歌產生狂想式的喜愛，師生唱民歌，變成愛民族及愛國家的最具體行動。而在圖案設計這個層面上，工業革命不僅巨大的改變了生產方法，並且也大幅度的更動了圖案設計的資源；工業革命之前，藝徒制度中的藝徒必須了解且承包整個技藝過程，其中的圖案設計，是全部過程中的一部分而已；但機器動力取代手工之後，全部作業是分工完成

的，各部分都有專人負責，他只要精於該部分即可。工業資本家開始發現，在工廠裡無法訓練出他們職司各部門所需要的專技雇工，包括圖案設計人員，如同師傅在家就可以培養全才的藝徒一般。因此學校肩負起圖案設計的責任，這種需要感乃益形迫切，且義不容辭！

　　國家主義及工業革命幫助藝術在學校課程裡復位，浪漫主義則有功於讓藝術在學校課程裡獲得獨立地位。盧梭對於學童的自發衝動力產生了浪漫式的興趣，這種興趣終於在藝術中找到了宣洩出口。關於這一點，早在盧梭一世紀之前的康米紐斯即已指出，繪畫乃是發展兒童「內感官」(internal senses) 的方法。盧梭的後繼者，尤其是裴斯塔洛齊及福祿貝爾，因主張藝術對發展兒童天性能力的恰當性，這種理論才使得藝術在課程上贏得了最廣泛的實際支持。

　　起初，繪畫似乎跟隨在學童活動之一的寫字尾巴，兩種活動不但都得用手，且目的也相同；學童的塗鴉，可以說是在學寫字，也可以說是在學畫畫。有一句話很有意思，「一張圖勝過千言萬語」，人可以畫幾個精選的線條來傳達幾頁的文辭所無法表示的意思；這句話，英國的洛克說過，其後美國的曼恩也重申了一次。模型製作也因與地理科相合，而加入課程行列。裴斯塔洛齊用它來作為實物教學的一部分，以泥土來塑造地球輪廓；福祿貝爾更企求較大的自動性，因為他說：

> 目前，只有藝術才真正能稱為自由活動；不過，任何一種人類活動，
> 卻或多或少的與創造性活動有關。為了要使人成為神造物的肖像，
> 因為每一個人都是造物主的縮影，這是有必要的。

雖然福祿貝爾如此聲言，但他所要求的學童繪畫活動，卻相當形式化，主要在於繪畫幾何線條及圖形而已。當然，福祿貝爾本人認為，數學或幾何圖形就是自由神聖本質的符號。這麼說，與他的先輩裴斯塔洛齊之主張「數、形、語」中的「形」，差別並不怎麼大，只是多了一層宗教的神秘面紗而已。

　　直到十九世紀末，藝術教學漸漸擺脫了符號主義及形式主義的桎梏。由辛內由所倡導的「藝術及技藝運動」(Arts-and-Crafts Movement)，也特別注重原創性及個別性，此種看法，借助於福祿貝爾者特多。在「哥倫比亞展覽會」(Columbia Exposition) 後，色彩乃開始受教育學者的重視；「為藝術而藝術」

的觀念，也確定的取代了原先藝術為商業服務的作風。二十世紀時，**進步主義教育** (Progressive Education) 更推動了創造性藝術的進展，因此藝術欣賞與藝術創作的教學，同為課程中的重要活動。

十九世紀作為主要音樂課程中的唱歌，在二十世紀時，就與舞蹈及樂器演練，合在一起。學校樂隊以及管弦樂隊的成立，乃成為許多學校正規課程中的音樂活動組織。並且，留聲機及收音機的發明，也使得學校在教導音樂欣賞時，多了一項劃時代的良好儀器。「為藝術而藝術」的精神，不僅表現在視覺藝術裡，也表現在聽覺音樂的律動裡。

事實上，二十世紀不僅將希臘時代以來丟掉的大損失重新拾回，並且現代課程與古代相比，在藝術層面上，還有過之而無不及。將藝術的課程地位描述得淋漓盡致的，杜威是首屈一指的學者。他說：

> 將藝術遠拋而去，視之為較無足輕重的學科，致使這門學科領域在學校裡變成可有可無，這是一種重大的缺憾。……人們努力恢復這門學科，使它能在學校課程中享有更重要的地位，又能相應的獲得更大的利益。從心理學及社會學的立場而言，藝術並非代表著多餘與奢侈，卻是發展或生長的根本動力。……美感的藝術而非工商技藝方面的藝術，被認為是原始又簡樸活動模式的最完美表現，這種表現已經被承認具有社會價值。那種活動是將原先及來自於較直接也較實際的動機之作品，予以精緻化及理想化因而變為「**極致成就的作品**」(consummation)。它代表了所有其他教育活動所追求的目的——完美。

杜威的這番話，等於說，美感的藝術，是教育的最高旨趣，也是最終目的。中國的蔡元培簡單地說「以美感教育完成其道德」，似乎也一語道破杜威教育哲學的真諦。

第六節　課外活動的演進

十九世紀以還，美國教育在非正式的學生活動課程上，大有進展，歐洲則瞠乎其後，但卻亦步亦趨；這種課程是在正式的課堂之外來進行，但也與課內教學活動相互平行，且相輔相成，相得益彰。學童一方面在學校所安排

的上課時間之內，接受教師的監督，勤研數學、語文、歷史、及科學課程；一方面則於放學之後，既從學術性的工作裡獲得解放，而盡情於自願性的組織活動中。除了參加健身活動及體育活動外，另可參加辯論、戲劇、學校新聞、攝影、收音機、遠足、書法、繪畫、歌唱等課外活動，其種類之多，不勝枚舉。

　　公允的來說，上述的課外活動，雖然從十九世紀以後才有顯著的進展，但有些活動卻有深遠的歷史背景。其中如體育及辯論，甚至還可遠溯到古希臘羅馬時代。教育史實告訴我們，這兩種活動在古代甚至中世紀裡，並不是非正式的學習活動，更不是課外活動，而是正規課程活動中的一部分，或許也是重要的一部分。古希臘學童之接受體育文化的正規訓練，以及他們對這種訓練之專注，就如同他們之強調心靈文化的陶冶一般。「**訓練**」(training) 及「**陶冶**」(discipline)，都含有「**教育**」(education) 之意，一強一弱，一身一心。而古羅馬學童既以雄辯家作為理想的教育人物，因之乃以演說辯論作為核心課程。中世紀時代，爭辯是教士或僧侶的必修科，就如同武士之以體育運動作為騎射訓練的一部分一般。甚至到了文藝復興時代，宮臣、君主、或郡守之教育課程，是要訓練雄辯滔滔及身體矯健為目的。

　　歐洲文化的這些根源，於文藝復興之後及宗教改革期間移植到美國新大陸本土時，有些苗芽枯萎了，有些則長出新果實來。體育方面的文教措施無法在早期的美國學校課程裡生根。墾荒地區既需要艱苦的身體勞動，體育訓練絕對不愁缺乏機會施展；把運動當成純粹是教育性而不提及它的實際結果，那不是相當滑稽可笑嗎？同時也是一種時光的浪費，即令它不會形成正面的反道德效果。不必說西部大墾殖運動了，在早期拓荒時期，還擔心手腳不敏嗎？如果學校之注重體育，卻「栽培」出一些好打架的滋事份子，那更為社會所不容了。其次，體育訓練如旨在參加激烈競賽，這就會觸犯清教徒的禁規。因之體育非但被排除在課堂之外，並且如果在校外進行運動，則同樣會遭受譴責。十九世紀的經濟情況大獲改善，且宗教的正統性也大為鬆弛時，體育運動雖然還不能被迎入正式的學術課程裡佔有一席地位,但學生參與「**課外活動**」(extracurricular)，已大受寬容。

　　辯論之演進過程則稍有不同。中世紀以三段論式來進行宗教問題的辯論

方式，為中世紀大學及美國早期的高等學府所接受。這是不足為奇的，因為歐美兩洲當時的大學院校，都以培養教士為創校的主要目的。十八世紀時，美國學生之興趣，已從信仰之狂熱轉向政治，因之三段論式的爭辯在課程中的地位，已由演說所取代；加上教授上課時之講解說明，口才之犀利常不如在這方面傑出的學生。當時校外成立了許多俱樂部，對政治上的政爭問題、種族上的黑奴問題、社會上的禁酒禁煙問題、經濟上的貨幣問題等，都大感興趣，許多言論都是大學生在課堂內聽不到的，這些俱樂部因此吸引了大批學生去聆聽或參與。儲存於蓄水庫的青春活力，可以在課外俱樂部中洩洪。

限於篇幅，無法將十九世紀以還被承認為課外活動的每一種類都一一予以敘述。一般而言，課外活動的需要性，乃在於抗議正式規定課程之狹隘性及不足性而來。體育及辯論活動即是如此。雖然這兩種活動自古即有，但在十九世紀再現，乃因學生認為可以彌補他們在課內課程學習所缺乏的訓練。音樂也是一樣，原先作為七藝之一，現在卻由大學裡另外組成的「歌詠隊」(glee clubs)❺、「曼多林俱樂部」(mandolin clubs)、及其後的樂隊或管弦樂隊等課外活動中來進行音樂練習。其他如新聞採訪及戲劇演出等，也是抗議文科課程或古典課程之侷限性而產生出來的活動，學生藉此來發現自己的創新才幹。

「兄弟會」(Fraternities)及「姊妹會」(Sororities)之興起，也因學生之需要而起。美國殖民地時代的大學院校，是師生共宿性質的，對於學生的管教，甚為嚴格，學生活動的範圍，只限定在校內而已。為了要營更廣大的社會生活，只好走出課堂外甚至校外，把志同道合者聚集在一起，且秘密性的培養自己的「兄弟及姊妹」。因之早期的社團都以希臘字母命名，以增加其詭異性、隱藏性、及不為人知性。不過這些社團的活動，也可以讓會員品嚐在文學及音樂的正規課程中無法飽食一番的美味，更提供給會員宣洩自己在文學、音樂、或藝術上的才華。第一個「兄弟會」名稱是 "Phi Beta Kappa"，成立於1776年，恰是美國獨立之年。由於眾人擔心這種秘密組織是對民主政治的一大威脅，因此於十九世紀時放棄其秘密規約，而改頭換面成為一個相當有名望的學術研究團體；除了增進會友堅實的友誼之外，還提供住所，這對於巫

❺　臺灣在日治時代的臺北帝國大學也存在有此種社團。

需宿舍的大學生而言，無異是一種福音。

　　起初，課外活動與正規課程並無有形的聯繫，但大部分參與課外活動的學生都是同學校的。其後，二者之各自為政乃產生一些重大問題。二者不僅在學生時間與興趣上作激烈競爭，且課外活動名稱經常也直接間接的掛上學校名稱，但學校根本沒有實際的控制權。二者之爭執與抗爭，校方漸佔上風，但抗爭局面猶存，除非校方採取較具建設性的觀點來處理整個課程問題。由於二十世紀以來的課程理論研究有了長足的進步，導致許多教育權力單位最後體認出，課外活動並非正規課程的競爭者，卻是正規課程在生長上的尖端，並且與正規課程的分枝乃是意料中事。吾人應予注意的，是如何使這些分枝所結的果實，能返回來豐碩正規課程這個本幹。正本清源，課程活動不該有課內及課外之分，二者應密切配合，課外活動乃改名為「**聯課活動**」(co-curriculum)。

第十章　課程的發展㈡

自前章之敘述，可以看出在十九世紀後半葉，各級學校或多或少都出現了一大堆的教學科目；事實上，教育課程及教材的選擇，沒有一樣不受社會習俗所左右。由於文明之繼續進步以及文化財之累積，遠超過課程的包容能量，因之擺在眼前亟待解決的教育問題，就是如何在有限的學校教學時間內，安排最有教育價值的課程。知也無涯，但生也有涯。與此糾纏在一起的問題真多，使得二十世紀以來的偉大教育家，不得不殫精竭慮的思謀解決對策。他們不但得考慮課程如何選擇，還必須思及教材如何組織；並且「**課程的性質**」是什麼，這個更根本的問題，也馬上緊跟而至。

第一節　「何種知識最有價值？」

要尋找這個問題的歷史答案，最好先將以前幾世紀以來有關課程選擇的理論，作一番總結與清理。不知從什麼時候開始，人文主義的價值觀，就是評量課程優劣的主要標準。人文主義的價值觀，與人性問題有關；學科價值的高下，遂以人性內涵層次的高下為準繩。人性含有理性及非理性兩種成份，凡屬於理性課程的，價值層次就相對的高；凡歸於非理性課程的，則就被貶低，這是身心二元論的必然演繹結果；因之課程若含有感官性與情緒性甚至欲望性，則大受排斥與非難。感官困於物性及肉體性，心靈則由於它的精神性及非物質性，因之心靈課程對人們較有裨益。根據人性的層次而安排課程教學的順序，此種作法，更由於階級性貴族社會制度之實施，而增強其勢力。心靈學科之學習，與上層社會階級有特殊的親和力，因為一來可以直接履行指揮感官的功能，二來也可以直接扮演操弄下層階級的角色。下層階級人士之行為，大部分係依感官刺激而來。換句話說，勞心者的課程是治人者應學的，勞力者的課程則由治於人者來學習。

課程價值的「**實用說**」，在古代並無市場；長久以來也少有人主張，心靈

學科如文法、修辭、邏輯這三藝，比需經由感官才能進行學習的科目如科學及技藝等，較有「**用處**」。心靈學科之價值，並非產生在這些學科的實用性上，而在於因為這些學科與內在的人性有關。它們本身就具價值，價值是內在的，固有的，也是完備自足的；不必他求，更不是外在的。「**實用性**」的課程價值低，因為那種學科，只不過是人們用來達到某種目的的手段；作為手段的價值，要由它服侍的目的來決定。所以，一種無法完備自足的學科，怎能跟完備自足的學科，在學科的價值等級表上相頡頏呢？並且，一種學科的價值既是由它之作為手段所得來，那麼這種學科就有點卑賤。目的之於手段，猶如主人之於奴隸。只要社會實施貴族政治，上層階級人士自生下來即附帶高貴及良好的出身，則實用性的學科，只好屈居於低微地位。

但是十七世紀現代科學的駕臨，以及十八世紀末民主政治革命之來到，使得衡量學科價值的尺度，不得不大幅修正。依感官經驗起家的科學之輝煌成就，逼使原先認為心靈學科價值內在的就優於感官經驗學科的這種理論，首度出現嚴重的漏洞，立論根基已現裂隙。當社會革命家宣稱內在價值也應普沾於「**眾人**」，而非只是少數人才能享有的禁臠時，該理論就整個垮塌。革命人士反抗特權要塞所持的最具破壞性武器，就是這些特權能否經得起合理性及實用性的檢驗，不管該種特權是社會階級的或是課程學科的。

實用的第一要求，就是功利，也是實利或好處。第一位很清楚的考慮以**功利效益學說** (Utilitarianism) 將學科價值作等級排列的學者，就是英人**斯賓塞** (Herbert Spencer, 1820–1903)。十九世紀中葉稍後，他發表一文，不只廣傳於英國，並且更風行於美國，該文名稱是〈何種知識最有價值?〉('What Knowledge Is of Most Worth?')。本身就是功利效益主義的健將，也深受達爾文進化論影響的斯賓塞，用一個英文字來解答他提出的問題，該字是 "Science"，譯成中文要寫成兩字，即「**科學**」。他所排列的課程價值之高下，依重要性排列的順序如下：(1)直接與自存活動有關的活動，即**健康**；(2)間接與自存活動有關的活動，即**職業**；(3)養兒育女的活動，即**家庭職責**；(4)維持正當的社會關係及政治關係的活動，即**公民權利與義務**；(5)充份利用休閒時間而盡心從事於滿足情調及嗜好的各種活動，即**休閒生活的善用**。

不用說，這篇文章在當時是石破天驚的，因為價值順序逆傳統方向而行。

不僅功利的價值觀與傳統的價值觀對立，且整個學習科目的位階也全盤倒翻過來。人文主義高舉第一的文字科目，卻在序列中殿底，位居第五。斯賓塞預知此種非難，乃在論文中說：「我們並不貶低美育及美的愉悅感價值。但是因為美育活動屬於休閒活動，因之只在休閒時間內進行。」

　　仔細查看上述五項，可知斯賓塞先個人後社會，先重身後重心的規畫，極為明顯。

　　斯賓塞所播下的種子，要等到次一世紀的二十世紀才產生豐碩的果實。由歐洲英國渡洋而至新大陸的種籽，終於盛開花朵；美國教育土壤的準備工作，恰好適合於讓斯賓塞的主張茁壯。十九世紀最後十年，「美國教育學會」(National Education Association) 中的兩個著名委員會，即「十人委員會」(Committee of Ten) 及「十五人委員會」(Committee of Fifteen) 都提出報告，建議採取步驟來縮短小學教育年限（從八年減為六年）。這種建議，一方面是由於中學漸漸要求增加學習時間，另一方面也是由於教育學者開始警覺，課程教材之累積結果，產生許多可觀的枯枝及殘葉，有必要大刀闊斧的砍除或修剪。長久以來，迎合課程新要求的方式，就是增加一些補充教材，但卻沒有減去原有不合時宜的學科；新教材雖納入，但舊教材卻屹立不動，新枝舊幹併存。這兩個委員會強力呼籲，立刻進行嚴肅的檢討過剩積聚的教材，已屬刻不容緩，不能再拖。

　　二十世紀的頭十年中，美國公私各界齊頭努力，將不再重要或與當時學童生活無關的教材，予以汰除，如此就可以縮短小學年限，並在初等教育裡提供最少但卻最基本也最不可或缺的教材。其中一項努力的工作，即是將當時的教科書及學科科目列出清單，然後予以內容分析，而以功利效益主義觀點來決定課程科目及教材內容的取捨標準，以便讓美國一般學童「適應社會需要」。為了要將這些需要建立在較為客觀的基礎上，採用了兩種新技術：其一是調查學科專家對於該學科最低基本教材的意見，其二是以報紙及通俗雜誌上所出現的常用字次數，作為規定字彙及拼字學習的基本標準。

　　利用新技術把課程建立在科學基礎上，這只不過是剛剛起步而已。這些衡量課程的新技術，在受到專家們的認可，且技術越來越精良，加上效度都廣受肯定後，比較大膽的課程改造計畫就出籠了。「光是剪掉死枝，從全部可

能收集到的教材內容中精選最低基本材料，或加上補充讀物，這種只作修補課程的工作，已不足以滿足激進派的口胃。教育學者及各界人士普遍要求課程要進行全面性的修訂。」

課程改造若要從根著手，首要的工作就是教育目的的決定，因為課程既是跟隨教育的目的，也是達成教育目的的手段。利用新的衡量技術將當時所有的教育目的作一番全盤式的調查，這種「**科學式**」的教育目的決定論，是教育哲學家所不服氣的。科學撈過界了，科學的本務是事實描述，教育目的屬價值判斷。前者是「**實然**」的領域，後者是「**應然**」的範疇。「**是不是**」是不可以決定「**該不該**」的。並且，以「**現狀**」來約束教育的進行，這也不是「**進步**」教育應有的作法。教育目的是有前瞻性的，遠眺未來，不是只安於現狀，或返顧過去。對於教育科學家的熱心過度，一方面引來教育哲學家的迎面痛擊，另一方面教育哲學家也立即擔當該有的職責，對教育目的大發議論。二十世紀最有勢力的教育哲學家，就是聲名滿天下的哥倫比亞大學教授**杜威** (John Dewey, 1859–1952)。杜威的民主教育哲學，是課程徹底改造的領航員。

接受杜威影響而進行課程改造工作的是**巴比特** (Franklin Babbitt, 1876–1952)，他將廣博的人類經驗予以「**活動分析**」(Activity Analysis) 成幾種主要領域；在廣查各種資料（這是屬於教育科學家的工作），從新聞報紙到《大英百科全書》，自文學到科學之後，他就以教育哲學家的主觀見解作價值判斷，從中挑選出十大領域；此種作法，類似「**中等教育七項主要原則**」(Seven Cardinal Principles of Secondary Education)。事實上，美國教育學者及課程專家之此種措施，是以斯賓塞為宗師。由下頁表中可見這三者之間關係的密切。

「**分析**」活動後，又加上價值取捨，冶科學與哲學於一爐。上述大項目標確定之後，再持續將每一領域又作較細緻的活動解剖與選擇，挑出適合各學年學生學習的教材，這就變成具體使用的教本或參考資料了。其次，也有「**職業分析**」(Job Analysis)，分析學生擬盡力從事的一種特殊職業或職務活動；此外，為了考查學生在學習上所發生的困難及錯誤，以便擬訂克服困難及糾正錯誤的課程；甚至分析某一社區的特殊社會活動，或某些人群如消費者的活動，以供產業界或商界訂定計畫的參考。在各學科方面，也組成諸如

表 10-1

斯賓塞 (1859)	七項原則 (1918)	十項領域 (1924)
自存（健康） 謀生（職業） 育兒（家庭） 公民 休閒	基本學科 健康 家庭成員職責 職業 公民 休閒 倫理關係	語文活動 健康 公民 一般社交 心理適應 閒暇活動 宗教活動 家長職責 非專業性活動 職業

「古典學科研究」(The Classical Investigation)、「現代外國語研究」(The Modern Foreign Language Study) 等，一時課程研究及實驗，蔚為風潮。

　　既以教育目的來決定教育課程，但先前已定的教育目的，可以獨立於正在進行的學習問題之外嗎？杜威就深不以為然。他認定課程的再造，是與經驗本身的繼續重組一致的。因之嚴格地說，課程也是過去經驗的適應以及重行適應的歷程，在歷程中解決川流不息的實際問題，也等於一再的重行修訂教育目的。因此，在以學童的「能力」(capacity)、「興趣」(interests)、及「需要」(wants) 作考慮的課程設計，所面臨的實際問題，就是成人興趣與兒童興趣的重要性誰高誰低，課程的近程價值及遠程價值如何劃分，以及學習過程本身的性質等。課程的改造還易引發更深的社會哲學問題，其中一項癥結，就是到底要以仍有缺陷的當前社會所形成的教育目的來指揮新訂的課程呢？還是應由一種激烈的社會改造而產生的教育目的來支配新課程？教育工程之艱鉅，從課程改革就可見一斑。

第二節　學科課程與活動課程的對立

　　課程制訂到底應以成人為中心或以兒童為中心，這個問題至少可以上溯自十九世紀。二者的緊張衝突，首度出現在中等教育及高等教育之課程應該是必修或選修上。早期，兒童的主要活動，就是成為大人，因之選擇兒童課程莫不以成人標準來決定，這是再自然不過的。坦率言之，最熟知成年生活

需要的大人，以經過精選的學科以及最有意義的教材來要求兒童研習，倒真的可以節省時光，並且對兒童而言，還是一項仁政及福音！

自十九世紀的二十五年開始，強力反抗嚴格規定的必修課程之聲浪高漲，選科制度起而代之，且沛然莫之能禦，在十九世紀末，聲勢浩大。提倡選科制的主將是**哈佛大學** (Harvard University) 的名校長**伊利歐特** (Charles W. Eliot, 1834–1926)；選科制如日中天時，不只大學雷歷風行，中學也遭波及。**美國教育學會** (N.E.A.) 的十人委員會提出報告，所有中學的各門學科，如果都以相同的時間及相同的良好教學法予以施教，則各科的教育價值，一律平等。

選科制向必修制宣戰，勢如破竹，但仍然沒有徹底毀了必修制的最後堡壘；殲滅未成，因此也沒有全然的窒息了必修制的生機。二十世紀肇始時，規定必修某種核心課程的制度又再度復活。這些**核心課程**所展現出來的力道，足以讓選科制陣營宣佈雙方休戰停兵。某些學科因享有教育價值上的優越地位，學生非必修不可，其他學科則屬選修；選修科的死活，端賴本身能否吸引學生學習而定。必修及選修二者之間的協調結果所訂出來的標準，就是轉換了課程名稱方式，分為「**集中課程**」(Concentration) 及「**分佈課程**」(Distribution)；或取名為「**主修**」(Major) 及「**副修**」(Minor)；有些學校規定某些科目必修，某些科目選修；型態之多，不一而足。

選修與必修課程之爭執，如果在理論層加以探究的話，則涉及到課程到底都是由學科組成，抑或由活動組成這個問題。長久以來，課程都是由學科所組成。學科課程既支配課程編製這麼長久，因之它的地位固若金湯，少有人懷疑。但人們忘了，或無知於學科的傳統觀念所代表的涵意。直到十九世紀晚期及二十世紀早期，兒童中心課程或活動課程出現之後，才促使人們對課程理論作批判性及覺醒性的探查。

起先，課程當然是代表著社會遺產的一面；它蘊藏著豐富的意義，也是過去生活經驗的存會，部族人士引以為傲，因之乃將它規定為人人取得部族成員條件所必須學習的對象。時日一久，社會生活累積的經驗漸漸擴充，如果不將這些祖先經驗粗分諸如數學、文法、歷史等類別，則全部的經驗將笨重不堪。全部知識領域的分類，就如同包括在其內各學科的分類一般，都要

合乎邏輯的一致性。邏輯分類可以使學生知悉客觀的實在真理，因為自古代
到現代的科學，都認定客觀的實在真理具有邏輯的一致性，這層邏輯的一致
性，是可以認知，也可以敘述出來的。以這種概念作前提，則得出一種結論，
認為學科採取邏輯組織，遠比單依學童心理上的方便來取材，價值更高。這
是順理成章的推論；至少它符合了實在界令人不能置喙的事實，也與自然界
令人難以抗衡的秩序，互為表裡。

　　這種學科概念，簡直就是給課程造了一張「削足以適身的床」(Procrustean
bed)。既先把課程看成固定不變，而學童又是可塑的，因之學童必須迎合課
程；課程為主，學童為副。難怪這種方式的課程名稱，在其後贏得了附加詞，
即「固定必修科」(subject-matter-set-out-to-be-learned)。學科在變成描述這個
世界的邏輯，學習活動就是精讀且必讀這些學科。如果該種學科已不能與現
實生活聯繫，則仍然可以在文化遲滯的腐蝕邊緣地帶磨出心靈陶冶的價值來。
這種方式的課程，也叫做論理式的課程；縱使教師想提供多種教科書的材料
供學生參閱，但光憑剪刀及漿糊就可輕易的使它成為一本綜合性論理排列的
教科書；邏輯模式已定，內容就只是按模式去剪裁而已。

　　自遠古以迄十九世紀末，課程組織及課程性質，幾乎全部染上此一觀念，
及至二十世紀，力道仍然未衰。不過在近二世紀中，它受到嚴重的挑戰；首
先激情提出課程改造的，就是瑞士的浪漫主義者**盧梭** (Jean Jacques Rousseau,
1712–1778)，這位自然主義的先鋒者認為，兒童對自然秩序的反應，這就是
課程。基於對兒童的情愛及對下一代的尊重，他把兒童及下一代安放在最重
要的自然層次上，因之在他的名著《愛彌兒》(*Emile*) 一書裡，他絕不將兒童
附屬於課程之下；相反地，課程是要遷就兒童的。在選擇課程及組織教材時，
必須注意把兒童內在的衝動力，作為優先考慮的要項。

　　盧梭煽起人們想像力的火焰，但在實際行動中卻毫無建樹。帶領教育學
者將課程有效建立在兒童天性基礎上的，當推另一位浪漫主義者，也就是德
國神秘派健將的幼兒教育家**福祿貝爾** (Friedrich Wilhelm August Froebel,
1782–1852)。福祿貝爾認為教育目的就是自我實現。跟隨**康德** (Immanuel Kant,
1724–1804) 的理性主義哲學，福祿貝爾將兒童看成是具有「**先驗**」(*a priori*) 的
自我活動天性；這種天性還經常奮力地要企圖確認自我。兒童的教育，絕不

僅是一種外在世界的產物，並且還積極的發展內在天性的表現在外在世界中。這就是「內在外在化」及「外在內在化」的格言。根據此一見解，課程絕不能只根源於外在世界；相反的，學習應該從內在開始，由內往外，它是一種內在自我的實現過程。基於此種學說，則課程的選擇與編製，就必須計及兒童的內在活動性。

福祿貝爾特別強調兒童內在的自我活動性，卻沒有忽略外在社會的文化價值。事實上他看得格外清楚，在給予兒童有效的指導並規範他的內在天性時，大部分要仰賴外在世界，即他人的經驗。因之，外在內在化，就可以使他的內在天性，在外在世界中獲得表現。取黑格爾的辯證形式來說，福祿貝爾以統整的學習經驗作為「合」(synthesis)，「合」是植基於內在天性的「正」(thesis) 與外在社會文化的「反」(antithesis) 而成。不過，此處應予注意的，是「合」的結果，並沒有使知識或學科當作教育過程的中心。教育過程的中心倒是放在更進一步的兒童自我實現上。社會文化或學科只是作為實現自我及發展自我的營養料而已。

並非所有以兒童天性來編製課程的人，都同意福祿貝爾的理想主義哲學。在美國，許多教師依賴**詹姆斯** (William James, 1842–1910) 及**桑代克** (Edward Lee Thorndike, 1874–1949) 兩位心理學家於二十世紀初所建立起來的動態心理學或功能心理學，來制訂課程。這種教育心理學的發展，對「**兒童中心**」(child-centered) 的課程主張，產生兩種幫助。第一，這種教育心理學，肯定的指出兒童在初生之時，機能上就擁有頗多的本能與衝動；這是根據經驗觀察的結果，而非憑哲學冥思所得來。天性傾向之具有動態性及推動力的性質，使得許多教育學者對於課程編製之看法，與福祿貝爾相同；他們都認為課程規劃，必須能讓這些暫定的能量獲得盡情的表達。有趣的是，根據科學研究而非神學玄想而得出如此結果的教學工作者，他們喜愛兒童天性的那種熱度及情感，並不輸於福祿貝爾陣營裡的學者。第二，就消極的立場來說，這種心理學對於形式訓練說的課程理論，有甚大的破壞作用。後者認為學習的重要工作，不在於教材內容的了解，卻在於官能能力的培育。但動態心理學卻肆意的宣揚學習的特異性概念，主張特異（個別）學科的學習，只在特殊情境內才有教學效果；因之課程內容的重要性，就會在課程規劃裡重登寶座；

課程編製就應該以學童在學習情境裡所樂意進行的、或所產生的特有反應及行動，來作為考慮要項。

　　課程編製如果採取這種觀念，因而所產生較為特殊的影響，即不以邏輯的組織方法來敘述這個世界，也不以論理方式來描繪人類過去的生活經驗，而是以兒童本身的活動（注意，不是大人的）來作為教學材料。當然，這在幼兒園裡最應如此。因此稚齡學童的課程是由歌唱及遊戲所組成，這兩種活動都是所有兒童的自發性活動。不過，福祿貝爾的酵母也馬上在小學低年級的學科課程裡發酵，他的盼望也是如此！

　　早期這種發酵過程，可以在美國南北戰爭之後於麻州的**坤西** (Quincy) 地方看出。深受福祿貝爾影響的**派克上校** (Colonel Francis W. Parker, 1831–1902)，在坤西進行一種意義深遠的工作，使他日後享有盛名。為了要使課程活動更接近兒童的自然天性，派克彌補了課程裡因邏輯組織的關係而使各學科產生各自為政的局面。比如說，閱讀不可以作為一獨立學科來進行教學，而是作為獲得歷史及科學等學科知識的工具。寫字或書法也不是一門孤立的藝術，而是意見交流的方法，拼音拼字也偶爾與寫字或書法配合而不扮演分離角色。二十世紀之初，領導美國教育革新的領袖之一**杜威** (John Dewey, 1859–1952)，更在**芝加哥大學** (University of Chicago) 進行他的實驗教學工作。杜威為實驗學校所設計的課程，是以學童在社區裡早已熟悉的活動，如烹飪、裁縫、及木工等為中心；教師仍然把學科課程教給學童，但不是用傳統的方式來進行教學，而是把它們與上述學童活動連在一塊。其後，有些學校如**密蘇里大學** (University of Missori) 的附屬小學，乾脆就放棄了傳統的學科課程教學，而取四種課程活動即觀察、遊玩、故事、及手工代之。

第三節　課程的論理組織與心理組織

　　活動課程或兒童中心課程，不久就與傳統的論理組織式的學科課程，公開發生了衝突。後者的防衛者確信，新教育的感情主義，除了寵壞孩童之外，是一無可取的；但前者的贊助者則反唇相譏，認定學校活動之變為死氣沉沉、機械呆板、常規與形式，就是由於將學童的興趣與需要，屈服於學科論理組織及成人社會的規定下所造成。支持「固定必修科」傳統觀念的保守人士辯

駁著，如果依兒童中心及瞬息而逝的衝動來制訂課
程，則除了產生古怪的或反覆無常的課程外，將無
法期待什麼可欲或良性的結果。但兒童中心課程的
擁護者，卻以這種課程之富有興趣、自發性、及自
由原則來回應。傳統性的學科組織者再次以論理性
課程之具有訓練感、邏輯感、及秩序感來作第二次
答辯。二者之衝突更帶入師資訓練機構裡，有些師
範院校主張未來的教師必須熟讀兒童心理學，以便
體會學童的學習心情；有些學府機構則要求為人師
者要接受學科知識的訓練，才可以奠定堅實的學科
知識基礎。

圖 10-1　杜威 (John
Dewey, 1859-1952)

　　由這些對立的爭論產生了火熱的口角，終於，熱度高到迸出火焰。幸而
這一火焰也照亮了一個足以解決二者紛爭的滅火劑。因摩擦而產生的一種主
要火源，來自於也加入論戰的杜威；部分火焰落於他在此時所著的一本小冊
子上，該書取名為《**兒童與課程**》(*The Child and the Curriculum*)。在這本小
冊子中，他對於因學童的幼稚性就予以歧視，以及情感上把學童過度理想化，
這兩種極端說法都深感悲痛。二者共同的缺點，都從一種共同的謬誤得來，
即只知學童發展的一面而不知其他面，以偏概全。傳統學科的支持者，由於
瞥見學童的無知及粗野而更增加了內心的不愉快，他們只看到惡的一面，乃
毫不猶豫的認為學童應該完全依賴較為成熟也較有理性的大人經驗，但卻無
視於學童蘊藏著無可限量的動力發展潛能性。兒童中心的贊助者，則著迷於
學童自發自動的萌芽能力，卻短視的把注意範圍只限定在學童現時的興趣與
需要而已，認為這已是完全自足也是十分完備的原則。

　　杜威採取建設性的立場，認為上述兩種觀點雖是過與不及，其實卻可相
輔相成，包容而非互斥。不是「**非此即彼**」(either...or)，而是「**二者得兼**」(both...
and)。

　　不要把學科看成為固定不變、現成、或外於學童經驗（他對一派的
　　學者這麼說）；也不可把學童經驗看成是牢不可破。卻應該把學科視
　　為活動、萌芽型態、且有活力（他對另一派的學者這樣講）。則我們

就可以體認出，學童及課程二者乃只是兩個極點，在那兩個極點之
間可以畫出一條線，那就是過程，也是生長。從學童現在所站之點，
到學科真理與事實內容的另一點，乃界定了教學的範圍。從學童的
現有經驗這一點出發，經過繼續不斷的重新改造，而抵達到論理組
織的學習材料，那也就是到我們稱之為學科領域了。

換句話說，兒童中心課程及學科課程都有一個共同的分母，即「**經驗**」，
二者在基本上都是活動課程。兒童中心課程早已明言課程是動態的；而學科
之課程在經過分析與闡釋之後亦然。比如說，學科課程當中的文法課，不也
是人們想要精確說話的一種行動方式嗎？幾何學這門學科課程中，學習 π 的
公式，不也代表著要畫一個與圓形同面積的四方形時的「**行動**」嗎？可見引
起雙方爭論的癥結，並不是在課程的性質上，而是在如何組織課程上。

前已述及，傳統學科課程是論理組織性質的課程，因之它是事先就組成
的，也是規定必須學習的，學童入校之前就已規劃完成的，成人或教師希望
學童必須精研探究的，或者當呈現在學童面前時就非學不可的。這種組織方
式對成人或師長而言，是論理的，也是自認合適的；但就學童心理來說，就
是「橫柴入灶」（圓鑿方枘）了。這一點，杜威早在《兒童與課程》裡指出其
謬誤所在。學童是個初學者，不易接受成人或師長的完整經驗。因之，教師
就不應該以適合成人意旨的論理方式來組織課程，因為那是「**終點**」，怎能未
先學走路就想會飛呢？相反的，應該利用學童現有的經驗、興趣、需要、及
能力，以心理方式來編排教材，這才是「**起點**」。萬丈高樓也得平地起啊！蓋
房子總應先打好地基，怎麼急著上樑呢？當然，課程終點也得注意，以學童
「心理」作出發點，但絕不停止在該出發點上。杜威說：

> 經驗的心理敘述，乃係遵照經驗的實際發展程序，它是歷史的；它
> 記錄實際上所經過的步驟，不管那種步驟是不確定的並且也是曲折
> 的，或是有效且成功的。另一方面，邏輯的看法是把發展當成已屆
> 某一完成的定點，這就忽略了過程而只考慮結果。

「**教育就如同一種過程**」(Education as a process)，就是杜威常掛在嘴邊的警句，
所以也與「**生長**」(growth) 或「**發展**」(development) 類似。勿只貪圖目的來
臨而忘了學童還只在過程中。「登高必自卑（低），行遠必自邇（近）」。

　　將課程作最後一層分析，就可以知道課程組織應該由課程所要達成的功能，以及它所要履行的目的來決定。傳統觀念都把學科課程的論理組織，看作是完結性的——其實並無所謂完結性的這一層次，還不是都在「**繼續不斷的重新改造與建構**」(continuous reconstruction and reorganization) 過程嗎？相反的，邏輯（論理）只不過是一種工具，拿這種工具的目的（用意），就是要來規範成人及學童的。在經常變動不居的民主社會裡，又有什麼工具可以一成不變？卻應視各種生長狀況而定。從這一較廣的角度來說，就如同杜威所言，論理程序本身，其實也是一種心理程序。

　　由此看來，學科課程非但與學童經驗不相衝突，並且應該融入學童經驗當中。讓我們再引用他的一段話來作說明：

　　每一種學科或每一種科目都有兩個層面：科學家有科學家的課程面，而教師則有教師的課程面。這兩個層面卻一點都不對立，也不相左，但二者並不雷同。對科學家而言，學科只是代表著一份真理，藉它來指出新問題，制訂新研究方式，並得出一種可以印證的結果，如此則學科或科學是自足的。科學家在學科中標出該學科本身的許多不同部分，也將新事實與之連繫起來。作為一個科學家，他並不需要旅行於他所專有的領域之外；即令必須如此，那也只是為了要獲得更多的事實，來支持相同的研究結果罷了。但教師的問題就不同。作為一名教師，他不會將新事實加填在所擔任的科學學科科目裡，也不會提出新假設或擬訂新的印證方式。他所顧及的，就是把所教的該門學科，看作是代表經驗發展的一指定階段及狀態。他的問題，就是促使學童獲得生動的體驗及親身的經歷。因之，作為一名教師，就得考慮如何把教材變成個人經驗的一部分，如何將學童目前所擁有的，與教材連在一起。這些因素如何善加使用，教師所知道的學科知識，如何有助於解釋學童的需要與行為，然後決定如何提供一種媒介，把學童安放就緒。如此，學童的生長才能正確的接受指導，教師考慮的，不是學科教材本身，而是把教材視之為與全體經驗及生生不息的經驗相關聯的一項因素。此種觀點就是心理學取向的觀點。

上述引文中，杜威所謂的「**科學家**」，是指課程組織持論理層面者，「**教師**」則要多關注心理層面了。他在邏輯論辯上，持工具主義說法，由於大受達爾文進化論的影響，他堅持教育乃是經驗的不斷重整，以便個體能適應或再適應於變幻莫測的環境裡。適應成功與否，要賴個體是否善於擴大的應用個體當前的經驗而定。個體當前經驗又是個體與他人過去經驗之累積。經驗範圍越廣，適應力就越強，「適者生存」。在這種情況之下，過去的原有經驗，在適應上就有工具價值了。學習了這種經驗，附帶的也能解決問題。社會遺產中的學科教材、知識、資料、事實，並不是把這些當作本身來學習，也不視之為最終目的。因之，課程不再是事先就予以擬訂，倒是師生在面臨一項適應問題，以及很清楚的了解到何種教材最能夠解決問題時，才來共同編製課程。

杜威的《兒童與課程》於1903年出版之後，對當時課程性質上的紛爭，似乎提供了一項合理的解決方案。事實上，二十世紀大多數的進步主義教育學者，都以它當作制訂課程的基本理論。不過，仍然有為數眾多的進步主義教育工作者，繼續甲意植基於學童興趣與需要的理論來編製活動課程，他們的浪漫性與情感上的狂熱作風，尤比二十世紀初期的學者為烈。但跟這批教育工作者的主張背道而馳且也屬同時代的一些人，則秉持著「**精粹主義學者**」(essentialists) 的論調，走論理組織路線，要求課程編製的學科組織，要邁向「**確又艱深研究**」(exact and exacting studies) 的步伐，尤其在二十世紀中葉，美國面臨太空競賽恐將失去優勢的危機時，學校課程之大談論理性及邏輯性，聲勢壓過進步主義的兒童中心課程論。其實，這兩股勢力，都佔據兩個極翼位子，雙方相互狙殺，射擊勁力視時空狀況而定，似乎也應了杜威「**重新建構與重行組織**」的課程主張。不幸，杜威本人那種「**二者得兼**」說法，有時也不能為這雙翼所領情，甚至還成為箭靶，實在是既無耐又無辜！

第四節　課程理論的文化期及複演說

在課程的論理及心理組織兩派陣營，各自尋求防衛自己的理論之際，有不少解決雙方衝突的方案被設計出來，並且也不時的受到人們或多或少的歡迎。在這些方案中，最重要的是十九世紀出現的「**文化期理論**」(Culture-epoch

Theory) 或「複演說」(Recapitulation Theory)，以及「相關及集中」(Correlation and Concentration) 理論。本節先談前者，下節才敘述後者。

文化期理論乃是由歷史哲學所衍生。對歷史稍有涉獵者會發現，人類之發展或文明之進步，經過了好幾種文化期。有些權威人士聲稱，他們已在宇宙設計當中，洞悉出每一文化期之間的遞嬗過程，他們說，如果當今時代要獲得各時代文化期的成熟度，就得把每一時代的文化期重行複演一番，重入時光隧道。這種說法，早在十九世紀末期盛行以它作為指導課程編製的原則之前，就已存在頗久。比如說，早期教會的教父們，在勸誘基督徒研究希臘文化而不視之為異教產物時，就訴諸這種說法來作為理論依據。教父們說，上帝帶領人類經由猶太文化、希臘文化，然後才到基督教文化；因之目前的課程，就在於甄選並安排教材，來複演這些文化期或文化發展階段。

這種語調，在十九世紀的德國哲學裡還得到回響。**黑格爾** (Georg Wilhelm Friedrich Hegel, 1770–1831) 的「**絕對觀念主義**」(Absolute idealism)，部分說法就與此相合。他說，歷史乃是「**絕對**」(absolute) 在人的事務當中實現的記錄。應用這種理論於教育學說的，乃出現在**赫爾巴特** (Johann Friedrich Herbart, 1776–1841) 的作品裡，經過繼承者**齊勒** (Tuiskon Ziller, 1817–1882) 的詳加解釋與引用，因而形成了「**文化期理論**」。根據後二者的見解，個人知識之本源及流程，與種族在歷史上的文化本源及其流程，在模式及次序上，都完全一致。

文化期理論之能夠在十九世紀造成風潮，乃是它也從科學上獲得了不少助力。這種科學就是震驚全球學界的進化論假設。人們只要稍動腦筋，就知道達爾文的進化論是一種歷史理論，是生物形成的自然歷史理論。仔細詳查生物的進化過程或自然歷史的發展階段，就可以看出自然有複演的傾向；這種傾向，就顯現在胚胎中。讀者只要充份運用想像力，就可以找到文化期理論與胚胎學的進化論，二者若合符節。許多人乃略過一大步而作成結論，認為生物學的學說釘牢了文化期理論。

即令複演說或文化期理論可以作為課程編製的指南，但究竟文化發展的何種特殊層面應該融入課程內？總不可能把文化發展的全面都作為教材吧。要解決此一問題，方法有二：一是課程教材之安排順序，應該配合人類機能

的發展順序，首先是知覺感官，其次是想像力，再次是記憶以及理性力的運作。呼應這些順序而挑選的教材，是有形體的實物列為第一優先，然後是神話及詩歌，最後是文字（文法）修辭及數學。另一是依據種族發展史中所經歷的社會經濟活動而編排教材，所以學習活動應從「遊牧民族」(nomadic peoples) 開始；因之，愛斯基摩人及印地安人的生活習俗應編入教科書；其次是「畜牧民族」(pastoral peoples)，第三則是比較固定居所的「農業文明」(agarian civilization)，最後則以「工業時期」(industrial epoch) 收尾。二十世紀末之後又有了「E 世代」(electronic age) 的來臨，則課程編序也依此作殿後。

　　有些人嚴格的固守文化期理論，認為課程編製要複演每一時期，不得有誤。依上述的第一種方法來編製課程，其實正是「活動課程」前，「理論課程」後；「心理組織」先於「論理組織」；具體第一，抽象第二；感官之後才來理性。按第二種方法來設計教材，則由簡到繁，由易及難，由近及遠。這些原則也頗富現代教育意義。循序漸進，不得躐等。幼兒園的創辦者福祿貝爾說過：「每一代人及每一期的人，若要了解過去與現在，必須經歷過以前人種文化的每一種層面。」他又接著說：

　　　　新教學科目萌出自然芽的一刹那，如果未抓住，則以後武斷的介紹
　　　　該學科的任何努力，都會使學童興趣缺缺。……自然生活動力與理
　　　　性生活動力的特色，以及教學法的發展特質，就在於把握這一點，
　　　　也要固守這一點。因為當這一點被真正找到之後，則教學科目就可
　　　　以配合本身的生機法則，而獲得獨立的生長。

　　著名的教育心理學家霍爾 (G. Stanley Hall, 1846–1924)，也持相同主張，更說依此觀點來進行教學，對學生具有「瀉淨作用」(catharsis)，於幼年時就清除一下過時了的種族行為模式，因為現在若沒有予以洗滌，則在其後的尷尬情境裡，該種行為模式仍然會表現出來。依霍爾這麼說，則教育是在文化「複演」時，進行「清掃」工作，如此的文化才會向上提升，不是原地踏步了。

　　二十世紀的前後，風行於美國數年之久的課程編製理論，就是文化期理論。這種理論需要教師能夠留意於把種族發展史上的某一階段，跟學童生長的過程恰好配合在一起，然後根據這些發展傾向來製作恰當的課程，以便教

導學生。但是即令教師機伶又幸運的能作這種配對，教育哲學家杜威就懷疑文化期理論是否可以在兒童本性上找到實在證據。杜威不但要該理論的支持者提出證據，還堅信假如他們能找到證據，則該證據也只能從兒童現有的活動中去尋求。兒童的現有活動，在任何狀況下，都是指導課程編製較可信賴的定點與起點，這個點絕不是在遙遠或數千數萬年的過去時代中找出。對杜威來說，過去不能限定目前的發展方向，而僅能作為幫助兒童把喧嚷著要表現的衝動力，予以宣洩出來的一種資源而已。

由於文化期理論或復演說遭受到像杜威這麼具有影響力的教育哲學家之批判，這種學說的生命也終於魂歸西山。

第五節　相關、統整、集中、廣域、及核心課程

要另闢蹊徑、改弦更張，課程編製就只好採取另一種方向，即相關課程與集中課程。赫爾巴特早已看出，在他的時代裡，課程科目是高度**原子式（分化）**的，每一門學科都有不同的間架。他對於學童每天都要對各自獨立的單科教材，費時間去學習，並且日復一日的重複同樣學習過程而竟然不發生混亂，感到相當詫異。十九世紀學科科目的增加，更擴大了課程原子論及多元論之間的分野。

赫爾巴特及其後的齊勒為了彌補此種缺陷而提出課程改革規劃。他倆的規劃是經由「**相關及集中**」課程，而將各學科統整起來。基本理念是在課程裡面安排某些教學科目，當教學一種科目的同時，也教學了別種科目。比如說，教地理時也順便教歷史，教歷史時也可經由文學之涉及，而豐富了歷史一科的教學內容。赫爾巴特說，這些科目在校外生活中是絕少分離獨立的，那麼為什麼不在學校教學中使它們發生聯繫呢？臺灣在二十世紀末的教育改革中，學校課程也採此種方向，即將學習活動分成「**領域**」，但不幸卻引來學科專家的抗議，他們甚至說，教地理的老師絕不可兼教歷史，否則「**專業**」水準會降低。

事實上，相關課程還有更基本的理由；在相關課程的底層裡，提倡各學科應取得聯繫的理論，來自於心理學，也就是赫爾巴特的「**統覺論**」(doctrine of apperception)。簡單說，統覺論主張，學童學習的新教材必須建立在舊經驗

上。假如這種說法對於教學歷史或地理科目為真，則在那兩科的彼此相關性上又何嘗為假？因此，赫爾巴特、齊勒、及其從者乃提出建議：不僅使用學童所熟悉的歷史來作為學習歷史新事實的基礎，並且也以學童所稔知的地理資料來達成同樣目的。此外，相關課程的教學非但可以有更充實的學習意義，並且還更為有趣，心情較佳；以似曾相識的印象來學新教材，還是一種愉快的經驗，是老少咸宜並也可以共享的。

推演赫爾巴特的相關課程理論邏輯，**齊勒**還得了一種結論，不僅相關的學科應彼此聯繫，且聯繫當中可以取某一學科作為聯繫各學科的核心，該學科就變成核心學科，這就是「**集中課程理論**」(Theory of Concentration)。齊勒本人就以歷史科作為核心學科。他贊同赫爾巴特的說法，把道德看成為主要的教育目的，因之選擇歷史作核心或集中課程，那是順理成章的。他也遵從黑格爾的論調，認為歷史乃是神聖「**絕對**」的展現記錄。但美國教育改革家派克上校，則擔心若把歷史科目看得太重，即有可能像德國當時的社會那樣，有強化社會「**現狀**」的危險。赫爾巴特的美國傳人之中，**麥克默里兄弟** (Frank McMarry, 1862–1936; Charles McMarry, 1857–1929)，乃以地理科目取代歷史，作為核心科目。當然，也有其他人取科學或學校的社會生活作為集中課程活動者。

相關課程理論所享有的風行時間，遠比文化期課程理論的存在壽命為長。事實上，在二次世界大戰之前，許多人一談起統整課程時所使用的字眼，恰好與赫爾巴特倡導相關課程的語句相差不多。不過，赫爾巴特的相關課程理論也非一帆風順。我們稍微一想就可知道，並非所有科目都可以彼此相互、直接而立即的增強。比如說，科學及文學雖然在某些點上，二者也有極其自然的相關，但如果要使學童獲得二者整體的概念，則有勉強之感。這種勉強的相關，因為遠超過統覺邏輯所能為力的範圍之外，所以顯然是極為武斷的，就如同把幾塊木料拼黏起來就要它變成樹木一樣的困難。換句話說，部分之集合，並不就等於全部。「**完形**」(Gestalt) 心理學也這樣說。

雖然赫爾巴特的相關課程及集中課程理論，顯示出缺點及其使用上的限度，但將課程統整為一個比傳統分門別類的學科較大的單位，此種努力則在二十世紀時漸受重視。這當中最為極端的改革，乃是企圖以學童的經驗作為

編製課程的核心因素。這種觀念，與赫爾巴特之相關課程見解，二者大為不同。在赫爾巴特的相關課程裡，統整的主人翁不是學童，而是老師。老師將已統整或已具相關的課程呈現在學童面前。這種結果，從唯實主義的教育哲學觀點來衡量，是與機械呆板相毗連的。主張以學童作為統整核心的學者是福祿貝爾。說實在話，**觀念主義** (Idealism) 的教育哲學家，既相信知識乃由心靈的先驗範疇所形成，則福祿貝爾之以學童為主這種主張，那是最合乎邏輯的了。杜威的**實用主義** (pragmatism) 仍然得出相同的論調，他認為個體在計畫著適應社會生活，並在組織他本人的其後經驗裡，運用了極大的原創力。完形心理學者把統整教材作為人格發展的初步材料。這一系列強大陣線所產生的號召力，自然站在與相關課程不同的角度上，將課程予以統整。

依學童經驗或社區生活而統整的課程，名稱有很多種。「**統整**」(integration)、「**經驗**」(experience)、「**活動**」(activity)、「**單位**」(unit)、及「**設計**」(project) 等課程頭銜，是較為人所熟悉的。不管如何，上述頭銜的課程，都以學童本身的眼前生活活動開始。當然，生活活動並不單純，單由「算術」或「地理」等標籤，是不可能悉數包括全部生活活動的。相反的，生活情境經常都相當複雜，也明顯的跨入於傳統學科中。因之，主張學童是不斷在活動的這種生活觀，就必須從社會或文化遺產中提供各種不同的資源，以便補足學童在適應生活中的需求，並完成其活動目的。學童在動用這些資源，並且最後把這些資源加以組織以便達成目的時，自己已用了個人的剪刀裁製了一套自己而非別人的統整課程；這套課程與赫爾巴特的教師預先作好而要學童試穿的課程衣裳，是全然不同的。但任何隨興而作或偶發性活動性質的課程，都無法確切的保證學童在一段學習時間之後，可以得到足夠又具意義的經驗。因之，為了要免於在課程中造成學科之間的鴻溝及比例的不當，統整課程、經驗課程、或設計課程，必須格外注意各學科之「**範圍**」(scope) 及「**連貫**」(sequence)。

這些課程，雖然在許多進步主義的學校裡並不陌生，但在二十世紀的美國學制中，仍然有點太過激進。因之仍然有不少人後退幾步而與赫爾巴特的相關課程靠得較近，雙方取得妥協。這就變成了所謂的「**廣域**」(broad-field) 及「**核心**」(core) 課程的來由。廣域課程為了要尋求較大的課程單元，乃把論理式的相關學科，堆集在一些諸如物理科學、生命科學、社會科學、美術、及

人文學科等主要的學科裡，這種學科的「範圍」，視野當然比傳統的算術或地理較具「廣域」性。雖然一些主要領域的學科，代替了許多附屬在底下而細分的學科，但每一個主要學科之領域，都比它底下的學科之總和領域為廣，「全部」大於「部分」的總和。廣域課程的特色，顯示在「一般科學」、「一般數學」、及「一般語言」等學科上，還作「調查」、「定向」、及「探究」課程的實驗。

　　二次世界大戰的前後，核心課程最為流行。原因無疑的是由於它可以設計出各種不同的課程類型，從十九世紀固定必修科課程到二十世紀的統整經驗課程都包括在內，唯一例外的是不取選科制的原子學科方式，卻將同源的學科組合在一起。當然，核心課程也是一種廣域課程，因之需要更多的教學時間來進行教學，由於廣泛性及多樣性，使得傳統教師或只「專」某一特定學科的教師無法勝任；一方面，教師的知識要廣也要博，但在廣及博中或許也在某方面較專與精，因此為了要能更成功的達成教學使命，乃有「協同教學」(team teaching) 之設計，各教師彼此相互合作，因為沒有一位教師可以單挑核心或廣域課程的教學重擔。當然，此種教學所滋生的問題也是又多又嚴重，除了傳統教師無法適應而反撲之外，各較為專精的教師如傾其所知來傳授學童，且以自身專精程度來要求學童，則學童要全部應付不只一個教師的要求，勢必是一種不勝負荷的重擔；其次，協同教學的師資，恐不易就近取得，尤其在小規模的學校裡；最後，教學上的互助合作極有可能變成教學上的各自為政，「統整」不成，反而支離破碎，這就違反了此種課程設計的原旨與初衷了！

第六節　課程行政

　　大體上來說，二次世界大戰之後，似乎也有足夠的證據證實課程的發展，已有長足的進步。進步主義教育在如日中天的黃金時代裡，幾乎解決了個人需要及社會需要這個長久的課程問題，且開始以處理異質性的科學計量手段來合理的編製各種課程活動；不僅如此，還要培養思考力及創造力等不可觸知的學習能力。這些學習能力，不是只在熟練學業技巧及記憶事實資料中扮演伴隨角色而已。不幸，「冷戰」及國際局勢的緊張所產生出來的保守份子對

學校教育的攻擊，卻使得這些成果付諸東流。保守份子以「傳統的智慧」(conventional wisdom) 方式，對進步式的課程規劃採取第一線的攻擊。

不過，「傳統的智慧」課程，卻忽視了一個令人深感興趣且未開墾的知識領域，那就是二十世紀中葉出現的「知識爆炸」(Exposition of Knowledge)。不僅大大的增加了知識的量，還附帶的令人重新考慮到各學科領域所應教學的是何種主要教材，以便能跟上該學科知識的進展。因之，強調的重點乃集中在各學科知識的基本構造，以及每種學科的主要觀念之相互連繫上。這就與傳統「教科書」的面貌有重大區隔了。「新數學」課程就使得許多家長相當訝異地發現，他們竟然無法幫助子女作該科的家庭作業。上下兩代所學的「數學」，已有「新舊」之分。當然，只有那些學科專家們才有能力按照這條路子來重新設計課程；換句話說，大學學術性科目的教授，再度在課程規劃中受到器重。十九世紀時，大學教授被公認是編寫中小學及大學教科書的能手，二十世紀前半，此種重要角色讓位給了中小學教師，雖然後者並不太專於教材，但卻比前者更能了解學童心理；教學的份量重於知識。但二十世紀的後半葉，由於知識爆炸的結果，使得學術性科目的教授在中小學課程委員會裡，返回到原先受人敬重的身份，即使不再是領導的地位。這猶如鐘擺一般，課程編製的行政面，從此浮上檯面。

從學科課程到活動課程，從論理組織到心理組織課程，以及從必修課程到選修課程，此種轉變，都對課程行政產生重大的影響。傳統的、必修的、及論理的組織學科課程，長久以來都從行政體系的高層取得威權。課程有所改變時，改變的發起者乃是上層的教育行政首長，決定之後才交給下層的教師來執行。教育行政方式由上而下，是屬於專制式的型態。

在十九世紀及二十世紀之間，課程之漸漸轉移為活動課程、心理組織課程，以及顧及到個別差異而開設的選修課程，也只不過是權力重心的大轉變中所呈現的教育面而已。換句話說，教師中心的課程觀，改頭換面而為學童中心的課程觀。就教育或學校的外在環境之變遷而言，這也是大時代局勢演變的結果，「外控型」(external control) 改為「內控型」(internal control)。以往，天主教會的權威主義面臨了新教改革的挑戰，專制國家的極權作風則由美法兩國的政治大革命所推翻，教育或學校也應該配合而進行同樣的權力轉移，

使得教育權力或行政更趨民主化、開放化、及多元化。教育哲學、教育心理學、及教育社會學等也朝此方向邁進，課程行政自然也如此！

教育行政主管肩負起課程修訂責任，當然是因應著社會大局勢的改變而來，乃任命委員會來著手課程的修訂事宜，第一線的絕大多數教師是插不上手的，也無過問的資格。不過當課程規劃底定而要交由實際教學的教師執行時，這批教師的時運來臨了。他們不一定照單全收，也容易發現課程理論與實際教學二者格格不入的狀況；此外，由於教師在擬訂每日教學大綱中都得顧及學童的興趣與需要，因此，學童在課程編製的權力分配上，也應該取得發言權。

一次世界大戰之後，權威建立的基礎更廣。當學科課程之改造，對於古老學科不取補綴式而主張全盤更新時，則學科專家的意見要參考，非專家的說法更得聽取。因之課程改造委員會的成員，就有必要大幅度的包括到教師、學生代表、以及社會人士在內。在美國，社會人士希望在規劃課程以及選擇教材時，他們還有獻策的餘地，並早在十九世紀開始時就有明顯跡象及具體行動。學校之所以開設美國憲法課，並把上癮藥物及煙草之為害，告訴學童來了解，便是他們推動的結果。

課程改造及學科編製，要從藍圖到蓋好知識房子，常常不是地方性或局部性的工程。課程改造是「舉國規模」的重大施政對象，了解教育的過去及現在，正可以知悉課程的根本缺陷及弊病之所在。教育改革及課程更新的參與者，不只有學科專家，還包括第一線的教師。在理論及實際上，都應深悉一般的教育史，尤應探討課程的演進，否則就如同瞎子一般。在教育的過程裡，問道於盲，不是一件極其危險之事嗎？

第十一章　宗教教育及道德教育的演變

　　上述諸章甚至下述章節中，都會提到宗教教育及道德教育。從教育目的、課程、教學法、教育哲學、以及公立學校與私立學校之間的爭論上，可以知悉宗教及道德的因素，如何左右教育的發展。不過，這些只是在討論各章節時附帶提及的。本章擬專門對宗教教育及道德教育的沿革，作更廣泛且系統的評述。

　　就宗教教育及道德教育這二者而言，本身仍然問題重重。其中最經久也最棘手的是：良好品格的塑造，有多少程度係由天性所影響，有多少份量是由教養所支配？顯然地，解答這個問題，必須要看教師對教養及天性的概念如何而定。人類的天性在開始接受教育的時候，是否就犯有原罪？果真如此，則教養能夠洗刷該種污點嗎？良好的品格，可以單由世俗性的道德教育來完成，還是道德教育必須佐以宗教教育？為宗教教育及道德教育著想，教會與政府應該合一還是應該分離？假如二者分離，則宗教教育及道德教育，又各自承擔何種責任？這麼多問題，都在教育史上出現及爭論過，的確相當熱鬧。

第一節　傳統式的宗教教育及道德教育

　　風俗習慣型塑人類的品格，這是人盡皆知的事實。大部分早期民族的道德教育是民俗性的，或是由風俗所造成。在古代希臘社會中，最良好的早期民俗道德，可以在**荷馬** (Homer) 的詩裡發現出來；荷馬的兩部史詩《**伊里亞德**》(*Iliad*) 及《**奧德賽**》(*Odyssey*)，泰半在告誡希臘人要虔誠、好客、勇敢、節制、及自我管束等等美德；其中，虔誠——尤其是孝順——乃是主德，這與中國傳統觀念之「**百行孝為先**」，完全相同。不管在正式教育機構或在非正式的教育場合裡，在學校及在公共輿論上，都在增強或教導子弟這些道德品格。傳統宗教信仰也加入了這種約束力的陣營。不過應該注意的是，希臘人視宗教為美的對象而非恐懼或善的對象；方式是儀式性及仲裁性多於教條性

及道德性；學童及大人不僅在宗教儀式中認識宗教，並且還在宗教慶典中的舞蹈、遊戲、歌唱、以及戲劇裡了解宗教。不過，雖然我們剛剛提過，希臘宗教並不令人驚怖恐懼，但我們也必須指出，希臘人毫不猶豫的認為，懼怕及體罰乃是配合道德習俗標準的合理誘因。

羅馬早期的道德教育，仍然帶有濃烈的傳統習俗性。事實上，古代的羅馬人對於法規及道德律則，有一種不尋常的義務感；他們也敏銳的覺察出，有一股左右人類行為的外在精神力量存在著。這就是他們的母語拉丁文。拉丁語文極具豐富的道德意義；英文、法文、德文、及西班牙文等目前世界的強勢語文在接傳這種古典語文之際，可能低估了羅馬人在用字遣詞上對行為道德意義的警覺性。羅馬小孩從小就被教導著，要在說話當中特別注重容易被別人一聽就能辨別出來的德行，如「**勇敢**」(*fortitudo*)、「**剛毅**」(*constantia*)、「**莊重**」(*gravitas*)、「**敬神**」(*pietas*)、「**耐心**」(*patientia*)、「**誠實**」(*honestas*)、「**謹慎**」(*prodentai*)、及「**節制**」(*temperantai*) 等。此外，支持道德品行的宗教儀式，主要就在於「**祭拜家神**」(*lares*) 及「**守護神**」(*penates*) 上。家庭既維持著嚴肅的敬神活動，則家庭對兒童的宗教教育，自是成效非凡。

早期猶太人的宗教教育及道德教育，與希臘人及羅馬人沒什麼兩樣，都建立在相同的基礎，即風俗習慣上；猶太人的道德教育及宗教教育，為其後的基督教人士所延續並予以擴充。早期的希臘人從荷馬的詩中擷取宗教及道德格言，猶太人則採自於《摩西法》(*Mosaic law*)；其他的聖書仍然是重要的取材資源，但不能改變基本上具有法律意味的宗教教學及道德教學。猶太人將宗教的約束力，充溢於培養舉止的一般教育及道德教育中。《聖經》的律令指出：「你自己的眼並非智之所在，畏神，遠離惡」。在早期的猶太著作中，「畏神乃是智之始」，這句話是常見的。

第二節　批判性的宗教教育及道德教育

傳統民俗性的宗教教育及道德教育，乃是注重權威性的教育，這種情況幾乎毫無例外；學童學習民俗道德的同時，也等於要他遵守民俗道德。與傳統行為常模相離或對之採取批判態度，不可能在教育過程中佔一席之地。不過，大膽的破壞這種宗教教育及道德教育的嚴厲性的，希臘學者倒是第一人

選。當希臘政治及經濟的影響力擴及到整個愛琴海領域時，人們漸漸注意到管制道德教育的社會習俗，各地竟然有極大的出入。注意力一集中於此，乃興起了一批號稱為「辯者」(Sophists) 的教師。辯者企圖把習俗及傳統作批判性的分析，並以此來進行道德教學。保守及傳統之士遂深感不悅及不安，斥之為異端邪說，他們認為如果對傳統習俗肆無忌憚又毫無拘束的批判，一般人將不知何去何從。他們早就習於一種觀念，以為德行乃是神所贈予的天賦，是「從上天掉下來的禮物」；辯者卻認為德行可以經由反省批判的智力訓練當中獲得。一主先天，一重後天，這是二者的相異之處。

「未經省察的人生是不值得活的」(An unexamined life is not worth living)，這是**蘇格拉底** (Socrates, 469–399 B.C.) 的警世名言。他贊成以反省批判的方式來進行道德教學甚至宗教教學，這位雅典的道德**牛虻** (gadfly)，心目中認定德與知，二者是相攜的，知善就等於行善。換另一個角度來說，蘇格拉底聲稱沒有人知惡而行惡。知得徹底的人，一定會行善；假如有人行惡，那只是由於這種人對善的無知而已。根據辯者的座右銘「個人是萬物的尺度」這種說法，善就成為個人意見的事了；蘇格拉底深不以為然。他終生獻身於建立道德教育於理性知識的基礎上，並不願意把道德教育的奠石，從社會習俗轉移為個人意見。他說，**意見** (opinion) 只不過是對善的「一知半解」(half thoughts)；個人想要知悉有關善的全部真理，則不僅從各個不同的角度去進行思考，還得先認定人心乃是通往普遍真理的道路這個前提。

如果說民俗傳統方式的道德教育或宗教教育忽略了理性因素，則有許多人也認為蘇格拉底在這兩方面的教育上過份的重視理性因素。發現此種現象的大人物，是蘇格拉底的再傳弟子**亞里士多德** (Aristotle, 384–322 B.C.)；這位大哲學家主張，光擁有道德知識是不足的，還要「行德」；換句話說，人人必須形成道德習慣。知德固然重要，但不幸，這並不能產生必然的行德欲望。在說明自己此種立場時，亞里士多德聲稱道德品格的教育如同一門藝術，而作為一門藝術，有三種組成因素是缺一不可的；第一種組成因素是天性，天性提供原始的潛在素材，道德習慣就建立在這個上面。不過，天性在人的初生時不必然是善的，只是具有為善的潛能。雖然他並不認為德行是神的禮物，但他並不反對一種說法，以為天性在道德教育上有比例分配的不同，這不是

人自己的安排而是神的指示。組成道德教育為藝術的第二種因素，就是習慣，也就是使天性習於善行；學童在發揮他的為善潛能時，老師或他人助以一臂之力。習於善行就是德，善的習慣總和就是品格。道德教育的第三種因素是理性教學，「德可教」(Virtue can be taught)，就是指這而言；理性教學的功能，當然就在於決定何種善應該使天性成為習慣。在塑造道德品格中，亞里士多德特別重視音樂在課程中的地位。他主張韻律及曲調，如果慎重的予以選擇，則可以挑起聽者的憤怒、勇敢、及情愛感受；且如果使用重音或急速音，則近乎可以使聽者的真情流露出來。一種音樂的曲調如果更換，聽者也會相應著產生道德情操的改變。基於這種看法，他提出有名的「瀉淨理論」(Theory of Catharsis)，希望洗滌人們的污穢情感，而以富有道德意味的音樂來強化人們的心靈。臺灣有許多音樂廣告：「學琴的孩子不會變壞」，亞里士多德地下有知，也會高興的認為他在臺灣寶島有了知音！

在希臘社會中，從民俗傳統性的道德教育轉移為帶有批判性的理性道德教育，並沒有遭受到人民在宗教信仰上的極大反彈。希臘神話所顯示出來的宗教，很少可作為學童必須學習的獨斷教條。在漫長的時間裡，有關希臘英雄與神祇的神話，敘述的內容甚有參差，因之要產生正統性，幾乎是不可能的，誰也不服誰。不過，蘇格拉底的得意門生及亞里士多德的業師柏拉圖 (Plato, 427–347 B.C.)，卻例外的將一些神話，包含在學校課程內，因為那些神話描述了永生性及不朽性。有趣的是，他並不因神話是虛構而反對神話所描述的神；他所要確認的一件事是，假如要利用虛構神話的話，那也是指可以增進而非妨礙兒童道德發展的那種神話。如果虛構神話中的神，竟然也會說謊、偷竊、欺詐、偽善，那是敗壞品德之舉，他對於這種神就大力予以抨擊。宗教在科學上無法證實有神的存在，但宗教有助於道德，這是任何人都無法否證的。柏拉圖雖然願意採用有益於品格修養的宗教虛構故事，但他對幻影與實體之間的界線，卻也進行無情的探索，這是他畢生哲學思考的重點。事實上，也大部分由於他與蘇格拉底及亞里士多德對形上學及倫理學的研究，採取無拘無束也不憂不懼的態度，才使得西方學術能夠長久以來從作為宗教奴婢的地位中解脫開來。設若希臘學術不是注重俗世性的，則這種大膽的哲學面貌也無法呈現在世人眼前。希臘的僧侶從未成為社會的治者階級，僧侶階

級也不長期存在，他們大多數還是經由選舉而產生，並且還俗是常有之事。除了僧侶由選舉產生之外，這些特色，與東方的中國很類似；中國的文化及教育傳統，道德教育是出奇的濃厚，形成「**泛道德主義**」(pan-moralism)；但宗教教育的色彩則極淺。

　　希臘學者無畏的好奇心及深入的探討，還使得宗教教育及道德教育在指導人生方面，也富有美的情調，「**真**」「**善**」「**美**」三者合在一起。希臘人普遍接受一種觀念，以為善的人生，建立在幸福的基礎上，而非奠基於義務感上；而幸福的意義，就是指個人天生衝動及本能的滿足。這種道德教育的幸福觀，有兩個重點是世人不可或忘的：其一，希臘人衡量幸福的標準，並非來之於個人，而係來之於社會、團體、或城邦；非依部分而是賴整體來衡量；以個人幸福而非群體福利來作為道德基礎，那是辯者所強調的，但該觀念大受柏拉圖及亞里士多德的反擊。其二，即使是注重個人幸福的道德論，仍然有其限制；在指導人們「**自是**」(self-assertiveness) 的態度中，亞里士多德提出「**不趨極端**」(nothing too much) 的警告作為平衡。人們要勇敢，但不可勇敢過火而形同魯莽，也不可太缺乏勇敢而變為懦弱。介於上述「**兩極**」之中，如何用兩持平，那是一種「**智慧**」！

第三節　新舊基督教教義的道德教育觀

　　在西洋史上，傳統的宗教及道德教育以及希臘時代批判性的宗教教育及道德教育，到了基督教興起之後，都有了改頭換面的大變。基督教有極為不同的人生旨趣，該人生觀深深的改變了西方人對宗教及道德教育的看法。被基督教徒目之為異教徒的希臘人及羅馬人，重視今生及現世，人的價值取決於作為俗世社會的一份子來決定。甚至在這方面，人群當中也只有少量的自由民才有資格作為公民，公民才是社會的一份子；其餘大部分的人，如婦女、奴隸、以及外地人，是不能享有公民頭銜的。對此持有異議的，就是基督徒。基督教認為今生現世只是短暫的，如過眼雲煙；此時間一過，人們都要過永恆獎賞或永恆懲罰的生活。個人的價值及意義，並非植基於他在俗世社會中所享有的身份，而是以能否作為上帝的子民來衡量。眾生平等，所有人種，無分性別、自由民或奴隸、在地人或外來人、貧富及膚色，都是兄弟姊妹，

因為他們都有一個共同的父親，即上帝。

一、舊教教義

　　這種人生觀的極端轉向，拋人迎神，也產生一種迥然不同的倫理觀，即愛的倫理觀。此種愛的倫理觀，並非是人為的產物，卻是經由神性的啟示而建立起來的常模與典範。人們不可再狹隘的追求個人幸福，卻應該如同兄弟姊妹般的互愛。在達官顯要追逐名利且私人品德敗壞的時刻，此種愛的倫理觀向人民召喚，要他們棄絕塵世社會的榮華富貴，而擁抱一種嚴肅、純樸、又清淨的生活方式；並且洗滌一切內心中的污濁，不再猜忌，放棄齟齬、陰險、狡詐、卑鄙的言行，重新作人，變為一名基督徒並向耶穌學習，這是最為莊重的舉動。這種愛的倫理觀取自《聖經》，《聖經》說，除非人再生，否則不能進入天國世界。

　　再生的準備，對教育產生了無比的影響。第一，單靠基督教道德的智育教學，是無法使信徒再生的。信徒除了在智力上要提升到與基督生活方式的原則相符合的程度之外，還得在實際上過著基督式的生活，也要習慣於該種生活。耶穌的大弟子聖保羅與亞里士多德一般，也不贊同蘇格拉底認為知德即是行德的道德教育理論，因為他發現，一個人知識越高，卻可能行惡越烈；並且基督教認定人的邪惡性，臥藏於人性的底層。在**伊甸樂園** (Garden of Eden) 裡，人性本完美又處於有秩序的狀態，但由於不聽從命令，**亞當** (Adam)受了**夏娃** (Eve) 的慫恿而偷吃禁果，遂被逐出樂園之外，導致人性的墮落與沉淪。這種人性的孱弱面，也是亞當繁衍人種時所帶來的原罪面，乃是基督教宗教教學及道德教學的基本前提理論。

　　幸運地，克服這種教育困難的方法就近在手邊。經由上帝的恩寵，以及模仿耶穌為拯救世人過永世生活而犧牲自己生命的典型，就可以有希望重新步入天國樂園之境。事實上，基督教的宗教目的，既是使人們恢復人類祖先亞當所喪失的天國生活，因之基督教的宗教教育及道德教育之目的，乃在於使人們重新拾得早已丟失的上帝影像。為達到這種目的，教育過程就應注重悔罪、祈禱、沉思。新生活依教義的教學而展現，教義教學則把主要的教義作詳盡的解釋。配合這種方式，就必須繼續不斷的陶冶個人紊亂的心向，並

使之習於基督教所倡導的慈善及寬宥德行。早期基督徒在宗教教學及道德教學中，佐以唱聖詩的方式來激起恰當的情懷而獲得顯著的成效，此種作法，恰好與亞里士多德注重音樂以作為該種用途的行徑，不謀而合。

基督教不僅重新制訂了宗教教學及道德教學的目的，再度敘述人性理論及重新塑造人性，並且還提高教會的地位，教會而非政府是主要的教育機構，這是不足為奇的。因為根據基督教的原則，人的價值決定於他與上帝的關係而非決定於他與政府的關係。尤其值得注意的是，基督教教會更聲稱，教會乃是神意要它成為教學機構而成立。教會的重要職責，就是辦理教育；教會與教育，二者形同同義語。教會享有教育威權及管轄權，乃得自於耶穌對門徒的下令而來：

> 在天國及塵世，我都賦有所有權力。去吧！去教所有國家的子民⋯⋯。
> 教導他們遵守我對你們的指令；並且要注意，我與你們長相左右，
> 直到世界末日為止！

當羅馬帝國的政府滅亡以及梵蒂岡基督教會形成為西方世界最穩固又長久的社會機構時，教會控制教育不僅及於宗教教學及道德教學，並且還及於其他一切的世俗性學科。

無可置疑的，教會對教育的全權管制，在當時是必要的。要不是有教會的支持，否則教育學術活動的這一盞燈——在中世紀時是非常暗淡的這一盞燈——很可能就會在西羅馬帝國世界的黑暗時代中熄滅。不過，教會控制教育，本身也帶來了麻煩。當基督教成為帝國國教之後，教會取得一種權力，一方面要所有世俗學校關閉，一方面就是將一切現存學校一律改為教會學校。希臘時代成立的**雅典大學** (University of Athens) 就在紀元後 529 年名實皆亡。教會希冀在教育上享有壟斷專利權，此種作法的確是勇氣可嘉，吾人也了解其苦衷。但不可忽略的是，如此的結果，卻造成宗教教學及道德教學之趨向教條性及形式性，這是教育的致命傷。並且，由於有些狂熱的信徒執著於耶穌復活的想法，因之宗教教學及道德教學所強調的來世理想，乃彌漫於時人心中，因之任何關心於俗世事務的舉動，都在排斥之列。

以教會為中心的宗教教學及道德教學所生的困難，還對兒童發展不利。本來對兒童而言，這兩種教學只能說是一種平日簡樸的生活方式，也就是早

期基督徒在家庭裡所享有的行為模式；那時的信徒，並非由於他們是教徒而為世人所景仰，而是由於他們過的是一種簡樸又純淨的生活而為世人所熟知。如今以教會為中心的威權性宗教，本來是對成人而言的，現在教義的獨斷性教學如也把兒童當對象，學童無法融會貫通或理解清楚。背誦及記憶變成常規，文字及符號的教學取代了具體性的宗教經驗及道德經驗。

這種方式的宗教教學及道德教學，在漫長的中世紀時期，並無多大改變。並且這種方式的教學，也只注視永生及超越塵世事務而已。教育的基礎是信仰第一，批判性的理性屈居第二；亞里士多德的邏輯，匍伏於天啟之下。人們無時無刻在期待著主的再現，不僅理性淪為次要地位，並且理性也得聽命於信仰，否則信徒就慌惑不安。希臘羅馬時代因過度「**放縱**」理性，遂被打入「**異教**」冷宮，從此有長期的不見天日，翻身之時，還得等待！

中世紀晚期到文藝復興時期之間，基督教的正統與希臘的異教哲學，幸而產生了一項很重要的妥協，雙方從敵對中變成友善，這得歸功於天主教闡釋教義經文的最高權威**聖多瑪斯** (St. Thomas Aquinas, 1225–1274)。不過，在這位令舊教徒肅然起敬的大神父還未來得及在他的《**神學大全**》(*Summa Theologica*) 裡建立起二者的和平相處時，研究古希臘羅馬文化的一股巨大潮流已泛濫於整個義大利。而反對中世紀暗淡歲月的勢力也非同小可，龐大的塵世興趣，遠大於超塵世的興趣。中世紀大受貶抑的人性，在文藝復興時，首度「再生」；教育上，古文學的「復活」，表現在人文學科尤其是純文學藝術上最具活力。雖然人們的思想還披上正統舊教的外衣，但從古希臘及羅馬的異教文學之教學及研究中，已激起道德情懷的火花，並且經這種充實心靈的方式，來找尋品格健全發展的資源。

二、新教主張

在課程裡，純古典文學之居重要地位，顯示出義大利的文藝復興，充滿了美的色彩。但**阿爾卑斯山** (The Alps) 以北的再生運動，則較具批判及改革意味。事實上，十六世紀 (1517) 在**路德** (Martin Luther, 1483–1546) 的掌大旗之下，此種意味最濃，濃到足以與傳統的羅馬天主教會公開反抗的地步。由路德領軍的宗教改革運動，稱之為「**抗議者**」(Protestants)；從此，基督教世

界乃被撕裂為二，繼續支持傳統教會的人士，通稱為羅馬天主教徒，俗稱「**舊教**」；反對派信徒，則泛稱「**新教**」；「統」「獨」陣營，壁壘分明。

新教信徒認為，個人有權利依據個人的智力而不必經由教會這種第三者的解釋來領會上帝在《聖經》裡的啟示真理。顯然的，這種新教主張，對宗教教育及道德教育都會產生極為不同的影響；它使得個人判斷力的訓練，地位日增，還有窒息教會中心主張的危險。因此教會中心的僧侶，憂心如焚，深怕新教說法，會使個人更動了經由教會所確認的判斷。不過，新教神學家也認為，個人必須接受某種程度的教學之後，才能享有判斷權；路德也因此刊行了一個大眾化的《**教義問答書**》。在這之前，《教義問答書》只限定教會人士使用，現在就希望所有俗人都能閱讀這種教義的基本資料。由於路德使用母語德文而非拉丁文，用字遣詞平易近人，他的《教義問答書》廣受眾人喜愛，頗具普及教義及知識之功。《聖經》教學也是新教之最愛，課程中把《聖經》列為重要部分；並且新教地區作為宣揚《聖經》及解釋教義之用的主日講道，也成為教育過程當中的支柱。通常，學童在講道之次日都會在學校裡被詢以講道的內容。在其他方面，舊教的天主教及新教都以相同的原則提出各自的教育理論，以實踐他們的教育實際。二者都認定人性本惡，犯了原罪，墮落了；二者都同意為了要陶冶不馴的天性，並使天性習於為善，因之，教育是必要之舉。

為了要敘述天主教及新教教義的另一不同主張，則必須提及新教運動的另一位大將**喀爾文** (John Calvin, 1509–1564) 對人性的看法。我們當還記得，希臘羅馬時代的異教學者，對人可以依自我教育即可獲得自我改善，不必經由上帝的協助，持信心堅定的立場。但天主教或傳統的基督教徒，則對人性之向善，持較不樂觀的看法；他們認為，人性不受神恩而墮落時，早已有了創傷；只要信徒合作，則仍然可以再起，經由教會之扶持，重新獲得上帝「**選民**」(Chosen People) 的身份。喀爾文在這方面更持不樂觀甚至是十足悲觀的論調。他認為人性不只是墮落時受到重創而已，並且如果不經由上帝的仲裁，則人類全然無力可以再起。異教徒或人文學者認為人單靠教育就可以獲救的說法，喀爾文則斥之為狂妄及徒勞無功之談。人性在自救上不但顯示出無能，且還非常容易傾向於為惡。人，除了完全仰賴上帝的意願與仁慈之外，所有

宗教教育及道德教育都無希望可言。並且因某些人早被上帝判定要遭天譴，命中註定要迷失，因之教育對這種人來說，也是毫無用處；即使這種人再怎麼自我努力，也是枉費功夫，無法得救！

如同在中世紀時期一般，路德及喀爾文這兩位新教的先知，都視信仰高於理性，意志先於理解；他倆認為單由智力而得來的宗教知識及道德知識，低於從信仰及神性啟示中所噴發出來的高層知識，且認定該種知識的研究興趣，是神聖的。作善事及學好習慣是重要的，但衡量善事及善行的最後標準，卻是信仰及教條。因此，宗教改革運動，基本上可以說就是一種教條爭執的戰場。如果我們看到新教及舊教都在宗教教育及道德教育上，側重教義問答這種教材以及教義問答法這種教學法，就不必大驚小怪了！

喀爾文主義 (Calvinism) 所提出的憂鬱論調，尤令吾人注意。由於這種論調的猖獗，才產生了**清教徒** (Puritan) 及清教徒的教育理論與實際。當他們移民於美洲新大陸時，也就在那兒設立了此種觀念的教會及學校。學童一週七日處在廣受喀爾文悲觀論調所彌漫的氣氛裡，感染了這種命定論氣氛，命定論思想也就伴隨而至。**愛德華滋** (Jonathan Edwards, 1703–1758) 這位**新英格蘭** (New England) 地區傑出的清教傳道士，雖然就他的學說整體來看，他對兒童相當仁慈，但仍難免把兒童當成為「**年幼的毒蛇**」，人們對兒童之厭惡，尤甚於上帝對毒蛇之厭惡。他以此來威嚇兒童，許多兒童怕得魂不附體，終生都蒙上了一層厚厚的陰影。

新教的主張，以後走上了形式主義的路線。這個原因，部分是由於新教太重視教義及教條的結果，因之乃缺乏生機。使它復活而又重新燃起生機力的企圖，出現在十七世紀末及十八世紀初。該運動在德國稱為「**虔誠派**」(Pietism)，在英國則稱為「**美以美教派**」(Methodism)，兩派皆強調個人內在的情緒感受；他們的注意焦點，並不側重上帝對人如何想法，而是強調人如何感受上帝；也非關注上帝如何給恩典，而是注意由人自身所引發及流放出來的情懷。設若此種運動步新教改革的特質前進，則可能因此孳生出很普遍的宗教感情，以及特別的情緒經驗，此種狀態的極致，就如同美以美教派的創始者**衛斯理** (John Wesley, 1703–1791) 一般，會使信徒作突然且戲劇性的「**信仰轉變**」(Conversion)，那是「**傳播福音**」(Evangelism) 中，宗教教育及

道德教育的最終旨趣。

　　虔誠派及美以美教派似乎有良機可以將學童自發自動性的學習，引入於當時特重文字及形式的教義問答教學中，並且在指導學童時，也採取一種比較同情的姿態。但美以美教派仍襲取暗淡的人生觀，以為兒童本性傾向於對神意的反抗與作對。衛斯理向家長忠告著：「粉碎你孩子的意志，以免他沉淪；當孩子能清楚說話之時或之前，就粉碎他的意志。告訴孩子作什麼事時，要逼他非作不可，即使你必須連續鞭打他十次，也在所不惜。」

圖 11–1　路德 (Martin Luther, 1483–1546)

　　新教改革對宗教教育及道德教育的最後一種影響，就是路德請求政府擔負教育之責。此種影響，教育史家確實不容等閒視之。首先是世俗政府提供教育場所而由教會負責教學及視導。希臘及羅馬時代，城邦及帝國肩負教育重擔，中世紀及文藝復興時期，教會則是教育的正當機構；新教的路德卻要求這二者的權力單位合而為一，他當時看不出，如果**凱撒** (Caesar，代表俗世界) 的事與**上帝**（代表天國）的事相混，會在教育上產生多麼棘手的難題。政治、教會、與教育三者權力的分合，在宗教教育及道德教育上，最為複雜！

第四節　教育的世俗化

　　新教改革的道德教育及宗教教育層次，在教會勢力鞏固的地區及信仰一致的社會裡，功效卓著；但有些社會，尤其像美國社會，卻不可能人人都有相同又齊一的宗教信仰。當組成社會的份子相當複雜時，則堅持要使人們心中有強烈的宗教正統觀念，這種努力是徒勞的，正統性的宗教信仰在某些人當中極為激烈，某些人則熱忱冷卻。加上十八世紀時，由於科學革命及政治革命所產生的世俗性生活觀，更成功的給宗教正統觀一大打擊。

一、洛克的理性道德陶冶論

　　世俗主義的先鋒人物是英國的**洛克** (John Locke, 1632–1704)。特別要提洛克的原因，是他在《**教育論叢**》(*Some Thoughts Concerning Education*) 裡說了

好多有關品德塑造之事，但其中卻絕少涉及宗教。之所以如此，可能是洛克認為舉止之形成，與道德一般，都是年輕的紳士之教育目的。他的著作也留給世人一種印象，以為訓練乃是陶範品格的良方。他提出訓練的要領，就是規範學童：「不依己意行事，反自己欲望而行，一切唯理是賴，口腹之欲會引兒童步入他途。」這種說法，與古典或傳統格言，根本沒什麼兩樣。

在洛克的上述說詞裡，最有意義的是他訴諸理性這種新觀念。宗教是情感的產物，洛克卻要以理性來約束之，理不只控制情，更「**反欲望**」，這就與柏拉圖的說法不謀而合。在塑造品格中，不僅要特別依賴理性的功能，還信心十足的說，越早訴諸學童理性，是極為恰當的，兒童運用理性且可以與之以理溝通的年齡，比一般人所想像的還早。不過，雖然他說可以與學童講理，但在講理時卻要格外小心，不可與學童作長篇大論，或抽象的邏輯推演，以免增加他的負擔；並且，最好避免與學童討論深奧的哲理，因為學童還未成熟到可以運用共相演繹為殊相的思考模式。洛克對理性特別垂愛，因為他知道把道德放在嘴裡，總比將道德訴諸於行為上容易多多。

值得注意的一件事是，以理性的訓練論來實現道德教育這種俗世化的論調，洛克的說法既非前無古人，也不是後無來者。在希臘時代的亞里士多德，就曾經主張過「**用兩持中**」，「**不偏不倚**」，及「**勿趨極端**」；在希臘競技所強調的自我控制，中世紀禁欲風氣所要求順從法則的自我否定，並且要求學童在被迫學習枯燥乏味的課程時得忍受痛苦，不需探討課程內容的趣味性及實用性，只要注意教材對心靈的形式訓練或陶冶價值即可；上述的這些說法，大約在前洛克時代，早已或顯或隱的存在於時代精神中，歷久不衰。十九世紀時，如手工及書法等科目都聲稱具有形式道德價值；木匠做活時能夠作出一個「**確切的**」接合物品，這就表示他的「**正直無欺**」；寫字不歪不斜，也代表了書法者德行及品格上的正直。中國人磨墨寫字，要身體端正，心平氣和，這都是一種道德修養。在洛克之後，尤其於十八世紀的「**理性時代**」(Age of Reason) 來臨之際，此風更熾。由於現代科學的駕臨，俗世化的教育觀念，更取代了宗教信仰，品格教育更重視理性的因素。天文學上的哥白尼及克卜勒，物理學上的牛頓等人發現自然律及自然秩序在宇宙中的運作情形，時人也漸漸知悉，大宇宙的自然界中有「**理**」在主宰，小宇宙的人也有「**理**」在調配。

宇宙既然預先就建立起和諧性，此種觀念使人們對於神性以及上帝的創造物，有了新的見識。自然世界或是人性世界，從一個本來即使不是被蔑視、最少也被看低的地位，轉移到被崇拜的對象。在宗教思想上作這種轉移的人，即稱為「自然神論者」(Deists)；他們是以「理性」來闡釋宗教信仰的學者。

二、盧梭的自然神道德教育論

天體既有合乎秩序的自然律，則人們也想在政治、經濟、及教育上尋求如同在天文學上所找到的自然律。對自然律在學童天性上的運作起最大敬意的，莫過於出生於瑞士但活動地點大部分在法國巴黎的浪漫主義作家**盧梭** (Jean Jacques Rousseau, 1712–1778)。盧梭認為，運作於兒童天性上的自然發展法則，應該作為衡量教育程序的常模。在教育大作《愛彌兒》(*Emile*) 一書中劈頭就斷言：「來之於造物主中的萬物皆善。」然後又接著說：「讓我們立下一個不爭的格言：天性的第一次提示都是對的，人心之始並非墮落。」這種論點，與天主教（舊教）及新教的教義主張，簡直就是尖銳的對立。人之初，性本善（盧梭）；及人之初，性本惡（基督新教及舊教）；二者互打擂臺；都對道德教育產生無比深遠的影響。但宗教團體掌有大權，立即將《愛彌兒》列入《禁書目錄》(*Index librorum prohibitorum*，簡稱 *Index*）中，找到書即燒書，抓到人即燒人。

盧梭雖然力主學童天性既來之於創造主，因之並無敗壞，但他也發現學童有道德行為上的弱點，幸虧，自然就是引導學童步向正軌的指標。他以**自然** (Nature) 來代替**理性** (reason)，這是與洛克不相同的地方。兒童期，理性還未萌芽，動用理性，那是長大以後的事。二者立論之有別，並非基於理性效力問題，而是何時應訴諸理性運作的問題。盧梭認為兒童能夠以理性來批判行為的年齡較晚，不似洛克那麼樂觀；在兒童未臻成熟年齡之前，行為是無道德性的，即不具道德意義，因之不能施以獎懲；獎懲是人為的，尤其是以大人心目的行為準則為準則。事實上，大人不必心急，「自然」就會對學童行為採取鼓勵或制止，這叫做「自然後效說」(Theory of Natural Consequence)。盧梭也不急於教導幼兒學習宗教，要一直等到十五歲時，甚至還嫌十五歲也太早。他看出宗教教學的最棘手問題，乃是學童極容易發展一種神人同形的

宗教觀，除非特別謹慎的進行宗教教學，否則一旦輕率形成了不正常的觀念，日後要糾正就困難重重。天主教教育家**費內隆** (Francois de La Mothe-Fenelon, 1651–1715) 對於兒童把上帝看成是一位有白鬍子的老人這種學習（如同聖誕老人的打扮），並不持反對意見，只要日後改正即可。宗教教義及信仰極為複雜，大人都不容易懂了，不是學童那個小腦袋能夠體會的。

　　顯然地，將宗教教育及道德教育建立在自然法則而非超自然法則上，這在引導這兩方面的教育步向世俗化的途程上，自是邁進了一大步。其他學者在這種氣氛的左右下，也與盧梭唱同一論調。舉例來說，法國大革命時的革命家**塔里蘭** (Charles Maurice de Talleyrand, 1754–1838)，就感嘆於道德教育學說的議論紛歧及言人人殊現象，導致於道德教育走向的搖擺不定，形同意見的妥協。他深信：「道德教學要如同真正科學一般，其原則可以表現在全人的理性上，並適用於各個時代。」英倫**威爾斯** (Wales) 工業家也是贊助教育活動的慈善人士**歐文** (Robert Owen, 1771–1858) 更採取一種較世俗化的觀點，他以為品格的塑造，並不全然依個人意志力的運用，而係靠他成長過程中的外在環境來決定；因之，品格之有好壞，純賴教育之有無。

　　奇怪的是，十八世紀的理性主義及自然主義，對於天主教教會之教義問答式教學，只產生短暫的影響。這種影響，可以在教義問答的內容及方法上看出來。在內容方面，教徒注意的焦點，已較側重道德問題而非教義問題；像「**原罪**」(original sin) 及「**神恩**」(grace) 等之認識，因與理性主義及自然主義的說法相左，因此刪減了該部分的文字；在教學法上，同樣的趨勢也摧毀了教會對啟示真理所採取的權威及獨斷的解釋作風。並且，若有必要向學童質問教義問答的內容，就得把學童看成是天性早已存在著宗教真理，以及只有經由技術高超的教師才有辦法予以盤詰並喚起該潛存的真理，這種看法已漸漸變成平常。

三、世俗性的公共學校（美國）

　　當科學使人們產生道德教育甚至宗教教育世俗化的觀念時，十八世紀末的政治事件，也殊途同歸的在教育實際事務上，達到相同的目的。為了要探討這一連串事件如何發生，應該先行了解美國獨立革命之前的環境以及該連

申事件如何受革命所推動。在革命行動前夕，可以粗略的說，各地公私立學校的課程中，都有宗教教育及道德教育，其實這也是極其平常的，並且這兩種教育還是培養公民道德的主幹呢！這種情況，即令到了革命之後的《**1787年之律令**》(*Ordinance of 1787*) 當中幾行常被引用的文字中看出來：「宗教、道德、及知識，乃是組織良好政府並為人類獲得幸福所必需，因此所有學校及其他各種教育措施，應受長期的支持。」獨立革命之前的殖民地區，規定以宗教測驗來作為核發教師資格的條件，甚至還把學校的視導權及行政權委由教會來辦理；並有不少地區擁有「**政府設立的**」(established) 教會，這些教會的存在及經營，還從政府稅收中獲取經費上的補助。因此，政府之支持教會學校，自屬意料中之事。教會、政府、與教育，三合一。凱撒與上帝同在，在歐陸路德所倡導而不生疑義的，在美洲新大陸也有翻版。

但美國獨立革命的結果，政教合一的類型就發生了根本上的變革。原先各個殖民地區的人民因有幾近同一信仰的宗教，因之也能建立共同的教會而不必顧及其他信仰的宗教團體或教派；但革命後，各個殖民地區結合而成為一個有統一政府的國家機構，此時全美國人民都有相同信仰的教會，乃勢不可得。美國是以新教立國的，新教是「**獨**」派，且「**獨中有獨**」，即新教地區各教派林立，各不同宗教信仰的景況，普遍存在於全國各地。率直的承受此種顯然的事實，**聯邦憲法第一修正案** (First Amendment to the Federal Constitution)，也就是所謂的「**權利法案**」(Bill of Rights) 的重要內容，乃提出人人宗教自由的宣示，反對任何宗教或教派擁有特權地位。聯邦憲法作此修正，各州相繼也解散了州政府所設的教會。換句話說，美國沒有國家級的國家教會，也沒有州政府級的州教會。這個道理非常簡單，因為美國全國人民的宗教信仰不統一，全州人民的宗教信仰也不雷同。宗教信仰不可以大小目，厚此薄彼。政教既分離，則公立學校就無宗教科目及宗教教學。支持這種政策的，一方面是宗教信仰上的敵人，如無神論者、不可知論者、及自由思想人士，他們希望政府不應撥經費來支持教會學校，將這些錢用來作為公立學校的教育投資，使公立學校校政更為興隆。一方面是由於各教派對於教義教學以及分配政府預算大餅吵得不可開交，解決辦法就是快刀斬亂麻，一刀兩斷，乾脆切斷了教會學校所接受的公款補助。

　　贏得美國國民教育之父美名的**曼恩** (Horace Mann, 1796–1859)，在麻州主掌教育行政時，一再堅持要把爭議不休的各教派宗教教材趕出學校課程之外，此舉對於「國民學校」(Common Schools) 運動大有幫助；教派人士也封他一個頭銜，即「**無神的公共學校制度的創始者**」。天主教學校有正統教義的傳統教學，新教由於教派林立，各教派又可自由解釋《聖經》，解釋起來難免眾說紛紜，有時彼此之間的爭吵還相當尖銳；州政府為了免於陷入爭端的漩渦中，乃下令「任何公立學校，不得有購買或使用某種教派性質學校用書的指示，以免被誤解為對某一教派或教義有所偏愛。」脫身之計，就是不介入。曼恩在主導此一政策時，遭到正統喀爾文教派的無情攻擊，他們大動肝火，不只撻伐他在宗教教育上的「**超然**」立場，還詆譭他的一般性教育措施；正統人士最不諒解的是麻州的公共學校特別鍾愛於**裴斯塔洛齊** (Johann Heinrich Pestalozzi, 1746–1827) 的教學法，該教學法又植基於盧梭的兒童天性本善論，他們詛咒著：性本善的教育學說，是直衝著性本惡的基督教教義而來的。曼恩在答覆有人攻擊他使公共學校變成無神時，寫信給一位主要的批評者說，他也並不反對在公共學校中進行宗教教學，不過在澄清自己的見解時說：「天國的宗教應該教給學童了解，但是各教派的教條倒要延遲到他們的心智發展到成熟且足以批判各種事實及爭論之時才予以教學。」此種立場，換一種角度來說，就是童稚時代避談宗教信仰，成人時再談不遲。引伸此種論點，也可適用在政治議題或政黨選擇上。關於這種立場，曼恩的對手卻說，曼恩的陰謀是要以自己所歸屬的教派概念強化於公共學校上。曼恩的早年經驗，極為痛恨嚴肅的**喀爾文主義** (Calvinism)，成年時則因大受當時人道主義哲學的影響，特別垂青於「**唯一教派主義**」(Unitarianism)。到底什麼是「**天國的宗教**」呢？那不正是十八世紀樂觀派以為人性可經由良善制度而獲得重生，並且善良品格也可以在道德的理性教學中獲得確認的那種主張嗎？宗教教學有人反對，但道德教學則無人有異議；宗教教學的內容如與道德教育合流，也是平息風波的處置方式。宗教教學在西洋教育史上佔了非常重的比例，在東方則幾乎沒有它的份量；但道德教學則不論古今，也不論臺灣或臺灣以外，都是相當吃重的教學負荷！如果問起道德教學與宗教教學在時間上的先後，則德國大哲學家**康德** (Immanuel Kant, 1724–1804) 很有自信的以為，宗教涉及到神

學，而神學教學對兒童而言太過深奧，因之道德教學應在宗教教學之先。「有哪一件事情比告訴學童來世，而學童就活在今世，更為本末倒置的嗎?」依此類推，我們或許也可以這麼確定的說，在所有學校層級上，中學以下可以先進行道德教學，尤其免涉及宗教教派各紛歧教義的闡釋中，這種複雜也較爭議的教學，留給大學層級的師生去操煩吧！美國在十九世紀後處理這種事宜對世界教育史上有指標作用，黑格爾的大徒弟也是名教育行政主管又是著名教育家的「**美國教育總長**」(Uuited States Commissioner of Education) 哈里斯 (William Torrey Harris, 1835–1909)，繼承了康德及曼恩的說法及作風，公立學校皆不以公款作為各教派教學之用。美國麻州是美國教育最進步的州，各州的教育無不向此州看齊。實際上，所有的宗教教學，不只是教派教學而已，都已在公立學校裡消失。

第五節　教會學校的宗教及道德教學

　　公立學校不談宗教的事，私立學校就大談特談了。西洋教育史上的私立學校，幾乎清一色都是教會辦的學校，由基督教（新教及舊教）所辦的學校，又比世界上其他宗教（如回教或佛教）所辦的學校為多，二者之比例，又有極端的落差。

　　當公立學校很明顯的走入世俗路線之時，教會尤其是新教教會，則以「**主日學校**」(sunday-school) 作為宗教教學及道德教學的主力。英國早在十八世紀結束前的二十年就已存在著這種學校，創辦者是**雷開斯** (Robert Raikes, 1735–1811)，他希望藉主日學校之興辦，來作為消除文盲、打擊無宗教信仰、以及拯救貧窮的工具，因為這些都是造成當時社會裡下階層人民墮落的因素，關心這種對象，極關緊要；加上工業革命之後，原本作為收容這種對象的藝徒制度又已解體。他心目中的主日學校，是把識字教學這種世俗性的目標放在第一順位，道德及宗教教學則擺在其次；學校之名為「**主日**」（禮拜天），乃因童工法未制訂之前，兒童從**禮拜一到六** (weekdays)，都要到工廠作工。

　　初期，反對主日學校措施的教會人士，叫聲相當喧囂，他們認為利用禮拜天的上下午上課，那是褻瀆安息日之舉。其後，主日學校納入教會後，叫嚷聲才逐漸平息。宣揚主日學校的各種團體還紛紛林立，比如說在美國，十

九世紀三十年代就成立了「美國主日學校聯盟」(American Sunday School Union)，十九世紀結束之前，也形成了「國際主日學校協會」(International Sunday School Association)，該會於二十世紀時，併入「國際宗教教育委員會」(International Council of Religious Education) 之中。首先，在教會主導之下的主日學校，課程之不同就猶如教派之不同一般，這是傳統使然；只有一共同之點，即各教派特別重視教義問答。不久，《聖經》才取代了教義問答的重要性。如果說機械記憶乃是以往學習教義問答之方，則聖詩之背誦則為現在研究《聖經》之法。但是顯然地，主日學校並沒有特殊計畫要學生背誦何種教材，也沒有任何想要對聖詩予以解釋的企圖。直到內戰後，才慢慢有了「統一教材」(Uniform lesson)，為表彰基督教教義的統一，不讓情感四分五裂。

主日學校的設立，是不分猶太教地區及天主教地區的。猶太教的主日學校，有個「希伯來安息學校聯盟」(Hebrew Sabbath School Union) 來負責其事，不僅利用安息日（即主日）來教導學童猶太教義及猶太教理論，還推行希伯來語文之研究，以及猶太民族在《聖經》前後期的歷史探索。天主教雖然非常重視以「教區學校」(Parish School) 制度來實施宗教教育及道德教育，但在十九世紀時，卻有許多教區並沒有成立教區學校制度，因之只好仰賴天主教教區之主日學校來進行宗教及道德教育。十九世紀時天主教（舊教）主日學校與新教主日學校之最大不同點，即天主教主日學校屬教義問答性質，新教主日學校則為聖經學校。天主教有體系完備的權威教義，自然就特別重視以天主教信仰的知識架構，藉由文字而灌輸給學童，年幼學童對《教義問答書》的熟背，比對它的了解更為重要，天主教徒認為熟悉於《教義問答書》的材料，乃是日後了解教義的基礎。教義問答書的最初編製，是 529 年由**聖本篤**(St. Benedict) 寺院所完成的。天主教尤以服從甚至絕對服從為教規，因之權威性色彩較新教為濃。

上述是教材問題，至於師資問題更是教會所關心的。雷開斯的主日學校，教師是有酬報的，這筆費用的支出，首先嚴重的危及主日學校正在進行的善舉；幸虧衛斯理因從他的教會中禮聘義務教學的教士而解決了此項難題。不過，問題的關鍵所在，是那些義務幫忙而不支薪的教師，並未受過教學方面的訓練，時日一久，此項問題在主日學校裡，越來越嚴重。天主教的教學團

體如耶穌社或兄弟會，雖負責教師的培養，但求過於供，使得天主教教區的主日學校的教學，在某種程度上，仍不得不仰賴未經師資訓練的教徒來進行。配合美國全面提升師資水平運動，十九世紀的師資由中等教育階段的師範學校來負責，二十世紀之後，則中小學師資培養機構，已是高等教育的份內工作。教會學校的師資來源，也是如此！（有關師資教育的演進，參看本書第十六章）

　　二十世紀之初，主日學校的教育學者，被一些足可向最優秀教師挑戰的教育問題刺激出來；事實上，那些問題已吵鬧了多時；他們認為，宗教教育及道德教育，不是僅僅把聖經或教義問答拿來研究或教學而已，更應眼光朝向外的開放，取材於更具改革意味的事件、人物、及言論；如路德的宗教革命勇氣及理念，「異端」的僧侶受火柱燒死的義大利之**薩佛納羅拉** (Girolamo Savonarola, 1452–1498) 之言行；甚至以新的歷史學方法，來對《聖經》進行更批判性的研究而產生出新的教材，或積極的投入於科學與宗教的論辯中。至於宗教教育及道德教育本身的理論探索，則更屬迫切。幸運地，十八世紀以後，西洋學術史及教育思想史上出現了一流的哲學家及教育理論家，他們的著作，都涉及到這兩個教育領域。

第六節　宗教及道德教育的學理探討

　　傑出的教育改革家裴斯塔洛齊，赫爾巴特，及福祿貝爾，不僅在教學法的改進上為教育界所注目，他們在直接及間接上，也提出宗教教育尤其是道德教育的新穎觀念。美國的世俗性學校（即公立學校）受這些學者的影響，大於主日學校或任何其他教會學校的影響，特別是對教育改革家所提的道德教育觀念產生反應，反應情況還極為強烈與普遍。只要把宗教教學排除在公立學校課程之外，又將道德教育或品格教育與宗教教育分開，則公立學校裡加強道德教育或品格教育，不只不會受到干擾，且都有共識存在。

一、康　德

　　在討論這些教育學者之前，先來看看一般性哲學家對盧梭的「**自然主義**」(naturalism) 有什麼反應。大哲學家**康德** (Immanuel Kant, 1724–1804) 在深受

自然主義的影響且視該主義為一種教育學理論基礎之餘，更把它當成是道德教育應遵守的準則。與所有基督教宗教教育及道德教育理論相左的是，康德認為人性非善亦非惡，當兒童依理性而提升到擁有義務觀念或履行義務原則時，則這種人是善的，也是有德行的。康德以為基於自然傾向或欲望，實在無法上臻此一境界；因為一來欲望的目的在於快樂的滿足，二來由欲望所激起的感覺，各人不同，因之無法據之以建立起普遍的通則。只有理性才能建立普遍律，人人皆需履行，沒有例外。

康德不僅視理性為目的，還以動機為依歸。他認為人世間的行為，如果行為當事者的內心，含有一種意願來達成由普遍律所下達的「**無上命令**」(Categorical Imperative)，那才是無條件的善，也是純粹理性的行為。因之，道德教育的最高目的，就是遵從無上命令本身。無上命令具體彰顯在校規及國家法令上，學童在校應遵守校規，校外或畢業後則須守法，這是一種義務，也如同良心般的存在。為了要建立對法律的尊敬，在學童違反道德律時，康德是不贊成予以責罰的，因為道德律極為神聖也極為崇高，不應淪為與處分同伍。康德的後繼者**黑格爾** (Georg Wilhelm Friedrich Hegel, 1770–1831) 在這一點上就稍有出入，二者雖都認為學童的自然天性有時甚為頑固，需要反省式的道德教學來助一臂之力，以及諸如正直、義務、及正義等觀念的直接教學；並且也得習慣於遵守外在的權威或律令，因為如此乃是學童邁入自治的道德律之第一層。因此在指示學童必須將內心衝動屈服於理性的高層次控制之下時，黑格爾認為懲罰是必要之舉。

道德教育的哲學探討，主要的著眼點之一，就是行為之善惡如何認定，獎懲又是根據什麼。在這裡，有兩派道德學說恰恰針鋒相對。一是康德的「**動機論**」。凡行為的出發點本諸良心，那就是善行，因之「**善意**」是最重要的衡量根據。因為行為當事者最能主控或操之在我的，就是「**動機**」而已；至於行為後果，則不在行為當事者能力所及之內，若依道德理論的第二派即「**後果論**」來評價善惡，顯然並不公平，也不合理。行為後果，多半超出行為當事者本身所預料的範圍之外。此種哲學觀，對十九世紀的歐美思想有既深且遠的影響。大體而言，康德此種說法，增強了道德教育的二元論，一方面注重抽象義務觀念的服從，不可依行為當事者的個體欲望；「**努力**」(efforts) 的

價值高於「**興趣**」(interest)；一方面評分行為之先（動機）及行為之後（後果）二者之區別；內在的存心（良心）及外表的行為，二者是不同的。由於動機內藏，比較主觀，也比較不為人知。外顯行為比較客觀，較近乎科學的道德論，不容易騙人。

　　康德的學說，主要的影響在哲學，而不在教育。將此種學說大力發展在教育上而首度建立起實際的自然主義道德教育學的學者，乃是瑞士改革家裴斯塔洛齊。這位發揮教育上最令人感動的教育愛的教育實踐家，由於倡導實物教學，將成功的秘訣放在兒童行為的主動性上，這就符合「**動機論**」的說法了。只要經由實物的感官知覺而獲得知識，不僅簡易愉快，且積極性會增強；基於感官天性上的好奇心，求知欲就沛然而至，不必什麼外在的獎懲，他就熱心於學習。這種原則，也適於道德教育上。道德教育必須激起學童向心力的情緒及感受。只有愛的滋潤，最能感化人心，也讓學生對教師心生敬愛之忱。「**一切為人人，無一為他自己**」(Everything for others, nothing for himself)，這是瑞士人給他的墓誌銘，也是他一生教育行誼的寫照。道德教育不是嘴上說說，而是要實踐在具體行為中。裴斯塔洛齊一生為教育「**良心**」奉獻，這不是最佳的道德教育典範嗎？

二、赫爾巴特

　　後繼的大學者赫爾巴特，與康德同，都是**克尼斯堡大學** (University of Königsberg) 的哲學教授。赫爾巴特認為意志及情緒之動力，都是觀念在統覺時的副產品。觀念是行動之父，知識則為力量之源；因之，知及行，或智及德，二者並不分離。最能滋生出道德觀念或道德知識的學科，就是文學及歷史，這也是當時新人文主義所提倡的核心課程；教師教學時，要在學生心靈當中，恰當的作道德「**提示**」(presentations)。除非學生能夠在道德觀念或知識上建立起有效的統覺團——新知識（觀念）與舊經驗密切聯繫——否則就應該處在成人的管制之下；管制的鬆緊，隨年歲的成長而變，歲數越多，管制就越鬆綁；不然的話，就變成道德獨裁而非道德自立及自由了。即令是以福音傳播作為宗教教育並以為如此則學童或成人就可以迷途知返，赫爾巴特也並不反對，卻希望該種啟示真理能變成統覺團。

三、福祿貝爾

　　幼兒園的創辦者福祿貝爾在探討道德教育問題上，提出較富於宗教意味的說法。首先他反對傳統的基督教論點，也拒絕承認甚至懷疑「人之初，性本惡」的論調。兒童天性也是上帝的創作產品，說它是惡，簡直就是褻瀆神明；相反的，他認為人性上有神性火花，神性火花還奮力要與神性合一。並且，神性還經常顯現在個體發展以及天性趨向於永恆一體的過程中，因此並無超越世俗性的意味，兒童週遭的事物，也都是神性的對象——適於兒童把玩的「恩物」(gifts)，都具有神性的象徵；即令符號如「圓」，神性更足。學童把玩球時，一方面興趣盎然，一方面也在潛意識中漸生宗教情懷。宗教情懷及道德情懷的孕育場所，就是家庭。善並非從獨斷教學中產生，卻是從學童的自我活動裡萌芽，按自然律則的過程，自我活動初與人性合一，終與上帝合一。惡也不是訴諸懲罰就可驅除或根絕，惡乃由於兒童本有的好動天性得不到活動機會；只要兒童有了精力充沛的生長，就可以使惡苗窒息。

四、派克上校

　　首先對歐洲的上述學說予以反應的第一位傑出美國教育家，就是參加過南北戰爭之役的派克上校 (Francis W. Parker, 1831–1902)；除了贊同赫爾巴特以文學及歷史作為提供道德觀念或知識的作法外，他還增加科學學科；這或許是源之於英國功利效益主義教育學者斯賓塞 (Herbert Spencer, 1820–1903) 的以「科學」為最具教育價值的論調，因為斯賓塞高唱科學的重要性，科學是「知育、德育、群育、美育、體育」的總和。科學所注重的誠實、不偏袒、依證據說話、鍥而不捨、批判、分析、及質疑精神，本身是一種「美德」。在呼應福祿貝爾的兒童天性中心論時，更補上道德教育的社會面。在派克上校所著的《談教育學》(*Talks on Pedagogics*) 一書中，他說：

> 「主宰道德教育的前提條件，就是生活情境，也就是說，學校所處的社會。」在這裡，歷史的尺度，可以由實際的活動當中獲得；公民事務的處理正在進行中，來世之根以及行動之源，皆種因於此。家庭是核心，教會使得家庭更趨良善。國民學校更將家庭及教會所提

供的教材合一；班級學童相互尊重，貧富智愚等學童因互助而交融
在一起，這是提供道德訓練的完美方法。守秩序、工作、及遊玩的
結果，都在於培育真正成人的社會生活。

學校異於家庭之處，就是前者的社會化較明顯。因此班上小朋友若只有兩三
位，全校兒童不到十位等的迷你性「小班小校」，已失去學校的「公德」教育
功能。派克上校還具體的舉例，說明不遵照兒童生長法則的學校教學措施，
都是非道德或反道德的；如考試分數或獎狀，這種舉措容易心生自私心態，
體罰助長了學童精神上的萎靡不振，過份強調文字或符號的記憶，損及兒童
自發自動性，以及當歷史教學因受宗教教義、政黨派別、或國家利益的偏見
而有扭曲時，這都是反道德的。依照這種說法，能力分班造成刻板印象的錯
誤心態，更在派克上校的反對之列了。

五、杜　威

　　派克上校只作大綱性的建議時，他的好友**杜威** (John Dewey, 1859–1952)
乃發展出一套相當有內容的細節及哲理來。他除了繼承先賢學說外，還釐清
了許多混淆的觀念，掃除了傳統由來已久的二元論障礙物。首先，他對康德
的說法，有基本上的修正；雖然他與康德同一戰線的攻擊以快樂或痛苦作為
「**善惡**」的指標，卻不反對以它作為手段或行為的動機，但不可作為行為的
終點旨趣。康德所持的純粹心智或良心的動機論，杜威則認為缺乏真正的行
動驅策力，且能「正其誼不謀其利，明其道不計其功」的人數，究竟是少之
又少；不妨也訴諸於行為當事者的衝動及情緒。純說動機，容易造成偽裝及
詐欺，又有那個人承認自己的「**惡行**」，是本諸於「**惡意**」的? 裡外不一或前
後矛盾，這種人會受良心的譴責，必待他的「**天良**」發現之時；這種人如果
善於掩飾，反而逃過該有的懲罰也獲得不該有的獎賞。這不正是道德教育的
最嚴重致命傷嗎?

　　杜威哲學是痛斥二元論的，不管是身心二元論，知德二元論，或理性與
感性之二元論，他都反對到底。

　　　　這種分離果真可以成立，則對教育尤其具有影響。當吾人以品格陶
　　　　冶為最高旨趣，同時又認為學校之所事，大部分是知識之獲得與了

解力之增強，而這些是與品格陶冶無甚關聯的，則學校的道德教育
在實際上已無能為力。基於這種觀點，道德教育不得不淪為某種形
式的教義問答教學。

這是違反「**做中學**」(Learning by doing) 原則的。道德及信仰不是嘴巴說說，
卻要身體力行。若只有知識學習，是無法訴諸實踐的，惟有將知識學習變成
有意義，比如說多麼的感人、多麼的悲憤、多麼的心花怒放、多麼的熱淚盈
眶，則該種知識學習就帶有宗教教育及道德教育意涵了。

康德說，行為的動機最為重要，行為後果可以不在考慮之內，杜威期期
以為不可。有善意又有善行，這是上上，有善意卻無善行，反而惡行頻生，
這乃因欠缺**智力** (intelligence) 這一因素。知其不可而為之，這是蠻幹；有勇
無謀，對方就覺得「不足慮也」！像三國時代的呂布一般。杜威於 1919 年到
中國，兩位他的得意門生胡適之及蔣夢麟在北京大學宿舍招待他，三位學者
在聊天當中看到牆壁上有一條毛毛蟲往上爬，爬了上去掉了下來，爬了上去
又掉了下來，如此多次的嘗試，這條蟲仍不死心。兩位東方學者目睹此狀況，
竟然不約而同的說：「這條蟲真是精神可嘉！」豈知杜威卻回以：「這條蟲愚蠢
得可憐」。行為當中要用腦筋，成為「**明智行為**」(intelligent behaviour)，是多
麼的重要。有善意而卻出了惡行，這就是行為當事人太欠缺智識的判斷了，
難道他可以不負責任嗎？「**動機**」誠然可貴，但「**行為後果**」是會殃及他人的，
可以不慎重嗎？智力是修正衝動的工具，含有限制或約束自發自動性的意味
在內；但約束或限制，本身的道德價值不高，其實那是轉移注意的另外說詞，
使學童因運用智力的結果，專心一致的處理有意義的活動，而非使精力作漫
無目標或隨隨便便的發洩而已。

作為民主教育的大師，又以「**民主**」作書名來提示「**民主與教育**」的關
係，杜威認為公立學校如是民主式的，則道德教育及宗教教育的崇高目的，
也可藉此來達成。民主代表著一種素養，寬宏大量、容忍、接納異己、欣賞
紛歧論點、注重溝通、消除成見、化干戈為玉帛、化敵為友，這都是民主的
功能。學校是一種民主社會的雛型。《**民主與教育**》(*Democracy and Education*)
書中有下述一段話：

我們的學校收容有不同國籍、語言、傳統、及教條信念的學童，在

使他們同化於一般公眾所奮力達成的基礎上，正執行著一種無止境
且意義深長的宗教任務。他們為促進社會和諧及一體感而努力，由
此而產生的最後結果，真實的宗教統一必然水到渠成。

學校教師必先成為民主式的導師，也是民主社會的領航人，這種「**使命感**」，
不就類似宗教嗎?「**化異為同**」，但仍保留異質特色。小學學區小，學員之異
質性較不明顯；中學學區較大，異質性較大；大學的成員有些都已屬國際性
的，不限本國或地方局部性而已，異質性特高；如果學員都認同畢業的母校，
猶如公民都認同生活所在地的國家，最後全世界的人共同有一心願，永保世
界和平，且珍惜現有的自然資源，體認到地球只有一個，勿作環境及生態污
染；學校的此種職責，就與宗教教育及道德教育二者，完全吻合了!

　任誰都不會反對宗教對品德改造的重要性，包括教育理論家在內；現在
的問題是宗教教育如何進行。

第七節　宗教教育的改造

　教會學校注重宗教教育，世俗學校強調品德陶冶；二者殊途但同歸。教
會學校的宗教教育方式，就是經由福音的傳播，使得宗教及道德真理的佳音，
滲入到學童的心靈中，並且希望學童能予以接受與應用，身體力行。**世俗學
校**（公立學府）之進行品德陶冶，性質是教育的而非福音式的，以學童在社
會環境中所遭遇到川流不息之經驗來作為道德教育的出發點，從行為的選擇
中以及行為的後果，來評量行為的價值；這種論點，顯然是符合了杜威的本
意!

　1903 年，一群教會內及教會外人士共同集會成立了「**宗教教育協會**」(Re-
ligious Education Association)，宣佈其宗旨為:「以宗教理想引發本國的教育
力量，以教育理想引發本國的宗教力量；希望公眾人士關心宗教教育理想，
並注意宗教教育之需要及其價值。」宗教與教育可以合作，以便阻止物欲橫流、
世風日下、生命無所寄託的頹勢。當時美國人不只對教育無法稱心如意，也
對政治及經濟情況大感不快；社會改造因之雷厲風行的展開。危機意識抬頭
之時，宗教的必要性就大增。

一、配合學童生活經驗

　　但宗教教育方式不能再因循傳統老套了。「宗教教育協會」一位重要的精神人物寇依 (George Albert Coe, 1862-1951)，於杜威出版其名著《民主與教育》(*Democracy and Education*) 次年 (1917)，也寫了一本《宗教教育社會理論》(*Social Theory of Religious Education*)，支持以學童在社會情境中日益增加的經驗，作為宗教教育的核心題材。他建議，在兒童與早已有深切體認基督教宗教經驗的成人一起生活中，來喚醒兒童的宗教意識。只告訴兒童何者該信仰，這種傳統的灌輸式教學方法，則「宗教教學」將成為空名詞。倒不如鼓舞學童積極參與社會生活，從中體驗自己與宗教信仰的關係。學童在實際的社會情境當中，因面臨困難及困難的解決，這都含有宗教價值存在。這個意思並不是把《聖經》材料——至此為止為主日學校最重要的教材——予以忽略，而是在學童天天累積也正在吸收的宗教經驗中，不斷的以聖經來作為豐富該種經驗並指導該種經驗的指針。無論宗教教育的教材採何種方式來編製，都以易於改變的社會情境且也必然會發生的社會問題，作為選材的參考。宗教教學不必非「直接」不可，卻可「隨機」；側面探討，反而更能使學童領會宗教信仰的真諦及神學的奧義。

　　天主教雖然在反應這種教育新措施上較為遲鈍，但對於早就叫聲連天的教學改革，並非麻木不仁，或裝聾作啞。天主教縱然仍執著於取教義問答作為宗教及道德教學的樞紐，但多多少少也產生了某種警覺，發現教義問答式的教學，有造成知識貧瘠且流於形式的危險。為了防止這種弊病，二十世紀初，有一群德國天主教徒，乃將教義問答教學建立在新的教學原則基礎上。教義問答教學自來就是獨斷式的，遵循「提示、詮釋、及應用」(*Propositio, Explicatio, Applicatio*; Presentation, Explanation, Application) 三段方法。經過改良之後的第一步驟，並不「提示」《教義問答書》中的抽象語句，而以涉及學童的實際經驗為起始點，比如說學童感官所及的聖徒遺物這種具體對象，或非常生動又足以引發學童想像力的戲劇故事，作為引起學習動機的出發站。連「美國天主教大學」(American Catholic University) 的薛爾滋 (T. E. Shields, 1862-1921) 神父，都以新方法來教導教義問答。「愛而非怕，自我活動而非管

制，啟發而非填塞」，是教學要領。而第二步驟的「**詮釋**」，傳道師可以在學童經驗當中引出教義原則，並且取先前的教義知識來解釋學童的舊有經驗，新舊的「**統覺**」，由此產生。第三步驟的「**應用**」，就是訴求學童的意願，希望他們將學習成果付諸行動。不言可知，這是五段教學法的縮影，顯然有赫爾巴特的影子，但也運用杜威的精神。

二、宗教與科學合流

其次，為了迎合科學的大駕來臨，宗教教學也趨炎附勢的去湊湊熱鬧。本來科學與哲學是有分野的，科學與神學更經常勢不兩立，但當科學力道排山倒海之時，宗教陣營也遭波及，回應的一種動作，就是由「**宗教教育協會**」資助的一項研究，以科學證據來決定品德的塑造應以何種方法為優，何種方法為劣。經過幾年的辛苦研究，該調查恰好在經濟不景氣的陰霾濃罩之下，提出了報告。該報告的結論是說，一般傳統的品德教學，效力不彰，構成效力不彰的主因，是學校教學所提的抽象原則，與學童實際應用該原則的個別情況，經常發生矛盾情事。此種情形，不僅使得一貫性的道德品格之教學相當困難，還經常不惜以衝突的道德原則來作為獲得內心平和的代價。比如說，學校教育教導學童或基督教義告誡上帝子民，眾生平等；但美國社會卻視黑白對立、黑白分校、黑白種族歧視為常事；而政治經濟上的醜聞頻傳，都與道德原則相拂逆，更不用提宗教原則了。此外，公德與私德的規範並不同。私德如勇敢、孝順、及誠信不欺等，在一群奉公守法的人民當中有這些品格，但一隊竊盜集團，也仍然持有此種德操；不獨美國如此，二十世紀末期發生在臺灣社會上的陳進興事件，那位作姦犯科無數且殺人不眨眼的要犯，也愛護妻女，孝順父母，且言出必信。品格教育，必須作到公德私德並行不悖，且具一致性及普遍性。此種「**客觀科學性**」的調查，提供了品格教育及宗教教育寶貴的資料。從中更凸顯出社會上絕大多數人在道德操守上的實情。憂心之士不得不提出呼籲，設法糾正此種道德上的弛緩。

該報告也發現一件不容否認的事實。由於十九世紀的自由主義，使得二十世紀的品德甚至宗教信仰上，自主意識高漲；在兩次世界大戰之間，尤其在二十世紀的三十年代，歐美兩地都有不少人懷疑自由主義是否足以應付當

時嚴重的政治、軍事、及經濟的緊張狀態。極權王國興起，並向自由的資本主義國家作激烈的挑釁。雙方陣營對於道德教育的處理方式，是值得吾人注意的。極權及共產政府，對於足以妨礙或削弱經濟及政治機器作圓滑運轉的道德上之自主性，都盡力予以去除或壓抑。而自由資本主義國家，雖仍然准許道德品格的自主性，但為了要使宗教與道德體系的紛爭能免於阻礙公共團結，因之公立學校並不歡迎此類型的宗教教學及道德教學。

科學的「**實然**」(is) 研究是一回事，哲學或神學的「**應然**」(ought) 判斷又是另一回事了。二者之嫌隙，如同課程上科學與哲學之紛爭一般（詳〈課程〉章）。在科學跋扈之際，天主教教宗不得不出面嗆聲。**庇護十一世** (Pius XI, 1857–1939) 教皇於 1929 年頒佈了一本廣受閱讀的《**基督教的學童教育**》(*The Christian Education of Youth*) 一書，對於依實情的調查報告就取之為道德教育及宗教教育的教學材料方式，大感憂心。對虔敬的教徒而言，此種調查，好比將超自然界屈附於自然界之下，難道上帝的旨意要聽從人欲的指揮嗎？這不僅是徒勞、錯誤、與不敬，且是極為危險的。他不改宗教本色的提出嚴厲的警告：

任何學者所提出的教學方法，不管是全部還是部分，如果不接受或遺忘了原罪及神寵，而只依賴人的天性力量，則都是不穩當的。

新教人士也附合其說，他們擔心的是，宗教教育的結果，越來越不注重《聖經》及耶穌；且《聖經》之外的材料，以及耶穌之外的人，都被視為與《聖經》及耶穌等級同列也同位階。狂妄的光以人的努力而不必神助，就可登天堂，上極樂世界；這麼樂觀，教會人士是深不以為然的。對保守的福音傳播者來說，這種聲言是不自量力的自負表現。當時的國際局勢，風雲詭譎，極權專制國家如蘇聯、義大利、及德國，甚至東方的日本及中國，所實施的不人道行徑，使得許多人不相信人性本善的說法，更不相信人單依自己的能力就可以得救的主張。二十世紀四十年代開始時，由瑞士神學家**巴特** (Karl Barth, 1886–1968) 及**布魯納** (Emile Brunner, 1889–1966) 發起全球性的抵制自由主義之神學運動，指斥科學之傲慢與偏見，返回神學的步伐似乎有加速的跡象。原罪並非是一種心理或社會現象，而是人與上帝不相連繫的結果。因之許多人認為，期求人們用自己的教育大鞋，就可以跳出人類宿命上的困境，

這種說法簡直就是一種自欺欺人的陷阱，同時也是一種妄想。這兩位環遊全球的神學家提出**聖保羅** (St. Paul) 的話，「基於神寵及信仰，你才可以得救；得救非賴你自己，那是神的恩典。」

　　二次世界大戰後，有一群人集體努力於把宗教教學重新擺在公立學校的課程中，同時也希望不違反政教分離這個好幾世紀以來的政策。達到此一目的的主要設計，就是提出「**讓渡時間**」(released time)，即空出學校上課的部分時間，使得學童能夠在各自選擇的基督教會或猶太教堂裡接受宗教教學；或者教會機構的宗教人士，可以到公立學校向歸屬於他們教派的學童進行宗教教學。此一設計，幾乎立即引來了美國最高法院的詳細審查，是否侵犯了憲法的第一修正案。最高法院的法官認為，如果該項教學在校內進行，則顯然的違憲；但如果學童在放學之後，依家長之選擇而進入各教派教堂來接受宗教教學，則悉聽尊便，政府不應介入或干擾，學校也無權過問。此種判決，理由是因為第一修正案本身是雙層面的，一方面保證信教自由，一方面禁止國家教會之建立。空出讓渡時間來進行宗教教學，並無侵犯信教自由，學童於「**讓渡時間**」不去接受宗教教學，也不會予以懲罰。但是嚴禁校內有宗教教學事宜，因為宗教教學並非公立學校的份內職責；並且棘手的問題是，校內的宗教教學，不知要教學那一教派的內容。為了避嫌，公立學校只好躲開此種紛爭。

　　道德與宗教，二者之分野並非一清二楚；而道德與教育，更如一體之兩面。公立學校進行道德教學，無人持異議，但公立學校公開支持宗教教學，則許多人期期以為不可。公立學校與教會學校，政府與教會，二者之間似乎有一道牆隔開，此道牆自美國開國諸元勳以來即已築成，但這道牆是銅牆鐵壁不可跨越，還是只是一道矮牆，或是中間仍有缺口，或是此道牆還未砌成，這些疑點，都值得關心教育發展的人省思。

第十二章　非正式教育的變革

　　現在的人與過去的祖先都知悉，教育有正式及非正式之分。正式教育的機構是學校，非正式教育的場所即是家庭及社會環境。教育工作者得經常自我提醒，教育功能不是只有由學校來承擔而已；在學校圍牆之內所進行的教育，有時效果沒有比校外來得多；學童走出校門所接受的影響以及對他未來的發展，遠比校內教育更具意義。此種情況也就產生了持續且重複出現的問題。比如說，正式教育與非正式教育，二者之教育效力如何？正式教育又如何產生？此外，自有人類以來即有的家庭組織，它的變遷如何？而學生畢業後的成人階段，教育情形又如何？

　　本章先敘述非正式教育的變革，後續數章則說明各級學校的發展。

第一節　非正式教育轉為正式教育

　　教育史，主要的是正式教育過程的記載，尤其是語言及數字符號等正式教學過程的記載。說實在話，也因為有這些記載，教育史才有其實質的內容。不過，在這種記載之前，教育是如何進行的？假如現存的土著或原住民文化可以作為史前文化的指標，那麼我們可以說，遠古的早期教育，大部分是非正式的；那種教育與成人一代的日常活動沒什麼兩樣，利用這些活動的偷閒工夫，才附帶的進行教育工作。其實，生活與教育密不可分。年幼學童在直接參與祭拜地方神祇、製作工具、狩獵、捕魚、織網等活動中學習；並且也在與年老成人及經驗豐富者相處一起時，非正式的學習他們的經驗。即使是兒童的遊戲，也大部分是成人活動的模仿，玩具就是家長所使用的器具之縮影。

　　不過，不管土著或原住民社會的文化多早或多晚，教育都慢慢變成正式性的了。在入會儀式措施中，如成人禮，教育的非正式性即減少。入會儀式乃是年幼者步入部落生活的里程碑；成人禮使得個人從未成熟及未負責任的

兒童，轉變為享有特殊權利（力）及履行特定義務的成人。在跨過這里程碑的過程中，正式教育的色彩就比較明顯了，儀式通常是延續數天甚至數週；預備作個成人者要通過固定的教學及考驗，知悉本部落的特殊秘密及箴言，還偵測他的耐苦、習於飢餓及忍受恐懼的能力；有些甚至是極為嚴酷的。過關者則以饗宴及舞蹈慶賀之。

有些部落的成人禮，繼續到學校或較為有形的教學存在之時才停止。正式教育的學校，產生的因素很多；就歷史角度言之，最早的一項因素，乃是由於文化遺產之增加。當文化遺產累積的結果，因為較為廣博與複雜而不可能用非正式的方法來傳遞給下一代時，則有散落及遺忘的危險。因之一種特殊機構稱之為學校的，來承擔此責任，於焉誕生。學校既因此而起，所以它不與生活直接有關。就如同社會學家所說的，學校是一種剩餘的機構；學校的角色，也形同一個剩餘的遺產受贈者一般，綿延了那些社會文化遺產的零星雜物。換句話說，學校在整個教育上所扮演的戲碼，只是配角而已，不是主角！

使生活與學校二者之間的裂痕更廣，因而也使學校之存在更具必要價值的，是文化遺產的複雜度，隨著歲月之增加而有增無已。成人禮上所傳遞的祖先文化遺產，無法讓參與成人禮的主角了解。複雜度及困難度都很難使年幼者在數天或數週之內完全領會。就教育立場言之，學童的領會力在年齡上是有出入的，傳遞的文化財產應該安排次序，如同運河的水閘系統一般，一個水門比另一個水門高地提升位階，最後將學童的低水位拉拔到成人的高水位。學校是個系統化的教育機構，按部就班，由易及難，由簡單到複雜，由近及遠，由具體到抽象。比如說，學校教導學童生活必備知識當中的算術時，就應該先安排個位數的加法，接著是進位數的加法，然後才是減法、乘法及除法，或小數點等的四則運算。其次，社會生活有時比較不究精確，比如說，一包水餃 35 元，三包就以 100 元成交；但學校數學是不可如此教的，學校要求的，是精確的計算。

文字及符號的使用之後，學校之存在，必要性更形迫切，識字變成學校的首要功能之一。3R's 教學變成學校的主要活動。3R's 就是「讀」(reading)、「寫」(writing)、及「算」(arithmetic)。掃除文盲也是學校成立的要旨，因之

文字及文法變成主科，並要學童認識深鎖於文字記載之下的文化寶藏。從此，學校與生活脫節，教學與實際經驗之關係漸行漸遠，這似乎是無可規避的結局。

連帶的，學校一存在，就有特定的人員來擔當教學職責，「**教師**」身份就出現了。以往，成人就是幼童的教師，家長也有責任教導自己的子女。但是由於這些人工作忙碌，無暇肩負教育工作，學校一出現之後，這些職務就委由教師承擔。教師的職業就是教學，因之應該比較熟悉教材，也了解學童心理，且善用教學法。如此的教育效果，就比非正式的生活教育，大了許多。

但正式的學校教育可以完全取代非正式的生活教育及社會教育嗎？這是一種誤解。事實上，這二者從古到今，都是並駕齊驅的。孩童在實際的工作環境中，日後就可以成為一名獵人、漁夫、船員、商人、技工、或教士；介於正式及非正式教育之間，還存在著藝徒制度。學校機構的名堂或許自古即有，但是即令晚到二十世紀時，仍然只有少量的人想到學校去接受教育，甚至即令到今日，高喊「**在家自行教育**」(de-schooling) 的呼聲，也此起彼落。而在十九世紀時，當強迫入學條例或法令在奮力貫徹時，精明的教育學者並沒有忘記，學童花在校外的時間比在校內學習的時間多，或許校外才是較為有效的教育園地，這是學校教師必須反省深思的地方。

第二節　正式教育與非正式教育的價值比較

正式教育與非正式教育，二者孰優孰劣，這個問題早就為教育理論家所喜愛爭論的對象。當年古希臘人提出一個疑問，「**德行可教嗎？**」(Can virtue be taught?) 德行是希臘人評估為自由民（公民）的最高品質。在希臘的早期教育裡，年輕人在履行他們的自由民職務中，「**非正式**」的學得了德行；他們所讚美的德行標準，就是古今偉人或英雄的生活行徑。其後，一群號稱為「**辯者**」(Sophists) 的專業性教師，聲稱他們並不以模仿古今偉人或英雄的生活行徑來教導學童德行，卻以德行本身作為一種觀念或一種理想，來進行理論性的討論。換句話說，希臘人在解答「**德行可教嗎？**」這個自己提出的問題時，答案有二，如依傳統的作風而言，德行是不能「**教**」的；但若根據「**辯者**」的主張，則德行當然是可「**教**」的。

　　這兩個相互對立的答案，也顯示出正式教育與非正式教育之別。傳統較非正式的教育，優點在於認為德行是行為的積習，可以在實際的作為中表現出來，而辯者——當時還被封為進步人士——觀念之可取處，乃是他們相信能夠靠後天的教學而重新改造德行理想或標準，以便迎合時代需求。因為改變一個人的行為習慣，先得改變他的觀念，觀念是在指揮行為的；而觀念是可以進行教學的。在正式教育裡，教師可以從德行實踐的具體行動中，抽出德行的觀念，然後進行分析與批判，站得住腳的就發揚光大，經不起質疑的則予以修正或推翻。非正式教育的缺點，乃是它的一切依循舊章，保守性太強，對革新持有敵意。但正式教育也有欠缺，即太過於注重主智性，缺乏非正式教育那種與生活息息相關且密不可分的優點。

　　傳統的希臘人認為與生活脫節就不能獲得滿意的教育，英國十六世紀女王宮廷御師也是**劍橋大學** (Cambridge University) 教授的**阿斯堪** (Roger Ascham, 1515–1568) 對於離開學校也可以進行良好教育這點，提出嚴厲的質疑。他不能恭維「經驗就是最好的教師」這句口頭語；他倒是這麼說：「一年的教學勝過二十年的生活經驗；並且由教學所得的知識較為安全可靠，由生活經驗所得的知識則較為貧瘠而無法使人聰明。」這段話也可以說明，自有人類文字記載的歷史以來，正式教育的概念，如何獲得它的威望。無獨有偶且針鋒相對的是，阿斯堪同時代的法國小說家**孟登** (Michel de Montaigne, 1533–1592) 卻說出完全相反的聲音，這位當過市長的教育學者說：「一年的旅行勝過二十年的讀書」。旅行是生活經驗的體驗，屬非正式教育的性質；讀書則是正式學校教育的重責大任。

　　就正式及非正式教育的變革而言，歷史浪潮是從生活經驗的非正式教育，轉移到正式的學校教育上。事實上，在「**安全可靠**」的教學活動中，正式教育的浪潮自成拱狀而向下翻湧。正式教育因與文字書寫及數字符號的文化相結合，因此是比較可以信賴的知識。文字書寫及數字符號記載下來的文化遺產，是社會群體共同嘗試與檢驗過的經驗結晶，也是真實的經驗；不過，該種經驗都屬過去的經驗，過去的也含有過時的意思。書本的正式教育，主要就是過去經驗的教育。書本越厚，則人心就更受長遠的過去所支配，因之代表著當前生活的社會文化遂被擱在一邊，不列為教本內容。就是這個原因，

遂有人認為記載在書本上的文字資料，比植基於日常生活的習慣，較不富於
彈性；後者的改變雖然緩慢，但卻是活生生的素材，它還會生長；前者的書
寫文化雖然也可以因受批判而再生，新書一再的問世就是明證，不過它非但
沒有趕得上日常生活活動之實情，並且還遠落其後。安穩的寄望於過去，也
自甘於對當前及未來之不良適應，則文化遲滯就因而出現。

　　許多人並不急於判斷正式教育與非正式教育二者之優劣問題，他們倒認
為二者各自有獨特的功能，任何欠缺其中一種的教育，都是美中不足的。早
在《聖經》時代，猶太人就認為文字的正式教育應該與行為的非正式教育並
行。在〈申命記〉(*Deuteronomy*) 中，耶和華告誡著：「我今日對你們訓令的
這些話，必須永銘心中，並且要勤勉的教導你們的孩子，當你們坐在屋內、
在路中、躺下及起身時，都要向他們說明。」這個意思是說，教育是無時空限
制的。中國的孔子也說：「三人行，必有我師焉！」人人皆是教師，教師並非
特定的人物，無時無刻皆可向他人請益。同樣的觀念顯然也出現在十七世紀
的教育發言人洛克 (John Locke, 1632–1704) 的著作裡，在《教育論叢》(*Some
Thoughts Concerning Education*) 一書中，他特別注重書本的教育 (正式教育)，
並且也極關心的討論學童所要學習的學科內容。不過他也沒忽略校外經驗的
非正式教育價值。他建議作為父親的，在孩子到達比較成熟年齡以及經驗較
豐富時，應該告訴他們重要的事情；因為他相信，只有把孩子當成人看待，
孩子才會成為成人；反過來說也是如此，在父子相互討論的場合中，如果孩
子表現出孩子氣，父親不可與孩子一般的孩子氣，卻仍然要以成人對待之。
小孩是要向大人看齊的，不是大人向小孩看齊。見「賢」思齊，那有自比下
流的，這才是教育的本意啊！

　　法國大革命前夕的教育改革家伽洛泰 (Louis René de La Chalotais, 1701–
1785)，更平等看待正式教育與非正式教育、學校與生活二者的貢獻。在《國
家教育論》(*Essay on National Education*) 中，他很清楚的指出：「吾人需要知
道的事，並不完全印在書上。有千萬種的事情可以在聊天裡、使用中、及練
習時得知。不過，也只有受過訓練及早已有準備的人，才能從這種方式的學
習中獲益。……在社會裡，讀書與作事看起來似乎是衝突的，但假如不讀書，
則他就很難作事。重要的是，讀書在於領會比較不尋常知識的主要原則；至

於經驗——最好的教師——則會完成其餘的工作。」二十世紀以來，文明的複雜度、廣度、及深度，都增加得使「不尋常的」經驗，顯著的超過了尋常的直接經驗，「知識爆炸」(Knowledge Explosion) 及「知識經濟」(Knowledge Economics) 時代的來臨，使個人必須接觸的環境，都大過於個人現下所知悉的時間及空間。美國教育學者巴格萊 (William C. Bagley, 1874–1946) 乃改變了伽洛泰對於學校及經驗二者價值相等的看法。他不認為粗糙的經驗可以與學校教育所提供的知識或技能相比。學校可以規劃獨特的經驗，也就是讓學童感受他人或先人早已有的經驗，去蕪存菁。學校功能的獨特性，重點放在使學童超越了粗糙或普通經驗的限制。研讀諸如歷史及地理等科目，就不會侷限在學童所自處的時間及空間界域內，還可以因此感受或吸收了在日常生活經驗中那種頗不尋常的事件。因此，走萬里路，不如讀萬卷書；中國人說「秀才不出門，便知天下事」，就是這個道理。

根據美國最傑出的教育哲學家杜威的說法，他既厭惡於二元對立主張，因此他也不偏愛生活或學校，其中之一不能取代其中之二，認為兩者不能偏廢。這位二十世紀最具影響力的學者，以「教育如生活」(Education as life) 的觀念自居，並非意謂著他希望教育全然返回到注重生活經驗的非正式教育說法。教育與生活合一的理論，目的在於去除二者之間的任何藩籬，但沒有破壞二者的特性。因之，學校教學不可限定在學校本身的四牆之內，卻要極力運用具有教育價值的各種社會資源，步出圍牆之外而踏進社會，學校建築與農田或工廠相近。而在四牆之內的學校，必須以對生活改善有立即意義的課程來進行教學。在名著《民主與教育》(Democracy and Education) 一書裡，他扼要的總述正式教育的特色有三：一是學校是個「簡單化」(simplify) 的教育場所，即把複雜的學習材料予以簡化，讓初學者容易學習；二是學校是個「純淨化」(purify) 的教育環境，不只硬體要美化，軟體更要純淨化；教師具有愛心與耐性，且幫助學童相親相愛；三是學校是個「民主社會的雛型」(miniature of democracy)，從異質性中培養認同感，注重寬容異己與欣賞多元價值。至於非正式教育，優點也有三：一是語言習慣的養成，南腔北調早已定型；二是善惡美醜的評價，這種主觀的斷定，經常根深蒂固，很難拔除；三是舉止儀態及氣質的塑造，大抵皆受成人及社會習俗所左右。

　　學校教育越普及，國家政府及人民又非常注重學校文憑之時，正式教育的重要性似乎便凌駕於非正式教育之上。不過，一來學校為了精簡學習時間又要廣納浩瀚的知識內容，因之教材之抽象化越為明顯；教育與生活脫節，乃是一種隱憂；二來專制政府宰制人民思想，遂刻意且系統的編製合乎政棍心意的教材來欺騙無辜的學童，「**安全可靠**」的知識，越形變質。「**標準本**」教材，錯誤百出。洗腦或灌輸工具越為「**正式**」、「**直接**」、「**有形**」，此種災難，是學校教育最該譴責的地方。如有幼童自小即不入學受教，免受此種心靈污染的毒害，反而是他的福氣。此外，學校教育固守經不起檢驗的知識權威，作風保守，也使得天資聰穎的天才憤而退學。號稱「**第一位現代化科學家**」(The First Modern Scientist) 的**培根** (Francis Bacon, 1561–1626) 求學於劍橋大學，因發現這所英國第二古老的「**名**」大學教授極為愚蠢，乃中輟學業。美國開國元勳**富蘭克林** (Benjamin Franklin, 1706–1790) 也曾斥責美國第一高等學府**哈佛大學** (Harvard University)，因為英美大學都迷戀古風。至於羅馬時代的**聖奧古斯汀** (St. Augustine, 354–430) 之寧願死而不想過童年的學校生活，以及新教改革健將**路德** (Martin Luther, 1483–1546) 之認定「**學校**」是惡名昭彰的場所，在在都顯示出正式教育不與非正式教育攜手合作所帶來的嚴重病症。

　　教育史上或思想史上不少史實告訴世人，偉大人物之功名成就，不一定是正式教育的學歷高所造就出來的。大發明家**愛迪生** (Thomas A. Edison, 1847–1931) 連小學都沒畢業；其實也不必舉這些西洋的例子，臺灣即令在今日，我們正可指證歷歷的列出舉世聞名的大企業家王永慶及高清愿，也是正式教育的學歷低，但這並不妨礙他們高人數等的智慧力及判斷力。相反的，說不定在「**箝制思想的黨化教育**」天羅地網下，能夠逃脫魔掌而自謀出路者，才真能出人頭地呢？

　　隨著電影、電視、廣播、報紙、戲劇、及出版事業的發達，求知之門已不僅限於學校一隅。科學館、博物館、美術館、圖書館、水族館、音樂館等之林立，接受教育的管道，四通八達。這些比較間接又無形的教育，正是現在課程專家所倡導的「**潛在課程**」。「**開放學校設備，利用社會資源**」，也是學校與生活緊密結合的一句口號。正式教育與非正式教育之價值比較，不容易

三言兩句就可以下定論。

第三節 家庭教育的觀念變遷

教育史上，家庭是最早，也是最為重要的非正式教育機構。教育之在家庭中進行，因素頗多；即令是學校到處林立時代，家庭仍承擔某些教育任務，也是極其自然的事，這是絕對不能予以忽視的。因為學校教育無法包辦一切教育，也不能完全取代父母或上一代對子女的管教職責。這種教育史實，在初民社會是如此，在現在科技及資訊高度發達的時代裡也莫不如是！

土著或原住民社會的兒童家庭教育，甚受忽略；原因是那個時代的兒童，並不能享有做人的尊嚴；兒童經常被視之為隨父親或兄長之所欲，可以任意處置的動產，有時父權之大，甚至可以決定嬰孩或幼童的生命權，他擁有殺嬰權，也確實有殺嬰習俗。而作為生兒育女的母親，做人的尊嚴也遭到蔑視，同樣被視之為可以挪東挪西的動產，因之她如果承擔了兒童的教育工作，則該工作也不具教育意義；且部落對女性的歧視，也減少了她的影響力。即令在自詡為文明古國的東方中國，女子要「在家從父，出嫁從夫，夫死從子」的「三從」，把婦女地位降低到最底層。男尊女卑此種角色認定，註定了媽媽一生的悲慘命運。家庭頂多是讓幼兒習於部落的習俗及家規而已。真正的教育要等到行**成人禮**（或稱冠禮）時才開始。有時，孩子要離家而經由嚴肅的儀式所提供的教訓及經驗才能夠格為成人。這是本書早已提及過的。

一、歐洲的家庭教育

雖然古代希臘人在西洋教育及學術史上有過傲人的成就，但他們對於家庭教育的改進上，卻乏善可陳。殺嬰惡習存在於希臘社會，由來已久，他們以優生學的觀點作為理由，但看在一視同仁的基督徒眼裡，當然嚴詞予以譴責。希臘文化可稱頌的一種傳統，是對於個人的尊重，這也是他們進步的主因，就如同辯者所說的：個人是萬物的尺度。這裡所謂的「**個人**」，不包括女人在內。開明的思想家如**柏拉圖** (Plato, 427–347 B.C.)，聲稱男女地位平等，但他的論調曲高和寡，孤掌難鳴；且他的大弟子**亞里士多德** (Aristotle, 384–322 B.C.) 卻與他唱反調。由此吾人可以想像得到，希臘婦女在家庭中的地位

並不高，不管她是妻子或是母親。婦女的正式教育受忽略了，間接的也使得
兒童在家庭裡的教育不受重視。許多富裕的家庭盛行把母親的職責交由婢女
或**教僕** (Pedagogues) 負責，此種風氣更使得家庭教育的水準，每下愈況。希
臘家庭即令有家庭教育，也與一般原始民族社會的家庭教育一般，重點放在
品德及習慣的陶冶，他們關心兒童的儀態，重於注意兒童的文字學習。柏拉
圖說：

> 當孩子剛剛能夠聽懂母親、婢女、父親、及家庭教僕的話時，他們
> 就在孩子的教養方法上有了爭執。除非他們在孩子面前能夠訂出何
> 者為正義何者為不正義，何者是名譽何者是不名譽，何者是神聖何
> 者是不神聖，為此而不為彼等之規則，否則孩子將無所適從。

在早期的羅馬家庭裡，親情氣氛是非常濃厚的，敬老尊長之風甚盛。雙
親共同進行養育孩子的神聖付託工作，以嚴厲的樸素生活來培育孩子勤勉及
自治品德；**母慈** (educatio) 而**父嚴** (doctrina)。羅馬母親擔當起教育孩子的重
要責任，最佳例子就是紀元前二世紀的**柯奈麗亞** (Cornelia)，她養出兩位著名
的羅馬社會改革家及政治家格雷庫斯兄弟 (Gaius S. Gracchus, 153–121 B.C.;
Tiberius S. Gracchus, 163–133 B.C.)，在當時是婦孺皆知的事。羅馬在共和時
期及帝國時期，家庭對孩子的陶冶功能，也相當顯著，大詩人**賀瑞斯** (Horace,
65–8 B.C.) 說，他的父親在家庭裡對他的關心，以及上學後對他的關照，使他
獲益匪淺。

影響其後基督徒非常深遠的猶太人，也甚為注重家庭教育。孩子的父親
操有大權，並且與孩子的母親共同負起教育子女的責任。父親有義務教給孩
子一種行業並進行道德教學，母親在這方面也不袖手旁觀。〈箴言篇〉(Book
of Proverbs) 有如下的訓誡：「兒子，聆聽爾父之教訓，也勿忘爾母之勸言。」
猶太人認為養育一個好子弟是家門之光，也是雙親的榮耀，生出一個敗家子
則是家庭之羞。

基督教擴充並強化了猶太家庭教育的傳統。由於堅持所有人種，不分膚
色、性別、貧富階級，都是上帝的子民，在上帝眼光裡都是平等的說法，因
之婦女地位乃大幅度的提高。從長遠處著眼，這對於家庭中的兒童訓練，是
具有深長意義的。基督教此種理念，必須與傳統的公眾偏見相鬥爭。在羅馬

帝國晚年，家庭生活敗壞，一般家長疏忽子女的教
育責任，又盛行殺嬰作風，成人放蕩荒淫、婚姻不
貞，離婚次數之頻繁令人咋舌，換妻如同換衣服那
麼平常。若不是基督教向此歪風挑戰，又信心十足
的向世人提出精神再生的希望，否則社會之沉淪就
降到谷底了。基督教變成穩定歐洲社會的一大基石，
但所持人人平等的觀念，實現在上層階級者多，貫
徹於下層階級者少。中世紀及文藝復興時期，貴族
婦女的崇高地位，並不能由她的平民姊妹所享有，
而兩種階級的家庭教育，也有懸殊的區別。上層階
級的媽媽可能雇用婢女來訓練其子女，但她仍然十
分注意自己孩子的言語、舉止、及行為。

圖 12-1　耶穌基督的犧牲帶回上帝的公義，寬恕、博愛與受難因此成為基督教的重要精神。

　　新教改革的主將路德，認為家庭教育具有無比的重要性，他認為孩子之
接受家長教育，乃是奉了神的指令。

> 想想看！如果你疏忽或者不能養育孩子使他成為既有用又虔誠，那
> 麼你的所作所為，對孩子是多可怕的傷害啊！你怎麼可以在與孩子
> 相處時，自身暴怒又罪惡，甚至讚美地獄，雖然在其他時候你是多
> 麼的忠實又是多麼的虔誠。

作父親的必須以身作則，成為孩子的榜樣。不可教壞囝仔大小。路德雖然給
家長這麼沉重的負擔，但他卻也熟知一件事實，即大部分的家長縱使不疏忽
教育子女的職責，但卻也不夠格身兼教師之責；即令家長樂意扮演此種角色，
也不必然懂得教學方法或選擇教材。「能夠拿十誡及福音來教導孩子者，才能
成為父親，如此才能教養出真正的基督徒。」不過，由於文盲太多，許多人在
步入婚禮聖堂時，甚至連對主的祈禱文都唸不出來。

　　十七及十八世紀的歐洲上層社會，不但有一種趨勢把教養子女的家庭責
任委託女僕代勞，並且還完全放棄自身教養子女的責任。由於財富越來越多，
有錢的母親耽於惡習，認為花費時間在孩子身上，不如去玩樂。此事引來教
育改革家的感嘆，盧梭斥責巴黎的貴婦醉心沉迷於跳舞、化妝、宴會，卻無
心於教養自己的子女。英國的洛克建議富貴家庭應慎重選擇家庭教師，他為

文寫信給貴族好友所提的兒童教育意見，輯成書籍，即是《教育論叢》；更為鞭辟入裡的是英國課程改革健將斯賓塞痛批英國貴族，一生遊手好閒，以打獵度過一生，在與友朋聊天時都談及獵狗如何訓練，但不知他家也有「小犬」待教養。

　　盧梭一方面在教導**愛彌兒** (Emile) 時，推薦家庭教師，一方面卻也喚醒母親重溫母子之間的親情，這真是暮鼓晨鐘。在他之前，家長尤其是爸爸都對孩子擺出一付道貌岸然模樣，理性多而情感少，從不對子女流露真情。十六世紀的法國教育學者**孟登** (Michel de Montaigne, 1533–1592) 擔心「**省了棍子，寵壞了孩子**」(spare the rod, spoil the child)；在提到孩子在母親裙邊接受養育時，他還發出如下的警告：

　　母親太過柔性，她們的天性，使得許多謹慎細心的行徑，變成過份
　　的溺愛行為；學童即使犯錯，但在母親心中仍不想予以糾正，也不
　　忍孩子之艱苦及危險。

盧梭呼籲作母親的，應釋放仁慈及憐愛之情，不必收斂，更不要做作。順應自然，不是最好的準則嗎？享受溫馨的母子之情愛，與花天酒地的縱情於逸樂，又那能相提並論呢？

　　如果說盧梭成功的在兒童的家庭教育上注入一段新的情愛氣氛，則我們可以說與他同祖國瑞士的教育家裴斯塔洛齊，則也成功的把此種想法實施於教學活動當中。裴斯塔洛齊有兩本著作都有家庭教育意味，一是《**賢伉儷**》(*Leonard and Gertrude*)，一是《**媽媽如何教養子女**》(*How Gertrude Teaches Her Children*)。借著書中女主角名為**格楚** (Gertrude) 的，善於發揮母愛的感召，使她的酗酒丈夫**李歐納** (Leonard) 回心轉意，重新作人。家庭成為教育的中心，學校及教會只不過是家庭教育的輔助機構。他所興辦的學校，由於充溢著「**愛**」，因之引來許多人參觀，有人評論他的教育場所不像學校，卻如同一個「**家庭**」，裴斯塔洛齊一聽，喜出望外，設若把學校變成家庭，這才是辦教育最成功的保證。早他一世紀之前的捷克大教育家**康米紐斯** (Johann Amos Comenius, 1592–1670) 所規劃的學校制度，初生到六歲時期的教育機構，就名之為「**母親膝下學校**」(School of the Mother's Knee)，且就設在家庭中。家庭教育所展現的愛及安全，是健全孩童身心最重要的護身符。盧梭也這麼說：

「在家庭圈子裡有了愛且能愛他人，則我們就可以信心十足的說，這種教育絕不會失敗。」創辦幼兒園的福祿貝爾，更使入正式學校之前的幼童，有個較正式的教學場所，為了豐富母子之間的親情感受，他還出版一本很有意義的書，書名為《**母親與嬰兒之歌**》(*Mutter-und Kose-Lieder*)，提議母子一起唱歌，一起玩遊戲。三歲定終生，不必等到入學校的年齡才來進行教育。他看出整個教育的大廈架構，必須建立在家庭教育的基礎上，他也因此被封為幼兒教育之父。

二、美國的家庭教育

十七世紀以來，上述的家庭教育理論與實際，大多數都影響了美國的家庭教育。家長必須承擔子女的教育責任，這是秉承路德的新教精神的。

早期的墾荒時代，婦女的經濟價值理應使她們享受較高的社會地位，因為婦女如同男性一般的要幹粗活、作手藝、勤勞動；但衡諸事實，她們仍然屈居男人之下。這種情況，可以在婚禮當中便可看出：在結婚儀式上，妻子要說「**服從**」(obey) 丈夫。一般的法律用語，夫妻是合一的；但實際上，丈夫才是那個一；妻子不僅冠夫姓，連本名都被取消。丈夫採取一家之主方式，而非二主共理方式，更非共和或民主方式來理家。十八世紀的士紳們認為婦女心性本柔弱的觀點又增強，而非改變原先情況。根據當時的宗教看法，夫婦的愛情結晶，帶著原罪的心靈重擔來到人間；因之為了要降服惡魔的衝動，家庭的戒規是頗為嚴厲的。孩童在家裡的恰當行為，就是可以被看到但不可以被聽到。這就是囝仔人有耳無嘴，只有聆聽的份，無插嘴的餘地，更不可喧嘩或放言高論了。

假如夫婦對子女教育還有分工的話，則母親通常所擔任的工作，就是設法左右兒童的心，而由父親提供知識。二者的教育工作，都自孩童的稚年即開始。十九世紀二十五年到五十年之間，鼓吹**康州** (Connecticut) 國民學校不遺餘力的主將**巴納** (Henry Barnard, 1811–1900) 指出：

> 在飯桌上與火灶邊的談話語調，其重要性超出一般人的想像之外；置於孩子面前並予閱讀的書本或報紙，也有同樣效果。在工作桌或櫃檯後，以及在鋤穀或進行有益於社會的工作時，父親都可以利用

取之不竭的有價值話題，來與他的孩子及其他友伴進行交談。而母
親也同樣可以經常利用隨機方式，來與女兒作類似教學。

十九世紀及二十世紀時，支配家庭教育的社會因素有了大幅度的改變。
產生這種改變的主力，來之於小規模式的家庭手工業，變成了大規模的機器
製造業。當這種改變力道漸猛之際，家庭迅速失去了作為經濟生活的核心角
色。家庭裡使用煤氣、電、自來水、電話、以及麵包機與洗衣機等較工業化
的家居用品時，處理複雜又費時的家務工作頓形減少或消失。但這麼一來，
原先是可以利用處理家務時來隨機教給兒童的，現在已不可復得；二來因使
用新發明的儀器，既方便又省時，則省下來的餘暇時間如何打發？此一問題，
斯賓塞在《何種知識最具價值？》(*What Knowledge is of Most Worth?*) 中列在
第五位最後的重要位階上。城市的家庭，多數住在公寓裡，吃住的空間更窄，
接觸大自然的機會更少。雙親為了工作謀生，留在家裡的時間縮短，但兒童
留在家的時間則延長。又由於工業革命後，謀職所需的技術複雜度及困難度
有增無已，學童學習這些，不是一學即會，而卻得費不少時日。工業革命後，
工藝技術複雜度之增加，使得要學得一技之長，並不容易；學童到工廠作技
術員的年齡提升，也使得學童留在家的日子延長。

由於父母親皆到工廠上班，家務處理時間也比以往減少，因之雙親對子
女的「監視」期間縮短，相形之下，嚴厲度也沒往昔嚴重。子女在家也變成
較少服從心、禮貌感、及尊重性。這些「美德」，學校有必要承接過來。此種
現象的利弊互現，子女有可能因管教的鬆綁而更具創新力、責任感、及自治
力，但馴順性及服從性降低。

工業革命解放了婦女，也使得成人更比小孩免於受束於家庭苦工，這方
面嘉惠於母親的最多，無形中也提升了婦女的社會地位。婦女開始有了餘閒
可以進行培育心靈並改造灶邊生活型態。十八世紀的脆弱淑女，已轉變為十
九世紀身體壯健且知識豐富的佳人。這就形成了二十世紀的女權運動，而導
致於婦女擁有參政權的結果。自十九世紀以來，對家長尤其是針對母親而寫
的書及雜誌，如雪片似的飛來；這些作品內容，都公然的要求母親們應該對
子女提供恰當的智育、德育、及體育訓練。

在一個竭盡全力造成社會進步的時代裡，把母親在教育上的重要地位提

出高貴說辭的，恐怕沒有人比**畢秋** (Catherine Beecher, 1800–1878) 更具代表性了。這位十九世紀的女性發言人義正辭嚴的說：

> 眾人所認可的民主制度，要賴眾人運用智慧以及良善的品德方能有成。假如全民智德兼修，則民主社會是一種恩賜；但如果百姓無知又邪惡，則民主社會就是一種災禍……。同樣為眾人所認可的是，年幼者的道德及心智之塑造，主要就掌握在女性手中，母親形成了未來成人的品格範本……妻子支配了趨善或為惡的心意，且左右國家命運的榮枯。讓舉國婦女皆能智德雙全，則全部的男人也就能夠如此。一個男人接受了恰當的教育，那也只不過使他個人得到幸福而已；但教育了一位婦女，則全家幸福就能從天而降。假定能夠如此的話——其實這也是任何人都不能拒絕的——則美國婦女將能比世界上其他地區的婦女，在造福於人群、重新拯救墮落的男人之工作上，更承受著崇高的特有權利。

教育一個男人，只不過是教育了一個個人；教育一位女性，則等於教育了全家。此種說詞，也是裴斯塔洛齊的著作裡，以格楚這位女性作代言人所提出的呼籲。不過，這種盼望，長久以來都是一廂情願的。儘管此種說詞聽起來多悅耳，情調多崇高，也帶有女性魅力，對女性也很有吸引力，但十九世紀及二十世紀的媽媽們，仍停留在十六世紀時路德所描述的情況中，並未擔當起畢秋女士倡言的那種高貴工作。美國教育行政家巴納就這麼說過：

> 家庭及母親，無可置疑的是上帝指定的學校及老師，是給年幼學童第一個也是最好的一個教育場所及教育人員。假定每個家庭都洋溢著家庭訓練的氣氛，每一位母親都享有閒暇時間、興味、及能力來注意年幼孩童的感情、舉止、語言、及各種表現出來的能力，則兒童的提早入校，就不那麼具有必要性了。不過這種情形，只有少數家庭及少數媽媽才能辦到；多數家庭及多數母親卻不適合於進行教育工作，這是毫不隱瞞的實情。

其實，巴納向十九世紀的美國人所描述的「實情」，絕非新穎。烏托邦（理想國）的學者如柏拉圖那一班人，早就發現家庭不能作為唯一的教育場所。原因除了巴納所指出來的之外，他們還不滿於家長對子女採取兩極化的教養

方式，不是愚蠢的放縱而寵壞了孩子，就是不必要的嚴詞苛責孩童，他們還
埋怨家長破壞了教師對學童的良好影響。威爾斯的改革家**歐文** (Robert Owen,
1771–1858) 就說，在窮苦不堪的工人家庭裡，孩童屈服於家長的淫威底下，
並且說出不利於健全教育的字眼。而法國大革命時期的改革家**傅立葉**
(Charles Fourier, 1772–1837)，則擔心家庭鼓勵採取任何手段來獲取財富，因
而可能會培養孩童反社會的心向。中國人一向認為天下無不是的父母，或天
下父母心都是疼愛孩子的。不過這也出現不少反例，且是令人不忍卒睹的反
例，如父親性侵害自己的女兒，媽媽逼自己女兒為娼，或父母毒打自己骨肉
致死。那一位子女生活在此種大人的家庭裡，哪能奢望父母對子女施展什麼
教育？這種災難，只要有一件，都是駭人聽聞的醜事。

　　教育史上有些改革家認為，為了避免上述子女所可能遭遇的毒手，或情
況沒那麼兇殘但卻成為「**家暴**」的對象，唯一的方法就是把養育子女的責任
歸由政府來承擔。英國教育思想家斯賓塞希望學校教育課程當中列為第三位
階的家庭職責，許多學校都當成耳邊風。如果家長沒那麼惡劣的虐待子女，
相反的都有心要教養孩童，但誠如宗教改革家路德之所言，卻未悉家庭教育
的旨趣與方法，因之管教不當，也非孩子之福。福祿貝爾的幼兒園入學年齡
遂提早至三歲以收容六歲前之學童，其他諸如幼兒學校或育幼院等，也發揮
類似功能。不過，這些「**學前教育**」(pre-schooling) 是否屬強迫性，是否應納
入作為「**正式教育**」的一環，或三歲之後的稚齡學童就應有較多時間與親人
分離，此種政策是否明智？這些問題倒也相當棘手，正在考驗教育學者的智
慧！

第四節　成人教育的發展

　　就個人接受教育的時間先後來說，假如家庭教育是第一種也是最重要的
一種非正式教育，則成人教育可以說是最後一種但卻非最不重要的一種非正
式教育。成人教育所包括的範圍，乃依個人從事非正式生活活動的程度而定。
如果只把正式的成人教育活動作為成人教育的全部，則會遺漏成人教育的重
要部分。不過，從另一角度而言，如將全部生活經驗都視之為成人教育範圍，
則本書也沒有足夠篇幅可以把它敘說窮盡且完全。要在這兩端之間列一界線，

不只困難，而且還有武斷之嫌。具體以學齡來說，家庭教育是指六歲以前的教育，成人教育則指成人離校之後所接受的教育。在正式的學校教育發達的國家，許多人是唸到大學（包括研究所碩士班及博士班）的；大學畢業生通常已是二十歲以上的成人了，投入到社會上並未斷絕「教育」的延續；相同的，即令離校年歲是青少年，但社會本身也具有教育功能。因之，「**成人教育**」(adult education)、「**終生教育**」(life-long education)、「**社會教育**」(social education)、「**繼續教育**」(continuous education)、或「**擴展教育**」(further education)，這些名詞皆可互用。

一、成人之對話

古代最具意義的教育，似乎都是在成人階段時非正式進行的。舉例來說，被評為教育史上最偉大的教師之一的蘇格拉底，從來沒有在正式的學校裡執行過教學工作，他的學生柏拉圖所記載下來的《對話錄》(*Dialogues*)，乃是他與一些成人朋友之間的隨機交談資料。假如他夠資格稱為教師的話，乃由於他在雅典成人的心目中是一個「牛虻」(gadfly)、或「電魚」(electronic fish)而已。在《共和國》(*Republic*) 一書中，柏拉圖企圖將蘇格拉底於無拘無束的情況裡所作的真理之探討過程，變成一種學習體系。在柏拉圖眼光中的共和國或理想國，治者兼哲學家階級的系統教育，要延續到成年時才停止。在另一方面，基督教的救世主耶穌，比蘇格拉底更像一個成人教育的非正式教師，他教導了那些跟隨在他左右的門徒或眾人；當他被釘死在十字架上之後，預備從事福音傳播的僧侶工作者之訓練，才稍微成形，但大部分的訓練對象，仍是成人。

中世紀產生的神學大紛爭，也可以作為成人教育的例子；許多紛爭是在中世紀的大學裡進行的，而年輕人及成人之參與神學論戰，就如同武士赴比鬥場比武較量一般。當新教改革引發了神學爭辯之際，成人教育即換了新的方式，教士在聖壇上進行著主日講道。這種每週一次對俗人的演講，不只使百姓認識了宗教教義，並且還不時的提供信仰以外的觀念。吾人可以這麼說，十六世紀及十七世紀的講道，還比現代報紙的社論或專欄，更具成人教育意義及效果。

　　十八世紀時，世人開始注意成人教育的重要性。那批幾乎對教育的可能性寄予無比信心的法國革命領袖，認為不僅兒童要接受教育，並且成人也不可有例外。伽洛泰說：「讀書是年輕人的事，但也是我們成人在餘生中的餘暇時間裡，作最有效利用的一種消遣活動。」與他同時代的**康多塞侯爵** (The Marquis de Condorcet, 1743–1794)，也有類似觀點：「教育不可在學生離校時即停止，教育是終生的事。」他樂觀的接著說：「沒有任何年齡的人不可能接受教育，或不可能從教育中獲益。」他還提出具體的計畫，要各地方的學校教師於星期日向學區的成人演講，而以成人無暇在學校裡聆聽到的題目作講題。活到老，學到老；且正式教育與非正式教育，二者同步。

　　伽洛泰及康多塞的看法，在當時形同虛影，但兩世紀後，這種虛影已變成活生生的實體。歐洲各國的政府正式設立了成人教育機構，使得那些接受正式教育的學童及青年都能享有成人教育機會。在這些政府中最成功的一個，可能要算丹麥。由於**葛龍維** (Nikolai Frederik Severin Grundtvig, 1783–1872) 主教的感召，他目睹當時人民在物質及精神兩方面都萎靡不振，乃建議一種以唱歌及民間故事為主並強調國家文化的課程，來教導年輕的工人及農夫；除此之外，還教導他們有關國家的政治制度及經濟資源。而最重要的是，這位主教堅決主張教學要用口語，因為他說，文字用嘴說出來，可以使課程彌漫著活潑的氣息。這種堅持，直與當時風行於學校的傳統教科書之以拉丁文及希臘文等死文字來作為教學工具的方式相左。葛龍維所發起的成人教育運動，成效卓著，不只擴及於全丹麥，還吸引許多國外的訪客，尤其是來自於美國的教育改革工作者。

　　十八及十九世紀的美國，客棧及鄉村商（酒）店在作為成人教育的場所上，可以與教會匹敵。許多人聚集在那辯論當時的熱門話題，如黑奴制度之廢止、禁酒、及禁煙等，這種討論，雖然不似蘇格拉底之與他人「對話」，卻也可以使加入討論的成人不但擁有所討論題目的知識，還能訓練他們的修辭與邏輯推論技巧。這種討論，也經常在不同的成人團體中進行著；為了團體當中的會員彼此相互切磋，因而形成的團體很多，比較出名的，一是「**繪仙會**」(Junto)，這是由**富蘭克林** (Benjamin Franklin, 1706–1790) 所發起的；二是十八世紀成立的「**美國哲學學會**」(American Philosophical Association)。這在

英國也早有此類組織，大學者如洛克及大物理學家**牛頓** (Sir Issac Newton, 1642–1727) 等人，也利用每月月圓時辰大家聚會來交換意見且發表宏論，稱之為「**月光會**」(Luna Society)，這也就是「**英國皇家學會**」(British Royal Society) 的前身。十九世紀時，婦女開始自成俱樂部，雖然有人嘲笑該種運動的內容既膚淺又表面，但仍是女性教育史上重要的一頁。

二、圖書館、報紙、及夜校

　　成人可以利用圖書館的資源來各自進行自我教育，在內戰之前，圖書館藏書量不多，開放時間也不長；在那殘酷的戰爭事件結束之時，還沒有一個美國圖書館藏書超過二十萬冊者；而當時的歐洲，有如此藏書數量的圖書館已有二十個之多。可憐的是此時美國圖書館藏書超過十萬冊的也僅僅有六個而已。而藏書逾一千本的圖書館，大部分的書籍又相當冷僻，不易引發閱讀興趣。此外，有關科學及美術的博物館，根本就不存在；美術寶藏的搜集，仍然大部分為私人所擁有。幸而在其後的歲月裡，這些為一般成人大眾所提供的設備，增加量令人矚目。

　　作為過去社會經驗大儲會的圖書館，也是成人可以利用它來作自我進修的圖書館，正在生生不已之際，報紙的出世迅速的取得了以時事報導及評論來教育成人的地位。先以社論及專欄，後以新聞傳達作媒介來打動成人心弦，廣告也有提供訊息之功；報紙效力之大，其後足可與之抗衡的，就是電影、收音機、以及電視或網路了。這些在塑造輿論及左右成人大眾的風格上，力道實在不可輕侮！

　　到了十九世紀，本來非正式的成人教育已漸漸的變成了正式教育，首先為大眾所喜愛的，就是夜校。原先夜校是提供因某種原因而失學的青年有就學的機會，這種學校自然為有志於向上的成年人所嚮往，他們利用夜間的空餘時間，紛紛入學。一開始時的夜校還只是初等教育性質，但後來也提升到中學階段，因此除了文字教學之外，還兼及文化陶冶。麻州在夜校發展上，就如同該州在其他教育的努力上一般，都是起帶頭作用的。麻州首先以公款設立夜校，**俄亥俄** (Ohio) 州則是最先設立免費中學夜校的州。二十世紀開始的頭十年，美國警覺於大量外國人民之移入，在如何把外國人美國化，如何

教導他們說英語寫英文，懂得美國憲法及文化，又如何使他們認同美國，夜校遂變成一個應急的教育服務機構！

　　奮發向上或稍具勃勃野心的年輕工人，在十九世紀前半葉，也很喜歡以「**機械學府**」(mechanics institutes) 來作為他們的成人教育場所。這些機構大都興建於重大的工業中心，在那，學徒制度因工業革命的影響而解體。這些學府提供圖書設備，並經由公開講演及夜間上課方式來進行技藝學科及一般普通科目的教學；有時除了探討有關經濟及勞工問題之外，還規劃有音樂、戲劇，及體育運動等教育課程，儼然是一種較具正式化的學校教育場所。

三、遊學運動

　　向成人示意著進行文化探討而不單只作經濟教學的活動，乃是起自十九世紀二十五年左右的「**遊學運動**」(Lyceum movement)。「**遊學**」(Lyceum) 之名，仿自古希臘時代亞里士多德所創一所學府的名稱，這位大師常與門徒在森林裡、花園間、大道上相互論學，有「**逍遙自在**」之意。此一運動乃因**耶魯大學** (Yale University) 一位唸地質學的學生之私人經驗而產生；這位不知名的大學生在旅行各地搜集地質方面的資料時，常常以自己在地質方面的專業向地方人士發表演說，當他發現自己的演說受到廣大的回響時，乃提出一個構想，要把整個公開的演說活動組織起來。根據他的聲明，這些演說的目的，在於提高成人的教育水準，刺激公立學校改善教育品質，喚醒村民重視圖書館的重要性，並鼓吹新圖書館及博物館的設立。此種聲明一呼百應，此一運動乃風起雲湧式的擴及全國。遊學運動普遍存在於各地，也滿足了一般成人大眾的非正式教育需求；當聽眾厭於地方性的演說時，主持人乃向外借重才學之士來主講；大人物遊講四方，詩人兼文豪的**愛默生** (Ralph Waldo Emerson, 1803–1882)、《湖濱散記》(*Walden, or Life in the Woods, A Week on the Concord and Merrimack*) 的作者**梭羅** (Henry D. Thoreau, 1817–1862)、享譽國際的法學家**霍姆斯** (Oliver Wendell Holmes, 1841–1935)、及爭取女權的名演說家**畢秋** (Henry Ward Beecher, 1813–1887) 等人都加入遊學（講）行列，使此種運動增光不少。聽眾人山人海，成為地方盛事。此種「**全民開講**」模式，為成人教育帶來風潮。

四、學托擴運動

　　找個山光水色風景綺麗的湖泊旁邊，作為成人教育的據點，也是一種好主意。**紐約州 (New York State)** 的 **學托擴湖 (Lake Chautauqua)** 就雀屏中選了。「**學托擴運動**」(Chautauqua Movement) 也就如火如荼的展開；它是由舊時的郊外佈道會轉化而來，其後，到處宣揚福音的牧師也在此出現。居民或信徒如四散各處又非常稀落，則巡迴牧師不得不在傳播福音當中作數站的停留，通常都在交通較方便的地方作短暫的紮營，然後召集一群人來傳播福音。這種狀況，猶如臺灣過去演地方劇或戲曲的班子一般；由於紐約州學托擴湖經常作為此用途，此一運動乃因此得名。內戰後十年，**美以美教派 (Methodists)** 就安排在該湖泊舉辦了一個非常成功的夏令營，來訓練主日學校的教師，該湖泊也是度假勝地，人們在此辦理各種不同的文化活動，有文學、科學、藝術、及宗教的研討等。模仿此種方式者，遍佈全美，有些則是巡迴式的，與遊學（講）運動相類似。此種運動所遺留下來的最具體影響，就是二十世紀的大學院校行事表當中，設立了正規的夏季班或暑期部，充份顯示出受到此種運動的影響。原先它只是為一般成人大眾而設，雖是大學院校的一部分，但並不十分注意學術水準，也不授予學術學位。不過日子一久，暑期部卻漸漸的以它的學分及先修科齒輪，裝入了大學院校的大機器裡。中小學教師是支持暑期部的主體，他們渴望能增進知能，並獲得較高級的學位。不過，太熱衷於學托擴觀念的人士認為，夏季即使作最大的使用，仍然感到時間太短促；其實，一年的其他季節，只要大學院校的校園或教室空著，也可以充份運用這種高等學府的教育資源，教授也情願授課講學。有兩種成人教育的設計出來了，一是成立「**讀書團**」(Reading Circle)，志同道合的成人，可以延續甚至提高他們在夏季裡所培養的興趣於冬季裡，因為他們已在某一門學科領域中，作比較有系統的閱讀過精選的書籍，權威教授也樂意指導；另外一種就是「**通訊學校**」(Correspondent School)；首先利用通訊方式來繼續個人的教育，地區是在歐洲，但卻紮根深植於美國。**芝加哥大學 (University of Chicago)** 名校長**哈柏 (William Rainey Harper, 1856–1906)** 在學托擴的演講，成效卓著，他的聽眾乃提出要求，希望哈柏能為他們擬訂學習進修的工作大綱，以便作

為從夏季延續到冬季的研究自修之用，哈柏欣然答應此種請求，可惜他案牘勞形，少有餘暇從事此項任務。數年後，通訊教學才漸漸改善得較有體系，且也收取學費來支付特別擔任此項工作的講師之費用。當哈柏於二十世紀恰要開始之前成為大學校長時，他也在大學裡開辦通訊教學，是高等學府正式辦理推廣教學的第一人。

五、大學推廣教育

　　大學院校進行推廣教育使成人受益，此種措施，英國在十九世紀中葉時，**艾賽司特** (Exeter) 學院的一位講師特別注意到一件事實，即很多成人因距離大學院校太過遙遠而無法在空暇時間到高等學府聽課。他想出一個天真的觀念，以為如果成人無法到校園，則校園應遷就成人。教授如同教士，應該作巡迴講學，如同福音講道一般。**維多利亞時代**（Victorian Era，即十九世紀晚期），**劍橋大學** (Cambridge University) 有一位教授，非常成功的向公眾作天文學的校外教學；其後，他的講學還附帶有綱要且以考試作結束。不久，這種作法終於獲得劍橋大學校方的正式認可。

　　美國的大學推廣教育，首先由**約翰霍普金斯大學** (Johns Hopkins University) 在十九世紀的最後二十年中提出，其後有數所著名大學跟進。不過，大學推廣教育的種子卻撒在貧瘠的土壤上，雖然開始時還生機盎然，但瞬即枯萎；原因是大學本身推出的推廣教學，教材、師資、及設備都是二流的，且也是二手的。不少一流教授不屑於參與，他們期望有更充裕的時光浸浴於研究或休閒當中，大學也不太甘願供應較新穎及昂貴的儀器讓師生實驗，器材多半陳舊或不堪使用；大學院校當局也不認為推廣教育可以與正式教育等值同觀。二十世紀改正了此種錯誤後，大學院校的推廣教育才起死回生，且欣欣向榮。

　　「**成人教育**」這個名詞，在一次世界大戰後首度流傳。各界成人教育領袖，齊聚一堂共同推動成人教育活動。「**成人教育學會**」(Adult Education Association) 於焉誕生，發行《**成人教育雜誌**》(*Journal of Adult Education*) 作為機關刊物。依粗略的統計，當時約有一千五百萬的成人，參與任何一項正式或非正式的成人教育活動。這是既龐大且也前途無量的事業；**卡內基公司** (Carnegie Corporation) 曾投資三百萬美金來進行成人教育之研究。這筆錢，部

分補助了一項重要的心理學探討，即成人的學習能量問題。長久以來，人們有一種誤解，以為教成人就如同教老狗新技巧一般，是徒勞而無功的。**哥倫比亞大學** (Columbia University) 名心理學家**桑代克** (Edward Lee Thorndike, 1874–1949) 的許多研究，不但明確的掃除了此項誤解，並且還支持了一項一般性的看法，即學習能力的曲線會一直往上升高，到了二十歲左右時是高原期；自此之後的數年時間，才慢慢的以一年約百分之一的速度往下坡走。不過，由於走下坡的情況是漸進式的，因之當一位五十歲的成人想要學習他所願意知道的事情時，也應鼓勵他去學習。這種經過實驗心理學的科學研究發現，自然給成人教育帶來很大的希望與信心。

1929 年左右的**經濟大蕭條** (Great Depression)，大批成人的失業，造成嚴重的社會問題及政治問題。聯邦政府適時且大規模的舉辦成人教育活動，成為「**新政**」(New Deal) 的重要政策。除了教導成人新觀念之外，也救濟失業教師，且也進行鄉村農業及家政的改革，是全世界規模最大的成人教育計畫。在比較不正式的成人教育措施中，二次世界大戰後，還出現一種以閱讀並研究「**巨著**」(Great Books) 為主的俱樂部之普遍設立。這種俱樂部的大部分成員，除了大學畢業生之外，有社會上各階層的成人參與其間。選擇巨著的標準，必須適合於各階層人士的能力及職業類別為準。除了理工科之外，凡受過一般學校教育水準以上的成人，只要有上進意願又有空餘時間，都有能力來選讀自己喜愛的「巨著」來充電。此外，在比較正式的成人教育活動上，大學院校也開始以嶄新的面貌出現；體認出可以多出些點子來滿足成人繼續接受更多的教育機會。因之，大學院校不得不檢討本身在成人教育上所擔當的職責。由於成人學生與大學生有別，因之規劃教材及採用的教學法，也該兩者有區隔。另一方面，大學也以大學畢業生作為新顧客，這些新顧客並非在意於高級學位的獲得，卻亟想趕上時代不落人後，以免遭同事恥笑！

如因失學而擬上進的青年成人，他們的求知欲旺盛；但若在校時間也十幾年，只是因畢業後還擬重溫書香，則這種現象，表示學校教育的成功。讓他們不會「讀冊，越讀越切（咬牙切齒）」，「讀書，越讀越打起 "du gu"（瞌睡）」；不只如此，還嫌讀書時光太少，則應該感謝正式學校教育的功勞。正式教育的學校是否真能如此，以下數章將予以敘述。

第十三章　初等教育史

　　兒童教育問題，自來就是每一個社會所長久存在的問題。早期，孩童所接受的教育，是非正式的，在家庭或生活經驗裡，就可以獲得一些知識、觀念、及技能；這是上一章早已陳述的；但正式教育機構的學校在教育史上登臺後，學童的教育問題就異於往昔了，這些問題都是令人困擾且不是存在於一朝一夕的。這些問題就是：孩童應於幾歲入校？所有學童入學還是部分學童才有入學機會？學童的教育年限應該多久？兒童教育的目的何在？在學校裡學什麼？

第一節　中世紀以前的初等教育型態

　　早期初等教育的特色，可以從幼童的學校名稱當中，看出端倪。比如說，羅馬學童最初入學於 "*Ludus*"，這個字的拉丁語意是「遊玩」(play)。這種學校名稱，說明了底下兩件事：第一，羅馬人可能對兒童之接受教育並不感到極為必要；第二，他們或者如同希臘人的觀點，視教育為閒暇活動。希臘小孩入學的場所，稱為 "*palaestra*"，這是「體育場」的意思；依現代的用語，即以體育作為教育課程的全部，其實希臘學童也可入 "*didascaleum*" 就讀，那是文字學校的所在，文字學校除了教導文字及文法之外，另有音樂教學。此外，希臘人還以年齡來劃分教育階段，此種作法，影響了西洋教育好多世紀。七歲以前是學前期，七歲是正式學校教育的開始，然後延續到少年期。當時希臘人的風氣是學前期由母親負起子女的教導責任，遊戲及寓言乃是主要教材；入校（正式教育）之後，識字才變成主要的學習活動；學童學會基本的讀寫時，就立即閱讀希臘最好的文學作品，荷馬 (Homer) 的史詩無疑的居於首要地位，讀寫之外還涉及初級文法的教學。至於數學的基本觀念，則與文字一同學習；比如說，學童認識 "Socrates" 這個單字之時，就應該了解該字的第五個字母是什麼，並計算該字共有多少字母。初等教育是以音樂及體育

來作結束。

　　如同希臘人一般，羅馬人仍然認為七歲以前的學童不應接受正式學校教育，不過羅馬時代最重要的教師**坤體良** (Quintilian, 35–95 A. D.)，卻認為七歲以前應該實施道德教學；即使有人認為孩童年紀還太小而不應期待他學習太多，但這位雄辯教育家仍以為七歲以前的學童應該識字。學習起步越早，「不要輸在起跑點上」，則可以為正式教育鋪路。羅馬的學校 "*Ludus*" 類似希臘的文字學校，識字是主要目的。在識字教學上，坤體良有如下的警言：「閱讀教學上，要記住欲速則不達。」在狹頸的罐上倒水太快，將會徒勞無功；這種比喻也真傳神。對初學者而言，《伊索寓言》(*Aesops Fables*) 是最通行的讀本，內容除了德育之外，更有智育，許多有趣又有意義的教訓含在其中，該書一直是西方人膾炙人口的初等教學教科書。若與中國的《三字經》相比，實在天差地別。❶此外，《十二銅表法》(*The Twelve Tables*) 這種羅馬基本法，也是民法，漸漸的變成重要教材。

　　依教育史料所知悉的，羅馬時代的初等教育學府，背誦或記憶都是主要的教學法，體罰是家常便飯。此種教育景觀，使得大神父**聖奧古斯汀** (St. Augustine, 354–430) 一回憶童年的學校經驗，就驚恐得面如土色，比赴死還懼怕。

　　傳統的猶太及基督教時代的初等教育，大部分與希臘羅馬時代相同。猶太學童大約在六歲時到**宗教聚會所** (synagogue) 接受正式教育，不過希伯來的偉大先知**以賽亞** (Isaiah，紀元前八世紀) 曾建議嬰孩自斷奶後就應接受教學；他們的正式教育與其他民族也沒什麼兩樣，識字並知悉《摩西五書》(*Penta-teuch*)，以便認識猶太人的基本習俗。基督教時期，有了「**教義問答學校**」(Cat-echumenal Schools) 之出現，這是初等教育性質的學府名稱，學校的教育宗旨，識字是其次，堅信基督教才是主要，信仰虔誠且信心十足。教育對象多半是下階層的平民。

　　中世紀時代，政治、經濟、及教育上都每下愈況；還能保存古希臘羅馬傳統的，是由**主教堂** (Cathedrals)、**寺院** (Monasteries)、**行會** (Guilds)、及**追思**

---

❶　《伊索寓言》的故事不只有趣，且與實際生活有關，還可以引發讀者思考。《三字經》則語意晦澀，如「苟不教」；且爭議之處甚多，如「人之初，性本善」。

禮拜堂 (Chantries) 所附設的拉丁語學校來負其責。拉丁語不只是教會用語，並且還是法庭、政府機關、及商業往來的用語；因此，教會人士、律師、官員等人士都需要學習拉丁語文。大部分民眾因沒有那種身份，也就不需要進入學校學習拉丁文，他們都說各地方的**母語** (vernaculars)。到了中世紀晚期，平民生活情境已漸改善，他們覺得即令地位卑微，但也應該接受適合於他們身份的教育。這種需要感有增無已，小市民尤覺迫切。雖無參政權，但他們也認為有必要閱讀或能夠保存小生意活動的簿冊並知悉其內容。為了滿足這種需要，**母語學校** (vernacular school) 乃應運而生，此種學校又名之為「行險」 (adventure)、「圍籬」(hedge)、或「嫗婦」(dame) 學校，因為都由私人辦理，辦理此種學校的風險甚大，又由於經費無固定財源，都是在極其簡陋的籬笆內來進行時續時輟的教學；在此種狀況下，這種學校多半朝存暮亡。

值得注意的是，母語學校的興起，才使得正式學校教育有初等及中等之分。在希臘羅馬時代，二者之區別，主要係依年齡的大小，年齡越高則學習科目的深度及廣度就越高級。中世紀後期，二者之鴻溝就建立在社會階級及語文教學上。中上家庭的子女唸的是以拉丁語文來授課的學校，這些學校也收容來自母語學校的畢業生，似乎母語學校就屈居拉丁語文學校之下，因之慢慢變成初等教育的主要學府。而母語學校的孩子因家境較清寒，多半入學一段時日之後，即停止了正式的學校教育。因此，拉丁語文學校依年齡畫分，有初等及中等教育階段，而母語學校則不管任何年齡，都屬初等教育性質。二者之「**軌道**」平行，且也分明。這種「**雙軌制**」(Two-Track System) 漸漸成型，也是歐美早期學制的常態。從此，初等教育學府比較偏重或是清一色的變成母語學校，而中等教育以上的學校，就完全以拉丁語文作為教學用語了；當然，後者在語文使用上仍有變遷，詳情俟後續兩章敘述。

第二節　初等教育的宗教性、慈善性、及政治性

一、宗教性

促使母語學校之建立，從曇花一現變為經久性永續發展的教育機構，並在教育史上得有穩固基礎的因素有二：一是 1450 年印刷術的發明，二是 1517

年的「**新教改革**」(Protestant Reformation) 運動。印刷術發明之後，書籍的價格較以往低廉，數量也增加驚人；這對平民之入母語學校接受教育，是一大福音。新教改革的動力，來自於路德與**天主教會** (Catholic Church) 決裂，以個人的理性來反擊教會的威權；但其後他所使用的武器有威脅自己的地位時，他即對平民的理性失去了信心。他的立論是受教育越高的人，享有越高的威權，而最高及最後的威權，是本諸於《聖經》。路德的革命，導致於另一種「**威權主義**」(Authoritarianism) 的形成，他以《聖經》權威來取代先前天主教的教會權威。

　　一切依《聖經》，這種說法顯然對教育產生無比的影響。此種說法的結局是：人人都得研讀《聖經》，以便從這本**神聖的著作** (Holy Writ) 中，尋求方向以指導個人迷津。並且，新教教會工作，特別注重教友集會、歌唱、及應答吟誦，參加這些儀式者都需識字。掃除文盲，自來就是初等教育最重要的功能。就因為如此，所以不少日耳曼的邦侯乃實施強迫性的初等教育法案。不過，設使印刷術不在一世紀之前就被發明使用，則雖然路德本人已將拉丁《聖經》譯為日耳曼母語，也無法使母語學校的師生都能人手一冊的朗讀《聖經》。普及教育是要有許多配套的。

　　這種性質的學校之英國版，由清教徒殖民人士在十七世紀時帶到美洲新大陸。英美兩地的這種學校，首稱「**嫗婦學校**」，因為都由勤儉的婦女來主持。她們利用紡紗之餘或在處理家務的方便時刻，以教書來增加分文收入。有時這種學校並非私人時興之作，卻經常由新教各種不同的教派所設立。其後，地方經濟較為穩定與繁榮，教會及政府越對教育感到興趣時，不雅名稱的初等教育機構，慢慢都改為「**普通學校**」(common school)，其意並無低級或貧賤味，卻是指全民皆可入學的「**一般性**」學校，又名「**國民學校**」。

　　欲知這種學校的教學內容，可以由一本名聞遐邇的《**新英格蘭初級讀本**》(*New England Primer*) 當中得到一些線索，該讀本出版於 1690 年，是美洲殖民地學童的第一本教科書，充滿著宗教意味及道德說教的格調。為了方便學童記憶，都以押韻的詩作為教材。下面是一例：

　　　　我能妙語如珠，　　　　　The praises of my tongue

　　　　　榮譽歸於天主；　　　　　　　I offer to the Lord;

稚年即可領教
天主神聖文詞。
What I was taught and learnt so young
To read His Holy Word.

閱讀既然是了解《聖經》的不二法門，因之乃居 3R's 之首。教師有時只教閱讀一種 R (reading) 而不教其他兩種 R（writing 及 arithmetic）。當教師教導第三種 R（**算術**）時，通常是教比例；因為在不同的殖民地區，移民又有些來自歐洲不同國家，歐美幣制也不同，因之錢幣之**換算**相當重要，算術一科又稱為「**換算**」(ciphering)。寫字及計算的紙質並不佳，量也少；**翎管筆** (quill pens) 仍在使用中，教師得花不少時間為學童削尖這種筆。事實上，教學時間大部分是由削尖翎管筆、抄寫課文、筆錄摘要、「**聆聽課文**」，並且維持秩序等所佔用。教師用來講解功課的時間，就所剩無幾了。

二、慈善性

十八世紀中葉以來，推動初等教育發展的主力，有顯著的改變。其中之一即辦理初等教育的首要單位——各種不同的教派——彼此之間的寬容度大為增高，因此門戶之爭的火藥味乃因之減少。宗教戰爭解決不了信仰的歸屬問題，武鬥已改為文爭。其中之二即人們心中所注意的教育焦點，已由宗教性改為經濟性及政治性了。十八世紀末葉時，這些力量幾乎都同時要求徹底的來進行初等教育事宜。

經濟因素可以說是促使初等教育最迫不及待的因素了。十七及十八世紀時，歐洲下層社會階級的經濟狀況大不如前，飢寒交迫、流浪街頭、蓬頭垢面、以及衣不蔽體的孩童，四下可見。上層社會階級的貴族說，這是由於窮人懶散怠惰所致，為了補救並減輕貧者的痛苦，並解決因此而滋生的社會治安問題，英國的一些有錢人家或貴族階級而又有慈善心腸的人們，乃開始注意貧者的教育工作。

經驗主義的大師洛克在這方面的想法，真是可圈可點。他提出一種計畫，為勞動人民之子女創立「**工作學校**」(working schools)；希望三、四歲的兒童入學，以便學習當地所需要的工作技術，然後自力更生，以自己做工之所得，來償付教學費用，半工半讀。如此就可以使學童享受一頓「滿肚子都是饅頭」的午飯，在冬天還可以吃上一餐「微溫的稀麥米粥」，這是窮苦人家聞之也流

口水的。洛克並請求富甲一方的人節儉一些，「因為可以使房屋溫暖的火，是可以燒滾一壺開水的。」禮拜天時分，洛克希望小孩上教堂，以便領受道德及宗教教訓，其他日子則學習工藝。如此的教育方式，使得學童離開學校之後，就能在當地謀得一職半業，堂堂正正，不會作奸犯科。竊賊或小偷就可以絕跡，貴族的生活也較為安心！

洛克為減輕不幸人民的悲慘生活而設計的教育方式，大半停留在紙上談兵階段。不過，船過水也有痕，他的計畫影響了另一種運動的來臨，不僅慈悲為懷且富有的人士，接二連三的創辦了施捨學校，且教會承擔了此種學校的大部分經費。在十八世紀時，兩種教會組織相繼成立，一個簡稱為 SPCK，是「增進基督教知識會社」(Society for Promoting Christian Knowledge)；另一簡稱為 SPG，是前者的海外分支機構「海外福音宣教會」(Society for the Propagation of the Gospel in Foreign Parts)，對施捨學校及慈善學校之建立，功不可沒。後者機構所造福的學童，當然包括美洲殖民地在內。此種學校，除了教導 3R's 及基本技藝之外，還經由教義問答，來糾正學童之無宗教信仰，遷善改過，勸阻撒謊、咒罵、以及在安息日褻瀆神明等惡行；其後更進一步的配合社會需要，也包括有針繡、紡織、及其他實用的技藝訓練，以便學童有一技之長，不會變成寄生蟲。

工業革命運動之波濤洶湧時，初等教育措施也因之有所更動。工業革命初期，童工法尚未制訂，因此兒童在工廠的工作時間極長；他們長大成人之後，既目不識丁且不知宗教教義，此種現象真令有心人士擔憂。為了解除此種危險，英國一位名為雷開斯 (Robert Raikes, 1735–1811) 的出版家，乃獨資興辦「主日學校」(Sunday School)，集合了那些童工，聘請教師於禮拜天（主日）時間來教導基本且必備的知識，教學時間只在週日進行，內容不失宗教及道德味；這種學校在移到美洲新大陸時，辦理得極為成功。另外一種使兒童能免於在工業巨輪之下慘遭犧牲，並使學童開始有個良好生活的努力，來自於威爾斯的一位製粉廠廠主兼慈善家歐文，他的工廠有大批的學童來當學徒，這位古道熱腸的資本家看到五歲及五歲以上的兒童之悲慘遭遇，心生不忍；加上工作期滿而離去的學徒，只不過是又增加無知無識的民眾之數量而已；為了阻止此種情況之存在，他要三歲的學童入「幼兒學校」(infant school)

就讀，以健康及體育活動為重點，而非要求書本之研讀。在他的工廠附近，他實際的興建了此種性質的學校，參觀者絡繹不絕；法國及美洲新大陸也繼起仿效。

　　省錢辦理初等教育，最為有名的是由**蘭卡斯特** (Joseph Lancaster, 1778–1838) 及**貝爾** (Andrew Bell, 1753–1832) 這兩位英國教士同時興辦的「**班長制學校**」(monitorial school)。此種學校的基本特色，是一名教師可以在一間大教室裡，經由「**班長**」(monitor) 的協助，就有辦法向二百名甚至一千名學童進行授課。數以千計的學童，可以分成十人一組，每一組各由一名受過訓練的班長負責。班長先由教師教導，然後再將教師之所教，來教導他所負責的那十名學童。這種類似機械式的教學法，拿來教導背誦性的學科，或許相當奏效，但在需要思考與分析的教材方面，則效果不彰，這部機器就動彈不得了。不過由於這種措施僅花費甚少經費就可以教大數量的學童，貴族不必擔心自己的錢袋損失，因此大加讚賞。在十九世紀初期的一世代（三十年）內，於英美兩地相當風光！

　　不管如何，上述慈善性質的初等教育措施，其教育價值不應估計過高。一方面，樂觀派一味的以為讓學童僅僅學了帶有濃厚點綴性的宗教教學及道德教學，或是 3R's 教學，就能帶動整個社會文化水平的向上提升，這不免是一種癡人說夢；另一方面，即令社會文化水平真能提升，提升幅度也極其有限。並且，慈善性質的初等學府，有極強烈的貴族社會作風，少數上層階級的仁慈之士，他們之所以樂意慷慨解囊，是有意將階級意識，「**灌輸理念**」(put notions) 於下層階級的兒童腦海裡，換句話說，要他們認命、知足、服從。

　　在美國，此種保守作風可以由一本藍皮的拼音書中看出，那也是一本極受歡迎的教科書，是辭典名家**韋伯斯特** (Noah Webster, 1758–1843) 所纂。書的內容有經濟的，也有政治的，更有宗教及道德性的。從這些選擇的教材裡，我們可以看出，美國人在建國初期時的一般觀念。編書的人要求學童須敬重財富權及資本價值，且要滿足於自己的宿命。

　　初等學校屈服於經濟條件之下，此種觀念一直到二十世紀初期也並未消失。杜威在檢視當時的初等學校時，就舉出許多事實證明這種觀念仍然殘存。令他不悅的一項事實，就是社會上的財富之士，極力反對初等學校之擴充課

程。除了增加「歷史與地理」之外，這些人士不贊成那些「趕時髦與矯飾」(fads and frills) 的新加課程，認為諸如美術、繪畫、或音樂等，都是不應有的。這些人士的內心這麼想，大多數的學童在學習 3R's 並認識一些地理及歷史知識之後，就應離校到社會工作；他們還以為初等學校，僅僅是代替了舊式的藝徒制度而已；他們對平民接受學校教育，只抱著一種讓步的態度，並不想從平民中奢求什麼！看來經濟因素仍是束死小學教育發展的一個軛；生在窮苦之家的孩子，任其自生自滅，乃是宿命；如有善心人士願意幫他們一點小忙，則學 3R's 即已足夠，何必再費錢教那些無補「實際」的活動呢？

三、政治性

十八及十九世紀時期，除了經濟因素之外，另有其他勢力使得初等教育緩慢的脫離了宗教因素的全然掌控。這些勢力當中，最大的一種，就是「國家主義」(nationalism) 的興起。歐洲上層階級人士之有國家觀念，由來已久；但萬眾平民之有國家感情，卻是一種新的現象，這種現象首由 1789 年的法國大革命所帶來。法國大革命的領導人物，有意的促使一般百姓體認出國家民族意識，要他們領會因革命而贏得的自由，並準備捍衛自由，以免消失。而喚醒民眾來了解新爭來的自由意義，最好的工具就是教育，但不是上層階級人士的那種舊式教育，而是為平民大眾所設計的新教育。如此，由政治動機而產生的大眾化學校，即初等學校，乃有了新的尊嚴。並且，初等學校之設立財源及費用，均來自於政府。為了維護人民自由，增進人民愛國心，因此初等學校就不能委之於時有時無的古道熱腸人士，更不能假手於有自私意識的慈善家甚至是財團來辦理。國家之負起初等教育工作，實在是責無旁貸。

國家主義及愛國主義對於大眾化的學校課程，產生幾點影響。其中影響最大的，莫過於以「母語」(vernacular) 來進行教學；母語在以前，僅附屬於拉丁語教學之下，現在搖身一變，身份陡升，變成為傳播愛國心這種新靈藥的主要教學媒體。以母語寫成的民俗故事及文學，大受提倡；被拿破崙擊敗而國家主義相當猖獗的普魯士之初等學校，即稱為「民俗學校」(*Volksschule*)，也可譯為「國民學校」。民俗音樂、舞蹈、戲劇、美術等，正可用以培養愛鄉土的精神；而地理及歷史之在初等學校課程裡入列，目的在於提供學童堅實

的國家時間及空間觀念。由此可知，奠定初等學校基礎的國家民族因素，乃有別於上述的宗教情懷及經濟發展了。法國大革命給予初等教育的刺激力，政治因素又與國家民族因素密不可分。國民不僅要為「國」而戰，更要為新自由而獻出愛國熱忱，還得學會如何運用自由，知悉「人權」，更需履行因之而產生的政治義務。由宗教改革運動這個十六世紀所醞釀出來的各國獨立意識，現在火候漸成，各「國」紛紛獨立建國；為了增強國力，鞏固國家民族意識，因此母語遂成為「國語」，本國史地及藝能等科目，也作為最重要的初等學府之科目了。

在美洲，早法國大革命十多年的美國獨立戰爭所帶來的美「國」人之國家意識，更形強烈。假如人民要管理自己，他們就應該有能力來判斷自己的行動及他人的舉止，這就需要一種不盲目依賴領導者的教育方式；他們也要免於迷信、懼怕、及荒誕不經的偏見想法。尤其重要的是人民需要常常訓練機智，時時在言論自由及良心自由上保持警覺。這種說法之在美國建國早期的初等學校課程內佔有一席地位，顯示出人民渴望在地球上的第一個現代化民主國家內，參與種種令人振奮的改革。尤必要一提的是，經由教育方式，教導各國移民於美國者，共同學習「美語」(American English)；美語不完全等同於「英語」(English English)；拼音、拼字、及語意用法，二者是有出入的；且不管來自地球的何方，今日大家既來到美國，就要認同美國；懷念故鄉，那是人之常情，但落根美國，更是團結一心的無比力量；即令是英國人的後裔，也得脫胎換骨，不再作英國的「國民」，而自願成為「美國」的一份子了。

宗教、經濟、及政治因素，前前後後主宰了初等學校之興起及其目的，但後來的因素沒有一樣可以完全取代先前的因素。力道有異，但各自對初等教育的影響，卻一前一後或相互緊跟著支配到現在。二十世紀初，初等學校地基已定；1915 年美國有一個全國性的機構曾作一項研究，以便決定小學各科教材的最基本內容。該委員會用來批判小學教育標準的，到現在仍然極具意義：

> 初等學校之功能，在於提供必要的教育機會，聯同其他社會機構之
> 助，促使初等學校兒童獲得眾人所應具備的習慣、技能、知識、觀

　　念、以及見解；人人成為進步的民主社會當中有效的成員，擁有自
　　助力及自我指導力……，樂於互助合作。並且在承擔行政工作時，
　　能夠指導他人。

當然，在宗教、經濟、及政治三因素中，宗教力已淡出公立的初等學校勢力
之外，但以道德取而代之；作為現代化的國民，基本知能的學習、休閒時間
的有效運用、家庭角色的扮演、以及健康的注重，並體認國家意識，都是初
等教育的職責。不過，二十世紀中葉後，隨著國際局勢的風雲詭譎或世界和
平的企盼，則作為「**地球村**」(global village) 的一員，加強對各國文化的了解
與欣賞，也是初等教育應予紮根的一項繁重工程。

第三節　初等教育的課程、制度、及年限

一、課程的擴充

　　整個十九世紀的初等學校課程，都走上量化及分化的過程。雖然，最基
本的課程仍然是 3R's，但即令如此，3R's 也都各自產生分枝。三者之中，分
化並擴充最為厲害的，應數第一個 R 即 "Reading"（**讀**）；讀的發展方向之一，
就是英語文法的研讀；**母語**（如英語國家之英語，以及法語、德語等）語文
構造之研究，無疑的，部分係受中等學校課程的影響。拉丁語及文法，是中
學的主科。「**讀**」的另一發展方向，是「**說話**」；早期的閱讀都是口頭的朗誦，
從讀本中挑出一段語文，要學童複述，通常以短句為主。自十九世紀末，讀
本的取材範圍已越來越廣，「**文學**」名稱乃出現在課程表上，可見赫爾巴特之
認為道德教育可以經由文學作品的研讀中來達成，這種看法並非沒有回響。
課文除了識字之外，還兼道德教育用途，這種現象，極為普遍，二十一世紀
的現在也是如此。閱讀方式，則默讀時間已較多於朗讀，但卻要視情況而定。
年齡越小，越有助於唸出音韻的課文，則朗讀時間較長。

　　其他兩種 R's 之擴展則沒如此明顯。第二個 R（即「**寫**」writing），在美
國南北內戰後，使用一個有趣的名稱，叫做「**筆法**」(penmanship)，但「**寫**」
的技術一仍其舊。最後的 R（即 arithmetic），沒什麼變動，除了發展成「**心算**」
(mental arithmetic) 之外，與以往大同小異。

除了 3R's 之外，小學新課程增加了不少。首先是**地理科**，該科之加入課程陣容，得歸功於裴斯塔洛齊的實物教學法，以及**唯實論** (Realism) 特重旅行教育的結果。當然，這種學科之具有工商貿易性，對各地方特色的領會，以及國家地理疆域、他國邊界等之認識，有助於國家意識，這是沒人反對的。第二種新加的學科是歷史，美國在內戰之前，語文「讀」的課文早就有歷史成份，內戰後，歷史已單獨成科。赫爾巴特認為歷史具有道德教育價值，這種觀念是大家都有同感的。其實，歷史更有助於愛國意識的提升，這是不言自喻的。

裴斯塔洛齊的實物教學觀念，使得自然科於十九世紀晚期也列為小學課程之一，不過幼兒園的創辦者**福祿貝爾** (Friedrich Wilhelm August Froebel, 1782–1852) 的貢獻也不可等閒視之，由於幼兒園裡最不可少的設備，就是有一個可以栽培各種花草的「園」；孩童無時無刻都在目視生物的長芽及開花；工業革命後，自然科學在一般人的心目中，地位竄升，小學之有自然科，理由是不必贅述的。不過特別強調學童感官知覺力及其行為傾向的，不是自然科學科目，卻是繪畫及音樂；可惜，仍有不少人視繪畫及音樂是「**趕時髦與矯飾**」性課程。此外，體育也加入課程行列，雖然仍有不少人對此心存懷疑態度，認為校外自有許多工作及勞動的機會，原本就是身體的鍛練了。一些實用性的科目，如簿記，以及為女生所設的縫紉及烹飪，為男生而規劃的手工，也成為小學課表內容之一。這些科目之受人重視，倒不是因為這些科目有職業取向，而是因為具有教育性，即提供學童來發洩剩餘的精力；木工訓練還有「形式陶冶」(mental discipline) 價值，「**木工手藝**」(sloyol) 還是熱門科目之一呢！

二、分級學校

原先只教 3R's 的初等學校，是只有一間教室且不分學級與年級的學府 (one-room ungraded school)。到底一個老師所負責的教學，應分成幾個班級，則有數層因素必須予以考慮，其中有兩項最為重要，一是學童年齡，一是任教學科。當然，學童人數的多寡更是基本要件。由於學童入校時的程度早已不齊，天賦又不一，因此如依年齡及科目來分級，又得分成好幾種班級。早

期又無所謂的統一教科書，不同的學生在各自的家庭裡就用了不同的書本；為了適應這些需要，分級更要分得細。大班級教學的教學效果，是會大打折扣的。

十九世紀頭二十五年，小學應予分級以便改善教學的呼聲甚高。堅持要分級的理由，是教育上的；班長制教學在處理數千名學童入校時，顯然是一種應急辦法，但卻非長久之計；其實，班長制教學雖然教師只有一名，實質上也是分級的，因為不同的班長教導不同的項目；即令班長所教都相同，如**背誦**（3R's 之一），也是以十人一班的進行分「**班**」教學；當所教有別時，更形同分班教學了，有的班長教算術，有的班長教**寫字**（3R's 之二）。取代班長制教學的裴斯塔洛齊式教學，更必須分級而教，因為師生在觀察與檢視實物之後，由教師所發的口頭問題，如要問得有效，最好就是「**能力分班**」，將相類似能力的學童編在同一班。另外一種分級理由，是專業性的，使教師的專長可以有用武之地。既採分級教學，則學校建築也丕變；早期的單一大教室學校，已改成擁有多間教室建築的學校，每一位教師還分配在不同的教室上課。

分級教學雖然在理論上相當理想，但實際上卻非可行辦法。因為分級必須等到人口集中及城市化之後，才有可能實施。即令在此時，分級教學之在美國，並非同一學校內分級，而是以不同學校作系統且定型的分級。美國自歐洲中世紀社會承受了「**雙軌制**」學校體系，一軌由拉丁文法學校及大學院校組成，這種學校乃專為教會及政府領袖人士之子弟而設，人數少，卻是「**精英**」(elite)；另一軌則由一群零散的學校所組成，為一般平民而設，有公家設的國民學校以及各種不同的私人團體或慈善團體所辦的學校，如上述的嫗婦學校、圍籬學校、或班長制型學校等。在社會階級上，兩個軌道是高下分明，貴賤也立判。

不分貧富與貴賤，全體國民都入同一性質的「**單軌制**」(one-track) 學校，此種民主教育的理想，在十九世紀時仍然有點高不可攀。初等教育階段的傳統學校，彼此之間並無任何有組織有體系的聯繫，每種學校都為了迎合各自需要而設立，因此疊床架屋之情事難免發生，不只學生年齡重疊，授課內容也重疊，當人口漸漸稠密之後，則單一教室不分級的學校就不只有一所而已；

有時，乃將原有的學校予以分級，學校就不是只有單一教室了。十九世紀中葉，有必要分級的小學大概分成三部分，即低年級、中年級、及文法級（英文文法，而非拉丁文法）；低年級注重閱讀；中年級除繼續閱讀之外，還包括有寫字、算術、拼音、文法、地理，甚至簿記等科目之教學；文法級也是俗稱的高年級。三個級的年限，各地並不十分雷同；全部的小學階段，有九年的，有八年的，也有七年的。經濟力比較富有的東部，年限較長，南部及中西部則較短。八年制的小學，除了有美國土生土長的因素之外，普魯士的八年制小學也深受美國人激賞；不少美國推動國民教育的名教育家，如曼恩、巴納、及**斯托** (Calvin Stowe, 1802–1860) 都大力鼓吹美國應以此為建校楷模。

美國內戰後，全面興建分級的小學是勢在必行；其他學校工作也繼之而起，如學科按年級作詳細的編排，教科書出版商也跟進印刷了整套各年級的語文、算術、及其他學科的教材；筆試乃是此級通往彼級之門。在學年終了時，此門就是學生升級與否的關鍵。這樣子行政機器看起來似乎幾近完美，但小學卻因此被套鉤鎖住，只有靠大無畏的行動，才有辦法將這套枷鎖解開。

三、升 級

無條件的升級或沒有顧及到個別差異性的一齊升級，這是大家對升級制的不滿吼聲。**哈佛大學** (Harvard University) 名校長**伊利歐特** (Charles W. Eliot, 1834–1926) 於 1892 年的「**美國教育學會**」（National Education Association，簡稱 N.E.A.）中，就特別指出「**學校統一性的優缺點**」(undesirable and desirable uniformity in the schools)，優點是教師能夠教導年齡及程度相仿的學生，教師在教室內對學生的指導就比較沒有差別，學生也依統一的標準而升上他應歸屬的學級。缺點是分級制並未能達成原先將同程度學生集合在同一教室教學的目的，因為各學級都會有不少學生留級。此外，比較突出的優秀學生，也要等到學年結束後，才有升級的機會。升級制度的制式化，弊端很多，1890 年時，教育學者乃提出彈性升級法。

首先是改變升級時間，以半年或以一季作為升級時限而非整個學年，讓無法升級（即留級）者不必重唸整個學年的功課，升級的遲速比較有參差。

第二種辦法是將學生分成兩組，一組是進步速度正常的學生，另一組則

是遲緩的學生。教師要花更多的時間去照料後者；如學生人數過多，則學校多撥一名助理教師來協助。讓兩組學生都能同時升級。

第三種辦法則把小學分成八年制及六年制兩種，課程完全相同，六年制較早畢業，八年制則多留兩年；兩制學生可以隨時作個別的轉換。

第四種辦法則是規劃三種平行課程，課程內容的深淺不一，但修業年限相同。一般程度的學生唸普通課程，進步稍差的學生唸簡易課程，資賦優異者唸高級課程。三者同時畢業，但程度不同。

上述分級及升級方案，都在美國的各州實施過；在一次世界大戰後採用心理測驗時，更普獲大眾的注意。新的智力測驗及成就測驗，使得教育學者更有信心將同程度的學生組合在一起，因此學生分班的方式也跟著紛紛出籠。每一年級的學生都依能力分成不同的組別，各生依進步狀況分屬於自己能力的課程班。能力編班方式種類繁多，統稱為「**XYZ 能力分組**」。不過，利弊得失互見。有些人認為這是**不民主**的，也有些人指出沒有一組的學生能力會完全相同，如再分細一點，又不知可以分成多少班，造成學校行政的困擾與麻煩。有些學生的能力無法硬套上 XYZ 中的任何一組。如果以學生個人為升級的考慮而不顧及到別人，則學校的「**統一性**」就蕩然無存，學校行政人員光為了升級手續及記載，可能要忙得不可開交；如果學校規模大，那更無法想像；且要動員全體教師進行個別式教學，則學校的社會化功能將大形失色。

至於無法升級的學生呢？將他們組成特別班，班名為「**不分級班**」(ungraded classes) 或「**機會班**」(opportunities classes) 等；在這些班裡，有些是超齡兒童，有些則是因生病請假而無法趕上進度的學生，以及某些學科需要特別指導的學童等。這種班級之組成並非是永久性的，當學童能返回原班級上課時，這種特別班就取消。此種設置有雙重目的，一為減輕普通班級教師教導遲鈍學童的額外負擔，一是讓這類學生接受較良好的指導。同理，這種特別班也可為資賦優異生而設，讓他們獲得較不同的教學措施。

發生在十九世紀及二十世紀之交的美國小學之分班爭論，竟然連二十一世紀初的臺灣，都還存在，可見教育實際問題的棘手。後段班、放牛班、C 段班，以及天才班、資賦優異班、教學資源班、才藝班，名堂多得無法勝舉。更不用提那些特殊教育班了。問題的癥結所在，是在初等教育階段，「**智育**」

與知識教學為主的教育需不需要掛帥？即令強調知識教學，又有必要把學童教得那麼「專精」嗎？這是初等教育學者最應該嚴肅考慮的教育哲學問題。

歷史偶有倒流。二十世紀結束前，教育學者強調學童知識的整體性，因此比較不認同依學齡來分年級的措施；如果學校規模小，學童數只有個位數者，也有「不分級學校」(ungraded school) 或「混齡學校」(mixed age school)。年歲相差三四歲甚至五六歲的學童在一起學習，也有頗具意義的教育價值，何必那麼刻板與僵化，完全採年齡作為分班的依據呢？

四、年　限

小學年限應多少年，這個問題也困惑了教育學者兩千多年的時光。如果年限太長，則指責小學被套鉤鎖住的呼聲就大了。這種攻擊，遠比批評分級小學之升級不具伸縮性，來得較引人注目。發出怒吼的仍然是伊利歐特校長，這位美國最古老大學的名校長，越界關心，飛象過河，雞婆到小學教育的領域，在 1888 年的美國教育學會開會期間，他當主席且發表演說，題目是「學校課程可以縮短時間並增加內容嗎？」他對此一問題的答案，不但是肯定的，並且認為應該縮短年限以便使大學畢業生早日離校謀生。在伊利歐特的心目中，降低大學生入校年齡的最直截了當辦法，就是小學不必唸八年。算術教學以及費時太多的複習教學，都超出了小學高年級教學所應佔的時間比例。

伊利歐特校長的演說，引起了其後數年間學者的熱烈討論。這種討論，導致美國教育學會指派了兩個頗負盛名的委員會，即「十人委員會」(The Committee of Ten) 及「十五人委員會」(The Committee of Fifteen) 來進行研究；前者探討中學問題，於 1893 年提出報告；後者係針對節省小學教育年限作為研究主題，於後兩年的 1895 年（臺灣割讓給日本之年）提出報告。兩個報告都建議中小學年限可以縮短。小學年限的八年可以縮為六年，以代數（中學學科名稱之一）取代第七及第八年級的算術，拉丁（也是中學科目之一）取代第八年級的英文文法。換句話說，第七年及第八年的算術及英文文法，可以留到中學才教。這些建議很顯然的是以高等教育的利益作出發點而提出來的，因為該委員會委員大部分是大學教授。

儘管有人批評該委員會只站在大學立場說話，對小學並不公平，但八年

的小學年限應該縮短，倒引起了一般學校人士的關心。二十世紀初，學者不以準備入大學的角度來繼續討論此問題。舉例來說，他們探討大量學生在升上中學之前退學的原因，可能就是因為小學的七年級及八年級的課程不當所致。並且，青少年心理的研究，也使得此問題的嚴重性日益尖銳化，學者認為中小學校的分界線，有重行劃定的必要；整整八年的小學生活，對學校環境厭倦的心理當然會油然而生。這些理由交雜在一起，使得小學教育縮短兩年而僅收容六歲到十二歲學齡兒童的主張，漸漸為大家所接受。而原先四年制的中學則成為六年制，延長兩年。

小學年限縮短，由小學課程之增加來彌補，這似乎是不可能的，但事實上卻是增加了；但是這種增加，絕對不是將原先八年的小學教材，硬填在六年的時光中學完；有些彌補還需要延長學習年限呢？為了要達成此任務，乃是盡可能的善用科學方法，來決定小學課程的最低基本要求。為了要確保教學方法的使用，可以教學更為豐富的教材，因之小學各科教學法也必須進行科學分析研究。而師資訓練的改善，更有助於伊利歐特構想的實現，即小學課程較前充實且小學年限又可縮短。

第四節　學前教育機構的變遷

一、幼兒園 (Kindergarten)

小學教育年限應予縮短,因此往上應削除後兩年的呼聲甚囂塵上的同時，初等教育應往下延伸的主張，卻也力不可擋，這是頗為奇怪的。十九世紀的最後二十年，吾人不僅看到了伊利歐特提出初等教育年限縮短的說法，並且也看到幼兒園的發展，有形成「**前初等學校**」型態的趨勢。這個新加入的初等教育機構之歷史敘述，最好由前已述及的幼兒學校之發展開始。

認為幼兒應該接受學校教育的，首由捷克大教育家**康米紐斯** (Johann Amos Comenius, 1592–1670) 所提出；他建議設立與家庭合在一起的幼兒學校，在這種學校裡，特別要提供食物、睡眠、新鮮空氣、及運動，以便使健全的心靈寓於健全的身體。年限是六年，由初生到六歲，媽媽就是最好的老師，校名為「**母親膝下學校**」(School of the Mother's Knees)，在一生中其意義

好比是四季中的春天。英國工業家歐文的幼兒學校主張，與法國人**歐柏林** (Jean Frédéric Oberlin, 1740–1826) 之想法相同，後者首設「**慈愛室**」(*Salles d'Hospitatite*)，其後改為「**養護所**」(*Salles d'Asile*)，最後加入為法國公立學校制度而成為「**母親學校**」(*Ecoles Maternelles*)。德國也有類似的學校，稱為「**幼兒保育室**」(*Klein kinderbe wahranstalten*)。這些機構的目的，與幼兒學校同，都強調健康、體育、及兒童道德訓練的重要性，有時也讓這麼嫩弱年齡的孩童稍為唸點書來「**擾擾**」他們。由於裴斯塔洛齊特別注重兒童的自發自動，因此歐文衷心喜愛之，他的幼兒學校就採用裴斯塔洛齊的教學法。

歐文的後繼者漸漸將幼兒學校的活動予以正式化，就如同幼兒年齡之上的兒童正式接受 3R's 教學一般。這種作風的改變，最可以由一個有名的幼兒學校校長的說法中看出來，他就是**威爾德斯賓** (Samuel Wilderspin, 1792–1866)，他希望七歲以前的幼兒在幼兒學校裡，應該能夠以簡單的字彙閱讀一些書籍，認識算術的基本法則，了解許多地理及自然史的初等知識，並且還具備「**尚可的**」(tolerable)《新約聖經》知識及其他項目等等。這種期望實在陳義過高。介紹到美國的幼兒學校，雖未如此富有雄心，但仍多多少少具有形式性，所以與小學低年級性質似乎毫無差別。幼兒學校活動，簡直就是小學低年級活動的翻版。一旦這些學童進入小學，不知要如何為他們設置課程？

十九世紀後半，幼兒園從德國轉入美國。不過，早在這之先，為學前兒童所提供的各種不同教育方式，已發展到該發展的地步。歐文早就認為，幼兒學校應該注重體育，因為那種活動有助於健康，但也只是如此而已；幼兒園的創始者福祿貝爾，更認為幼兒園的體育活動，具有更深更博的哲學意味；他主張幼兒園的核心課程，必須就是學童的遊玩活動，他並不把遊玩看成兒戲，卻很鄭重的認為，遊玩乃是學童最重要的工作。他說，遊戲乃是學童追求自我表現以求與神合一的表示，神就是萬物的統

圖 13–1　福祿貝爾 (Friedrich Wilhelm August Froebel, 1782–1852)。

一體。比如說，福祿貝爾製作了許多種球的遊戲，他認為與球為伴，學童可以發展成一體感。同理，當學童玩一種巨大的木製立方體而分解為八個相同

體積的小立方體時，這名小孩可以從中領會出部分與整體之間的關係。並且，幼兒園學童所模仿的社會組織模式，也代表了部分與群體的概念；為了增強這種概念，福祿貝爾特別強調一種將學童排成一圓形的遊戲，因為這代表一種統一體。其他如繪畫、著色、摺紙、割紙、及以泥土作圖形等，都是自我活動的自然表現方式，這些活動也都包括在幼兒園的活動中。不過，他的哲學使得手藝變成有形及正式，且是符號化的，是一種深遠意義的「**象徵**」。不只手藝如此，歌唱也是如此；歌唱也是孩童自我活動中的一種。

可見幼兒園的活動，與傳統的小學低年級的活動，大有不同。這種幼兒園在美國內戰之後，大受歡迎。首先，私人設了幼兒園；其後，各種學會乃聯合起來共同宣揚幼兒園理念於各大都市中。1876 年美國建國一百年，在**賓州 (Pennsylvania)** 的**費城 (Philadelphia)** 舉辦的百年慶典中，展覽出幼兒園的活動資料，吸引了成千上萬的觀眾圍觀；幼兒園也設立於美國海外屬地及福利中心；當代藝術之復活也給它不少刺激力，因為藝術與幼兒園是自然界的二合體。

第一所公立幼兒園設立於**波士頓 (Boston)**，但這粒種子，卻播種在多陰的土壤裡，未萌芽之前就已腐朽。可以稱之為第一所長久存在的幼兒園，應屬設於**聖路易 (St. Louis)** 的幼兒園，在首席督學且其後成為**美國教育總長** (United States Commissioner of Education) **哈里斯** (William Torrey Harris, 1835–1909) 之領導呵護下，**布勞** (Susan Blow, 1843–1919) 籌辦了美國首屈一指的幼兒園。不過，幼兒園加入作為公立學校制度的過程，卻極為緩慢；其原因是有些地方因無錢購買幼兒園的教學器材及設備，有些地區則無法供應足夠的教師以便減少師生比例，有些地方則礙於法令限制，因為只承認小學才是初等教育機構，所以幼兒園是不算在內的。

即令幼兒園能被允許納入作為公立學校制度的一部分，但在精神上仍然屬於一種分離的教育組織。小學教師瞧不起幼兒園的活動，認為那種遊戲或自我活動，不足以使孩童準備到小學時接受那種嚴肅性的學科學習。幼兒園的教師反脣相譏，相信福祿貝爾的教育思想較為優越，反而批判小學低年級課程不符兒童教育原理；還希望將小學低年級階段，也按福祿貝爾的作法來進行；甚至還可延伸到更高的年級。其後，幼兒園教師與小學低年級教師彼

此之間的紛爭平息，觀念也相互溝通，但是無疑的，居上風的是幼兒園的教師。雙方論戰的結果，幼兒園原則佔優勢，那是因為幼兒園的教育原則，經得起科學的洗禮及哲學理論的考驗，否則又那能得逞呢？1900 年之後，幼兒園運動分成兩股陣營，一是福祿貝爾正統派，且是布勞的追隨者所形成的；另一股則是非正統派的，經由**希爾** (Patty Smith Hill, 1868–1946) 的改良，重行闡釋幼兒園原則，還受到杜威的教育哲學，及**霍爾** (G. Stanley Hall, 1846–1924) 和**桑代克** (Edward Lee Thorndike, 1874–1949) 教育心理學的影響，都注重活動課程，對其後幼兒園的發展，貢獻頗大，還認定活動課程可以建立在生理學、心理學、或實用哲學的基礎上，而非單單的以福祿貝爾的哲學主張而已，還進一步放棄福祿貝爾的「**符號主義**」(Symbolism) 說法，認為太過神秘與抽象，無法於事實上得到佐證；在遊戲、歌唱、及藝術活動中，免於灌輸某種特定的符號意義或填注某種概念；希爾本人指導的第一種新式幼兒園活動，乃視活動本身就是活動，而不含活動之外的任何神秘色彩；學童在進行自我活動後，也能取材於這些活動來達成各自的活動目的。這種概念，主宰了二十世紀之後的幼兒園教育發展。

「**幼兒**」是說孩童年紀小，但「**幼兒**」不一定就「**幼稚**」；事實上，大人「**幼稚**」的倒不少。日本於明治維新時力主「**脫亞入歐**」，完全歐化；日本教育學者到德國取經，也將福祿貝爾的幼兒教育觀念引到東方，但日人譯 "Kindergarten" 為「**幼稚園**」，非常不妥；學漢文的中國人不察，也以訛傳訛；1896 年是日本佔領臺灣的次年，日本人也迫不及待的在臺南關廟設立了臺灣史上第一所「**幼稚園**」，「**幼稚園**」一詞沿用迄今。二十世紀末期，臺灣的「**教改**」呼聲高，但如果連這種侮辱幼兒的教學機構都無法「**正名**」為「**幼兒園**」，則還奢談什麼教育革新呢？

二、保育學校 (Nursery School)

幼兒園的設置，也只不過使初等教育年齡往下延伸一兩年或三年而已；那是說，孩童在入小學之前，仍有三四年的時光，由家庭擔負主要教育之責。這三四年時光卻逃不過心理學家及醫學家的謹慎研究；其中研究最為出色的，要屬**耶魯大學** (Yale University) 的**格塞爾** (Arnold Gesell, 1880–1961) 教授，他

在這兩種學術領域內都獲有學位。他的研究加上別人的發現，獲得了一項結論，即出生後的頭幾年，乃是決定個人將來發展的重要時刻，三歲即令不能定終生，但大局底定的概率極高。此種說法，真是前無古人。他們的研究也指出，年長後許多身心之不良適應，都肇因於童年的不幸。如果及早進行正當的照顧與養育，就可以輕易的免除其後傳染方面以及飲食方面的疾病，且某些更壞的情況，如恐懼症、自卑情結、攻擊性格、及原始衝動的壓抑等，也都可以輕而易舉的去除。俗語說，預防勝於治療；**一盎司** (ounce) 的預防，更勝於**一磅** (pound) 的治療。

「**行為學派**」(Behaviorism) 的典型代表人物，也是**約翰霍普金斯大學**(Johns Hopkins University) 心理學教授的**瓦特生** (John Broadus Watson, 1878–1958) 有下述兩段極有意義的描述：

> 在研究數百名幼兒之後，我們發現如果單指人格而言，則在他們五歲之前，我們可以栽培或葬送一位小孩。我們相信，兒童在兩歲時，他未來的人格即已鑄造成型。

> 我雖然沒有足夠的實驗資料，但我已可下結論的說：出生後頭幾年乃是形成兒童情緒生活最為重要的時期……。我看，除非利用緩慢且大量的實驗方法，否則無法獲得我們最想得到的資料……。我建議設立一所實驗育兒室，可以養育十五到二十名五歲以下的兒童。

新的學前教育機構，即保育學校，就提供了這類服務，該種性質的學校，也如雨後春筍般的林立。在英美兩地所設的保育學校，收容了有少如十八個月、多如四歲的幼童。每天的活動，大半是自由遊玩；保育學校的教師就在旁注意關照所應培養的態度及習慣。並且，學童入校時還作一次醫學檢查，假如孩童在校用餐，則食物及飲食習慣也在密切教導之下。這種保育學校的活動，似乎是與經過改造的新型幼兒園活動相似，只是收容的學童年齡更小而已。不過，如果認為保育學校只不過是幼兒園的往下延伸，則是一種誤解。事實上，因保育學校特別關心於孩童之身體及生理健康，這種明確的特色，才是道道地地的美國土產。

有一段時間，保育學校的活動還與白天托兒措施相混，臺灣的「**安親班**」或白天托兒，原因是社會的，而不是心理學上的，更非醫學的。因雙親在白

天都需離家工作，不得已只好把孩童「寄放」(check) 於某處，**法國**於十九世紀中葉於巴黎開設的「**托兒所**」(creche) 就是如此。但只負責照料孩童的生理需要，卻涉及不到教育。英國的保育學校，仍然只是一種自我保護的社會組織或係因公共健康而設，對於心理及教育方面的注重，這種學校仍付之闕如。

美國的保育學校運動則具有明顯的心理及教育色彩，但保育學校與家庭之間，存在著社會方面的問題，前者似乎侵犯了原先由家庭所承擔的學前教育功能。保育學校運動力言並不在於完全取代家庭，而只在於補充家庭教育之不足而已，況且某種補充也是必要的。事實上，家庭未盡孩童身心保護之責者有之，雙親領會孩童有關醫學、心理、及教育上的常識，為數更不多。有關學前孩童生長的專有知能，自一次世界大戰後，增加得相當迅速，因此只有極少數的家長可以在毫不經別人幫助之下就能獲得這些知能。保育學校應加強父母之訓練，孩童教育之成功，必須親師二者相互合作；如果孩子在保育學校裡學的是一套，回到家後父母親指令的又是對立的一套，不只成長之正常，事倍功不及半，且造成孩童適應上的困惑，也有極為嚴重的後遺症發生。另外，保育學校提供一塊園地，使得稚齡孩子能夠與同年齡的孩童一起玩耍，遊樂時還有教學專業的教師在旁照料。

如同幼兒園一般，保育學校首由私人設立。人們不願將幼兒園納入公共學校體系之內的理由，在討論是否將保育學校也納入公共學校體系之內時，也成為熱門話題。二十世紀三十年代的經濟不景氣期間，美國聯邦政府曾以公款來支助保育學校，但那種支助，主要在於讓老師免於失業。保育學校對地方既有貢獻，民眾也就向州政府及地方政府層級施加壓力，既然中央政府都可以在不景氣時伸出援手了，為何在平時不能由政治權力層級較低的政府援例予以協助呢？

第五節　教法及教材的革新

攻擊初等學校的人在攻擊分級及升級措施太過呆板之後不久，他們又找到了另外一個攻擊標的，這個攻擊標的指向著小學的課程教材及教學法。由於分級及升級辦法之機械化，導致於課程教材及教學法之過份統一。可知第二個被攻擊的標的，長時間以來是附屬在第一個被攻擊的標的之下的。由此

產生的影響，倒有必要作一番敘述。

二十世紀以來，一般的美國小學，一學期的時間遠比半年為短。而每一學期又花約四分之三的時間在正式學科的教學上；但那種教學，一般而言都是相當機械且含有極高的訓練意味。學童只學習早就準備好的拼字表以及運算算術題目，內容都跟學童社會生活的需要沒什麼關聯。稍微幸運者，才有機會閱讀最優秀的現代英文文學作品；但大部分的時光，都在硬塞過去知識的殘渣，還美其名為文化結晶呢！1873 年的一項重要考試，早已發現這種令人傷心的事實。同樣的，學童會背誦文法規則，但卻不能將它運用在自己的作文上；「書法」課也只能使極少數學童寫出一手優美的字體。歷史及地理科的教學結果，學童頂多也只能認識該學科的空殼而已，裡面的重要骨肉卻不見了。年代、地名、及人名充斥於教科書內，卻了無意義！

值得震驚的是，這種令人痛心的情況，到了十九世紀結束時，仍然可以在一本描述美國一般都市的雜誌《中型都市》(*Middletown*) 中看出：

學校如同工廠，是個徹徹底底的管制領域。固定的每排座位，井然有序的限定了學童的活動空間；學童自六歲入學，一直到高年級的十二歲為止，活動的方式差不多千篇一律。鐘聲把每一天分成數堂課，六歲學童所上的每節課，時間少，十五分到二十五分鐘不等且有變化；有時，學童離開座位去遊戲或扮演老師要他們相信的故事。不過，輪到「背誦」課時，則稍微動一動都在禁止之列。當學童漸大，身體活動的禁忌就越來越嚴苛。到了三四年級時，除了下課離開座位，每天安排的短時活動，及每週一兩次的手工訓練或家政課外，幾乎所有的身體活動都被禁止。上「學習課」(study periods) 時，學童學習州政府所規定的「教科書」之「功課」；上「背誦課」(recitation period) 時，學童就得向成人教師複述課文內容；有人聽到學童在一堂背誦課時，複述美國內戰時的重要戰役；在另一節背誦課時複述非洲河川名稱；在第三節背誦課時，則複述「詞類」(Parts of speech)，方式都一樣。

其實歐洲舊大陸的情況或許比美國新大陸更糟。首先提議改善課程教材及教學法的，乃是歐洲的裴斯塔洛齊及赫爾巴特，他倆的論點菌母也逐漸在

美國的教育園地發酵；由於移栽的種子不見得生根長芽，且兩位非美國本土派的教育家之作風，卻演變成形式主義，一旦此風形成，則非但不衝擊，反而附和了當時分級小學的惰性與機械性；這種趨勢，見之於以教師為中心的赫爾巴特方法，尤為明顯。

對改革小學措施產生比較深遠且持久影響的，乃是由派克上校 (Francis W. Parker, 1831–1902) 所支持並執行的方式。派克上校被徵召到麻州坤西 (Quincy) 地方，目的在於設法補救 1873 年該地因形式化教學而在學校考試中所呈現出的不良後果。雖然派克上校借用了裴斯塔洛齊及赫爾巴特的方法，但他卻對福祿貝爾的教學法情有獨衷。派克上校認為教學過程的中心，並不是如同裴斯塔洛齊所言的自然界之實物，也不是赫爾巴特所講的歷史與文學，而是兒童本人。他對福祿貝爾的自我活動之教育原則，佩服得五體投地，乃集中心力將小學課程投注在自我表現中，尤其注意閱讀及書寫的自我表現。其餘諸科，如歷史與地理，都可以在閱讀及書寫當中附加教學。如此，史地教材乃是提供閱讀的資料，書寫則是自我表現的方式。其他活動如繪畫、泥土作型、野外旅行等，也是他所注意的。教育史上稱之為「坤西方法」(Quincy's method)。

不過，派克上校在坤西的作法，不久就引來了當地父老們的抨擊。他們不滿於派克上校將他們原有的小學，變成自然歷史博物館以及「泥團工廠」(mud-pie factories)。同時，派克上校既以閱讀及書寫作為學童自我活動及自我表現的主要方式，因之，傳統的 3R's 教學，就變成附帶性質而已，家長當然就非常懷疑學童是否能精通 3R's，3R's 教學是家長們認為最具價值的教學。為了平息這股正在醞釀中的浪潮，麻州教育行政當局「教育董事會」(Board of Education)，乃給坤西學童一項舊型教材的考試。出乎家長預料之外的，考試結果顯示，派克上校主持的學校，學生成績優於傳統式教學的學生。「坤西新出發」(Quincy new departure) 從此聲名大噪，全美各地都有人來參觀考察。

與傳統教學方式有別的另外一種改良式教學法，乃是由德裔美籍哥倫比亞大學教授阿德勒 (Felix Adler, 1851–1933) 在他一手創辦的「工人學校」(the workingmen's School) 所實施的教學方式，他也是「倫理文化運動」(the Ethical-Culture Movement) 的發起人，介紹木工手藝訓練及工業技術訓練於課程

中，較富有職業取向。認為自我活動的更佳發洩，沒有比能利用機會來製作物品以供他人使用的價值更高。因此，學校之中除了有裴斯塔洛齊及福祿貝爾所推薦的玩弄食物或恩物的學習之外，還多了一項，即在實地製作物品的實習工廠中學習。

在集中火力抗議中小學措施之不當而產生的聲浪當中，派克上校及阿德勒也只不過是早期或站在遠處而發出來的隆隆之音而已；這股聲浪在二十世紀時，勢力如排山倒海而來。二十世紀之後，美國本土產生了許多新的教學方式，也影響到世界各地。教育學術界也推波助浪，其一就是教育心理學的科學研究，對中小學舊有教學方法首先發難，提出強而有力的抨擊；其二就是教育哲學界也不甘寂寞，發聲響應了本土的實用主義哲學；其三，藝術、音樂，及文學界更積極尋求新的表達方式。抗議與改革的浪潮，不僅蕩漾於藝術與教育圈，也淋漓於政治及經濟領域內。這就是美國史上的「進步年代」(Progressive Era)，各州相繼進行各種社會立法，有八小時工作制的實驗，公眾投票罷免法官之實驗，以及創制複決權之實驗等。美國人似乎信心滿滿，認為傳統上的權力濫用，不允許繼續存在；並且如果理性的運用思考與智慧，就可以把社會制度重建得更接近人民的心意。抗議與改造在教育上的一面，就是婦孺皆知的「進步主義教育運動」(Progressive Education)。

在歐洲，與之呼應的，名之為「新教育」(New Education)；就教育史上來考察，「新教育」一詞，由來甚古。希臘劇作家阿里斯多芬尼斯 (Aristophanes, 448–385 B.C.) 以嘲笑辯者 (Sophists) 之「新」教育，來娛其觀眾，取辯者教育之「新」來與傳統習俗所認為之「舊」教育作一比較。二十世紀之前，新或進步的教育，主要在於反擊當時的傳統主義之形式作風而起；二十世紀時，這種運動才變成為一種富有積極性及建設性基礎的教育理論。

先是 1894 年，由杜威指導之下的芝加哥大學 (University of Chicago)，進行的實驗小學是新或進步式教育的最早也最重要的例子之一。杜威認為，小學生花了百分之七十五到八十的時間來學習文字，這種措施早該報廢。在印刷術未發明之前，花這麼長的時間來學習文字，還情有可原，但時代已接近二十世紀了，以前為中上階級而設的教育，現已建立在大眾平民的基礎上。在新式學校中，杜威以工作作為學校活動的中心，他所說的工作，當然不是

福祿貝爾符號式的那一種,而是一種兒童所漸漸熟悉的家庭工作或社區工作。因此, 他的實驗小學, 是以家事開始的, 慢慢的由此來探討產生食物及衣服之來源,其後還涉及到歷史方面的研究。「數」的工作, 則在學習木匠技術及烹飪活動時順便認識, 並且在學童保持自己記錄時學習「讀」及「寫」。這些活動, 都具有社會意義。他一直認為, 教育乃是一種過程, 經由此過程, 學童可以漸漸的增加社會意識感。

新的實驗小學, 如同星星之火可以燎原一般, 快速的在美國各地成立。下述三種比較具有代表性:

1. 1907 年於阿拉巴馬 (Alabama) 州的 Fairhope 地方設立的**詹森學校** (Marietta Johnson's School): 這是一所有機性的學校, 不以追求將來而延遲目前價值的傳統作法為目標,卻專注於學童當前的需要與發展;指定性的功課, 或為了升級而不能變通的規定等, 都予以摒棄, 而代以適合學童成長及能力的活動。

2. 1913 年於**紐約市** (New York City) 設立的**普拉特遊戲學校** (Caroline Pratt's Play School): 校名取為「遊戲」, 似乎有恢復古羅馬 *"Ludus"* 學風; 在「**遊戲學校**」裡, 教材之使用相當彈性且自由, 絕沒有如福祿貝爾符號化的教材, 也無義大利「**兒童之家**」(Children's House) 的創辦者**蒙特梭利** (Maria Montessori, 1870–1952) 帶有規訓意味的教材;學童各自接「**工作任務**」(jobs), 允許各自充份設計各種方法, 以達成工作使命。

3. 1916 年在紐約市出現**納姆柏兒童學校** (Margaret Naumberg's Children's School): 校名取為「**兒童學校**」, 則以心理分析學的開山祖師**佛洛伊德** (Sigmund Freud, 1856–1939) 之心理學說為主要概念;早期切斷或壓抑兒童的自我中心念頭, 會產生日後最複雜的情緒難題。傳統式的教育, 只在糾正這種從情緒深處所發洩出來的表面症狀, 因而往往產生不幸的鬱卒結果。讓學童將下意識或潛意識浮出到意識層, 而用一種有價值的方式傾瀉而出, 就是「**兒童學校**」的辦學宗旨。為了要達到此一目的, 就得讓學童充份自由, 尤其在藝術活動中的自由, 因為那是引出兒童內在生活的最佳途徑。

由此可見, 上述諸實驗式小學的強調重點不一。進步式的小學教育, 意涵著它絕沒有統一的作法, 否則就是制式的老套了, 而且有時還是各種相互

衝突的政策之混合體，只是那些批評進步式小學的人沒能看清這一點。他們膚淺的認為，所有進步式小學都擁有兩項特點，且也以這兩點來作為攻擊這種學校的標的。該兩項受攻擊之點，乃是進步式學校太強調學童的自由與興趣，且強調得過了火。自我表現有可能產生創造性的結果，卻也有弊病，即虛有其表的劣品充斥其間。其次，極端重視學童的潛意識並強調精神壓抑的免除，則多多少少是一種對權威的拒絕。杜威為了免於對方誤以為他也是贊成新式教育極端自由主義的一份子，乃於二十世紀的二、三〇年代時，寫了數文來釐清他的立場。不過，雖然他如此謹慎，那些「**精粹主義學者**」(Essentialists) 之類的人，仍繼續拿他當中心人物，抨擊的火力未減。

學校教育的保守堡壘，無法輕易搖撼；像美國這麼動態化的國家，根據實驗學校的經驗來改革學校實際措施的速度，仍然相當緩慢，如同《中型都市》那本雜誌所描述的一般，校園像一灘死水者，仍到處可見。不過在兩次世界大戰期間，新觀念的滲透步伐，有加速的跡象。1937 年重新視察中型都市的結果，小學已產生「**保守的進步**」(conservative progressive)，這個慎重使用的字眼，正表明了教育已在進步當中。感情用事的主張，教育應給予學童沒有任何禁止性的自由，這種說法抵擋不住強調社會團結的勢力，這種勢力，在美國於二次世界大戰參戰時，力道越來越猛。處境堪虞時，自由就較為消失，個人如此，國家也如此。不過，從另一個角度去審查，新教育對小學的貢獻，乃是將學童看成「**整體**」，注意學習態度，強調情緒的重要性，特別關心個別差異，大量擴充實用性課程，並重新指出「**活動**」方向。這些都是有價值的改變，即如在最為傳統的學校裡，這些改變也都留有痕跡。

二次世界大戰終了時，對進步式教育的襲擊，又再度重燃戰火。雖然**法西斯** (Facists) 勢力（指德國及義大利的侵略軍權）已被擊敗，日本也無條件向美軍投降，但美國仍感到國家安全受盡威脅。與軸心國尤其是德國之「**熱戰**」，換來的卻是與蘇聯共黨集團的「**冷戰**」。人們不把熱戰之凱旋，歸功於學校，學校至少也培養出作戰英雄；憂國憂民的批評者，卻轉而拿學校作為冷戰遭受挫敗的替罪羔羊。英國公爵**威靈頓** (Arthur Wellesley Wellington, 1769–1852) 將**滑鐵盧** (Waterloo) 一役之戰勝，歸功於**伊頓公學** (Eton Public School) 的運動場，普魯士人也將**普法戰爭** (Franco-Prussian War) 之勝利，歸

諸於普魯士學校教師的辛勞，但美國人卻對美國學校教師沒有類似的感激，他們似乎忘恩負義，還覺得沒有虧欠學校教師什麼！

攻擊者左右開弓，其中之一就認定學校的過度浪漫化。學校之得有此項罪名，似乎是舊事重提。雖然學童自由與興趣相當重要，但批評者認為進步學派學者在這二者之中的強調衝過了頭，忽略了基本學科的學習。其次，對進步派學者常引用教育經過科學研究之後所生的複雜學習概念，深感不耐，希望回到舊有的簡化狀況。比如說，建構式數學，深受傳統教學方法所影響的家長是看不懂的。但閱讀的進步式方法，應該採用整句的閱讀或「看一說」(look-say) 法，而非傳統**拼字或拼音** (phonetics) 的老方法了。

不過，批評者並不全然站在消極立場，保守之士也有積極的理由，雖然他們並不十分清楚的把該理由陳述出來，或者也不十分明白該理由；他們從**人文主義** (Humanism) 得到啟示，取之作為最後一道防線來抵禦**經驗主義** (Empiricism) 及**進步主義式的相對主義** (Relativism of Progressivism) 之侵犯，強調「**基本教育**」(basic education) 的價值。保守派人士建議，社會應實行由少數優秀人才所衡量出來的好教育，如此才可以免除倚重多數人的偏好。他們指出，美國是個共和社會，不是多數暴力式的民主社會。進步式教育學者本身也作自我價值的評估，他們不願攻擊者採取諷刺性的情緒語言，也厭惡於有心人的亂放厥詞，惡意的中傷了改革者的動機及信心。由此引發的論戰，是美國教育史上最嚴重也散佈最廣的教育批判。此種爭戰還未休兵，教育上的「冷」戰，還未收場，好戲還在後頭。

二十一世紀的今日各國，「初等教育」已變成各國人民的「基本」教育，也是「國民教育」、「免費教育」、「免升學考試教育」、「強迫教育」、「義務教育」。為了適應當前社會生活的需要，舉世各國大都以六年為義務教育年限，不入學者科以罰則。教育的主要內容就是 3R's（reading, writing, arithmetic，讀、寫、算），那是學習工具之所必需，或 4R's（religion，宗教或德育）；加上體育、音樂、美術、史地，及自然科學的基本認識，如此才可以勝任作為現代化的國民。國家越有雄厚的經濟基礎，則可延長教育年限到中等及高等教育階段，但那不屬於「義務教育」範圍。一些政治人物不明就裡，以為九年甚至十二年的學校教育也是「國民教育」，而教育人物也隨之呼應，其實是

未悉「國民教育」或「初等（基本）教育」的真諦使然。現在世界各先進國家為了保障學童受教權，都准許學生享有「非學校型態的教育」(deschooling)活動，有些孩子留在小學兩三年都忍受不住了，怎能「強求」他們九年或十二年呢？

本章所述，有各種或許是「名」異而「實」同的名辭。「初等教育」之意，是與「中等」及「高等」作對稱的，就學習的「知識」或「技能」而言，程度較為「基本」，也較為「簡易」，是「全民」所共同接受的適應生活之要件，缺之則在社會生活上頗為不便，因之，「初等」教育也是「全民」的「基本」教育，「有教」是不許「有類」的。就促進文明進步而言，不應該有漏網之魚。因之先進國家都硬性規定，那是一種「義務性的教育」，義務帶有強迫性，所以也是「強迫教育」。「強迫」聽起來似乎有負面意，因為歷史上無知於教育重要性的家長或社會人士也不少，法令制定了懲罰之則，不入學的學童，家長或監護人是犯法的。既是「強迫」教育，所以也是「全民」教育。由於時代的進步，現在的人已把帶有貶意的「義務」字眼，轉換為帶有獎意的「權利」，即人人有受教育權。權利不履行，是無罪的，但開明的人會盡量爭取權利。至於「國民教育」一辭則政治意較濃，國家主義的色彩較重，「國民學校」遂有「國語」、「國文」，或「國術」、「國樂」、「國歌」等課程或科目名堂，在較民主的先進國家中，使用「國民學校」較為不妥，像美國這種多種族及外國移民後裔甚多的國家，「國」之名較敏感。一國之人皆是「國民」，因之國民教育應該包括公立小學、中學、大學及任何學校的教育。

此外，初等教育為了要達成全民化，因之一定要免費，最少是免學費，因此政府的經濟負擔在教育經費上一定很吃重。入學既是全民，所以一定是免試。一般說來，舉世各國的基本教育，年限六年者最多，如果延長，則得考慮是否屬全民、免費、義務性質。癥結所在，是全民有必要都接受相同的「基本」教育嗎？大概六年已夠了，六年之後的教育就不可能人人皆同。嚴格來說，「小學」的科目一律相同，都是必修，科目不多，學習「成就」要求也不高。選修則更不需要求其學習「成就」。因之六年以上的學校教育，理論上就不可再使用「基本」、「國民」、「義務」這種形容辭了。

因之，初等教育之「小學」，學科是統合的，不應細分，尤不應「專精」，

卻該廣博，頂多分成語文、數學、自然、社會、體育、藝能即可。教師條件是「教育專業」的比重，大於「學科專業」，採包班制教學未嘗不可。國小師資培養學府，應加強教師人格素質及教育專業。凡不具備教育奉獻精神、有違「教育愛」意旨者，皆不配當小學教師；此外應加強學童認知、興趣、性向、空間關係、時間關係，道德觀念發展階段之了解及研究，教科書內容的編寫也應依此為指標，如此，初等教育之目的，才可望達成。

寄望於新生一代，此種學者，在西方最早大概要算是古希臘哲學家以「火」作為萬物始原的希拉克里特斯（Heraclitus，生於 504–501 B.C. 的奧林匹克運動會之間），他說故鄉的一切成人皆應切腹自殺或上吊，只留下嘴上無毛的小孩，因為那些大人竟然下令把整個都市最好的人（名為 Hermodorus）驅逐，還說「我們不需鶴立雞群者，若有此種料，就讓他到別處去跟別人生活吧！」異類不容活在俗人群裡，必大受排擠，此種說法，預示了蘇格拉底、耶穌，及其後多少「天才」的下場。這位哲學家還說，在某處 (Priene) 住了一位名叫 Bias 的人，他是 Teutamas 之子，說的話比其餘的人，更該有參考價值。眾人多屬平庸，且是壞蛋。 ❶

是否小孩就不會把最乖巧的兒童逐出屋外，大概不至於如此吧！ 盧梭 (Jean Jacques, Rousseau, 1712–1778) 深信，上帝造萬物時一切皆善，一到人手時就變壞了。他指的「人」就是成人，尤其是城裡的成人。美國小說家愛默生 (Ralph Waldo Emerson, 1803–1882) 說，還好這個世界有小孩，否則大人會更壞。因為大人至少在小孩面前，總得作得像個大人的樣；比如說，誠實、正直、勇敢、溫文有禮、守時、信用等「普世價值」。看樣子，兒童反而成為大人之師了。

初等教育的對象就是兒童，兒童的「教育」價值，該先予以肯定，且是積極的、主動的、正面的、信心十足的認為「後生」可居上。對初等教育保持此種心態，才是孩童的福氣，也是進步的教育觀念！

---

❶ Frederick Copleston, *A History of Philosophy*, Vol. I, The Newman Press, 1959, 38.

第十四章　中等教育的演進

　　中等教育問題，是所有的教育制度當中，最值得吾人研究的一種。長久以來，中等教育乃是為人所羨慕並造成學生飛黃騰達的教育階梯。因此，無論教育專業人員或一般其他專業人士，都對中等教育寄予莫大的關注。他們注意中學的目的、課程，以及何種學生才有資格入學等問題。這些問題的討論，與年俱增，有加無已。

　　不過，就全部教育問題而言，中等教育的問題，比起初等教育及高等教育問題，更為棘手難纏；其中最困惑的，莫如上述問題中的最後一項。釐清該問題，可以由幾個方式去下手：中學應該是全民性的抑或有選擇的考取學生入學？中學是建基於機會平等抑或社會身份？顯然地，這些問題之決定，也連帶的決定了中學的教育方針。到底中學應該是升大學的準備呢？還是培養學生有能力適應當前的社會生活？中學是附屬的呢？還是自足的？這些問題的探討，加上前述入學學生資格問題的研究，也就等於涉及到中學的課程問題了。中學課程應該是統整的呢？還是要分化？中學科目是必修呢？還是選修？除此之外，中學課程應該強調一般陶冶？還是側重職業技巧的訓練？這些問題也就不期然的牽連到中學的年限問題了。中學如何與下階梯的小學及上階梯的大學作分界線？

第一節　文法學校的起伏

　　古代的希臘社會，首先發現有必要對上述問題謀求解答。由於希臘居東地中海的經濟及政治之領導地位，小學以上的教育比他地發達。當社會比較簡單，人民只需體育及德育時，則初等教育的小學就足夠達成任務；勇敢、堅忍、敬長、服從、忠誠、及節制諸德性，都可以經由數年的訓練或習慣化培養出來。但經濟繁榮產生了休閒時間的增加，以及政治霸權的取得，新要求接踵而至。希臘人乃採取了相當程度的自我檢討。由於對社會制度的好奇，

遂導致於對社會制度之研究，因研究而引發改革。他們覺得，光靠訓練及習慣化已無法適應新情境，德育及體育之外，更多的智育最是多多益善。

　　有能力又有餘暇參與當時社會的公共討論，不管討論性質是政治的還是觀念的（哲學的），都是希臘人所不感到陌生的，這種教育非初等教育所能奏功。這種教育強調自我表達的有力和清晰，特別講求文法的語言技巧，因此邏輯及修辭之學校乃應運而生，不是只 3R's 教學而已。有機會接受這種更上一層樓式的學校教育者，就可以在法庭辯論裡獲得優勝，在公眾集會中贏得眾人掌聲，或在哲學討論裡語驚四座，技高一籌！因此，小學之上設立了兩種學校，一側重哲學，一偏於修辭。兩種學校都以文法學習為主科；不過，哲學學校把文法看成是訓練學生參與邏輯及倫理問題討論的先修科；而修辭學校則把文法當作實際生活及公共演說的準備科目。修習的語文，就是希臘文。

　　教育上少有創見的羅馬人，在以武力征服希臘之後，乃接受了這兩種類型的中學。其實羅馬人在文化活動上是全盤希化的，當然，學校制度包括在內。在這之前，羅馬教育的智育實在無足稱述，這是不能太怪他們的。紀元後二世紀時羅馬傳記作家兼史家**蘇埃都尼亞** (Suetonius) 說過，羅馬人完全沉溺於征戰及擴充版圖之際，怎可能分心來辦理教育呢？一旦羅馬變成世界霸主後，希臘式的中學乃成為訓練羅馬帝國統治者的場所。但是，羅馬人接收了希臘中學後，卻作了些微的修正。希臘時代的哲學學校與修辭學校，二者是並駕齊驅的，羅馬時代的修辭學校，重要性則超過哲學學校。希臘人重理論，羅馬人走實際，也由此可見這兩個古代歐洲民族的性格不同。羅馬的哲學學校扮演了比較不重要的角色，成為學童入修辭學校之前的文法學校。羅馬人不善於哲學思惟，卻精於公共事務的處理，因為修辭學校更適合於造就出一位社會的理想人物——**雄辯家**。

　　如果認為像處理公共事務這麼重要的工作，只不過略懂文法規則及一些修辭技巧而已，那實在是一項錯誤。事實上，雄辯家如**西塞洛** (Cicero, 106–43 B.C.) 及雄辯教師**坤體良** (Quintilian, 35–100)，都認為未來帝國的領導者，都必須擁有廣泛的一般知識基礎。治者的教育，就如同羅馬史家**泰西塔斯** (Publius Cornelius Tacitus, 55?–117?) 所說：「必須以知識的全部盔甲，予以武裝起

來。」因此，他們要學習希臘的七種文雅科目，包括文法、修辭、辯證（邏輯）的「三藝」(trivium)，及算術、幾何、天文、音樂的「四藝」(quadrivium)，尤其是他們想精通或熟悉於上等詩詞作品的格調時。換句話說，羅馬人要知悉希臘作家及羅馬作家的作品；從此，教育史上也開始有了雙重語言的課程。不過，光學別人的文章格式是不足的，羅馬學生還須練習自己語文的作品。拉丁文的文法及修辭，在借助於希臘文的文法及修辭之後，也自成一體系。希臘文及拉丁文的「**語形變化**」(accidence)，包括語調變化、語尾變化、動詞變化、**句子構造** (syntax) 等，都是重要的學習項目。「**文法學校**」(Grammar school) 儼然成為羅馬時代最重要的中學教育機構。

只要雄辯是影響公共政策的主要利器，則文法學校的重要性也就繼續存在。後來，「共和」(Republic) 轉為「帝國」(Empire)，政治權力集中在帝王手中，辯證論說已漸漸成為阿諛及取樂之用，而非說服別人的工具；形式取代了實質內容。如此的時移勢易，文法學校也就跟著步入下坡。文法學校的頹勢，不僅在地位上表現得很明顯，且在數量上也減少得令人驚異。帝王有感於此，乃不得不以公款來支助文法學校的存在。不過，國庫掖助也只不過是暫時阻止文法學校日趨沒落的速度而已。尤其在黑暗時代來臨之際，知識無用論當道，泛道德思潮橫流，文法學校就幾乎要名實雙亡了。

基督教一興，感性的信仰重於理性的哲學思辨或口才滔滔；對教會人士而言，文法學校乃是傳播及保存異教文化的場所，對於基督教教義的廣被是一大阻力。因此在一段長時間裡，任何教導文法的活動，是要受責難的。教徒在面臨文雅教育與靈魂解救二者之間的選擇上，絕不遲疑，更不手軟。

六世紀時，人民長久以來缺乏知識活動的風氣，已漸消失並獲得改善，因為有人擔心很有可能會出現目不識丁的領導者。幸運的是，此時的異教文化與基督教文化雙方的衝突已幾近解決，重新改造的文法學校，乃得以倖存。文法學校已非如往昔的以培養現世成功的俗人，或對封建郡主效忠的臣民為主要目的，卻是以訓練獻身於教會以及培養教會領導人才為首務。在這種再造的目的中，即令是因與異教文化有關而早不受僧侶歡迎的文法，也可以取之作為打擊異端邪說、作為正確翻譯《聖經》、以及正確了解經文的主要工具。

靠帝國公款才能接薪火的文法學校，當羅馬帝國越趨瓦解時，越無法振

興；相反的，基督教會勢力越擴充之時，文法學校就有復活的生機。配合這種要求的學校，就是「寺院學校」(monastic schools) 及「主教堂學校」(cathedral schools)；前者由中世紀時代的寺院負責辦理，寺院多半建在荒野裡；後者則由主教管轄區內的大教堂來籌設，大主教堂都蓋在大都市中。雖然兩種學校都是教會學校，但有時也提供一些世俗性的科目。類似於主教堂學校，但掌控在世俗人士手中的教育機構，則稱為「學寮學校」(collegiate schools)。此外，當時還有一種風氣，富貴人家立下遺囑設了「追思禮拜堂」(chantry)，以他的遺產聘請一位教士作彌撒以安息立遺囑者之靈魂。當該教士不從事彌撒職責時，則也進行教學任務。可見中世紀時雖然宗教氣氛籠罩大地，但並非所有學校都與宗教有關。上述學校之外，另有「職業行會學校」(guild schools)，及市民或都會學校 (burgher or municipal schools)。單看這些學校名稱，就已知道設校的原因及特色了。

中世紀中等學校的課程，大半放在宗教及道德之上，教會人士希冀這兩科能將胡言亂語的古代文學（指希臘及羅馬文學）取而代之，但文章格式並未更改，內容則有大變。最顯明的例子，也特別風行的一本著作，就是加圖 (Dionysius Cato) 所作的一本拉丁詩詞 (*Disticha de Moribus*)，內容相當抽象，但卻頗便於記憶。有些人還努力復活傳統教材，可是並不十分成功。生於北非的卡佩拉 (Martianns Capella)，雖是異教文化的代表性學者，於 410 至 427 年之間著有《語言學與水星成婚》(*Marriage of Philology and Mercury*) 一書，是中世紀早期流傳甚廣的著作，描述天上的兩顆星星，一顆是水星 (Mercury)，一顆是語言學 (Philology)；前者是新郎，後者是新娘；婚禮中女儐相是另七顆星，即文法 (*Ars Grammatica*)、修辭 (*Ars Rhetorica*)、辨證 (*Ars Dialectica*)、幾何 (*Geometrica*)、算術 (*Arithmetica*)、天文 (*Astronomia*)、及音樂 (*Harmonia*)，恰好是古希臘羅馬的「七藝」(Seven Liberal Arts)。在七藝的前三藝中，中世紀的中學特別注重文法──拉丁文法而非希臘文法，因為拉丁勢力已如日中天。中世紀學者之研究或學習拉丁文法，只注意語形變化及句子構造，因為當時的社會並不需要雄辯滔滔的人才；修辭也只是對文章及官方文件規格的研究而已，談不到其他。在後四藝中，只有算術比較受人注意，雖然天文與音樂也與教會活動有關。課程內容狹隘又偏面，可以說是中世紀

中等學校的特色。這種特色是時代的產物；在那個時代裡，學生只要精習拉丁文，就可以有服公職或到教會承受宗教任務的機會。

第二節　人文學校的興起

　　中世紀之後，緊接而來的是創新性鼎盛的文藝復興時代。政治上，文藝復興時代有了更穩定及更注重法治的制度；經濟上，人民生活水準普遍改善，中產階級出現了。繁榮、和平、與安全，乃影響了世人對人生的看法。以往重來生的人生觀，乃變為注意今世的人生觀；中世紀人民只為未來的天國世界作準備，文藝復興時代的人民，則對現在及眼前的發展深感興趣。如何享受更為愉快的生活，現在變成刻不容緩的問題；中世紀的教材內容，已完全不能滿足人們在這方面的需求。他們尋覓到古希臘及羅馬傑出的作品，正是填飽他們的精神食糧；當然，這是因為古希臘及羅馬文學作品之重新被挖掘出土，才解他們心中之渴。由於古文學名著的研讀，時人遂培養了對人生之批判及對時代的反省態度。

　　文藝復興時代的領袖們熱心於探索古代文明，但這些努力，卻不為繼承中世紀精神的保守之士所認可。中世紀的大學也教導文學科目，但文學科目卻是神學、醫學、及法學等專業科目的先修科。同樣，中世紀的中學主科雖是拉丁文，但拉丁文的學習，是為了配合教士、公職人員、以及商業中產階級等人的需要而已。中世紀時代的高等教育及中等教育機構，無一符合文藝復興時代人文學者的旨趣。由於傳統既存的學校對文藝復興所需要的新學科關緊了大門，時人乃不得不另起爐灶，以便提供學生有研讀拉丁文及希臘文的機會，並進而探討令人嘆為觀止的古代文學。頓時，為數眾多的學校，皆屬「**人文學校**」(humanistic schools) 性質，也皆以人文科目為主要課程的教育機構，乃如雨後春筍般的在各地出現。這種學校的主要目的，在於教導學生善說拉丁文，並流暢的書寫拉丁文，強調個人發展及個人成就。由於這種學校比較專注於羅馬文學的最佳作品，所以辦校者的教育見解，也從羅馬的教育家坤體良及其大著《**辯學通論**》(*Institutes of Oratory*) 中師法而來。因此，文藝復興時代的中學，乃與古代羅馬的文法學校一脈相承，而與寺院、主教堂、職業行會等之拉丁學校大異其趣。文藝復興時代統稱的人文學校，追隨

著文藝復興運動之餘波，在法蘭西成立的古典中學，名為**學寮** (*Collegé*) 或**學園** (*Lyceé*)；在日耳曼成立了**古文中學** (*Gymnasium*)，在英美則稱之為**拉丁文法學校** (Latin grammar schools)，在義大利則由**維多利諾** (Vittorino de Feltre, 1378–1446) 成立**宮廷學校** (palace school)；宗教改革後，舊教教育團體之**耶穌社**（Jesuit 或 Society of Jesus）成立的學府，也都具有人文學校的教育性質。就教育史而言，這些成立於歐美的人文學校，一直延續迄今；比較正式又定型的中等教育機構，也可以從此開始。而初等教育的開始年代，差不多是自唯實論興盛時才成立的母語學校（國民學校）開始，那已經是十七世紀了。而高等教育的大學，也應從中世紀的大學起算，在那之前的高等學府，是零星、斷斷續續也不成規模的。即以中學而論，歐美中學的教育問題，即令到今日，都可溯源於文藝復興時代。

一、學　生

人文學校的學生清一色都是男生，入校年齡相當早，大概七歲左右。純由入校年齡來考慮，則屬小學或初等教育的學府；荷蘭的文藝復興大學者**伊拉斯莫** (Desiderius Erasmus, 1466–1536) 還認為可以更早入學，英國的**伊利歐特爵士** (Sir Thomas Eliot, 1490–1546) 也附和其說。羅馬孩子之唸拉丁文是簡易的，因為拉丁文是羅馬人的母語；但英國孩子也純以拉丁文當教學語言。值得注意的是，有些學生入學後甚至到了二十一歲才畢業；若依年齡來說，已屬大學階段了。可見學府之大、中、小等，年齡不是重要的因素，卻只問性質。其實，人文學校介於大學及小學之間，這也是其後演變出來的，與學生年齡的多寡，關係不大；倒與語文之學習，密不可分。初等學校唸母語，人文學校學拉丁文；不只學科有別，且社會階級也不同。母語是給平民學的，貴族及資產階級的子弟則入人文學校。

二、課　程

人文學校課程以拉丁文之學習及拉丁文學作品之探討為重點，希臘文只在高年級時才開始研讀；宗教改革之後，由於《聖經》原典研究的深獲重視，**希伯來文** (Hebrew) 也變成人文學校的重要科目之一。剛入學者，必須先學習

語形變化及句子構造，學會了之後，才研讀古典作家之作品。古典教材之研讀，目的在於增廣見聞、陶冶品格、及對美的享受。不但有科學的、歷史的、地理的知識，還注重文章格調的類型及風味。最令教師困惑的，莫過於如何從眾多的古典作品中，挑出優秀又有價值的教材；當時最受垂愛的作家，拉丁文方面有羅馬喜劇作家**德倫西** (Terence, 195–159 B.C.)、詩人**威吉爾** (Virgil, 70–19 B.C.) 及 西塞洛；希臘文部分則有史詩詩人荷馬及雄辯政治家**狄摩尼西斯** (Demosthenes, 384–322 B.C.)。❷

　　將希臘及拉丁文學作品之深淺予以分級的人文學校，首由「**共生兄弟社**」(Brothers of the Common Life) 所創，學生分成六級到八級，每級都有不同的學習科目，而非籠統的作通覽性的閱讀；大學者伊拉斯莫是這種學校的畢業生，而在日耳曼推廣此種分級制的教育家**斯徒姆** (Johann Sturm, 1507–1589)，也是校友。

　　北歐的人文學校，性質就與南歐有別。在課程安排的重點上，前者是批判的成份多，後者則美的比例較大。北歐的人文學校，道德重整列為第一順位，宗教改革排為優先。**路德** (Martin Luther, 1483–1546) 這位宗教改革健將也是文藝復興的帶頭者，認為拉丁文及希臘文之不可不讀，乃因如此才不會使得《聖經》教義之翻譯及解釋，流於以訛傳訛的惡果。不過，他的次要論點也指出，外來語言的學習，也可以在心靈生活中添加香料，就如同外地香料之增加，會使得食物之味道更為鮮美一般。

　　路德的主要論點，顯然的與早期美洲殖民地時代的官員之看法相同，在荒野中擬設立中學時，引用了那句 1647 年法案中經常被人引用的話：「大惡魔撒旦的一項詭計，乃是使人們不能擁有《聖經》知識，在以往的年代裡，《聖經》都是用一般人無法領會的語文來書寫的；其後，惡魔也勸使人們不要研究古文也不必了解《聖經》的古文，如此，原本《聖經》的真正意義乃被錯誤的詮釋所籠罩，也被偽君子所歪曲。」新教主張信仰依據《聖經》，因此研讀《聖經》是天經地義。新教地區人文中學的設立目標，在於培養學生進入大學並執行牧師職務。人文學校是帶有職業目標的。

---

❷　荷蘭人到臺灣時，發現臺灣住民的口才之佳，不下於狄摩尼西斯，不知真否？

三、沒　落

　　文藝復興及宗教改革時代的人文學校，特別注重人文學科，其後稱為古典學科，學習這些學科，可以孕育學生對善與美的認識。人文學校興辦之初，活力旺盛，但一旦採取以一位優秀作家即西塞洛的作品作為模仿典型時，即呈現了形式主義的徵象，而開始步入斜坡。並且在時人以為只學習拉丁文及希臘文，甚至單學文法就心滿意足時，則表示鼎盛期已過。如果文法還涵蓋文學，則發展還有前途，但若限於狹隘的文字格式之學習及文法構造之背誦，則頹勢已呈，太陽要下西山了，日暮途窮之局，無法挽回！

　　形式主義、文法主義、文字主義、**西塞洛主義** (Ciceronianism)，使人文學校之敗象已現，教育腐化，這是不足以令人驚異的。只模仿而無創新，大大的違背了文藝復興的時代精神；光是服從而不敢批判，也明顯的拂逆了宗教改革的初衷。師生都變成西塞洛的猴子，並不光彩，也失臉面。一般說來，鼓舞貴族、士紳、富商及專業人員之子弟熱愛古典文化，並且拿古典文化之研究作為首要目的，這種措施，必須先有文采的教師來擔任教學工作，平庸劣師是無法挑此大樑的。相對的，此時也只有少數智能優異、情感特別豐富的學生，才能享受到最理想的教學。因此，真正能吸取古典菁華，並遨遊於古典作品者，實在是微乎其微。大多數的學生都把人文學校當作是個既枯燥又乏味的教育場所。

　　部分人士的觀念得對人文學校的沉淪，負起責任。教育界甚至有人認為人文學校提供既枯燥又乏味的學習，而不注意教材內容，具有增強心智鍛鍊及心靈陶冶的功能；他們認定，學習的結果並不重要，如何學習才重要。十七世紀以後，仍然有不少人並不擔心人文學校課程的形式化，卻說只要能夠將刻板冷僻的教材印入學生的腦海裡，或逼迫學生記憶，就具有知識的儲藏功能。這種說法就像臺灣現在有許多校長、家長、及教育行政主管鼓勵學童背誦連「國」學大師都無法領會的《三字經》、《千字文》、《百家姓》一般的可悲！最令人不可思議的是，有人雖也承認人文學校的教材內容無甚價值，但由於只能有少數人才享受此種禁臠，物以稀為貴，他們認為能入此種學校就讀，還是身份較高的標誌呢！

四、改革的呼聲

　　人文學校的沒落，乃因未能配合時代的需要所致。十七及十八世紀的課程改革動力，主要有兩個來源；第一是來自於上層階級人士本身的要求。以前封建社會的貴族，已由權力集中在帝王手中的貴族所取代，這時候的貴族已今非昔比，他們的顯赫絕不侷限在地方上，卻表現在帝王的宮廷中。帝王權力範圍之內的公職工作，也由世俗人士而非如以往的由教會人士來承擔。因此顯而易見的，當時宗教性質及從前武士貴族性質的人文學校，已不足以培養扮演宮廷角色的貴族。打算成為戰士、政治家、事務官，以及名人的青年，遂要求一種嶄新的教育方式。

　　第二種改革動力，來自於地理大發現、天文學的一新耳目、及自然科學的勃興。數世紀以來，**哥白尼** (Nicolaus Copernicus, 1473 ～ 1543) 的太陽中心說，1492 年**哥倫布** (Christopher Columbus, 1446–1506) 的抵達美洲新大陸，**哈維** (William Harvey, 1578–1657) 的血液循環說、以及數學家**笛卡兒** (René Descartes, 1596–1650) 的解析幾何，都大幅度的增加了人類的知識。本來，源之於希臘七藝的人文學校，是包括有文理兩領域的，但事實上，自然科學卻受盡冷落。人文學者還認為理科探討的對象是自然界的，因此也是物質界的；而人的特色，人性的本質，卻恰好與此相反；根據人文學者的見解，人之主要精神特質是非

圖 14–1　哥白尼 (Nicolaus Copernicus, 1473–1543)

物質的。因此，人文主義與自然主義，人文主義與自然科學，文學作品與物質科學，乃相互敵對，水火不相容。人文學校之堅拒自然科學科目，自屬意料中事。

　　其次，另有一種心理趨勢也不可小視。即古今之爭以及古文及今文之爭。人文主義與自然主義之不合，在這幾世紀中，是「**傳統**」與「**現代**」之間相互衝突的一部分；二者齟齬之焦點，在於前者以希臘羅馬的文化，作為藝術、文學、及哲學成就的最理想標準；後者則認為十七及十八世紀的歐洲，已發

展出自己的文化，此種文化造詣，即使不凌駕於古代文化之上，至少也可以與希臘及羅馬文化相頡頏。因此，以現代語文（即母語）寫作的詩詞，乃與古文詩詞對抗；文藝復興時代的繪畫與雕刻，乃與古代藝術對壘，而新科學又與權威型的哲學誓不兩立。**培根** (Francis Bacon, 1561–1626) 寫出歸納法的《**新工具**》(*Novum Organon*)，直衝著亞里士多德倚靠演繹法的老工具而來。

人文學校若堅持不肯接納新科學，則新式學校只好另闢蹊徑。日耳曼地區有了「**實科學校**」(Realschule)，以實用、技藝、及自然科學為主要科目；法蘭西則受到第一位現代化哲學家笛卡兒之刺激，「**耶穌禱告所人士**」(Oratorians) 及「**忠王港**」(Port Royalists) 都創辦自然科學特色的學校，在十七世紀之初，強調法文（母語，現代語）教學，還側重數學、物理、及自然科學之學習。「**忠王港**」隸屬的「**小學校**」(Little School of Port Royal) 存在時間短暫 (1637–1661)，不過頗具教育史意義，由於提倡新學而蒙受傳統勢力的打擊。英國上層階級人士早就不滿貴族的「**公學**」(Public Schools) 及「**文法學校**」(Grammar Schools)，因此一方面，有錢人家多半聘請家庭教師來教育自己的子弟，洛克就在此種氣氛下累積了當家教的經驗而寫成《**教育論叢**》(*Some Thoughts Concerning Education*) 一書。此外，「**現代學校**」(modern school) 與「**技藝學校**」(technical school) 也慢慢的成型，而與「**文法學校**」三分鼎立 (tripartite)，一重現代生活及英語教學，一重職業技藝，而不完全受束於傳統古文的研讀了。

中等教育的改革運動，產生了幾個不同的努力方向。大致說來，一般性的趨勢是：拉丁語文仍然保留下來，力道十分頑強。現代語文，即母語或國家成立之後的各國語文，也開始出現在中學裡；此外，自然科學的份量越來越重，地理及歷史之加入課程行列，已勢不可擋；體育方面的重視，更無人反對，舞蹈、劍術、騎馬、游泳、及球類運動，這些本來在人文學校裡就有的項目，都可以在學校內為沉悶的古文背誦，增添一些生氣。不過，不管新學校如何擴充課程範圍，並且教材內容又如何對學生有吸引力，它要推翻傳統的歐洲人文學校課程，速度卻令人感到奇異的緩慢，人文科目仍然位居要津。

第三節　美國中等教育機構的變遷

　　由歐洲移民到美洲新大陸的各地殖民人士，雖則想在宗教、政治、或生活方式上開拓新天地，與舊大陸一別苗頭，但他們卻未曾對學校教育改弦更張，小學如此，大學如此，中學亦然。他們沒有播下新種子，卻將一棵成長了的歐洲人文學校的樹木轉運到新大陸來，且還盡可能的不鬆動這棵大樹的根。

一、拉丁文法學校

　　大多數的美洲早期中學，取法於英國的文法學校，不用說，那就是「拉丁文法學校」(Latin Grammar School)。定居於麻州**波士頓** (Boston) 的人，在追求宗教自由而遠渡重洋時，於 1642 年設立的美洲第一所人文性質的學府，取法於**阿爾卑斯山** (the Alps) 以北的宗教改革氣息者多，而該山以南的文藝復興色彩者淡。善的成份多於美——學童入拉丁文法學校，不在於追求人文美的享受，卻在於預備入大學以便為教會及社會服務。課程主科是人文性或古文性的，而非自然科學性的；是古典而非現代的，拉丁而非英文的。由於過份強調拉丁及希臘文的文法學習，這種狹窄性的課程，也助長了形式訓練的心靈陶冶說法。

　　七或八歲的學童即可入殖民期的拉丁文法學校，條件是會閱讀；不過拉丁文法學校也教導初學者閱讀，此種情況並非少見，這是必要的，尤其附近又缺乏「**嫗婦學校**」(dame school) 的話。並且人們也喜歡如此，因為拉丁文法學校與嫗婦學校及一般的小學並行，而非建基於後二者之上；殖民時代這些學校彼此之間的差別，就如同歐洲的學校一般，並非根據年齡而係依個人經濟條件及社會階級而來；拉丁文法學校是收費的，且收費高昂。假如一個人希望出人頭地，那麼他就到拉丁文法學校註冊，而不選擇其他種學校。

　　拉丁文法學校是十七及十八世紀新大陸的典型中學，但是這種學校的根底，卻未深入新大陸社會的底層。學校設立相當迅速，因為是殖民地政府下令的，麻州就是如此，麻州通過一項立法，規定滿一百戶的住區「**必須**」設一所拉丁文法學校，違者處以罰款。如果一家以五口計，而每住戶有三個學

齡兒童，全部入學的話，全校也只不過是三百人而已，算是小型的學校。結果，許多城市寧願受處分也不願籌款設校，反而便宜划得來。即使學校興蓋了，人們仍然懷疑設立這種學校的價值。十八世紀早期，波士頓這個在當時新大陸最大的城市之一，也有如下的狀況：

> 本市有數以百計的學童家長，並不指望他們的孩子接受文雅教育；
> 子弟花費了兩小時、三小時、四小時、或四小時以上的時間在拉丁
> 學校裡，對其後的成就，甚少幫助，甚至毫無幫助。

很顯然地，這種學校只為少數人服務；並且當時的人民住所並不集中，他們散佈在遼闊的大地上。這種人口之稀化乃導致於小學區制的實行，但每一學區維持一所小學，都已是迷你性的小學了，更難奢望中學之設立了。至於南方之設立拉丁文法學校，更是寥若晨星，因為富有人家盛行著將子弟遣返祖國（英）接受教育的風氣。

二、學苑 (Academy)

十八世紀時，由於社會情況的變遷，加上傳統的拉丁文法學校不能也不願適應社會新情境，因此，一種新式且富有挑戰性的殖民中學，誕生出世，學校取名為「學苑」(academy)，仿自柏拉圖的設校英譯名稱。此時，人們的世俗興趣已壓過宗教興趣。又由於宗教容忍度之漸增，又能准許海上貿易之大幅度來往，新的政治學說也開始興風作浪，助長威勢。加上與英國關係的日趨惡化，以及人們在獨立戰爭之前研讀了來自於法國的作品。這些因素都轉移了人民的注意焦點，不再受束於傳統的桎梏中。

身兼科學家、發明家、政治家、外交官、慈善家及教育家的**富蘭克林** (Benjamin Franklin, 1706–1790)，最早提議設立學苑，但即使以他的威望，他賓州的同鄉也並不完全支持他的想法，因此建立的學苑與他的構想並不相符，可見教育上的保守勢力是多麼的可怕。該學府成立不久，即轉型為高等學府的「學院」(college)。十八世紀晚期，麻州也設有學苑，但只不過是在提供傳統的中學課程之餘，「特別注重實際生活知識之學習」，這是保守份子的最大讓步。後一段聲明，對美洲新大陸來說，是嶄新的；這乃表明除了準備學生升大學之外，學苑規劃有一種自足性的課程。除了希臘及拉丁文法這兩主科之

外，還有英文文法及實用性的幾何、邏輯、地理，「及其他文科、理科、及語言，如果學生的機會及能力允許的話。」

富蘭克林原先的課程構想，更富實用性。設若他的夢想實現，他必捨棄古典學科，而完全以英文作為閱讀、演說、及寫作散文的工具；他還打算把算術、簿記、幾何、天文都包括進去。這些學科是要培養學童以後成為水手、測量員、或商人之用的，這三種身份，是當時最重要的三種行業。此外，他也沒有忘記自然科學、地理、道德、及歷史之重要性；這些都具社會價值。不過他的觀點對當時而言，太過激進；為了爭取贊助者，他不得不讓步，允許一些他所稱的「**裝飾性**」(ornamental) 學科，即古典學科在課程裡；蕃薯籤摻米，這是改革家最心痛之處。

在設校及提供課程的數量上，由於學苑先是穩定後是快速發展，證明這種新舊並陳的學校，很適合於美洲新大陸的民情。人類好奇心的領域，如由這種學校的課程來衡量，是無止境的。所有各種科目的教學，都毫無遺漏的包括在內，從希臘文的學習到現代語的探討，從古代《聖經》教義到美洲開發史，從商業法則到教學法則，從書法到繪畫，從自然哲學到化學，從算術到三角，幾乎應有盡有。當然，有些科目的學習時間相當短促，有些學科太過膚淺；但我們不要忘了，當時正是機器發明與社會改造時期。人們相當樂觀，認為人力足可掌握自己的命運，尤其在美國獨立建國較入坦途時為然。人們樂意企變求新，任何有用又可打開機會大門的科目，他們皆情願一試，展雙臂歡迎。

初期半世紀的學苑之發展速度是平穩的，但並不突出；到了十九世紀中葉，陡然往上升到顛峰。個中原因，部分是早期的學苑，大都由私人所興辦；此時則以公款辦理，如紐約州；部分原因是女子學苑也興建起來了。長久以來，女子教育就被打壓，認為女子教育頂多到 3R's 即可。學苑毅然打破這種陳腐觀念，更證明了時人的兩性平權態度及對女性能力的無窮信心。

拋棄不掉傳統課程的沉重包袱，是學苑發展不能邁開大步往前進的主因，頂多作個「**轉移性**」(transitional) 的角色；它介於舊世界的拉丁文法學校及新美國所要求的「**中學**」(high school) 之間；但是除了紐約州以公款立校因而具有普及中等教育機會之意味外，其他地區則未能實現「**中等教育大眾化**」(Sec-

ondary Education for All) 的目標。無可諱言的，男女兼收，擴充課程，新舊兼
具，並非完全變成大學的預備學校等，這些都是學苑不可磨滅的優點與貢獻。
在中等教育完全民主化的層面上，學苑力有未逮。即令是身處富貴之州的紐
約，雖然學苑是公立，但學生卻是經過汰選的。因此，有不少人就抗議這是
以全民的稅收來供少數人享受教育利益的措施，違反公平正義原則。此種爭
論問題，在其後設立公立中學時仍然發生過。並且，學苑並非直接的建立在
與小學的銜接與連繫上，它與拉丁文法學校一般；因此，小學、拉丁文法學
校、及學苑三種教育機構，是平行的！

三、中學 (High School)

美國之出現「中學」，並非因學苑已呈敗象，卻是在這種不新不舊的教育
機構鼎盛之頭二十五年中誕生，此種現象，極具趣味性。中學之萌芽，並非
由於人們對學苑之不滿，這就與學苑之出世有所不同，這是前已敘述過的，
不必重複。相反的，中學的發起人也效尤學苑的種種措施。孵出中學觀念的
波士頓學校委員會 (Boston School Committee) 就非常清楚的表現出這種態
度，這個委員會因受公眾的壓力，不得不考慮設立一種學府，「提供給不擬升
入大學的學生，他們原先入校時是小學畢業生；教導他們接受良好的英語教
育，並使他們適應於各種商業生活。」可知此種擬辦的新學校，是介於小學與
大學之間，是小學的延續，但不是大學的預備，畢業後就步入工商社會，營
實際生活了。為了不讓納稅人有增稅的疑懼，該委員會建議新學校不收家長
分文，辦校財源有著落，即將以往八年的小學裁減後兩年供中學頭兩年的費
用。還進一步的說，公共學校制度不只因此而較完善，且對家長是一大福音，
因為家長可以免交雙重費用，一份支付公立學校之用，一份是繳交給私立學
校，如果孩子無公立中學可唸的話。

1821 年，此種學校正式開啟大門，校名為「**英語古典學校**」(English Clas-
sical School)，但人們不旋踵之間，立即將該校簡稱為「**英語學校**」(English
School)，或乾脆就取名為「**中學**」(High School)，將「**英語**」及「**古典**」雙
雙拋棄。這是美國教育史上第一所「公立」的中等教育機構。此校一設，反
應出奇的強烈，不到六年之間，麻州就注意到了波士頓人在這方面的成就，

乃制訂了州法，規定在該州內普設類似學校。**新英格蘭** (New England) 各州，群起仿效。西部各州，疆土遼闊，人民更具平等觀念，他們看不慣雙軌制或平行性的學制，更厭惡於將小學與中學作社會階層的截然劃分，他們如同熱愛民主一般的熱愛這種新式的中學；因為此種學校是初等教育的延伸，這不更顯示出美國聞名於世的單一性及整體性的教育階梯嗎？此外，中學係由公款設立，收容所有子弟，不必經過升學汰選，且提供的課程又迎合了大眾的需要。

出其不意的是以公款設立中學的合法性，卻在美國中西部 (Middle West) 受到嚴重的質疑。在**密西根州** (Michigan) 的**卡拉馬組** (Kalamazoo) 地方，有人反對以公款設立中學，他們認為中學並非國民教育制度的一種，因此以國民稅收來設校，於法無據。他們的看法是，只有初等學校才是國民學校，超出國民學校之上的教學，都是僅為少數人的利益而作的奢侈性活動而已，該種教學應由私人承擔其費用。當時密西根州最高法院法官**庫利** (Thomas McIntyre Cooley, 1824–1898) 代表法院認為，州政府有權在國民學校與大學之間設立中間性質的學校，「提供給本州所有階級人士之子弟一種文雅性的教育」。對於此一措施質疑者，法庭認為是不可思議的。此案件還上訴到美國中央聯邦的最高法院，1874 年定讞，維持原判決。此案一判，使得一向持觀望態度的其他州，增強了設立中學的決心，公立中學的合法性從此固如玉山。由於中學盡吸小學畢業生，因此中學爆滿，學校數及學生數成天文數目字一沖上天，美國教育之昌隆，由此可見一斑！

中學的發展能夠勢如破竹，因為恰遇十九世紀及二十世紀以來社會加速變遷潮流的浪峰，基本現象乃是美國人大幅度的提高生活水準所致；經濟繁榮，國泰民安，自然不能滿足於只受初等教育而已。自南北戰爭之後，美國得天獨厚的蘊藏天然資源，經過開發利用，已成世界首富。戰前國會認為按照當時向西擴張墾殖的速度，則美國之擁有現在版圖，大概得費時數世紀之久；但戰後不到四分之一世紀（二十五年），美國人已佈滿全國各地，邊疆一詞已不再適用。內戰之後，由於工商業之突飛猛進，國庫及人民私庫滿滿，以公款辦理中學，綽綽有餘。

其他社會因素也支配了中學的發展，開放性的社會以及快速的社會流動，

都在鼓舞人們趕緊接受更多更好的教育，以便在社會經濟的階梯上耀武揚威，往上爬升。由於美國本土各色各樣的工商業建設，以及取之不盡用之不竭的天然資源，人們都想經由學校教育來大展鴻圖。另外一種因素也不容小視，許多人之進入中學，並不在於想獲得更佳致富或出頭天機會，卻因農業及工業過度機器化之後，產生了過剩的勞工，尤其在 1929 年的**經濟大蕭條** (the Depression) 期間，失業的勞工沒有更好的去處，只好往中學跑，也恰好有中學容納他們，真是一舉數得；一方面提升知德水平，一方面疏解社會治安問題。教育是最理想的投資，美國平均國力也往上晉升。

　　但中學的成長太過快速，也難免滋生許多後遺症。診斷這些痛苦病症的癥結所在，也許從課程下手較易。中學課程接枝於學苑，那是中學最不新穎的部分。第一所中學，即波士頓英語古典學校，就有原封未動的學苑課程。英語科目有閱讀、文法、及演說；數學科目有算術、代數、幾何，及三角；哲學科目有自然哲學、道德哲學、及政治哲學；歷史科目有古代史及近代史。此外，也有簿記、航海、及測量等學科，可以說都是抄自學苑的。

　　學苑中的希臘文及拉丁文課程，已消失在中學科目表內，但不久卻又死灰復燃。1827 年的《麻州學校法》中，又再度提及這兩門學科，顯而易見的，制訂該法的人認為，中學已經是僅有的一種中等教育機構，因此，除了教導學生如何適應生活外，還得準備他們升入大學。不只中學裡出現了古典學科，並且在十九世紀中葉，它還像學苑一樣，擴充了許多學科，而那些學科又是學習時間短暫且內容膚淺。結果，中學不得不延長年限為四年（本來兩年）；十九世紀末，中學課程精簡的呼聲四起，基督教義、古典聖經、古文經典、及古代地理等被刪除，天文學及地質學也消失，但由工藝、家政、農業等新科目及擴充原有的商業科目來填補。

　　1827 年的麻州法，規定中學擔當兩種功能，一是本身完足獨立，二是作為大學的預備。置古典學科及大學的預備科於中學之外，是不可理喻的。無論如何，內戰之前的多數中學，如同學苑一般，都提供兩種性質的科目。英語課程乃為生活而準備，拉丁課程則為升入大學之用。十九及二十世紀之交，多數中學還提供第三種課程，屬工商職業性質。二十世紀頭十年的中學學科數，平均而言是六科。第一次世界大戰後，則增加到十二科以上。

這麼多平行的課程，乃又產生了分類的中學，如商業中學或技術中學等。由於學生數之增加如同幾何級數，舊有教室不得不翻新，新學校到處林立；許多學校仿歐洲辦法，將不同學科置於不同的校舍建築之內，也有不同的行政管理。但這種二十世紀開頭所施行的辦法，在一次世界大戰後即不為時人所喜愛。這就如同單科性質的中學同時存在一般；統合各學科而在同一學校內進行教學，又受同一行政管理的「綜合中學」(Comprehensive High School)，乃漸漸流行，人們認為這才符合民主精神。(詳第五節)

原先設立中學的首要目的，在於提供學生作生活的準備；但是十九世紀結束之後，中學的次要目的，即大學的預備性質，重要性大增。教育行政家**巴納** (Henry Barnard, 1811–1900) 及**耶魯大學** (Yale University) 名校長**波特** (Noah Porter, 1811–1892) 都不贊同中學之傾向升學功能，但無法力挽狂瀾，二者皆深恐中學變成大學的附庸。中學生畢業後群往大學窄門擠，似乎比重傾斜得極為明顯。中學品類不一，程度也參差不齊，大學入學條件也五花八門，因之中學與大學之間難免產生銜接及待協商的問題。

中學成立之初，立即發展到尖峰狀態，它走在時代浪潮的前端。但到了二十世紀初期，航道的礁石已隱約可見；辦學者必須慎思熟慮的來予以清除。先前對中學之設立懷有任性又樂觀的念頭，現在此種念頭是否仍能持續下去，端賴那些掌舵的人如何調適方向而定。

第四節　中學與大學之間的協調

航行的礁石之一，就是中學與大學之間的協調問題。既然原先設立中學的主旨，並不在於作為大學的預備學校，則它與大學的關係如何，實在有待摸索。由於美國各地民情不一，教育水平參差不齊，中學的教育品質也就彼此相差懸殊。以中學畢業就作為進入大學的許可條件，並不十分合理。加上不同的大學又各自舉辦不同的入學考試，使得中學與大學的關係，更為複雜，更為不明確，更令人眼花撩亂。大學的入學考試科目，又以大學所授予學位的學科為主，如**文學士** (B.A., Bachelor of Arts) 即考文科，**理學士** (B.S., Bachelor of Science) 即考理科，伸縮性甚少，這對於提供五花八門學科的中學，似乎並不友善，雙方也不搭調。

內戰之後數年 (1870)，**密西根大學** (University of Michigan) 曾設法在這種混亂局面中理出一個頭緒來，該大學乃任命一個由該大學教授所組成的委員會，在被中學邀請之下到各中學拜訪，從中評斷中學之間的優劣。如果委員會認為符合大學的要求，則該中學畢業生就可經由中學校長的推薦而進入密西根大學就讀，無需經過任何考試。**印地安那州** (Indiana) 隨後也仿效此辦法，但卻由該州**教育董事會** (State Board of Education) 來負責核定中學成績的好壞，而非州立大學。「**認可制度**」(accrediting system) 源之於此，從此，大學與中學之間的關係，大有改善；但各州認可措施不一，此一問題，由各地域性的聯盟來解決。1894 年，「**北部中央聯盟**」(North Central Association) 成立；「**新英格蘭大學及預備學校聯盟**」(New England Association of Colleges and Preparatory Schools) 於 1884 年出現，隔年改組為「**新英格蘭大學及中學聯盟**」(New England Association of Colleges and Secondary Schools)；「**中部各州及馬利蘭大學及中學聯盟**」(Association of Colleges and Secondary Schools in the Middle States and Maryland) 於 1892 年問世；「**南方聯盟**」(Southern) 於 1895 年出列；「**西北聯盟**」(Northwest) 於 1918 年成立；「**西部聯盟**」(Western Association) 成立最晚，是 1930 年才成立。有些聯盟不採認可制，是委由一足可信任的考試機關來辦理入學考試事宜，「**大學入學考試委員會**」(College Entrance Examination Board) 也從此誕生；凡通過入學考試的中學畢業生，都可申請到各大學註冊入學。

　　美國教育學會 (National Education Association) 於 1893 年任命一個「**十人委員會**」(Committee of Ten) 專門來處理大學與中學之間的問題，該委員會期望日後的大學，都能由所有的中學畢業生進入就讀，只要他們完成了夠水準的中學學業，而不管他們在中學唸何種學科。但中學品質的高下既無法齊一，委員會也感嘆有些中學畢業生素質之低劣，要他們都入大學，相信並非所有大學都樂意接受。雖然如此理想化的雙方關係，存在時機未臻成熟，該委員會擬從簡化中學畢業生進入大學的過程下手，即縮減學生意願的差異與學科價值的不齊，如此可以緩和轉學問題。「任何中學所教的任何學科，都應該以相同的方式及相同的範圍來教導每一位中學生，不管他的未來志願是升學還是就業。」換句話說，所有中學生都悉數接受相同教材的教學，如能有像臺灣

那種「**統一**」標準本教科書，則問題就迎刃而解了。不過，該委員會也體認出差異性之不可避免，不可硬拗；削足適履，或只為了行政上的方便而犧牲了教育上的考慮，那就是捨本逐末了。為了要亂中有序，該委員會盼望：「無論學生作何種選擇（升學或就業），所有教材都應具有嚴肅性、尊嚴性、及有效性。」

十人委員會提出報告不久，1899 年另一委員會也對中學課程提出建設性的建議，一是選修科原則應該實施於中學課程中，一是「**各學科價值平等**」；「各門學科只要是在一所設備良好的中學，由良好的教師教學，每週上課至少四節，且至少是一學期的科目，都可以作為進入大學的條件科目。」這個「**公式**」，就是日後「**單位**」(units) 或「**學分**」(credits) 的來源。「**學分**」概念仿自大學，「**單位**」則早在紐約州即已存在。「一學年每週上課五小時的課程」，此種「**點數**」(counts)，即算一「**單位**」。

有了這麼客觀又具體的「**單位**」作計算標準，大學入學條件遂採用「**單位**」辦法，中學畢業生至少擁有十個單位即可入學，十個單位中，外國語四，英語二，數學二，歷史及科學各一；這是 1899 年的狀況。1911 年，單位數提高到十五，其中英語三，社會科學及自然科學各一；兩科主修各三（共六），兩科副修各二（共四）。1940 年在所有二萬五千所中學裡，不到六千所符合認可標準，可見中學教育待改進之處仍多。

一次大戰後，「**進步教育運動**」(Progressive-education movement) 擴及於中等教育領域，對於大學入學條件之要求已感不耐，以靜態的「**單位**」或「**科目**」來計算課程教學，是進步主義教育學者深感不耐的，他們強調的是川流不息的學生經驗，學科只不過是豐富了這些經驗的手段而已。基於學生經驗而組成的課程，而非傳統的學科課程，乃是進步式實驗學校的旨趣；由進步主義人士所進行的實驗學校，畢業生在入大學時自較吃虧，比較無法符合大學條件的要求，但是卻比較符合進步主義教育人士的教育主張。為了證明這一點，所謂的「**八年研究**」(Eight-Year Study) 乃正式展開。部分大學被說服在八年之間除了收容傳統式中學畢業生之外，也收容進步式的中學畢業生。八年之後，兩種類型的學生作一番比較，研究結果發表於 1942 年。報告中很清楚的指出，大學文學院學生之優異表現，並不如一般人所想像的，必須全

然靠中學花規定時間去閱讀某特定學科所造成；進步式學生的平均分數並不亞於傳統式的學生，且前者在創新性、自治性、及自發自動性上，遠優於後者。

很多中學教育家感覺到，美國的大學在介入大學與中學之間的協調上，已超越過了它本身所應該發揮的影響力；他們同時認為，中學如能排除大學之發號施令而獨自發展，則中學之非大學預備功能，更可以迅速又有效的展現出來。或許是如此吧！但不要忘了，若小看了大學對中學之影響力，且強調中學一旦獨立就可以使中學蒙受其利的人，實在犯了一項錯誤。在政府未積極視導中學之前，大學才是真正領導中學改善教學環境並提高教育素質的學府。

第五節　中學的分分合合

一、初級中學 (Junior High School)

中學教育的改進之一，也是十人委員會所慫恿的改革之一，乃是將中學劃分為二，一為「初級中學」(Junior High School)，一為「高級中學」(Senior High School)，大學的人希望中學如此，他們認為中學只有四年，實在無法勝任作為大學的預備學校；有些中學學科可以向下移到小學的第七及第八學年攻讀，如代數、科學、及外國語；或者把小學的最後兩年刪除，劃入中學年限內。強烈主張這種調整的，是**哈佛大學** (Harvard University) 的名校長**伊利歐特** (Charles W. Eliot, 1834–1926)；他在 1888 年美國教育學會的演說中，提到「學校課程可以縮短時間並且增加內容嗎?」這個對他而言是極為迫切的問題，因為他注意到大學的新生，年齡已不小，大概超過十九歲，與歐洲國家相較，美國青年在擔負自己獨立的生活上已遲了兩年。小學的八年縮短為六年，實在是必要之舉。許多小學的高年級已「分科化」(departmentalize)，不僅課程程度是中學性質，且教學法及行政管理也與中學一、二年級無異。教學已非包班制而是分科教學了，教師並不每科皆教，或許只教某一學科如英文或數學而已。

對中學教育提出更激進的改革主張者，乃是二十世紀初期**芝加哥大學**

(University of Chicago) 首任校長哈柏 (William Rainey Harper, 1856–1906)；他大膽的說，中學年限不應僅包括小學的第八年級，並且還應包括大學的頭兩年。假如這種建議還不夠稱為大膽，則他另有更令人咋舌的話：他說他所提議的七年中學課程，傑出學生可以在六年甚至五年內修完畢業。將大學的頭兩年劃入中學之內，此種提議少有人贊成，但將中小學一共十二年的學制，從本來的八四制改為六六制，確實比較中肯且可行。

1912 年，由美國教育學會所任命的「**節省教育時間委員會**」(Committee on Economy of Time in Education) 所作的報告，偏愛於六年制的中學教育措施。在宣佈這種決定的同時，該報告還建議將六年制中學割分為三年的初級及三年的高級兩部，這就是「**初中**」及「**高中**」的濫觴。不過，許多地區進行學制的實驗，連同小學在內，有六六制（即六年小學及六年中學）、六三三制（六年小學，三年初中，三年高中）、有六二四制（六年小學、二年初中、四年高中）、六四四制（六年小學、四年初中、四年高中）及六三五制（六年小學、三年初中、五年高中）等各種不同的排列組合。不過一般的趨勢，是小學六年，中學六年但分為三年初中及三年高中。1918 年時，此種制度幾乎已定型；不只因為六年的中學比四年的中學更具大學預備功能，且青年心理學的研究，也給此種制度立下學理基礎。這段年齡的學生，在身心兩方面都發生巨大的變化，分開設校來安頓他們較為妥適。初級中學之設，在美國興建學校熱的二十世紀二三十年代，由於入中學學生數劇增，舊有校舍無法容納，只好另蓋教室，趁著這種方便，蓋新學校相習成風。並且初級中學與小學之銜接較易，高級中學則與大學之聯繫較方便。讓小學畢業生入初中，有一種新型教育的開始感。一般說來，課程是先統整後分化的，小學是統整階段，高中則分化，初中恰好位居其中，如何試探學生潛能以便作分化的準備，乃是初中應扮演的角色，輔導工作的需求就順勢而生。

二、輔導 (Guidance)

「**輔導**」一詞，在二十世紀初期出現時，涵蓋範圍並不如其後的廣泛，原先只涉及職業輔導而已；1908 年，**帕森** (Frank Parsons, 1854–1908) 臨終前正忙於籌款，擬在波士頓開設一個慈善性質的諮商室，幫助他人在經濟活動

上的成功。一方面鼓舞求助者的欲望與信心,一方面則提供實際行動的步驟
與建議。在充滿經濟機會的美國,致富之途正在等待有心人去尋覓。並且為
了維持變動不居的美國動態民主社會,二十世紀的人們有義務去摘取因個人
發展特殊潛能而產生的果實。

帕森的輔導諮商室之設,將職業輔導分成兩類,一是職業調查,一是自
我分析;後者引發時人廣泛的注意。他還運用等級量表並巧妙的使用私人約
談技術;其後被心理學家取之作為改善他們科學的處理個別差異的測量之用。
一次大戰時對入伍新兵的測驗,不僅是頭一次作各種不同職業人士的智慧等
級測驗,並且也經由此種測驗而挑選出專才來擔當軍中的特殊任務。

個別差異的心理學研究,廣被於教育領域時,教育學者很快的看出,輔
導工作有必要採取較廣的範圍,而非只侷限於職業輔導而已。美國小學生畢
業後並不急於就業,但完成初中或高中學業者,則有不少學生不再升學,因
之就業輔導雖不由學校發起,卻在學校內極具必要性。至於所有學生的學習
輔導,則人人都是對象。此種教育輔導,已在「如何研讀功課」(how-to-study) 一
類的書籍中隱約可見。此種現象,恰與 1910 年杜威的名著《思惟術》(*How We
Think*) 的出版時間巧合。讀書是要有方法的,不是光「勤」就夠,「勤有功」
這句話,不見得是事實。

將職業輔導擴大到教育輔導、學習輔導、及心理輔導,最後更認為輔導
本身就是教育,二者合一。當初,教育輔導工作只輔導學生在學校如何學習
而已,且學習也只限定於學科上,這是傳統的觀念;但如果把課程解釋為學
生的活動,而學生的活動範圍又擴及到相當複雜的生活本身時,則輔導與教
育之合成一體,也是順理成章之事了。

三、綜合中學 (Comprehensive High School)

輔導範圍之擴大,乃配合著中學功能之增加而來。原先設置中學的目的
是為生活而準備而非為升學為目的的,那也是十人委員會諄諄不離口的。1893
年該委員會如此期許時,當時的中等教育機構只有幾所私立學苑還部分為升
學作準備,但新設的中學畢業生立志升學者微乎其微。之所以如此,美國人
絕大多數仍然認為子弟能上到中學即已心滿意足,要供應他們繼續接受高等

教育，則財力恐有未逮；加上中學畢業後找頭路並不困難，就實用的立場上來說，何必再費大學四年的青春歲月呢！並且當時的美國大學院校，辦得並不如人意！

料想不到的是十人委員會所構想的中學目的，雖在十九世紀末相當精確，但時代巨輪轉動之速，是始料未及的。首先是中學人口的快速增加，到了二十世紀初，學生如浪潮湧至，擋也擋不住，中學外觀乃不得不大幅度調整。當年 (1893) 十人委員會向美國教育學會建議，中學生入學時要稍作挑選，但 1918 年的中學教育改造委員會也向美國教育學會敦促，中學應該悉數收容十八歲以前的正常男女學生。只不到四分之一世紀，中學就從一個經過考選性的學府一躍而成為一所全民普及教育化的教育機構，實在是一種十足的教育革命。至少在初中三年，中學的全民性已與國民學校同。

中學這種角色的轉型，也就是中學教育的民主化，但卻也出現棘手的難題。這些難題集中在課程的規劃上，既然所有學生都應接受同樣的教學方式及同樣的教學內容，不管學生留校的時間多長，也不管他們要就業還是要升學，反正大家無分彼此，皆上同樣的課，讀同樣的書。此種安排，在國民學校都不一定可以應付裕如了，更不用說是中學。顯然地，這種安排，是形式訓練說的陰魂再現。只要學習少數精選的科目，尤其是語文及數學，就足以增強心智能力，然後在各種場合裡，都能肆應。

堅持此種論調而製成的課程，結果造成中學生大量的退學與輟學，這是與普及中學教育的意旨相牴觸的。中學既要大眾化，但中學生不喜歡留在校內，一定是學校出現了問題。二十世紀初，心理學的研究已幾乎推翻了形式訓練說。中學教育工作者乃決意尋覓另一種編製課程的新教育理論，恰好此種理論近在眼前，即杜威的「**實用主義**」(Pragmatism)；他也在 1916 年出版眾所週知的教育哲學名著《**民主與教育**》(*Democracy and Education*)。據此而訂出的「**中等教育七項原則**」(Seven Cardinal Principles of Secondary Education)，即⑴**基本學科** (Fundamental Process)、⑵**健康** (Health)、⑶**家庭成員職責** (Home Membership)、⑷**職業** (Vocation)、⑸**公民** (Citizenship)、⑹**休閒時間** (Leisure Time)、⑺**倫理關係** (Ethical Relationship)。依照這些原則，學科之選擇乃按照學生能力及需要，而非在於塑造或陶冶學生之心靈了。

　　中學課程及成員之民主化，有資產也有負債。十九世紀的拉丁文法學校或學苑，或許只照顧了擬升入大學的少數中學生而提供學術性課程，而忽略了大多數擬就業的中學生；二十世紀的中學方針則恰好顛倒過來。過去實施有選擇性的學生入學，學術知識的水平較高；現在良莠不齊而多數屬低劣學生也悉數來者不拒，他們懶散、惰性重，求學意願更不高，遷就他們，就犧牲了精英，「**劣幣驅逐良幣**」(Academic Gresham's law) 就出現。傳統之士非常看不慣，緬懷古風者，惦記著過去的優雅、古典、及人文性的中學。當他們拿美國的中學生之學業水準來與歐洲作一比較，更令他們扼腕興嘆。**哥倫比亞大學** (Columbia University) 比較教育權威**康德爾** (I. L. Kandel, 1881–1965) 沉痛的說了如下的話：

> 當歐洲國家在中學制度上嚴格的執著於傳統的信念時，只提供少數被認為具有全部教育價值的教材，這種制度正遭破滅之際，美國中學也進行著缺乏明顯的文雅教育概念，又採取放任措施，只滿足於多數人的需要，認為中學是提供給任何男女就學機會的場所，這種作法實在是冒了失敗的危險。

教育史實上，歐洲的中學古風，也漸淡薄，美國則一掃而光。古不見得全壞，新也不盡然全好；新舊如何取捨，實在難倒了教育工作者。

　　實際上，美國綜合中學所存在的問題即使再怎麼複雜，但理論上，中學的雙軌政策——自足性的及準備性的——應該可以在同一學府中並行不悖。不過，這是理論，實際問題依舊沒有解決。二十世紀三十年代的經濟大恐慌，對綜合中學的原則特別施加壓力，由於失業率偏高，失業青年的教育尤感必要。當時有研究報告指出，百分之七十的青年希望進入白領職業階級，即坐辦公桌有冷暖氣享受的，但全國之需要這種人才，只達百分之十二。而剩餘的職業（即藍領階級）中，如果百分之五十到七十的工作不需或僅僅需要一點點的技術訓練，則大多數的這種青年，根本不必進入中學才能謀職。這意義非常明顯，它指出中學之生活準備目的必須大刀闊斧的修正。「普及中等教育的首要目的，在於為全民提供一般生活的文雅教育。」「**文雅教育**」一詞再度出現在教育圈，中學之設置不光只是作為職業養成所而已，否則「**教育**」又要擺在那裡呢？

　　中學任務如果有二，則中學生擬升學與就業之比率，將隨著時光的流逝而有所消長；那就是說，升學者日多，而就業者減少。二次世界大戰結束後不久，研究報告指出，百分之二十的中學生可以順利升上大學，百分之二十的中學生也作好了出校門之後就可謀得職業的準備；這種比例是與前大有差異的；但剩下的百分之六十，又如何為他們規劃課程呢？難道中學課程可以作升學與就業二分嗎？此一醒目的疑問，解決之道，即提供「**生活適應**」(life adjustment) 這個字眼。在中學課程的多元化裡，「**生活適應**」如能滿足三分之二的中學人口，則中學教育也就能順利進行。

　　二次世界大戰後，與蘇聯作神經質式的冷戰，使得許多人拿中學及小學的教育太過鬆散來作為國際軍備競賽稍遇挫敗的代罪羔羊。控訴者指斥中學是「**反智**」(anti-intellectualism) 的，標的指向「**生活適應**」課程。生活適應課程不僅包括了「**如何操作**」(How-to-do-it) 的活動，如駕駛，也強調特殊應用價值的科目。「**劣幣驅逐良幣**」在學術性課程裡最為突出，傑出學生因受實用課程的引誘，過關拿高分易如反掌，但對數學、自然科學、或內容較充實也艱深的學科，卻步不前；潛能未盡受挑戰，青春歲月在玩樂性質的學校活動中度過。此種貨色的中學畢業生一入大學，大學的學術水平也就水降船低。由於蘇聯早美國數月成功的發射了人造衛星**斯普尼克** (Sputnik) 號上了太空，更加重了這批斥罵者的控訴聲量。許多對美國前途的安全感到焦慮以及早就不滿中學的人士，乃考慮不妨將中學退回到傳統中學類型。

　　當然，好不容易為中學型態打出美國特色的教育家，怎能輕易舉雙手投降。攻擊與反攻擊接踵而至，贊成新式中學與舊制中學的主角，雙方僵持不下，這時倒需要一位聲望足以服眾的權威學者居間調停，哈佛大學校長仍是不二人選，此時這位美國最早也聲望最高的大學校長是**柯南** (James Bryand Conant, 1893–1978)，雙方陣營都敬重這位教育界的領袖。在受到**卡內基基金會** (Carnegie Corporation) 的贊助下，柯南明確的支持綜合中學的單一性色彩；換句話說，綜合中學為全部美國青年提供教育服務；雖然他也體認出許多學生需要有分門別類的實用技術來教導他們，但他仍然建議所有學生都必修英語、歷史、數學、及科學。在這之上，他特別強調要為具有學術研究潛能的學生提供特別的課程，鼓勵這些精英選讀學術性科目；並非那些科目含有過

了時的心智陶冶作用，而是因為學習這些知識內容較為困難的學科之後，才能真正發展自我，並對社會國家之安全有所幫助。柯南指出，早期實施更妥善的輔導，則更容易達到這個目標。雖然他的報告不能討好每一個人，但至少中學的學術穩定性又恢復舊觀，英才教育變成相當流行，尤其在蘇聯領先太空探險的時刻，許多地方的綜合中學，都設有高級課程，專為資賦優異的學生來發展他們的才華，這些學生在進入大學時，可以獲優先考慮的機會。

　　美國中等教育的演進，足供世界各國參考者甚多。中國及臺灣，中學學制可以說直接取自美國，初級中學（在臺灣，1968 年改為國民中學）、高級中學、綜合中學，甚至以往的初級及高級農業學校，初級及高級商業學校等，也仿自美國。

第十五章　高等教育的發展

　　高等教育乃是與高層社會文化之教學有關的教育，它不僅以深奧的學術術語來討論當前的文化，並且作為知識研究的最高級，它還擁有令某些人深感不安但也令人興奮的角色來探討並開墾新領域，追求真理，尋覓奧秘真相，打破迷信，這些都是高等教育扮演的職責。高等教育打開窗戶，面對的是塵埃落定的舊文化以及還待拓荒的新文化，因之乃產生了一項不時存在的問題，這個相當古老的問題就是：人們的思想與看法能不能任由馳騁，甚至逾越現有的知識限制？大學是一種供學者特殊自由，以便評估已知並探索未知的所在嗎？緊跟著這些疑惑的問題是，大學應該全然的進行專業的及理論的研究，還是一個博雅性的教育場所？不管博雅性教育是大學、中學、或小學的教育功能，真正的問題乃是到底博雅性教育是什麼？即令前數項問題都已獲得解答，但大學應該私立還是公立，卻仍然困擾著許多人。雖然大學設立的時間已相當長久，但這些問題在過去的好幾世紀裡都一直存在。而這些恆常性的問題，似乎在二十世紀以後，更形嚴重。

　　就比較成型且一直延續迄今的學校教育來說，大學、中學、及小學這三種正式的學校組織，是先有大學然後才有中學及小學。這種現象，與當前學生修完小學之後才唸中學，中學畢業然後才入大學的狀況，恰好相反。就教育史實而言，過去的大學、中學、及小學，年齡並無大小之分。大學生不見得年紀就比較大，小學生也不一定歲數就比較小；學校之有初等、中等、及高等之別，係依課程之學術深淺來斷定，與年齡無關。

第一節　古代的高等教育

　　古希臘時代就有高等教育活動，原動力是「辯者」(Sophists) 之研究各種問題而起。一群成人圍繞在普洛塔格拉斯，蘇格拉底，柏拉圖，及亞里士多德身邊而進行著知識的對話與思辯，這些活動很多都是非正式的；史料記載

柏拉圖曾設「學苑」(Academy)，亞里士多德仿之也建「學園」(Lyceum)，算是比較正式的學校機構。由於他們的知識活動範圍都在雅典，這個舉世聞名的都市，儼然成為一座大學城，「雅典大學」(University of Athens) 因之也名留青史。羅馬時代的帝王根據傳統，也曾經在雅典、**羅得** (Rhodes)、**羅馬** (Rome)、及**亞歷山大里亞** (Alexandria) 設有學術活動中心來支助哲學及修辭之教學；還授予教師免稅及免役等重要特權，甚至曾經任命某些學者如坤體良為講座教授。這些狀況，是吾人僅知的古代高等教育實情。

不過，古代大學充其量也只是一群師生的自願性結合而已，沒有行政管理機關或考試單位負責其事，事實上，此種大學也欠缺法人性質，沒有法定約束力或職掌。稱之為大學，是與中世紀的大學大異其趣的；只有在亞歷山大里亞的學府才有比較像樣的組織形式，因為羅馬王朝提供了一棟漂亮的公共建築物，使師生在宏偉的迴廊內進行著教學活動；另有一座無可匹敵的圖書館及博物館，據說藏書逾七十萬冊，而**亞歷山大大帝** (Alexander the Great) 為了報其師亞里士多德教導之恩，下令軍士在征伐之餘，要搜集奇花異草及珍奇動物供以生物學起家的業師研究之用，因之博物館也藏物可觀。這都是作為高等學府的重要教學設備。

古代全部的知識，都在上述的學術研究中心進行教學。最重要的教學科目，就是「七藝」的文雅科目，即文法、修辭、辯證（前三藝），及算術、幾何、天文、音樂（後四藝）。除此之外，另有法律、宗教、及醫學等專業科目。這種廣博又多面的課程，旨在培養法官、律師、議員、醫生、或教士；就教士而言，值得注意的是，許多基督教早期的僧侶，都曾經在亞歷山大里亞當過師生。古羅馬帝國的所有城市裡，沒有一個城市的文化水平高過該市，因為亞歷山大里亞城恰好位於古代各種文化的交會點。希臘、拉丁、猶太、及東方文化的特質，都匯聚此處，彼此相互摩拳擦掌，希冀在文化優劣上一爭短長。

在兩千多年前的時候，古代學術研究中心的學生生活，就已經發展成傳統。無論在什麼地方，也不管在什麼時間，只要高等教育活動延續著，則那種傳統就會立即再生或重現。比如說，老生必然的蔑視新生，新生早就是老生及世故生所瞧不起或戲謔的對象。另一種也可以追溯到當時學生生活傳統

的，乃是學生俱樂部或討論團體的成立。顯然地，這和其後的中世紀大學生一模一樣；古代學生非常喜愛辯論那些無實用的形上學論點，俱樂部及討論團體也經常因舌戰而成為敵對組織，因此而生的吵架甚至騷動，也為其後相同性質的混亂及校園事件開其先河。

　　古代的高等教育有興也有衰。知識研究的活力期過後，就隨著形式主義時期以及知識貧瘠時期的來到，然後每下愈況。雖然高等教育的火炬，在東羅馬帝國燃燒得甚為暗淡無光，但卻不像西羅馬帝國那樣是全熄的。火光之所以暗淡，理由很容易找到。帝王雖則對高等教育施以助力，但助力常變成阻力，有時就是政治勢力伸進高等學府裡，這是大學發展的致命傷；當學者無法自由的作學術教學活動時，也就是高等教育火炬斷油的徵候。在基督教會開始懷疑高等學府乃是發射異教思想光芒的燈塔時，這座燈塔也差不多岌岌可危了。雅典大學在 529 年被下令封閉，也正代表著學術黑暗時代的降臨。其他等而下之的古代高等學府，也難逃關門的厄運。「無知者可上天堂」的呼聲遍野時，古代大學當然門可羅雀了。

第二節　中世紀的大學與學寮

一、起　源

　　中世紀時期，雖然古代文化的光輝燦爛已日漸晦暗，但基督教會的領袖們仍然設法維持學術研究活動的繼續進行。學術研究中心是大都會的**大主教堂學校** (Cathedral Schools)，由此發展出中世紀的大學。中世紀結束之時，學術界正興起一股「**教父哲學**」(Scholasticism) 風，教會裡學問淵博的神父及學者為了「**共相**」(universals) 到底只是一種名稱還是一種實體，分成兩大陣營爭辯得十分火熱；「**唯名論**」(Nominalists) 及「**唯實論**」(Realists) 各據哲學論點，並以邏輯推論為工具，為宗教信仰尋求哲學基礎；此種爭辯造成的學術領域之開拓，橫掃了全歐年輕又富精力的師生；如同古代大學之因為有名師坐鎮一般，巴黎的**聖母院** (Notre Dame) 大主教堂恰有名學者**亞培拉** (Peter A-belard, 1079–1142) 喧嘩的講課及犀利的分析批判，巴黎一地就類似希臘的雅典或羅馬的亞歷山大里亞，成為中世紀大學之母。巴黎的師生共同討論的興

趣，集中在神學這個領域，巴黎也就成為神學大學。位居義大利的**波隆尼亞** (Bologna) 及**沙列諾** (Salerno)，也因緣際會的成為法科大學及醫科大學的所在地，兩種學科也都有著名學者在該處講授授課。本來都是非正式的師生會合，慢慢的形成「**共同研習所**」(*studium generale*)，此種名稱進一步成為「**大學**」(*universitas*)，也只不過是咫尺之遙而已。巴黎一地的學生較年輕，波隆尼亞以法律見長的門徒則較年長，前者由「**師傅**」(master) 決定大政方針，稱為「**教師的大學**」(master's university)，後者則稱為「**學生的大學**」(student's university)。他們各自仿中世紀「**行會**」(guild) 的組織模式，共同防衛學術利益，免受大學所在地住民或政府的剝削。換句話說，中世紀高等學府是師生共同的「**組合**」(corporation)；"corporation" 這個字來自拉丁的 "*universitas*"，全名應是「**教師及學生的組合**」(*universitas magistrorum et scholarium*)，為了簡便，通常習慣上只剩下 "*universitas*" 一字而已，此字即是英文的 "university"。既是一種組合，則有成立的「**特許狀**」(charters，即「立案」)，所以是有法律效力的，大學也就是一種法人團體了。特許狀來自於當時兩個最有權力的單位，一是掌宗教信仰的「**教會**」(church)，一是主管世俗事務的「**政府**」(state)；大學一成立，又享學術教育權力，遂與「**政府**」及「**教會**」三分天下，平分權力。有時，政府也情願政治權力由大學分享，英國的**牛津** (Oxford) 及**劍橋** (Cambridge) 這兩所最古老的大學，都有由國王授予國會的代表名額。英國此種先例，也使得美洲新大陸新設的學院中最有英國風味的**威廉及瑪利學院**（College of William and Mary，為紀念英國國王及王后而設的高等學府），在該州**下院** (Virginia House of Burgesses) 也擁有一名議員。

二、組 織

中世紀大學的內部組織，因地而異；大學是「人」組成的，人就是教授及學生。大學內部組織有一些共同之點，學生團體多半係依籍貫來結合；之所以如此，部分係基於同鄉情感，但更實際的理由；是如此才能達到保護的目的。在中世紀的城市裡，陌生客是不受歡迎的，劫奪他們，對當地居民而言似也覺得理直氣壯。學生是要穿「**禮袍**」(gown) 的，常與**市民** (town) 起糾紛。教授也依他們的專才而組成團體，比如說，精於法律的學者組成「**法律**

教授團」(faculty of law)；當時被認可的教授團有四，即文學科、法學科、醫學科、及神學科。每個教授團之上有一名**院長** (dean)，通常都是資深教授。大學的首長，稱呼各地不同，有 "rector"，"chancellor"，及 "president" 等，都可譯為「**校長**」。

完成教學的三個階段後，就可以領取「**學位**」。因為講課及討論都用拉丁語文，因此，學生必須精通拉丁語文。英國的牛津大學甚至到了十九世紀，學生如說英語則要罰錢一英鎊；當然，學生在入學之初就應具備拉丁知識，入學後除了繼續加強拉丁學習之外，還得研習文雅科目。順利完成之後，「**文學士學位**」(degree of bachelor of arts) 就垂手可得，並獲准進行第二個階段的研究工作，成為「**文學碩士學位**」(degree of master of arts) 的候選人；這一階段的主要學習科目是辯證、形上學、政治學、及亞里士多德的倫理學；結束時有個考試，及格者就可獲取眾人垂涎的碩士學位。擁有碩士學位者，可以進行第三階段的學習，即踏入更高級教授團如法律或神學教授團的門徑。但這是沒什麼強制性的。

三、教　學

主要的教學方式有二，一為**讀課** (lecture)，一為**辯論** (disputation)；在印刷術未發明之前，書籍相當缺乏，讀課就是教授將自己的那本書「**讀**」給學生聽，照本宣科，學生猛抄。因之大部分的大學都規定「**讀**」的速度，這是不足為奇的。教授不可讀得太快，致使學生筆記不及；也不可讀得太慢，延緩了課程進度而讓學生繳交更多學費。讀課又分兩種，普通讀課及額外讀課；前者多半在早上由教授本人主持，後者則由較優秀學生在不定時間內進行，為那些上課打盹或不夠敏捷因而筆記不完整的學生再來複讀教授的讀課材料。牛津大學還規定，教授必須重讀重要的段落。這種規定，在其後的日子裡已比較沒有必要，因為學生至少已經能夠從繕寫室裡把教授所唸的書借出來。讀課的最大弊病，在於此種教學方式極易流於獨斷。有時候教授的詮釋可以沖淡書本上的獨斷色彩。那就是說，教授在「**讀**」課時，偶爾也會加上評論、闡釋、或修正。牛津大學規程中，有一條就實質的規定，教授要把值得爭議以及與其有關的論點訴諸討論。另一種解除獨斷的教法，就是「**辯論**」：

讀課乃是提供時人參與神學爭論的武器，而辯論則是練習神學爭論的鬥技場。辯論時，一名學生或一位教授堅持某種論點而反擊對方的論點。當時辯論雙方所使用的邏輯，就是亞里士多德的《工具》(*Organon*) 一書的法則，即「演繹法」(deductive)，不過，師生仍可以發揮自己的才幹。

四、學　位

進入大學的目的，當然就是學位的獲得。學位的正式授予，是表明此種學位的持有者「擁有本學位所有的一般權利及特有權利」。到底有那些令人羨慕的一般權利及特有權利，使得中世紀歐洲學生肯為學位而埋首苦幹呢？學位的擁有者最主要的權利，就是可以在本身專修的學術領域內執業或執教該門學科。不但有權可以教學，並且還可以在任何地方教學，即享有「教授通行權」(*jus ubique docendi*)，這是許多人望穿秋水的。老大學容易吸引學生入學，因為學位為四方所知悉。新設立大學為了要克服因設校較遲而較不易於招收學生的困難，最好的方法，就是從強有力的統治單位那兒獲得設校許可證。當時最強有力的統治單位就是帝王及教皇。大學之設立，既經這些統治單位首肯，則統治單位當然要求擁有學位頭銜的人到處受尊重，並到處可以享受他的權利而被承認。這是一般性的權利，至於特有權利倒也不少，大學生可以免納稅，免服兵役，以及免民事法庭審判。假如大學生違法，他們享有在大學內受司法審判的特權。在一個經常以封建公爵或男爵等私人為主審的武斷判決時代裡，能夠接受由專習法律的人來問案，這種特權就非微不足道了。大學通常自設法庭與囚房。不過，免稅及免役的特權，並不是中世紀大學的創舉；由來已久且也受人敬重的這些特權，可以上溯至羅馬帝國時代。師生享有此類特權所顯示出來的社會意義，乃在於激勵學術的研究。至於整個學校之享有財產免稅權，迄今仍繼續存在。

大學其後的發展，校園都極為遼闊，光是一個「學寮」(college)，就有面積近百公頃者，牛津及劍橋的學寮數又是五六十個之多，如果該兩所大學也得繳交地價稅或房屋稅，則為數將極為可觀。歐洲社會願意興建相當氣派的大學，實在是極有眼光。移民於美洲新大陸的英國人，也給草創期的學院這種特權。1764 年的**布朗** (Brown) 學院，特許狀裡有了下述的文字：

　　為了鼓舞學校教學，各學院如同歐洲大學一般，都應大量的授予並
　　贈與相同的特權、尊嚴、以及各種義務的免除。我們經過贈予及立
　　法，宣佈本學院之院地、校長、及教授們之財產，包括他個人及家
　　人，只要位於殖民地之內，加上居住於本學院的導師及學生諸人，
　　都享有免納稅、免當陪審員、以及免擔低賤工作的特權；並且上述
　　諸人，除了國家遭受侵略期間外，也免除荷持武器、徵調，以及服
　　兵役的義務。

有趣的是，有些目光如豆的短見人士，在經濟不景氣的 1929 年時候，竟然還
試圖侵犯大學這種特權，不少城市要求大學繳稅，幸而沒有得逞。要是大學
得納稅，許多大學都要關門大吉了。

　　中世紀歐洲大學的整個組織及學位階層，恰好是中世紀「**行會組織**」(guild
system) 的仿本。行會乃是各種技藝人員組成的團體，大學則是學者組合的行
會。大學的「**碩士**」與行會的「**師傅**」，都稱為 "masters"；大學的「**學士**」，
也類似行會的「**技工**」(journeyman)。得有學士學位的文學士，寫作一篇**論文**
來進行口試，維護自己論點；此種作法，與技工呈送一件他的**精心傑作** (mas-
terpiece)，以證明他適合於升任為師傅而逕行開業一般。此種措施，也模仿自
「**武士制度**」(Chivalry System)，將對方擊落馬下，表示自己的武藝已足夠擁
有「**武士**」(knight) 頭銜。大學學位之中，學士學位只不過是表示擁有此學位
者可以繼續攻讀碩士學位而已；碩士學位者才可享受四下教學權；其後，北
方的大學比較習慣將這種較高級的學位稱為「**博士**」(Doctor)；事實上，碩士
及博士的字根語意都是「**教**」的意思。歷史的演變，日後博士學位變成學術
學位的最高級。大學之有這三種學位，類似武士制度及藝徒制度之有三層次
一般。歐洲社會是有某種程度的一致性的。「**學士**」、「**碩士**」、「**博士**」（大學），
好比是「**藝徒**」、「**技工**」、「**師傅**」（藝徒制度），及「**扈士**」、「**侍衛**」、「**武士**」
（武士制度）一般。年齡、社會身份、特權也彷彿。

五、糾　紛

　　學位制度乃是大學維持素質的方法，學位訓練的過程中，使得大學在它
與城市市民起糾紛時多了一項抗爭的籌碼，這是一項大學的重要資產，此籌

碼一賭，城市頓即落在敗方。「禮袍」(Gown) 與「城市」(Town) 的對峙，自有高等學府以來就已司空見慣。二者之發生摩擦，大部分是因為房租或飲食品質及價格而來。大學在早期只不過是師生聚集處，既無固定建築物，設備也較簡陋，因此搬遷移往他處甚為簡易，大學生如對城市不滿，乃實施「罷課」(cessatio) 行動，即不在原城市教學而到別處開班，反正此處不留人，自有留人處。大學生懂得運用此籌碼，其力道與現代的罷工相當；這種權利如與一個有組織的組合體相結合，則力道就不可輕侮。難怪當初有人認為，師生有權可以組成團體是非法的，這跟其後工會組織的初期情況一樣。巴黎的師生曾經輕易的運用此項權利，學生習慣在麥草上聽課與討論，該街即稱為「麥草街」(Straw Street)，因此遷校絕非難事。不過當大學一旦有了固定的硬體之後，轉移陣地就談何容易了。二十世紀之後，「禮袍」與「城市」雙方之爭鬥往往變成騷動，甚至演變成佈好陣式的正式會戰。

「禮袍」(Gown) 這個詞，可以說是大學的化名。因為許多大學生都是教士，教授則是神學家；教士服就是平常服裝，即使畢業後不擬擔任聖職者也常著禮袍。其後則只有在重要慶典及畢業典禮上穿著。基督教對於大學的影響，可以從寬鬆飄垂的禮袍及禮帽中，很快的覺察出來。其後，禮帽之增加多種顏色，乃用以表明戴此帽者所獲得的學位等級以及他所畢業的學校。歐洲大學學位禮袍的裁剪，還受文藝復興時代衣服樣式的影響；牛津及劍橋的師生以簡單的禮袍作為日常便服；但在美國，學術禮袍則只有在諸如畢業典禮的特殊儀式中才穿著。深一層去觀察，也可以發現那種莊嚴肅穆的儀式，仍源於宗教；學術行列環繞校園及城市重要街道以及授予學位的層次等，都與宗教儀式有藕斷絲連的關係。

中世紀大學與古代大學有異也有同。名師講課，是大學存在的「必要條件」(「有之不必然，無之必不然」)，這是古代大學與中世紀大學相同的地方。但名師可遇不可求，名師也不可能壽比玉山；名師在，大學存；名師不在，大學亡，則大學之出現也猶如曇花；古代大學的這種特色較明顯；中世紀大學則因有學位、授課、儀式等制度，因此可以綿延久久長長而不間斷。現在的雅典大學（成立於1836年），與古代的雅典大學（成立於紀元前六世紀）風馬牛不相及。但中世紀的「母大學」(mother universities) 則子孫滿堂，其中尤

以以神學為主體的巴黎大學，不只分生出牛津這個傑出的「**子大學**」，牛津又分生出劍橋這個「**子大學**」，劍橋也分生出在美洲新大陸的哈佛這個「**子大學**」，單指這些大學的名字，讀者也都知道即令在當今的二十一世紀，這些由巴黎所分生的**子孫大學** (Children Universities)，都是享譽國際的第一流大學。另外的「**母大學**」波隆尼亞及沙列諾，則在北歐分生子孫。因為神學是顯學也是學術大主流，因此巴黎之影響力淹過以法科著稱的波隆尼亞以及以醫學見長的沙列諾。

六、學　寮

讓我們來敘述一下「**學寮**」(colleges) 的起源。中世紀大學的學生年齡，相差頗為懸殊；舉例來說，學文學（是攻讀神學的入門科）為主的巴黎大學生，比以法律為主修的波隆尼亞大學生年輕甚多，大概在十五歲左右。這麼年輕的學子，極容易蹉跎歲月於嬉戲、懶散、過恣情縱欲的生活，而不能勤勉於課業的研習。為了補救這種危險，「**學寮**」乃應運而生。學寮一建，恰如一間供食宿的招待所、會堂、客棧、或旅舍，由舍監負責管理，管理規則與寺院管理規則無異。日落之後，學寮大門即緊閉，舍監鼓舞學生要熱心向學，對於怠惰學生則耳提面命，時時敦促。有不少的豪族或高級教士（中世紀的主教等）都極有財富，為了要彰顯自己的地位，或受懲於羅馬教會而表示贖罪之一種方法，乃許願在大學所在地興建學寮，供他的教區子弟遠赴巴黎、牛津、或劍橋求學時有個棲息之所。因此學寮有時佔地百頃，建物氣派，儼然成為大學的重要景觀。學寮除了住宿之外，也是教學及禮拜的所在。舍監通常也由教授兼充，師生共宿同眠於同一棟學寮，生活起居及讀書研究加上宗教活動，三者合一，涵蓋了全部的教育內容。學寮也變成額外讀課或複讀的更方便所在。大學變成行政中心，學寮才是教學的地方。

發展出此項特色的，尤其是英國的牛津及劍橋。這兩所英國最古老的大學，一是巴黎大學之子校，一是巴黎大學之孫校，學寮已變成獨立體；學寮裡的一般性讀課，實質上已取代了大學的讀課了。事實上，英國大學是各個學寮的集合體，大學變成一個授予學位的機關，學寮不但負責教導學生學習文雅科目，還視導他們的品德行為；方院型的學寮建築，符合師生共住性質。

許多學寮名稱，有以人為名命名者如牛津的**巴里歐** (John Balliol)；有以王室取名的，如劍橋的**國王學寮** (King's College)；有以宗教性命名的，如各校皆有的**三一學寮** (Trinity College)。1636 年，哈佛的創辦人以英國學寮的類型來創建殖民地初期九所高等學府的第一所，創辦人多數是英國劍橋大學**伊曼紐爾學寮** (Emmanuel College at Cambridge University) 的畢業生，哈佛 (John Harvard) 本人就是其中之一；1702 年由哈佛分生的**耶魯** (Yale)，原先也是師生共宿一處的學寮。英美的學寮，如同一個容納較成年學生的共宿學校，對學生的生活管理，可以說是巨細靡遺，甚至還明文規定不得穿衣不整，也不可浪費時光；學業方面的規定，與課堂學業之進度密切配合。所有學生在大學四年中都上同樣的固定課程，依年級「**一年級**」(Freshman)、「**二年級**」(Sophomore)、「**三年級**」(Junior)，及「**四年級**」(Senior) 來排列，大學校長通常都教第四年級的畢業生，所有畢業生都可獲文學士學位。

英國人口多，但十九世紀之前卻只存在兩所古老的大學，牛津及劍橋遂有數十個「**學寮**」以因應由全英各地來求學學生的生活起居；新大陸的新英格蘭，地大人稀，但因新教這種比較「**獨**」性的宗教作風（大學皆由教會興辦），卻在 1776 年美國立國之前，即陸續有了九所高等學府的「**學寮**」，一處僅一座學寮就足以容納學生，哈佛在十七世紀之前，學生還未超過二位數。因之，學寮既是住宿也是求學的所在，學術及教育活動漸漸演變成較居重要地位。「**學院**」之譯 "college"，遂取代了「**學寮**」。

第三節　公立大學與私立大學

歐洲由中世紀時期所創辦的大學，都有濃厚的宗教味，此種色彩，美洲殖民地時代開始所興建的高等學府，不但宗教色彩顯著，且都由新教教會辦理，但殖民地政府卻負責大半的經濟資源，政府與教會共同齊心協力，共辦學院。其後，由於政教分離的政策，各地政府並不以金錢來支助各教派的教會，使得政府與教會對於高等教育學府的關係不得不重新調整。

一、達特茅斯學院案件

世俗政府與教會大學二者之間的關係，複雜度不一。美國革命成功，脫

離英國的王權控制；民主的國家當然不容許有「國王學院」(King's College) 或
「皇后學院」(Queen's College) 之名堂，加上法國大革命的世俗色彩，以及民
主政治觀念的高漲，促使許多美國人希望公共政府能夠經營高等教育；當然，
任何形式的公共勢力，當侵犯了殖民時代的學院特權時，總會遭遇頑強的抵
抗。紐約州比較單純，「國王學院」順利更名為「哥倫比亞」(Columbia，位
於紐約市)；紐澤西 (New Jersey) 的「皇后學院」也改稱為「路特加」(Rutgers)。
公共的政府勢力以及教會的私人勢力的真正對決，發生在美國一個小州**新罕
布夏** (New Hampshire) 的**達特茅斯學院** (Dartmouth College)，這是獨立戰爭前
最晚成立的第九所高等學府。該校的立校特許狀，是由英國王室所頒，是**公
理教會** (Congregational) 籌款興建的。美國獨立後，該州政府即生覬覦之心，
擬將這所該州最高學府轉型為州立的**達特茅斯大學** (Dartmouth University)，
此舉乃遭該學院董事會的群起反抗；該案件不只上訴到該州最高法院，還在
華府的聯邦政府最高法院審理；一個小州的小學府，立校時還是敬陪末座的
殖民地迷你型學院，卻一躍成為眾所注目的學院。

　　1819 年，本案定讞，**首席大法官** (Chief Justice) 的**馬歇爾** (John Marshall,
1755–1835) 代表最高法院作了有名的判決，他認為州政府的舉動，傷害了學
院的特許狀，與聯邦憲法相牴觸；各州不得侵犯原有法人組織的權利義務，
所以是違憲的。州政府打算把私立的教會學府改為公立的州立大學，在未經
前者的同意下，是美國憲法所不允許的。

　　此案件在爭議時，正反雙方的意見，頗具教育意義。為私立學府撐腰者
認為將最高學府視之為公共組合，那是相當危險的，因為如此將使學府的命
運操縱在公眾多數人意見的漲落中；眾人之見多屬平庸層次而已。施予學院
恩典之士也可能有所警惕，他們發現被施捨捐助的學府難免受人民的干預。
而公共輿論的褒貶，也影響了教授的獨立研究；甚至教授頭銜不保，因為要
視公眾的眼色行事。相反的，站在州政府的立場者堅信，各州高等教育之繁
榮，端視公眾支持高等學府的程度而定；解除原有董事會之職責而委之於大
眾，則可以免於學院只注意私利的個人、教派、或黨團來維持，而應顧及到
公共福祉及全民利益。最高法院的判決，可能戒慎恐懼於法國大革命所形成
的暴民政治遺風，對民智不敢寄予信賴。美國民主政治之父，也是第三任總

統的**傑佛遜** (Thomas Jefferson, 1743–1826) 對此判決極表不安；他認為學府獨立運作，在防止一個專制帝王的濫權時，是一道利器；但如果學府所享的此種權利，與民主國家的目的相衝突，卻也准許學府我行我素，那就是最荒謬不過的了。

儘管如此，本案件仍被尊為美國追求學術自由的堅強堡壘與指標。首席法官**肯特** (Chancellor James Kent, 1763–1847) 評估本案：「比任何一項來自於美國官方的法案，更能在政府所授予的各種權利，以及領受政府益處的種種措施中，建立起一道攻不破的圍籬，它使得本國文化機構、慈善機構、宗教機構、以及商業機構更為鞏固，更為神聖不可侵犯。」英國的大法學家**梅因** (Sir Henry Maine, 1822–1888) 也認為，達特茅斯學院案件乃是「美國個人主義反擊民主主義之浮躁性及社會主義之狂想性的中流砥柱。」該學府的特許狀來自英皇，或許以效忠英皇為目的；這是與美國成為獨立國之精神不相容的。此案件判決後，餘波蕩漾！因為正反雙方的論點皆有持續辯論的空間。

二、高等教育機構的林立

達特茅斯學院案件，可能是無心插柳結果卻柳成蔭。美國高等教育之昌隆，因禍得福。此案件自宣判之後，到南北戰爭期間，美國高等教育之擴張，顯著的增加。州政府改私立大學有成，但改制私校而為公立大學，若此願未遂，則只好自設州立大學。早在殖民地時期，九所高等學府即在荒野中長出花朵，也讓美國人收成了果實。但自獨立建國的 1776 年到此案宣判的 1819 年，不到半世紀的時光，新設立的學院不過十二所而已，其後到 1860 年左右，同樣的時間內，大學院校的數目卻暴增到五百所之多。個中原因，與此一案件有密切關係。此一案件最重要的影響，是嚴重的打擊了那些正躍躍欲試擬接管私立大學院校的公共政府部門（即州政府）。他們接受當頭棒喝的反擊方式，就是籌設州立高等教育學府；使一個州本來已有的一所私立教會學院之外，另有一所公家所設的州立大學。此種方向既定，只是在實際作法中，走得相當不順，因為州政府官員中的宗教勢力仍餘威猶存，廣設州立又世俗性的大學，速度沒有預期的快速。

比較成功且頗具進步色彩的，是**維吉尼亞大學** (University of Virginia) 的

創辦，那是因為創辦者是傑佛遜所致。這位教育總統希望他家鄉的這所最高學府，能擺脫教會的宰制，除了作為研究醫學、法學、及神學等傳統學科的高等學府之外，還要發展農業、工業、及商業課程；因此在科目表裡，除了列有古典語文之教學外，還特別加強數學及科學。尤具特色的是該大學還開設「**政府組織**」及「**政府原則**」兩科，這是當時的其他大學未曾如此的。此外，所有科目皆是選修，這也是一創舉。

這段時期所設立的其他州立大學，最為成功的莫如**密西根大學** (University of Michigan)，這所大學深受德國大學的影響。設校初衷是不希望走英國大學之師生共食宿性質的步伐，而要成立一所採取德國大學的訓練方式以及與德國大學素質齊觀的一流學府，師生共宿共食制度有必要在此一時刻中斷；該大學花鉅額經費在學術課程的教學、實驗、及設備上，而非用在興蓋學生宿舍的預算裡。課程方面大幅度的增加世俗性科目，而減少許多神學科目。此外，興建州立大學的振奮劑，更來自於**捐地大學** (land-grant colleges) 法案的通過，那已是南北戰爭結束的時候了。

私立大學的創辦，教會仍然是最大的主力。既無法以宗教利益來控制新成立的州立大學，教會乃不得不向「**教會與政府分離**」的政策低頭。這種政策的主要結果，形成了教會大學的林立；達特茅斯案件的判決，增強了教會辦理大學的信心及保障，只要大學擁有**立校特許狀**，該大學就「神聖不可侵犯」。教會大學更隨著福音傳播勢力的興起而熱鬧非凡，福音傳播師在美國中西部墾荒地區最為激情活躍，中西部也就是教派大學的最佳溫床，從信仰的角度來說，這些教派大學乃是教會勢力的前哨站，因為每一個教派無不使盡全力來擴張各自的勢力範圍。

事實上在大學院校急劇發展的同時，中西部墾荒地區的人口並不稠密，經濟條件也不足以維持那麼多的高等學府之林立。許多大學在草創初期，真是篳路藍縷；大學設備之簡陋，時人譏為「**木頭茅屋學院**」(log-cabin colleges)。許多大學院校為了解決經費上的拮据，乃在學校裡實施手工勞動課程，這是仿自普魯士**費倫堡** (Philipp Emanuel von Fellenberg, 1771–1844) 的，這位貴族之鼓吹手工勞動，係認定勞動本身就是教育；但美國中西部大學卻以經濟利益為考量，視勞動是工具；由於勞工活動既費力也費時，勞動課程本身遂與

學術性課程兩蒙其害；因之此種措施的大學，存活率很低。教會大學也無法倖免，因為不同教派的敵對競爭，內部又不合，以及設校地點之不當，加上火災頻傳（校舍是木造），都造成這些掙扎求生存的高等學府之致命傷。在這之前的大學院校數目大約五百，但只有二百所其後還列名於大學院校的行列裡。

　　美國在南北戰爭前後所設立的大學院校，不只是州立及由教派所設的私立學府擴張了高等教育之機會而已，並且美國在這段時間的高等教育，也含有技術訓練性質。殖民地時期的高等學府，純然以古典語文之研究為主，課程是拉丁及希臘文，此種學習可以使學生日後謀得某種專業，尤其是牧師；但十九世紀工業革命的影響日漸擴大之後，高等教育要以工業技術為特色的要求日增。首先呼應此種需要的高等學府，就是位於紐約**特洛伊** (Troy) 地方的「**倫色列技術學院**」(Rensselaer Polytechnic Institute)，該校設於 1824 年；十九世紀中葉，哈佛及耶魯這兩所老校也就跟進；前者設有「**勞倫斯科學院**」(Lawrence Scientific School)，後者則設有「**雪費科學院**」(Sheffield Scientific School)；南北戰爭結束那一年 (1865)，「**麻州理工學院**」(Massachusetts Institute of Technology) 誕生。在此後的歲月裡，這些高等教育機構，都為美國的高度工業化及科學化，作了催生的工作。當紐約的倫色列技術學院立校時，應用科學的科目包括農業及機械；不過，直到南北戰爭之前十年，農業課程的高深研究似乎還沒有必要性及迫切性；十九世紀五十年代末期，**佛蒙特州** (Vermont) 參議員**墨里爾** (Senator Justin Smith Morrill, 1810–1898) 發起一個議案，要求聯邦政府以公地贈予各州來籌設「**農工大學**」，雖經**布卡南**（James Buchanan, 1791–1868，第十五任總統）依憲法權力予以否決；但內戰期間的農產物問題，又使得該法案再度提出，第十六任總統**林肯**（Abraham Lincoln, 1809–1865）終於也依憲法權力毫不猶豫的於 1862 年簽署了「**墨里爾法案**」(Morrill Act)，可見憲法條文精神的闡釋，彈性頗大；許多州迅速利用聯邦政府的慷慨捐地而創立了所謂的「**捐地學院**」(land-grant colleges)；有些州則並不另設新校，卻將該筆贈予與早已在該州辦理良好的學府，一併發展農工科目的研究，稱為「**A和M學院**」(Agriculture and Mechanics, A and M Colleges)，以後再擴大招收文學院及理學院學生，而成為「**大學**」。美國從一個農業大國，

快速的邁向工業大國，該法案的貢獻，實在是功勞一樁。

第四節 女子大學

十九世紀中葉及末葉，高等教育發展的新方向，也是重要方向，乃是將高等教育機會延伸到佔有一半人口的婦女。當然，在十九世紀之前，接受良好教育之婦女也不乏其人，如中世紀嫁給其師也是巴黎大學最叫座教授亞培拉的**赫洛依絲** (Heloise, 1101–1164)，十六世紀英皇亨利八世首任妻子**凱薩琳公主** (Catherin of Aragon, 1485–1536)，以及十八世紀英國名小說家及教育家的**瑪利** (Marry Wallstonecrraft, 1759–1797) 等人，但這是寥若晨星的少數例外，其中受過正式學校教育的並不多，赫洛依絲上過巴黎大學，實屬難得。時人對婦女教育的態度，即令觀念極為前衛的**盧梭** (Jean Jacques Rousseau, 1712–1778) 都難免中了傳統歧視女性的毒；在他的教育小說《愛彌兒》(*Emile*) 一書中，他建議男主角愛彌兒與未婚妻蘇菲亞，接受完全相反的教育，女性不可獨立自主生活，她的「天性」，就是順從男性，取悅於丈夫。盧梭心目中的蘇菲亞，還是上層階級的淑女；至於一般「**普勞大眾**」(Proletariants) 之農女村婦，她們所履行的養兒育女及處理家務職責，不必經由學校教育來培養，也不需經由正式教育來改善她們的社會功能；事實上，學校也不提供這方面的教學。由於長久以來，女性在社會上就沒有表現她們智能的機會，因之絕大多數的人竟然作成一項重大錯誤的推論，以為即使提供女性發展她們智能方面的學校教育，她們也不能習得，甚至智能遠低劣於男生；婦女如越喜歡高談闊論，還擬與男生作口舌爭辯，明是非理善惡，則越反女性的天賦；長舌婦是最不受男人歡迎的，也非女流之輩應有的德性。十九世紀更有人引證統計資料，發現婦女接受正式教育的程度越高，生育率就越低；其實這些人想法早有偏見，他們不知，這種現象也發生在男性身上。即男生大學畢業者成婚之後，不管他的配偶學歷高低，生兒育女的人數皆少於文盲者。這種人口素質反淘汰的情況，也是當今世界的隱憂。

十九世紀時，公眾對婦女教育的歧視稍見緩和。有好幾樣事件聯在一起，共同發動婦女教育的重視，使得男女教育的機會能達到同一水平的地步。這些事件當中，最為重要的兩件，都是經濟上的，即一是工業革命，二是美國

中西部的開拓；至少在這兩項的貢獻上，女性的功勞是不可輕侮的；婦女的
解放，女性是勞動工人的重大來源；而婦女的勤苦操勞，且顧家理財，使夫
婦在墾荒地區產生共同體的休戚與共情懷，女子是家庭中的「另一半」(another
half)，而非微不足道的角色。這些經濟因素，又經由民主政治的平等主義所
鞏固，也再次由美國的獨立革命及法國平民革命所強化。而宗教因素對於婦
女教育的影響，則是冷熱參半。被逐出**伊甸樂園** (Garden of Eden) 的故事，孕
育了婦女在品德天性上較男性墮落的觀念。不過，「上帝的重新安排」(new
dispensation) 之說法，使婦女地位之提高，展現一道曙光，至少在上帝眼裡，
男女都是神的子民，眾生平等。後者的立場，尤其在經過**新教改革** (Protestant
Reformation) 者的闡釋後，女子遂有必要與男子同，都應具備識字能力，以便
閱讀《聖經》，直接與上帝交往。因之在美洲殖民時代所設的「**國民學校**」，
也稱為「**一般學校**」或「**共同學校**」(common schools)，男女同校或同班，已
不是令人大驚小怪的安排。當時女生雖然並無入拉丁文法學校的權利，但在
十八世紀的「**學苑運動**」(academy movement) 裡，卻也收容女生。當然，這
種中等教育性質的學府，是一種終結性的，因為畢業生並不能入大學深造。

十九世紀時，跳出來一些女權運動者，大聲疾呼要求女子教育機會應與
男子同，這在小學已不成問題，中學則已漸成事實，大學更應朝此努力；此
種觀念，深植於她們心中。宣揚此一理念作為終生職志的，有三位必須一提。
她們是**威拉德** (Emma Willard, 1787–1870)、**畢秋** (Catherine Beecher, 1800–
1878)，及**李昂** (Mary Lyon, 1797–1849)；三位傑出女性不信邪的各自創辦**女
子高等學府** (seminaries)，咸信只要她們的姊妹享有如同她們的兄弟一般的大
學教育，則在學業方面的成績應該不會比他們差。由於辦學績效頗受肯定，
裙釵也極為爭氣，她們創辦的學府紛紛升格為學院級；第一所女子學院，在
南北戰爭結束之時 (1865)，釀酒商**瓦薩** (Matthew Vassar, 1792–1868) 於紐約
設立瓦薩女子學院。至於男女共學的大學，則由**歐柏林** (Oberlin) 學院首開風
氣 (1833)，在曼恩主掌下的**安提阿** (Antioch) 學院，也在 1853 年收有女生，
兩校皆設在**俄亥俄州** (Ohio)；歐柏林學院於 1842 年畢業四位女生；**愛荷華**
(Iowa)、**威斯康辛** (Wisconsin)、及**密西根** (Michigan) 等州立大學則授予女生
大學學位。美國大學院校在組織上，也因女性之入學而多元化與開放化，有

的學校清一色是女生，就如同**普林斯頓** (Princeton) 及**達特茅斯** (Dartmouth) 之專收男生一般；有的高等學府，尤其是位於中西部者，則是「男女同校」(co-ed)；女生與男生一齊上課，這種觀念，在老牌大學討論要為年輕婦女開放教育設備大門之前，並未很快建立起來。只有少數大學聽取這種觀念，但最先的措施，是女子的教學所在，僅是大學本部的「附屬」(annex) 單位而已，哈佛之有**賴德克利芙** (Radcliffe) 學院，哥倫比亞之設**巴納** (Barnard) 學院，就是如此。一旦女子證明她們的學術才幹不在男子之下，則兄弟姊妹能擁有相同的教室、實驗室、及運動場，那就水到渠成了。

第五節　大學的文雅教育傳統

本節探討大學院校的課程及其內容。初期的大學，課程都沿襲中世紀大學的科目，各校幾乎都授予文學士學位，那就是說，傳承著古代學校教育所注重的文雅科目；不過，文雅教育的理想，歷經數世紀的滄桑，並非一成不變。來自於希臘的文雅教育，涵意有數種之多。第一個首先應予考慮的層面，可以從「**文雅的**」(liberal) 這個語源去探查，該字的拉丁字根是 "*liber*"，那是自由的意思，演變成為英文的 "liberty"。但自由的條件頗多，希臘人的文雅教育所強調的自由，主要是以政治上的自由及經濟上的自由為主。文雅教育只適用於自由民，他們是紳士，與奴隸或農工有別。顯然地，自由民才是公民，享有投票權，可以參政，也可以擁有武器；這種人的教育，與絲毫不能妄想有上述權利的奴工之教育，有著天壤差異。自由民之教育還有一項特色，他們的生活既由奴工供應及服侍，因此享有極多的空閒時間，可以專心致意於唸書求學。早期此種文雅教育的理念，還經由哲學大師**亞里士多德** (Aristotle, 384–322 B.C.) 在《**政治學**》(*Politics*) 一書中，描述得極為淋漓盡致：

> 文雅科目與非文雅科目，二者懸殊；只有不使學生產生呆板的知識，才夠資格稱為帶有教育意義的知識。機械式的學習，乃是那種使自由民的身心或智能，在善的運用上不生效能的科目及技術。吾人為何稱呼身體勞力活動以及所有賺錢謀生的職業活動，都屬卑賤活動，其故在此。這些活動，使得心靈不得空閒，還將心靈往下層拖。倒是有些文雅科目，當學到某種程度時，對自由民而言並非沒有價值；

但如果學習過份或太專，則因對自由民也構成危害，故仍應受到公開的譴責。

一、重博而非重專

亞里士多德所持之文雅教育觀點，有兩個層面須加以分析批判。第一，文雅教育重博而非重專。希臘人有句成語譯為拉丁文就是 "encyclius disci-plina"，英譯就是 "All-around training"，中譯即是「多才多藝的訓練」，或是 "Well-rounded development"，那是「均衡發展」的意思。富有優雅及美感的希臘人，將文雅教育理想解釋為個人在德、智、體三方面的和諧發展性。為了要促進這三方面發展得不偏不倚，希臘人乃設計出其後為世人所周知的「七藝」；其中，「前三藝」(trivium) 的文法、修辭、及邏輯，「後四藝」的算術、天文、幾何、及音樂；前者是「文科」，後者則是「理科」。中世紀時，基督教作家卡西歐 (Cassiodorus, 490–585) 更給「七」賦上宗教意義；因為《舊約》〈箴言篇〉第九章的第一節有言：「智慧建立起殿堂，它有七支柱。」七藝遂與智慧的七支柱相結合。只學七藝之一，且太專，就只是「知識」(knowledge) 而已，若全部七藝皆學，又能融會貫通，就上臻「智慧」(wisdom) 的境界了。

二、智育第一

第二，雖然文雅教育的主要特色是注重博，但從亞里士多德的敘述當中，我們亦可看出構成文雅教育的因子，如要特別強調某一因子，則此一因子非智力莫屬，德育及體育皆屬附於智力之下。自由民的活動項目既多且雜，因之自由民的教育目的，應依自由層次來安排活動等級。並且任何活動之具備價值，必須表現在該活動的獨特性或與眾不同性上，亞里士多德是持這種定義的。人的活動之獨特性或「異於禽獸者」，乃是因為人擁有理性智力；人也有植物性，但只具植物性，人則成為植物人；人也有嗜欲性，可知人是動物之一；但人的理性使人成為萬物之靈而脫群獨立了，這是一切其他生命體無法與人共享的。理性使人「自成一格」(sui generis)，因此作為自由民的各種活動之價值，都應該以該種活動含有理性成份之多寡來衡量。基於此種標準，則三藝的課程比四藝的課程更具文雅性；因為只要再增加一門數學，則文法、

修辭、及邏輯的訓練，人就可以整理思緒到井然的
地步。三藝是文科，四藝則是理科。

　　從亞里士多德的其他著作中，也可以看出文雅
教育如同智育一般，都應以內在目的為目的；真正
的文雅教育，本身就是目的，假如它變成追求其他
目的如道德、政治、或其他的手段，則淪為卑賤的，
地位也是下等的。從另一角度去評量，若教育本身
就是目的，以自身為目的而不待他求，也無外在目
的，則這種教育才可以稱為真正的文雅教育。換句
話說，自由民既是被服侍的而非如僕人之服侍主人，
所以文雅教育本身是終結性的，不是依附性的。

圖 15-1　　孟登 (Michel de Montaigne, 1533–1592)

　　羅馬人也延續文雅教育這種理想香火，並無作基本上的改變，中世紀人
更保存了這種理想的梗概與輪廓。不過，到了中世紀的大學時，雖然文雅科
目也在課程裡受到重視，但卻成為修讀其他重要專業領域的基本科、預備科、
或先修科。專業領域有三，即神學、醫學、及法學。文雅科目的自身目的性
已降格為工具性了。到了文藝復興運動時期，由於古代希臘羅馬文教的復活，
文雅教育理想，再生到與原先的範圍一樣大小；令人奇怪的是，此種復活卻
發生在大學的門牆之外；幸而文藝復興時代的教育家，非常重視文雅科目的
教育意義。義大利的**弗格留斯** (Pier P. Vergerius, 1370–1445) 說過：「我們稱呼
對自由民有價值的學科為文雅學科。」法蘭西的**孟登** (Michel de Montaigne,
1533–1592) 對教育觀點的總結是：教育乃在於「培養品質高超的學生，他之
喜愛識字並非為了得利。以利作為目的不是太卑賤嗎？那對於文學女神之寵
愛與優美是太失禮了；並且以得利為宗旨，也造成自己服侍別人且自己仰賴
他人的後果。」中世紀的大學，有法科大學、醫科大學、及神學大學，但卻無
文科大學；文藝復興時，大學的文科已足可與其他三專業學科並駕齊驅了。

　　文藝復興的學者既發現中世紀大學有排拒文雅教育的氣氛，乃另外成立
「**人文學校**」(humanistic schools) 來注重古代文雅教育的精髓，反映了人生美
感面的深沉體驗，道德意念的崇高企求，以及智力冥思的馳騁無際。人文學
校與大學在學術深淺的位階上，是不分軒輊的。不過，大學強調邏輯，人文

學校注重文學；兩科的艱深度與廣博度並無上下之分，但由於邏輯只是少數人的最愛，文學則大受眾人垂青，或許是此一因素，才使得其後的人文學校變成中等教育機構；當然，大學仍有文科或文學院，文科教授也與神學教授同一位階。不要忘記，神學是將信仰訴諸於邏輯推演的學術性科目。

新教改革後，改革者有意於從希臘文及希伯來文的原典《聖經》之研讀，來闡釋經文之奧義；因之古典語文的訓練，不但對教士之培養有用，且訓練畢業生成為宮臣、紳士、或服公職，也有明顯的效能。因此劍橋大學由清教徒所主控的**伊曼紐爾** (Emmanuel) 學寮以及其分支在美洲新大陸及新英格蘭 (New England) 的**哈佛學寮** (Harvard College)，就把古代的文雅教育理想，安排在古典語文與宗教科目二者混在一起的學習上。就是此種狀況，才使得新大陸的早期學寮，變成一所專門作為造就教士的專業性學府；當時的畢業生，也以牧師為業的選擇偏高。當然，如果完全以為文雅教育中古典語文之學習，只適用於教士，其他則一無是處，這種想法也是錯誤的；事實上，當時走出學院大門者，不少人是政治家、法學家、醫生、教育家、及教士。文雅教育雖有濃濃的古味，但面臨現實生活的新意已浸染其間。

四、後繼有人

在宗教掛帥、信仰當頭的時代裡，教會對大學文學院或人文學校之管制，既不完全密不透風也非為時長久。延時數世紀之久的管制科目，就是文雅科目中的古典學科。（文藝復興的文雅科目，另有現代母語及美術，但皆不在學校黌宮之內。）古典學科在文學院裡獨佔鰲頭，始自文藝復興時期，此種現象一直延續到十九世紀時還未成為大問題；英美兩地的老大學，皆以拉丁文作學術用語即為明證。但十九世紀約過了四分之一後，要求在課程裡增加更多的科學及技藝學科之呼聲漸響，這種要求，也反映了公眾興趣的轉變。理科的勢力已抬頭。科學的昌明加上工業革命之具體成績，工廠已在大學四周隆隆作響，高等學府還可裝聾作啞，相應不理嗎？這也是大學邁向現代化日子的屆臨；但是文雅教育的貴族傳統，並不輕易拋棄包袱。有兩股勢力在美國崛起，使得該傳統與時代潮流共浮沉。這兩股勢力，一是形式的，一是實質的。前者的主力戰將，是耶魯大學於 1818 年發表的《**耶魯報告書**》(*Yale Re-*

port)：

> 文化發展中的知識方面，有兩點必須獲得：心靈能力的「訓練」(dis-
> cipline) 及心靈能力的「儲藏」(furniture)；換言之，在心靈能力的擴
> 充及知識的蓄存上，前者尤為重要。因之最有必要的大學學科，就
> 是要學生日日精敏且勤勉的練習或陶冶其心靈能力。

　　這是為古文撐腰的說法，此說法來之於「形式訓練」說 (Formal Disci-
pline)，是「官能心理學」(Faculty Psychology) 的重要立論依據。持此論說者，
認為文雅教育並非側重古典學科的知識內容，獲得百科知識並不重要也不可
能，只要精選數科古典學習，就可以掌握一切知識的竅門；在為學態度上，
培養堅忍、記憶、及判斷的心靈習慣，就終生受用不盡；而這些心靈能力，
恰在古典學科的研習當中就孕育其間。第二股勢力雖不願承認古典的文雅教
育富有心靈陶冶性，也不樂意相信古典的文雅教育具有心靈陶冶價值，但他
們卻堅定不移的說，文雅教育所提供的古典學科，可以豐富學生的心靈內容，
是裝備學生理性潛力的最好「傢俱」(furniture)；他們所強調的，正是《耶魯
報告書》所言之第二種層面。只有古典學科而非自然科學，才是最佳的教材。
持此種觀念的學者，以英國督學、評論家、及詩人阿諾德 (Matthew Arnold,
1822–1888) 是最大的發言人。他認為學生認識自己以及體驗世界的最好方
法，就是：

> 與這個世界所已經出現過的最佳思想與最佳言論相認識；在這些最
> 佳思想及最佳言論當中，希臘羅馬的古典學科佔了一極為重要的部
> 分，光是這部分就已令人心滿意足。

這段話就是說，古希臘羅馬文學仍是人性的最崇高產品。只有進入此種造詣
的人，才可以享有自由活動感，不必恐懼偏見、自私、惡意、諂媚、誇張、
或詭譎的介入。此種自由感，是踏破鐵鞋無覓處的，但在古典文學作品內卻
得來全不費功夫！

　　另一位英國貴族紐曼 (John Cardinal Newman, 1801–1890) 在他那本廣被
引用的《一個大學的理念》(*Idea of a University*) 一書中，重新討論文雅教育
的傳統理想。不過，他並不以文學課程或科學課程等字眼來敘述，也不借用
心靈陶冶的官能心理學說之術語來說明，而是藉知識理論來闡釋這種理想。

他說，平常人都認為：

> 「文雅教育」乃是大學人士以及士紳階級所應具有的特殊風格及特
> 殊品質；但「文雅的」(liberal) 到底是什麼意思呢？首先，在《說文
> 解字》裡，它是與「卑屈的」(servile) 相對。「卑屈的工作」(servile
> work)，根據教義問答所告訴我們的，是指身體勞動或機械式工作而
> 言。在該種活動中，心靈少有介入或根本不參與。……同理，我們
> 也視文雅教育與商業教育或某種專業教育有別，不過，沒有人會否
> 認在商業或專業活動範圍裡，也需要最高也最廣的心靈力。……為
> 什麼有這種區分呢？因為文雅教育注重文雅知識，它以本身的權益
> 為權益，不受其他所牽連而獨立自主。……因之，我認為底下的說
> 法是最為明智的，也就是我要指出的，即文雅教育從自身而言，完
> 全是智力的培育，如此而已；它的目的在於使心智優越傑出，不多
> 也不少。

上述所引的這段話，甚至會讓吾人以為是出之於亞里士多德的言論呢！紐曼
的每一個字都洋溢著對亞里士多德的偏愛，二者皆認為只有文雅教育才是人
所獨有的教育。

第六節　大學的民主化與現代化

一、大學的民主化

　　文雅教育的貴族傳統，既在形式上也在內容上都有人支持，因之它對世
界各國大學教育的影響，一直持續到二十世紀。不過，腐蝕這種傳統的力道
卻也如鴨子划水般的進行多時，即使有耶魯報告書及紐曼維護古典文雅教育，
都無法阻擋這股潮流的洶湧澎湃。其實我們也可以說，浸蝕衝擊之開始，早
就在十八世紀末之大革命就已現痕跡；當時歐美兩大陸都有政治大革命與產
業革命，再加上美國中西部的大開墾，由此衍生的政治勢力及經濟勢力，使
得自古希臘的亞里士多德以來支持文雅教育貴族傳統的社會基礎，招架不住。
政治上的民主以及勞動工人階級（普勞）之興起，嚴重的破壞了將政權侷限
於少數有閒階級這種制度，也擊碎了認為只有貴族才能擁有自由的舊社會體

系。人人皆期望享有政治自由，且此種自由也賦予一般勞工新的尊嚴，在此種民主而非封建的社會組織裡，將過去僅為了適合於少數人之政治利益及經濟利益而創辦的傳統文雅教育理念，予以改頭換面，就變成刻不容緩之舉了。

到了十九世紀中葉，這股勢力之發展，甚至使得麻州取消了對哈佛大學的經費補助。「哈佛不能完全符合本州人民的期望，因為它的組織及教學，都晚時代二十五年。……大學應提供人民所需要的實際教學，而不可以專為貴族安排古典文學科目之研究。」另一所高等學府**布朗** (Brown)，校長的感嘆聲也是同一鼻孔出氣的，他說：「我們的大學無法收足學生，因為它沒有規劃人民所想要接受的教育，……我們製造的貨品，需求量越來越減。即令我們以低於成本之價格力求脫售，不足之費用只好仰賴慈善捐款；但我們要賣出去，買者卻太少。」民主社會裡，人民是頭家，顧客永遠都是對的。大學與人民願望脫鉤，大學還能生存嗎？大學史實也無情的告訴我們，許多大學從此關門大吉了。既無「**市場**」，也乏人問津，不求對策，不是愚蠢與頑固之至嗎？

早期，振衰起弊的補救方式有二，一是擴充大學院校的課程，一是選科制之建立，讓學生可以選擇新課程也能夠完成學位。文雅教育最為忽略的課程，就是科學學科；時人仍然認為後四藝的理科，沒有前三藝的文科來得文雅優美兼高貴。但十九世紀時，理科的突飛猛進，使得大學課程如再繼續蔑視它，不只是醜聞，也是一種罪惡，更為廣大的人民所無法諒解。新學府如倫色列技術學院及捐地學院，都在此種抗議的吵嚷聲中，哇哇墜地，且擔任要角。

當人們期望科學充當擴充並豐富文雅教育角色之際，這種企盼的主力之一，也是科學教育的倡導者，就是英國科學家**赫胥黎** (Thomas Henry Huxley, 1825–1895)，這位甘願作個**達爾文** (Charles Darwin, 1809–1882) 忠狗而為進化論狂吠的科學家，為文鼓吹科學萬能說，頗令部分人士有意外之感。他的論點，與早他五歲的另一教育科學家**斯賓塞** (Herbert Spencer, 1820–1903) 說法十分吻合。兩人皆不讓古典學者專美於前，咸認為科學之加入課程，含有心靈能力上的形式陶冶作用。赫胥黎說：

> 我想，人人都要接受文雅教育；年輕時如果接受此種教育，則可以
> 使肉體聽從意志之指揮；並且就像機器一般，可以輕而易舉的從事

它所要執行的各種工作。人的智能，就是一部清楚、冷靜、以及邏輯的引擎，各部分的力道相垺；並且在運作時，也都能彼此協調一致；它像蒸汽機，可以將能源轉換來運作機器，將輕渺的心靈紡織起來，也鑄製心靈的錨。人心藏有自然界基本真理之知識，也了解自然運行之法則；人，只要不是反常的禁欲者，都充滿生命力與熱力；但是人之情性及感性必須經過陶冶，以便馴服於強有力的意志之下，並充任柔嫩的良心之僕役。人要學習去愛所有的美，自然的或人為的；恨所有的惡，並敬神如己。是並且也只是這種人，才是我們認為真正接受文雅教育的人。因為這種人發展到極致，可以與自然合一。

文雅教育含有心靈陶冶功能，這是盡人皆知的事實；但自然科學教育，也與心靈陶冶目的不相悖。

　　大學課程之容納理科科目，遠較大學課程之採納選科制，來得容易多多。當年傑佛遜曾力薦選科制於他的家鄉維吉尼亞大學；但選科制之盛行，還得等到十九世紀中葉哈佛出現了一位年僅三十五歲的名校長伊利歐特 (Charles W. Eliot, 1834–1926)，在他主掌這所美國最古老的大學長達四十年之間，他力排眾議。哈佛大學開放選修課程，當時風行的放任政策之自由主義，也給予助力，使這所長期以來屬地方型的小學府 (local college)，一躍而登上舉世聞名的大學 (international university)；私人企業既不願政府的過度干預，教育機構也追求自由以擺脫固定必修科的束縛。商場上貨比三家不吃虧的作風，古典文雅科目在得不到「必修」的保護傘之下，氣勢已大不如前；競爭是進步的主力之一，加上伊利歐特樂觀的深信大學生已屬成人，管束是中小學生的標誌，大學生早應拋棄這種符籤，自由才是大學生該有的權利。與放任政策之自由主義相連的「功利效益學說」(Utilitarianism)，也在選科制爭辯中火上加油，氣焰更猛，將必修的古典人文課程燒成灰燼。

　　贊助自由主義及功利效益學說以徹底推翻文雅教育貴族傳統觀念的另一最大勢力，就是二十世紀以來，大量的學生申請進入大學所形成的局面。二十世紀初期，大學年齡之青年，只有百分之四入高等學府就讀；但到了二十世紀中葉，這種比率已上升到百分之三十；高等教育權威單位還建議提高到

百分之四十八，讓他們接受至少兩年的高等教育；甚至鼓吹全民都能普受後期中等教育。「教育全民化」(Education for all) 的浪潮，從「小學全民化」(primary education for all) 滾到「中學全民化」(Secondary education for all) 之後還未平息，終於往「大學教育全民化」(Higher education for all) 之陣地湧進。既給中小學教育戴上民主的帽子，也得為大學院校穿上民主的外衣。文雅教育的傳統理念應重新予以改寫，使之不僅能聽取稟賦優異學子的心聲，迎合那批藉貴族傳統而繼承社會經濟優越地位者之需要與願望；同時，也得展臂歡迎那些家境清寒但才能傑出的學生，以及仍有雄心提高自己經濟情況的子弟入學，並提供他們在越來越複雜的社會中履行新任務的需要，這是不言自喻的。

　　大學院校的民主化措施，有兩個互相補足的方向，其一即重新擬訂文雅教育目的，其二即行政組織之重行改造，把「初級學院」(junior college) 或「社區學院」(community college) 包括在高等教育界域裡。後者容於下節敘述。在第一種方向裡，民主教育的大師，也是哥倫比亞大學教授杜威，曾對文雅教育的傳統觀念，進行極為坦率的理論攻擊。他不厭其煩的指出，「文雅的」及「卑賤的」之不當區別，與「文化的」與「職業的」或「專業的」錯誤對立，這些「二分法」，都是種因於歷史上古希臘社會之分類而起。當時的希臘社會是由自由民及奴隸所組成；現在的民主社會，人人都是自由民，又那有奴隸？其次，他不同意亞里士多德以及一批追從亞里士多德論點者解釋的智力或理性概念。他反對智力培育本身就是教育最高目的的說法，也不滿意於取陶冶論的觀點專門注意於心靈習慣的形式塑造這種教育主張。杜威心目中的文雅教育觀念，是拿達爾文的論點來說明人性的本質。人性並非原本就可以「陶冶或訓練」(discipline)，也不能「儲存」(furniture)，卻是在進化系列當中的晚期，才出現上述狀況的。人性本身，是作為更有效適應環境的一種工具。「解決問題」(problem solving) 的課程設計，應該列為大學課程規劃的唯一指針。

　　「問題」之出現，是一種「實然」；「解決問題」且使個人更能適應環境，這就是一種「應然」了。價值層次提升，依此為教育目的，還有更佳的選擇效標嗎？顯然地，杜威生於達爾文發表進化論之年 (1859)，似乎命中註定要受「適者生存」(survival for fittness) 的理論所左右。此外，他也明確的以實用

主義哲學來剖析文雅教育的真諦。當然，千萬別誤以為連文雅教育都有實用性的職業教育涵義；相反的，他說：「關於在民主社會裡，大學文學院之還能安全的發揮它恰當的功能，乃是由於我們看出，目前的社會所需要的職業技術學科，應該朝人文方向前進。」文雅教育的貴族傳統，與實用性及技術性學科之不容，原因在於科學未昌明之前，職業勞動工作一向皆由下階層人士擔當，且該種活動也帶有極深厚的經驗色彩；但工業革命已將此種局勢全面改觀。製作業及手工業融入了科學理論，乃變成「工學」(technology)；但如果欠缺歷史學、經濟學、政治學、社會學、及管理學的知識，則不易領會工學對社會進步的影響。因之，促進這些學科的文雅研究，動力源之於實用性而非神秘性了。至於農業生產的改良，所需的理科知識，如灌溉水利之興築，輪耕之優劣，施肥所需之化學研究等，農工大學正提供此方面的適時服務。汗滴禾下土的辛苦，已改由機器代勞，農夫可以駕耕耘機從事播種與收成的同時，還可聆聽古典音樂，享受田園寧靜又優美的風光，此種人生觀，不知羨煞了多少讀書人！

有些學者對文雅教育的貴族傳統之民主化，缺乏口味。民主社會之大眾既尋求中等教育之後的教育機會，如為眾民設立一種新式的一般性教育，自是不得猶豫。但如果把這種一般性的普通教育，也美其名曰文雅教育，則可能產生教育名詞的混淆與誤用；他們擬搭上「文雅教育」的歷史列車，乃因「文雅教育」自有其悠長的傳統。因之，依杜威的說法而改造的文雅教育，只好另找新名詞。這種新改造的「文雅教育」(liberal education)，最後取名為「通識教育」(general education)，有時也稱之為「生活適應教育」(life adjustment education)。

教育改造的浪潮絕對不平靜，文雅教育變為通識教育，並非毫無阻力。就在二十世紀時，亞里士多德及紐曼的追隨者即發出警告，認為這種民主改造放在高等教育階段裡，有「反智」傾向，學術知識的層次降低，甚至「讀書無用論」(anti-intellectualism) 囂張起來，則大學教育將陷入危機。發出此種警告的代言人，是芝加哥大學 (University of Chicago) 校長賀欽斯 (Robert Hutchins, 1899–1977)。他不忘先賢尤其是亞里士多德的誓言，深信教育特別是高等教育的意義，應該是智力的培育。他更指出，智力的培育乃是所有人

在所有時間及所有空間當中，最為特殊也最為重要的工作。而智力的培育，必須透過永恆價值學問的研究；永恆價值的學問，就臥藏在古今名著中。「巨著」(great books) 對任何一時代而言，都具當代性；那不是陳腐，更不是死書，卻是活生生的教材。不過，要閱讀巨著，學生必先知道閱讀巨著的方法。因之，大學生就得先學會三藝課程中的文法、修辭、及辯證，並從四藝中學習數學。他強烈建議，大學生四年當中，至少要讀過一百本經他精挑細選的「巨著」；不必贅言，亞里士多德的作品，當然名列其中。

　　儘管賀欽斯的要求標準相當嚴苛，但他並沒有把文雅教育限定為少數人所專享，就如同傳統的貴族作風一般。相反的，他認為文雅教育應為全體大學生所共享，但必須通過「巨著」閱讀的考驗。為了要將理論付諸實踐，他希望**馬利蘭州** (Maryland) 的**聖約翰學院** (St. John's College) 教授們能夠以他所主張的巨著研究作為課程。此議一出，許多名學者出面表示支持。不過到了二次大戰前夕，不少高等教育學者認為太過於將亞里士多德重新請回來作為文雅教育爭論中的仲裁官，這種行徑是否應該，持保留態度。

　　隨著二次大戰之後的冷戰，又使大家擔心大學教育走入「**反智**」傾向。引起這種憂心的最大刺激力，莫過於蘇聯於 1957 年搶先發射人造衛星**斯普尼克號** (Sputnik) 上了太空，美國乃急起直追，但晚了數月才發射成功；稱霸全球的競爭力，頓然輸在強敵後頭；許多人認為這足以證明美國大學院校的民主化，嚴重的傷害了高等教育的學術研究；他們強力要求，與其將中等教育之後的教育，根據過去的作法延長，使得更多數的人民能接受更多的教育機會，不如重新發展另一種方向，即認清少數資賦優異者的重要性，這群精英，在大學院校盛行民主化時，被「**遺忘**」了 (forgotten)——至少也是被「**忽略**」(ignored) 的一群。大學院校有必要再度「**追求卓越**」(pursuit of excellence)，以便加速優異學生在學術研究方面的進度，恢復美國舊有雄風。這種進度，更由於「**榮譽課程**」之設計，而更形加劇，使得稟賦傑出者在進行獨立研究及創造研究時更獲得鼓舞，卓越就垂手可得!

二、大學的現代化

　　高等教育學術界公認世界最古老的大學，就是中世紀所成立的大學；但

中世紀的大學太老化了，無法趕上時代的新潮流。大學步向現代化的，就是
存在於十九世紀左右的德國大學。美國在南北戰爭之前，年輕力盛的學生如
想獲得高級學位，在學術研究上出人頭地，第一選擇就是德國大學。為什麼
會如此？到底德國大學提供了什麼，而美國大學沒有？為了答覆這些問題，
讓我們回頭來檢視一下，當我們在說明學寮的起源與文雅教育的肇始之時，
所沒有涉及到的一些大學史問題。

　　我們早已說過，中世紀的大學太沉迷於權威，因之與文藝復興時代的人
文主義相搭配時，速度極為緩慢。不僅大學四個學院裡的文學院無法容納新
文學，同時其他三個專業學院（醫、神、法）也以「舊」為榮。每一個學院
的教授都以恆久不變的教材作為講授內容，教本變成權威。

　　法學的權威課本，是**查士丁尼法典** (Justinian Code)。

　　醫學的權威作品，取自**格倫** (Galen) 或**希波克拉底** (Hippocrates)
的著作。

　　神學及文學的材料，就是**亞里士多德** (Aristotle) 的書籍。

這也就是二十世紀賀欽斯所心儀的「巨著」。當然也有少數學者膽敢反抗學術
專業上的獨裁權威；宗教改革的發源地**威登堡大學** (University of Wittenberg)
及「**抗議者**」(protestant) 的神學教授路德就是其中之一；十七世紀英國「**不
尊國教的分離教士**」(English Dissenters from the Church of England)，擬脫離類
似的壟斷，在他們於牛津及劍橋不被允許作為分離教派的會員時，他們乃另
立新學府。兩個老牌大學既無法與時代配合，以致於專業學科的研究，如法
律及醫學等，在校外學習反而比在校內探討更能獲益。此種窘境之長期存在，
導致於大學教育之陷入低潮。

　　十八世紀末，除了法國大學因革命而受嚴重打擊之外，大學教育有欣欣
向榮趨勢。促進這種漲潮再現的，當以十七世紀末普魯士的**哈列大學** (University of Halle) 之於 1699 年立校，居功最偉。這所高等學府，乃是第一所現代
化的大學。配合著「**第一位現代化科學家**」及「**第一位現代化哲學家**」的出
世，「**第一所現代化大學**」也就誕生。許多新特色，使哈列大學享有這頭銜，
該校標榜「**若無足夠理由，一切皆空無**」(Nothing without sufficient reason)；
理性的討論、自由的開放心靈、權威的丟棄、偶像的掃除，此種為學態度，

令人一新耳目，與中世紀的作風截然不同。

　　這種精神影響了課程，也改變了教學法。課程不僅向新科學獻殷勤，還改造了人文學科的教學方式。哈列大學之人文學科，教學已不卑躬屈膝的模仿西塞洛文學體裁，而採用古希臘學者所獨到的批判態度及自由的研究風氣。另一新措施，即以母語進行講課，方式及內容也與其他大學不同。講課已不是將教本內容作「**總結或評論**」(*Summa or Commentatio*) 而已，而是要把研究探索之所得作系統性的介紹。作為強化既有教條或真理之用的辯論法，也改變方向而開始對知識研究作獨立的探討。

　　由於哈列大學的出現，時人乃著手思考大學與中學之區分，並處理二者之間的銜接問題。中世紀大學生必先學會拉丁語文，然後才能取得文學士學位並進而攻讀碩士學位。學術研究的準備工作，顯然劃歸中學負責。但早期並無此種性質的中學存在，入大學的新生多半靠家教或零星式的拉丁語文教育，反正入大學以後，文學院也可彌補拉丁語文知識的不足。文藝復興所新設的人文學校，在學生年齡上多半與大學生重疊，但兩種教育機構的性質不同。其後，人文學校變成大學的預備學校，在德國成立的**古文學校** (Gymnasium)，等於是替大學的專業學術研究作熱身工作，畢業生一入大學之後，拉丁及希臘等古典語文已甚為精通，大學成為一種十足的研究所性質了。

　　哈列大學由於在普法戰爭時，幾乎全校盡毀於無情的戰火，還好日耳曼大學教育在現代化的路上又領先群倫；當時與拿破崙作對而遭破壞無遺的普魯士，想盡各種方法以恢復德意志民族的自信心，其中的一種手段，就是學術研究的激勵；**柏林大學** (University of Berlin) 終於在 1810 年成立，辦校主旨在追求真理，培育智慧；禮聘名師，注重**講學自由** (academic freedom)，包括「**教自由**」(Lehrfreiheit) 及「**學自由**」(Lernfreiheit)；不應泥古，而要創新；專精的探討，務必要有獨立性的見解，然後才能授予「**博士學位**」(Doctor of philosophy，簡稱 Ph. D.)；這種人是道道地地的學者，而不必然是個教師。學術研究要能有斬獲，必須信賴大學師生，反對任何形式的外在干擾。政府不可對大學採取控制方式，下令大學必須開設固定且定義明確的教材還得配合政府政策；科學研究與實驗，不可先入為主的存有偏見，預設立場，因為無人可以確信研究或實驗結果會如何！

學術自由的理想，變成德國大學制度的王冠上最閃爍的一顆星，也是現代化大學與中世紀大學差別最大的所在。德國大學的這顆星照亮了學術界，也給西洋文明帶來明亮的光芒！

第七節　初級學院與研究所教育

初級學院，是美國在高等教育上的特產；研究所的教育，則是德國大學的重點，但其後為各先進國家所模仿。當美國的大學發展得羽毛已豐時，我們可以清楚的看出，它乃是融合英國學寮及德國研究所的混合體。二十世紀的某些大學還有很濃厚的英國色彩，有些則走德國路線。但不管大學發展之偏英或傾德，大部分的德國式研究所就只是置於英國式學寮之上，二者之間的關係如何，鮮少有人顧及。芝加哥大學成立時的校長哈柏 (William Rainey Harper, 1856–1906) 乃是第一位探討此一層次嚴肅問題的學者。

一、初級學院

改造中等教育的原先提案中，也將大學的前兩年及小學的後兩年包括進去。二十世紀的頭十年，這是哈柏校長的大膽建議，但此議卻乏人問津，過了二、三十年之後，才引發了不少人的興趣。當時，中學畢業生如潮水般的湧入大學，而大學就如同早期的中學一般，師資及設備水準乃被這股潮水湮沒。因之，人們要求高等教育不但要有新設施，還得將這些新設施安放在離學生住家較近的地方。為了滿足這種要求，哈柏所提議的將原先大學的頭兩年從後兩年中分離出來的構想，就大為眾人所喜愛。

哈柏深深體認出研究所的特殊重要地位，因之他建議大學的四年切成兩半，前兩年與後兩年課程應有區隔。前兩年名之為「**學術學院**」(academic college)，後兩年取名為「**大學學院**」(university college)；這些名稱其後分別改為「**初級學院**」(junior college) 及「**高級學院**」(senior college)。哈柏內心的構思，是將傳統四年的大學課程劃分為二，就如同他起的名稱所顯示的，後兩年類似於研究所或專業教育，前兩年則近於中學教育。根據此種想法，中學乃變成一種實施普通教育或文雅教育的場所，大學就是專業研究的園地。此種擬議，許多美國人認為相當新穎，其實並不盡然，因為那只不過是中學的

往上延伸而成為人人所稱的「**人民學院**」(people's college) 而已。而這種延伸，乃由國民學校的延伸開其端。並且這種延伸，在歐洲早有許多先例，大多數歐洲大陸的專業性大學，都直接收容修畢中學文雅教育的學生入學，大學並無「**大學部**」(undergraduate)，只有「**研究所**」(graduate)。

在實際作法裡，大部分的初級學院都與中學分離，本身也獨立，更與大學不同校園。它們的精神有幾分高等教育性而較少中等教育色彩，因為它們是從大學派生的，並且建校初衷也是如此。如同早期的初級中學一般，許多初級學院不能發展自己獨特的課程，倒意圖漸漸轉型升格為四年制的文學院。而那些能設計出一套有特色課程的初級學院，即規劃了為生活而準備的課程。對多數學生而言，初級學院是一種完結性兼附屬性的教育機構，內容有技藝性的也有文雅性的，升學或就業兩相宜。由於美國幅員遼闊，既有的四年制大學離學生住家太遠，家長的經濟力又不一定能支持年輕人接受四年漫長的大學教育，且有些學生也不願費四年時光於大學裡，他們希望一方面能獲多一點學校教育，一方面又能提早就業謀職，如能一社區一初級學院，則入學者必大有人在。「**社區學院**」(community college) 之名因之而起，也立即獲得社區民眾的喝采！

經過這種顯明的安排，哈柏希望大家能了解這種安排有下列益處：平庸學生可以很方便的將初級學院作為自己完成學校正式教育的終點，而高級學院或大學學院可以提高素質，以便作為研究所教育或專業教育的準備。並且，二年制的初級學院可以吸引那些不擬進四年制大學就讀的學生，以及因經濟情況不許可入四年制大學研讀的學生。此外，初級學院一設，可以減緩大學之學生擁擠現象。最後，一些經費財源困難而無法支撐四年制課程的大學院校，也可以轉型而成為辦理較完善的初級學院，降格也在所不惜，不必咬緊牙關來維持一個搖搖欲墜的四年制大學，雖然聲望受損，但總比宣佈學校關門的消息，較不會令人傷心！

初級學院或社區學院既有上述優點，許多美國人也樂意入學，心理上滿足了他們接受高等教育學府的癮，課程又相當實用，就學方便，又有一技之長。二次世界大戰開始之前，全美就有數百所之多，尤其在中西部為然。

二、研究所教育

德國的大學，純粹就是研究所式或專業性的高等學府，畢業生就可獲博士學位，因為**古文中學** (Gymnasium) 就已培育出該準備好作學術研究的精英；德國的大學，是沒有英美大學的大學部的。因此光就知識探索與開拓而言，英美大學根本無法與之相比。美國南北戰爭之前，美國年輕學子都自感形穢，紛紛負笈德國大學深造。其實這本來是學制的不同所造成的結果；美國跟隨在英國之後，早期的美國大學，幾乎清一色都是英國「**學寮**」的翻版。美國是英國的殖民地，高等學府也是如此。即令在法律及醫學等專業領域裡，美國大學院校提供此方面的課程，也相當遲緩，更不用說是科技工藝了。這在母校及祖校的牛津及劍橋，也莫不如是；律師及醫生之學習專業技能，乃透過藝徒制度的訓練方式，而非到大學的法學院或醫學院上課。直到二十世紀，要充當律師的學生必須在律師事務所裡研讀法律，這種現象並非絕無僅有。法學院及醫學院到了十九世紀，還未成為美國高等教育的正規機構呢！中世紀大學的四大學院中，巴黎的神學是當時學術界的主流，神學與哲學的關係密切，其後由巴黎所生的子孫大學，也以神學及哲學為主幹，法科及醫科的地位，相形之下，微不足道。文藝復興之後，大學中的古典文學地位扶搖直上，在神學的重要性稍淡之時，歐洲的大學，悉數是造就文學及哲學的重鎮，美國的大學院校也仿此作風。

如果有人說，十九世紀之前，美國根本沒有「**大學**」，這句話也並不為過。那是說，美國只有「**學院**」(college)，而無「**大學**」(university)，雖然有些學府在立校時或其後也從學院更名為大學。二者之分野，從現在的角度來說，學院注重「**通識教育**」(general education)，「**大學**」則強調「**專業教育**」(professional education)；前者以「**博**」為主，後者以「**精**」為要。其後，「**大學**」本部 (undergraduate) 取代了「學院」的教育角色，而「**研究所**」(graduate school) 則扮演了「大學」的功能。就學位而言，一所完備的「**大學**」，有「**學士**」課程，「**碩士**」課程，及「**博士**」課程；「**學士**」課程屬「**大學部**」教學的任務，「**碩士**」及「**博士**」則由「**研究所**」課程來完成。

早期的美國大學，成立之初都取名為「**學院**」或「**學寮**」，師生喜愛英國

式的那種「**學寮式生活**」(collegiate way of life)。且這些學府，都是宗教教派
所立，公私立不分，因為當時的教會在政治權勢中享有極大的影響力，殖民
地政府都撥公款給教會學校作為教育經費。美國獨立之後，有些州積極興辦
「**州立大學**」(state university)，尤其受到達特茅斯學院案件的刺激，因此州立
大學與「**私立大學**」(private university) 並存；但美國迄今卻未出現過「**國立**」
大學，個中原由，實堪玩味。教育史實上，倡言由中央聯邦政府來斥資興辦
國立大學，在十九世紀之前，都此起彼落，但皆胎死腹中，其實連懷孕皆未
成功。國立大學的擬議，雖未必是屬於「**研究所**」類型的大學，但總是在既
有的高等學府中另樹一幟。

　　早在十八世紀之末，設立「**國立大學**」(national university) 的構想，曾經
在幾位知名人士的腦海裡打轉，後來擔任過美國第四任總統的**麥迪遜** (James
Madison, 1751–1836) 及政治家兼外交官的**平克尼** (Charles Pinckney, 1746–
1825)，都在**憲法會議** (Constitutional Convention) 上提議設立國立大學，但支
持者不多；物理學家兼政治家的**盧虛** (Benjamin Rush, 1745–1813) 在應徵論文
裡，還倡議為這個年輕的共和國制訂一套適當的教育制度，不要走歐洲的老
路。這些想法深深的打動了**華盛頓** (George Washington, 1732–1799) 的心坎，
這位美國「**國父**」還在遺囑裡留下一筆遺產作為興建國立大學之用；但事與
願違，國立大學之興建仍然功虧一簣，因為州政府權力從中作梗，而私立大
學的名校長尤其是哈佛的名校長伊利歐特出面反對，終於美國至今未有國立
大學的存在。顯然地，這個國家的首任總統之捐下遺產囑咐作為國立大學基
金，是有許多用意的。他認為設立國立大學的最大好處，在於將它視之為國
家統一的精神機構。美國的族群複雜，語文紛歧，宗教信仰更是多元，更不
用說思想觀念及習俗風尚了。在國立大學裡，來自於四面八方的學子，都可
以自由的交互混雜在一起，這樣子更能夠掃除地域主義，克服個人嫉妒心及
偏見；類似孫文的「革命必先革心」說法，華盛頓盼望獨立戰爭雖已打敗了
英國，但防止新國家四分五裂，端賴國民能有以美國為念的認同感，這要賴
民主式的教育，尤其國立大學的主旨就應把它列為最高優先。不過可以告慰
於他的，是他的遺囑雖有人持異議，但他的用意卻也不必非興辦國立大學不
可。美國透過民主式教育的努力，國家認同感已不成問題。美國人民來自世

界各國，至今未聞有美國人說，他不是美國人，或他既是美國人，但也是英國人。這種曖昧又混淆的認知，在美國是不會發生的。美國軍人在兩次世界大戰時帶領世界上民主國家向全球專制國家宣戰，未聞有美國兵因為「祖籍」德國而變節；尤其在 2001 年的九一一事件，美國紐約**世界金融大樓** (World Trade Center) 等地遭受恐怖份子的飛機攻擊，造成美國史上的重大傷亡，當時美國人所表現出來的愛國心及同仇敵愾氣氛，沒有人唱衰美國，也令世人動容。此外，華盛頓也盼望這個新的共和國，運用國立大學作為增進以政治及自治為主的知識研究中心；不只培育純文學及藝術的場所，同時也是研究農業、商業、及製造業等基本實用科學的最高學府。

其後的數任總統都贊成國立大學的設立，國會也提出有利於國立大學的報告，但在議題集中於黑奴制度之存廢時，設置國立大學之提案，受盡忽略。南北戰爭後，該議題舊事重提，大家的興致也越高，紛紛表示國立大學屬研究所性質，已遠離華盛頓等人的原本初衷。但反對勢力仍然有效的制止了國會採取有利行動，不只東北部的古老大學集體表示異議，美國大眾也擔心教育的國家化。此議題終於無疾而終！

美國「**大學**」如雨後春筍般林立的時刻，是十九世紀二十五年到五十年之間。此時期成立的大學，多半受達特茅斯學院案件的判決所影響。如前所述，該案件清楚的點出，公眾政府不能因為對於高等教育之興趣，而企圖去控制早已存在的私立高等學府。州政府在「**篡奪**」私立大學無法得逞之時，乃自設公立（州立）大學以自慰，但只具「**大學**」之名而無「**大學**」之實。雖然**維吉尼亞大學** (University of Virginia) 規劃以「**大學**」的姿態來組織教授團並安排課程，**密西根大學** (University of Michigan) 也大膽的師法德國大學的精神，但如以德國大學作評量標準，則這兩所大學也不足以列為大學等級。保守的宗教勢力阻礙了前者的發展，而州政府的干預卻是後者的絆腳石。

最接近於德國大學模式的美國大學，也可以稱為「**第一所現代化的美國大學**」，是成立於美國立國後整整一百年 (1876) 於**馬利蘭州** (Maryland) **巴鐵摩** (Baltimore) 市的**約翰霍普金斯大學** (Johns Hopkins University)，鑑於前車之教訓，本大學是私立的，不似上述兩所之州立，因此不受公權力的控制。此外尤其重要的，本大學不設傳統學術大本營的神學院，擺脫了保守勢力的枷

鎖。更出人意表的是連文學院也排除在外，因為文學院只是大學部性質，非專業領域。根據原先的計畫，本大學乃是十足的以純學術研究作為宗旨；企業大亨的**約翰霍普金斯** (Johns Hopkins) 本人又慷慨樂捐，辦校金錢不虞匱乏。雖然以後增加了大學部課程，但仍不能剝奪本大學之作為首座偏重研究所教學，而可以與歐洲最優秀大學相頡頏的美國大學這個美名。首任校長**吉爾曼** (Daniel Gilman, 1831–1908) 之接掌，如同柏林大學領導人一般，不將大筆費用花在校舍的硬體設備上，卻先禮聘名師任教，又精選有潛力的學子作為研究生。首屆畢業生而享譽國際的至少有二，一是先任**普林斯頓大學** (Princeton University) 校長而後被選上第二十八任總統的**威爾遜** (Woodrow Wilson, 1856–1924)，一是二十世紀最具影響力的思想大師，也是**哥倫比亞大學** (Columbia University) 教育學教授的杜威。在吉爾曼校長的營運之下，有完整的研究室，有充份的學術自由，以及程度甚高的著作出版。本大學之出世，是美國高等教育學府的盛事，更是美國大學專業化及現代化的里程碑；本校迄今，仍執醫科研究的牛耳，獲**諾貝爾獎** (Nobel Prize) 的學者、研究員、及教授，為數眾多。

　　十九世紀結束之前，其他新設的大學也仿約翰霍普金斯大學的作風，這些研究型大學中比較出色的是「**美國天主教大學**」(American Catholic University)、「**芝加哥大學**」(University of Chicago)、及「**克拉克大學**」(Clark University)，克拉克大學的首任校長，是約翰霍普金斯大學的名心理學教授**霍爾** (G. Stanley Hall, 1846–1924)。而老牌大學也感受到了新式大學的壓力，哈佛靠伊利歐特主政之力，重振雄風，實質上更變成一所領導型的大學；耶魯於 1861 年才將學院改為大學，在二十五年前 (1836)，就首度頒授美國哲學博士學位。二十世紀一開始，美國高等教育快速發展，如同脫韁野馬一般的奔馳。但獲得成熟度，仍經過數度困難而備受考驗。有的大學濫發證書，被名心理學家也是哈佛大學的教授**詹姆斯** (William James, 1842–1910) 評為「**哲學博士學位章魚**」(The Ph. D. octopus) 的野雞式大學，佈滿美國各地。規模較小也較不突出的大學，無法吸引早已精於學術專業研究的教授；為了彌補這種缺陷，乃以哲學博士頭銜作招牌，登廣告，以招徠學生，且希望這股生力軍，能安心於學術著作之研究與發表，升等為教授，也以原創性研究列為優先。「**無出版**

就解聘」(publish or perish) 的口號，儼然是大學院校的通常作風。不過，如果將「研究」(research) 評為升等或給酬的首要，則有可能忽略了其他大學教師的另兩項職責，一是「教學」(teaching)，一是「服務」(service)；並且哲學博士學位的獲取，是在博通之上要求專精，但如將此種境界的認知傳授於初學的新鮮人時，則二者學術知識位階上的差距，將越離越遠。中文「博士」這個字的英文是 "doctor"，字源是 "*doctus*"，那是拉丁文 "*docere*" 的過去分詞，是「教」(teach) 的意思。博士也得教學；大學教授如皆獲有博士學位，也授予研究生這種最高學位，他們研究的領域是包山包海，上窮碧落下黃泉；但卻不將「教育」包括在內，這是極為荒謬的。補偏救弊，以「教育」為專攻者，改授「教育博士」(Doctor of Education，簡稱 Ed. D.)；博士學位的分枝因此開了先河。當然，有人懷疑 Ed. D. 的學位聲望遠不如 Ph. D.，一重實際，一偏理論；不過此種「二分法」，是會遭受杜威斥責的。注重學術的嚴謹、分析的獨到、意義性的提升，則任何學科領域所授予的博士學位，一律平等，無分軒輊，他人也不要以大小目見之。

「研究」、「教學」、及「服務」，變成當今大學教育功能的三角。但這三角卻非等邊。就大學的知識層次來說，研究應列為「必要條件」，也就是說，大學如缺乏「研究」，則大學不成為大學，與中小學沒什麼兩樣；而教學品質能上臻為「高等」性質，「服務」之能贏得社會大眾的敬重，也端賴「研究」才得以致之。

不少大學評鑑機構對環球大學皆製作出排行榜，在二十世紀末及二十一世紀之初，舉世聞名的大學，大都集中在英語系的國家中，尤其以美國大學最為醒目，其中哈佛大學一直名列前茅，其他德、法語文國家的大學則已遠遜其後。亞洲大學不只日本東京名列第一，且列名世界名大學之林；亞洲學者榮獲諾貝爾獎者也以日本居冠，更是中國學者留學取經的對象。古代大學以雅典最為出色，到了中世紀，大學有三主科，一是神學的巴黎，一是法科的波隆尼亞，一是醫科的沙列諾，其後牛津與巴黎互領風騷。十七世紀時，大學重鎮轉移到荷蘭的雷登；十八及十九世紀，日耳曼大學異軍突起。二十世紀以還，學術界閃亮金星則群集於美。

二十一世紀迄今，有數個學術性機構，幾乎每年都把世界大學列出等第，

這種「工程」並非輕而易舉，受到質疑者尤其被未列名者所非難，不過仍可供參考與改進之用。就一般普遍性的學術表現來看，全球大學排名在前二十名者，除了亞洲的日本東京大學及英國的牛津大學及劍橋大學之外，幾乎都為美國的大學所包辦。此一大學教育史實，的確可供高等教育界的注目與省思！

　　最後容我們稍敘述一下在希臘雅典大學之一些史料，以作為本章之結束：古希臘文化最光輝燦爛的時刻，是大政治家貝里克 (Pericles, 495–429 B.C.) 在位時，由於屬行民主政治，因之言論充斥。「異端」之說從四面八方而來，首先是由外地慕名而至的辯者 (sophists)，他們遊歷四方，見聞廣博，口才便給，批判力超強，個人主義作風突出。他們遊走在大街小巷、戲院角落，健身房房側，運動競技場邊，聚眾教學。由於見解新穎，因之常見聽眾座無虛席。此種學風，孕育出希臘三大哲的現身，尤其是柏拉圖 (Plato, 427–347 B.C.) 於388B.C. 左右在雅典的一座紀念古英雄 Academus ❸ 之聖廟，作為設帳教學的所在，取名為「學苑」(Academy)。

---

❸　Academus 是天神（宙斯神，Zeus）與 Leda 的雙胞胎兒子 Dioscuri　（分別名為 Castor 及 Pollux）攻入 Attca（雅典的中心地帶）時，告訴他們的妹妹海倫 (Helen) 藏匿之處的英雄。絕佳美女的海倫為斯巴達王 Menelaus 之妻，但被 Troy 城的 Paris 拐走，而引發戰爭，即史上有名的「木馬屠城計」(the Trojan War)。Paris 為 Troy 王 Priam 及妃 Hecuba 之子，由於生下時即有預言 Troy 將滅，其父不悅，乃丟棄於山谷，幸被牧羊人撫養長大，為判定誰才是最美麗的女神，乃藉愛神 Aphrodite 之助，拐誘海倫，而引發戰爭，終應驗了 Paris 之預言。洩漏奧秘，預言成真，這不是高等學府設校的宏旨嗎？

第十六章　師範教育的沿革

　　教育的興衰，繫乎教師之良窳；這是盡人皆知的座右銘。但教育史上對教師的培育，卻歷盡滄桑。雖然有其師不「必」然會有其徒，但良將無犬子，或名師出高徒，這也是事實。儘管物理學界有個眾所周知的現象，即河流的水，下游一定不會高過上游。有人就以此作比喻，證明後輩的學生，成就一定不能高於先輩的老師（先生）。但冰由於水而寒於水，青出於藍而勝於藍；淡水河、長江、或密西西比河之後浪推前浪，一代新人不只換了舊人，且勝過舊人。假如下一代的子女或年輕學子，在教育水平上永遠無法高過上一代的父母或師長，則社會進步或文明發達殆為不可能。吾人樂觀的期望（雖然這種主觀的企求不盡然是客觀的事實），學風日上，昔不如今。至少有一項不能拒絕或否認的現象，即教師素質最能決定學生教育程度的高低或等級。

　　如果對過去好幾世紀作一番歷史回顧，則我們可以發現，教師素質之不齊，其幅度之廣，都與一些基本問題的不同答案，息息相關。比如說，一位未來的教師光知道教材內容就能使教學勝任愉快嗎？這種教師是否還應加強教學法或教學技術上的專門訓練或實習？這些問題的基本前提是，教學可以簡化為一種明確的技術甚或成為科學嗎？或者認為教學是一門藝術，無法言傳？教學不管是否成為科學抑或停留在藝術階段，它是一門專業嗎？假如教學是一門專業，為何教師不能像其他專業人員如醫師或律師一般的享受社會崇高地位並獲致豐厚的經濟效益（酬勞）？為什麼教師的聲望與她（他）所教的學生年齡有關？經由公共檢定方式可以提高教師素質嗎？最後，教師應該組織起來以便保護權益並經由抗爭而改善服務環境嗎？

第一節　古代的教師地位

　　一般而言，在古代社會裡，教學的主要資格就是對於所教科目有豐富的知識；人們對教師的敬重，也依教師任教科目的重要性來決定。早期，只有

教士階級才能閱讀及書寫，他們用文字或符號來記載並解釋神話及醫道，既治心也治身，這種人身份自高。教士的活動，本身就是一種教育，教士就是教師。他們教導學生精通語文符號，以及經由語文或符號所記載下來的歷史、神學、占星術、及氣象學等。古代的印度教師還組成一個崇高的社會階級，稱為**婆羅門** (Brahamans)，教士及教師都在這個階級裡，享有特權。同樣，古代的中國，「**師**」與「**天地君親**」四者併列，雖然敬陪五者之末，但一般人對教師是敬畏如父的。至於早期的猶太人中，教學是神聖的職業，孩子要敬重父母，更要敬重作為精神父親的教師。

物以稀為貴，教學行業亦然。當識字及了解符號的人越多，教師的地位即日漸低落，尤其是教學基本文字的教師。希臘社會就出現此種現象，他們的薪金一定微不足道，因為即令是貧窮人家也能為孩子付得起初級教學的學費。**柏拉圖** (Plato, 427–347 B.C.) 在他的《**法律**》(*Laws*) 一書中，將這一層次的教學分派給外地人負責；而上層階級的希臘人及其後的羅馬人，更不時以奴隸來履行這方面的職責，奴隸兼教師的字眼，就是「**教僕**」(*Paidagogos*)，這個希臘字，是指帶領學童上下學的人，天色已暗或早晨太陽未亮之前，提燈籠照路或背學童步行以渡險境的家庭僕人。只有斯巴達人最正視家長管教孩子的責任，他們不願下一代受到身份卑微者如外地人或奴隸的看顧。除了正規教師之外，他們還要求每一位成人都要負起教育幼童的責任。

儘管有斯巴達人的範例，也儘管有羅馬最偉大教師**坤體良** (Quintilian, 35–95 A. D.) 要求需特別精選孩子的僕役及教師，但幼童的教師在希臘及羅馬社會中，身份之低落仍然沒有獲得改善。並且在事實上，他們非但薪俸微薄，有時還被不滿意的家長斥責，這些家長只付少量教育費用，竟然期待教師要完全熟背教材，甚至連希臘羅馬神話中安喀塞斯❶的婢女名字這種芝麻小事也要記得。教師地位在古代世界中每下愈況而非日有起色，他們的命運，簡直可以說相當悲慘！希臘羅馬作家盧西安（Lucian，紀元後二世紀左右）說，神所恨的人，就要他們成為教師；他更說，來世對今世世人所犯過錯的

---

❶　Anchises，Aeneas 的爸爸。《木馬屠城記》(*Troy*) 中逃難而出，流浪到 *Latium*，被傳說是羅馬人的祖先；也是羅馬詩人威吉爾 (Virgil, 70–19 B.C.) 在 *Aeneid* 一劇中的英雄。

懲罰方式，最嚴厲的莫過於使他貧窮，而逼得他非去教基本閱讀及書寫不可。希臘的教僕是身體殘廢如從樹上掉下來摔斷了腳而無法做工的人來承擔的；描述一個失蹤的人，就說這種人去當教師了。教師身份就是這麼的不堪！

　　比較高層次的教師之地位，如哲學教師或修辭教師，情況就好轉許多。修辭學家如希臘的**艾蘇格拉底** (Isocrates, 436–338 B.C.) 或羅馬的**坤體良** (Quintilian, 35–95 A.D.)，都享有荷包滿滿的收入且受人敬重。不過不應忽略的是，開始講授這些高層次知識科目的教師，如希臘的辯者，在贏得時人的敬重上卻大費周章。困難的原因，部分是由於他們的教育觀念太過「**偏激**」，但部分理由是他們收取昂貴的束脩所引起。在一個只有自由民及奴隸的社會裡，收取學費作為教學代價的人，馬上被稱之為辯者，他們的地位即令不低於奴隸，至少也不會比自由民高，沒有自由民那麼的受人敬愛。此種教育史實直與後來的社會風氣不同，社會人士對教師之尊崇，非由於教學工作是專業工作，而係根據教師是否具有業餘身份而定。大教育家**蘇格拉底** (Socrates, 470–399 B.C.) 因認為神聖的知識傳授若淪為金錢交易，則是一種罪惡，因之他的徒眾甚多，他的教學不收取分文，且有教無類，也嘉惠女生。不過，利字當頭的辯者深信高學費政策才是良方，因為一分錢一分貨，付費學生會珍惜受教機會，收費教師也憑真才實學傾囊以授。

　　其他因素並不利於公眾對教師地位的推崇，即使是高層次的教師也是如此。這些因素之一，早由羅馬時代的作家**辛尼加** (Lucius Annaeus Seneca, 4 B.C.–65 A.D.) 所道出，他的一句名言是 *"Non vitae sed scholae discimus"*，意指「**教師只教導讀書寫字，而不教導生活。**」本來教師的教學，也可能是以生活指導為主要目的。但時日一久，教學變成常規，本末倒置，忘了生活需求已有變革，教學還在因襲既往，當然為時人所瞧不起。只有喜好舞文弄墨調調的家長，才會選擇這類冬烘先生，作為他們孩子的教師。

　　羅馬帝國衰亡之後，振興文教的皇帝**查理曼** (Charlemagne, 742–814) 指出另外一種因素，更切中時弊。由於中世紀學術水準低落，這位大帝乃向所有能夠教書的人懇求：「行高於知，知是為了行。」知行合一，是上上策；二者不能得兼，也應捨知就行。不過，教師多半屬於只知不行的貨色。嘴巴說得天花亂墜，實際作起事來，卻無半撇。這種教師當然被人看輕。讓學生實

地參與社會上的日常生活活動，它的重要性大過於花時間要學生作準備工作。這層體認並非前無古人。以中國為例，中國人口口聲聲說尊師重道，其實教師地位遠低於官吏。通過聞名的科舉考試者，就可以封官授爵，衣錦還鄉，榮華富貴集於一身。接受教育的價值，也只有在經得起考試這一關，然後士成為仕時才顯出價值出來。名落孫山者非但望官興嘆，並且也找不到適合於讀書人的行業，要一個讀書人去耕田或搞生意，這是不可思議的。「百無一用是書生」，讀書寫字太久了，手無縛雞之力，也分不出五穀。落第考生唯有一項工作足以糊口，即是教書。教師來源如此，教師行業能夠令人尊崇，這是騙人的，或許是自家人拉高身價聊以自慰的說詞而已。

　　另外一種可能造成古代教師地位卑微的最後因素，乃是教學法奇差無比。知識教學法是背誦或記憶，品德教學方式是體罰。打罵孩子，逼兒童背書，這是任何人都能稱職的，何勞教師？教學只是如此，又那能算是專業？教學技術不會比一個強迫他人做苦差事的監工高明多少。坤體良的《辯學通論》(*Institute of Oratory*) 在為教師寫出教師手冊這方面，比別人貢獻較多；他盼望教師以獎賞來代替斥責，且注重個別差異這種事實；至於教學方法與技巧，許多人都認為那是天生的，非後天習得的。就是這種觀念，才使得教學理論與教學過程乏人研究。直到晚近，這種缺憾，才得到彌補。

第二節　大學畢業生即有教學權

一、中世紀大學形同師範大學

　　教師的專業訓練，在知識層面上於中世紀的大學裡，首度呈現出重要地位。教師的任教資格之一，就是學有所專。中世紀成立的大學，是在古代文明衰亡之後的黑暗時代引領文教振興的一盞明燈；時人對法律、神學、醫學、及文學重感興趣，且這種興趣，遍佈於全歐各地。由於這些學科的研究，使得研究這些學科的學者，地位提高，他們早先是被人忽視的。中世紀大學學位最令人垂涎的是，擁有學位的人有四處教學的權利。碩士學位 (master) 及博士學位 (doctor) 的原意，都是「師傅」及「教學」的意思；男教師稱為 "school master"，其後 "school mistress"（女教師）也跟著出現。

　　中世紀大學提供給教師的主要訓練，重點放在學科知識的獲得。法學、醫學、神學的「博士」，在基本上就得了解各自專業學科的知識。文學院的學生亦不例外，他們的先修科，就是自古延續下來的七藝。七藝構成了教師的主要教學「秘方」(mystery)，這個字眼是中世紀人們稱呼任何一種非俗人所能精通的學科而言。不過，由於人們也不知道教導這些七藝知識有什麼秘方，因之未來的教師也不可能在這方面接受什麼樣的正式訓練，唯一的辦法，只有在「教學中學習教學法」(*docendo discere*)，即邊教邊學，教學相長，乃成為慣例。那就是說，希望獲得學位的候選人，要在實際教學中學習如何教學。反正作學生時如何學，當時的老師如何教，就把此種「教學」經驗轉換到教學的對象上。候選人在這方面的機會，主要就是在「額外讀課」(extra ordinary lecture) 以及參與辯論上，這是中世紀大學最重要的兩種教學方式。

　　前已述及，享有大學學位的人有權可以四處教學，學位形同教師證書。猶如藝徒制度中的「師傅」可以開業授徒一般，也是品質保證的一種表徵。首先授予教師證書的，是教會；不過，當宗教正統的呼聲虛而世俗興趣的勢力盈時，政府乃漸漸背負了授予教學證書的責任。凡經由政府或教會授予學位者，皆享有「教學通行權」(*jus ubique docendi*)。

二、中小學師資素質不如人意

　　大體而言，中世紀大學所提供的訓練，的確能夠使中世紀晚期及文藝復興期間，能力優秀的學者進行高等學科或專業學科的教學。但這種較令人滿意的情況，卻顯然不出現在中等教育學科的教學階段上，小學師資更每下愈況。人文主義教師如義大利的維多利諾 (Vittorino da Feltre, 1378–1446) 及日耳曼的斯徒姆 (Johann Sturm, 1507–1589) 等，都在文藝復興期間或其後享有盛名；但一般來說，教師素質是低劣的；另一位人文學者伊利歐特爵士 (Sir Thomas Elyot, 1490–1546) 不得不這麼說:「我主神啊！有多少個善良又聰慧的孩子，今日在無知的學校教師教導之下斷喪了!」

　　教師如果只是無知，則情況還不令人十分傷心；更令人悲痛的，就是教師除了無知之外，還舉止粗魯，並且還有時不夠端莊，頭腦不清醒。許多人濫用教師職權，不是天生的好老師。濫用職權再加上缺乏自制，結果乃造成

對學生採取不必要的殘酷措施。法蘭西的教育作家**孟登** (Michel de Montaigne, 1533-1592) 在寫他的《**腐儒**》(*Of Pedantry*) 一書時，對於無知教師的埋怨還沒有對虛有其表的教師之不齒多，他說後者就像一個邪惡的人沾滿濕漉漉的油，在點燃之時還散發一股濃煙；他也譴責那些「喜用陳義過高的方法，及好用與平常說話大異其趣的陳腐語言」等癖性的教師。「**賣弄才學**」(Pedigese) 是當時許多教師的習慣。他同羅馬時代的辛尼加一般，控告教師的教學與生活嚴重脫節。當時大學教育雖較以往普及，但大學畢業生的數量仍不是很多。即令大學畢業又獲有學位者，他們多半以教古文為樂，「**與生活脫節**」此種弊病，即令在二十世紀時也並未消失，更遑論在四、五百年前了。而一知半解濫竽充數並無擁有「**教學通行權**」的「**無照教師**」，也處處可見；這種現象，就是在四、五十年前的臺灣號稱教育發達在亞洲是僅次於日本者，也普遍存在。而教師資格，是否只具備學科專業知識就已足，也頗成問題。除了學科專業知識之外，是否還應兼備教學技巧、學生心理、以及教育學理的認識，這都是教學這門行業應該認真思考的主題。此外，社會人士對於教書這門行業一向看貶，就如孟登所言，教師常被人取作為嘲笑的對象；他說，沒有人願意誇耀他的祖先曾經當過教師。中世紀以來，歐洲社會的貴族自豪於比武爭鬥，這是封建傳統，他們視讀書如同閹割，會失去大丈夫雄糾糾的氣概，「**文弱書生**」是一種醜名。直到**路德** (Martin Luther, 1483-1546) 這位新教改革健將才敢以「筆」向武士的「矛」挑戰；他聲言，教導不法的孩童所表現出來的男人勇氣及能力，向惡魔下帖，是不下於披甲冑的沙場勇士的；並且他更這麼說，假如牧師與教師這兩種行業不能得兼而只能二選一時，他寧可作一名教師。因為牧師宣教的對象是成人，教師教學的對象是孩童。「你不能教老狗新技巧」，孩童的可塑性高，學習心強，比較「好騙」，臺語說照顧孩子，叫做「騙囝仔」。其實是兒童比較聽話，願意接受教師的指導，教起來也比較有成就感！路德還勸告家長，選擇教師要特別謹慎，這種重要性，不下於為孩子日後挑一位賢妻良母。話雖如是說，教師所受到的社會敬重度，仍然未見顯著的改善！

　　癥結之所在，也是令人氣餒的關鍵點，部分原因是教師缺乏教學理論或教學的科學基礎所致。教師要如同牧師、律師、醫師一般的重人欽敬，問題

在於四者皆是「師」，但教書的人可以與上述三種「專業人員」，皆配稱為「師」嗎？十七及十八世紀這麼晚的年代裡，甚至二十一世紀的現在，仍然有許多人以為教學能力是上天生成，後天無法強求，也無能為力去改善。法蘭西教育家洛林 (Charles Rollin, 1661–1741) 說了如下的一段話，充分表達出，只要心地善良，對信仰虔敬的教徒，就已是令人滿意的「為人師表」了！

> 當一名教師向耶穌基督請求如何管理他人，與如何才能自己得救等問題，而耶穌答以智慧及知識的精神、忠告及持久力氣的要旨、學習與虔誠的勇氣、以及最重要的是畏主的心境時，則再也沒有什麼可以奉告的了。這些也是指令並教導萬事萬物的內在教師，並且還可以在任何場合裡，告訴這名教師應履行的義務，並供給完成義務所需要的智慧。當他內心當中感覺出有一股拯救兒童的狂熱時，當他為兒童的危險感到不安時，當他覺察出兒童的缺點時，當他體驗出**保羅** (Paul) 在同情**加拉太** (Galatians) 人時的那種親切與想念時，就可以表示出他已經有了這種精神。

換句話說，為師的「心意」到了，就夠資格成為「師」。

三、改善的努力

由於改善跡象不彰，教學氣氛仍然令人沮喪。文藝復興時期依舊是主張教學憑經驗的時期。西班牙大學者兼大教師**威夫斯** (Juan Luis Vives, 1492–1540) 認為，教學藝術可以在觀察精於此道的行家教學時獲得；事實上，他贊成觀察不同的教師教學，希望從不同的經驗中理出教學法則。這就是「**教學觀摩**」。天主教教會所形成的兩大教學團體，即「**耶穌社**」(Jesuits, Society of Jesus) 及「**基督兄弟會**」(Christian Brothers)，特別注重教師的教學經驗，他們在這方面的成績可觀。團員要依「**規**」(rule) 而生活，時間久了之後，他們也將相當豐富的實際教學經驗累積而成法規，耶穌社綜合而成的法規，名為《**教學大全**》(*Ratio Studiorum*)，而基督兄弟會則在《**學校經營法**》(*Conduct of Schools*) 中敘述他們的教學規則。耶穌社在提供人文學校或古文學校的師資上，功不可沒；此種成功，不僅依賴《教學大全》作為指導，還因為耶穌社規定，要成為一名社員，在某種情況之下，必須時而教，時而學；一個預備

當社員的候選人必須當新生一段時間，然後成為「學生」(scholasticus)，然後實際執掌**教學** (regency)，形同一位實習教師，以當年作學生時被監管的方式來監管學生。且高階層知識學習的學生，充當低階層知識學習者的老師，如同日後的「**班長制教學**」中的「**班長**」；《教學大全》還要求各耶穌社負責人，在此種教學正在進行時，聘請教學成效卓著者加以視察與指導。依此方式進行，則一群「優良教師就可以培育出來，並且能增殖到像收割穀子一般的豐盛。」這或許是當今「**教學實習**」的濫觴吧！修讀學位、獲武士、技藝師傅既都要有數個階段，則充當教師，也不可例外。

假如在中等教育階段，呼喚優良教師的叫聲很高，則在初等教育階段，喊叫著好老師的音浪更強。最能顯示出當時初等教育教師教學實情的，莫過於十六世紀時**庫特** (Edmund Coote, c. 1562–1610) 在所著《**英語學校教師**》(*English Schoolmaster*) 一書中所敘述的景象；該書是向「沒有技術……以及作生意的男女，如裁縫師、織工、零售商人、縫布革者、及其他負責教育別人子弟者」而寫的：「（利用本教科書）你就可以坐在商店櫃檯上，在你的書旁或針線邊，聽你學生唸書而不會妨礙你工作的進行。」描繪此時教師社會及經濟地位之低落，以及訓練之不足，沒有比本書更為精到的。

到了十七及十八世紀時，嚴肅的考慮以及專心一志的注意初等教師之訓練，倒有了端倪。首先從事此項工作的就是基督兄弟會。這個教育團體的創辦者**拉薩爾** (St. Jean Baptiste de la Salle, 1651–1719) 熱心於改良貧民的不幸遭遇，他認為唯有透過教育，拯救貧民之目的始克有成。但他也很早就發現，假如不能使他的兄弟會會員精熟於教學藝術，則他的主要構想也將成為空中樓閣。因之除了為他的兄弟們立下了《學校經營法》之外，還根據該法規設立了師資訓練所，以培育師資作為該會的重要活動之一。值得注意的是，拉薩爾所訂的法規中，他要兄弟會的會員們注意教師所易犯的主要過錯及應該養成的美德。其中，年輕教師的重要毛病，就是話說太多，還小心翼翼的防範自己受窘，愛面子怕失去為師尊嚴；他向新手建議，不可太兇而疏遠了師生關係；勸告剛上臺的教師不可太嘮叨，不要意志消沉，更不可懷有惡意；他的洞見是看出年輕教師太易於忽略學童在品格及態度上的差異。他最提倡的教師美德，就是作為一名基督的品德，即謙恭、謹慎、虔誠、及慷慨等；

不過他仍然沒有忽略最能造成教學成功的品德，就是耐心、仁慈、及自制。總而言之，良師是有人格特質的；但這只是良師的「**必要條件**」而已，卻非「**充足條件**」。

第三節　普魯士的教師訓練

在十八世紀及十九世紀的所有歐洲地區，把師資訓練奠定穩固基礎，在這方面進步最神速的，無疑的是普魯士政府。由於普魯士的教師訓練是其後美國及世界其他各地設置師範教育機構的楷模，因而有必要來研究普魯士的師資培養情形。普魯士的師資培養，有兩種方向為他地所望塵莫及，一是政府資助師資訓練機構之成立，二是十九世紀的師資培育採取**裴斯塔洛齊** (Johann Heinrich Pestalozzi, 1746–1827) 原則。

普魯士第一所師資訓練機構，是由一位與拉薩爾同時代的重要人物，他的名字叫做**弗蘭開** (August Hermann Franke, 1663–1727) 於**哈列** (Halle) 設立了「**師資養成所**」(*Seminarium Praeceptorum*)；而設立師資養成所這種構想，是由**哈列大學** (University of Halle) 的學生**赫克** (Johann Julius Hecker, 1707–1768) 所繼承下來，並由他大力宣揚；令人振奮的是這種個人及私人的努力，卻贏得了普魯士王**腓德烈大帝** (Frederick the Great) 的贊助；就在這位大帝的統治期間裡，開始採取了第一個步驟，用公權力規定教師在執行教學之前，先待在師資養成所接受訓練。不過也很不幸的是這位大帝的實際措施，卻不及他的意向崇高；他竟然任命老軍人充當教學工作來作為報答士兵的酬勞，因他認為此舉可以減輕軍隊及教育設施的負擔。或許他相信，初等教育的教學沒什麼，軍事管理就綽綽有餘，這方面軍人最稱職！

當然，這種妥協措施是暫時性的，不是長久之計。在十九世紀的頭二十五年中，施行了許多較嚴格的規定。那個時候，學校教師就是公務員，且須經政府的任命始能成為教師。教師為政府所「**派任**」，非學校「**聘任**」；並且，他們是全職人員，不准在教學當中，同時參與比教學行業更為低賤的工作，或分神分身工作而賺取更多的收入，雖然教師的薪俸非常微薄。一世紀之前，普魯士教師由裁縫師所壟斷的局面，從此破局。為了提高教師尊嚴，並吸引他人加入教學行列，還規定如果教師忠於自己崗位，不懈不怠的自我進修改

善，則升遷有望。終生自我改進的教師，賞以養老金。這些行政措施，對教學風氣的提升，貢獻非同小可；普魯士的學校聲譽，從此鵲起而名聞全歐。

前面早已提過，普魯士教師之贏得掌聲，不是光靠政府給予撐腰而已；教師之博得人們敬重，是教書工作往專業方向邁進。首先是改變了「**人盡可師**」這種傳統觀念；小學的師資，由「**教師養成所**」(*Lehrer-Seminarien*) 負責，訓練極為嚴格；三年制，收容小學畢業生，平均每年只招收六十名而已；課程尤重小學科目的研究，精通學科知識之外，還兼習體育及某些樂器；在教學法上，並非灌輸理論，光說不練是無濟於事的，而是要「引導他們經由輕鬆愉快的觀察，以及各人的經驗來體會簡單又易懂的原則。」同時，為了提供學生有觀摩機會以便實習，附近都有孤兒院；此種安排，對兩個機構來說，是相互為利的。當裴斯塔洛齊的教育愛精神以及實物教學法傾注於教師養成所時，普魯士的師資訓練機構從此大放異彩，全球注目。普魯士的教育也因此可以說是獨步寰宇了。這位瑞士大教育家及教育改革的前驅者，在教育上的最大貢獻，就是他將教學從純粹靠經驗及傳統的領域，帶到一個富有科學及哲學理論的園地。雖然他不是第一位提出教學法要依學童天性的學者，但卻是首先以實際觀察的結果來指引理論的教育家；依據他的觀察，其後形成了一套明確的教學技巧；教學變成一門可資遵循的步驟了。光是了解所教教材的知識，並不足以擔任教師職責，還得對「**教育**」這門學科下功夫；從此之後，社會人士不必等待一位天生的好老師駕臨，因為這是可遇不可求的；有了「**教育**」這門科目的幫忙，一位非天生的教師也能成為一名非常成功的教師；且「知其然，更知其所以然」這種結果，導致於必須對未來教師作精選工作，也演變成小學教師社會及經濟地位的相對提高。

這種提高措施，卻有一些現象不得不特別注意。第一是師資養成所的課程內容增加了；教學有效，必須仰賴心理學方面的知識，心理學科目變成課程之一；學科知識領域也擴大，這是厚植未來教師的學術基礎的必經過程，除了廣泛的閱讀文學史及政治史之外，還應該有能力研究自然哲學及自然歷史。數學、音樂、及繪畫等，都受到相當的重視。小學教學一向採包班制，教師要每科都能教，且教得好！第二，在當時歐洲盛行雙軌制的小學，是貧家子弟所入的教育機構；師資養成所的學生來源，取之於小學，畢業後也走

入小學；既從小學來，又往小學去；畢竟年輕也學淺。此種問題，遲早得設法解決！

第四節　美洲新大陸的教師狀況

在師資培育歷史上，解決此一問題的，是出現在美國；不過，卻是經歷過坎坷的漫長途徑。追溯普魯士的重視師資先例對歐美各地的影響之前，先來描繪一下美洲在殖民地時期的師資狀況及教師之社會地位，一來也反映出歐美兩地在這方面有類似之處，二來也顯示出新大陸在這方面的一些變革，還是頗具教育史意義的。

一、教師有三階

美洲殖民地地區的社會階級流動，較歐洲舊社會頻繁，不過仍然可以粗略的分為三種階級；事實上，歐洲也差不多如此：

　　最下層：由奴隸及簽約的農僕所組成，屬無產階級。

　　中層階級：享有「好男人」(goodman) 及「好婦女」(goodwoman) 稱呼而稍具資產者。

　　上層：由享有「先生」(mister) 或「爵士」(sir) 頭銜的紳士所組成。有恆產，社會及經濟地位最高。

上述三種階級中，都有人充當「教師」，但身份或地位之貴賤，卻依教學層次而定。這與小學、中學、大學三等級是相互呼應的。大學的教授，就是教士或牧師，他們被稱為「先生」或「爵士」；拉丁文法學校的教師也廣受尊敬；但初等學校或國民學校的教師，則因來源是那些在歐洲與人簽約到美洲作奴工的人，或是不擬挖掘美洲廣大天然資源的自由民；後者被人視之為「百無一用」或「一無所成的弱者」。很少有人把 3R's 教學，看作是一門正業；此種教學工作，是教會工作人員如風琴彈奏者或挖掘墳墓者的附帶工作，或是善心的嫗婦在處理不必走動的家庭雜務時的副業。因此，初等學校的教學，身份並不高於手工勞動者。對一位有雄心壯志的人而言，這項工作是踏腳板，而非頂石。更有不堪者是有些此類型的教師，酗酒滋事且有瀆神惡習。當然，也有教師是說話端莊且言行可風的。

除了具備學科知識之外，殖民地時期的教師在執教之前，並沒有接受教學的預備訓練。而即使學科方面的知識，也非採取以後要教這些學科的觀點去研究。大學教授也只具備以前在大學接受那種與中世紀大學教授人員所接受的知識訓練而已，這些人的培養方式，本書早已提過。事實上，強調學科知識作為師資條件的重點，此種情況仍然延續到其後的歲月裡。此外，大學畢業生也是**拉丁文法學校** (Latin Grammar School) 及殖民地時代「**學苑**」(Academy) 學校教師的主要來源。有些初等學校或國民學校的教師，曾經受過上述兩種中等教育機構的教學，但只有小學學歷的，仍為數眾多。至於殖民地時代各級學校（大學、中學、及小學）教師，在教學技術上的訓練，可以說完全缺乏。

二、小學師資的改善

有趣的是，十九世紀美國教師培養制度所表現出來的進步，卻是首先在初等教育階段開始重視教學技術的訓練。先是有心人對國民學校教學情況的惡劣，感到憂慮與不安；1812 年耶魯學者建議成立「**教師教育所**」(seminary for schoolmasters)，提供「學生研究並背誦他們其後要教學的材料，除了可以徹底的了解這些學科知識之外，還可以從教師所採用的教學法中，學習到最良好的教學模式。」另外也是一位耶魯人發現，小學教師最大的困難所在，是他們所受過的訓練，很少超過小學之上。為了彌補這種缺陷，他建議設立一種介於小學及大學之間的「**中間學校**」，使得未來的教師可以增加較豐富的知識，以利小學教學工作之進行。比這種建議更跨一大步的是**阿姆赫斯特學院** (Amherst College) 的教授們，他們更建議把小學教師的培養提高到大學層。不過，直到十九世紀末年，高等教育機構都沒有採納此種建議；在那個時候就實現此種建議，是太過先進了，紙上談兵而已。並且該種建議也無甚意義，不管將小學師資提升到中學或大學階梯，如果沒有對「**教育**」有實質的課程安排，那是多此一舉。因為在當時，美國並非沒有中學及大學的存在。稍微有點牽涉到「**教學**」的是 1818 年在**賓州** (Pennsylvania) **曹城** (Philadelphia) 設立了一所「**模範學校**」(model school) 來訓練該城教師，由提倡班長制教學法的主將**蘭卡斯特** (Joseph Lancaster, 1778–1838) 來主持，不用說，該校學生所

學得的教學技術，就是班長制教學法了，先由教師教給班長，然後班長再教其餘學童。這個「**模範學校**」，風光時代如同班長制教學法在美國的得勢一般，像彗星一閃而逝，並沒有激起許多人的持續性狂熱。

　　美國中等教育機構，先是私立的拉丁文法學校，最後是公立的中學，中間則是公私立兼具的學苑，這是在本書第十四章早已敘述過的。學苑的特色之一，就是含有小學師資培養的性質。課程既有測量、航海、經商、及師資訓練科目，非常實用，也改善了小學師資只具小學程度這種讓人看貶的短視作風。因此頗受時人的歡迎。但一來供應的師資量嚴重不足，只達十分之一；並且學費高昂，小學教師薪水又低，學苑是私立的，讀不起的學生幾近三分之二；加上傳統觀念蒂固根深，因為學苑多種功能中的師資培養部分，在聲望上鬥不過升大學的預備部。時人對師資培養的重要性，認識速度趕不上激進的教育理論家；因之，隨著學苑轉型為中學，學苑的師資培養角色也就下臺了。

　　無可諱言的，學苑可以提供未來的小學教師較豐富的學科知識，但光是學科知識是不足的；至少，未來的教師還需要懂得教室管理及控制法則。為了增強這一重點，十九世紀第四十及五十年代的這十年中間，發起美國小學教育運動的兩個主將之一的**巴納** (Henry Barnard, 1811–1900)，乃孕育了設立師資訓練所的念頭，這位**康州** (Connecticut) 教育行政首長主張設立的這種場所，期限雖短，從數星期到一個月，或一個月以上不等，但卻能給未來教師進行教學時最需要的起碼技術，且學習科目的範圍也

圖 16–1　蕭伯納 (George Bernard Shaw, 1856–1950)

廣，牽連的問題也很多，刺激了時人對設置該種機構的興趣。如表現良好者應否給予獎賞、應否舉辦公開考試及公開表演、教學應否科學化、工人階級應否接受學校教育、教學失敗的一般原因是什麼？遺憾的是，巴納創設此種機構的用意，焦點就放在這些問題的解決上，但學生卻仍然得花大部分時間來複習或背誦學科教材！學科知識的價值仍位居鰲頭，教學技巧成為末技，反受忽視！一位數學老師到底是數學知識好比較重要，還是懂得如何教數學

比較重要，此一問題至今仍爭論不休!

英國戲劇大師**蕭伯納** (George Bernard Shaw, 1856–1950) 說了如下的雙關口頭禪，幾乎可以說明這二者之間的困境:

> He who can, does;
>
> He who can not, teaches;
>
> He who can not teach, teaches others how to teach.

第一種人**能力高強** (can)，可以放手作一番**大事業** (does)；第二種人能力不足，只好去**教書** (teaches)；第三種人連教書都教不好，只好去教別人如何教書！數學難題解不出來，這種老師或許深懂「**數學教學法**」；「**知行**」不合一，也是此種貨色的寫照。不過，數學造詣極為高深者，在「**教**」數學時卻因不懂初學者心理，教了老半天仍不知所云，則又有何用？

第五節　美國師範學校的興起與升格

一、師範學校的興起

上面所述的幾項措施，能否提供令人滿意的優良師資，都成問題。在量與質上，都是不足的。熱心於教育之士所期望的是，設立一種完全作為小學師資培養之用的學府；這種學府終於在 1823 年首先成立於**佛蒙特州** (Vermont)，是作家**霍爾** (Samuel Read Hall, 1795–1877) 創辦私人性質的三年制師資訓練所，後來移到**麻州** (Massachusetts)，在那開校十五年之久，但後繼乏人。教育經費無法來自於公款，企業大亨對此類學府的斥資又興趣缺缺，註定此種學府的夭折。

麻州是美國教育最發達的州，不只早期的拉丁文法學校創辦於**波士頓** (Boston)，且在**劍橋** (Cambridge) 於 1636 年成立的哈佛大學，更名播遐邇；而國民教育之父的**曼恩** (Horace Mann, 1796–1859) 對普及國民教育更為全美所注目。麻州人民之要求有優良的國小教師，部分原因是他們渴切的希望，基本教育能從早已沉悶不堪的氣息中起死回生。「有其師就有其校」，鼓吹設置州立「**師範學校**」(normal school) 者常以此為宣傳口號。帶頭者心目中的公立師資養成所，是以普魯士為範本的；但法國教育家**庫仁** (Victor Cousin, 1792–

1867) 的訪德報告之英譯本出世後，對美國輿論界影響尤大，法文的 "*normal*" 遂大受美國人喜愛，遂拋棄德文的 "*Seminar*" 或英文的 "*Seminary*" 作為校名。師範學校之英文名稱為 "normal school"，此種譯法，也傳到日本、中國、及臺灣。臺灣海峽兩岸的所有師範學校，師範學院，或師範大學，都以 "normal" 掛名。日本治臺初期的最高教育行政長官伊澤修二，曾留學美國就讀於波士頓的**橋水師範學校** (Bridgewater Normal School)，該校是全美第三所公立師範學校。普魯士式的師資養成所較有皇權效忠氣氛，美國的師範學校為了彰顯民主國度的自由政策，則以造就共和國體制的教師為宗旨。第一所公立師範學校成立於 1839 年，位於麻州的**勒星頓** (Lexington)。除了以英語講授文法、拼字、作文、算術、代數、幾何、生理學、雕刻、音樂、及繪畫等科目外，還開有教學法及學校行政的科目。**霍爾** (Samuel Read Hall, 1795–1877) 的《**學校經營演講集**》(*Lectures on School-Keeping*) 及當過師範學校校長的佩吉 (David Perkins Page, 1810–1848) 之《**教學理論與實際**》(*The Theory and Practice of Teaching*)，乃是多數學生研讀的教育學課本。這些資料所述的內容，大部分是經驗談，因之無甚高論。美國教師對歐洲進步的教育學說及教學方法，仍然是高度的陌生。

直到 1860 年於紐約**奧斯威哥** (Oswego) 設立州立師範學校時，裴斯塔洛齊式的教育風潮，才吹進美國師範學校裡來。當時校長**薛爾頓** (Edward A. Sheldon, 1832–1897) 將輾轉由英國傳到加拿大的實物教學法引入美國，學生經由實物來學習教學技巧，總比了解教學技巧背後的理論與精神來得迅速。該校可以說是在教育學領域內開風氣之先，該校也因此執美國師範教育的牛耳地位。第二種橫掃美國師範學校到十九世紀為止的教育學理論潮流，乃是赫爾巴特的教育學說。紐約的奧斯威哥是傳播裴斯塔洛齊思想的重鎮，**伊利諾州** (Illinois) 的**諾莫爾** (Normal) 師範學校，則是宣揚統覺論的學府。美國的赫爾巴特門徒如**德迦默** (Charles De Garmo, 1849–1934) 及**麥克默里兄弟** (Charles McMurray, 1857–1929; Frank McMurray, 1862–1936) 都在該校任教，聲名大噪。

十九世紀及二十世紀之交，師範學校提供了大量的教育專業科目之訓練。其中之一，就是教育的基本理論。在這項目之下，有教育哲學、教育心理學、

教育史、及教學法。在學制及行政上，師範學校另外附設有實習學校，這種安排，是師範學校與學苑最相異之處。附屬學校有雙重任務，一是供師範生觀察優良教學法的場所，一是讓師範生有實地教學的機會。這種措施當然引來了行政、經費、教學、視導等麻煩問題。

注重教育的州，師範學校就成長迅速；州政府提供經費，誘使學生能唸完三年的師範學校課程。美國內戰後，國家建設欣欣向榮，免費的公共學校教育大肆擴充。中西部各州對教育經費之出手，比東部各州來得慷慨；在無傳統式的高等及中等教育學制之下，只好發展一套較完善的初等教育體系；紮好根基，以後發展就大有前途；中西部師範學校之興旺，種因於此。

二、師範學校之升格

師範學校修業年限三年，招收小學畢業生，因此在學制位階上，形同初級中學；也有完成中學教育之後入師範學校就讀以便擔任小學教師或中學教師的。1890年時，師範學校的學生有幾近百分之六十五是小學畢業生，中學畢業生則佔百分之二十。這種現象，產生一些迫切待解的問題，即師資訓練是否應該延長時間以便提升師資素質。師範學校雖然強調教學技術的改良，但學科專門知識恐無法勝任指導預備入大學的中學生，雖然在教導小學生階段，憑師範學校學科知識之教學，大概還不成問題。

大學院校提供各學科的專業知識自不在話下，大學院校畢業生，在傳統措施中，也夠資格是合法的中學師資。但美中不足的是，大學院校並不開教育學方面的課程，更無教學法的研究及教學實習了。師範學校如為學生規劃較高層的學科知識訓練，則會搶奪自來就是大學院校所專有的學術地盤；大學院校是否也趁機卑躬屈膝的向師範學校看齊，讓大學院校學生選修「**教育**」方面的科目。這些問題，變成十九世紀末期美國名大學校長之間的熱門討論項目。提出肯定答案的是傑出的教育心理學家兼**克拉克大學** (Clark University) 校長**霍爾** (G. Stanley Hall, 1846–1924)；持否定態度的是**哈佛大學** (Harvard University) 校長**伊利歐特** (Charles W. Eliot, 1834–1926) 及**耶魯大學** (Yale University) 校長**德懷特** (Timothy Dwight, 1828–1916)；這兩所老大學校長倒支持師範學校升格，單獨設校。事實上，以後的發展就是朝著這種方向前進。

　　將師範學校升格，這種構想首先引起紐約州的興趣，1890 年該州將設在阿爾巴尼 (Albany) 的第一所師範學校就地重組更名為「紐約州立師範學院」(New York State Normal College)；密西根州 (Michigan) 不久 (1903)，也步其後塵。前者位階比照大學，可以授予教育學學位，因為這個新升級的高等學府並無與傳統大學的課程重疊，卻只限定在教育專業學科的專精上。十五年之後，紐約州各地要求提高中學師資的呼聲甚高，州立師範學院為因應此種迫切需求，乃研擬一個包括有教育學院及文學院科目的四年制課程，就讀此種課程的學生，是精挑細選的，他們都可以通過大學入學考試且成績之佳都可入東部最好的大學。畢業後授予文學士學位；並且該校只負責中學教師的培育，小學教師的訓練工作，不包括在內。

　　當新的師範學院開始授予教育學士學位時，沒有人對這種措施持有異議；但新設的師範學院竟然也要授予文學士學位時，攻擊聲浪四起，大學文學院尤其立即表明異議。**文學士學位 (B.A. degree)** 是指接受傳統文雅教育的學生才能享有的學術性學位，試問師範學院提供給學生此種素質及性質的課程嗎？從大學史的立場來看，大學文學院之迎身反擊，是振振有詞，得理不饒人。不過，師範學院的支持者可能也會反唇相譏，因為大學文學院的課程並沒有規劃教學方面的科目，為何給的文學士學位就享有教學權呢？頓時，兩派陣營壁壘分明；為文雅教育說話或為教學專業教育撐腰，二者之間的爭執，不僅是大學文學院及師範學院兩方面的事而已，並且戰場也伸展到師範學院本身上，師範學院的教授們也分成敵我旗幟鮮明的派別。大體而言，中西部各州原有的最高學府是師範學校，為了提高各州的學術與教育水平，州政府積極的將中學程度的師範學校升格為師範學院，如有機會將師範學院又再度升格為綜合性的大學，更可以與東部古老大學一爭短長。在綜合性的大學裡，保留有師範學院或教育學院，但還得另設文學院與理學院，因之大學裡授予教育學士給師範學院或教育學院的畢業生，頒文學士給文學院畢業生，雙方就可以平息糾紛了。不過，文學士學位者是否還繼續享有教學權，此一問題仍存；容下節再予討論。

　　師範學校升格了，有些升格的師範學院兼培育中學及小學師資，有些則只負責訓練中學教師。不管如何，師範學校及師範學院在數量上的消長，卻

有醒目的對比。在一次世界大戰結束後的 1920 年時，美國有四十六所師範學院，137 所師範學校；八年之後，在經濟不景氣期間，二者比例翻倒過來，全國共有師範學院 137 所，師範學校僅剩 69 所。這種快速發展所產生的主要問題，乃是升格之後的師範學院，不僅在名稱上享有大學資格，還得在實質上擁有大學程度。名實相符，不應虛有其表。

提高師範學院的素質，變成師範教育界最沉重的使命。**美國教育學會**(NEA) 建議師範學院必須與大學院校同收中學畢業生，規劃廣博性四年制課程但需配合中小學學科教學需要，設置教育研究部門；一次世界大戰後，全美師範學院與師範學校共同組成「**美國師範學院協會**」(American Association of Teachers Colleges)，為師範學院之合乎大學級水平，提出許多要求，除了各項設備、師資素質、入學條件、修課學分數等都不可比大學遜色外，還要求實習學校附屬於師範學院之內，供教育實驗與學生試教用途。大學醫學院附設有醫院，農學院附設有農場或林場，法學院附設有實習法庭，工學院附設有工廠等，教育學院或師範學院也應比照辦理，使理論與實際兩相搭配！

第六節　師範教育大論戰

師資培養機構應單獨設校為師範學校（小學師資訓練機構名稱）及師範學院或教育學院（中學師資訓練學府）呢？還是傳統的大學院校不設有關教育的科系，但領有學位者就可在中小學任教，或是大學院校學生擬從事教職者必須修畢規定的教育學程或學分才夠資格成為合法的中小學教師？最後，大學級的師範學院或教育學院是否不應單獨設校，併入傳統大學或從「學院」升格為「大學」而作為大學數個「學院」的一部分？這些問題糾纏在一起，引發了一場師範教育的大論戰，教育及學術精英披掛上陣，確是教育史上的盛事！教育活動自古以來即有，教育的重要性沒有人敢小視；但把教育當成一門學術科目擺在高等教育學府裡來進行鑽研，如同化學或物理一般，是否夠格，才是關心教育且擬在教育學這個領域內深造的人，要加以深思的。教育學的博士學位以及教育學的教授，可以與其他學術科目的最高學位等值同觀嗎？

一、大學無「教育」科系

　　中世紀以來即成立的大學，四大學術科目中並無「**教育**」這個名堂。文學、法律、醫學、及神學，學術領域內的深度及廣度無人看輕；未受長期的「**專業訓練**」，無法獲取該學術領域內的專業知識。教育是傳統大學科目表內不見蹤影的。至於實際的教學，只要有專業知識，則當教師就遊刃有餘了！當然，教師也是有等級的，成為大學教師，上述四門學科之學術專攻，非備不可；至於成為中小學教師因而在大學裡也得研究中小學教材，許多人認為這是大學自貶身價的作風，那有向下看齊或自比下流的？連學苑之中有師範部，都認為有損學府的聲譽！從文化的角度來說，中小學的教學，頂多是傳遞文化或保存文化而已，談不上創新文化；這對有雄心的年輕人而言，是不屑為之的。將已學的教給他人，不如自己繼續往前進。需知學如逆水行舟，不進則退。大學生要深造，就要前瞻，何須返顧；中學生進大學，就是要往高處爬，那有停留在中學教材的研究或等而下之的去思索小學教科書如何編寫以及教學法如何改善呢？

　　因此像哈佛及耶魯這兩所名校校長皆反對傳統大學負有培育中小學教師的責任，倒樂意師範學校及師範學院另設，即令教育學術的地位日高，教育論著也陸續問世，不少傳統式的大學也阻擋不住在大學內設置教育學院或教育學系，但在二次世界大戰之前，這些教育方面的科系與大學內其他科系相較，有矮一截的感受；問題的癥結所在，是研究教育「**學**」的人，學術的根底太過淺薄所造成。

　　這種情況，在更有學術意味的教育學科目發展出來之後，稍見改善。起初，教育「**學**」因經驗性太濃且毫無嚴謹的學術性，因之不受一般學科的大學教授所青睞；即使教育學界有了裴斯塔洛齊及赫爾巴特觀念之後，仍不夠格作為大學學術科目之一，也引不起大學教授的興趣，距「**玄理奧義**」(mystery)之途還甚遙遠；當**密西根大學** (University of Michigan) 考慮設置「**教育學**」席位時，有人公開質問這個席位的學術領域是什麼？發出此問，真是情何以堪！美國自內戰以來，優良的教育學術作品就相當貧乏，有之也泰半是德國人的著作。哈佛大學的伊利歐特校長就曾經對許多人這麼說過；他說他的教授們

「跟大部分的英國及美國教授一樣，對人們所稱的教育學既缺乏胃口，也沒有信心。」拿經驗談式的教育，公然在大學學術殿堂裡當作一門學問來探討，他們是認為多此一舉的！也傷了大學的尊嚴！

伊利歐特校長的話是道出了實情，教育學還未能贏得專業學術人員的充分及完全的信心。在二十世紀時，「教育學」這名詞還因不具聲望而少有人願意使用！不過在十九世紀及二十世紀之交，由哲學大師**杜威** (John Dewey, 1859–1952) 及心理學健將**桑代克** (Edward Lee Thorndike, 1874–1949) 等人在「**教育哲學**」及「**教育心理學**」方面作開啟山林的披荊斬棘工作，使得「**教育學**」的學術專業色彩，大為濃厚。哲學及心理學老早是大學的重要學術科目了，這兩位教授又當過名大學芝加哥及哥倫比亞的哲學系主任及心理學的教授，又有誰膽敢否認他倆的著作欠缺學術火候呢？

此外，由於師範學校或升格的師範學院本身素質的低落，學術水準的要求太鬆懈，間接的把大學中有關「**教育**」的學門拖下水。不過，只苛責師資培育機構本身，是不合理也不公平的，一來中小學教師待遇菲薄，二來中小學教師需求量甚大，求過於供，量多難免質低；許多師範生未修完課程就已投入中小學教學行列；並且致命傷之一，就是師資培育機構認定夠資格的教師，並不保證就是令家長或社會人士滿意的良師。此處牽涉到「**良師**」的定義問題，這是頗為棘手與複雜的。高等學術的研究學府，他們的教授已早居崇敬的地位，卻用鄙夷的眼光，坐視師範院校製造出一些瑕疵劣品而不救，對師範院校在辛勤耕耘或力爭上游中所面臨的困難，只是抱著袖手旁觀的態度。

二、教育學術研究的加強

不管教育學在師範院校或大學教育科系遭受白眼，遇到多麼嚴重的阻礙，但對教育學情有獨鍾者仍百折不撓，奮勇逆流而上，學術性的教育專業研究，進度雖緩，卻也穩固的在大學院校中漸獲強力據點；以科學及哲學的要求來研究教育學，使教育學術論著不是泛泛之作，因而獲得學術地位的尊重，且打破了學術領域的藩籬，因為教育學是一門「**科際整合**」(interdisciplinary) 型的學科，建立在哲學、心理學、社會學、及史學基礎之上。1852 年，**印地安**

那大學 (Indiana University) 首先在大學科目表中讓出一席給教育學；愛荷華大學 (State University of Iowa) 及密西根大學緊跟其後；內戰過後，後二所大學還把教育學席位轉型為教育學學系。十九世紀結束前，即使老大學如哈佛及耶魯也都提供教育學課程。剛開始時，教育學屈居於較老也較紮實的學術性學系如哲學系或心理系之下。二十世紀之後，中西部的州立大學更往前推進一步，重組各自的教育學系成為獨立的教育學院，與其他學院分庭抗禮，平分秋色了！

老大學中慧眼獨具將教育學列為大學科目之一，且也設有教育學院，並禮聘名師任教，終而影響全美甚至全球教育學術界的名大學，就是位於紐約市的哥倫比亞大學 (Columbia University)。該大學不只文、理、商、法、新聞、醫等學院是世界級的名大學，且教育學術陣營裡有諸如杜威及桑代克等一流教授駐校坐鎮，「教育學院」(Teachers College) 於 1892 年成立，出版的教育學術經典作品以及教育上的各種實驗，都令學術界刮目相看；教師在此種學院裡接受陶冶，其素質不比法學院或醫學院所訓練出來的律師、法官、及醫生差，如能過之而無不及，則更是追求的目標。該學院旨在培育有見地的教育家，而非只懂教學技巧的教書匠，因此，修讀教育史、教育哲學、及科學教育學等研究著作，乃是該學院的特色。1910 年時，研究教育學而獲哲學博士學位的人數只不過以十計算，到了一次世界大戰後，數量就以百來衡量了！

提高教師的專業地位，加強教育學術研究的專業水準，不管累積多少努力，但在二次世界大戰前夕，仍然未能贏得學術界及眾人的敬重，就如同對一門學術專業科目或專業人員的敬重一般。教育家巴比特 (Irving Babbitt, 1865–1933) 在經濟大恐慌之際，嚴厲譴責教育學的學者是人道主義者，心地太軟，放水，對論文的要求太鬆。因此「在學術圈內普遍受人懷疑，並且不時被同事目之為徹頭徹尾的江湖郎中之徒。」最糟糕的是，大戰期間及結束後，心懷不滿的評論家，對師範院校提出可能算是教育史上最不客氣的攻擊。攻擊有兩道波浪，其一是政府檢查教師對國家的忠誠度，這對於教師的教學專業是一種非難。其實此一問題的對象，並非完全只針對教師而來，其他研究人員也不例外；尤其是祖籍為敵國的學者、教師、或學生。戰後的冷戰，國家安全備受關注；對於間諜的恐懼，人人懷疑敵人就在身邊；比較無法容忍

的是教師意見若與政府政策不合時，則是嫌疑的對象，也被視之為對國家不忠的徵兆。那些較有自由思想及批判態度的教師馬上列在黑名單中，更不用說是實際採取行動的顛覆份子了。事實上，全部教師群中也只有少數人經證明對美國叛逆，但風聲鶴唳，誅連無辜，人心惶惶，則對多數教師的工作熱忱，造成無可估計的損害！

如果找不到顛覆份子或有具體證據的間諜，則對教育界懷恨在心者仍然找到替罪羔羊來作為譴責的藉口。美蘇兩大超強的霸權在軍力及太空競賽上，美國的明顯優勢已不再，甚至還有落入敗方的跡象，挫折難免引發美國國人的焦慮不安；個中緣由，乃是教師即令沒有不忠於美國的行徑，但在執行國家政策上，遠非蘇聯教師可比；當 1958 年人類第一顆人造衛星**斯普尼克** (Sputnik) 號竟然由頭號敵手的蘇聯搶先發射而疾駛於同溫層時，美國舉國譁然；痛罵教育失敗之聲，如排山倒海的朝向學校教育來，而元兇就是教師。國力強大，不見得是教師的功勞；軍威落後，則要怪罪教師。無數的埋怨針對師資訓練而發，而所有的苛責都集中於一種說法，即師範院校走「**反智主義**」(anti-intellectualism) 方向；一來是教師太欠缺文雅學科方面的知識，對基本學科如語文及數學也研究不深。二來教育的所謂專業研究，繁殖太厲害，教育科目種類繁多但內容卻貧瘠且重複。許多科目是「**技巧性的**」(methods) 或「**如何操作性的**」(how-to-do-it)，卻拿來在教室作「**玄理奧義**」的探討，無意義也不具啟思作用，這還能權充「**教育**」嗎？本來大學只成立教育學系的，卻由該系又分出教育行政系、特殊教育系、社會教育系、教育政策系、課程與教學系等，不一而足；試問文學院的外文學系，不正可以分成德文學系、日文學系、臺灣語文學系、漢文系等等嗎？歷史系更可分出更多學系來，但為何這些更有學術意味的學系那麼自我收斂，唯獨教育科系膨脹得那麼厲害呢？有些科目重點是實際活動，卻作靜態的學理分析，以為「**玄理奧義**」可以與高深學科相比美；試問諸如「**課外活動**」一科，還有必要花三學分一學期的功夫作學理探討嗎？

由於許多教育科目缺乏理論性，因之不少評論家乃坦率的指出，教育本來不是一門嚴謹的「**學科**」(discipline)，只是一種活動而已。教育如要成為一門「學」，就得建基於心理學、史學、哲學、及社會學上。**芝加哥大學** (University of Chicago) 校長**賀欽斯** (Robert M. Hutchins, 1899–1977) 立下一個榜樣，他說所有想要教書的人都得精通文雅學科並且給予教學機會；他的意思是說，文雅科目可以「**使一個銅板有兩面用途**」(double in brass)，一方面提供所教科目的豐富知識，一方面透過文法、修辭、及邏輯這三藝的學習，則必能精通教學法。因為教學法不正是教師講得合乎文法、有力、又能說服他人的方法嗎？按部就班的依理作推論，這是學習有效的良方。因此，學得好的人，必然會教得好！

　　針對師範院校課程的「**反智主義**」，許多人提出砭藥予以治療。有一些大學如耶魯，認為教育沒有資格獨立成為一門學科，雖然該大學繼續培養師資，但卻要求未來的教師所習的教育學科，都在各自的學術性學系裡修習；教育哲學開在哲學系，教育心理學開在心理系，教育史開在歷史系，教育社會學則開在社會學系。這些都是教育學的理論基礎學科；至於教育活動的實務部分，則由實習來增強其功能。理論基礎屬科學，實務則近藝術。教育的性質如此，課程規劃者必要有這層體認！

　　師範院校單獨設立，辦校重點會傾向教育而忽略學科知識；此種教師在指導資質較突出的高中生，就較為吃力；二次大戰後，美國中學生之數理及語文水準頻受指責，肇因於此。州政府為了擴大高等教育的界域，紛紛把師範學院或師範大學改制為各學科齊全的州立大學，保留教育學院或師範學院在其中。各學科之間的整合是學術潮流的趨勢，單科大學已屬落伍，師範院校之名也從此在美國高等教育上消失！

第七節　教師證書、進修、及教育刊物

一、教師證書

　　美國要求教師取得證書資格，在時間上早於要求教師接受優良訓練。即令在殖民地時代，政府機構通常就是「**學校委員會**」(School Board)，習慣上也對教師這種公務員事先予以檢核，檢核重點放在預備當教師者之宗教信仰是否純正上；當時這種要求對易於型塑的年幼孩童之心靈而言，是絕頂重要的；除此之外，還要考查未來的教師是否對任教科目擁有豐富的知識，尤其

是如何「**管理**」學生。基於這種考核之下所發給的證書，一般也只在學校委員會所在地的地方有效，且有效期限不超過一年。

由地方當局來核發教師證書，這在墾荒社會或者還不成問題，但不久，它的缺點即顯現出來。其中最大的缺點就是各地標準不一，核發人數多寡不均，且頗為不便，教師每次換了地方，則需再接受當地政府的一次考試。若以學區為單位來核發證書，更降低教師素質。因為有些學區相當遼闊又孤離，交通更加困難。俟人口漸多，學校到處皆有，且以州政府為一行政單位來負責教師執照時，算是最方便可行的措施。

教師執照，是品質保證的積極方式。教師證書的種類有許多種，有些是依任教時間的長短來分，最珍貴的是永久性的或終生性的，持有此種證書者，一生皆可在本州任何學校任教；不過有其利也有其弊，即享有此證者猶如得到鐵飯碗，可能因此窒息了新知的獲得機會。發給較短期限的證書以便經常保持對教師資格的管制，或許才是良方。其次，依學校層級發照，如幼兒園、小學低年級、或中學某學科教師證書等；教師證書走專業化方向，證明了二十世紀的教育學術專業化研究，已有某些績效。到了二次世界大戰時，光熟悉教學技巧，或僅了解任教學科知識，已不夠擔當公立學校的教師資格。嚴格的教師證書之取得，兩樣得兼備。除了專攻任教學科知識外，還得精研教育心理學及中小學教育原理，並須花相當多的實習時間去試教。

此處有需要指出的是，在過去，只有公立學校才要求教師獲得公家所授予的教師證書；私立學校之有這種企求，卻躊躇良久後才仿公立學校作法。事實上，少數享有校譽的私立學府，本身經常就訂立了非常高的學科學術水準來要求教師；有人還冷嘲熱諷的說，修習教育學程才能充任教師的規定，是師範院校勾結公立中小學或政府單位的「**騙人勾當**」(racket)。諾貝爾物理獎得主**米里坎** (Robert A. Millikan, 1863–1953) 教授曾在 1930 年 12 月 28 日的《**紐約時報**》(*New York Times*) 上對當時教師之必須取得證書措施，表明了一般學術界的態度：

> 在教物理學上，或教任何分析性的學科而言，我真的受過一流的訓練。因為在中學、在預科學校、以及在大學裡，我都領受過代數、幾何、三角、及解析學方面傑出教師的指導；他們使我從十三歲到

二十一歲努力於解決問題；並且他們也給予我更為廣博及更為健全
的物理學訓練,這種訓練遠非我從任何教育學科的研究中所能獲得。
……現在，我的評語就是：今日我不能如同四十年前那樣的闖入中
學教物理學，因為多數的州都在師範學院的勞工聯盟煽動下制訂了
法律，那種法律完全制止了最優秀及最受訓練的年輕人到中學教書。
我認為師範學院勞工聯盟是真正在執行該法律的後臺老板，並且至
少有好幾個個例，使我相信我的看法不會有錯。

這位傑出的物理學家願意放下身段去教中學生學物理,但他沒修過教育學程；
他認為從中作梗的就是師範院校的教師組織「**勞工聯盟**」；或許私立學校網開
一面，沒有教師證書也可善盡教師職責。不過有些天主教辦理的教會學校,
也接受教師證書的作法，教師除了有照之外，還得具備其他宗教信仰上的條
件。

二、進　修

　　教師數量的供需，視各時代及各地區的不同狀況而有起伏，教師在執教
之先，應入師範院校或大學教育學程接受基本的教育訓練之外，如果在實際
教學時，也能勤加進修，改進自己在教學上的缺點，則比較算是稱職的教師，
且學習精神也足可作學生的楷模。十九世紀中葉，巴納就是鼓吹這種作法的
教育行政主管，他希望教師到其他教室觀摩別的老師之教學，取之作為一面
鏡子；除此之外，他還向教師推薦優良的教育刊物要教師研讀，以便趕上時
潮，了解最新的教育發展。

　　巴納鼓舞教師要閱讀教學專業問題的文章，這種呼籲，在十九世紀結束
前的二十年有了豐碩的成果。「**俄亥俄州教師學會**」(Ohio State Teachers Asso-
ciation) 首先領導組織一個教師讀書會，提供教師一種系統的閱讀課程，時間
從一年到三年不等。開列的書單中，有科學的、文學的、還有專業性質的。
此種計畫立即獲得他州由衷的讚賞，幾乎所有州都有類似規劃，有些州還予
以法定化，有些州更規定以教師在讀書會的表現來作為授予證書的標準。差
不多每一位教師都作為會員。其後由於暑期部、大學推廣教育、及夜間部的
進修活動，更受教師歡迎，因之讀書會才日漸失勢。暑期部的概念，首先孕

育在哈佛大學名動物學教授阿加西 (Louis Agassiz, 1807–1873) 心中，研究動物學要有成效，就必須從事「田野工作」(field-work)，有什麼時間比長期的暑假更能提供這種機會嗎？紐約學托擴湖 (Lake Chauntauqua) 邊的活動，也多半在暑期中舉辦，這是全美有名的度假勝地。

暑期或夜間，都是教師在職進修最能充分利用的時光，好多教師趁此攻讀高級學位，州政府也憑進修來作為是否繼續核發教師證書的依據。大學推廣教育更在二十世紀後發展出一系列的進修課程，有校內及校外的黃昏班、夜班、星期六上午班。大學已盡量開放設備，供教師充電以便提升教學品質。

三、教育刊物

巴納極力勸導教師研讀的專業性教育刊物，在當時還處於醞釀階段。第一本完全獻給教師研讀教育作品的雜誌《學員》(*Academician*)，自 1818 年創刊以後不到數年即停刊。其他教育雜誌相繼問世，最應一提的是由曼恩所主編的《麻州國民學校雜誌》(*Massachusetts Common School Journal*)，及由巴納所策劃的《康州國民學校雜誌》(*Connecticut Common School Journal*)，對十九世紀中葉美國國民學校之振興，貢獻非同小可。一方面，這兩份刊物激起了公眾對普及教育的興趣；一方面也使教師在執行教學時能夠產生較佳的教學效果，刊物內容也帶有學術味。將當時最先進的國內外教育理論與實際作一番摘要介紹且評述的，就是巴納所負責的《美國教育雜誌》(*American Journal of Education*)，大量的引入歐洲最前進的教育理論與實際，歐美教育接軌，此本雜誌居功最偉，巴納本人也因此贏得了一項殊榮，被封為美國教育作品的實際創造人。

令人氣餒的是，所有上述的雜誌，沒有一種是自給自足的，都虧本甚多，巴納也幾乎瀕臨破產邊緣，若非官方出錢協助以度過難關，就是仰賴教師團體來維持。即使到了二十世紀，教師自動訂閱教育專業雜誌者，數量仍然少得可憐。幸而日益增加的教育研究所及教育學科系，乃是教育雜誌的大主顧；就像其他研究所一般，教育研究的師生，以出版教育學術性論文，來作為高等學術王冠上最光輝奪目的珠寶。

我們早已提過，早期的教育雜誌有雙重目的，一在改善在職教師的素質，

一在喚醒公眾對教育的重視；後者的旨意在美國公立學校制度很穩固的建立起來之後即消失。其後，為一般大眾而發行的教育刊物乃針對家長而印，這類的發行，一直延續到今天；二十世紀以來，教育刊物還分門別類，那是由於教育的科學及哲學研究，使得教育資料及論文累積劇烈增加的結果。教育階梯上不同層次的各種教育刊物也隨著出現。每種學科領域，如英文、地理、或數學等，都專為各自的學科教學領域，而有各自的出版品。各種不同的教育期刊，可為學校督學及行政人員提供服務；各種研究報告或教學心得，也可在不同的出版物及評論性雜誌上找到出口。教育的新動向及改革主張，為了要取得公眾及學術界的通力合作，更有賴教育刊物的宣揚。此外，教育消息也是教育刊物的一重要篇幅，社會的反應如讀者投書，激起不少漣漪。

第八節　教育學會、女教師、及教師的社經地位

一、教育學會

　　另外一種改善教師素質並提高教師地位的方式，就是教育學會的成立。教育的進步，不可能是個人單打獨鬥所能奏效的，卻要有心人聚集一起，群策群力，持續不停的來推動。十九世紀時，早有一種「美國討論會運動」(American Lyceum Movement)，由一群非宗教界的人士及專業學者共同組成，是一種遊說團體性質，代表小學教育的利益來鼓動群眾對小學教育的支持。在討論及各地遊說中，教師就比較熟悉教師團體的價值及運作的技巧。其後，由教師組成清一色的教師學會就相繼出現，有全國性的，也有地方性的。地方性的是教育比較發達的州及大都市，如波士頓及紐約，麻州及紐約州；1830 年還成立「美國教學學會」(American Institute of Instruction)，那是區域性的，包括新英格蘭各州；參加的會員在當時都是一時之選，只有學術造詣極高的學者才獲准入會，不但排除小學教師作為會員，也不歡迎中學教師入席。

　　1849 年，美國全國性的教育學會於焉誕生，學會頭銜為「美國教育促進學會」(American Association for the Advancement of Education)，曼恩是首任會長，會員中有許多是教育界以外的人士。其後賓州的費城首次努力組成一個全然是教師的全國性教師組織，1857 年於費城召開「美國教師學會」(National

Teachers Association)，與會者只 75 名；此一全國性的學會，初期發展得相當不順暢，時機不巧也不對 —— 當時是考驗美國是否為一個統一國家的戰爭前夕，它所挑選的日子並非良辰吉時。此外，該會會員並不普及，只限定男教師且是公立學校男教師而已；內戰之後儘管美國度過難關，統一了南北，但會員成長速不如預期，停留在三百左右。

1870 年，「美國教師學會」更名為「美國教育學會」(National Education Association)，簡稱 NEA。從此之後，成長快速，是全美最有勢力的教師組織。不只是聯邦型，且在它之下也紛紛成立各種次級團體，如「**美國師範教育學會**」(American Normal Association) 或「**美國督學學會**」(National Superintendent Association)；二十世紀初期，NEA 會員有二千五百名，不過，此種數目在全美教師總數中，還是微不足道的少數。還好，會員中不乏活躍份子及能力優越者，因此影響力十足。且早在十九世紀最後十年，由 NEA 指派的「十人委員會」(Committee of Ten) 及「十五人委員會」(Committee of Fifteen)，來改造中小學教育，令美國人及全球教育界注目，該會聲望日隆。響叮噹的學界名人，大學校長，及教育行政主管，都當過該會會長，如哈佛大學名校長**伊利歐特** (Charles W. Eliot)，及**美國教育總長** (American Commissioner of Education) 的**哈里斯** (William Torrey Harris, 1835–1909) 等。

領導人地位顯赫，但在許多會員的心目中，卻認為這太偏於大學及專業學術階層，另有些人批評學校行政主管的控制權太大。雖然 NEA 早就允許女教師入會，也容納私立學校及教區學校教師為會員，但在制訂重要政策時，後者聲浪常被淹沒。一次世界大戰後，NEA 重組且更民主化，政策之決定由下而上；二次大戰之前一年，會員數從一萬增加到二十萬；該會慶祝一百週年的 1957 年時，會員數且增加到七十萬名。但大幅度的成長，也只佔全國教師總數的一半而已。

天主教也將美國各天主教的教育團體組合起來，1903 年成立「**美國天主教教育學會**」(National Catholic Education Association)，範圍擴大到宗教教育，雖較 NEA 為廣，但會員少得多。

NEA 一開始時，就以共同的教育專業作為繫帶；1916 年一次世界大戰還打得難分難解時，另一種面貌的全國性組織出現了，這就是「**美國教師聯盟**」

(American Federation of Teachers)，簡稱 AFT，企圖以勞工聯盟的路線來組織教師，走工會路線，採取強硬的抗爭來顧及教師經濟利益。因此一成立之時，即附屬於「美國勞工聯盟」(American Federation of Labor) 之下，教師比照工人，教師工會也就是此種組織的性質；不過教師工會並沒有採用形同工人罷工的罷教手段作為與對方談判的籌碼！該會成立之初，會員數是二千五百，二次世界大戰後約十年，即增至六萬名。與 NEA 共同致力於追求較佳的童工法、退休金、及學術自由。NEA 所強調的是教育上的一般事項之改善，AFT 則較注意教師的經濟福利。

　　二十世紀的初期，美國公眾有一股勢不可擋的感情，認為溫文且負下一代教育之責的教師如仿工人集體裁判權之走入街頭、靜坐、或示威遊行，則比較不成體統，也是不道德的行徑，有違師道；紐約州還經過立法，認為教師如果罷教，那就是非法之舉，法令明文禁止，違者處以重罰；年資基金或退休權利都將被剝奪。

　　NEA 及 AFT 都有大學院校的教授作為會員，但高等學府的教授要卑躬屈膝的與中小學教師談「垂直式的」(Vertical) 團結，興致不高，甚至感到乏味。他們的團結方式是成立另一種獨立的團體，即「美國教授學會」(American Association of University Professors)，簡稱 AAUP，1915 年成立，杜威為首任會長；以保護學術自由、捍衛講學獨立，並提高大學院校水準為宗旨。

　　二十世紀以來，全國性的教育團體數量之多，指不勝屈，其中比較值得一提的，首先就是「美國教育研究學會」(National Society for the Study of Education)，1895 年成立；顧名思義，該會是一種以研究教育為主題的學術性團體；原先成立時，還因美國太迷戀於赫爾巴特，會名正是「美國赫爾巴特教育科學研究學會」(National Herbart Society for the Scientific Study of Education)；其後，赫爾巴特及科學兩字皆取消；因為研究教育，不可只限定於特指的教育學者，也不必特別標榜是「科學」。並且美國人的自尊加上美國本土的教育思想家之造詣不下於外國，1934 年又出現一個新組織，即「杜威學會」(John Dewey Society)。

　　最後但卻非最不重要的一種學會有必要一提的，就是 1918 年成立的「進步教育學會」(Progressive Education Association)。組成這個學會的人士，乃為

了共同抗議自十九世紀以來，所沿襲的教育形式主義作風而相聚，他們倒沒有一致認可的哲學，凡事「鬆綁」即可；鼓舞新花樣，走個人主義路線；但也由於如此，在 1929 年經濟大恐慌之時，乃被批為完全不注重社會紀律及大我的學會；在其後的二十年中，這個學會因擬補救過去的極端而起另一極端，矯枉過正；不過，仍然有人指控該學會培育了社會主義及集體主義意識。

當美國人勉強捱過經濟不景氣時，恰是二次世界大戰之際，不是飽餐了「新政」(New Deal) 的自由革新習氣而生厭，就是過食於「進步教育」的自由改革精神而有肚脹之感；因之，「進步教育學會」不久乃形成為一種不是樂觀與希望的象徵，卻是被諷刺與辱罵的符號。該學會不但不受公眾歡迎，且也為教育專業學者所不喜；被拱為精神領袖的杜威，還數次為文與之劃清界線。二十世紀以來，教育在外觀上顯示出進步的各種層面，現在卻變成支離破碎的分裂源泉。帶有魔力的教育語彙，如「自我活動」及「完整的孩童」，也變成濫調陳辭，為了要挽回公眾的喜愛又不放棄內在精神，1944 年乃更名為「美國教育聯誼會」(American Education Fellowship)，仿歐洲同性質組織的名稱「新教育聯誼會」(New Education Fellowship)，相互呼應。不過歐美兩地的「進步式」教育運動，不少人認為階段性任務已然完成，學會倒應出版幾本書；或是另立新計畫的時刻已來臨。不管如何，此種運動繼續萎靡不振，最後的一種復甦努力，乃是把「美國教育聯誼會」又改回原名，但為時已晚，1955 年，該學會壽終正寢！

二、女教師

許多人埋怨，女性對於美國及世界各國的教育推進運動，影響力與男性相比，不成比例。埋怨者特別注意到一種教育史實，即教學人員在性別上，長期以來都是男多女少。直到十八世紀時，教學工作幾乎由男性一手包辦。但是恰好過了一世紀時間後，即在十九世紀時，女老師就佈滿校園了。這種發展變遷最明顯的一個例證，就是十九世紀以後，教師的代名詞，已由男性的「他」(he)，改為女性的「她」(she)。

此種變遷，因素頗為複雜。女性首度參與教學隊伍，似乎發生在十七世紀及十八世紀的**嫗婦學校** (Dame School) 之內。不過，嫗婦學校的教學工作，

絕不是作為其他行業的踏腳板，甚至也不是為了結婚，並且這種職業本身也引不起別人羨慕。十八世紀末，幼兒學校喜歡以女性作為適當的教學人選，這種學校至少比媼婦學校較富挑戰性；十九世紀時，幼兒園的創始者**福祿貝爾** (Friedrich Wilhelm August Froebel, 1782–1852) 更提議女性應該從事教學工作，他特別強調母親在教育上所扮演的角色。教書是女性最佳的選擇，也最適合她的天性；女性比較接近兒童的天性。

到了十九世紀，基本的社會因素結構，造成女性偏愛教學工作。我們當還記得，十九世紀是美國開發西部墾荒地區的世紀，也是美國經濟生活開始對工業革命有了反應的世紀，其實這也不只是美國如此，卻是環球性的。這兩股運動都有助於婦女經濟價值的提高。在美國，由於內戰所損失的男性人力，也使得女性的責任及人力需要倍增，看過《飄》(*Gone with the Wind*，電影名《亂世佳人》) 小說者，必然印象深刻。女性肩挑全家經濟重擔，由於這種勢力的刺激，婦女乃迅速向經濟解脫之途邁進。而她們發現在排除金錢束縛的大道中，沒有一條比走教學之路更不會擁擠；長期以來，當男人需要在夏天種田時，婦女就變成學校暑期的老師。在十九世紀中葉進行大規模喚醒大眾注意教育事業時，像曼恩及巴納等教育家，也倚賴婦女來作為冬季期的教師。這兩位男性教育行政長才，不僅倚重婦女，還認為女教師來指導學童，教育效果大過男老師。巴納就曾說過，女老師在耐性與同情心上，優於男老師，並且女老師還比男老師更具備良好德性；另有一項不好意思言宣的事實，即婦女情願以低於男老師的薪水來執行教學工作，且女老師也較具服從性；教育行政氣氛上，和諧多多！

女子之加入教學陣容，在內戰之前即已相當顯著。內戰結束後不久，她們即居教師人數的多數。可信賴的統計資料顯示出，在 1880 年時，全美 57% 的老師是女性；到了二十世紀初期，百分比上升到 70%，而在一次世界大戰結束之際，則佔總數的 85% 弱，女性教育行政主管數量也扶搖直上，中小學教師幾乎是女性的天下了。

三、教師的社經地位

美國麻州於 1839 年興建起第一所師範學校後，一百年之內的教師社會及

經濟地位，已大幅度的提高。這種情況，最具體的是從教師薪水中就可以知悉。在七十五年中，生活費用漲了 30%，但各地教師月俸卻增加 150% 到 450% 不等。單是此一數據，吾人即可正確的作如下可靠的推論，即在這段時間中，教師已穩定的從不太吸引人的職業，搖身一變為較受人歡迎的工作；並且在這段時期的末了，優秀的男女都比以前更願意選擇教書作為終生職業。不只如此，在年輕男女心領教書為職業時，他們還接受了較良好的預備訓練呢！

但如果將教師薪水又劃分為男性及女性、城市與鄉村，並且取這種分法與技工與非技術的勞工之所得相比，則上述統計所展示的景象，就沒什麼好樂觀與高興的。經過分析之後我們所知道的是，在那七十五年期的開端，男性教師之所得遠比女性為高，並且城市教師的收入也比鄉村教師豐厚。城市的男老師薪水自成一階級，鄉下女老師的俸給就如同非技術工人之工資，城市女老師的收入也如同技術工人的工資一般。二十世紀以前，教師薪水不僅反映了一般人所存在的偏見，以為男教師要比女教師的薪水高，高年級教師要比低年級教師的俸給多；並且也反映了當時的經濟觀念，以為薪水乃是供求法則的產物。除此之外，薪金還經常不用錢來給付。聘請教師的部分費用，還不時用教師在家長宅中住宿的方式來分攤。二十世紀後，發放薪水的方式乃變；薪資表不是依據當前市場供需而定，而係依據生活費用、專業學位、及年資等因素而擬。根據該薪資表，則多加的訓練及豐富的經驗，有時還加上校長及督學所評定的優異工作表現，就可以增加薪水；其後，薪資表已採「單一薪」(Single Salary) 原則，即同工同酬。由於女權運動及婦女投票權之獲得，男女教師領相同薪水，這種日子也就不遠了。年輕男女願意教育投資於師範院校或大學教育學程，然後教學改善著有績效，教師理應獲取較高的經濟酬勞，在以收入作為衡量社會身份時，教師的地位也就指望能有所提高，這是自明之理，勿庸贅言。

第十七章　公家教育與私人教育的消長

　　非正式教育，即生活教育、家庭教育、或社會教育，無可避免的都發生在公私生活上。正式教育，即學校教育，由於它的正規性，因之只有在開明的家長及有利的社會環境下，才在公家或私人所辦的學校裡進行。這些環境如何產生？此一問題是教育史上經久不衰的問題之一。事實上由於現代國家的成立，不管是共產式的、法西斯式的、或是民主式的，該問題也日漸成為現代教育中最熱門甚至逃不掉的論題。

　　公家教育及私人教育的問題，形式有許多種。最早且後來也不時出現的形式，就是應該在家裡面教導孩童，還是在家以外的社會機構裡教導孩童？今日絕大多數的孩童都在家之外的公共場合裡接受教育，因為夠資格在家庭裡面教導孩童的父母親，為數不多，即令有，父母也無暇進行全職教師式的教學，這是宗教改革家路德早已提過的；而花得起錢來聘請私人教師負責教育子弟的家庭更少。因之，當前有關公家教育與私人教育的爭論乃是：誰應該負起家庭之外的教育費用？應該由國家稅收來負擔呢？還是由有孩童就學的家長經由繳納學費或佐以私人捐贈的方式來維持學校開銷，無子女在校的家長則不必出一分一毫？經費支持的問題，更由於設置的學校之教育目的或宗旨問題而趨於複雜化。舉例來說，教育專由公家辦理，此種政策有依據嗎？允許私立與公立學校相互競爭，是理想的安排嗎？此外還有更特殊的問題，即家庭、教會、及國家（政府）的教育管轄權，正當性何在？

第一節　早期私人教育與公家教育的分野

　　古代的希臘人乃是最先對上述問題的解答，體驗出意義的民族。斯巴達的軍國民教育提供了一種解答，雅典的文雅教育則是另一種解答方式；二者都重視世俗性的城邦教育，每一個希臘人都與城邦合一，他們並不認為個人的私有利益可以與城邦相離，斯巴達人尤其有這種習俗。個人既附屬於城邦

之下，因之教育乃是城邦的公共事務之一，這是勿庸置疑的。斯巴達的城邦官員有義務檢查新生嬰兒的健康情況而決定這名孩子是否享有生存權。從此之後，這名新生兒童所接受最可稱為私人教育的期間，就是一生當中的頭六年，即初生到六歲的歲月，由母親撫養；此後就在城邦軍營中繼續接受軍事訓練，並在軍營中食宿，精通斯巴達成人所必具的技能及習慣；有城邦視察員的監督，有時則受官吏如**民選官** (*ephor*) 及**執鞭者** (*paidonomos*) 的教導，直到成為成人時為止。

雅典也以早期的城邦觀念來進行教育，不過與斯巴達不同。雅典早就發展出另一種方向，承認個人利益與公家利益有所差別。個人除了公家的城邦生活之外，還有私人生活，這種觀念，開闢了私人教育的園地。公私生活的分野，在嬰孩一出生時即如此。決定嬰孩的存活權，操在父親私人手裡，而非城邦官員可以置喙。以後如果家庭經濟情況寬裕，則可以接受具備公民資格的最基本教育之外的教育。

撇開實際不談，在理論方面，**柏拉圖** (Plato, 427–347 B.C.) 及**亞里士多德** (Aristotle, 384–322B.C.) 這兩位希臘大哲學家都比較偏愛公家教育。後者在這方面尤其說得很露骨，他說：

> 既然城邦是一個整體，它有單一目標，因之眾人教育必須只有一種且相同，這是再明顯不過的。而執行這種教育的單位，必須是城邦而非私人。不能像目前的措施那般，家家戶戶都以私人的方式看管孩童，並且以自以為是的方法來進行私人教學。所有跟公共利益有關的都需要公共訓練。除此之外，任何自由民如果以為自己屬於他本身，這是錯誤的，所有的人都要承認個人屬於城邦；因為每個人都是城邦的部分，因之對於部分的處理，當然要視對於整體的處理而定。

與希臘人一般，羅馬人也演化出一套個人與帝國有別的發展方向，因之視教育為家庭的私人職責。在富裕家庭裡，孩子完全在家接受教育。不過，羅馬最偉大的教師也是雄辯教育家**坤體良** (Quintilian, 35–95 A. D.) 卻嚴厲的批評這種習俗。他認為「高雅的學校所擁有的大量日光」，優於「私人教育的孤寂性及暗淡性」；對於有人擔心幼童在學校裡品格會受污損，教師因同時教

數名學生而忽略了單個學生的教育這種說法，他提出猛烈的反駁。他說，品德同樣也會在家庭裡敗壞，且更易敗壞，因為「那種我們稱之為慈愛但卻愚蠢的教養方式，腐蝕了所有的體力與心力。」學校教學遠優於家庭教學；在家庭裡，孩童只能個別的學習父母親所教的；但在學校內，則還可以從同儕的指正當中獲得學習，更不用說與其他孩童競爭會帶來利益了。

雖然坤體良反對家庭私人教育，但他並不主張他所贊同的學校教育由公款來維持。對他而言，私人教育的反面，就是免於幽僻隱遁。他主張孩童應該在公共場合接受教育，但這種教育卻不一定要由公家負責其事。弔詭的是他本人就身為羅馬帝國的國家講座，領取政府高額俸給。他的同輩人物**蒲林尼** (Gaius Plinius Secundus Pliny, 23–79) 就不以為然，認為大部分教師的薪水，應該由學生家長負擔，由公款支付是錯誤的政策；「因為教師薪俸如果由國庫支出（許多地方皆如此），則效率低落乃是必然產生的後果。」

第二節　教會在學校教育勢力的興起

儘管蒲林尼不願教育權交在帝國手中，但羅馬帝國越趨沒落時，公款支助教育的措施卻越發必要；不過，教育挽回不了政治的腐敗，帝國解體時，公款支付教育的措施也就停止。要不是繼起的基督教教會這種新的私人機構來維持教育活動，則正式的學校教育很有可能早已消失。教會首先以教會本身的利益來進行教育工作，宗教教育不是為了追求知識，而是在於訓練俗世人士以及培養教會的專業人才，並且也教育了一些公職官吏；教會在俗世政治帝國瓦解之後也承擔了俗世事務的處理職責。其後的寺院活動更是如此，幸而也因有寺院式的教育，才使得歐洲文明史上搖晃不定的學術教育殘燈免於熄滅。除了在教會及寺院扶持之下的「**歌唱及主教堂學校**」(Song and Cathedral School) 外，中世紀時也出現了如**追思禮拜式的私人性質的學校** (Chantries)；查理曼王朝雖成立「**宮廷學校**」(Palace School)，但僅如曇花一現；封建社會的俗世眾人以及四分五裂的諸侯，皆沉迷於比武爭鬥，他們無暇關心公共教育事業的進行。

中世紀漸漸步入文藝復興時，教育仍然全屬私人性質，且教會權勢高漲。當時於十一或十二世紀所成立的大學，幾乎全賴學費維持；職業組合的行會

也設有學校，開銷是由行會本身或贊助行會的會員來支持；至於其後出現的人文學校，也就是振興古希臘羅馬學術的教育學府，教育費用自然就出自富有的中產階級家庭裡，而以研究古文學作為教育主旨。

隨著學術之振興，公眾對於教育的興趣也跟著復活；事實也是如此。此時期最著名的人文學校，就是由維多利諾 (Vittorino da Feltre, 1378–1446) 所創辦的學校，經費由義大利曼都瓦 (Mantua) 地區的郡王 (Prince) 所支付，屬半公家性質，因為除了貴族子弟之外，還有許多貧民學童入學，學童數還超過六十名之多，學費甚至是食宿及衣服費用，都由這個宮廷的郡王所施捨。人文主義大學者伊拉斯莫 (Desiderius Erasmus, 1466–1536) 宣稱，教育乃是不下於指揮軍隊來防衛家園的公共義務；他呼籲公私機構的人員、政治人物、教會人士、及富有的私人，共同來承擔這個義務。這些人的支持，尤其對家境清寒子弟的教育，有迫切的需要。當時，慈善性質的教育以及公共事務性質的教育，二者之界線還未明顯劃分出來。

當文藝復興運動的力道，在晚期於新教改革中找到了宣洩出口時，朝向公共教育的努力才邁進了一大步。既聲稱《聖經》才是拯救個人最具權威的領導者，新教徒乃規定閱讀《聖經》是人人所必須遵守的義務。因之，從家長到市政首長以至邦國統治者，只要他們對生民負有責任，則為了人人獲救，都應該大力推行公共教育。在這項大工程中，教會人士及教會組織，必須鼎力扛起來。

掌新教大旗的日耳曼宗教改革家路德 (Martin Luther, 1483–1546)，早就看出當時大多數的家長即令沒有忽略他們的父母職責，但也不夠格承擔上項工程。不過，公共教育也不能置於新教教會手中，它剛成立並且最近遭受「農民革命」(Peasants' Revolution) 的蹂躪；新教教會缺乏金錢及受過訓練的人員，因之無法完成這種教育工程。職此之故，路德乃訴請新教地區的民政單位，充分運用他們的權力為設立學校及維持學校而奮鬥。他認為提供公共教育設施，乃是確保宗教機構及世俗機構的福利及穩定，所必不可少的工作。

路德的訴願心聲幸而並不落在聾子的耳朵上，有不少新教地區的統治者遵照他的說法辦事。早在 1524 年，馬德堡 (Magdeburg) 邦就依他的構想而規劃了學制；十六世紀結束之前，薩克森 (Saxony) 及威丁堡 (Württemberg) 兩個

邦也帶頭領先通過學校法，要為全民設立一種學校制度；至於路德所期望的
強迫入學條例，則要等到次一世紀才由**威瑪** (Weimar) 邦政府通過立法。不幸，
這些令人興奮且充滿願景的發展，都因**三十年宗教戰爭** (1618–1648) 而大受
阻礙，這種新教與舊教之戰以及新教派別之間彼此之鬥，耗盡了十七世紀前
半葉的教育資產。國家教育制度要等到十八世紀才再度獲得推動力，那時也
是以**普魯士** (Prussia) 這個邦作為開路先鋒。根據 1794 年的該邦法律規章，最
能看出那個時候新教改革的老家，邦政府及公共教育的進步實況。該規章宣
佈：「所有中小學及大學都是政府機構，負有教導年輕學生有用知識及科學知
識之責；這些機構只有在政府立案並許可之下方能設立。」並且，「所有公立
學校及教育機構都接受政府的監督，任何時間都得接受考試及視察。」十六世
紀初附屬於教會的學校，在十八世紀末的新教德國裡就附屬於國家之下。這
種學校教育權的控制軌跡有此種轉移，但德國是個典型的新教國家，又是新
教改革的發源地，「**政教**」（政治與教會）合一，且教會威權大於一切，也凌
駕在政治之上，因此新教教會仍然掌控教育實權；教士通常就是執行地方視
察或監督的政府官員。教會在學校管理上，享有合夥人的法定資格。

第三節　歐洲學界對國辦教育的評價

十九世紀時，普魯士以及整個德國所推動的國家教育制度，獨步全球，
沒有對手。設立公共學校不只對宗教信仰上有其必要性，並且對政治及民族
而言，更不可或缺。儘管有這些勢力龐大及迫切的重要性在為公共學校的設
立而鼓吹，但仍然有不少學界要角討論家庭及私人在教育上所應扮演的角色。
公私教育的評價，觀點不一；卻頗具教育史的意義。

一、德　國

首先，提倡國家主義的大學者**菲希特** (Johann Gottlieb Fichte, 1762–1814)
就認為，在基本上，教育的義務落在家長的雙肩上；政府可以加重家長此種
義務，但卻不能依任何特殊原則來指導家長履行這些職責，也不能要求家長
遣送子弟進入任何特定學校如公立學校就讀。其後，當他對任何人自求多福
的論點失去信心時，態度竟然 180 度的大轉彎，他步入另一極端，乾脆解除

家長對子女的教育責任，主張教育應全然由政府接辦。

羅馬教育家坤體良所拋出來的問題，其後有不少學界泰斗接手。該問題是孩童應該在家接受私人教育呢？還是離家到校接受教育？恰在十九世紀開頭，名哲學家**康德** (Immanuel Kant, 1724–1804) 對此一問題，同意坤體良所提供的答案。支持的理由也幾乎相似，孩子遭離家庭，以免染上家中惡習及避免狹隘性；他擔心家庭教育不但充份顯露出家庭的該項缺點，並且還會培養該缺點。學校的公共教育，正面優點是可提供學童以同伴來衡量自己能力的機會。並且康德還認為，公民資格的培養，就是要學童學習如何因應他的同學們在行使權利時所加於自己的限制。換句話說，享權利也得盡義務，這是「公民」職責；此項職責的認識，最好的場所，就是有許多同學同在的學校。

承繼康德在**克林茲堡大學** (University of Königsberg) 哲學講座的教育哲學家**赫爾巴特** (Johann Friedrich Herbart, 1776–1841) 卻持相反意見，他看出在家庭環境裡繼續接受教育的益處；在那私有領域內進行個別式的教學，機會大得多；家庭教師如果只負責幾名學童，則更容易有效的採用赫爾巴特所主張的「**統覺論**」(Doctrine of Apperception) 教學法。可是在學校內，因學生人數較多而導致程度不一，實施這種統覺理論，要將新教材建立在舊經驗上，就備感困難。

兒童教育的大改革家，也是菲希特、康德、及赫爾巴特非常景仰的教育家**裴斯塔洛齊** (Johann Heinrich Pestalozzi, 1746–1827)，就取一種比較綜合性的觀點；由於關心幼童教育，他相當注意家庭裡的學前教育。以教育愛為特色的他，強調家庭裡面的室內活動以及父母對子女的情感及態度，就是孩童最「**直觀**」的第一種學習材料；不過他也清楚的了解，即令是最好的家庭，也有其缺點；很少家長有時間或安排材料來提供孩童所應學習的教材，因之學校有必要成立。但公立或私立學校只作為補充並增強學童在家裡早已養成的良好品格及職業技能教育而已，學校教育旨在繼續擴充早在發展中的潛力。學校如果也像溫暖家庭，則是辦校的成功秘訣！

另一位德國大哲學家**黑格爾** (Georg Wilhelm Friedrich Hegel, 1770–1831)，觀點就與裴斯塔洛齊相符。當然，他是以聞名的觀念主義來闡明這番道理的，他承認家庭圈子是培育孩童特別個性的理想園地。不過，他與赫爾

巴特不同，他謹防高抬個性價值所易造成的錯誤。學校教師無暇顧及學童個性的發展，學童在學校裡遂開始一種新生活，必須放棄自己的特有癖性而培養一般習慣；心靈上應該追求普遍理性的法則及其秩序。事實上，黑格爾認為學校活動若不能讓學童心靈起這種變化，則沒有資格配稱為學校活動。即使在家庭圈子裡，黑格爾也不允許家長對其子女的教育享有全權。孩子接受國家教育，有雙重利益，一是國家可以依國家利益來監督兒童教育，假定家長太貧窮或過於忽略孩子的教育責任，則政府應該插手其間讓國民接受應受的教育；二是國家監督兒童教育，對國家本身而言也是有利的，因為未來實現政府政策的人員，要在受過國家教育的人才當中挑選。

二、法　國

　　在法國，首先興起公家教育與私人教育這個熱門話題的，並非來自於新教改革運動的結果；眾所周知，法國是舊教的大本營之一，但法國於 1789 年的大革命，乃激起這類問題的火花。不過對某些革命時代的人物而言，這只是有點炒舊飯；**赫爾維修斯** (Claude Adrien Helvetius, 1715–1771) 就覺得此一論題並不十分新穎。他借用坤體良所已使用過的詞句來重述一番；就像羅馬那位大學者一般，他贊成公家教育；換句話說，他主張兒童應離家接受學校教育。在這方面，他雖然增加了許多理由，但他所以得到這個結論，論點卻與坤體良大同小異。其中最重要的論點，乃是他深信，學校教師比家庭裡的父母親更懂得教學問題。

　　政治大革命促成了國家支持教育的果實成熟。與北歐之宗教改革，殊途但同歸；新教改革者基於宗教及世俗的理由來懇求國家政府辦理教育事業，法國大革命也作同樣訴求，但去除宗教因素，只建立在世俗基礎上。這種論調，早就在十七世紀的**費內隆** (Francois de La Mothe-Fenelon, 1651–1715) 時代裡，就已隆隆作響了。這位大教士、文體批評家，兼教育學者聲稱：「兒童依國家遠多於靠父母，因之兒童應由國家來栽培；公立學校應該設立起來，以便教導學童敬畏上帝、愛國、並尊重法律。」革命爆發後，他的新穎論點，已經成為當時的教育寫作家的共同主張。幾乎所有的人都跟隨**伽洛泰** (Louis René de La Chalotais, 1701–1785) 在他的《**國家教育論**》(*Essay on National Ed-*

ucation) 裡面的觀點，建議設立一個全國性的國家學校制度；更為重要及切實的是，在 1791 年的憲法裡，有了如下的教育條文：「設立並組織一個公共教育體系，收容全體國民並且免費的教學全民所不可或缺的基本教材。」可惜此種文字在變成法案時，卻功敗垂成。如同大革命時許多主張一樣，口號響亮又具理想性，但實際的難度很高。

其後，對於國家辦理教育事業上，有兩種極端對立的提案出現。第一種提案是由**康多塞侯爵** (The Marquis de Condorcet, 1743–1794) 於臨終前提出；他調和了其他激進派人士的觀點，設計出一個教育機構的大綱：學校應由國家設立並由政府維持。但同時，他也有先知之明，預見總有一天，公共教學體系的成立，即令不會發生危險，也將變成廢物。而當教育甚為普及，使得人們可以發現自己所接受的教育，乃是排拒任何欺騙技倆及暴露任何自私剝削陰謀的利器時，就是那一天的來臨。當然，康多塞承認，此種烏托邦式的無政府狀態，與今相距仍極為遙遠，不應過慮。因之，他建議設立的國家教育體系，也只是為目前的權宜之計；他的長程目標，是希望教育能免除政府的干預。第二種極端相左而反對康多塞無政府的教育提案，乃是由**羅伯斯比** (Maxmillien de Robespierre, 1758–1794) 所支持的議案，要求國家徹底控制教育。此提案若成真，則兒童要在公立的住宿學校免費接受教育。政府除了負責教學之外，還供應學生食、衣、住。並且，家長甚至都不可以在私底下有選擇子女教育的權力，政府就是唯一的教師。

這兩種極端議案都沒有形成法律，只不過是具文。雖然在革命人士的圈子裡，兩個議案都有人支持，但卻都無共識。奇怪的是，提案通過的教育立法，都比較保守。在朝向國家負責設立學校體系的努力中，那個最後所通過的法案，也只有規定不收取貧窮學生的學費而已。私人辦理學校，尤其是教會興辦者，歷史根基已相當穩固，不是由那些革命人士充滿幻想的提案所能輕易搖撼的。不過，實際上的進步雖然微乎其微，但在導引思想進入新的流道上，倒大有斬獲。將革命家的構想變成具體的立法，還得等到十九世紀！

三、英　國

私人教育及放任政策，幾乎是英國的基本國策；在朝向公家支助教育的

方向上及速度上，都遠比歐陸的普魯士及法國來得躊躇及緩慢。事實上，當有些國家正忙於研究一套國家教育政策或理論時，英國依然沿著舊有古風，維持著國家不干預教育的傳統。讓我們再度以坤體良所提的問題開始，來看英國人的解答方式。有趣的是洛克 (John Locke, 1632–1704) 的答案恰與坤體良相反。洛克並不贊成那位羅馬教育家及其後一大批學者的意見，卻主張幼童在家接受教育，可能比在學校接受教育為佳。他感覺到在家庭裡受到父親的監視，可以進行最好的道德教育。洛克雖然了解兒童在家有養成害羞個性的危險，而在學校與其他友伴相處則會形成某種堅忍習性；甚至還承認學校教師可以給兒童更好的知識教學。不過無論如何，學校教師卻不像家長有那麼多的時間可以經常監督孩子的品行。原來洛克最注重的是德育，他擔心當品德一敗壞，則要恢復或矯正就十分困難。

　　洛克的觀點，可能只是因不滿當時學校作風而提出抗議而已。他所提議的方法，也只有在少數富裕家庭裡才能實施得有成效。儘管洛克不滿學校措施，但大多數的有錢人家之子弟，仍然遠離家庭而在公共場合的學校裡接受教育。英國數世紀以來久享盛名的「公學」(public school)，校名即由此而來。「公學」都是教會經營的私立學校，但卻在「公開場合」教學，而非在私人庭院裡唸書。舉世聞名的「公學」，如伊頓 (Eton)，哈洛 (Harrow)，及西敏寺 (Westminster) 等，意謂著在那兒的教育，是在大庭廣眾之前進行教學，一點也沒有表示那種教育係由公家所提供或由公款所支持的意思。英國的「公學」，其實是私立學校，換句話說，英國教育傳統的主力是私人教育；家庭可以決定孩子在家接受私人的家教抑或離家到私立學校就讀。事實上，假如家長不願子女接受教育，則家庭也不會為子女提供任何教育。設若家長真的不給子女任何教育機會，則英國傳統的一般法律也拿家長沒辦法；法律可以逼迫家長供應子女日常必需用品，必需用品中包括有食衣住，但不包括教育。唯一由國家出力而填補這個缺口的，就是 1601 年的濟貧法所制訂的強迫學徒訓練制度中，所附帶一提的教育措施而已；貧窮者堪憐，而英國政府施捨給貧者的教育，也吝嗇得可憐！

　　十七世紀在「清教徒」(Puritans) 治理下的英國，倒有一些國辦教育的跡象；但由於「英國教會」(Church of England) 人士重掌政權，規定許多硬性的

教育政策，如教師之宣誓效忠，兩大學入學時的宗教測驗，以及違此規定者
的罰則，致使「不遵國教者」（Nonconforming sects，即 dissenters）反對國辦
教育，他們對政府統治教育的任何措施皆起疑心，尤其是宗教權高於一切時
為然，英國國定教會掌控整個國家的教育活動，氧氣的發現者**蒲力斯特里** (Jo-
seph Priestley, 1733–1804) 這位不遵英國國教的科學家就說，為了自由，教育
最好不要置於政府手中。他的說法，與德國哲學家康德是異口同聲的！

其後，直到十八世紀末葉及十九世紀初期，免於政府干涉的私人教育，
受到政治經濟學說的影響而根基更為穩固，支持力也大增。這段期間，正是
英國的政治經濟，從「**重商主義**」(mercantilism) 轉移到「**自由主義**」(liberalism)
的時期；在重商政策下，政府許多法規都易於將經濟生產與分配轉移到某些
管道，使得珍貴金屬的購買費用，可以經由這些管道流入國庫裡； 1776 年
（美國獨立之年）轟動全球的一本政治經濟學著作《國富論》(*The Wealth of
Nations*)，恰是對重商主義的理論與實際提出批判的經典名著；作者**亞當斯密**
(Adam Smith, 1723–1790) 祈求允許生產者及消費者，各根據本身利益來發展
各自的貿易及商業路線；獨立的個體都可以依認為對自己最有利的方式與他
人簽訂契約而發生關係；並且，政府權力也要從契約中得到。政府若依契約
而存在，而維持治安的警力活動範圍也受限制，並且也設有法院來增強契約
力，則許多剩餘的自由乃歸個人所有；人民所求得的這種自由，遂變成十九
世紀自由主義以及聞名的「**放任政策**」(*Laissez Faire*) 之理論基石。

顯然地，自由主義及放任政策的說詞，在教育上找到了一塊肥沃的土地。
在這塊土地上，配合上述不遵國教者所提及的宗教信仰自由，這些說詞使得
英國的私人教育傳統變成既合理也恰當；就像簽訂商業合同一般，學校教育
之開始興辦，要由個人的自我利益所策動，因為二者都是自由企業。此外，
因工業革命而產生的中產階級，擔心一旦政府辦理教育事業，則私人企業將
流於癱瘓，謀求自立的誘因也會遭受破壞。而多數下層人民因為過於貧窮也
過於無知，如果沒有中產階級及上層階級人士「**雞婆**」（過問）的話，他們就
不會謀求自救而自生自滅了。因之在這段時間內，下層階級人士所能享受到
的教育利益，也只有在私人為貧民所辦的慈善機構中獲得；當然，這些機構
仍然以自我利益為著眼點！

　　上面所述，似乎就是放任政策底下的教育措施，所必然產生的現象；但奇怪的是，亞當斯密本人卻偏愛於有限度的公共教育；他認為，政府不但應鼓勵、還必須要規定全民接受基本教育；「國富」的條件，不必一定要人口多、國土大、自然資源豐富，卻是人民知識的普遍提高——腦礦重於金礦。低層階級人民繳交的教育費用僅只是象徵性而已，學校教師應該「部分但非全部由公款支薪，因為假如他的全部或大部分薪水是由公家發給，那麼他馬上會疏忽職責。」亞當斯密的此種意見，也見證在公營事業及私人企業的業績上；一般來說，前者不如後者。

　　提倡教育的放任政策，主將是亞當斯密的同胞**斯賓塞** (Herbert Spencer, 1820–1903)，這位社會學者用科學方式來證明這種理論的有效性。1851 年，他發表《社會靜態》(*Social Statics*) 一書，其中的要旨是每一個人都享有一種與他人不相悖的相同自由，來發展各自的能力，這是平等自由的基本法則；保障此種基本法則，是政府應盡且唯一的義務。假如政府以某人的財產來教育那個人的孩子或別人的孩子，則這種方式的財產動用，是侵犯而非防衛那個人的基本自由。對於這個論點，有人或者會以下述語句來反駁，認為政府應該在個人動用私有財產時，限制他的基本自由以保衛孩童的基本自由；因為孩童若不接受教育，則孩童的基本自由將受到傷害。此種質問，斯賓塞作如下的答覆，他認為沒有提供孩童學校教育機會，並沒有侵犯他們先前的基本自由，也沒有減少他們早有的自由。「疏忽了教學，絕不意味著把孩童能夠盡力為善的自由剝奪；這個自由是平等所需要的。」換句話說，學校教育不是教育的全部；不要以為孩童只有入學校才能接受教育。並且，「假如說教育的利益、重要性、或必要性，乃是促使政府必須承擔教育責任的充足理由；則食、衣、住、及溫暖等的利益、重要性、或必要性，也就是促使政府處理這些事務的充足理由，則除非廢除家長在這方面的職責，否則前項所宣稱的政府權力，是無法建立起來的。」家長既盡了為孩童提供前項的責任，則是否也應考慮履行後項職責？事實上，家長自會想辦法來教育自己的子女；此種權利，政府不用剝奪！政府如已盡前責，則是否也應盡後責？那麼家長的職責又該置於何地呢？這不是庸人自擾嗎？

　　宗教上的不安再加上對放任政策的喜愛，乃阻止了英國《國辦教育法案》

的通過。這種情況，直到 1833 年才稍有改觀，但該年也只不過是作到以公款補助私人的教育機構而已，政府並不出面建立學校；1870 年的法案，政府的那隻手才稍微伸了一點點出來，方式是政府支持但卻由地方提供學校教育並維護學校教育的進行；從此之後，學校的公立與私立併排而行。最能夠說明這種實際政策的學者，莫過於小米爾 (John Stuart Mill, 1806–1873)；在名著《論自由》(On Liberty) 一書中，他說：

> 把人民的全部或大部分教育都委於政府手中的措施，我比任何人都反對。……個性的重要性、議論紛歧及行為模式各異的重要性，同樣也適合於教育之分殊性，這些重要性是不言可喻的。由政府來辦理教育事業，那只是政府拿它來型塑個人，使人人皆相同的計謀；並且鑄造百姓的型模，是政府掌權者所喜愛的，不管這種人士的身份是一位帝王、教士、獨裁者、或是現代人中的多數；這種型模作用既有成效，則根據成效比例，乃在心靈上烙下了專制痕跡，並且也自然的在肉體上建立起霸道作風。由國家建立也由國家統治的教育如果要存在的話，也只能夠存在於一群相互競爭的實驗教育機構中。國家教育之舉辦，旨在提供榜樣及刺激，使得其他教育機構能夠維持相當優秀的水準。

米爾本人是自學成功的最佳範例，他的父親 (James Mill, 1773–1836) 以嚴厲的自身家教，終於在學術造詣上，父子都登上哲學史上的名人榜，且子勝於父。此種切身經驗，導致米爾父子皆反對國辦教育。上述的引文，其中教育意義繁多，實令今人省思！

第四節　美國公家教育的發展

　　德國、法國、及英國的傳統，部分輸入美洲新大陸，而使新大陸的私立學校演化成公立學校。在殖民地期間，教育的主要面是道德及職業的，並且仿照歐洲的學徒制來進行。比較正規的學校教育，在殖民地仍然存在，但稀稀落落，且重要性及支助方式，各地有顯著的不同。在南方殖民地中，普遍進行著英國傳統式的私人教育，總督 (Governor) 柏克萊爵士 (Sir William Berkeley, 1606–1677) 回答祖國政府所詢有關他的管轄地維吉尼亞 (Virginia)

地方的學童教育情形時，他的回答很具教育史價值。他的回話中有如下的一段，也顯示出當時的實情與民風：

> 與英國城市同，每個成人皆依己力來教導自己的孩童……。但是，感謝主！無免費學校，也未見有免費印刷品。我希望這幾百年來也不要有這些東西。因為讀書帶給世界的是異端邪說，並使得人民倔強不順從；而印刷物會使百姓出賣並誹謗最好的政府。上帝要我們免於這兩種災害！

嘿！無知便是福，無才也是德；有這種觀念的總督及上一代的父母或長輩，其實人數還真不少！

中部殖民地區，學徒制度之外的教育，仍然大部分屬於私人性質。學校附屬於教會之下，有些教派實施教區學校制度。不管如何，由於中部殖民地區的教派林立，因此阻止了公立學校日子的來臨；唯一由公款維持的學校，就是「貧民學校」(pauper school)。在這種學校裡，政府為無力支付兒童私人教育費用卻又因傲骨不願公開承認貧窮的家長，負起他們子弟的教育擔子。

一、公共學校體系的成立

早期朝公立學校制度邁進而較有成效的所在，是北方被稱為新英格蘭 (New England) 的殖民區，

圖 17-1　柏克萊 (Sir William Berkeley, 1606-1677)

正好與老英格蘭作風相異。麻州 (Massachusetts) 領頭制訂了 1642 及 1647 年兩次有名的法律；前者乃受 1601 年老英格蘭的《貧民法案》所策動，要求殖民地官署負起責任，注意家長及師傅是否訓練他們的子弟或門生作勞工及其他有用的工作，是否具備閱讀能力，能否了解宗教教義及殖民地區的重要法律。後項責任的提及，顯然是受新教的教育影響所造成，新教主將喀爾文 (John Calvin, 1509-1564) 及英國清教徒 (Puritans)，對於教育的信念，共同催生了兩次法律中注意了學校教育的興辦。一定大小的城市必須任命一位教師來教學（五十戶的住區），並須設較高層次的學校（一百戶的住區）。各城市可以選

擇以稅收來負擔教育開銷，或選擇按比例由學生家長依就學子弟之多寡來分攤的方式。

若把上述兩次法律所規定的教育,視為十九世紀所形成的公共學校體系，則是錯誤的；不過，如果認為十七世紀這種較為進步的立法，並沒有給其後教育的發展帶來什麼影響，則更是一種嚴重的錯誤。這兩次法律所包含的內容，乃是美國教育史上一提再提的原則及先例。首先我們要注意的是，履行孩童教育的義務，主要是放在家長的雙肩上；這個擔子在 1642 年的法律中，即已清楚又顯明的規定下來。1647 年的法律，並沒有解除這個擔子，它只是提供一個當家長的雙手正在奮力開墾荒地，並忙於與印地安人交戰時，可以卸下而非免除教育子弟重擔的教育場所。其次，這兩次法律都白紙黑字的表明，教育乃是重大的公共事業，且也承認教育是眾人福祉的基本要項，政府有權逼迫家長盡教育自己子女的義務；且也有權決定被政府監護的人（即孩童），應該接受何種種類的教育，及何種最低程度的教育。

對十七世紀的人，尤其對殖民地許多還無法安居樂業的遊民而言，提出上述原則是相當大膽的；不少殖民地人士並不十分欣賞這些原則背後所隱藏的識見；因之在實情上，民眾躊躇不前，不願朝以公款辦理教育的方向前進。教育容或對公眾利益相當重要，但獲得教育的方式，卻要仰賴私人來發起，由私人來肩負教育經費，即令在徵稅地區，法律所規定的學校經費來源，仍然大部分仰賴**比例稅** (rate bill) —— 即家長支付學校費用的全部或部分；而支付的多寡，則依子女就學數之多寡或依所唸的課程而決定。因為學校費用既然取自於家長，所以許多家長乾脆就把子弟送入私立學校就讀，這種舉措是不會令人訝異的。在公私立學校都要收費的情況下，公立學校除非另有特色，否則敵不過私立學校的主動性及進取性。加上墾荒地區的環境，也不太有利於公立學校的發展，因中西部的墾殖移動，地廣人稀；俟人口增加之後，學校興建的迫切性日益增加，人民對設立公立學校以收容全民子弟的興趣也隨著提高。當時的情勢，已遠非十七世紀可以比擬了。

二、自由主義的衝擊

到了十八世紀晚期，學者開始使用新的角度來探索公家教育的問題。學

者之有此種動機，乃受當時法國及英國的自由主義思潮所引起，這種思潮，對歐美的革命思潮而言，是意氣相投的。它與當時的清教徒作風相反，而走世俗路線。這種思潮的要旨，認為國家有改善人們命運的義務；在革命期間，人們對於命運之改善，寄望甚殷。法國實現這種期望的手段，是訴諸公立學校制度的實施，這是我們早已說過的；同樣的思潮也擴散到美洲新大陸上。

美國獨立革命成功之後，「**美國哲學學會**」(American Philosophical Society) 懸賞徵文，題目是為這個新政府體制的國家擬訂一個適當的教育制度。第一名得獎者的**諾克斯** (Samuel Knox, 1756–1832) 及第二名的**史密斯** (Samuel Smith, 1750–1819) 都提議設立公立教育制度，二者都極力反對私人教育。後者在論文中所提的觀點與羅馬時代的坤體良相同，批判家庭私人式教育的不當。在重述古人意見後，他提出一項高明的理由，相信公家教育乃是免除孩童偏見的良方。因為偏見就像世襲之頭銜一般，而沒有一種錯誤會比從雙親嘴上說出來的更為危險。

除了史密斯對家庭私人式的教育提出批判之外，諾克斯還對私立學校教育提出許多反對理由。首先，他站在民主的觀點，指責私立學校沒有提供平等的教育機會，這是相當可惜的，因為資賦優異絕對不是富有人家的專利品。他更指出私立學校另一種缺乏民主作風之處，乃是容易把就讀私立學校的學生家長與社會的其他人士隔離起來，並因此而建立了雙重標準。相反的，他非常贊同公立學校；公立學校所培養的友誼，可以衝破階級界線。並且在民主社會裡，只關心少數人的教育而不教育多數人，這是一項重大錯誤。其次，他站在國家主義的立場來反對私立學校，認為私立學校有撕裂而非統整這個新興國家的趨勢，這一點最為他所不喜。就這一點上，當時應徵者的看法是有共識的，咸認以公立學校來作為推進社會團結的手段，當有人不履行社會義務時，任何人多多少少都要受點傷害。

化論文觀點為具體的教育立法，最具代表性的，莫過於第三任總統也是教育總統的**傑佛遜** (Thomas Jefferson, 1743–1826) 在家鄉所擬訂的公立學校制度；這位維吉尼亞的政治家，熟讀法國學者的作品，並且與他們一樣，在自己的家鄉那一州設立一個公立學校制度，去除教會控制，主張在初等教育階段實施全民又免費的教育措施。與法國不同的一點，是法國公立學校體系

乃全國性的，傑佛遜的公立學校體系，乃是全州性的，因此也是地方政府性
的，而非聯邦中央政府性的。其實，美國有些州的疆土比歐洲的國還大。不
過，雖然傑佛遜的政治地位及私人聲望甚高，在他的長壽生涯中，卻也無法
親眼看到他所擬訂的公立學校體系真正付諸實行。顯然地，實現這種計畫的
時間，在十八世紀晚期的美國，並沒有比同時期的法國來得成熟。事實上，
此時掌控美國教育實際的思潮，倒不是法國的自由主義，卻是英國的自由主
義；從史密斯及其後斯賓塞所學得的放任政策，才是主宰提供教育實際機會
的學說；政府在這方面是冷漠的，只好等待家長、教會、古道熱腸的慈善機
構及人士等，在基於自我利益的出發點上才為眾人提供教育機會。政府所撥
的少量教育經費，只吝嗇的用來教育貧民，或用來支付窮人子弟所分配到的
教育費用而已。

三、公家教育的需求日殷

即令在放任的自由主義勢力正旺時，要求政府積極的採取行動以提供人
民更多教育機會的呼聲，也從不間斷，且音量漸高。首先，美國各州用各種
方式與這些壓力妥協；有些州的妥協作法，是用補助私立學校以及慈善性的
支持學校教育方式，來朝著公立學校體系的道路前進；有些州則把煙酒等公
有稅、屠宰稅、及聯邦國有土地出售之所得，指定作為教育經費，以這些經
費來維持學校開支。另有些州更進一步立法，規定地方政府可以依其所願來
徵收教育稅。

不過，要全盤走到徹底免費入學，並各州皆徵收教育稅的路途，仍然還
很遙遠，克服這層最後障礙，也相當棘手；將放任的或自由的國家政策，轉
移為較富有社會主義性或以福利為指標的理論，需要一段長時期的公眾討論。
最好的政府，就是無為的政府；有此種念頭的人要他改變心意，認為政府的
德政就是擴大對人民的服務，並非輕而易舉之事。到底免費的公共教育，是
對自由的不當干預，還是達到力所能及的民主自由之不二法門，這是美國在
十九世紀中，存在於教育上的熱門話題。

在批判正反意見之前，先來檢視一下當時的各種言論主調。那段時間，
恰是平民地位高高在上的時期；國外正好有一股浪漫及樂觀式的思潮，相信

人有能力可以上達至善及完美境界。只需運用控制社會機構的功能及控制社會型態的權力，以便使人民獲得應有的發展機會，就可以實現這層理想。因之，要求設立公共教育體系，也就是人道運動中的部分呼聲。人道運動是當時社會運動的大主幹，旨在修正或放棄無法令人滿意的社會制度，包括監獄及奴隸制度。此種樂觀情懷，還由於墾荒地區經濟上出現無窮的發財潛能而更形高昂。在政治上，此時的趨勢是反映著國家主權在民的觀念；美國百姓充分表示他們要從政的意願，不只要擺脫歐洲的影響，也不受美國東部的支配；第一位西部出身的平民總統**傑克遜** (Andrew Jackson, 1767–1845) 當選為第七任國家元首，意義非常重大。

設置公立學校的問題，參加論戰的正方陣營來自於兩種階級勢力，而領導這兩種階級勢力的，是舊式的中產階級家庭，他們在文藝復興時期的商業革命，已在政治上及經濟上獲得卓越地位。雖然此種卓越地位已讓位給新興的工業資本家階級，但他們仍然擁有足夠的財富來從事人道及慈善事業。他們更習於師傅與學徒之間的親密關係，因此看不慣當前工廠老闆對待雇工之缺乏人性，目睹此情，他們的反感溢於言表。因之，舊式中產階級乃與城市中帶有進取心的工人階級攜手合作，這是不會令人感到驚異的。某階級的人士帶頭當領袖，另一階級的人士投票支持，由此而產生的勢力，當然銳不可擋。

反方的主力則來自於鄉村地區，他們不支持設立公立學校。由於工業革命所引起的教育需求，並不發生在鄉村社會裡；並且，農夫因預想其後的教育稅負擔而憂慮。此外，早已支持各自教派設置教區學校的教會團體，對公立學校也存敵意；而擁有私立學校校產者，這一小群人之加入上述陣營，乃是極其自然的事。本來壟斷的獨門生意，現在有了更多的競爭對手，他們當然擔心私立學校之生存受到威脅，遂聚集成群，共同發聲。

如果只基於上述，吾人很容易陷入一種錯誤的結論，以為雙方戰線的壁壘分明，派別又窮盡。其實不盡然，卻有許多敵我難分的情形。假如認為所有的工廠工人階級都具有相同的上進心要爭取教育機會，這就是歪曲的觀察了。比較合乎實情的是，最需要一嚐公共教育味道的工人階級，反而最無胃口，由公立學校運動並非由無產的普勞階級所發動，就可想而知。同理，如

果認為所有商業上的中產階級人士都一致支持公立學校，則也屬不確，事實上有不少這層階級的人反對得相當厲害。而將所有工業資本家都歸屬於反對公立學校一派，也同樣是不當的；有些企業大亨為了防止社會擾亂，還爽快的斥資協辦公立學校呢!

四、免費入學

雙方爭辯的焦點多且廣，其中衝突最烈的，莫過於免費入學及以稅收來維持學校的方式，因為這種問題，涉及到私有財產權的動用，也關係到眾人最關心的荷包。許多人認為以稅收來設立學校，乃是對私人可隨心意支配私人財產權力的不法干預；他們說，財產多而孩子少或甚至無孩子者，卻也得繳交財產稅來教育無財產者的子弟，這是不公平的；用一句當時農村所習用的俚語作比喻，就好像是拿自己的犁去耕別人的田一般的不當。有人還害怕這種舉措，乃是對節儉的科罰，並鼓勵怠惰習氣! 另外有些人也以為所擬議的公立學校，對私立學校早已享有的財產權，是一項不法的侵犯。以前既已盤算過，並且資金也早已灌注於這些學校的設立上，因之政府實在不必費神再興建公立學校來與私立學校競爭,如此有毀私立學校的價值及效力之危險。甚至還另外有人認為公立學校制度之設立，乃是對家長及子弟直接間接的不當干擾!

當然，私有財產的保護者，並非沒有覺察到所有稅制，都是對財產權的某種侵犯。更精確點說，他們的立場是，情願納稅來保護他們的自由，但卻對公立學校不作慈善的支持。因此納稅來維持治安或聘消防人員救火等，他們情願出這筆錢，但設公立學校這件事則另當別論。與過去的看法相呼應，他們仍然視教育為奢侈活動而非必要活動。學校教育是閒暇階級人的事，貧窮人家是不得閒的。因之公家所設立的學校，頂多只應該收容那些無法追求更高社會地位，以及無力免除自己不幸命運的子弟而已。

更有人提出警告，他們懷疑社會主義的幽靈，潛伏在公立學校的基本原則裡。十九世紀中葉的人士，對於這種自認是精確的猜度所引發的不安，倒沒有十九世紀末期的人們那麼敏感。十九世紀末期，如有人提議教科書免費，且中學也如同小學一般的免納學費，由稅收來抵銷，則另有別人就會說那是

社會主義在作祟所造成的提議。「**社會主義**」(Socialism) 這個名詞，在十九及二十世紀之交，實在是需要予以解釋的怪名詞。在這個時期，有一位曾經撰寫過麻州公立學校制度發展的史學家馬丁 (G. Martin)，於 1902 年出版《**麻州公立學校制度之演進**》(*Evolution of the Massachusetts Public School System*)，指出 1642 年及 1647 年的《麻州教育法》,「既非仁慈性的，也不是社會主義性的。」他宣稱：「孩子應該接受教育，並非為了增進他的個人利益，而是因為如果孩子沒有上學，則國家社會會蒙受災害。」對「社會主義」字眼既愛又擔心；美國人自認社會主義與個人主義是水火不容的！誰敢提出「社會主義」，是會惹毛許多美國人的！

五、曼恩及巴納的辯解

認為財產權並不全然屬於個人或私人，同時也應該屬於社會及公家。持這種論調最具說服力並且也不閃爍其詞的，莫過於**麻州教育行政首長** (Secretary of the Massachusetts State Board of Education) 的曼恩，他認為財產乃是上帝送給全民的，不單給少數人或單給某一代；這一代的每個人，都是下一代財產的受託人。職此之故，任何人既關心這種信託，則任何人都無權全然隨自己之所欲來處理這些財產。將這種信託移轉到下一代的方式之一，就是向這一代的人徵收稅負來教育下一代的子弟。基於這層分析，才產生了一句常被引用的格言，即國家的財富必須教育國家的子弟。家中無失火或遭竊過，也得繳納稅金來維持警察及消防人員的薪水；家中無小孩，難道就不必為有小孩者提供以公款維持的公立學校嗎？小孩未經好好教養，誰敢保證他不會放火殺人。未雨綢繆，不可短視！

即令是像**韋伯斯特** (Daniel Webster, 1782–1852) 這樣保守的人也認為，財產含有教育的公共利益之意義。他道出了新英格蘭的傳統心聲：

> 為了公共教學，我們堅持每個人都按財產的多寡比例來納稅。我們並不問他到底有無孩子在他繳稅所維持的學校當中接受教育；我們認為這種政策是明智且自由的制度。基於這種制度，財產、生命、及社會和平才能獲得！

上述引語中的最後一句話，還常被他人用較淺顯的語句來加以宣揚，並向開

明的自我利益者解說。免費及以稅收維持的全民學校，不但不會縮小財產權，並且還會擴大財產權。更精確一點來說，持這種論調的人以為教育可以使兒童更具生產力，也使成人更為節儉。能夠作到此種地步，則貧窮人家的數量就必定減少，而貧窮之消失，也就是罪惡之消失。這些環結的連鎖性，不但使財產權更安全，享受起來更感愉快，並且以公款來興建貧民屋及監獄的費用也可以大減！小偷不見，竊盜絕跡，治安良好，這都要拜學校教育之賜！

　　在更崇高的理由上，曼恩甚至還大膽的提出，全民性的公共教育，可以調停資本家及勞工之間的衝突；這也是他本人一貫的主張。這種說詞，資本家最能入耳。他誠摯又以感性的語調說：

> 的確，只有普及教育，才能消除資本家的作威作福心態及勞工階級的卑躬屈膝傾向……。教育乃是所有人類的種種設計當中，最能使人人平等的砝碼，也是社會機器中的平衡車輪……。教育使人人獨立，也是個人抗拒他人自私的工具。它不僅解除貧者對富者懷有敵意的武裝，並且還可以阻止人們貧窮！

曼恩的這套說詞，也是政治上支持公立學校的流行理由。這套說詞，使美國人憶起了法國大革命所提倡的民主平等學說。一個民主式的政府，如果不以民主式的學校來塑造國民，則這種政府又如何能夠達到平等理想並保存民主特色呢？而民主式的教育要求，在既存學校為數不多且又進行不民主式的教育時，更為殷切，貧民學校就是最好的例子。這種學校既為貧民而設，而貧民又倔強不承認自己是貧民因而不願入學，這種學校辦不下去，自在不言中。新式的公立學校，絕不可再用侮辱性或輕蔑性的校名，刻板的印象腐蝕了學子及家長的自尊心；且新式學校不只使學校數量增多，且在內容的品質上，是道道地地的「民主式」學校；這才是曼恩的說詞中最為緊要之處。

　　有人反對設立公立學校的理由，是他們不願意浪人子弟也能如同勤勉人家之子女一般，共同平等的享受公立學校的教育福利。大政治家**史蒂凡斯** (Thaddeus Stevens, 1792–1868) 在他一生當中最值得自豪的雄辯生涯，就是針對此種反對而提出辯駁，那是他向**賓州議會** (Pennsylvania Legislature) 發表演說的說詞：

> 我們應該記住，公共教育之利益，並非授予犯錯的家長，而是賜予

無辜的孩童。假如你們反對得逞，而你們也因孩童家長之不幸或罪
過，而懲罰了孩童，那麼你們簡直就不是基於這一代的優點，而是
基於他們祖先的缺點，來建立一些條例與階級，這是一種最可憎也
最粗野的貴族政治措施，也是以財富及驕傲為主的貴族政治措施！

家長的現在及過去行徑，不可算在孩童的頭上，更不可與子女的未來幸
福糾纏在一起；難道反對設立公立學校的人士，可以批評公立學校介入不良
的家庭教育、因而影響其家庭關係嗎？如果因公立學校收容浪人子弟而使下
一代力爭上游，不正是社會進步的可喜現象嗎？難道要讓他們繼續沉淪，甚
至每下愈況？至於善良家庭，則應善盡父母對子女教育責任，不能完全自外
於學校教育而對子女的教育不聞不問；有人誤解公立學校教育將取代家庭的
責任，這絕非教育史中的實情。康州的大教育行政家巴納 (Henry Barnard,
1811–1900) 就極力反對該種念頭。他明白指出，家庭環境與母親，乃是孩童
第一所最好的學校及第一位最優秀的教師，這是不容置疑的。假如每一位母
親都有閒暇時間，並且也受過訓練來進行孩童的早期教育，巴納也不會急著
要孩童到公立學校去。不過，因為只有少數家庭及母親具備了理想的條件，
多數家庭是欠缺此種環境的；他覺察到此點，內心痛苦異常。因為許多母親
沒有受過教育專業訓練，而受過此種陶冶者又無餘閒來進行有效的教學，在
這種情況下，巴納遂建議孩童到公立學校就讀。其實，此種愛心與補救，十
六世紀時的宗教改革神學家路德早已說過！

巴納在康州力爭公立學校的興辦，曼恩則在麻州奮力不懈的為公立學校
之建立，舉出哲學上的論點；基於法國及美國大革命提出的自然人權，他說：

我相信有一項偉大、永恆、且不變的自然法則或自然倫理存在著，
這個法則先於人類所有的制度而存在，並且不能根據人的指令予以
廢止。它基於神意，可以在星體的運行中清晰可辨，就如同表現在
自然秩序及人種歷史上一般。這種法則表明的是：對這個世界的每
一個人施以教育，乃是絕對權利；並且也依此表明了政府的相對責
任，即政府要查驗教育之進行是否普及於全民。

雙方論戰的結果，正方獲勝，公立學校之興辦，勢力壓過反方。當時左
右大局的主力，來自城市的工廠工人。內戰結束之際 (1865)，免費的及以稅

收來維持的學校，已完全贏得上風。那時，比例稅法已遭廢除，貧民學校也成過去。事實上，學校教育之進步還不只表現在學校是否免納學費而已，且教科書也是免費供應的。二十世紀時，免費健康檢查及免費校車接送的措施，也全面付諸實施，費用都由公家稅收負擔。二次世界大戰之前一百年，政治哲學已產生大幅度的改變；這段期間之初，政府在作為人民利益衝突的仲裁官角色，以及作為人民生命及財產的保護者上，都大受束縛；但這段時間結束之際，政府的頸軛已除，成為積極策動社會福利的機構，它的活動範圍已涉及到人民身體、道德、及知識的增進上。

美國不愧是個民主的教育國家，公立學校應否興辦，類似此種問題都成為「公共事務」(public affairs) 的熱門話題；許多疑點也透過公共論述而越辯越明；與其他專制及封建的國家不同，經由溝通、說服、分析，情願心甘的共識就水到渠成；公立學校的基石從此奠定，國家的強盛也印證了正方的聰明及反方的愚蠢。「教育國之本」，這確是千古名言！

第五節　強迫入學與私立學校的存廢

一、強迫入學

十九世紀的工業革命、國家主義、及政治上的民主主義，雖然都明確的要求全民教育措施，但許多學童仍然沒有能夠迎合這種要求去接受學校教育。即使免費的以及以公款維持的國民學校運動，在二十世紀的爭辯中贏得了勝利，但情況依舊，只是稍有好轉而已。為了貫徹全民入學的旨意，強迫入學的腳步乃開始抬起；其實，強迫入學的觀念，自古即有。從俗世面而言，它可溯自十六世紀歐洲所實施的學徒制度；從宗教面來說，它在日耳曼於十六世紀時的宗教改革中就有前例可循。英國在十六世紀時，警覺到流浪漢的到處可見，乃著手制訂一系列的法律，規定無一技之長而變成無賴漢者，要強迫接受技藝性的學徒教育；在同一世紀裡，日耳曼的一些邦也通過了強迫入學法，但卻走宗教路線；新教改革促使《聖經》的研讀，是一門必修活動，識字遂成為獲救的先決條件。因之，日耳曼的君王，只要他負起國民識字責任，並承擔拯救臣民義務，則都實施強迫性的教育。新教改革健將路德，在

致信給一位邦主時，就提及了全民強迫教育的說詞：

只要是有能力的城市及鄉村，閣下有權力強迫設立學校、講壇、及
教區。假如基於靈魂拯救的觀點，不願意如此做，則閣下既作為所
有年輕人及所有需要監督者的最高保衛官，就要下令必須如此做。
就如同下令要出錢出力修建橋樑、小徑、大道、及其他對公眾有利
的措施一般……。假如政府強迫可以執干戈之士必須服兵役，守衛
城牆，並且在戰時履行軍職；則政府更有權力強迫人民送子弟入學，
因為在這方面我們正在與惡魔作戰哩！

服兵役是義務，接受國民學校的基本教育也應該是一種義務；前者是物
質國防，後者則是精神國防；前者是有形的，後者則是無形的；後者的重要
性絕不下於前者。二者既都是義務，義務帶有強迫性，非履行不可。

美洲新大陸早在墾殖地區的麻州，就首先領頭強迫兒童入國民小學就讀，
由於工業革命打亂了根基深厚的學徒教育制度，麻州在制訂《童工法》中，
也昂首作開路先鋒；不准雇用十五歲以下的學童當勞工，且規定工人在工作
之前必須花三個月時間入核准的學校接受教育。十六年之後，也就是在 1852
年，麻州通過了史上第一個強迫入學法規，所有八歲到十四歲的學齡兒童都
得入校，每年授課至少十二週，其中六週不可間斷；還載明違此規定者，處
以刑罰。其後不只入學年限延長，學習時間也增加。強制執行此法的對象是
家長而非學童，因為家長負有教育子女的職責；如果學童逃學，則處理逃學
的政府官員，並不逕赴池塘或球場去尋找，卻直接往逃學者的家裡去「抓人」。
如果家長不配合，則強迫入學法就也窒礙難行了。特別疏忽職責而沒有把孩
子送到學校就讀的家長，就是貧窮人家，他們亟需孩子幫忙賺錢養家。但是，
並非所有反對強迫入學的人都屬貧窮階級。有些人反對「強迫」這種字眼，
他們說「強迫」是專制政權的習慣用語，與自由制度的運用是相左的。最引
人興趣的一種現象，是在制訂強迫入學法中，早先贊成者很少是教育家，而
卻泰半是勞工界及政界人士。教育家或許較敏感於「正名主義」，因為不喜「強
迫」二字而不支持「強迫入學」。其實，「強迫」是逼不得已的暫時性措施，
「強迫」不入耳，「義務」也並不十分高尚，當人們體察到接受教育是一種「權
利」時，則教育文化已實質的展現進步了。童工法亦然，早先考慮限制童工

年齡及環境時，並不在於保護兒童利益，卻在於為成人著想；後來，兒童福利才變成立法的主調。

小學階段實施全民強迫性的教育，此種措施解決了一些問題，但同時也製造出一些其他問題。它加強了人們對於全國團結、公民效率、甚至是經濟上的自給自足這種信心，但也因小學入學的全民性，在教育政策及教育行政上出現新的困難，除了如跛腳、耳聾、目盲、及智能不足等身心障礙的孩童之外，還有長期逃學者、違規屢勸不聽者、貧窮者和外國出生者，也充斥其內。除此之外，有些歐美國家還把強迫入學的年限往上延伸到中學階段，因之校內也有青少年學生，這些血氣方剛的小伙子對學校教育不感興趣，有些還大起反感。並不是所有教師都張開手臂歡迎此類新生入學。無論如何，他們的來臨，不只使得課程須個別規劃，還需要特地為他們設立諸如啟聰學校或啟明學校來收容耳不聰及目不明的學生，且也得為反常及乖戾學生加強輔導。

二、私立學校的繼續存在

免費的強迫教育贏得了勝利，但這絕不是消滅了私人教育的存在。上述的爭戰，並非旨在去除私人教育的價值，卻只在尋求公立學校的興建而已。事實上，雖然公立學校已經蓋了起來，但私立學校卻也繼續林立。私立學校的繁榮發展，使得巴納及曼恩這兩位大力鼓吹公立學校的領袖，視之為改善正在萌芽中的公立學校體系，最足可畏懼的絆腳石。私立學校之能夠繼續存在，到底原因何在？它滿足了社會人士的何種需求？這些問題的答案，正是我們想要弄清楚的。

無疑地，許多人繼續偏愛私立學校，這在十九世紀是如此，二十世紀亦然，二十一世紀恐也不例外。他們並不接受政治上或經濟上的平等主義觀念，加上其後一波又一波的歐洲移民來美，更使得私立學校的贊助者，下定決心不讓子弟進入平等式的公立學校就讀。早期的移民來自北歐，文化素質高，英語文也較流暢；晚期的移民，則來自於中歐、東歐、及南歐甚至亞非者漸多，他們的宗教信仰、語文使用、社會階級、思想觀念等，都比較與美國人格格不入，這些晚期移民的子女入公立學校者居多。早期移民者擔心他們的

子弟如選擇入公立學校接受教育，則會受到語言及健康惡習的污染，更不用說品德及態度的變壞了。社會上少數精選的學校，是私立性質，因此他們就別無選擇了。此外，私校贊助者並非反對民主主義，但他們對民主的解讀，是對差異性予以尊重以及有發展差異性的自由；而差異性乃因社會階級、種族背景、及國籍之不同而產生。

私立學校之能夠吸引家長之目光，乃因教學較優。就如同巴納所指出，這種家長之不送子弟入公立學校，慣用的藉口是公立學校需先改善教學品質；不過，他們發現公立學校在這方面進步得相當緩慢，且令人心灰意冷，改善措施既不可能在短時間內或在子弟就讀的年限內實現，這些家長乃理直氣壯的要孩童從公立學校退出而到私立學校註冊。儘管仍然有部分人士繼續為改善公立學校而鼓吹，不過巴納早已指出重點，即有這種胸懷的家長，多半是他們的子弟已在私立學校就讀，因之他們對公立學校的興趣不濃，雖然他們不至於最後公開反對公立學校的設立。此種局勢造成了一種可憐處境，就是公立學校缺乏改善的主力，即目光遠大且精力充沛的家長。

大體而言，尋求較優良的教學設備的家長，以及對少數精選學校作文化保護的人士，二者勢力相結合；這種現象，對大學預備學校而言，尤其是如此。**大學預備學校**（即拉丁文法學校）在大西洋沿岸，特別是在新英格蘭地區，是內戰以前還是相當明星型的學校。不過，我們必須指出，為數不少的家長為了子女而追求較佳的教學環境，也只不過是把它當作一種手段，希望私立學校進行新教材及新教法的實驗。不要忘記，要不是有些先鋒人物對中學、師範學校、以及幼兒園等進行教育改革工作，否則這些學校也無法成功的變成美國公立學校體制中的一環，並且也同樣是那批人，在二十世紀時支持了進步主義的教育實驗！

三、天主教教區學校制度的發展

私立學校之能夠屹立不搖且活力十足的發展，有一個重要理由：即它能提供公立學校所不能提供的宗教教學及道德教學。在公立學校普遍設立之前，幾乎所有的私立學校都視該兩種教學為順理成章的教學職責。私立學校可以孕育教派的特殊感情，公立學校則否。公立學校既為全民服務，就得將爭議

性的論題（如宗教教派信仰）排除在課程教學之外，因為宗教教學有可能引起部分人士之狂熱，但也容易引發另一部分家長的不快。因之，強調宗教教學的私立學校不僅能繼續存在，並且還由於公立學校之興辦而精力充沛呢！

在這一類宗教教學中，天主教的教區學校制度，可能就是勢力最龐大，也是地位最重要的一種。新教派別多，其中對興辦教會學校最為熱衷的，是**長老教會** (Presbyterians)；1847 年，長老教會也擬設立教會教區學校體制；不久，他們在美國當時共二十九個州中組成有三百五十所這種學校；不過在內戰結束之前，該種體制卻漸消失。**路德教派** (Lutherans) 在設立並維持教區學校上，較為成功，1936 年時，二十七萬五千名學童中有十八萬名學童就讀新教教區學校。一般說來，新教對公立學校之興辦比較無敵意，因此以後併入公立學校系統。當公立學校運動展開之時，天主教發現教會本身有必要採取兩種政策以資因應。第一種政策是天主教會企圖在公立學校的體系中，獲得達成天主教教育目的的方式；換句話說，靠公立學校實現天主教宗教教學的目的。但此種居心沒能得逞。第二種政策乃自己發動來擴張教會教區學校，並且直接控制這些教區學校，以與公立學校互別苗頭。

就第一種政策而論，倡導者是紐約市的**大主教** (Archbishop) **休斯** (John Hughes, 1797–1864)。該市早就把州政府撥給國民學校的補助款，分配給為公眾提供教育機會的各種私人機構。因之，這位能力優越的大主教乃自然而然的提出申請，要求天主教學校也應分得一杯羹；儘管此種申請合理也合法，但由於此一申請又重新燃起過去宗教教派之間的仇恨火焰，因之遭到強烈反對；並且許多人擔心州款之支付將會越來越失去效力，因為申請單位太多，但補助款並無增加。為了解決日益惡化的爭論，州議會乃於 1842 年作了一個一清二楚的了斷，決定將所有雞蛋都放在同一個籃子裡，那就是說完全以州款來興建公立學校。十九世紀結束時，許多州都通過立法或援用憲法條款，禁止州款作為補助私立學校或教區學校之用。當時的總統**格蘭特**（Ulysses S. Grant, 1822–1885, 1869–1877 為第十八任總統）也確實提倡此種政策。天主教想在負有公共教育責任的學校架構中促進教區學校事業的野心，到此結束。

一種過渡性質的教育措施，於 1873 年出現在紐約州的**波啟浦夕** (Pough-keepsie)；該地規定，原有的天主教教區學校也接受公款補助來進行教學，但

學校課程、教科書、及教學法等，都與其他公立學校相同，並且也公開接受
地方督學及教育董事會之視察與督導。宗教教學只在學校未正式授課之晨間
前進行，在學校上課時間内完全沒有宗教教學活動。教師人選的安排也有個
默契，即可以從天主教教學團體中挑選，只要考試及格且教學有方，就可以
繼續擔任教職，並且薪水由公家供給。

　　天主教教會學校如擬自己走自己的路，徹底與公立學校分道揚鑣且分庭
抗禮，且更能增進天主教教育目的，就是加倍努力推動教區學校制度。教會
本身原就嚴厲的反對公立學校運動；但在歐洲及美國，一項越來越清楚的情
勢，是教會在爭取新設立的公立學校應走宗教路線的嘗試上，業已一敗塗地；
警覺到此種時代潮流，教宗**庇護九世** (Pope Pius IX, 1792–1878，任期為 1846–
1878) 卻一再揚言，公立學校的辯護論調，乃是他於 1864 年發佈《**錯誤大要**》
(*Syllabus of Errors*) 當中的一種。天主教會本其一貫的立場，他作了如下的宣
示：

　　　俗世社會的最優秀理論，要求公共學校要為所有階級人士的子弟
　　　而開放。並且一般而言，所有致力於教學文字及哲理的公家機構，
　　　以及辦理幼童教育的全部公家組織，應該免除一切教會單位及政府
　　　的干擾……。

　　　這種幼童教學制度，既與天主教信仰分離且不與教會權力謀合，
　　　又全然地或至少也在基本教學上只教導自然界知識及社會生活的塵
　　　世目的。

他認為這都是大錯特錯的。十年之後 (1874)，由羅馬的**傳道總會** (College of
Propaganda) 發給美國主教的一種教諭，明示著教徒應基於自然法及神法，禁
止學童進入公立學校就讀。教會應該另起爐灶，興建正統又良好的天主教教
區學校，以拯救上述的「錯誤」。

　　1884 年在**馬利蘭州** (Maryland) 的**巴鐵摩城** (Baltimore) 召開的**美國天主
教第三屆全體大會** (Third Plenary Council of the American Hierarchy)，更把這
種原則的基本要項予以擴充成幾項明確的訓令：

　　(1)每個教區如果還未設有教會學校，則在本會發佈命令後兩年内，
　　　盡速建立教區學校，並且要永續經營；除非有重大困難而經主教判

定准予延緩設立。……(4)所有天主教家長都有送子女入教區學校就讀的義務，除非子女能在家或在其他天主教學校接受充份而明確的基督信仰教育，或者具有充足並經主教證明的理由，且能適時予以慎重處理與補救的狀況下，則可以允許學童進入其他學校就讀。二十世紀以來的天主教教區學校，就是實踐此種政策，並無大變。

　　不過，許多天主教地區人士卻發覺為了要貫徹上述決議案，他們要繳納雙重的稅，即公立學校的教育稅及教區學校的學費。這種負擔實在難以使教徒心服口服，且繳納得不心甘情願。有力地喚醒美國民眾注意這種不公平稅負並設法減輕這種重擔的工作，就落在天主教西方教會會長，**明尼蘇達州** (Minnesota) **聖保羅** (St. Paul) 大主教艾爾蘭 (John Ireland, 1838–1918) 的雙肩上。1890 年**美國教育學會** (N.E.A.) 在該處召開大會時，他接受邀請發表演說，主題就是州政府支助教區學校問題。為了緩和與會者之恐懼以為他正狡猾的進行破壞公立學校制度之工作，他首先以雄辯的口才讚美公立學校制度，甚至也贊同州政府所頒佈的強迫入學措施（當時還有某些天主教徒持反對態度）。對公立學校這番甜言蜜語之後，他緊接著就希望公立學校體系應予擴充，把宗教教學也包括在內，如此就能把全民中的所有學童都當作教育對象，而不要逼使天主教的子女別無選擇。他建議把公立學校更名為「**基督教國家學校**」(Christian State Schools)。

　　這種建議，與 1873 年在紐約的波啟浦夕計畫大同小異；他的演說，在天主教陣營裡激起了巨大的漣漪。許多人都認為他直言無隱的歌頌公立學校，是恰與天主教哲學及政策針鋒相對的明證，對他頗有微詞或不諒解。因為長久以來，天主教都認為教育權屬於家庭及教會。雖然天主教歡迎州政府給予物質上的支援以便提供教育機會，甚至教會也承認州政府有權制訂法律來設置與宗教課程並行的世俗課程，但天主教卻拒絕同意州政府有從事教育的獨立權。

　　宗教學術界因此引發了論戰，**美國天主教大學** (Catholic University of America) 傑出的道德哲學教授**包奎龍** (Thomas F. Bouquillon) 曾為此撰寫一本小冊子，書名就是《**教育：它屬於誰?**》(*Education: To Whom Does It Belong?*)。對於這個問題，他直截了當的回答：「家庭、教會、及國家。」他得到此種結

論，雖然也仰賴了許多天主教的權威觀念，但批評者立刻起而攻擊他對權威
觀念的不當解釋。不滿的人也馬上引用了結論恰好與之相反的權威說法；這
就如同中世紀巴黎大學名教授亞培拉 (Peter Abelard) 所輯《是及否》(*Sic et
Non*) 的情況一般，「是及否」兩種答案，皆來自「權威」。較具意義的爭論，
出現在霍蘭 (R. I. Holaind, S. J.) 所著：《家長的首要職責：敬答包奎龍的問題》
(*The Parent First: An Answer to Dr. Bouquillon's Query*) 一書中，他說：

> 只考慮自然法，家長就不必受俗世權力單位強迫送子弟入學校就讀。
> ……第一，只有家長才是決定提供兒童物質需要及知識需要的判官，
> 他們之理應得到這種控制權是極為公正的；束縛該種控制權，便是
> 剝奪了控制權，因之是與公正相悖的。第二，政府可以進行干預行
> 動的唯一理由，乃是因為兒童權利受到了侵犯；但是所有真正有資
> 格被稱為兒童的人，乃是要接受必要的教育，使他在父親所已有的
> 環境中過安適的生活。另一方面，認為讀、寫、算的教導，乃是可
> 以過安適生活的說法，並非放諸四海而皆準的真理。因之單由自然
> 法，就不能強迫家長要子弟必須接受讀、寫、算的知識教學。

國家或政府，應該遵行斯賓塞的主張，對教育採取放任政策；強迫入學，他
們要反對到底。天主教徒有堅定無比的信仰，即令交雙重學費，也不願意子
弟入公立學校就讀，他們全心全力規劃出教區學校制度；1890 年時，這種學
校收容了全美將近三分之一從五歲到十七歲的天主教學童入學。半世紀之後，
同樣學齡階段的天主教孩童進入天主教教區學校就讀的百分比，已幾近五十
了！

四、公家教育——獨佔性或多元性？

　　私立性質的天主教教區學校之發展，與蘊含於美國聯邦憲法中的宗教自
由觀念，可以說是徹底相合。並且這種發展還可視之為民主的發展，假如民
主可以被解釋為培養不同的文化層面的話；對少數精選學校予以贊助的人，
就持這種觀念。但是不容忽略的是，這種方式的自由，也造成了學童相互間
的隔離，並且使某些學童孤立於其他學童之外；猶如臺灣的「眷村」一般。
因之，許多對民主信念充滿希望的朋友，認為私立學校的存在，是構成民主

發展的阻礙，不同觀念無法順暢交流，對此頗感煩惱。

最先提到此種困惑的是**派克上校** (Colonel Francis W. Parker, 1831–1902)。這位南北戰爭的英雄在十九世紀要過渡到二十世紀之前所發表的《**教育學講話**》(*Talks on Pedagogics*) 中，就擔心文化上的隔離及孤立，會產生不信任及猜疑；他也不相信最後總能有人有機會在高等學府的相同屋頂下與他人共同作學術鑽研，或者因此可以克服這種心靈障礙。更為嚴重的是，自一次世界大戰之後，少數團體表現出相當冷漠的態度，此種冷漠氣氛，在私立學校裡尤為明顯。因為在私立學校內，某些團體強力保存他們文化上的一致性及統整性，甚至優越性。為了防止此種弊端，美國**奧勒岡州** (Oregon) 於 1923 年通過一項法律，強迫所有學童在到達入小學年齡時，一律入公立學校就讀，禁止私立小學的存在；基本教育完全由公立學校一手包辦。

置私立學校及教區學校於公家管理之下，甚至採取奧勒岡州的措施，是史有前例的。**加州** (California) 早就於 1874 年試過，**麻州** (Massachusetts) 也在 1888 年進行過；法國則在 1904 年廢除天主教教學團體之存在。在一個奇短的時間裡，教育已從幾乎為私人機構所壟斷的情況，變為公家機構幾乎成為唯一的教育負責單位的情況，在國家的極權論調快要誕生之際，奧勒岡法律自然具有決定性的指標作用。

該種法律當然引發爭議，猶如達特茅斯學院的案件一般；在州法院的判決中，該法律贏得勝訴，但上訴到華府聯邦最高法院時，卻判定為違憲；此種大逆轉，基本原則就是聯邦最高法院採取如下的觀點而平息了爭議，讓對立雙方之正與反，得到了「合」的結局：

> 本合眾國各級政府所信賴的自由，其基本理論就是排除政府齊一學
> 童標準的任何努力，不得強迫學童只接受公立學校教師的教學。兒
> 童不只隸屬於政府而已，所有養育以及指導兒童人生方向的人，在
> 配合崇高的職責下，都有權利要兒童準備履行更多的義務。

顯然地，這種決定指出，國家只不過是致力於兒童教育的所有單位中的一個而已。美國最高法院很明確的說明，這個國家的教育觀念是多元的，而非單一性、獨佔性、或專制性的。並且，本決定也與很久以前麻州於 1642 年及 1647 年的法律原則，一脈相承，認定兒童教育的基本義務，落在家長的雙

肩上。

為了讓兒童從小就能呼吸民主的多元氣息，國家不可強迫家長遣送子弟入公立學校就讀；但問題是，難道公立學校教育的民主型態不是多元的嗎？好了，既然家長不必一定送子弟入公立學校就讀，因為擔心孩童受公家政府的宰制，難道就可以保證孩子在私立學校如不採取民主多元式教育，不也受其更深的荼毒嗎？因此問題的癥結所在，應該不是學校的公立或私立，而是在於學校的民主或專制而已。二次大戰前德國**納粹黨** (Nazi) 的**希特勒** (Adolf Hitler, 1889–1945)，義大利**法西斯黨** (Facists) 的**墨索里尼** (Benito Mussolini, 1883–1945)，日本政府的「**皇民化教育**」，以及戰後共產黨及中國國民黨的「**黨化教育**」，都將全國學童的教育，置於單一思想體系的「**洗腦**」或「**灌輸**」之下。限制學童思想觀念的場域，由地方擴及到整個國家，還更雄心勃勃的擬延伸到全球人類。天主教教宗**庇護十一世** (Pope Pius XI, 1857–1939) 於 1929 年發佈《**基督教學童教育**》(*The Christian Education of Youth*) 一書，認定教育乃是「**家庭、教會、及政府**」三者相互之間的工作；依自然次序而言，教育的基本責任在家庭裡；在超自然層次上，教育的重擔則置於教會之上。家庭是教育場所，這是該被接受的；但家庭教育卻有缺陷，即家長的見識有限。因之需要一種教育機構予以輔助及指導，所有有關人生最後歸趨的問題，都應由這一種機構來提供確實又絕對可靠的答案。不用說，此一教育機構，就是教會。在自然次序上，家庭與政府的教育措施可以相輔相成，因為政府與學童的政治教育、職業教育、或體育等，都有特殊利害關係。不過，教會既自承是家庭享有教育自然權的保衛者，則教皇也斬釘截鐵的下達諭令，政府對教育不可熱情過火而取代了家庭教育的工作。相反的，國家應該保護家庭及教會擁有教育的自發性，並且掃清家庭教育及教會教育的阻礙。教皇還提及奧勒岡法院判決之事，且發聲予以支持。

有些州不僅未消極的禁止教會或私立學校的興辦，還積極的用各種方法來幫忙教會學校的推動。在經濟恐慌期間，**路易斯安那州** (Louisiana) 將免費教科書供應給教區學校當教本；反對者認為此舉有假公濟私之嫌；但**大法官** (Chief Justice) **休斯** (Charles Evans Hughes, 1862–1948) 在美國最高法院卻認為該費用係為了公益而發，因為公款花在學童身上而非用在私人性質的教區

學校上；另外，**新澤西州** (New Jersey) 以公款載送教區學童入校，這都符合憲法對「**兒童福利**」的詮釋。天主教徒受到這種有利於發展教區學校的鼓舞，壯著膽子聲言要與聯邦政府共享國家教育的經費資源。在二十世紀中葉左右，全美學校為了解決戰後人口爆增的壓力，迎接「**冷戰**」時期高度科技競賽的挑戰，以及消弭戰後通貨膨脹時生活費用的高漲等問題，聯邦政府的教育經費乃有增無減，許多人也認為這是必要之舉。不過，凡事適可而止，公款補助私校這條路不要走得太遠。許多人尤其是天主教教徒內心都有一層疑慮，他們擔心在緊隨著公款補助私立學校及教區學校的措施之後，政府的控制結果是否會危及奧勒岡決議案件所贏得的多元勝利。加上拿人的錢，手軟；這也是人之常情。私立學校本身的財力若無法獨立自主，則教育或研究上的獨立自主就不必有什麼指望了！

第十八章　教育行政及視導的演進

　　前面數章，大部分都站在教學的角度來敘述教育活動的進行。影響教育過程或演變的恆常性因素，如教育階梯上各級學校的目的、方法、課程，以及心理學、哲學、政治、及宗教等思想，都得列入考慮。從這個角度來探討有關教學上經久不衰的問題，我們就較少提及到教育變遷也受行政組織的實際作業細節所影響。這些細節是不可以忽視的，因為教育事業越龐大越複雜，則這些細節就越能顯示出意義。教學計畫本身之具有價值，還得看學校或學校制度的組織及行政，是否具有效率來決定，這也是常識之見。教育的成敗，行政也是一大關鍵！

　　經常發生的教育行政之重大問題有許多種。比如說學校應如何興建，蓋在那裡？而更為基本的問題，當然就是經費的籌措了。教育經費取自何處？如何分配？與此扣緊關係的，就是學校地理區域的大小。小規模或地方型的教育行政，與大規模或中央集權式的教育行政，何者為優？何者為劣？而不管教育行政機關是地方級或中央級，到底何種人員適合於擔任教育行政工作？這些人的正當權力及責任又是什麼？本章將對這些又是枝節但又屬重大的問題，就教育史的眼光，看看如何解答。

第一節　早期的型態

一、校長兼捐（敲）鐘

　　最簡單也最原始的教育組織單位，就是由一位教師及他的學生所組成的學校或班級。在以前把教育當成少數人的奢侈品而非多數人的權利的漫長時代裡，這種學校或班級的負責人通常都一人兼數職。在這種情況之下，教學及行政是不分的，並且由一個人負責，這個人通常就是教學者，因為在教學及行政二者中，教學是優先的。教師自己向學生收取費用，安排教學場所，

處理學生分級及升級事宜，選擇教科書，規劃課程。希臘辯者的教學，羅馬文法學校及修辭學校的老師，以及文藝復興時代人文學校的老師，大抵都要一人當數人用。這種現象，也同樣出現在美洲新大陸墾殖時代的學校裡；即令是 1636 年成立的哈佛學院，校長兼撞（敲）鐘；他是教授，又是圖書館管理員，又是校長，又兼註冊組長，又是出納組長，也是訓誨師（訓導組長）……。

二、職務分工

能者多勞，一人兼數職，既省錢且全部負責，但有時分身乏術。最早實施行政工作從教學工作中分開的，大概就是創始於文藝復興時期的「**追思禮拜堂學校**」(Chantries) 了。立遺囑設立追思禮拜堂學校者指定某些款項作兩種用途，一為雇請一名教士或僧侶為他作法事，一為作法事之餘的剩下時間，也為家人進行教學工作。提出的款項或財產通常都交由受託人或保管人負責保管，其職責乃是處理這位立遺囑者的田地財產，利用田地財產之收入來維持追思禮拜堂學校的費用。這就是早期在教育事業上的勞力分工措施；一位夠資格的牧師或僧侶來執行教學工作，一位可信任的保管者來處理學校經費。這種方式不但盛行於文藝復興時期，並且也成為其後組織私立學校的楷模。

公款辦理教育的措施雖然在十九世紀以前相當少見且錢額也有限，不過也產生了類似上述的職務分工。公款支助教育的先例，可以在羅馬帝國裡發現，那時私人斥資興學的風氣漸失，帝王乃開始實施以國庫支援教育的政策，使雄辯教育家**坤體良** (Quintilian, 35–95 A. D.) 這麼偉大的教師可以全心全力致意於教學，而把發放教師薪水的工作交由政府官員負責。教育職務分工的另一先例，發生在新教改革時間裡；那時新教改革先鋒**路德** (Martin Luther, 1483–1546) 警覺到教育園地的貧瘠，乃請託當時的政府維持並支助學校。許多新教地區的邦，響應了他的訴求；首先只是小規模的進行學校組織及學校維持工作；但在其後的兩個世紀裡，這些邦尤其是普魯士的政府，乃大幅度的擴張該種工作範圍，並且還發展成一套行政及視導體系來執行該種工作，該體系也就變成日後其他國家所模仿及研究的對象。

教學及行政二種職務的分化，在政府對教育產生興趣之後，國家幅員的

大小，是分化程度的因素之一；教育事業的發展，則是因素之二。首先，為了在同一國家之內，為數眾多的學校都能執行同一教育政策，則有必要設置視學制度，而視學工作是身負教學職責者無法同時擔任的，總不能「球員兼裁判」吧！視學工作要由專人承擔。以普魯士為例，政府就任命教士來執行視導工作；教會與政府合作，政府負責教學，教會負責視導。新教的「**政教合一**」中，教會威權凌駕於政府之上。但疆土廣大的國家，行政機器的運作未臻效率十足之時，視導功能是否能如同小國一般，則大成問題。其次，入學學生人數之增多，以及教學科目複雜化之後，為了使教學績效更為顯著，則按難易度等級而分班或分年級授課的辦法，乃是唯一的行政組織方式。因之在單一大型學校裡，除了科任教師負責教學之外，最先設計出全校性行政督導的，就是**耶穌社** (Jesuit) 所建構的學校，在這個天主教教區最具典範的教學團體所營造的學校中，「**校長**」(rector) 是學校的首長，他有一名助手，頭銜是「**教務主任**」(prefect of studies)。

三、校長及教務主任

耶穌社曾對「校長」有如下的規定：

校長必須有明辨是非的天份，適合於領導，精於事務處理，並有宗教方面的體驗；他應該知道情況發生時，如何寬猛並濟。校長需關懷別人，耐心工作，學識淵博，並且還要具有為上級信任的品德，圓滿的達成上級所交代的任務。他的職責越大，就越要發揚神的光輝而把學校治理得越為良好。

一般而言，視察耶穌社社規是否實現，通常就是校長的職責。更明確的來說，他要任命部屬，關照耶穌社的實際財產。對學生方面，他必須妥善予以照顧，注意他們的健康，並鼓舞他們熱心學習。他要時時刻刻查堂，一個月與教師舉行會議一次。不僅要為教師打氣，並且還要聘用或訓練新教師。雖然校長有這麼多的行政及視導職責，但耶穌社卻也認為，校長如能撥出一些時間來實際教學，則是明智之舉。

校長擁有行政及視導職責，教務主任的主要任務就是視察教學活動。在耶穌社著名的《**教學大全**》(*Ratio Studiorum*) 中說：

> 教務主任是校長的一般助手，他的職責在於奉校長之命來組織教材
> 及班級，務使學童都能過誠實正直的生活，在技藝及學科知識上有
> 所增進，並為神的光輝而努力。

這個規定更特別指出，教務主任有指定課程、選擇教科書、出考題及核准考
試的權力，並視察教師是否按照規定進行教學。

將學校校長稱為 "rector"，這是比照中世紀大學的稱呼。在英國，中小學
校首長則稱為「師傅」(master)，助手稱為「助理師傅」(ushers)；其後學校首
長改稱為「主任師傅」(head master)，通常就簡稱為「校頭」(the head)。可惜
的是對於這些頭銜，並無文字上的記載他們的資格及職務性質。新教改革的
另一位法學家喀爾文 (John Calvin, 1509–1564) 在日內瓦所辦的學府，除了規
定應有一位「校長」(rector) 之外，還要有一位「主任」(principal)；「校長」
名稱與中世紀大學校長，同稱為 "rector"，至於「主任」，則有下述說明：

> 主任是一位經證明為虔誠的人士，至少要知識豐富；並且最重要
> 的是，他要性情溫和，絕不會嚴厲。他應該在生活上作為全體學生
> 的楷模，並且耐心的處理校務，不管遭遇到多令人煩惱的問題時亦
> 然。

> 除了作例行性的學校視導之外，還要注意同事的品德及毅力，督
> 促落後者，提醒他們的職責；作為大廳堂中主持公開鞭打的主席，
> 這些都是他的工作範圍。此外，還得檢查鐘聲是否按時敲響，是否
> 在任何必要時刻都情況正常，以及巡視各個教室是否乾淨又整潔。

> 助理教師如不先就商於主任而獨自實行某種革新措施，這是不當
> 的。無論發生什麼事，主任都應向校長提出報告。

第二節　美國區校制與州教育行政組織

美國的教育行政組織，權限上中央級的聯邦政府只作服務性及提供資料
性而已，並無「監督」全國教育的字眼，頂多是「建議」而已。美國自立國
以來，都由地方及州掌管教育實權，至今為止未建立「國立大學」即為明證，
更無國立中小學了。因此美國的教育行政組織，位階只高到州級。聯邦政府
雖設有「教育」部門，有時是一級單位，但卻與「衛生」及「福利」合成一

「部」(Department)，有時則是二級單位的「署」(Office)。可見美國是典型的地方分權式國家，教育行政尤其是如此！

一、地方教育行政組織

早期的美國中小學在規模日漸龐大而教職員人數日漸增多之時，就感到如能任命一位教師來作為「首要」(head) 教師，是恰當的。這位「首要」教師，也就是後來通稱的「校長」(Principal)；他是美國學校中，首位掌有行政及視導權力的專業官員。不過在十九世紀之前，校長職務及其他掌有行政及視導權責的單位，並無多大的變遷與改進，之所以如此，乃因當時社會環境因素使然。十七及十八世紀殖民時期的新大陸，人口還太稀少；墾荒情況到處皆是，人口集中於都市的局勢還未形成。由於不必分年級授課，專業管理更派不上用場。較大的政治組織單位，即國家，應該關照全體國民的教育，此種民主觀念還未獲得輿論的穩固支持。

墾荒時代，地方主義大行其道；十七世紀及十八世紀的教育立法或教育行政，皆繼續朝著把教育權力委由各地方行政單位去進行的方向前進。只有在**新英格蘭** (New England) 以城市生活為主的地區，才以「市」作為教育行政組織的單位，其他地區都是鄉鎮區式的型態了。渴望獲得新土地並追求更大的宗教自由，人民乃向泛無邊際的城市外緣移動，雖然沒有遠離城市的政治司法或教育範圍之外，但由於山川阻隔，因此人民如越往郊區走，就越與原先定居於城市「中心」的居民失去聯繫；市中心與郊區這種新舊居民乃有交通上的障礙及意見交流上的困難。時間久了之後，城市的轄區越來越大，在移民日多，人口之自然增殖日眾之時，本來的市中心人口就稠密起來，原先的郊區也漸漸變成鬧區，而郊區的幅員更為遼闊；城市本身更因此形成了各種不同的嶄新又幾乎完全獨立的社區。

這種發展，對城市學校的影響是巨大的。城市各地地理上的障礙，尤其在嚴寒的季節裡是難以克服的棘手問題。在酷冷的冬天裡，學校照常上課，如此可以使學童在其他季節時分，能夠下田幫忙耕種。學童亦是人「丁」之一。這種結果，使得許多郊區家庭無法享受到城市學校的教育利益。當然，城市學校皆設於城市最古老也是最繁華的地區；因之郊區住民對城市中心學

校的贊助就越來越冷淡；離校太遠因此子弟無法入學的家長，遂猶豫不決或心不甘情不願的予城市學校以經濟上的支援，這是極其自然的因果關係。為了使偏遠地區的學童也能享受學校教育之利，新的權宜行政措施乃出現。假如因地形及氣候而阻止了學童之按時入校，則市政單位乃要求學校應遷就學童，即採「巡迴移動」(moving) 方式，到城市各區教學。可是那也只是暫時性的應變而已，因為巡迴教學，教學時間較為簡縮，不如各區都自設學校。「分校」(divided school) 因之成立，或稱為「區校」(district school)。1830–1840 年代的「單一教室學校」(one-room schools) 甚為流行。單一教室其後發展成類似城市中心學校的規模；到了十九世紀二十年代中葉，各區校也享有法人身份及權力；可以自行遴選學校董事，成立**學校董事會** (school board)；董事會甚至擁有選擇教科書並授予教師證書之權；規定上課日數、制訂課程、付教師薪資、採用學校建築模式等權力。

區校制度也隨著西部墾荒，而廣泛的實施於新設立的州裡。殖民地時代之盛行此制，是適應時代的需要而來。把學校帶到遠方的家門口，那時的交通工具還極為原始，且道路荊棘滿途；由區校而發展成政治單位，也是美洲初期的特有行政風貌，區的數目數萬之多，提供許多美國住民在民主議會的議事形式中基本的議事訓練，形成為「**普遍自由的保障**」(Palladium of popular liberty)。不過，區制數量上萬以上，本身就有缺點。教育行政家**巴納** (Henry Barnard, 1811–1900) 早在十九世紀中葉就已洞悉，他發現區校制易導致於嚴重的教育機會不均勻。區校型態的教育活動，會因各地地理幅員、稅收、及當地居民對教育的興趣與當地人民之智慧而產生極大差異。因此各區校在校舍建築、學校設備、師資、學期時限、及地方學校視察員之資格上，也有極大的出入，即某一行政區域能幸運地出現一位明智之士來領導該區域區校的教育，但也潤及於區校而已；絕大多數的區校都是不分級的，教學及行政上的專業分工，一概闕如！

二、州教育行政

從十九世紀的二十五年開始，美國教育行政與地方分權的趨勢已背道而馳，集權的傾向越來越明顯。但集權的行政單位，只及於州而未上達到中央

聯邦政府。教育行政權力的消長，是隨著社會及政治因素的變遷而來。一來由於外國移民的大量湧入，又加上高出生率，使得美國人口激增；加上工業化的結果，大都市形成。此外，人民普遍對教育的信心增強，咸認教育是促進個人及社會進步的主力。這種時潮，使得大批的新生孩童自動的或經由強迫入學法而擠入學校接受教育。

　　起初，當學童蜂湧入學，並充滿希望的以接受學校教育作為帶動社會進步的鑰匙時，區校實在很難接受這種挑戰。原先由於方便而成立的區校，因為規模小又孤立，現在已有爆滿趨勢。區單位的財力及行政力無法採取有效的應變措施，此時州政府就運用美國立國以來授予州政府的教育行政權利，發展出州的教育行政體制。根據美國憲法的規定，教育從來就是州政府的職權，不是在州之上的聯邦政府可以剝奪，也不是在州之下的地方政府可以我行我素。

　　從法律上看，雖然州政府對教育的興趣早於地方政府，但州政府卻很慢設立行政機關來確定或保護其權益。第一個州設有「**教育董事會**」(Board of Education) 來作為州最高教育行政機關的，也要等獨立革命之後的 1784 年，才在紐約州出現。該州以「**紐約州大學**」(University of the State of New York) 來處理中等教育及高等教育事宜，本身不是教學機構，卻是一種十足的行政體，小學於 1904 年才納入作為該「**大學**」的一部分。這是仿自法國的，拿破崙政府時代的「**法蘭西大學**」(*Université de Frànce*) 就是法國最高教育行政機關，並且法國大革命時代的名學者也是編撰百科全書的**狄德羅** (Denis Diderot, 1713–1784) 還向俄國女皇**凱薩琳二世** (Catherine II, 1729–1796) 推銷「**大學區**」理念，中國在二十世紀初期也摹仿之；將全國劃分為十數個大學區，每一個大學區設置一所大學,該大學同時也負責掌管該大學區內的所有中小學。教學與行政合一，是此種制度的最大特色！

　　州政府對教育的興趣，是隨著州民對教育的意願而消長。十九世紀四十年代開始，美國教育最進步的兩個州首先設置「**州教育董事會**」(State Board of Education) 來推動教育事業的發展，一是**麻州** (Massachusetts)，一是**康州** (Connecticut)。幸運的，在麻州於 1837 年而康州於次年 (1838) 分別設立這種州最高教育行政單位時，各自任命了當時在公共事務的領導上最具天份的教

育行政幹才來作為實際的負責人，使得這兩州在教育推動上，異軍突起，領袖群倫。麻州的曼恩及康州的巴納，他倆所作「**秘書長**」(secretary) 的工作，不外是勸誘並鼓吹各地方改善教學措施，四處旅行遊說，公開演講，並定時向州議會提出年度報告；使得州民體認出，以州作為教育行政單位，可以使州民享有較為廣博的教育知識及更崇高的教育識見。兩位教育行政首長並不搬出強迫入學法這種武器，卻苦口婆心的說出動人心弦、令人永難忘懷的名言。曼恩說：

> 在共和政府裡，全民的教育在得不到全民贊同時，是無法達成的。強迫，即令是值得的，但也不是我們想利用的工具；啟蒙而非硬逼，才是我們擬運用的方式。我們不可驅使人民往暗路前進，即使那條路是有些人喜愛的；我們倒應懸起明亮的燈，使人民了解，並告訴他們，走這條路非但可以達到繁榮又光耀的目的，並且步這個方向而行，也美麗無比。

從惰性的沉睡中喚醒，將長期習於黑暗且住於洞穴者投以陽光，是人們極感刺眼與痛苦的，希臘大哲學家柏拉圖早有此種諷刺及比喻。兩個「秘書長」堅信教育普及的重要性，提升教育的「**義務**」感而成為「**權利**」觀，工作的困難度極高。公眾對教育事業的冷漠，要不是這兩位教育行政首長的奔走呼號及熱忱感人，早已就功敗垂成。努力之有所收穫，也是他倆最大犧牲之後的代價；這兩位公僕所獲的薪水酬勞，不及他們原先職務甚多；尤其曼恩在未接秘書長之前，是麻州名律師，收入高過教育行政首長至少三倍以上；但為世人的服務，是不能以金錢來估價的。好在他倆為公服務的報酬相當豐碩——無數代的後人以及新生學齡兒童，都對這兩位教育家無限感激。

　　兩人除了棲棲遑遑的在州內呼籲改善學校措施之外，還利用各種場合來宣揚他們的觀念於一般眾人及專業人士之前。二者每年都向州議會提出年度報告，不僅使公眾詳知當前教育的實情，並且在痛砭時弊之後提出應行興革的途徑。曼恩的報告書，尤其受到廣泛的閱讀與討論，他以前瞻的眼光，針對眾人對教育的錯覺及誤解提出釐清，對爭議不休的話題貢獻出他的高見，以引領眾人對教育重要性的認知。此外，兩人還為州內學校教師發行教育專刊，其中尤以巴納負責的《美國教育雜誌》(*American Journal of Education*) 最

具成效。將歐洲最優秀的教育理論及實際介紹給美國教師了解；從此，美國教師開始與歐洲進步的教育接軌。他倆的工作，樹立了典範，其後有不少州也有類似的教育行政人才出來領航。曼恩的聲名還遠播國外，阿根廷的教育總統**薩緬托** (Domingo Faustino Sarmiento, 1811–1888) 更移樽就教於美國，在參觀麻州及康州之後，成為該國的曼恩。

在教育行政權力的統籌運幄下，區校制度式微；1882 年，本來數以萬計的區校數從此絕跡。汽車交通及柏油路面的鋪設，學童從此能夠到課程既分類、學校又分級、專業教師較多的學校就讀；全州的教育水平也因此提高不少。州政府也以各地教育水平之提高，作為經費分配的標準；因之要求有更長的上課時間，較佳的師資，更為豐富的課程安排，且還得籌措與州補助款相對等的教育經費，乃是各地方競相努力的重要目標。

視察各地是否進行正常教學，此種業務本應由專業人士擔任。不過，在傑克遜總統的平民時代開啟之後，官員大半係民選，公職並非技術性的工作，任何平民皆有能力承擔，「**督學**」視察這種身份，也由人民票選決定。教育行政的專業化還不到時候！二十世紀開始，由於人口越來越多，再加上汽車交通已縮小了州界距離，州教育行政業務越來越繁雜，分工實屬必要；視導、法規、及研究工作，都應有專人負責，為秘書長（相當於我國過去的教育廳廳長）分憂解勞，他才能免於瑣事纏身，比較可以圓滿的在該種職務上發揮大格局的領導功能。

第三節　教育董事會職權的演變

州的教育行政業務未定型為「**教育董事會**」這種組織之前，州政府官員會行使一些教育視導權。1642 年的麻州法就規定，州官員要督導家長是否教導子女識字、了解教義問答、以及認識主要的殖民地法律，有時還會處理校舍的租用及教師的聘任等事宜。由於業務上的需要，選出一特別委員會來視察學校，變成重要之舉；且此種委員會還變成常設性質，因為每年都得花六個月甚至全年的時間來視察全州的學校教育。

一、董事分身乏術

人口越增加之後，教育行政業務越為複雜。「**教育董事會**」因之成立，時為十九世紀；由於董事成員另有職業在身，如果州教育行政工作要由董事承擔，這是強人之難。麻州**春田區** (Springfield) 有一位董事就發出怨言，他說如果要忠誠的履行他的職責，則非花費他一週工作天當中的兩整天不可，但他很難在所從事的職業中空出這麼多餘暇。「**董事會**」成立於州的，稱為「**州教育董事會**」(State Board of Education)，而各校也成立「**學校董事會**」(Board of School)，分別處理州及各校的行政決策。不管州或學校的董事，他們都奮力抵禦時間之受侵犯，但這種侵犯，不但未見減少，反而增加。有些教育決策，幾乎都在董事缺席的情況下通過。十九世紀中葉，波士頓的學校董事會就曾指出，他們之中沒有一位夠資格來調查學校最佳建築、教師有缺額時尋覓優秀教師、決定何者教學優良或幫助教師補救缺點、研究學校及其課程是否適用於當地人民、組織新學校並辦理學生轉學、以及審查呈於董事會之前的重要議案等。

董事會這個教育行政體，與學校教育發生最直接關係的，就是學校的行政視導，也是一般所說的「**督學**」。督學應該有「**專人**」負責其事，這是第一步；督學應該是一種「**專業**」，這是第二步。教育行政首長本身，也就是「**督學**」，他是教育委員會的「**秘書長**」。

二、教育行政首長是專人專職

董事會指定專人花全部時間來視察學校，紐約州的**水牛城** (Buffalo) 首創新局，到了南北戰爭期間，凡是教育發達的州皆如此。仿大公司經營一般，功能的分化是必經途徑。但初期的教育行政首長是專人沒錯，卻不一定是專職，他們來自於不同的背景，並非由教育專業人士來承擔。加州**洛杉磯** (Los Angeles) 最早的二十三名教育行政首長中就有十三名是教育圈外的人，他們的身份是醫生、律師、教士、商人；由於教育行政首長職位在有些州是經過民選所產生，舊金山就是其中之一，該市在二十世紀三〇年代，教育行政首長全部是普選的；其他則經議會或州長任命，因此政治上的考量重於教育專

業上的考量，且任期無保障，很難羅致一流人才出任。

　　早期教育行政首長的職責有二，即行政及視導。在行政方面，他有責任保存學校制度的沿革紀錄，向教育董事會提報告，並且必要時也得向聯邦教育部提報告。看管學校供應物品並監督學校建築之修繕；在實施強迫教育法案的地區，他還得視察實際實施情形。在視導方面，協調各校之教學計畫，使之各校有齊一進度及水準，他有責任安排升級事宜。這些工作都很繁重，也比較技術化，非專人專職不可。

　　這麼看來，教育行政首長的教育行政權似乎過份膨脹，形成「一人控制」(one-man-control) 式的職位；學校教師及校長反對這種安排，因為他們希望保存極大的專業自主權；教育董事會也不盡然支持此種政策，教育行政首長與教育董事會之權力分配，一直就是十九世紀及二十世紀紛爭不已的問題。二者之間的權力鬥爭，幾乎完全是教育行政首長職權超出法律規定範圍之外所造成的結果。學校教育的法定控制權操在教育董事會上，這是明文載於法條的；而教育行政首長權力乃由教育董事會所授，有時教育行政首長功高蓋主，比較強勢，或者在私人公關及專業行政能力上大獲教育董事會信賴，此時他就展現雄心壯志的魄力，大肆興革。教育行政首長職務，實際上是一部個人的歷史。大體而言，此種狀況之所以發生，乃因為教育董事會與教育行政首長之間，職權混淆不清，使得美國各地教育行政首長職位的演進，呈現參差不齊的現象。

　　雖然董事會發現他們有必要授予教育行政首長職權，但有時卻授得不太情願且也很少授予全權；他們倒給教育行政首長一些純粹是書記上或技術上的職權，在重要項目如經費的分配及教師的任用上，他們就緊抓住法定權不放。董事們經常是工商界出身，把學校管理當成工商企業經營，自認雖是教育圈外人，但卻對教育政策，意見很多；這是「智慧」，不純是「知識」。他們也不顧一項事實，即在教師的任用上，由於十九世紀後半葉師範學校之興起而已變成較為專門及複雜，但董事會仍大權一把抓，不輕易放棄教師任命權。

　　教育研究及教學技術的推陳出新越走向專業化時，教育行政首長身份的教育專業化，越發覺得必要。諸如教育預算程序及教師任用等重大事項的決

定權，都是教育行政的專業學者所鑽研的課題。1900 年開始，專為教育行政首長這種職務提供系統的專業訓練，首先出現在東部的**哥倫比亞大學教育學院** (Teachers College, Columbia University) 及西部的**史丹佛大學** (Stanford University) 開設這方面的課程，分別由教育行政的專業教授**史垂爾** (George D. Strayer, 1876–1962) 及**克伯雷** (Ellwood P. Cubberley, 1868–1941) 在兩所名大學授課。他倆擬參照前述公司法人的組織模式，來解決教育行政首長及教育董事會之間的權力爭執問題。他們認為教育董事會就如同公司的董事長一般，教育行政首長則類似總經理；前者作決策，後者則以教育專業及技術身份來執行決策，隨時向教育董事會提供教育實際措施上的技術性幫助。二者各有所司，不容跨越或重疊。不過理論歸理論，實際又是另一回事。由於後者任期仍受教育董事會的合約所限，因之，軟弱的教育行政首長往往戰戰兢兢的不敢動用他們的法定職權來引起教育董事會的不快，深怕因此得罪董事會；事事請示，則職務之續任無虞！

行政步入**科層化** (bureaucracy) 之後，專業自主性增強，獨立運作也較能順暢。第一次世界大戰前後，由於科學測驗運動之展開，教育行政的注意焦點轉移到了教育標準化的問題上。設計精密、按年齡分級的學科教學已經開始，理想的教室大小已研究出來，統一的作業格式也已經制訂，教師更以記分卡來評量其優劣。借助於科學測量方式而進行的行政標準化，恰好與調查運動同時展開。其實，教育調查並非史無前例，宗教改革時新教地區曾以學校調查作為教育改革的參考資料；不過十九世紀時，英國教育調查專家也是比較教育的權威沙**德勒爵士** (Sir Michael Sadler, 1861–1943)，曾以教育調查作各國教育比較之用；而巴納可能就是美國最早採用學校調查的教育行政幹才；其後，教育調查變成教育行政的專業職責。調查項目極為廣泛，如學校組織及視導、教師選拔、考試、升遷、學校人口、教科書、及各年級課程教材等。調查時還以可靠的及客觀的科學測量來作為判斷的標準。

工商管理可以全然步上科學面與標準化，但教育事務之行政管理是否也可以如此，則顯然大有疑問。一味的追求行政效率，此種教育行政措施，或許是拂逆了教育的本質。人性化的行政管理，才屬正途。斤斤計較成本效益，則短視而缺遠見。一位相當著名的教育行政首長，曾經建議把希臘文從課程

中廢除，因為這門學科的每人費用，高出法文科目太多。教育行政主管必須有廣博的文雅教育基礎，不應該以技術官僚自居；行政是為教育服務的，否則就喧賓奪主、本末倒置了。教育董事會決定教育的走向及方針，教育行政主管則以經濟又有效的方法來實現教育目的，不可越俎代庖，卻應嚴守分際。不過，教育行政人員如有教育哲學及史學素養，則二者之齟齬，將減少到最低。

三、天主教轄區的教育行政

天主教轄區內的**教會學校** (Parochial School)，是美國最大的私立學校體系。教會學校受地方教區的神父所監督。天主教也自行組成教育董事會，由嫻熟於教育工作的教士組成，負責考核教師，授予教師證書，規定課程及教科書，並且視察學校等工作。不過，它所遇到的困難有許多種。第一，董事會成員的教士忙於教區的其他工作，無暇關心並處理日益繁雜的教育行政業務。第二，這些教士很少受過教育行政的專業訓練，因此對學校的視察，即使充滿善意與同情，但卻缺乏教育學上的洞見及教育技術上的指導。教育行政業務要由專人專職來負責其事，且需受過教育專業訓練，此種需求，與上述公立學校教育行政毫無兩樣。

第四節　校長與教學視導

一、校　長

在美國，校長職位不僅比教育行政首長職位設置的時間早，並且還根源於歐洲。美國的「**校長**」(Principal) 與**英國**的「**主任師傅**」(Head master) 及耶穌社的「**校長**」(Rector) 相似；當學校規模擴大到需要一個以上的教師來處理校務時，校長的頭銜即出現。十九世紀學校開始分級時，此種發展趨勢尤其加速度進行。舉例來說，將初級、中級、及文法級合起來組成為單一的國民學校時，就需要有一個全權的領導人物，這個人物就是「**校長**」。

首先，校長最急切的任務是行政上的，他要慢慢擺脫教學工作，如此才能保存學校記錄，尤其是上學記錄，並定期向教育董事會作報告。既是一校

之長，因之更有責任保護校產，並視察教室是否清潔；除了看管學校設備及
教學用品外，還有其他瑣碎工作，如安排休息時間及搖動學校鈴聲等。在發
揮行政功能之餘，校長也要負視導之責，在這方面的主要工作，就是學童分
班及升級的處理，查堂並偶爾考考學生，也常扮演學生訓導上的高等法院法
官之角色。

十九世紀的校長，漸漸免於教學職責而使他可以全力注意行政工作；二
十世紀的校長，卻努力於排除行政工作而專心於視導。當時師範學校對於教
師的培養雖然已盡了全力，但仍然有不少老師並未進入過師範學校，而那些
註冊於師範學校的，時間也短促，因之大部分的師資訓練，只好留到真正教
學來進行。許多研究教育學的學者，尤其在一次世界大戰之後，認為校長乃
是最適合於擔任教師在職訓練的人選。當時又由於盛行心理測驗及基本課程
之修訂，因之使得校長不得不全心全力的履行視導職責。在這方面，校長職
權常與州教育行政首長之職權發生摩擦；後者有時運用他的中心權威，使出
他的獨裁力，因之使校長在執行校內視導工作時喪失了自主性，並減低了校
長的威望。但相同的，校長也因消極的抵抗州教育行政首長的視察建議而保
持面子。不過，雙方的意見有所衝突之際，卻不應該使教師有無所適從之感。
免於此種尷尬的解決方案，已在十九世紀末出現，即校長既是該校的行政及
視導領袖，因之任何有關於該校教師的批評與建議，都要經過他過目。

原先校長職位的社會聲望並不很高，這可從十八世紀經常刊登徵求校長
的廣告中看出，缺「貨」頻頻，應徵者不多，證明該項職務不具誘惑力；當
教育的重要性日漸重要之後，校長資格也跟著提高。到了二十世紀，不少校
長的應徵資格，要具備碩士學位。校長在社會中的地位已昔非今比。

二、教學視導

教育行政為教學服務，因之教育行政人員包括教育董事會的董事，教育
董事會所授權的教育行政首長，以及最直接與學校教師教學有關的校長，都
應視教學視導為最重要的任務。從十七世紀以來，此種工作本來是教育圈外
的人負責的，現在已改由教育專業人士來承擔。

首先，教學視導的學科範圍是今昔有別的。一般說來，師範學校或師資

養成所，在過去都訓練教師要精通 3R's 的讀、寫、算這種傳統學科之教學，另加上歷史科及地理科。到了十九世紀末葉，教育改革結果又將音樂、美藝、手工、及體育納入課程行列之中。但是開門歡迎這些新科目的主要障礙，乃是少有教師受過這些領域方面的教育專業訓練，因而沒有資格教學這些新科目；為了補救這種缺陷，教育行政當局乃任命了這些新科目的教學視導員。但是視導員本身或許也無新科目教學的「**法定資格**」，或許只是他們在這些新學科領域內深感興趣且有某種程度的造詣。二十世紀時，師範院校擴大了學科範圍，則供應這些新科目的師資就較無問題。在這之前，新舊學科教學成效的考核，就由教學視導之專人來負責。

　　早期對學校之督察或視導，都由教育圈外者負責其事；他們事先通知校方何時到校，且以考試學生的背書表現為主，時間既有限，如果學童數多也不能一一要他們朗誦記憶，評等也不客觀；其後改用筆試。十九世紀後半葉，一種視導新觀念出現，即視導不只在評價其教學，並且也應針對缺點予以設法補救，視導員變成教師之師。教師得時時進修，吸取新知；裴斯塔洛齊及赫爾巴特的實物教學法及統覺論，都是教學改進的主要學習對象；教師不只是天生且也可經由後天培養。教學視導勸導教師了解歐洲大教育家的教育精神及教學方法。因之教學視導策略中包括了召集教師會議並座談，送教師入師資培養機構進修，成立讀書會等。校長或視導員經常到教室巡視，並作示範或觀摩教學。

　　為了改善教學，二十世紀的視導工作也採用了許多新設計。科學測量運動之興起，燃起了視導員的一項希望火花，他們相信此種新技術之使用，能夠精確的測量出教及學的效果。量的準確度及客觀性，使視導工作越接近科學化與現代化。此外，還鼓勵教師參與「**行動研究**」(acting research)，從實際進行研究計畫來了解教育問題的癥結所在。一次世界大戰後，由於基本課程之修訂運動，更使視導員及教師如火如荼的投入於此項研究當中，且依此作為評定教學服務績效的考核項目之一。但潛心於教育科學化的人在宣稱教育行政及教學視導本身也是一門嚴謹的科學時，就如同他們也同時深信教育目的可以用科學方式予以決定的情況一般，這種論調，是犯了「**範疇的謬誤**」(Fallacy of Category)，因為二者之「**範疇**」不同。一個是實然，一個是應然。

一項與此有關的批判性研究指出，建立起視導所依據的學理當中，可被稱之為科學的部分非常之少；並且即令是那個部分，它的應用性也非常狹窄；換句話說，二者有交集，但交集處不多。這種研究結果，沖淡了不少視導之科學色彩，但並不使教育行政人員氣餒；教育行政及視導工作應本諸教育原則，留給教育工作者較大的揮灑空間，彈性及伸縮性較為顯著。靈巧的行政手腕，溝通氣氛的營造，人格尊嚴之維護，以及以民主程序來解決爭端，都是教育行政人員必備的最起碼條件。視導員自稱是「諮商人員」(Consultant)，他們並不強施自己觀念於教師身上，反倒向第一線的教師聲明，在教師一提出要求之時，他們隨時待命，立即給予技術及經驗上的服務。

第五節　學校建築

　　急速的人口增加，尤其在大都市裡，這種社會條件，使得教育行政業務，不僅要視導學校分級制度的教育措施，且也需解決校舍問題，以適應增加神速的學齡兒童之就學。十九世紀以前，少有人關心這個問題；不過中世紀的大學，卻有美輪美奐且氣象萬千又非常具氣派的「學寮」(colleges) 供師生食宿、教學、及宗教儀式之用。至於中小學，則在十九世紀之前，很少有人專為教學而興建校舍。古人有時候就在寺廟或教堂的住宿處教學。有些地方的學校要有門廊，希臘**斯多噶** (Stoics) 的學者教學的地方，就是「門廊」(porch) 的意思，他們習慣於門廊上講學。羅馬人則常在「遊廊」(*veranda*) 上或在一面緊靠著牆或房屋的街道 (*taberna*) 裡教書。中世紀的時候，學校即拿教堂當庇護所。十七及十八世紀時，美國及其他地方的學校，多半設在老師家裡，或在租來教學用的建築物內。

　　當殖民地時代的美洲新大陸必須興建校舍時，經常蓋在荒地或飛沙四揚的歧路上，這是很不幸的。因為在該種地區所蓋起來的盒子式建築，常常骯髒不堪又採光不足：天花板低、通風不良、光線昏暗、溫度不勻，衛生設備幾乎不值一提，內部裝飾更粗糙簡陋，學童要坐在無靠背的凳子上。其後又任那種校舍腐朽而未曾修理，因之更形破爛。四下旅行而直接目睹此種慘狀的曼恩就說，許多校舍連根本小康的家庭子女都不適合於居住。

　　曼恩及巴納這兩位教育行政首長乃以學校建築的改善，作為州教育行政

及視導的一項特殊目標。事實上，巴納之享有歷史盛名，原因之一乃是他出版了一本《學校建築》(*School Architecture*)，該書付梓於 1848 年，是教育史上第一本這方面的論著。他詳述學校建築的地點、大小、型態、材料、方法、採光、溫度、通風、座位容量、圖書及儀器設備、以及校園之外部設計等。

最早專為學校目的而興蓋的美國建築物，圖樣大抵是按照不分級學校的觀念來設計的。在那種學校裡，所有學童都聚集一堂，教學方法就是教師點名一位學童或一小群孩子到教師桌邊背書。一間大教室通常就能夠滿足這種教學上的簡單需求。蘭卡斯特的教學方法盛行於美國時，那種班長制教學型態也沒有在學校建築上產生什麼大更動。該教學法的特色，是一個老師在利用班長來幫助教學時，可以教導一班數百名的學童。這種方法對於傳統學校建築所作的唯一要求，就是把教室擴大到實際上成為一個大廳的大小。為了要使教師能夠目視四方，全班皆現眼底，乃有必要安置一個較高的講臺，教師可以居高臨下，或者把地板弄成傾斜。

影響學校建築的第二種教育觀念，就是分級教學，每一年級必有一間教室。不過在分級教學未盛行之前，學校內有多間教室的建築早已出現。因為有時雖不分級，但因學童太多，不得不需要另聘一位「助理師傅」(usher) 來教另外的班。這種方式的教學所需要的場所，習慣上多半是在大教室之外另建一兩間較小的房子，在那兒由助理師傅負責教學，而不會干擾到大教室裡的授課。波士頓坤西 (Quincy, Boston) 學校，可能就是第一所以分級教學為原則而興蓋起來的學校，該校建於 1847 年，有四層樓高，十二間教室，全部可以容納四百到六百名學童。每間教室都算是助理師傅的教室，只是空間較大而已。過去所稱的大教室，現在置於最高樓而變成一個禮堂。這種學校建築以後非常風行，二十世紀時，還有許多學校保存此種建築物。

1900 年時，由於課程的革新而需建專科教室，流行的學校建築型態也跟著有所改變。除了一般用來背誦及正規教學的教室外，還需設計新的教室來教導帶有動態性的學科。幼兒園教學與手工、家庭技藝及工藝之教學，都需要特別教室。音樂及戲劇表演之注重，使得禮堂的地位大增；健身及競技之提倡，學校非有運動場及健身房不可了。而職業科目之加入課程行列，則實習商店也非有不可。最後，專科教室不僅成為設計各科教室場所之常規，且

也是整體學校建築的律則。因之，小學之建築圖樣異於中學，技藝及商業學校也與普通中學之建築有別，而為生理殘缺學童所興建的學校，更與正常學生所就讀的學校有差！

在興蓋這麼多不同類型的學校當中，為了要使空間及材料作最經濟的使用，大半都採中間是走廊而兩邊是教室的方式來建築；走廊置於中間的圖樣，大致有英文字母中的 E、H、I、L、T、及 U 字型，當學生數增多而需要更多教室時，只需在這些字母型態的建築物上向外擴建即可，那是在封閉式或方形式的建築物上不易辦到的。有些建築師還實驗興建活動式的隔間，如此可以適應當教學活動有所更改時，設備也可以隨著變動，另外在校地遼闊的學校內，還有以園區為單位的學校建築，如體育場區，包括有田徑場、健身房、游泳池等；圖書館區、大禮堂區、教學區、及學校行政區等。

不過在許多急速發展但財力不豐的地方，卻發現難以興蓋足夠的學校以容納急劇增加的學童，「**兩部制教學**」(platoon plan) 隨之出籠，這是**印地安那州蓋瑞城** (Gary, Indiana) 所巧妙想出來的解決方式；利用既有校舍，將學童分成兩部教學；在上課期間的某幾天，一部分學童在學科教室上課，另一部分學童到活動教學用的場所如實習商店、運動場、或禮堂來進行其他與此有關的學習，然後兩部分學生互換場所，如此可以讓場所充分使用，沒有一樣設備是閒著的！

二十世紀時，學校建築有了不少改進；磚頭及水泥已變成主要建材；十九世紀後，木造學校已近絕跡，以前校舍頻遭祝融光顧，現在則較無這方面的危險。中央暖氣系統也安裝了，教室燈光也從多邊採光進步到單邊採光；此外，教室窗戶與地板面積之間的比例，也依科學測量來興建。學校設備之充實且符合學童學習心理，也是教育行政的守則；凳子已有靠背，坐起來較舒服；本來兩人共用的桌椅，現在改成各人獨用。長期以來都排列整齊且固定於地板的桌椅，由於進步主義教育人士的大力鼓吹動態教育及學習自由的重要性，現已改成活動型了。其他方便措施，如學童的衣帽間、盥洗室、及教師用的洗手間，這些在殖民地時代所絕對缺乏的建築，現在變成必備的了！

在巴納出版劃時代著作之後的一百年，學校建築的外觀也產生了不同的造型及輪廓。大部分的建築物模樣，都因時代的變動而變動，校舍自不例外。

早期的學校建築仿教堂形狀，尖閣或**尖塔** (spires) 就是明證，尖塔或尖閣上有校鐘，有些則無。部分學校採用希臘或羅馬建築模式。美國南北戰爭後，學校建築變成相當俗麗，特重裝飾。二十世紀後，學校建築以實用為主，樸實及看起來令人印象深刻，乃為建築重點！

第六節　公私立學校經費

一、教育上的慈善事業

學校建築及室內外教學活動的進行，都非花費一些金錢不可。在教育史上幾乎大部分的時間裡，私人是支持教育費用的主要金主，也就是說學生或家長的荷包在供應教育的開銷。但是如果沒有其他經費來源，則光靠私囊，是無法付清教學帳單的。教育經費史上的主要難題，就是如何活用財力，使貧富皆能享受教育福利。其實，這也是教育行政人員所操心的課題。

把教育機會擴及到一般恰能在經濟上自立謀生的人士身上，最早方式乃是賴慈善捐助來維持費用。但此種方式的缺點非常明顯，即捐款時有時無，且時多時少。在我們早已提過的追思禮拜堂學校措施中，比較穩定，因為該種捐款已變成信託基金。如果妥善管理與經營的話，學校可以在其後的長久時間裡，多多少少仰賴信託基金的定期收入，來維持並經營學校活動。

歐洲在文藝復興時期，就有許多學校建立在這樣的基礎上。美洲殖民地時代，由於墾荒情況阻止了大資金的匯集，形成教育信託會或教育基金會的時間就相對的比較遲緩。不過，在十七世紀及十八世紀時，卻也紮實的發展出一股慈善捐款潮流，雖然金額數量還並不大，依此來興建文法學校、學苑、及大學院校。到了十九世紀，此類捐款數目及範圍即大幅度的增加，尤其對高等學府的捐款，更見大手筆；暴發戶特多，他們在天然資源的開發以及大工程建築上獲取天文數字的利潤後，擬留芳百世的企業大亨紛紛斥資興學，但他們的興趣多半在大學上。**約翰霍普金斯** (Johns Hopkins, 1795–1873) 本人興建的大學以他為名，即**約翰霍普金斯大學** (Johns Hopkins University)；**洛克斐勒** (John Davison Rockeller, 1839–1937) 則創辦**芝加哥大學** (University of Chicago)；其他類似於此的大學不少，都是迄今世界級的一流名大學。

美國南北戰爭結束之時，也出現了另外一種形式的信託基金會，其目的既不完全是且也非主要是作為直接津貼教學之用，卻以扶持並補助既存教育機構為目標。取之於民，也用之於民，是財團慈善心的一種義舉。頭一個這種大的基金會，是在南北戰爭結束後三年 (1868)，由皮巴蒂 (George Peabody, 1795–1869) 所設立，在捐出一百萬美元作基金時，他要求利用這筆基金來濟助南方各州較為貧窮及落後地區的教育事業；十五年之後 (1883) 另一腰纏萬貫的巨富史雷特 (John F. Slater, 1815–1884) 也設立

圖 18–1 卡內基 (Andrew Carnegie, 1835–1919)

一個一百萬美元的基金會，用來增進南北戰爭所解放出來的地區之教育。其他基金會相繼成立，二十世紀時，最大金額的捐款來自洛克斐勒，他捐出四千萬美元成立「一般教育董事會」(General Education Board)，另一位財力與之相差無幾的富翁卡內基 (Andrew Carnegie, 1835–1919) 也以幾乎同數的金額成立「卡內基事業機構」(Carnegie Institution) 及「卡內基教學改善基金會」(Carnegie Foundation for the Advancement of Teaching)；但也有更慷慨的，那就是二次世界大戰後相當聞名的「福特基金會」(Ford Foundation)。

　　以信託基金會的方式來支助教育事業，並非沒有遭遇到阻力。早在十八世紀時，就有人對教育之由死後的人所控制，表示憂心，因為信託基金會的權力掌握在捐款者及立遺囑人的手中。人們要問的是，捐贈者或立遺囑人於生前所認為值得惠予解囊以促其實現的教育目的，可以保證在其後的年代裡，仍然應該暢行無阻而不必更易嗎？對於前人之能預判後人之需要，法國學者杜哥 (Anne Robert Jacques Turgot, 1727–1781) 及英國經濟學家亞當斯密 (Adam Smith, 1723–1790) 都持存疑態度。亞當斯密更這麼想，假如不用得到先人的捐贈，則課程更能反映當前的社會需要，如此也才有活力。次一世紀時，另一位英國自由派思想家小米爾 (John Stuart Mill, 1806–1873) 更提出一個強烈的請求，他說在捐款提出之日起，至少要等候一段時日，以時間及經驗來考驗捐資人的智慧。哈佛大學曾接到一筆獎學金，但捐贈者的條件是把一名教授解聘。基於保護教授的講學自由，大學寧可不要那筆為數不少的獎

學金，也不應聽命於有錢的捐贈者。哈佛就是如此！

　　就實際措施而言，在捐款用意較為狹窄且指定用途較有限定時，小米爾所建議的等候相當有意義。當諸如此類的捐贈目的顯然已失時效之際，則有必要訴請法院及議會予以干預，或予以減縮捐款或重訂用途。記住這種歷史教訓，則我們就可以知道，為什麼公眾對前述美國在十九世紀晚期及二十世紀時代所興起的多數大基金會仍有微詞了。也因為如此，才使得那些捐款單位提供給基金會的，除了明確指定使用信託基金的終止日期，還授予信託人屆時可以任意處理基金用途的極大權限。

二、公立學校經費

　　慈善捐款在促進美國教育的發展上，有無可估量的價值與貢獻，它對於美國大眾民主化的教育所生的領導作用，更大於它所承受的教育經費重擔。慈善捐款確實是高唱公共教育觀念的前驅，但捐款數額就整個學齡兒童的教育花費而言，實在是微不足道，它只佔非常小的百分比而已。私人財富再怎麼粗厚，總比不上國庫稅收。普及教育所需的巨額金錢，在公眾不願政府從公家稅收中支付時，是無法籌措的。公眾雅不願意有這條自己找自己麻煩的規定，除非他似乎已盡全力嘗試使用其他的方式來維持學校費用但效果不顯時，才出此下策。

　　美洲殖民地時代，最早所謂的「公立」(public) 學校，大部分費用並不是如同有些人所認為的那樣由公家稅款來維持，而是徵收「比例稅」(rate bill) 來支付。維持學校費用的來源，一是指定作學校經費用的公地收入，二是獻給學校的捐款。扣除這些之後所剩下的不足部分，乃依學童入校人數按比例徵收費用。每一位家長或監護人都收到一張比例稅單，以就學子女的多寡向學校繳費。此種方式，一直到十九世紀時為止，都是學校經費的主要來源。其後，娛樂稅及賣酒執照稅、罰款及充公、甚至屠宰稅等，都作為教育費用；在西部墾殖運動時，出售廣闊的公有土地之所得，更是一筆可觀的教育經費財源。1787 年的「律令」(Ordinance)，聯邦政府開始一項政策，授予聯邦土地予新成立的三十個州，但規定每一市鎮土地的第十六區（共三十六區）作為學校用途，每一新州所獲土地面積，幾乎與康州一般大小。

　　十九世紀中葉，以公家稅收來維持學校費用的風氣已開，**賓州** (Pennsyl-vania) 早就徵稅來辦理貧民學校，大家習以為常，不以為意；不過，以公款來辦理不分貧富的全民教育，在倫理及財政上，就含有深意了。公眾在充分體認到這種深意時，也就漸漸順從的把自己套上自我收稅的軛。在徵稅的全部韁繩都套上身之前的每一步驟，都先讓公眾試試看裝上新齒輪之後的感受，首先是採取隨意性，由公眾心甘情願負擔教育費用，最後才是全州立法，全民皆納教育稅。

　　但以州為單位的教育稅收，產生了貧富州教育稅收不均的現象，也因此造成貧富州教育水平及教育機會不勻等狀況。殖民地時代及早期美國立國時代，國家以農業為主力，財富分配之不平還沒有工業化急速發展的時代顯著。當社會停留在以土地、建築物、設備、及家畜為財富標誌時，這些財富一眼即可看出，並且彼此之間的差別不會很懸殊；但十九世紀晚期工業革命勢力廣被之後，工廠集中的市區，資產都比鄉下昂貴得多；此時「**有土斯有財**」已非事實，那些無法目睹、容易隱藏、及不具形體的股票及債券，才是重要的資產。工商都市與窮鄉僻壤、工業州與農業州甚至沙漠州，稅收差別有如霄壤。十八世紀以來美國愛國者都有一種雄心，希望鄉下地區也應該有如同海港城市一樣好的學校，經費是一大關鍵，沒錢不好辦事。因此提到州級的補助地方，甚至中央聯邦政府也插手以巨額款項撥款給教育資源較貧瘠的州或地方。如果州或中央在補助時，各地方也能夠籌出對等經費，則補助就源源不絕。不過對一支本來很扁的牙膏要硬擠出什麼出來，事實上也困難重重！此外，就教育言教育，教育費用之估算，應以依學童人數比例而聘用的教師數量與教師薪水等級，來作為衡量教育費用的標準，因為這兩項是決定學校經費的最重大因素。

　　不管州政府極為關心教育事業而以州的公款來補助全州教育活動費用，也不管民主主義對教育機會之平等起了明顯的大力推動作用，但自 1890 年之後的一段很長時間裡，州政府所承擔的教育費用總數，在比例上卻有一直下降的趨勢，這種趨勢要等到美國參加二次世界大戰時才遏止。在 1890 年時，州所承擔的全部教育費用比例，佔全州總預算的 24%，1925 年的經濟大恐慌之前，下降到 17%。即以臺灣的「憲法」教育條文比較，臺灣「省」級（比

照美國的「州」）之教育預算不得少於 25%，臺美兩國似乎相當，但臺灣教育預算上的該種比例要求，只是「**字面上的**」(literary)，實質的比例少得很多。雖然州政府的教育撥款有增無已，但下降現象依舊。就大體而言，此種現象可以解釋為，全部教育費用的本身，增加得比州撥款還更迅速所致；或者也可以說，吞食州預算大餅的其他單位太多，僧多粥少，教育分到的就相對減少了。

教育費用的巨額上升，我們可以從下述事實中看出。恰在美國南北戰爭之後，全國的教育稅收將近六千三百萬美元，1890 年為一億四千萬美元，在一次世界大戰結束時，上升到十億三千六百萬美元，而在經濟大恐慌而開始要大幅度減縮教育經費的 1930 年，更上升到二十三億一千六百萬美元。這就是說，從南北戰爭到第一次世界大戰期間，教育經費的支出增加了十五倍，單從 1890 年起算即增加七倍，而光是 1920 年到 1930 年就增加二倍。由於南北戰爭後，美國人口增加三倍，這段期間之中 (1870–1920)，學齡兒童數雖只增加兩倍有餘，但平均上學數卻增加四倍多；強迫入學法案之推行，乃是造成這種現象的最大因素。十九世紀結束之前，通過該法案的州還不到一半，但在一次世界大戰結束之前，所有各州都已實施該法案。不僅是強迫入學法使得大量學童入學，也規則的出席上課，並且這段時間內所出現的中學數也增加，學童就學年限比以前延長數年之久；此外，課程科目較多，內容較豐富，教師專業素養漸漸提高，薪水也就相對的增加。最後，帶動教育經費的一項因素，是生活費用及物價指數的上升。這也是時代的進步使然。

國家安定，世界和平，經濟成長之餘，人民最關心的，當然就是子女的教育問題。如何用最少的錢而獲最大的教育福利，是教育行政人員必須研究的課題！

學校教育，向來不是政府所重視的事業，大部分由民間或私人來經營。難得的是斯巴達把它列為第一要務，柏拉圖甚至認為教育部長是首席部長；雅典一向任由學校教育自行發展，羅馬皇帝則考慮到設置獎學金。其後基督教會成立，舊教的耶穌社教會認真辦學校，新教地區更有興學熱。大致言之，舊教是中央集權式的模式，新教則屬地方分權。其後的學校行政權力，猶如經濟政策一般。英國有名的經濟學者，皆力主放任自由政策，因之也影響到

教育力的行使，不只中小學任由私人興設，大學更超出政府或教會管束範圍；但當日耳曼於 1871 年成立德意志共和國，鐵血宰相的霸權措施，不只煤、鐵、鋼的產量直逼大英，且中央政府力辦柏林大學，學術聲望扶搖直上，此局勢逼得英國不得不審慎因應，將中央政府的教育權大幅擴充。美國亦然，本來教育不屬聯邦政府的權限，為了加強環球的學術競爭優勢，也不得不增撥教育經費，「錢大爺」開始對各級學校的行政指導及輔助發揮左右權。但如何使地方教育特色不因之受損，或令學術自由、教育活潑化並使其不受干擾或限制，將是評估今後教育發展的重點工作。

第十九章　學校與進步

　　現代社會，不管它是獨裁的還是民主的，無不在社會變遷的過程中，設計出一套教育制度，自認是「**進步**」。但是就整個教育史來看，我們又如何衡量「**社會進步**」，尤其是「**教育進步**」已經發生？我們已找到進步的標準來衡量教育活動過程嗎？如果我們已找到，則這些標準存在於歷史之外，不依歷史而獨立呢？還是這些標準緊抓歷史潮流不放且受逆流所修正？此外，假如教育進步是可見的，那麼什麼是刺激教育進步的最佳情境？學校應該只是當前社會的複製呢？提升學童達到成人經驗層次，就如同航行在運河裡要通過一系列的水閘一般。或者學校應該純淨化且改造成人經驗，因而越過原有的階層？就文化層面來說，學校教育只在「**保存文化**」及「**傳遞文化**」而已，還是仍需要「**創造新文化**」？教育觀念應走在時代的前端，還是步時代的後塵？為了要答覆這些經久性的問題，還得深探下一層次，即教師在教學時，或學生在學習時，他們享有什麼樣的教學自由權？

第一節　早期學者的看法

　　希臘以前的教育，可以說是十分傳統也十分保守的；從傳統面而言，「**教育**」一辭，在字面上的意義，就是老一輩傳遞或延續種族經驗予下一代；依保守面來說，「**教育**」二字的目的，是保存人類辛辛苦苦所獲得的經驗。「上所施，下所效」，「學之為言，效也」，中國古書說得最為露骨。說實在話，沒有保存或延續個人或種族經驗，則在歷史上也就沒有我們所知道的過去社會模樣。

　　就它與社會關係而言，早期的學校之所以採取保守的觀點，道理是不難了解的。生活條件的嚴苛，朝不保夕；要生存，就不容有任何危及生命的輕舉妄動存在。純粹延續及複製種族經驗，不僅作為最低程度的教育要求，且經常是教育活動的最大努力著眼點。假如教育能夠重新複製一個與過去完全

相同的安全社會，人民即感滿足，也為大家所喜愛。任何甘冒與傳統有異的教學方式，即被視之為對社會經驗的一種破壞行動，而非能夠擴充社會經驗的行徑。

首先把這種社會與學校之間的關係作一次重大修正的地方，就是希臘。在希臘文明最光輝燦爛的時刻，希臘人的生活方式即有根本上的改變。他們當時所能享受到的經濟繁榮及安全，是史無前例的。從愛琴海到東地中海，從事成功的商業活動所帶來的這種繁榮及安全，對希臘生活水準的不穩定，有極大的緩和作用。希臘人可以睜一隻眼閉一隻眼的觀看與傳統有違的教育活動，商業貿易擴充的結果，也就對教育革新表示歡迎；外商既帶貨品到希臘，當然也把外地觀念引進來；原有的觀念一與外來觀念相比較且也相衝突之後，部分希臘人乃陷入沉思；他們要判斷那一種傳統或習俗所形成的觀念才是正當的。在教育領域中，這個問題最有必要先予以解決。教育上火速待決的問題是，繼續以熟悉的希臘傳統與習俗來教導學童呢？還是根據與外來文化接觸之後所反應出來的新觀念來改變原有的教育型態？

首先看出這種教育問題的解決對社會有益的學者，應數柏拉圖 (Plato, 427–347 B.C.)。在這位曠世偉大的哲學家之前，人們對於教育素質之不良，大多歸罪於學童之無知、幼稚、或缺乏技能。但柏拉圖的教育主張，卻基於他對當時社會環境的不滿而來。他認為，改善教育，首須改善社會環境。就因為這個緣故，使得他在那本教育巨著《**理想國**》(*Republic*) 的開始，就費了不少心力來描述一個理想社會所應具有的特色。假如這層理想可經由教育來實現，則學校的職責，就不是複製那些本就沒有趕上時代潮流的古老傳統，而是更需要複雜的工作了。學校要先實現理想社會，然後阻止任何有違這種理想社會的行徑發生。

《理想國》一書的計畫，也僅僅是一種計畫而已，希臘人從未以它來作為實際教育活動的依據。大體而言，大多數的希臘人仍然較喜愛保守性的教育實際措施，這是人之常情使然。能夠守成即已不易，那能奢談創新？他們還控告柏拉圖的老師**蘇格拉底** (Socrates, 469–399 B.C.)，致使這位大教師被關在牢獄裡的主要罪名，就是因為他反傳統且教導人們不敬神祇。蘇格拉底所從事的教學，是以批判性及省思性的態度來評斷生活原則並由此來改善生活；

他的一句名言成為千古座右銘，即「未經省察的人生是不值得活的」(An un-examined life is not worth living)；在傳統當道，習俗至上的社會裡，一個人如果經常「省察人生」，則也就活不下去；蘇格拉底就是此種悲劇的顯例。提出懷疑者就被認定為心存不恭者。希臘人對他予以審判，十足表現出他們要求教育應該配合或服膺社會既有秩序的固執。即令柏拉圖也是如此，在他晚年寫《法律》(Laws) 一書時，也持有此種論點！

　　學校與社會制度之間這種保守性的關係，也不乏理論家予以辯護。柏拉圖的及門弟子亞里士多德 (Aristotle, 384–322 B.C.) 就是其中的一個。這位希臘三哲中的最後一位，就採取與其師早年態度相反的說法，他不認為教育應該重建社會秩序，卻應維持「現狀」(status quo)。在他的教育代表作之一的《政治學》(Politics) 一書中，他說不管是寡頭政府還是民主政府的社會，「一部指定的憲法，要求實施一種與之相合的教育；因為任何憲法的維護，就像原先制訂憲法時一般，要將該憲法有關的精神或特色表現出來，這已是一種律則。」

　　在這兩位大學者之後的一長串世紀裡，烏托邦式的思想家大半走柏拉圖的教育觀點，而較注重實際教育措施的教育家，則追隨亞里士多德的路線，更不用說那些過份倚重實際本身的人士了。比如說，羅馬時代最偉大的教育家坤體良 (Quintilian, 35–95 A. D.)，在他討論到培育雄辯家的教育時，既沒有創造一種新教育，也沒有提出新的政治理想；他僅僅說出當時羅馬律師或政治人物之所作所為而已。同樣，在文藝復興時代，義大利人文學者卡斯提歐尼 (Conte Baldassari Castiglione, 1478–1529) 所著的《宮臣》(The Courtier)，英格蘭人伊利歐特爵士 (Sir Thomas Elyot, 1490–1546) 所寫的《郡守之書》(The Book Named the Governour)，都沒有提出新的教育型態。兩書所敘述的教育人物，都與文藝復興時代所稱的紳士相合。另一位英國哲學家洛克 (John Locke, 1632–1704) 所作的《教育論叢》(Some Thoughts Concerning Education)，內容也極為傳統。雖然在十七世紀末，英國政治生活已發生了革命，但洛克的教育著作卻沒有把它反映出來；他感到向當時英國傳統的紳士階級提出良言忠告，就已感心滿意足。紳士身份的維持，是教育活動的本份。

第二節　　學校維護著社會制度（保守性格）

　　長久以來，學校在實際上所擔任的角色，遠比在理論上更被目之為它只在迎合當前社會需要，而不在預先指定社會的未來發展。說真的，學校經常遠落在這些需要之後，頂多與這些需要併肩而行而已，卻絕少走在這些需要的前頭。當羅馬城市漸漸成為全部地中海世界的統治中心時，希臘教師確實也漸漸帶給羅馬人新文化；但羅馬人之尋求並教學這種新文化，卻是拿它來作為使根基已穩固的羅馬制度完美化及精緻化之工具罷了，沒有那位羅馬人想要學希臘方式將羅馬制度作劇烈的改造。即使那位對新教育懷有戒心，且認為新文化有顛覆羅馬制度之虞的**大加圖** (Cato the Elder, 234–149 B.C.)，雖長期受希臘文化的魔力所迷，也說希臘文化可以豐富羅馬文化，但前者不能取後者而代之。

　　羅馬帝國的衰落及滅亡，更說明了這一點。羅馬學校雖然沒有為文化崩潰鋪路，但至少也沒有盡到阻止文化淪亡的責任。其實希臘學校也是如此，自紀元前四世紀以來的希臘衰亡時期，希臘學校即為城邦暴富所腐蝕。希臘及羅馬學校本身，並不孕育社會重生的種子；種種跡象顯示，它們也只不過是政治及經濟機構而已。

　　中世紀時期，學校也順應時潮；事實上，當時有形學校教育並不為時人所感到需要，因之學校幾乎絕跡，倖存或創設出來的學校，也完全應天主教會之要求而進行教學工作。當時所興建的「**主教堂學校**」(Cathedral School)，就是設在主教所居城市的教堂邊，目的在訓練僧侶。「**歌唱學校**」(Song Schools)乃應教會服務之需要而建；甚至當時甚具社會勢力的中世紀大學，也應封建社會之需而起，且它本身就是封建體系的一部分。中世紀大學以法律、神學、及醫學為主科，那是當時文明復活所必要的學科。即使是在當時最富有學術墾荒意味的神學研究，教授們也爭相以鞏固天主教教會權威為第一要務，他們將亞里士多德的哲學融合於宗教的天啟觀念中。

　　文藝復興所倡導的古文學復活，絕非由學校所發動。假定是學校發起文藝復興運動的話，則人們會認為大學是領航者；但中世紀大學對那種復活的**人文主義** (Humanism)，卻無先見之明，且置若罔聞；非但沒有走在前端，且

遠落其後。事實上，人文學者需要自己的學校，這就是文藝復興新設的**人文學校** (Humanistic School)；但人文學校並非催生人文主義，倒是人文主義才孵出了人文學校。人文主義風潮一有漲落，人文學校就跟著隨之興衰。

當科學敲著門要進入十六到十八世紀的人文學校行列而作為課程當中的一門學科時，人文學校卻裝聾作啞，或閉門不見，就像中世紀大學拒絕接受人文學科，或人文學校不理會文藝復興時風靡於社會上的美術及母語寫作一般。人文學校不僅不為未來鋪路，且還積極的抵擋並反抗科學的進展。因之另外一種新學校，即在日耳曼地區的「**實科學校**」(*Realschule*) 乃起來推倒了這層藩籬，並開始教導這位當時沒有文化繼承權的養子。不過，這種學校仍然是新科學研究的產物，而非新科學的創生者。

最能夠說明學校在歷史變遷中只擔任社會起伏的附屬角色而非主要角色的事件，莫過於十八到二十世紀的政治及經濟大革命。1776 年的美國獨立運動及 1789 年的法國大革命，都非學校活動的產物，學校並沒有預知社會改造運動的來臨，具體的說，學校並不培育革命份子。法國大革命前之社會及政治制度所產生的學校，造就出來的學生是要敬愛第一階級的貴族及第二階級的教士的；革命前，雖然有學者擬議以學校來作為社會改造的場所，但那些擬議在君主政體之下是不生教學效力的，也會被立即取締；只有在革命成功之後，才發生影響力。不過那時候所發生的效力，目的是在維護新社會秩序，本身卻非產生新社會秩序的主力。

顯然地，學校是現狀的盟友，不管該現狀是由保守者所維持，抑由革命黨所建立。法國學者**赫爾維修斯** (Claude Adrien Helvetius, 1715–1771) 就指出這一點，雖然他的敘述方式稍異；他眼光犀利的看出，與政府作對的任何教育箴言，都被當局抨擊為敗壞之談。阻止學校教學與政府措施之間的衝突，用力最大的要算拿破崙。在他的書札中這麼說：國家如果在教育兒童成為共和國人士或君主政府人士的政策上，不先作個明確的決定，則這個國家一定是基礎不穩又根基不固。其實他的說法，一點也不新穎。就以美國獨立建國時之教育為例，學校如在教導孩子認同英國或認同美國上搖擺不定，或避而不談，則「**新美國**」又將如何誕生？

字典編纂家、愛國者、及教科書作者**韋伯斯特** (Noah Webster, 1758–

1843)，在向革命後的美國人發表演說時，引用了《法意》(*The Spirit of the Laws*) 一書的作者法國人**孟德斯鳩** (the Baron de Montesquieu, 1689–1755) 的說法，認為教育應該與政府原則相呼應。其實他應該引用亞里士多德的話。亞里士多德說，君主政體有君主政體的教育，而共和政體也有共和政體的教育。韋伯斯特積極鼓吹這種原則，因此他主張殖民地時代的教育制度及教育措施，不適用於國家獨立時代；前者的教育乃是適應貴族階級加上君主社會制度的產物。現在的殖民地已變成民主式的聯邦國家，因之他堅持殖民地時代的教育制度及措施，必須大變，以迎合各階級教育機會平等的新教育哲學。他的一些同儕視學校為達成共和民主體制的堡壘，他們反對國王或君主，尤極力非難無政府主義。其後有人也視學校為保障私人財產制度的防波堤，巴納就是其中之一。所有這些說法，都在證明一件事，即美國人認為學校乃作為確保革命成果的工具；學校並不指出途徑，使人民繼續改造國家命運。學校教育變成政治目的的工具，本身不是目的，卻是為政治服務的。

在英國發生工業革命的那段時間裡，上述的教育與政治關係，依舊存在於英國。我們早已提過，人文學校確實不急於教導如何培育發明家，並因此使工業革命成為可能的科學。十八世紀及十九世紀的發明家，並不在英國的人文學校獲取科學知識。直到 1853 年，英國政府才撥款幫助教導科學的各級學校。因應著工業革命而產生的政治革新，學校亦非這種革新的前鋒。工廠工人之獲得了選舉權，是立法運動所造成，學校根本沒有教導既存選舉制度之不公正，甚至還為不公正予以合理化。

由一次世界大戰而產生的二十世紀各種革命，其中的第一種，就是蘇俄革命，但這種革命的成功，並不是沙皇時代的俄國學校所帶頭；相反的，那些學校是反革命的。不過，沙皇一旦被推翻，學校馬上變成共產主義的忠實防衛者。義大利的學校在法西斯主義的革命中，仍然繞了相同的圓圈。在德意志帝國時期的學校，從來沒有為「威瑪共和國」(Weimar Republic) 的共和政體鋪過路；而該共和國之下的學校，也沒有教導國民應該發起由「第三帝國」(Third Reich) 所帶動的「國家社會主義」(National Socialism) 革命。日本在二次世界大戰前的皇民化教育，要求臺灣學生效忠日本天皇，但臺灣富商卻於戰後轉而高呼「中華民國萬歲」。中國共產黨於 1949 年奪取政權後，赤

化教育的結果，讓乒乓球世界冠軍得主到美國時向新聞界「義正辭嚴」的高喊：「中國共產黨是中國人的最高精神領導，我有機會參加共產黨，是畢生最大的光榮。」在共產黨國家裡的學校，十足的變成灌輸黨義的場所。

　　甚至在號稱為民主及進步的美國，仍然很少有跡象要學校在推動社會改造中擔任顯著的角色。紐約州在第一次世界大戰後，由於警覺國外社會的變遷勢力，乃任命一個委員會來調查煽動性的行為。該委員會提出的報告說：

　　公立學校教師乃是「現存政府」的代表及公務員。他受政府所聘任，要教導兒童忠於政府制度並遵守政府法律；他並非受雇來思索政治經濟上的爭論地域，也不在於鼓吹改造或變革的烏托邦構想。……任何時間當中，在我們的社會制度或在我們的政府結構裡，如果本州或本國人民要求予以改變，則這種要求必須由全民投票來裁決，並由全民投票來表示。公立學校絕不作為宣傳任何奇特觀念的講壇。教學人員絕不可以散播人民不滿言論。不積極反對社會變遷理論的人，就無法被信任有承擔教導本州老幼公民責任的資格。

二次世界大戰前夕，學校的實際行政措施就走亞里士多德路線，有怎麼樣形式的政府，君主式、民主式、共產主義式、法西斯式、納粹式、中國國民黨式，就會有怎麼樣形式的教育。創造一種與政治制度性質完全相合的氣氛，仍然是教育的重責大任。

第三節　學校創生了社會制度（前進性）

　　在學校與社會制度之間的關係上，雖然柏拉圖的理論受實際措施所遮掩，但那種遮掩並不完全。柏拉圖的理論仍然極為流行，尤其在矯正社會惡習的呼聲高揚的時代裡為然。基於這個理由，學校除了擔任保守功能外，還應扮演創新角色，這種說法在十八世紀及十九世紀時特別恢復了活力。雖然在實際作法裡，除了極少數例外真的將理論訴諸行動外，就是將該理論作徹底分析解剖，這都是前所未見的。

　　十八世紀的所有法國自由派人士中，深入探討此問題並分析得令人心儀的學者，當屬大革命家**康多塞侯爵** (the Marquis de Condorcet, 1743-1794)。對人類完美性信心十足的這位貴族，希望把國家當作繼續實現人類進步的機構。

在革命期中，他提出一項擬議，認為國家不能僅在保全革命戰果，更要繼續
維持革命精神。新國家不可以光想享受既得利益，否則就是靜滯不動；相反
的，新國家必須把革命當作是有條不紊的社會繼續改造程序，革新之後再革
新，不可停止。康多塞主張，此種國家：

> 在國家教育上，任何行事都要受嚴密的批判……。學校可以教學所
> 有政治理論，並且各種政治理論可以相互爭辯。那就是說，人民不
> 會狂熱於一種社會組織或社會制度，也不會對它產生偏愛或予以頂
> 禮膜拜；所有社會制度都應經過理性思考，在不同的制度中，人民
> 有權選擇他所喜愛的制度。

從某一角度來看，康多塞的教育一再改良論，遵循了亞里士多德的傳統。
在一個以繼續導向其國力發展的國度裡，創造合乎這種目的的氣氛，乃是學
校的職責。換句話說，雖然學校批判許多政治理論，但學校卻在於保存或維
持這種經常可以對本身目的或活動進行考評的國家。不過，儘管在這方面二
者意見相同，但他的說法卻遠比亞里士多德甚至是柏拉圖進步。康多塞期求
政府及學校非但不必害怕於變，或恐懼戒慎於變，且更應該熱誠及衷心的提
供機會來求變。進步是無止境的，日新且日日新。

康多塞的德國同儕也是在哲學界大享盛名的**康德** (Immanuel Kant, 1724–
1804) 也贊同教育在指引人類步入理想世界當中，所應扮演的領導角色。他的
論調是：

> 兒童的教育，「不能」參照當前的情況去進行，而要以人種可能改善
> 的未來境界去實施。那就是說，要依據「人性至善」觀念及其完美
> 歸趨來從事教育工作。

不過，康德認為公立學校制度，或由國家所辦理的學校，要想達成這個目的，
那是行不通的。在這方面，他沒有法國康多塞的信心；康德不信任皇家政府
設立教育機構來達成這種使命，因為他認為君主極易把臣民當成是實現自己
皇室目的的工具。即使是家長，他仍然認為是完成此種教育目的的障礙；因
為家長的教育見解太過狹隘，目光如豆，鼠目寸耳，眼界太淺，他們只顧子
弟在現狀之下有所成就而已。唯有世界大同式的教育措施，才能滿足康德的
說法。但是這種解決方案，在促其實現所採取的實際步驟中，還停留在空中

樓閣階段。並且萬事起頭難，更難奢望好久的未來理想境界了。未走先飛，一步即擬登天，創新之前總需模仿；這些都是橫在眼前待克服的困境。

　　十八世紀的自由人士，不僅提出經由教育來帶動社會進步的理論，並且還指出利用心理學學說，可以使這種進步較為有效。以赫爾維修斯為首的一群學者，特別看重洛克的心理學對社會改造的影響。洛克早就認為，兒童出生時的天性如同「**蠟板**」(*tabula rasa*)，那是可塑性很高的，也似「**白紙**」(white paper)，無顏色，因此著色非常容易。這種論調雖然在法國大革命之前一世紀問世，但它對社會改造所生的戰略意義，卻要等到後來才被人體認。顯然地，如果心靈在初生時是一無所有，那麼最先予以著染的，將能控制下一代的政治及經濟命運，這就難怪海爾弗修會相信「**教育萬能**」(*l'education peut tout*)了。法國君主政體之改為共和政體，只不過是成人經驗翻過一頁，或虜獲了兒童經驗的第一頁而已。

　　誕生於瑞士的浪漫主義學者**盧梭** (Jean Jacques Rousseau, 1712–1778)，無疑的是另一位與洛克的前提說法洽好相反的人士當中的首領。他倒認為嬰孩在初生時，即具備了某些先天能力，這些先天能力的自然發展，應該受到呵護與尊重。革命前的社會及政治體制所進行的壓抑及不當措施，乃歪曲了並破壞了這些先天能力的自然發展。因之，根據自然的教育，不僅要免除革命前的政治及社會體制所造成的不公平，並且還要同時創造一個更良善及更公平的社會。

　　主宰十九世紀社會及教育改造的思想人物是盧梭而非洛克。盧梭對同是瑞士人的**裴斯塔洛齊** (Johann Heinrich Pestalozzi,1746–1827) 及德人**福祿貝爾** (Friedrich Wilhelm August Froebel, 1782–1852) 的影響尤深。以裴斯塔洛齊為例，這位愛心感人的教育家本來並不以教育工作作為終生職業，最先倒對政治改造相當偏愛。但他參與政治革命的結果，卻因為被認為是個政治的煽動者，處境堪虞之後才改行教育，也發現教育改革才是一切改革的根本或起步。他是利用教育來改造社會的。他經常這麼說，使人免於淪落行乞，乃是他的職責。因此，他所進行的教育事業，只是教導窮人子弟如何安份守己，盡量適應貧窮環境而已。這種教學方式的教育及社會目的，是相當狹小的。其後他想到，不能因為兒童的社會身份低微，這種兒童就必然墮落。當他鼓舞學

童以他們獨特的能力作自由表達時，他就發現學童
的天份潛力無窮，可以解除後天社會環境給他們的
束縛，此一事實，使他與盧梭有共同的體認，二者
都認為，個人及社會的再生，都要仰賴依自然的人
力發展。

圖 19-1　裴斯塔洛齊 (Johann Heinrich Pestalozzi, 1746–1827)

　　希望拯救社會陳年沉痾的這種傑出教育洞見，
它的輪廓，首先並不清晰可見；長久以來，裴斯塔
洛齊就是一位籍籍無名的人，在他的瑞士老家名不
見經傳的小村鎮裡實驗他的教育觀念；即使到了他
名聞遐邇之後，他也只是個教育家而非社會改革者。
不過，倒有一個國邦真的受他的學說所影響，不但
影響到教育領域，並且也波及到社會領域，這個國
邦就是普魯士。在拿破崙於**耶拿戰役** (Battle of Jena) 而摧毀了普魯士之後，普
魯士乃趕忙從事復國工作以便東山再起。為了要達到此目的，統治普魯士的
貴族 (*Junkers*) 乃在百廢待舉中，決定採用裴斯塔洛齊的方式來進行教育制度
的改造工程。他們的希望是：經由強壯的個人來重建一個強大的國家，並由
發展個人的天份能力，來培養強壯的個人。而發展個人的天份潛力，就是依
據裴斯塔洛齊所使用的實物教學法。普魯士貴族在這方面的成就，使得該國
邦在短期內對擊敗拿破崙作了不小的貢獻；在其後的幾十年中，普魯士在政
治上嶄露頭角，令日耳曼其他各邦刮目相看；而普魯士在教育上的優越性，
也在十九世紀的前半葉獲得舉世的承認與注目。

　　普魯士貴族的實際教育措施，遠較他們所計畫的為成功。在十九世紀中
葉時，普魯士的教學，不僅使國邦復元，擊退強敵，並且也教導了一批發動
社會改造的一代。那一代人所要求的社會改造，甚至挖了貴族權力的根。現
在，貴族從平民的「**過份教育**」中警覺過來；普魯士國邦的統治者認為，他
的臣民在社會改造上所發展出來的興趣，乃是不忠之舉。因之貴族們結合起
來，與統治者沆瀣一氣，嚴屬的限制師範學校的教學活動；他們竟然相信，
師範學校乃是造成當時所有社會不平靜的泉源。因為沒有一種動人的演說，
可以比盧梭及裴斯塔洛齊的教育主張，更能產生社會改造的酵母力量。一度

曾教學於普魯士**古文學校** (*Gymnasium*) 的學者，也是名哲學家的**黑格爾** (Georg Wilhelm Friedrich Hegel, 1770–1831) 就認為：「在幽僻清靜的學校唸書」，對學童是有益的，因為如此可以使學童「免於遭受社會的擾亂及挑撥，並防止時潮的引誘。」理想的學校培養理想的學生，他們對現狀的不滿，當然不言而喻；興起改革的念頭，當然也就順理成章了！

　　但是普魯士上層階級的反動及保守熱潮，驅逐了並氣餒了另一位大教育改革家，即創辦幼兒園的福祿貝爾。福祿貝爾甚至比盧梭及裴斯塔洛齊更注重兒童自我活動的重要性。當他介紹這種教育觀念於公立學校而遭受官方反對時，福祿貝爾乃悲痛的埋怨著：「作為國家的機器，我實在應該為國家鑄製並塑造另外的機器。但是我只願意培養自由及充滿思考的獨立人。」人是人，不是機器，受盡他人的擺佈與操弄。這種埋怨，充份顯示出政府官僚人物的判斷並無錯誤，因為他們認為，染有福祿貝爾教育精神的學校，非但沒能維繫現存社會制度，並且還一定會清除現存社會制度。因之福祿貝爾的從者把目光投注在美國而非獻身於自己的祖國上；他們移民新大陸，既然認定學校應該是「兒童時期的自由共和園地」，而美國是款待此種觀念的主人。

　　福祿貝爾的觀念滲透入美國到十九世紀末葉的結果，使得那時把學校當成促進社會進步的機構這種觀念，已非新穎之論。十九世紀中葉，麻州獻給美國振興國民學校運動最偉大的人物曼恩 (Horace Mann, 1796–1859)，早就辦香❶鼓吹此種觀念，當他在**布朗大學** (Brown University) 發表畢業演說時，即以「**人種的進步性**」(The Progressive Character of the Human Race) 為題，這個題目的意思也說明了他日後從事教育工作的旨趣。當他接受麻州教育行政首長的那一天，就在日記裡充滿自信的寫道：「我對於人種的改善，且加速度的改善，有信心。」這種信心從來不在他的教育事業中暗淡下來，因為直到他要結束長達十二年的教育行政首長職位時，他仍然在尋求同胞的教育改善工作，並且宣稱：「進步乃是宇宙法則。」其實早他半世紀的教育總統**傑佛遜** (Thomas Jefferson, 1743–1826) 曾意氣風發的揚言，美國社會至少二十年就要革命一次。或許「**革命**」字眼比較敏感，用「**革新**」比較能為人所接受。社會革新，政治革新，教育革新，都已變成口頭禪了！

---

❶　拈香一瓣，以表示敬仰。

雖然福祿貝爾原則在美國受到竭誠的歡迎，但公眾也只注意該原則在教育上的意義，而忽略了在社會上的應用。無疑的，美國社會在承平時候充滿了自由思想氣息。十九世紀末葉時，真正醞釀成美國教育改造運動的酵母，不是來自於歐陸，卻來自於英倫的**達爾文思想** (Darwinism)，尤其是來自於由生物學的演化論而形成的「**社會達爾文主義**」(Social Darwinism)；社會學者取生物學上的進化觀念，認為教育是進化過程中的最後階段。最早期的人類，對於環境的適應，是生理的也是機械的；其後即變成**建構化** (institutional) 的適應。尤其重要的是，社會學家指出，建構化的適應，是由無意識階段進化到意識階段。在意識階段裡，社會適應或選擇，乃經由學校課程之教學而變成理性化及自覺化，且心甘情願的投入於適者生存的奮鬥行列中。持這種說法的人，至少有**華德** (Lester F. Ward, 1841–1913) 在內，他是美國早期的社會學泰斗。

深信智力的運用可以糾正社會不良制度，也堅持學校乃是社會拓荒的戰略前哨站，持這種觀點最力的教育理論家，莫過於哥倫比亞大學教授**杜威** (John Dewey, 1859–1952)，他的教育學說，完全充溢著進化論觀念。不過，他並不認為教育學者應該面臨一種單面的選擇，即只能在教育是社會經驗的傳遞或教育是社會的改造，這二者之中二選一；作這種「非此即彼，或非彼即此」的選擇，是武斷性的。教育的「**本質**」並非如此，教育是一種過程，漸進的，階段性的，可以在「**二者得兼**」中同時併存，依智慧來取捨二者之多寡。並且杜威又說，教育目的如果由外在的社會因素或政治條件來決定，則是一種謬誤。相反的，他堅決主張，教育應該是獨立的，並且享有決定本身目的的自由；與其併行的政治活動，應該以追求至善的生活為依歸。評量個人及團體發展的標準，並非存在於教育過程之外，而係內生於教育過程本身。

從康多塞開始到杜威為止，宣揚教育在社會進步上所扮演的重要角色，這種論調就時有所聞。但把這種觀念付諸行動的，卻是二十世紀的人物；朝此方向進軍的主力部隊，終於在一次世界大戰結束之後成立了「**進步教育學會**」(Progressive Education Association)；在一次世界大戰之後十年間，許多號稱為進步式的教育措施，都夾雜個人式的教育理念而高抬自由及自發自動的價值。他們忘記了這種運動的原先意旨之一，就是要作為改革社會之用。一

時許多新又進步式的實驗性學校，如雨後春筍般的林立於歐美各地。不過，沒有多久，就有學者為文提醒此一重點。二十世紀三十年代美國陷入經濟大蕭條期間，孔茲 (George S. Counts, 1889–1974) 即極力譴責進步教育之缺乏基本的社會導向性，太偏於個人主義作風。在他那本膾炙人口的小冊《學校敢於重建社會新秩序嗎?》(*Dare the School Build a New Social Order?*)，他就寄望教師能夠領頭步出社會、經濟、及政治的泥沼。軍人、教士、政治人物，以及商人，都無法建立一個穩定的社會；教師如果大膽的將手中所擁有的權力，來塑造新生的一代並重建一個新的社會秩序，則他們一定不會令人大失所望而表現得比其他人員更不堪設想。孔茲聲稱在所有的人群當中，教師是種族智慧的蓄水庫；在運用這種智慧時，教師比其他人較為大公無私。像二千多年前的柏拉圖一般，他也預見一個「美國夢」(American Dream) 來作該小冊的結論。這個夢就是：只要教育經過計畫，則吾人將可有一個公正的社會。

　　問題是，一來孔茲的「夢」，是否如同柏拉圖一般，是「烏托邦」(Utopia) 式的，即「沒有那種邦」! 其次，並非人人皆同意學校應該在社會變遷中起帶頭作用；即令那些同意此種觀點者，也對於到底應該建立何種嶄新的社會秩序，意見不一；孔茲顯然較甲意（喜愛）於一種集體式的社會，與民主黨之「新政」(New Deal) 之「集體主義」(Collectivism) 並無不同，但許多人一聽「集體」，就渾身起毛。

第四節　學術自由

　　學校到底要鼓吹新社會秩序，還是要固守舊社會體制，此一問題，從教育史的立場來看，是跟另外一個問題息息相關的。與此有關的問題就是：教師要以傳統的標記來認可他所接受的社群文化並予以傳遞呢? 還是他擁有自由可以釐選他所認為最優秀的部分，並且在向學生介紹這部分材料與觀點時，採用批判的態度予以評價? 大體上說，絕大多數的教師都是傳統主義者，都是習慣的動物；反其道而行的教師，寥若晨星；而支持學校的多數贊助者，也希望教師安於其位。社會在執著於過去慣例並以此自足時，如遇有違反正統的教學擾亂了校園或社會的清靜，則通常都會予以還擊，甚至脅迫去職，

有些還因之產生不幸事件。只有經過最大及無數的犧牲，教師才有可能建立教學自由的風氣。即使在這個時候他所能擁有的自由，也要經常奮力不懈的予以保衛，才能免於該自由的丟失！

一、古代希臘時代

首先有利於發展這種自由的情境，出現在古代的希臘社會裡，這是不足為奇的。因為也就是希臘人才首度懷抱一種念頭，以為學校乃是社會再生的工具。希臘人在教育上之能有進步看法，乃是由於他們的教育培養了個性使然。有了個性，必然的也就會出現新奇性，大家見怪就不怪了。他們對新奇特別敬愛，這幾乎變成一種時尚，其實這也是人性的本然，好奇心人人有之。《聖經》在提到希臘人時就這麼說：希臘人「無所事事，卻盡情的在訴說或聆聽新奇之事。」顯然地，追求新奇的狂熱，使得每個人可以與傳統的模式相離而另闢蹊徑，那條蹊徑就是促進自由生長的沃土。其後由這塊沃土所孕育出來的一大批觀念，在廣度、識見度，及鼓舞度上，後人鮮能與之媲敵！

不過，雖則蘇格拉底，柏拉圖，及亞里士多德等著名教師都享受到了這層意義深遠的自由，但一幕最大悲劇卻也在希臘舞臺劇上上演，這就是大家知悉的蘇格拉底之遭受迫害。控訴的罪名，是他作為一名教師卻作了敗壞青年之舉，因為他擾亂了學生原有的思緒及思考模式。他的教學法，其後被稱為「詰難式的教學法」(Socratic)，先肯定對方的自以為是，但經過層層「詰難」後，對方否定了自己原先的是。這種教學法在於鼓勵學生對習俗的信念，以及對實際措施採取批判性的省察態度，這是蘇格拉底最拿手的。不過他並不要學生懷疑終生，卻希望重新樹立人們信心，並將它建立在較為穩固的理性基礎上；不幸，許多保守的雅典人並不了解他的意旨，反倒拿他作為他們無法適應變遷時代的代罪羔羊。蘇格拉底之遭受控告、審判及死刑，表明了一件事實，即不管自由的浪潮多高，保守主義的逆流都有將它拖下來的危險。

雖然蘇格拉底之殉道是追求學術自由的一項挫折，但從長遠觀點來看，這種境遇之下的死亡卻擴大了自由的神聖意義。本來蘇格拉底可以放棄自己喜愛的講學工作來換取他的生命，但這種犧牲，代價太高。寧死不屈是學者應有的骨氣，所以在他被判死罪時，他可以逃生，但他仍然慷慨赴義，絕無

返顧。堅決的、無畏的，甚至還歡樂的面對這種命運的安排，他終於求仁得仁，但卻使自由永生。試驗他意志與毅力的人，發現以死相脅，無法得逞。

柏拉圖也體認到教師擁有自由，是相當重要的，因之頗不諒解希臘人對其師的處置。他不擔心於學生或他人之質疑問難，以及不能獲得確信不疑的答案之後果。在他一本聞名於世的對話錄《理想國》(Republic) 書中，向一位對話者說：「我們的爭辯往何處走，我們就往何處走。」不過，教師在作自由的探討時，雖然柏拉圖採取顯然是無條件的贊同態度，但也為自由立下一些限制。換句話說，自由不是無條件的。在理想國中的哲學家兼統治者必須享有自由權，以便為理想國籌劃大局；但這種國家在幾近達成之際，則教育的主要任務，就是要阻止任何與此理想有所離軌的舉措。這種離軌的主要危險，就如同柏拉圖所預想的，會興起革新念頭。為了要防止這種弊端，不管這種弊端來自於各種不同的詩詞材料或兒童遊戲，柏拉圖認為有必要對課程進行審核。在這方面，他甚至擬議要清除荷馬的詩，以免兒童從中染上了殘酷的不道德印象，希望兒童不與任何罪惡或過錯相接觸，與之絕緣。顯然地，柏拉圖所宣稱的那種治者或教師所能擁有的自由，如果放在沒接受訓練或者幼稚的人士手中，則危險是不堪設想的。舉個俗例來說，一把利刃放在正常的人手中，他可以自由操刀；但讓瘋子握刀，則禍患無窮。

二、信仰因素

在羅馬帝國統治下，教師自由問題並不像希臘時代那麼熱門。這可能是由於羅馬課程中修辭學而非哲學是主科的緣故，因之爭論問題比較不會產生，也比較不那麼敏感；即使在帝國晚期的課程中，雖也摻雜了一些爭辯題材，但政府卻運用了靈巧又有效的政治手腕，而控制了自由，這一管用的招術就是將傑出的修辭學校教授支以國薪，甚至禮遇為「講座」。只有在帝國的窮鄉僻壤地區如巴勒斯坦，才產生了桎梏教師自由的歷史上重大案件；耶穌講道宣揚教義來「煽動群眾」時，遭受審判上了十字架而遇難。此一宗教上的不幸，成為世人皆知的事實。在教育上，與蘇格拉底的案件相彷彿。兩位大教師同犯一種罪名，即教導年輕人與眾不同的觀點，結果竟然皆罪不可恕。「你應該知道真理，真理將使你自由。」這句耶穌告誡世人的話，更因他的英年早

逝而更發揮異彩。不過要注意的是，該句話之前，是這麼說的：「假如你奉行我的話，那才真是我的門徒。」來自於耶穌口中的，才是真理，獲該真理者才有資格享自由。

這裡就出現了頗堪玩味的議題了。只有得真理者才可享有自由，那麼，真理又是什麼？誰說的算？如果各說各話，且皆自認是真理的化身，但卻南轅北轍，則可以放肆此種自由嗎？許多基督徒認為，自由乃只是真理的副產品但不是探究真理的必要手段。假如真理是絕對的，並且永存於天國，則這種自由及真理的概念，還屬健全。基督徒情願放棄自由，完全聽命於上帝的天啟或耶穌的訓令，因為那是完美無缺的真理。他們不願冒錯誤的危險，而大膽且自由的探索該真理之外是否還有真理。因之，在早期基督徒的訓令手冊《使徒書》(Apostolic Constitution) 中，就下令教徒不得閱讀異教書本，不可研究外來法律，不應聆聽錯誤的傳道言論，「你們在上帝律法中發現有缺點嗎？否則為什麼還要就商於俗世的無稽之談呢？」在中世紀大學的黃金時代裡，學者正孜孜矻矻於調和基督教義與希臘的哲學理論，因之自由的思想又再度復活。當時天主教教會的各種不同教學團體，如道明派 (Dominicans) 或芳濟派 (Franciscans)，對教義擁有見解相離甚遠的解釋；不過此時的教師，也只能在基本的正統教義範圍下享有自由，當巴黎大學的靈魂人物亞培拉 (Peter A-belard, 1079–1142) 不但大膽向正統架構的枝節挑戰，且還向正統架構本身提出懷疑時，他的教學自由之羽翼，乃受到嚴重又無情的修剪！

教學的自由與控制，這兩極的擺動不只存在於西方文化或基督教文化，且當時的回教文化也有相同的處境。當西羅馬帝國由於日漸衰微而與東羅馬帝國切斷關係之後，回教人士乃接受了希臘哲學的影響。因之回教教育也產生了一項調和希臘哲學與回教宗教觀念的問題。當調和者享有較大的自由來探討希臘哲學精神時，回教文化就光輝燦爛；當希臘思想被懷疑有推翻保守的回教文化之虞時，調和者只好被迫遷徙到北非，然後輾轉流浪到西班牙。他們抵達那兒之後，恰好把希臘學術的批判性知識注入於西歐中世紀大學的勇士心中，且為其所充分使用。中世紀大學的教父們正在擺脫早期自惹的學術盲目，現在不僅拿基督教教材來教學，並且也從異教思想中獲取不少資源。十三世紀時道明派的主將，也是天主教闡釋《聖經》的最高權威聖多瑪斯 (St.

Thomas Aquinas, 1225–1274)，出面領導終於使理性的希臘哲學與感性的宗教教義，雙方合諧的冶成一爐。但十六世紀時掌宗教改革大旗的路德也是**威登堡大學** (University of Wittenberg) 神學教授，自由的教學「**異端邪說**」及「**旁門左道**」時，雖頂撞了羅馬教會，但幸而因普獲許多世俗的君王之支持而能免於被焚上火柱之危險。如果讓路德保衛自由的行動繼續發展下去，則很可能產生所有教義與教儀都得全部解體而成為眾說紛紜的結果。為了防止此種情況發生，教會與政府乃在新教的國家中，手攜著手共同把他的「**邪說**」改換成「**正統**」，新的但卻經認可的「**正統**」，如此才保住了師生在個別的運用自由來研究時，免於淪入「**異端**」的罪名！不過他也體認出，在教育普及與民智開發的地區，不可能有終極性、無誤性、絕對性、及永恆性的答案（真理），又有誰敢保證何者為正統，何者為異端呢？如果送子女所入的學校：

> 「結果教育是壞的，我的孩子變成一位異端者或一位惡棍，那怎麼辦？人們不是說，教育是敗壞又反常的嗎？」是的，但是你必須冒這個險。不過，你的心血不會白費，上帝將會考慮你的虔誠服務胸懷，並且服務一有成效，則列入考慮！

在「**反宗教改革**」(Counter Reformation) 中抨擊路德**新教教義** (Protestantism) 不遺餘力的**耶穌社** (Jesuits, Society of Jesus)，就企圖在自由與控制中算一算總賬。他們為學校管理所制訂的《**教學大全**》(*Ratio Studiorum*)，就走柏拉圖路線，要求各地方的教會負責人要檢查有違道德的教科書；凡不能完全廓清觀念的書籍，皆屬禁閱之列。但教師在遇到有爭議的論題時，「可以自由的取某一立場去討論。」

> 他應該對相反的觀念，採取溫和且仁慈的態度來維護自己的主張，尤其是該相反的觀念為先前的教師所堅信時為然。但是假如有通融餘地時，則必須謹慎將事而不要忘記予以調和。……不過即使在進行討論著與信仰及奉獻無關的題材時，除非先就商於上級長官，否則任何人也不得在重大事件的介紹上提出新問題，也不能發表任何不根據適當權威的言論。他的教學不能與學者之公理作對，也不可與教父之一般信仰相左；而應該完全遵照合法的神父之意見行事。只要地方習俗允許的話，他也應該依天主教學校所認可的觀念去行動。

三、科學與宗教

十八世紀時，由於現代科學之興起，因之對於自由教學觀念又有了新的態度。法國教育作家**孟登** (Michel de Montaigne, 1533–1592) 的著作，早在一兩個世紀之前就有此種先見。他對教師的演說，即勸告教師要讓學生「徹底的篩除並考評每種閱讀過的材料，不可在內心中儲存有任何單賴權威及信仰而得到的奇妙幻想。」並且他還說：「讓這種紛歧的意見宣揚出來，置於學生面前；假如他能力夠的話，他將自作選擇；假如能力不夠，則他將繼續懷疑。」他的意思，顯然地不認為有必要檢查課程，好讓學生能夠自己對某一特殊問題獲得確信不疑的結論。相反的，他甚至認為學童在經過一段時間的研究之後，心靈上應該有一種懸疑狀態。自由乃是研究與探索的路途當中的工具，不只是一種成果而已。

孟登努力於使教學免於受權威的支持者所束縛，但此種企圖在他那個時代裡是沒有什麼反響的。倒是法國大革命時代的思想家康多塞在舊話重提時，這種見解才得到應有的重視。根據他的說法，「政府的任何一部門都沒有權力，也不能使出手段來阻止教師進行新知的教學。任何與特殊政策或與當前利益相反的理論性研究，政府亦不得干涉。」事實上，康多塞希望教育不僅能脫離政府的控制，並且希望脫離「**所有**」的控制，甚至擺除輿論的箝制。在輿論上，他認為教育應該走在輿論的前頭，塑造之，糾正之，但絕不順從之或追隨之。康多塞還幻想力極為豐富的說：

> 最後，從某一角度而言，教學之獨立乃是人權的一部分。人既從自然界接受了完美性，但吾人對於完美性的未知領域（此種領域，目前還在擴增），大過於吾人之已知。因之，新真理之探求，對人種來說，乃是發揮人類能力（令人愉快的能力）的唯一手段，這也是人類幸福及榮耀的泉源。有何種權力能夠對他人這麼說：「這就是你需要知道的，這就是你該走的路」呢？只有真理才有用，只有錯誤才邪惡。但是到底又有何種權力（不管那是什麼權力），敢於決定真理所臥藏之處，及錯誤所隱身的地方呢？

在法國大革命的騷動時期，雖然康多塞提出啟聵震聾的論調，但大事底

定之後，在拿破崙掌權之時，保守的主張即瀰漫於整個社會中。康多塞極力貶抑政府對教育的控制，拿破崙卻全心建立之；這位睥睨歐洲的戰爭英雄，要將教育權緊緊的握在手中不放：「對於設立一個教學機構，我的主旨是用它來作為指導政治及道德輿論的工具。」在通信書札中，他也如此寫道：

> 在所有政治問題中，教育觀念的掌控，可能就是最重要的一種。沒有明確原則的教學機構，則無根基穩固的政府。除非兒童自嬰孩開始，即教導他應該成為一名共和國人士或者一名君主國人士，一位天主教徒或是一位自由思考者，則政府將無法組成一個國家；它建立在動搖以及模糊不清的基礎上，且經常暴露於變革及無秩序中。

拿破崙的極權勢力擴張之際，被法國所擠出去的教學自由，卻徙入於普魯士，且備受歡迎與禮遇。這個經過拿破崙的鐵蹄蹂躪過的國邦，在遭到拿破崙軍隊侵襲之後，乃於十九世紀的頭十年，糾合群力來解除外來的軛。普魯士人堅信，全體人民強有力的知識生活，乃是所有力量當中最珍貴也最牢不可拔的一種力道。因之乃決定設立柏林大學 (University of Berlin)，並授予該大學完全的學術自主權。在該大學裡，教學及研究都在追求真理，不應該先入為主的根據政府利益或目的來教學，卻須純粹仰賴自由的探索來教學及研究。「教自由」(*Lehrfreiheit*) 及「學自由」(*Lernfreiheit*) 是兩大口號，這種作風瞬即為其他日耳曼大學所仿效，結果在十九世紀未結束之前，德國大學就以進步的學術成就聞名於世，不只把歐洲古老大學的威權習氣洗滌淨盡，還在知識創新及科技發明上，傲視寰宇。不但遠在東方的大清帝國及日本紛紛派遣留學生去「拜師學藝」，連美國大學生也趨之若鶩！

柏林大學成立之後不久，愛國者、哲學家兼教育家的菲希特 (Johann Gottlieb Fichte, 1762–1814) 在擔任該大學校長時發表的就職演說，就精闢的提出學術自由的主張。菲希特像康多塞一般，認為只有在安穩的且不受干擾的知識進步之園地裡，人類才能圓滿的實現終極目標。在所有可能的園地裡，這種進步最可能產生的恰當場所，就是大學。因為大學儲存了每一時代的最高知識成就，因之下一代人可以從上一代人的肩膀上看出更為遙遠的知識水平。假如原先大學在設立之際，就能網羅那些沉浸於學術研究領域內的教授，又能招收適當的學生來接受這些教授的指導，則大學本身將能繼續獨立存在而

不需仰賴外來的助力。菲希特說：

> 不僅這些外來的影響及干預是有害的，並且對有意製造進步的人而言，是一種擾亂。因之，假如要大學達到它應有的目的，並且也履行它自命的旨趣，則必須放手讓大學自由；它需要並且也應該要求徹底的外在自由，最廣義的學術自由。……由是，教師教學絲毫不受限制，研究的學科不受阻止；教師可以自由的思想並傳達獨立的見解於學生，而大學生也同樣享有此種自由。

四、自由主義

十九世紀中葉，這種學術自由的精神，傳遍了全世界的大學。學術自由廣為流傳並趨於頂峰的原因，部分係受十九世紀自由主義的浪潮所推動的影響。但是，過去倡導正統的天主教會卻頑強的反抗自由主義的風浪。好在，教皇庇護十一世 (Pius XI, 1857–1939) 雖然在 1864 年頒佈他有名的《錯誤大要》(Syllabus of Errors) 時，堅定不移的反對自由主義精神，但他的行動卻無法阻止繼任者李奧 (Leo XIII, 1810–1903) 的作風，後者於 1888 年也發表一封〈教皇通諭〉(Libertas Praestantissimum)，為天主教會辯護，聲稱天主教會也是學術自由的捍衛者。只是這位新教宗對教師之享有自由，聲明那是有條件而非漫無限制的；他先以天主教的意志自由教義開始說起，承認自由乃是作為人的最基本條件；繼而指出，自由必須依循理性及法則所引導，不然人將自我毀滅。如果一個人完全不依理性也不遵法則而充分得到自由，則他將極不可能辨別是非、判斷善惡，亂來及胡說八道將是結局。既然「假」不能與「真」同值，因之教師也就不能有同樣的自由來教是及非。據此，李奧與柏拉圖的觀點非常接近。他說：

> 只有真理才可以讓無知者及受過教育的人學習，也只有把知識帶給沒有知識者，並要那些本已有知識者保存之。依這種道理，則負有教學職責的所有教師，都應該教導學生免除心中之誤，並確保進入乖謬信念之門已關閉，這是再清楚不過的。

這種立場當然要先有個假定，以為是非真假甚至善惡可以釐清，釐清到無誤境界，這種能力，對天主教哲學而言，並非是一項不可克服的難題。但

是中國宋朝的呂伯恭曾說：理未易明，善未易察。了解真相大白，沒有那麼容易。明「理」又能察「善」，困難多多。今人不只埋葬了古人的屍體，也毀了過去的觀念。當然，有些人尤其是天主教徒確信真理有兩種，即自然的及超自然的；教皇李奧更不用說了。在信及德的領域，某些超自然真理，早就由上帝本身啟示於人；與此神秘啟示相合者為真，與此有違者為假。並且在分辨真假的工作上，教會從不會有差錯也不會受矇騙；因為上帝既把神啟託由教會轉達，要教會平安的保存並宣揚神的啟示，則上帝已將教會當作神秘權威的伙伴。所以李奧又說：「教會遂變成人類最偉大也最可信賴的教師。」在教會的巢穴裡，教學自由是神聖的。

　　至於自然真理以及自然真理的教學自由上，李奧繼續說：

現在，理性本身已清楚的指示給我們，神啟真理與自然真理不能有所對立，並且任何與神啟真理有所離異的，都必然是錯誤的。因之，教會所從事的神啟教學，非但不是學術探討以及科學進步的阻礙，也不是拖延文明進步的絆腳石，它實際上卻以明燈來引導那些工作的進行。並且依相同的道理，人們獲得完美的自由，利益也真不小。因為救主耶穌基督曾經說過，人由真理，就可以獲得自由。祂是這麼說的：你應該知道真理，真理將使你自由。因之，如果為了維護正義以及在規則上必須有所限制，並依教會及理性本身的決斷，使得人間的教學應該予以控制時，純正要自由的人不必憤憤不平，真實的科學研究者也不必覺得受了委屈……。最後，我們必須不要忘記，垠垠無際的領域還有待人類辛勤去耕耘，靠天才來開墾。那些領域有些都與基督教信仰及道德無關，教會對之，不應動用任何威權，而全部讓學者自由的不加限制的去處置。

　　十八世紀晚期及十九世紀早期，許多美國人都同情自由主義的法國大革命思潮。**傑佛遜** (Thomas Jefferson, 1743–1826) 就是其中的一位。這位**獨立宣言** (Declaration of Independence) 的作者，以及**維吉尼亞大學** (University of Virginia) 的創辦者，常以前面所引述的《聖經》語句「你應該知道真理，真理將使你自由」作為該州立大學的座右銘。真理優先於自由。不過這種令人激賞的自由精神，並不經常存在於當時他所創辦的該所大學裡，更不用說瀰漫於

其他的美國大學院校了。因為當時的高等學府，不管公立還是私立，多數都在教會的控制之下；而當時的教會，不管新教或舊教，都極力維護宗教信仰的一統性，並利用大學院校來訓練各教派教士來增進教派利益。雖然，開始於十八世紀末葉並繼續存在於十九世紀初期的政教分離，是一種自由運動；但在大學講壇裡，公然自由的對宗教命題予以質疑，這種時間還未屆臨。就是十九世紀中葉所產生的爭論，如奴隸制度之存廢及政治和經濟政策之正反對立，也還未在當時的大學校園裡出現；權威人士曾經說過，如果教育界能夠擁有教學自由並公開討論奴隸制度問題，則或許美國有史以來的一次內戰可以避免。不幸，當時的教學依舊是權威式的，依哲學上先入為主的命題，以為真理係絕對並可確認，錯誤必須予以掃除。

大學以下的各級學校，學術研究及教學自由問題，甚至到了十九世紀的美國，也不會出現在課堂裡。中小學以傳道、授業、解惑為主，不是以「創見」為優先，所以比較與學術迫害絕緣。小學的主要課程，就是 3R's 的讀、寫、算；學苑及中學科目不是太偏於古典語文之背誦及記憶，就是太側重於實用學科的學習以便趕上國家社會的急劇發展；因之無暇顧及到一些敏感的當前社會問題。並且，多數的教師是否受過較徹底的學術訓練，是否夠資格享有不受限制的學術自由權，則不無疑問。

五、公共輿論

此外，公共學校體系之建立，也把爭議議題排除在公立學校的教室之外。本來是私人支持教育的方式，之所以能成功的改為以公款來設立學校，這種成功，大部分要仰賴公共輿論界有共識。在辯論公私教育的優劣時，公共輿論已甚為紛歧，難得已獲取一致見解，如果再把宗教信仰及奴隸制度等這種紛歧爭議性議題納入課堂裡討論，則將帶來災難。比如說，曼恩在獲悉麻州有一所州立師範學校的教師，帶領全班學生參加廢除黑奴制度的會議時，就發出警告不可再有類似情況發生，否則該校擬獲得更多的經費補助，計畫就成泡影。就是到了 1951 年時，紐約州的教育行政機關也要求學校在考試題目中不提疾病的細菌理論，以示對基督教科學家的尊重。

教師如果在校內及課堂裡享有較多的學術自由時，在教室及學校門牆之

外，教師自由卻經常瀕臨危險之境。作百姓之一的教師享有一般性自由及公
民自由，與作為教師所享的學術自由，二者是有別的。教師處在公眾熱衷於
討論的爭辯漩渦中，如想潔身自愛，也難保全身而退，毫髮無損；冷漠與疏
離之指責，將紛至沓來。事實上由於教師扮演教導下一代年輕人的角色，美
國人乃對教師之宗教信仰，非常好管閒事，認為這與純粹個人的隱私性無關；
這是自墾荒時期以來，教師所要面臨的信仰自由問題；獨立革命期間，教師
是否為親美的「獨派」還是親英的「統派」，都令社會大眾注目，二者都算是
愛國者及效忠者，但愛的國及效忠的對象迥然而異。獨立革命成功後，教師
在宣揚法國大革命時的極端思想時，都得小心翼翼。十九世紀中葉，教師們
對奴隸制度的看法如與當地多數民意有異，也極容易造成麻煩。稍後達爾文
學派所帶來的科學與宗教之論戰，也使得教師在社會關係上腹背受敵，左右
為難；倒楣者則遭解職。十九世紀晚期，教師即使以公民身份來發展有關當
時日益高漲的政治及經濟改革言論，都會帶來困擾，即使他在課堂內一涉及
此即三緘其口，也是如此。

　　也許是心中有鬼，其實是天下本無事。大多數教師對於前述問題，並不
知道他們自己有沒有自由可以發表意見，卻先自己設防，心中如同有臺灣戒
嚴時代的警備總部存在一般，認為那是禁忌，更是圖騰，碰觸不得。或者大
部分教師都身不由己的認同該地區人民的看法。因之如果說教師在覺得自由
遭受束縛時，這種束縛乃由於他們自己才疏學淺並缺乏勇氣所致，而非外在
的種種社會限制所造成，則這種說法也不見得離譜！

　　在一般社會問題的爭論上，教師以公民身份來發表意見的自由，大過於
他以教師的身份運用教學自由於學童身上。此種觀點，主要是來自於十九世
紀中葉的曼恩；曼恩目睹狂熱的黨派及宗教教派人士都紛紛加入社會爭議問
題的論戰，認為這是自由社會的正常狀況。但他倒希望不設防、天真無邪、
容易受左右的學童，可以在學校裡找到一個暫時性的寧靜天堂；俟他們長大
成年之後，才自個兒奮勇加入或抵抗這種爭論的浪潮。他反對將值得爭議的
題材編入中小學教科書裡，也認為學校不是一種灌輸學童某些特定觀念以為
是對抗社會「惡習」的場所。中小學只能教到目前已有共識的觀念及作法，
如反對酗酒及製造戰爭等，光教這些，都已力有未逮了，那有餘力及於其他？

因此公立學校教師既受公家所雇用，就只能享有維護現狀的自由，而不能批評現狀。至於私立學校教師，就更不必贅言了。批評現狀之責，留給大學的師生吧！

學科的性質也影響了學術自由幅度的大小；十九世紀及二十世紀之交時，某些學科學術研究自由的伸縮性比其他學科為大。從前易惹禍的天文學說，其後所享的自由安全度就因科學昌明而增加；自然科學如物理學及化學的教師，甚至是歷史及文學的教師所能擁有的學術自由，就比社會學、經濟學、宗教神學、或道德倫理學的教師所擁有的學術自由為多。理由是一清二楚的：

> 前者的新理論，影響於個人行動及社會行動較緩並且非常間接，因之不會造成有害的擾亂。但後者的改革論調如果太過偏激，則易激起社會危機，破壞了社會秩序的道德基礎，摧毀了財產權及利益的經濟保障，而埋葬了產業行動的安全，並阻止了進步。

一言以蔽之，前者指涉到「物」或古人；後者則直接觸及到「人」及「活人」；面子問題才是關鍵之所在。

六、教師忠誠

戰時與平時也左右了學術自由的多寡及性質。第一次世界大戰時期的重大變化，使得許多人重新檢討上述說詞。歐洲的社會革命，如蘇俄的共產主義勃興、義大利的法西斯主義、德國的納粹主義、以及日本的皇民化思想，刺激了美國人再度考慮資本主義及民主政治的利弊。一次世界大戰之後的十年經濟大蕭條所造成的衝擊反響，更加速了這種想法的步伐。「新政」(New Deal) 於焉展開；在新政時期，人們非常熱烈的討論社會問題。這種情形一直延續到第二次世界大戰；後來的「冷戰」時期，又把所有錯綜複雜的問題接過來；其他伴隨著這些社會變遷的主宰勢力，也給社會造成不小的震撼，如重提過去宗教與科學之論戰以及婦女地位的改善或兩性平權之注重等。從此刻開始，大多數的中小學教師是女性，但一般婦女又有吸煙、飲酒、並且穿著超時代新款衣服或暴露更多胴體等傾向，因之人民即使不討論教師的教學自由，也一定會把話題轉移到教師的一般公民自由權上。

無獨有偶，這種變革恰好與公共學校課程之基本修訂同時發生。課程改

造所根據的哲學觀念，完全是實用主義的教育哲學主張，目的在於讓學生了解並盡可能的培育學生有能力應付由上述變遷所帶來的複雜及矛盾環境。為了要達到此種目的而編製出來的課程，當然就包括了許多與政治及經濟爭論問題有關的教材在內。此種措施，乃打破了由曼恩所塑造的傳統美國實際作法。還好，此時公立學校已根基穩固，還可以經得起政治及經濟（還未含宗教在內）問題的自由爭論所震動而屹立不搖。本來容易造成族群敵對或立論相左的現象，現在已較輕微了；加上教師訓練也比從前邁了一大步，新教師已足堪膺此重任。

由於教師可以在學術自由的護衛大衣下抨擊許多爭議問題，因之保守的壓抑集團如「美國退伍軍人協會」(American Legion)、「美國革命女兒會」(Daughters of the American Revolution)、及商會等，都不時呼籲教師不要讓「美國這條船觸礁」(rocking the ship of state)。前述提過，主張教師應該教學社會現狀，並積極主動打擊社會變遷理論的各種委員會或團體，認為：

> 進入公共學校體系內，教師就應履行某些義務，並且必須犧牲自己的一些知識自由。假如教師不贊同現在的社會制度或我們的政府結構，可以自由自在的提出自己的觀念，但卻要放棄公職。

十年過後，在經濟大蕭條時間，麻州更在保守群中領頭，要求教師要對憲法作「效忠宣誓」(loyalty oath)。二次世界大戰期間，美國眾議院也承擔了保衛美國人民自由的職務，到處尋找不忠於美國的教師。

但是，什麼才構成為不忠罪名？聯邦法庭曾詮釋憲法第十四修正條款 (Fourteenth Amendment)，要求各州在立法時，必須文字明確，使得安份守己的公民足以注意何種行為為法律所禁止。以教師效忠的誓詞為例，「尊敬國旗」或「心無二意的順從政府」等，被認為語意模糊不清且違憲。為了具體化，有一個州乃草擬了一份顛覆政府組織的清單，只要是這些組織的會員，就構成為不忠於美國的初步證據。但這是否與憲法第一修正條款 (First Amendment of the Constitution) 抵觸？此一問題的解釋，各方的說明不易一致；有些人認為，人人皆可以成為那些組織的成員，但此種自由不能作為這種人擁有教學資格；但其他人則說，此種作風使得教師變成二等公民，因為他為了要能獲得教師頭銜，必須放棄一些公民自由。

宗教的學術自由問題，也一併的與政治的及經濟的學術自由問題出現了。**田納西州** (Tennessee) 通過一條法律，禁止教導進化論的科學事實，因為與宗教的啟示真理相敵對。有個名不見經傳的中學教師不顧州法規定，不信邪的公開介紹進化論給學生，終於掀起了科學與神學的軒然大波。一般說來，學術自由的阻礙有四，一是政治理念上的與當局不合，二是宗教信仰上的異端，三是利益團體的出面干擾，四是公共輿論的指指點點。

雖然大多數民眾，都公開的或在暗地裡同意自由應有某些限制，但學術自由仍然持續有所進展。「**促使世界達成民主安全**」的第一次世界大戰，以及保衛「**四大自由**」（言論、遷徙、免於恐懼、免於匱乏）的第二次世界大戰，都使得人們更嚴肅的在大庭廣眾之前，以及在公立學校之內，無拘無束的討論爭議問題。人民更要了解，民主的進步社會，必須完全仰賴各種不同形式的言論自由，一方面指出未來發展的死巷，一方面也引導出寬廣大道，使得明日的眼界可以一望無際的擴展開來。

此段時期的進步，尤其表現在教師的公民自由及學術自由的分辨及界定上。根據美國公民自由理論，一位教師只要不煽動暴動且也沒有具體行動，就可以自由的對任何題目暢所欲言，而不必擔心會受監禁。假如他的言論使他自己不為人所喜、聲望低落，或者人格破產，他應該負這種後果責任；此外，根據學術自由的學說，則教師不但不必害怕有遭受監禁之危，且也不必擔心會因此被解職。但是這一項附加的保護，也僅僅延伸到該名教師就他的專業領域所發表的言論而已。超過那個範圍，他只能享受公民自由。對那兩種自由的侵犯，都受學術自由的委員會如「**美國大學教授協會**」(American Association of University Professors) 等專業組織的注意、保護、及監視。

第五節　*教育本身的進步*

姑且不管學校是否因教育的結果而帶動了政治、經濟、社會、及其他各方面的進步，光是教育本身範圍之內，幾世紀以來的教育到底進步了多少？此種問題如果要獲得解答，就得先問所謂「**進步**」，標準是什麼？一般說來，在教育的「方法」或「技術」方面，進步是有目共睹。但在教育「目的」或「方向」上，廣泛的來說，卻易引起爭論。之所以如此，可能是前者屬量

的估計，比較客觀，比較科學；後者屬質的領域，相當主觀，哲學性甚強，因之較難評析，在取得共識上較不容易。

一、量的成長

反觀兩千多年的教育發展史，吾人可以看出許多兒童及成人都因正式教育之擴張，而享受到了教育利益，這是不爭的事實。從古代只有少量人才能接受的教育，變成現在全體人民都能享有教育機會。不過在這個地球上，有些國家雖已經進行著強迫大學教育的措施以提高人民知識水準，但在其他地區上，就是到了二十一世紀，有些國家仍然文盲居多。話雖如此，教育在「**量度**」上，的確昔非今比。「**普及教育**」(Education for all) 的地盤越來越大。

不僅各種年齡層的人民就學的數量越來越多，並且學生也花更多的時間來接受教育。教育年限延長了，本來短如數天，多如三四年的，現在已有十二年或十六年的教育時間。初等教育全民化之後，中等教育也全民化，某些國家還高等教育全民化呢！這是「**長度**」的進步。

不僅有更多學童花更多時間在學校裡，且他們所學的課程科目，也越為廣博且越為豐富。由遊牧社會而變成漁獵、農業、商業，最後形成工商業社會的過程中，為了要配合更複雜的科技生活面，趕上 E（Electronic，電化）世代的來臨及第三波的電子儀器時代，社會也就要求學校應有電腦以準備讓學生能夠適應最新需求的經濟生活。同理，在政治上，當社會組織由家庭而部落、城邦、帝國，最後在二十世紀中葉踏入世界政治新秩序而有聯合國、北約、歐盟等的進展中，教育更要明確的培養各種不同社會組織的公民，在邁向「**環球化**」(globalization) 之時仍不忘「**本土化**」(localization)，是擺在教育圈內的重要課題。在**課程**的「**廣度**」、「**深度**」、及「**多元**」上，還有一項重要之點，即知識本身的進步。迷信的執著和粗疏的經驗觀察，已被嚴謹邏輯解析的哲學深思及現代科學之探究所取代。事實上，由於課程發展突飛猛進並且方向多端，因之要想精通所有學科企圖獲得「**泛智**」，已超過了單個人的心智能力範圍。目前必須集合各學科的專家學者共同鑽研，始克有成。集體團隊的學習、科際整合的思考及研究，才屬正途。

在人類知識大幅度擴展及加深之際，教育過程本身的進步也非同小可。

早先被目之為神秘性且被視為「天稟」的教學技術，在某種程度內，目前幾乎已為任何人所擁有。所有自然界的造物當中，最為複雜及神奇的人性，也大部分因哲學及科學的研究而解開了其中的奧秘。除非在這方面真有進步，否則今日更多受過訓練的教師來教育公眾，幾乎是不可能之事。

為了學校教學方便，並有利於達成學校功能而設置的**物質裝備**，幾世紀以來更是積聚豐富，尤其在十九世紀及二十世紀時為然，在教育企業化大肆擴大其範圍時，學校建築及設備都增加了數量，品質也提升。從早期的迴廊及租來的稻草屋或廄舍慢慢改善的結果，現在連小學的黌宮，已大可與最具氣派的教堂及都市最宏偉的建築物相比美，並且成為地區的景觀，是遊客觀賞的焦點。校內建築物還考慮到健康、衛生、及安全設施，這是幾世紀所不敢奢想的。為了配合日益擴充的課程範圍，校舍不是只有**教室**而已，還包括實習商店、實驗室、體育場、多功能禮堂、圖書館、博物館、農場、工廠等。在教育進步所要仰賴的所有機器發明中，印刷術是最不可或缺的。印刷術不僅能夠使學校圖書館藏書越來越多，並且在近幾世紀以來，也使得每名學童都能夠有自己的書本。

最後一項簡易的評量教育在量方面的進步標準，就是花費在學校教育上的金錢日益增加。從前單靠有錢人家荷包而辦的教育，現在已變成向大眾徵收費用的教育了。以前是地方性公共預算中一項微不足道的支出，現在則是費錢比例最多的一項。

二、質的改善

為了要檢核教育史的賬目並計算進步與退步的收支相抵狀況，因之光看量的發展是不足的。除非吾人能夠確定教育在質的進步也如同在量的進步一樣，否則對教育進步就遽下斷語，是不妥當的。雖有許多的學生在更廣闊及更美好的學校校舍裡接受更優秀的教師指導，也花更多的時間學習了更為豐富的課程，但只要教育目的水平，並非最高層次或者不準備漸漸提高，則效果等於零。但是在一般人所能接受的價值階梯上，又如何能夠安排教育目的呢？在所有教育史中，何種教育價值是最大的共同分母而其他教育活動是分子呢？

　　當然，此一問題的答案，是依各個人的教育哲學觀點來決定的。但教育哲學的進步，不能如同前述可作為相互比較優劣之用的課程、方法、建築、及其他項目的進步那般的容易被指認出來。顯然地，我們只能這麼說，並且這麼說才算正確，幾千年來教育哲學的進步，表現在它從一種教育應該維持現狀的理論，改變為教育應該推動現狀，使之與天國永恆不變的目的更為接近；又從此而改變為，教育應該繼續不斷的重新改造現狀，承認沒有固定目的且所有科目都得一再改編的教育主張。但是，實際上倒有許多人，對二十世紀以來的進步主義教育哲學，是否在長程的教育旅途中真能造成教育進步，提出嚴重的質疑。實用主義學者說是，而天主教學者則說否！

　　雖然教育目的的進步，在過去、現在、以及未來，都是一項引起爭論的題目；但是值得注意的一件事是，在教育進步當中，有一種價值卻為大家所共同認可，這就是**人格**的崇高價值，也可以說是人生的意義或人性的尊嚴。基於這種價值，才產生兒童大憲章，宣稱兒童自己有權利可以在生理上、智力上、及道德上發展成為完全的正常成人。二十世紀之初，兒童教育家即大喊該世紀是兒童世紀；現在二十世紀已過，教育家仍需繼續大膽的為兒童請命，為下一代喊冤；因為幾千年以來的兒童，實際上沒有享受該有的兒童權且被視為任由成人支配的動產，並且在兒童稍長時，父母或他人仍以他們作為經濟上的資產而剝削兒童勞力！

　　這段教育史的大要，大體的聲調是樂觀的；但是如果忽視了教育除了生長之外就沒有衰微現象，則犯了一項大錯誤。這種危險記號並不難以探測出來。文化遲滯，就是最先的一種。當學校課程無法趕上當前生活，則教育生機波浪即現退潮；可能還有人興奮於把教育本身看成是裝飾性的，但技術高明的教育實際工作者，將可以從教育的臨床記錄中看出，那種興奮卻是疾病發作前的症候，而非健康的表示。事實上，整個教育史就因教師習於教學形式而非教材內容，以及只重讀書而不及生活而受人哀悼。在大多數的情形下，這種墮落的時間是短暫的，並且恢復正常也很快。但卻不要忘了，歷史上曾經有幾段很漫長的教育退化期；其中最長的當然就是羅馬帝國衰亡之後的那段時間，歷史學家還稱那段日子為「**黑暗時代**」(Dark Ages)。

　　在結束這一議題之前，我們也要注意的是，健康及進步的教育徵象，可

能被誤以為是退化及衰亡的症候。幾千年來，大多數的人都是保守的；許多保守人士，就以為任何與習俗或傳統有所離異的教育措施，都是錯誤及退步的。因之，當教師在教導學童時採用了新方法，以便學童能解除各種束縛，並能自由自在的學習時，這些學童即被控以對神不敬及對父母不孝的罪名；教師是始作俑者。此外，教育的進步，並不在各種途徑上都能表現得速度一致；此一方向的衰亡，可能由另外一方向的進步所補償。職此之故，有人說雅典被征服時，正值雅典教育成就達於頂點之時，卻是衰亡時期。是否教育及文化之強反倒造成政治及軍事勢力之弱？假如我們只看到當時思想拓荒者如蘇格拉底，柏拉圖，及亞里士多德等後繼無人或人數驟減這種事實，則該說法是精確的。但只要我們也看一看在雅典政治及軍事勢力被消滅之後，希臘文化如何遠播於愛琴海及地中海地區這另外的一件歷史事實，則我們不得不承認，重大的教育進步已在那段時間中產生。甚至羅馬帝國崩潰後教育之走下坡，也可以取同樣的觀點視為有補償作用。如此，文化成份之相互攙雜是不可避免的。北歐野蠻人首度吸取希臘羅馬文化時，才真正的為現代歐洲光輝燦爛的文化，奠下了一層必要的基石。不爭一時，應爭千秋，教育史更應如此！

　　幾世紀以來，可作評量教育措施進步與否的各種不同因素，它的清晰度不一。不過，社會大潮流的漲落，卻無疑的可以決定教育是進步或退步。在這方面最重要的基本因素，可能就是經濟勢力。一般而言，在經濟繁榮高達峰頂之時，教育的進步最大；在經濟大蕭條的低潮時，教育發展就受到嚴重的阻礙。而戰爭及和平也是影響教育前進或後退的主力。大體上說，戰爭大大的破壞了教育的進步；戰爭不僅使絕大多數的人們不關心學術研究活動，並且在近幾世紀以來，戰爭更過份的消耗了經濟資源；經濟資源是造成閒暇的重要條件，而閒暇時間乃為進行教育活動之所必需。在和平、安寧、法律、及秩序地區，教育就欣欣向榮。戰爭雖也帶動少數學者專門研究與戰爭有關的一切，尤其是武器，但反而更助長了人類的殘酷悲劇；人才之長期孕育，非一蹴可幾，且欲速則不達；這方面不僅有賴經濟富有以及和平安全，並且另外一種因素也非常重要，此因素即政治體制。除非學者可以依好奇心的驅使，而任其往各方面鑽研，否則將因偏見及無知的人為障礙，而阻止了教育

的進步。因此，民主及自由的地區，教育的進步當然就非專制及威權的地區之教育可以比擬。後者只能逞強於一時，但無法作威於永久。

　　教育目的正確與否的判斷，雖說較為主觀，但只要能言之成理，持之有故，則假以時日，該種目的觀，總有成為「互為主觀性」(intersubjectivity) 的一天；「互為主觀性」，已逼近「客觀性」(objectivity)，此時，「共識」(consensus) 就水到渠成。在眾人集中心志且公開無所顧忌的情況下，所獲得的共識，也就離真正的「真理」不遠了。過去假藉「真理」所宰制的教育目的，由於該種「真理」不能禁得起長期的考驗與檢證，因此在開放式又民主自由式的爭辯之下，早已消失無蹤。從此亦可見民主自由社會所教導的真理，價值比專制極權社會所灌輸的教條，更可以放諸四海而皆準，俟之百世而不惑！此種教育目的的真正進步，有賴全球人類經過啟蒙教育之後，方可望達成！

　　平實而論，「學校教育」的功能有時也令人持疑，可見待改善之處仍多。教育史上一些名人不見得都是學校出身，英社會學大師斯賓塞四十歲以前未接受什麼學校教育；美第七任總統、也是首位由西部人出任總統的傑克遜 (Andrew Jackson, 1767–1845)，及第十六任總統林肯 (Abraham Lincoln, 1809–1865) 兩人皆只接受過一年的學校教育而已，卻都是史上有名的領導人，他們自學的勤奮，彌補了許多缺失。為了不使「有見地」者視入學為畏途，則學校教育人員之思想觀念有必要反省思索一番。

　　教育史上「讀書無用論」此種「反智主義」(anti-intellectualism) 勢力不容小視。讀聖賢書，所學何事？要是一味地擬把「士」變成「仕」，以覓封侯為志，以為書中自有黃金屋、有顏如玉，更有車馬多如簇，則怎能算是實踐了口口聲聲以「正其誼而不謀其利，明其道而不計其功」的中國學風呢？而仕風之敗壞，「無官不貪，無吏不污」、「三年官，兩年滿，包袱捲捲回唐山」，指的不只是臺灣於大清帝國統治下的民間口頭禪而已，即如整部中國政治史之「仕」風也是如此。「仕」來自於「士」，乃是讀古書中科舉的儒生。官階臻「臺灣民主國總統」的唐景崧 (1841–1903)，面臨「臺灣國」國難時，竟然攜帶大包細軟及大小姨太太逃亡，反而是不識字的臺灣平民以竹嵩接菜刀方式來抵禦外侮。此外，自學成功的典範多得不勝枚舉：大米爾 (James Mill, 1773–1836) 教了小米爾 (John Start Mill, 1806–1873)，後者之成就顯然高過前

者，但小米爾也自教他的 15 個弟妹，卻未見有一成名者；胡鐵花督導其子勤奮向學，胡適成為名滿天下的大學者，胡適也親自教他的孩子，但未見其子有何成就。

教育的變數太多，要警覺的是多數人接受學校教育的結果，印象並不佳，學校是進步的阻力還是助力，有賴教育學者及社會大眾省思！

有必要特別指出的是，西洋教育之發展，如同西洋各種人類活動的發展，一般都把成就的精華，歸源於古代希臘或羅馬。就史實而言，古代希臘羅馬確實理所當然地表現出人類智慧的亮麗成績。接續希臘羅馬文教的歐美人士，之所以讚美古代希臘羅馬，或許也有一因素值得考慮，即古希臘羅馬除了在文教勢力上足以讓後人甘拜下風之外，對歐美各國之存在，已無軍事上、政治上、宗教上、及經濟上的威脅。歐洲在中古世紀尤其在宗教改革後，各「國」相繼稱雄，英、法、普、奧、荷、西、義，各自展現互不相讓的國力，但這些史上亮相的大「國」，加上其後新大陸出現的美國，即令學者也有風度超凡者，偶而也會彼此歌頌一番，但抗拒甚至敵對或燃起戰火的時辰也多；唯獨對古代希臘羅馬懷思古之幽情，重於批判指責。就此一角度言之，古希臘羅馬的後裔，確實也可以祖先為榮，深盼他們不願讓古人專美於前，再重燃智慧火花，此種文教功德是否有成，有待其後歷史的印證！

第二十章　回顧與前瞻

　　西洋的教育現已成全球教育的楷模，猶如西元已成公元一般的為地球上絕大多數的國家所使用。之所以如此，西洋或歐美的教育演變足供吾人借鏡之處頗多。以臺灣為例，不論學校制度、課程規劃、科目設計、教材內容，或教育行政措施，甚至教育理念，及校舍建築等，幾乎無一不學歐美，其中，保存自己「傳統」者已微乎其微。此種現象，追根究底，乃因西洋的教育建基於人性使然，並且在長達兩千多年的發展過程中，皆有顯著的時代特色。批判、檢討、改進的聲浪不小，凡不合理的措施，皆攤開在陽光底下。日本本是個落後國家，多種措施以中國為師；但 1868 年明治維新時，有了徹底的反省與覺悟，「脫亞入歐」政策，擺脫了儒學的陳舊思想，1877 年成立的東京帝國大學，現在是亞洲大學排行榜首屈一指的名學府，學術聲望也在世界名大學中排名在前，日本學者獲諾貝爾獎者，亞洲居冠，連中國留學生皆趨之若鶩，許多日常生活習慣，已與歐美不相上下，如清潔、衛生、守法、購物不二價，且彬彬有禮。這些事實，都可歸功於教育。

　　沒錯，歐美教育在歷史演變中，令人不敢恭維之處也罄竹難書，1859 年以「何種知識最具價值？」(What knowledge is of most worth?) 而與達爾文 (Charles Darwin, 1809–1882) 於同年付梓的學術名著《物種始源》(*The Origin of Species*) 齊名的學者斯賓塞，在四十歲之前，幾乎沒有上過正式的學校教育，他的爸爸非常有個性，宗教信仰上屬自由派的「貴格教」(Quakers)，一生從不脫帽向人敬禮，但斯賓塞 (Herbert Spencer, 1820–1903) 於 40 歲之後「自學」成功，不只著作等身，且影響課程規劃甚鉅。美國立國後的總統，前六位都是「新英格蘭」(New England) 的貴族，第七位才首度由西部人出任，出身於田納西 (Tennessee) 州的傑克遜 (Andrew Jackson, 1767–1845)，一生中只到學校讀過一年書，英美戰爭中，他被英軍俘虜，英軍官令他擦鞋，他說，他只不過是個 POW（prison of war，戰俘），不是奴隸 (slave)，也不是英軍僕

人 (servant)；替英軍官擦鞋，他死也不肯。英軍官拔起刺刀向他揮來，他舉手擋住，受了重傷，臉也留下疤痕，此經驗他一生不忘。美國人選了這麼一個有骨氣又有尊嚴的人為國家領袖，開創了美國的新世紀；而同為西部人的林肯 (Abraham Lincoln, 1809–1865) 當選為第十六任總統，一生上學也只一年，但他勤奮的向村莊人借書來看，遇不懂則謙虛的向別人請教。發明大王愛迪生 (Thomas Alva Edison, 1847–1931) 倖而有個好媽媽，他在火車站當童工，不巧弄翻一些東西而被打耳光，一生耳聾。「你今後聽不到別人的聲音，但別人會知悉有愛迪生這個人。」媽媽殷切的鼓勵他。

第一節　史訓帶教育性

「人在做，天在看」，其實歷史也在瞧。教育史更如此。從「人性」的本質來看，人人皆有好奇心，因之求知慾頗強，如果教材當中選擇一些令人感動又具人生意義的教材，適合於學童認知者，則相信學童不會厭倦讀書。教育史上感人的故事太多，為什麼編教科書的人如此孤陋寡聞，不讀書的人原來是大人，尤其是有權審訂或編寫教材者。二十世紀以來，各國學者紛紛研究民族性格。其實，個人、種族、或社群的「天性」，相差不大，殊異性是後天的環境，尤其是學校教育所型塑的。即以日本為例，本是自卑感頗重的民族，在明治維新之後，不到半世紀，就稱雄亞洲，一戰勝了東亞病夫，再戰又贏了北極熊的俄國，第一次世界大戰又是戰勝國，雖然第二次世界大戰投降，眼看矮小的昭和天皇與體型壯大的麥克阿瑟 (Douglas MacArthur, 1880–1964) 向全球昭告戰後處理事宜，使日人自卑的覺得體型外表竟然如此不堪的相形失色，但日本人卻立即以經濟巨龍姿態，取代了軍事強權。看看日本人對天皇的效忠，美國人也不敢小視。明治天皇於 1912 年「駕崩」，留德的大將軍乃木希典與其夫人同天陪葬。日本東京帝大水利工程系高材生八田與一，為臺灣建烏山頭水庫並建嘉南大圳，對臺灣之農田灌溉及水力發電貢獻最大，夫人一悉其夫在南洋戰爭中戰死，隨即投水庫自盡。臺灣人要感謝這位水利工程師的貢獻，決意為他蓋一尊銅像，他首先反對，但最後答允時提出一條件，即他的屁股要坐在臺灣的土地上，使他永遠感受到臺灣人親、臺灣土也親。這些故事為何在臺灣教科書中隻字不提？

英國名哲學家羅素 (Bertrand Russell, 1872–1970) 在名著《西洋哲學史》一書中每提一重要哲學家，都費了一些文字描述其生平。孟子說「頌其詩，讀其書，不知其人，可乎?」(孟子萬章下) 當然不可。歷史由「人」(偉人，超人，智者) 所組成，他們卻有不少具有「教育」意義的生活事跡，世界各國之文化或文明水平，為何有上下懸殊之別。旅行各國時，都該體會出各國的民情風俗及禮儀。為何有些旅客一明示其來自何國，就會令人刮目相看，以羨慕之情望之；相反的，為何有些人民一說出國籍，他人則蔑視之，打從內心中瞧不起。一言以蔽之，都是「教育」使然！看看歷史上重要人物之言行，多多少少會左右讀者的心態。西洋歷史上名人的學問及人品，依羅素之見，雙雙臻上乘者如德國的康德，荷蘭的斯賓諾沙，英國的邊沁、米爾父子、洛克、休姆，美國的富蘭克林、傑佛遜等，不只知識豐富又深邃，且待人和氣，肚量奇大，慷慨好義，尤其以英人之表現最為出色與亮麗，不少在歐陸走投無路的異議份子，英人展現紳仕作風，不只收留之，還善待之。返觀中國人如王陽明者雖重知行合一，孔子也特提仁恕之道，但後者一當官 (魯司寇) 七日而已，就忍不住誅了少正卯，此舉連梁啟超都憤慨不已；而前者率軍到貴州，竟然屠殺四萬苗人；漢人吳沙開墾宜蘭，也殺了不少噶瑪蘭人！至於儒生一旦士成為仕，上奏皇上時，皆自稱「奴才」。為何未見有「大丈夫威武不能屈，貧賤不能移，富貴不能淫」的讀書人為文糾正，反而視為「理所當然」！士風敗壞至此，又以天朝自居，號稱為「天下之中」而名為「中國」，視他族是東番、西狄、南蠻、北夷，這是文明古國的具體象徵嗎?

　　一個人的成就，遺傳與環境是決定因素，前者可遇不可求，後者則事在人為。其中，教育的主導力最大，由個人所組的社區、民族或種族、國家，教育的支配力更為顯著。從出生到死亡的一生中，首先頭幾年是家庭教育的職責，其中，男性的掌控力大於女性，這叫做 patriarch (男為主)，而非 parental (父母雙親)。英教育哲學大師洛克 (John Locke, 1632–1704) 特為此而有不平之鳴 (見 J. Locke, *Political Writings*, David Wootton, ed., Penguin Books, 1993, The Second Treatise of Government. Ch. 6. Of Paternal Power. 286–309)。但質之實際，即令在強調「男主外，女主內」的中國傳統社會裡，也只見有孟母三遷故事，未見孟父對其子有什麼樣的教育措施。不過，重男輕女是普世性

的現象，連大思想家都有男性本位或沙文 (Chauvinism) 作風，亞里士多德不用說了，天主教闡釋聖經的最大權威托瑪斯 (Thomas Aquinas, 1225–1274) 都認為男性比較理性，且力大所以體罰孩子較具成效，此「謬論」必笑破當今進步式的教育學者。當然，父教子而有成者，顯例不少。其中，大米爾 (James Mill, 1773–1836) 教導長子小米爾 (John Stuart Mill, 1806–1873) 最為特別。小米爾之學術成就大過其父，但未聞其母如何教導他，也未知小米爾這位長子依父令教導其餘 15 位弟妹之教育成就。家庭教育之後，一般人即入正式教育機構就學，學校教育之功能就看出優劣所在了。

紀元前一世紀的羅馬大文豪，也是雄辯大師的西塞洛 (Marcus Tullius Cicero, 106–43 B.C.) 曾經說過，沒有歷史感的人，永遠是個長不大的小孩子。雖然兒童的教育價值，在十八世紀的盧梭 (Jean Jacques Rousseau, 1712–1778) 眼中是不可小視的，但幼稚、無知、判斷力較差、缺乏遠慮等缺陷，卻也是不爭的事實。就教育史而言，人類犯的教育錯誤不知凡幾，令人痛心。不過，「人非聖賢，孰能無過」，孔子也說，「丘也幸，苟有過，人必知之。」遺憾的是歷史上不管什麼時代，即令今人，也不知己過、時代之過，及祖先之過，且一再的犯過，就無可救藥了。杜威 (John Dewey, 1895–1952) 說 "learning by doing"，也可以說 "learning by mistakes, errors are always instructive"。錯誤都帶有教育意義，有過能改，善莫大焉！有的民族或國民，欠缺自我反省及批判力，又少民主素養，只准嚴以待人，卻寬以律己，這才是最無可救藥之處，一聞自己的祖先不如人，就憤憤不平，必欲堵住作此評論者的嘴巴，燒其書，甚至囚其身、焚其體而後快。但知悉犯什麼過，的確非屬易事，一種似乎還可信賴的途徑，就是經由歷史這條途徑。醫生療病，必先知病歷，從中掌握身心不適的來龍去脈，然後才下處方，如此比較能藥到病除。同理，教改亦然。

他山之石，可以攻錯。西洋教育史的探討，在應用上最為實際的，是作為本國教育的改善之道。回顧具前瞻意！過去的事實不可竄改，也不容遺忘，未來的事誰都沒有把握。但教育是人的活動，人是有機的，過去與未來是一種有機的連繫體。大略言之，環球教育史比較嚴重的盲點很多，幸而西方教育思想家及教育工作者並不忌諱的坦陳以道，且全心全力進行改善工作。西

洋教育之演變，已是當前舉世各國借鏡的焦點所在。不管哪一國的教育學者，「西洋教育史」皆是必備課程，這是冷冷的客觀事實。簡言之，西洋教育史上頗值稱述的事，是比較合乎人性、科學化、民主化、心理學化、社會學化、在地化、環宇化，也比較落實。當然，此種成果得來不易，也非上天掉下來的禮物，是一種省思的教育精神才有以致之。讓我們來作一返顧與前瞻。

第二節　女性教育的歷史觀

在聖經哥林多書，也是新約聖經裡的一書 (I Corinthians, XI, 7–9) 中，聖保羅 (St. Paul) 認為男人是上帝的「影像及光輝」(image and glory)，女人則是為了男人的光輝而活。由於男人非為女人之光輝而來，但女人一生卻只是為了男人的光輝而已；並且男人不是為了女人而生，女人卻為男人而存在；因之女須服男，妻一定得從夫，此種婚禮誓言，迄今未改。夫上妻下，男是主，女則為僕甚至奴。在自然狀態下，男女之「殊」，大多因體力之差別而來，男生力氣較強於女生，但也因之又推理而出男生在經濟力、政治力、宗教力，甚至學習認知力上，非女生可比。(Bertrand Russell, *Power, A New Social Analysis.* N.Y., The Norton Library. 1969, 232)

「有教無類」是古今教育理想，但過去的教育對象都不算「無類」，類是差別（如類別），可見教育史上犯了既長期又嚴重的錯誤。首先，把一半人口的女生排除在外，連中國被奉為「至聖先師」及「萬世師表」者還明目張膽地視女生如小人，是「難養」之輩，難養之一就是「教養」不來，諷刺的是竟然在為數不少的孔丘銅像下，還大書「有教無類」。沒錯，西洋人之歧視女生，也是不爭的教育史實。此種「常識之見」(opinion)，非正確的「知識」(knowledge)，希臘大哲柏拉圖早就指出；難能可貴的是這位教育學理論的建構大師，不只未瞧不起裙釵，還認為男女能力相埒。特別要指出的是，被尊為西方「至聖先師」的蘇格拉底，在師生對話中是有女生出現的。拙作《希臘的文化及教育》及《柏拉圖的教育思想》（臺北文景，2012）有明文記載。

其次，有極其複雜的因素，促使女子教育機會無法等同於男生，因此在過去世界各國的教育活動中，女性角色就缺席了，且長久的缺席。人類文化或文明齒輪之推動，少了一半人口之助，極為可惜，難得一見的是如課堂裡

出現了女性，就有稀奇之感，也必在教育史上留下不可抹滅的痕跡。就西洋而言，六世紀成立的寺院 (monastery) 是收女性的，但大半活動都屬宗教性且幾乎是道德領軍，與中國老祖先掛在嘴巴上的格言：「女子無才便是德」一般，東西輝映。中世紀成立的大學，一顆彗星出現，巴黎大學的靈魂人物亞培拉 (Peter Abelard, 1079–1142) 非常叫座的講課聆聽者之一是女性，她就是海洛伊斯 (Heloise)，並且還師生戀，除上邏輯課之外，還有談情說愛舉動。令人痛心的是該種愛情卻以悲劇終，難怪引發浪漫派學者之思古幽情，盧梭還為此寫了一本愛情小說《新海洛伊斯》(*New Heloise*)。

此外，十八世紀時法國神學教育家費內隆 (Francis de da Mothe Fenelon, 1651–1715) 還特地寫一專書，標題竟然是女子教育事宜（《女子教育》，*Education of Girls*），但仍不改傳統本色，原來男女教育，都只是以品德操守為尚，男女教育無別。

十九世紀之後，歐美各國紛紛普設初等及中等學校，女生入學機會陡升。但傳統的中等教育機構，是清一色的男生學校。英國的九大「公學」(Public School)，迄今未有女生，兩個老大學更是純男生的學府。幸而劍橋比牛津開明一些。

不可思議的是美國第一所高等學府哈佛，當今是全世界大學排行榜名列前矛的大學，在十九世紀力求興革的大學教育改革家伊利歐特 (Charles Eliot, 1834–1926) 40 年的長年主政之下，大肆興革，唯一令人訝異的是他卻不贊成收女生入校，還揚言穿著迷人但不宜於接受高深知識探討的女生一旦註冊，會轉移男生學習與研究的注意力，「破壞優良學風」。這位魄力十足的大學教育改革家在此方面的見識，就遜於中國北京大學校長蔡元培 (1867–1940) 了，蔡氏力抗千年傳統，堅持女生入校，折衷辦法是教室裡男女生分邊坐，中間用一條布簾隔起來。真可惜當時無照片存證，否則正是教育史上的奇景。哈佛名校長在女性接受高等教育上所持的傳統「偏見」，猶如盧梭對女子教育的看法一般的保守。

男女合校教育 (co-education) 此一事件，變成教育史上熱門也爭議的話題，爭取教育機會平等，痛恨但也可體諒（同情的了解，sympathetic understanding）的是男性的嫉妒心在作祟，引人肅然起敬的是女性的不屈不

撓。傳說中的花木蘭，女扮男裝從軍，另是祝英台也化身男生而擠入學堂。北京大學一女生奮不顧身要一嚐高等學府滋味，毅然決然不遵父命的入學，但這位無知又蠻狠的父親竟然斷了父女之情，且止了經濟上的支援。本來就有病纏身的女兒，又遭此重大打擊，遂抑鬱而終。胡適還特地為她的求學無法得遂而寫了長文悼之，讀來令人不勝唏噓！幽默大師林語堂 (1895–1976) 的二姐一生也以唸大學為抱負，無奈林父只願供男孩子的學費，不願也為女兒付束脩，好讓林大小姐望黌宮興嘆！否則以林家優異的遺傳，深信也會出現一流的才女。

　　但「有志竟成語非假，鐵杵磨成綉花針」；只要奮力以求，鬥志非但不比男生差，且求學壯志感人的教育史實，的確該為現代女生上了大學還打瞌睡，不知珍惜得來不易的機會者，羞慚以對。其中之一是義大利全球知名的幼兒教育學者且也創辦「兒童之家」(the House of Children) 的蒙特梭利 (Maria Montessori, 1870–1952)。

　　這位教育界的女中豪傑在高中畢業後，成績傲人，且理科成績一枝獨秀，她一心一意要唸大學，且以羅馬大學為第一志願。但義大利這個文藝復興的大本營，竟然仍為錯誤的傳統所束，是不准女生上大學的。她不顧一切，親自求見教育部長，還攜了她優異的成績單，擬上醫科。還好，皇天不負苦心人，男性的部長終為其情所動，破格准許她如願。她勇氣十足，醫學系規定兩個學生共同照料一具屍體供解剖教學之用，由於全校只一女生，又無男生願破戒，還羞於與女性共學呢！她只好一人照料一屍體。有一次羅馬下了大雪，天候奇差無比，學生都躲在家裡，只有她一人奮不顧身的坐在教室內等教授授課，教授準時來了，一見全班只一生聆講而已，她立即向老師說，她不該獨享教授授課之「福」，乃建議教授停課。豈知教授卻說，為了感動她的求學熱忱，他決定單獨為她授課。（上課是福，不是衰；上課還要點名，豈不是侮辱了「教育」了嗎?）

　　化學家兩度獲諾貝爾獎的居禮夫人 (Marie Curie, 1867–1934，同其夫 Pierre Curie, 1859–1906，夫婦於 1903 年獲物理獎，1911 年居禮夫人又獲化學獎）更有求學的動人故事。她是波蘭籍，波蘭這個國家也受傳統所害，關了女生入大學之門。還好，法國則敞開大學門。她家境貧窮，乃在高中畢業後，

鼓動其姊先到法國唸書，她則幫傭打工，供其姊學費。其姊順利完成學業之後，她才有財力到巴黎唸大學，晚幾年又有什麼關係。臺灣的師生或家長都在求學過程中，以坐直達車為志，中途不擬下車。她丈夫不幸車禍過世後，法國政府願撥公款支助其生活費，居禮夫人回拒，她說她還年輕，願自力更生。她發現了鐳，又負責鐳的研究工作，如她願意待價而沽，是無法以數目字計算其金錢的，但她決定捐給政府。臺灣同獲諾貝爾化學獎的李遠哲說，就是由於看了《居禮夫人傳》（有漢文譯本），乃決定向化學進軍。他感嘆臺大醫科學生又有誰看過史懷哲（Albert Schweitzer, 1875–1965，1952 年獲諾貝爾和平獎）的行誼而決定走入醫學院的；相同的，以教育為志者又有誰看過盧梭的《愛彌兒》(Emile) 呢？走筆至此，真是感嘆萬千!! 當然，後三者是男性，與本題無關；只是藉題發揮，有感而發而已。

其次，女性被排拒在大學之門外，或長期受挫於教育機會之獲得，理由極為複雜。其一是因男性為傳統習俗無法脫困，且視之為理所當然。人性有其該斥責的惡根，即喜愛別人的順從，聽好聽話。中國古來對婦女的要求就是「從」，從有三，在家從父，出嫁從夫，夫死從子。父、夫、子，都是男性，婦女一點自我之尊皆無，形同奴僕。丈夫打從內心中也喜愛夫唱婦就隨的伴侶，又有誰願意娶個有主見又經常喜愛辯論頂嘴的牽手。即令如今，獲高學歷的女性，在婚姻上是一大阻力。

其實婦女成為人母之後，倒對丈夫及子女之人格養成有極大的支配力。孟母三遷，目的是為其子尋找一個良好的求學環境。唐太宗李世民是典型的法家門徒，更該是獲得義大利文藝復興時首位現代政治哲學家馬基維里 (Niccolo Machiavelli, 1469–1527) 學說的真傳——為求目的、不擇手段。這位被中國政府嘉獎為「明君」者，實際上獲得皇位，卻是「脅父弒兄又殺弟」；長兄建成為他親自張弓發箭射死，四弟元吉則死於他部下，兩人之葬日，「太宗於宜秋門，哭之甚哀」。建成與元吉各有子五人，也「並坐誅」。手段如此陰狠，做作又極其矯情；現在臺灣的政棍，也有仿者。但《資治通鑑》有如下一段：

上嘗罷朝，怒曰：「會須殺死田舍翁!」后問為誰。上曰：「魏徵每庭辱我。」后退具朝服，曰：「妾聞主明臣直；今魏徵直，由陛下之明

故也，妾敢不賀。」上乃悅。

以諫出名的魏徵，幸獲后之欣賞，后也以智巧，使暴君心發怒放。「貞觀之治」為歷史留名，皇后居功最偉。

皇帝（男人）氣度不如皇后（女人）。

南北戰爭是林肯 (Abraham Lincoln, 1809–1865) 在史上最具貢獻的自由解放戰爭，但家裡的「內戰」(civil war)，他則舉雙手投降。臺語說：「驚（怕）某（妻子）大丈夫，打某豬屎牛」。胡適一群人組成「PTT」（怕太太）的俱樂部，還詼諧的說現代婦女有「新三從」，其中之一是「太太出門要跟從」。至於母教子女之歷史故事甚多，聖奧古斯丁 (St. Augustine, 354–430) 一生「為非做歹」，母親以淚洗面，苦口婆心，終於緣份到了，改邪歸正，浪子回頭，遂改宗基督，成為基督教早期最偉大的神父。盧梭生日，是他一生最大的不幸與痛苦日子，因為他母親難產過世。懷念其母之心，使他成為浪漫思潮的浪頭。但哲學家叔本華 (Arthur Schopenhauer, 1788–1860) 及尼采 (Friedrich Wilhelm Nietzsche, 1844–1900)，卻都因失去母親之愛，以及妹妹的軟弱，影響了這兩位德國哲學家成為悲觀論的要角，甚至還說：與女人交往，不要忘了帶根鞭子。瑞士教育家裴斯塔洛齊 (Johann Heinrich Pestalozzi, 1746–1827) 出生時，自稱比盧梭幸運些，沒有了爸爸，倖而母親慈愛的形象，影響了他一生，以教育「愛」為宗旨，此理念由此萌生。家教又自學有成最彰顯的例子，莫過於英國功利主義思想家大米爾 (James Mill, 1773–1836) 之教導其長子小米爾 (John Stuart Mill, 1806–1873)，但後者在自傳中隻言未提其母如何教導他。天主教闡釋聖經最大權威的聖托瑪斯 (St. Thomas Aquinas, 1225–1274) 竟然說父教子優於母教子，原因是父之拳頭大，體罰比較有效，且父子相處之時間長於母子，這在當時或許是事實，但二十世紀進步主義的教育學者，必抗議這位大聖如此說法。

人種之天性大概一律相同，但為何人的性格、習慣、思想觀念等，卻有不同；而由人聚成的民族或國家，也構成為相異的民族性或國家情，在文明或文化表現上各有顯明的差異性。其中一種主因，是家教；而母親左右孩子個性者，最不可忽視。幽默大師林語堂曾說，天下最幸福的人，是住在英國鄉村，室內有美國的水電設備，中國廚師，日本太太，加上一位法國情婦。

不少人研究日本人為何是天下最有禮貌者，原因大概也是源於母親的「修身」家教，有個慈祥的媽媽，孩子真有福了。發明大王愛迪生 (Thomas Alva Edison, 1847–1931) 在鐵道局當工友，由於喜愛科學實驗弄翻了一些東西，被打了耳光而失聰終生。他傷心的回家，媽媽安慰他，別人的話聽不到不打緊，但世人今後將皆聽到有個名叫 Edison 的發明家。蔣夢麟從學堂逃回在家，媽媽平和的問他，為何不上學，「我恨透了學校，恨透了書本。」還好，未受到償以巴掌的處分，卻是軟軟的問道：「萬一老師到家把你抓回去學校怎辦?」蔣頗為動氣的回道：「媽媽，我就拿一把刀把老師殺了，放一把火把學校燒光!」學校辦到此一地步，能怪小孩嗎?胡適小時接受其父的背誦古文經典教學，如同米爾父子一般。還好胡媽頗懂人情世故，過年過節，包的束脩都比別家厚些。孔夫子都不避諱的公然說出口的「禮」，聽在家長耳中，難道可裝聾作啞嗎!怎能不有所表示呢?這些教育史實，本書前已提過，由於太具教育意義，乃不厭其煩的重述之!

　　第三，女性教育異於男性的理由，也有宗教上、生理上、及知能上的。基督教聖經說，人人犯了原罪，其中元兇是夏娃 (Eve)；這位女性，聳恿男生亞當 (Adam)，兩人共同不聽話偷吃禁果，因之在教導上，女生要嚴加管教，比男生還更甚!其次，女生在生理上則有不利於求學問及探討知識的活動，生產期加上生理期，都對學業成績有負面影響。至於心智上，有不少學者還振振有辭的說，女性只能在文科上求發展，不利理工科的鑽研。其實，這大概也是錯誤歷史所遺留下來的「刻板印象」(stereotype)。客觀的教育史實告訴我們，如上述所言之蒙特梭利，她在學科上的強項是醫科及數學，居禮夫人則在化學及物理學上與其夫屬伯仲之間。同一人獲諾貝爾兩個科學獎，又是女性，大概是前無古人，後可能也無來者吧!男性有此殊榮者也極為罕見!只要不剝奪女性的教育機會，則未可先入為主的以偏見為定見。

　　美國的兩性平權法 (Affirmative Act) 大概是提供給男女平等教育機會的最大保障。「平權」，要有歷史觀。男生女生在教育機會的立足點上本來就不平等，出發點早就優劣互見。因此「實質」上的措施，應該是女性優先，即令「表面上」女劣於男。「平」不是靜態的，卻有波浪起伏。過去千年以來，比重都偏在男方，現則應「撥亂反正」，這才是「公平」的真諦，讓女生取得

便宜也不足惜，且才是「公正」的精義吧！因為男生大佔便宜的時間及地區已夠長夠廣了，現在吃點虧，又何必計較呢？如能率先禮讓女性，更見風度與素養，這才表示性別教育的歷史觀！重男輕女的錯誤及邪惡，就可以在教育史上絕跡！

　　兩性共同都有平等的教育機會，不分彼此，不可分校或分班，並且各級學校都該如此。教育史上有些實際教育措施為了怕麻煩，男女不只分校且男女不相往來，形同陌生人；不准通信、交往、討論，試問家庭裡也如此的把姊妹兄弟各予分開嗎？兄妹姊弟交談，這不是極為平常也正當的行為嗎！有人認為小學及大學可以男女合校又合班，但中學則不可，因為青春發動期，異性相處容易出軌，但這只是逃避問題而已。過去的教育界不敢面對問題，結果問題更多更麻煩。為今之計，「兵來將擋，水來土掩」，何必怕事。因此，如臺灣有清一色是男生或女生的中學，如建國中學、北一女中、中山女中、景美女中，或其他縣市之男女分校措施，都應想辦法走入歷史。這方面不著力，還可大言不慚的談「教改」？

　　有教無類在過去是漂亮且高貴的教育口號，說說好聽而已，事實上要真正做到，困難度超高，有經濟上的因素，也有政治上（如黑白糾紛）的困擾等，本書也早就有專章論及，此處不贅言！有教無類此種口號是喊爽罷了，實現的條件頗苛，包括師資、教材、教法、設備等，都十足棘手！

第三節　教育史上對「教育」的深入探討，顯有不足

　　教育的重要性，人人皆知；且教育活動的事實，也時時存在；尤其教育問題層出不窮，如何解決，的確並非易事。可惜的是教育史上把教育當成一種重要的思考對象，從而在學術機構裡成立一門學科來進行探討並實驗，此種時間出現得極晚。

　　雖然大學者為文著書，內容指向教育者極夥，柏拉圖及亞里士多德甚至認為國家行政部門的第一部，該是教育部。但「教育」此種實際活動變成為一種「學問」，或視之為一門嚴謹的學科放在大學院校裡，卻比其他學門落後。難能可貴的是康德 (Immanuel Kant, 1724–1804) 這位大哲學家任教的克尼斯堡 (Königsberg) 大學規定，大學教授不管專業領域是天文還是地理，都應關

注「教育」，因為大學是個「教育機關」，這是極為正確且難得的。康德也因此參考了他的先輩英國的洛克及法國的盧梭（原籍瑞士）之教育論文而寫了一本小書《論教育》(*On Education*)。他留下的講座，由赫爾巴特續任，後者成為教育史上「教育哲學之父」。美國密西根大學 (University of Michigan) 也規定，大學教授應思及高等教育哲學，因之名教育史家布魯巴克 (Brubacher) 也寫了一本《高等教育的哲學》，該書由筆者譯為漢文（臺北高等教育出版社）。不少大學教授只執著於自己專攻的學門，卻未悉他在大學任教所承擔的「教育」責任。最值一提的是本是化學教授的哈佛之伊利歐特，1869 年上任為校長之後，就自認思考重點有待調整，化學只不過是大學開設的學門之一而已，他身為大學主管，理應操心大學之整體發展方向及改革方針，因此花了不少時間精研史上重要的教育論著。他把心得輯成書，即變成為其後教育界尤其高等教育領域的重要閱讀資料。主政哈佛 40 年 (1869–1909) 之際，如遇學生或同事向他請益化學問題，他只好抱歉以對，且自認化學研究已不是他當前思考的主要學門。哈佛有幸，也因該校董事會選上了這麼有智慧的學術主管，在他任內，從一所「地方型的小學院」(local college)，一躍而成為舉世聞名的名大學 (international university)。

　　教育學術界及教育實際人物，每抱著一種「守成」心態，觀念保守，權威性重，教改的阻力大半就在教育界；在學術研究上，頂多「傳道」就感已足，不敢奢想「創道」，此種心態，東西方皆同。英國幽默作家蕭伯納 (George Beruard Shaw, 1856–1950) 說，時人有下述一些話，對從事「教育」尤其是教學「教育方法」者，是一大警惕與諷刺：

　　　　He who can, does;

　　　　He who cannot, teaches;

　　　　He who cannot teach, teaches others how to teach.

能力高強的人，去作一番大事業；能力低劣者，只好任教職；連教書也不會的人，就去教別人如何教。最後這種人就是在師範或教育院校擔任「教學方法或技巧」者了。此一教訓，本書已提過。由於對研究教育者尤其「方法」者大有提醒作用，在此重述一次。學科知識（本），優先於教學專業（末）。「答案」先悉，再求如何教學解答案之技巧或方法。教育哲學先，教育科學

後，目的、宗旨、方向及精神，重要性大過於技巧，方法。射箭的人不知射向何方，則射箭高手又有何用！

簡言之，教育的要旨，是設法引發學童的學習動機；學習成果則受了天份所限；要命的是天才卻經常受教師之「毀」人不倦，結果反教育之惡果頓生。一來在知識方面只要求背誦強記；又不許學生發表己見或異論，這不等同於愚民式的教育嗎？二來在品德教育上，由於大顯教師之不合理威權，以打罵為不二法門。試問教育界如充斥此種料，怎能夠格稱為「專業」啊！要與其他大學學門相較，難怪不少文理科學者大為抵制。當今環球「教育學」穩坐第一把交椅的大概要屬紐約的哥倫比亞大學，該大學有個「師範學院」(Teachers College)，擬併入哥倫比亞大學時，大學本部是不歡迎的，如同該大學的「女子學院」(Banard College) 一般，皆只是「附屬」(affiliated) 性質而已。還好，名聞遐邇的教育哲學家杜威及心理學家桑代克 (Edward Lee Thorndike, 1874–1949) 實踐了德國赫爾巴特的宿願，學界同仁遂不敢小視。本書在師範教育之演進一章中有「大論戰」一節，讀者尤其是教育學者應謹銘於心。如果開的課，寫的論文，發表的意見，未臻「學術」水平，則「人必自侮然後人侮之」、「行有不得，反求諸己」，不是也古有名訓嗎？

一個最注目的事實，臺灣最具水準的大學，莫過於臺大；臺大迄今未設教育學系，也無教育學院。全球比臺大更有聲望的大學，都早設有教育學系及學院，唯獨臺大未設。此外，中央研究院在蔡元培當院長時，組織章程也有教育研究所，但直到今年 (2014) 為止，仍未見有籌設教育研究所的新聞！臺灣之教改，不把「教育」當成一門「學術」，也是最該檢討之處。

第四節　文化財是教育財，但卻要合乎教育原理

教育史上開始比較注意教育時，各級學校就林立了。學前教育機構、小學、中學、大學等紛紛出現，這些教育機構扮演不同的教育角色。

一、學校機構出現的早晚

㈠大學最早出現，也最受重視

由於大學在學校階梯中位階最高，是所有關心教育者最重大的注目焦點，

入學者只要有了某種程度的語文工具、家境富裕、男性、又帶有強烈求知欲者，皆可入學，沒有年齡限制。希臘辯者之教學，以及蘇格拉底的對話，甚至中國孔丘之週遊列國時與各方學子之討論，都可屬「高等教育」範疇，那是依思考探究者之程度而言。其次，這種人必是「有閒者」(leisure class)，他們勞「心」不勞身，主要教材取之於自己「好學深思」之所得，或從歷史文化財產中挖寶。從教育史的時間上著眼，最先出現的高等學府就是紀元後529年被封閉的雅典大學，其後就是中世紀留給世人最大禮物的中世紀大學，其中神學為重鎮的巴黎（Paris，法國），法科最叫座的波隆尼亞（Bologna，義大利），及醫科為主的沙列諾（Saleno，義大利），當然都取史上最精華的文化財為教材，闡釋之，評論之，或自行為文論述之，其後也變成教材。重理論，主抽象。系統性，一致性，高深性，遂變成大學活動的特色。

(二)中學

教育史上的一些學府名稱，本不分「大」或「中」，但因學科性質有顯然差別，由「難易」分出高下。探討知識，既然大部分是向文化財取資，而文化財中的資料，是由不同語文所寫作的。由於希臘學術浩瀚，博大精深，因之希臘語文工具乃不可不備，這是「先決條件」，希臘文法及修辭非修不可。其次，拉丁學者繼希臘學者之後，拉丁著作也頗值稱述；因之，拉丁文法及修辭之修習，也是必修科。而為了精研神學，希伯來文的原典聖經更是聖書，不可不讀。這三種語文就是「古典語文」(Classics)，依這三種語文而組成的文化財，更車載斗量了。

文藝復興之後，古文學復活，但今文學也趁機受到重視。有別於上述三種「古」文的「今」文，紛紛出現。英、德、法、義等重要地區的學者，雖有些仍偏愛古文，但今文之勢力不可小視。大學是拉丁文的天下，拉丁變成學界用語，也是國際最強勢的語文。大學之林立，大學畢業生可四下任教，大學教授可以轉校授課，不生任何困難，因為語文皆可通。此種古風，仍狂吹於中學上，但勢力之猛，與大學就不能同日而語了。此外，學科性質之出入，也為大學及中學劃清一界線。中世紀大學之邏輯最被強調，文藝復興之後設立的學府，應時代之需，則以文學為主。一般說來，邏輯及文學程度之深，不相上下，但邏輯重理，文學主情；常運理的師生較少，喜愛情者屬多

數；領會及了解上，前難後易。如此一來，學府的「金字塔」(Pyramid) 影子立現。就數量而言，大學校數及師生數，就不如中學多。邏輯建基於數學，數學科目自古希臘以來，就有深淺學科名之，算術、幾何、三角、微積分等，難易明顯；而由文法及修辭此種「基本科目」型構的文學，也是在學習成效上大有出入。因之作為預備性質的學校，其後收的學生年齡較大學為低，人數又較多，除了古文之外，另有當地語文。教育的實用性及具體性，已更為明顯了。

(三)小學

全民普入學校，入校年齡降低，全體學童數當然非大學、中學可比。稱之為「基本」教育，乃係要求人人皆應具備，因之程度不深。但語文是母語化，教材是在地化；科目少，程度淺，並且是免費的，其後是強迫的、義務的，不入學即有罰則侍候。由於年紀小，因之打罵之事頻見；相形之下，大學雖仍有體罰之事，但惹出的麻煩甚為複雜。小學的學習活動中，背誦幾乎是千篇一律，各地各校皆奉行不渝。大學、中學雖也強調背誦，但較常見學生之反問；且如果能自行或靠師友解疑，更可引發學習者內心對師友的尊敬。

二、教材與文化財之取捨

在歷史中為後人稱述的文化財，幾乎都變成各級學校的教育財；不管幼童入的小學，或大人就學的大學，幾乎都要「背古代經文」。因之大小學生皆痛苦連連；即令傳統認為年紀小者記憶力強，但囫圇吞棗，不求甚解，只是死背，仍是學生最感痛苦或不堪回味的學校經驗。

其實，即令文化財中也有深淺之分，語文也有今古之別，並非所有文化財皆全具教育財價值。文化財中也有優劣，合理不合理之古典論著，也為思想界所解析論辯之標的。因之，「選材（財）」乃為教育工作者責無旁貸的任務了，總不能偷懶而一味地強力灌輸文化財給學生。加上文化財累積越來越多，古早的中國學生「背」「四書」即可，四書的字數又不多；其後「百科」式的文化財，「泛智」的講究，費力耗時更多；但在學習時間上，古今是不變的；因之，在文化財份量如汗牛充棟時，「選財（材）」之必要性，也成為「教育」最現實的業務。且也只有如此，教育之「學術性」方能建立。兒童心理

之研究、個性、興趣、性向、人格發展、認知能力之實況了解等，都是選擇教材及編寫教科書最重要的依據。大學科目中或學系裡，「教育」要佔令學界尊敬之份量，捨此別無他途。

　　二十一世紀已然來臨，還沉迷於記憶力上嗎？需知人的心性能力很多，記憶力之光環，已大為遜色了，不如重視理解力、分析力、欣賞力、辨別力、判斷力、或想像力吧！如此，文化財經過教育財的汰選，則代代更能豐富文化財的價值，生生不息！文化財只是一種客觀的存在，價值之良窳，必經時間的考驗，怎能照單全收呢？難道學生都是吸塵器嗎？

　　「好書」勝過「好師」。好老師不可能教導學生一輩子，但好書卻可以長相左右。好書的條件很多，可讀性、鼓舞性、啟思性、批判性、勉勵性、創見性等，缺一不可。康德讀了盧梭的《愛彌兒》，竟然忘了數十年如一日的固定時間散步的習慣（下午 3:30 分），讓住家附近的婦女忘了作飯，先生下班後未能準時用餐。有些書之箴言，確實一生受用不盡，教育史上此類例子頗多。好書如同好歌一般，可以一輩子不厭地百唱又百讀，且每唱每讀皆有不同感受，受惠無窮。寫出好書的人確是功德無量，是學生的福音來源。

　　一般來說，小學的教材既屬「基本」又「共同」，因之一來科目不多，二來不要太深又太廣。需知「專精」不是「國民教育」的重點。教育史上的 3R's──讀 (reading)、寫 (writing)、算 (arithmetic)，其後又加上第四個 R，即 religion（宗教）。前三是工具科，第四則是品行陶冶。求學一有工具，則可以運用自如了。自蘇格拉底以來，就一再追問「德可教嗎？」(Can virtue be taught?)，及「知可教嗎？」(Can knowledge be taught?) 一項較沒爭議的問題，是「語文工具」一定要靠他人教，天份 (IQ) 200 的人，也不知 "book" 此字如何發音、是何意；儀器之使用，技巧之訣竅，有賴良師指點，而數學也有必要靠老師教導。此外的學門，大概絕大部分要靠自己了。其中，好的教材，重要性位居第一；若又佐以良師輔導，則有如虎上添翼，可以鵬程萬里。因之圖書館及實驗室是學校最不可或缺的設備，這是家庭、教會、或社區無法望其項背的。至於良師，如能如親人甚至良母一般的施予「教育愛」，則更是對人類最彌足珍貴的貢獻。人生的意義就表現在栽培人材或把一個品學兼劣者，經過循循善誘的結果，改邪歸正，這不是最大的功德善行嗎？

裴斯塔洛齊的偉大，不是在「立言」上，他的著作平平，但教育愛卻令人感動。史上此種大教育家甚多，不幸，教科書卻未能列入。看看胡適 (1891–1962) 如何以金錢幫助陳之藩、彭明敏、林語堂、及李敖的故事，真賺人眼淚；他為善不欲人知，但不用擔心，受恩者都會公開那隱瞞多年的善舉。

其實文化財也有負面的，不過，負面也具正面意，作為警惕及教訓用。這猶如樂觀派哲學家一般，有人懷疑上帝創造的這個世界不是最美好的，因之不信上帝萬能，更不信真善美全由上帝包。但有神學家及哲學家卻為上帝辯解，且認為上帝用心良苦，上帝為什麼不創造一個美好世界，使善人長存，享大福又大壽，惡人絕跡；而非善人不得善終，讓他嚐盡一切苦楚、災難、病痛、不幸，卻令惡人反而囂張，還為愚蠢的百姓擁戴，榮華富貴集於一身？上帝既無所不能，為何不在惡人有惡舉之念時，馬上出手制止，得到該有的懲罰，上帝怎這麼不負責任，卻任令惡徒逍遙法外，耀武揚威，欺壓善良百姓，忠良慘遭毒手？其實這些「負面」性，正是上帝另有心意的「傑作」。這要怪人啊！怎能把責任往上帝推呢！上帝也提供給人有表現的機會啊！這麼說，長久以來的教科書編撰者未悉此意，只是歌功頌德，一味的美化古人，此種返顧型的文化財，不勝枚舉，不過也勿以為如此會「惡化」或污染無邪的學童心境。「良心」事業之秉持，不是教育界掛在嘴邊的口頭禪嗎？為什麼悲劇力大過於喜劇。好人終於出頭天，忠良獲平反，奸臣得報應，不是劇場喝滿堂彩的畫面嗎？

基本教育場所（小學）既是全民皆得入校的所在，因此一定要免費、是義務，因之年限不必太長。先進國家都已達六年～九年，如此已夠，實在不必為了充門面的要十二年，試問現時有那一個國家的教育，「要求」全體國民「一定」要修完十二年的教育，才可以在過普通生活上不生困難的？事實上申請非學校型態的教育 (de-schooling) 個例已越來越多，有些學童連唸一學年都忍受不住了。因此，如何解決當前的國民教育問題，似比僅單純延長教育年限來得更為重要。

第五節　人文性與教育二者的發展軌跡

教育是人與人之間的活動，「人際」關係密切非凡，主體性的重要性極為

明顯，自我意識中的尊嚴感是不可或缺的，師生情誼的厚薄也是教育活動異於人類其他活動的最大差別所在。具體的來說，教者（師）把受教者（生）當成「主格」(subjective) 而非「受格」(objective)，教育過程才能順暢不生瓜葛。不幸，此種現象，在教育史上卻不盡然！

「學校」在常人的心目中，是令學童懼怕的場所。羅馬時代的教育所在稱為 Ludus，即是「遊玩」的意思，但實情並不盡然；德育上的打罵，知育上的強記背誦，這兩大教育活動，使入校的學生心驚膽寒。聖奧古斯丁 (St. Augustine) 年屆七十時，有人問他返老還童呢還是等候死亡，他寧取後者，對童年的教育經驗，他是不堪回首的；新教改革健將路德 (Martin Luther) 直言無諱的說，凡是走過一建築物時，聽到屋內有嚎叫痛哭聲，那一定是「學校」。教師是獄吏，學生是挨打的對象；前引蔣夢麟逃課，胡適的「同窗」也是如此，蹺課的小孩多得是，教師遂指定一名小朋友負責把不上課的小孩抓回，被指定的小孩興高彩烈，他可以「奉命逃學」。為何學校這麼惡名昭彰，主因有二，一是教材不當，什麼《三字經》的「苟不教」，胡適笑稱，同學都唸成「狗不叫」；二是師太嚴，毫無人性味。

俟盧梭出，他為學童喊冤，替小朋友打抱不平，從而適合於學童唸的童話故事大夥問世，小朋友喜不自勝。但學校規模越來越大，學生人數越來越多，教室管理及訓導行政遂成棘手問題；「科層體制」(bureaucracy) 頓生，法規校訓、行為準則多如牛毛，師生之情越來越稀。「正式」的學校教育，師生都有嚴重的疏離性；非正式的社會教育或家庭教育，也推波助瀾。從而，冷漠症 (apathy) 及局外感 (alienation) 遂起，尤其在工業革命之後，全球各地住民幾乎都邁向大都市集中，在大工廠就職，「物」這種「客體」，主控著「人」這個「主體」，造成現代社會的棘手問題。哲學界存在主義 (Existentialism) 勢力再起，存在主義的教育家也著書立說，一方面提醒世人不可小視，一方面也思謀解決之道。

世人尤其是近百年來的中國及臺灣人因大受三民主義的思想所影響，都視其敵對者的馬克思 (Karl Marx, 1818–1883) 學說為洪水猛獸，後者的階級鬥爭屬政治哲學的範圍，但他的年青時代作品，卻為資本主義社會的勞動階級仗義執言，聲勢如同盧梭之為農民出口大氣，可以比擬。1844 年即以 *En-*

täusserung (alienation) 為主題，也以 *Entfremdung* (estrangement) 為討論內容，似乎人人都彼此互不相識一般，保持距離以策安全，這也是該兩個德文字及英文字的本意。資本家及大工廠老板不把工人當人看，只視為「搖錢樹」──勞動之源，為金主賺錢牟利。而分工越細，工人之人味越淡，甚至等於零。勞動者整天出賣勞力，手摸的不是工具就是機器，看的是齒輪，聞的是煤烟，呼吸的是混濁又有臭味兼有毒的化學氣，日夜辛勞的勞動成品與自己切身關係等於零，人生又那來情趣，奢談彩色了。這位認為過去的哲學重點在於「闡釋」歷史，今後的思想家則旨在「改變」世界，前者是靜態的，「知」為本務；後者則是動態的，「行」最不可或缺！但知是行之基，機器操作及為何機器能如此操作，工人「知」其然者極少；從此滋生一種現象，「知」是多餘的，單方面的。

　　學生學習知識，必須學古文，文法之背誦及數學之演練等，就如同工人所生產的物件一般，離人遠遠的。競爭而非合作關係，人性漸失，科層官僚行政體制，呆板機械，形式束縛，成規太多，考試、升級、學位、成績、學號，取代了個人主體性。課程內容與學生經驗疏離、無味、無助，不只在校成績差，品德壞的學生如此，表現優異且操守得獎的正常又「成功」之學生，也有嚴重疏離感。

　　競爭而非合作，只重得獎，此心態猶如工人只重工作獎金或塑造成品（商品）之多寡優劣，人成為奴，物成為主。此種苦惱困境已瀕臨非爆炸不可的程度，因之 *Praxis* 這個希臘字本意為人的活動，尤指社會或政治活動，馬克思則大力鼓吹革命性的 (revolutionary praxis)，政治味頗重。

　　行動必帶有批判性 (critical)，行動者不只是個旁觀者 (spectator or on looker)，卻在行動中帶有價值評斷、選擇、及決策，如此，理論才能與實際合一，否則不配稱為 *praxis*。新能力、新發展也不會出現。許多行為不配稱為 *praxis*，那只是循舊規，遵老習，例行公事而已，純理論的抽象化，意識型態的虛幻 (illusions of ideology)，屈就式的順從，一心一意以上級命令為念，皆屬此類。

　　理論與實際合一，當工人階級勢力得逞（勢所必然），則技術教育 (technical education) 的理論與實際，將在工人學校，二者併存，*praxis* 的雙面

性兼顧，教與學、師與生二者也是一體。二者有各自獨立的面，卻也是一體
的兩面而已，教者教已學的，也得學所未學的；師之學與生之學，雖不完全
相同，二者所學的知識及方法有別，但也不完全相異。

其次，工人要翻身，普勞大眾要登臺亮相；這是二十世紀的世界大事。
而針對被殖民者接受殖民教育大聲提出抗議的，莫過於巴西教育家福雷
(Paulo Freire)，他在這方面的作品，於 1970 年英譯為《壓榨之下的教育》(*Ped-
agogy of the Oppressed*)，在拉丁美洲 (Latin America) 早已是名教育人物。他
深受馬克思影響，但也把存在主義及人文心理學及基督教精神 (humanistic
psychology & Christianity) 合而為一。

先在巴西東北農村貧窮莊教成人識字，讓他們因讀寫而發展出社會及政
治意識，只要能叫出東西的名字，就對該東西掌有權力。語文教學與政治社
會秩序，二者息息相關。他一再認為一切教育都是政治性的。教育的二分，
不是開放自由，就是被宰制或壓抑。採馬克思的「革命行徑」(revolutionary
praxis)，反擊教育的命定論、萬能說、及環境說，專制國家的教育即是如此，
只重灌輸與注入，猶如銀行存款 (depositing) 一般，老師是儲入者 (depositor)，
學生是儲庫 (depositories)；老師一味的儲入，學生也毫不遲疑的吸入儲金，耐
性、不疑，學校如銀行 (banking)，生原封不動的把師之存款安放於心中。

知識如同產品，也是一些人的資產，卻只塑造出一堆順從 (conformity) 及
默許 (quietism) 人物。另一極端，即只行而不思者 (mere activism)，且人數不
少。擬改變世界而不闡釋世界者，解決之途就是改變傳統的權威，或以會話
（對話），視知識非現成的商品，而卻是與大家共同相關的問題。

專制、極權、獨裁、或資本家，進行大眾教育時，只把工人視為「物」
體，一旦如此，也早已進行且面臨著一種兩難 (dilemma)，因為奴役性質式的
殖民、或壓榨或宰制或洗腦式的「教育」，終有一天，學生也會產生意識上的
醒覺，而生獨立自由感，內心裡等待有一天要迎擊。有「正」(thesis) 也必有
「反」(antithesis)，且壓力大，抗力也跟著強，二者成比例。因之，二分法若
太過極端，則二者之衝突、矛盾必大。大衝突 (contradictory)，是屬於 AIEO 四
種語言關係的 AO 極及 IE 極（全部肯定句的 A，對部分否定句的 O；及全部
否定句的 E，對部分肯定句的 I 之關係），若彼此能稍緩，則「對待關係」(re-

lation of opposition) 就不會那麼激烈，或屬第二級（上述為第一級）的 contrary（次衝突）即 A 與 E 之關係，或第三級之副衝突 (subcontrary)，即 A 與 I，E 與 O 之關係；或第四級 (subalternative)，即 I 與 O 之關係。「衝突」是有強弱之分的。

總而言之，大概除了從小就接受「民主式的教育」之外，別無他方，運用「智慧」，大事化小，小事化無。把「衝突」減少到最低，甚至化戾氣為祥和。

教育既是人類異於其他動物最為「幾希」之點，教育活動中，「人」的因素太重要了，尤其是「人性化」更要特別強調，如此就可以在所有社會衝突中展現「進步」的解決之道。「人性化」有多種層面，關照、體恤、同情等，都是「教育愛」的具體表現。這些「德目」，都是發自內心的甘願，非外力強迫可得，恆心與毅力也可因此滋生。人類潛能之能激發，靠此股「人性」之推動，乃是教育最美好的景觀。史上名人接受學校教育的時間不多，在他們幾乎完全靠自學時，卻有一股「發憤向學」的人類基本天性，如同上述提到的林肯及傑克遜，雖一生中只上過一年的學校生活，但那種自我勉勵的鬥志，那是人性最可歌頌的部分，兩位傑出總統一知鄰近住家有書，即想辦法去借，有所不懂，就誠懇的向別人請教。自學加上他教，至少語文工具及數學，是非教師教學不可的兩科。小米爾 (John Stuart Mill) 受他爸爸 (James Mill) 之「家教」，仿當時班長制教學模樣，家中 16 個小孩，可以成為一個班級，大兒子當班長，接受父親教導之後依樣去教其餘的弟妹，或許是大兒子立志作榜樣，此種較突出的人性，使他的表現，不只不遜色於先人，或許更超過其父。「人性化」的教育，就是舉出許多類似的史例供作教材內容，相信教育的進步是充滿樂觀的！

人不是奴隸，不幸，十七世紀以還，世界許多地方都成為「殖民地」，「殖民地」式的教育也就成型。美國當代教育史名教授克里門 (Lawrence A. Cremin) 在二十世紀結束之前，出版三冊美國教育史，分別名為《殖民地經驗》(*The Colonial Experience*, 1607–1783)，《國家經驗》(*The National Experience*, 1783–1876) 及《大都會經驗》(*Metropolitan Experience*, 1876–1980)。筆者整理之，在三民書局共出兩書，即《美國教育史》(2002) 及《美國教育思想史》

(2002)。日人鶴見 (E. Patricia Tsurumi) 以日本殖民臺灣的教育為哈佛大學博士論文題目 (*Japanese Colonial Education in Taiwan*, 1895–1945)。臺美師生不都嚐過「殖民」被「壓榨之下的教育」(*Pedagogy of the Oppressed*) 嗎？但美國人已脫離苦海，臺灣人呢！迄今不是仍然停留在 Colonial Experience 而已嗎？有此借鏡及回顧，那前瞻呢？

中文索引

七　劃

八　劃

十一劃

十二劃

人物、地名英文索引

西洋教育史新論　　許智偉／編著

　　本書係依循社會變遷、文化發展與哲學思潮等脈絡，深入淺出地探討西洋教育之特質及其形成原因，並運用詮釋學方法理解其意義與價值；內容上溯希臘、羅馬，下迄廿一世紀多元社會，卷帙浩繁、時空綿延。本書力求簡約，以創造歷史的大教育家為核心，描述不同時代的教育特色、教學內容及相關學制內蘊的精神，不僅可供教育改革的借鏡，更可幫助有志從事教育工作的青年學子找到自己所喜愛的教育家榜樣。

美國教育史　　林玉体／著

　　本書的主要內容，不只敘述了美國從一個從屬地位的身分躍居於主體性的層次，教育的「美國化」，更是美國教育史的核心要旨。此外，「教育」一辭的定義，也不狹窄地牢陷在學校機構而已，家庭、教會、報紙、雜誌、演講臺、戲院、電視、運動會、展示館、活動，都具潛在教育的意涵。本書將呈現美國教育的發展，以及教育使美國成為當今世界超強國家的進程。

比較教育與國際教改　　周祝瑛／著

　　本書嘗試跳脫傳統的比較教育範疇，透過「時間歷史縱軸」與「國家地區橫軸」的方式，鋪陳五大洲、二十多個國家與地區的教育情況與改革挑戰。書中除了包括比較教育學科的歷史發展、主要理論與研究主題外，也針對當前重要的研究範例、國際組織與各國教改逐一討論，並探討許多重要學者的論述。作者希望透過本書，能為比較教育初學者、關心國際教改人士或公共政策制訂者，略盡棉薄之力。

教育哲學：本土教育哲學的建構　　溫明麗／著

　　本書扣緊「主體性」與「簡約性」，呈顯「知即德」的傳統教育精神，探究傳統教育哲學、存在主義、現象學、詮釋學、批判理論及後現代等教育哲學觀，並呼喚教師專業倫理素養的風華再現。舉凡有心鑽研教育理論或擬進行教育行動研究者，本書均能發揮奠定基礎、激發思想、並強化理論建構之效，也期能有助於建構與推動臺灣本土教育哲學。

教育概論　張鈿富／著

教育概論是探討教育學的入門，為所有預備進入教育專業的人士，必須修讀的基礎課程。本書根據新進的教育政策重新增訂，分別探討：教育學風貌、優良教師的特質與教師角色、師資培育與專業發展、時代轉變下的學生特質與教師管教問題，並檢視教育政策中的改革構想與現況；末篇則以若干重要教育主題為延伸探討，是觸發讀者思考教育問題的最佳素材。

教育社會學　陳奎憙／著

本書主要是為準備從事教育工作的教育院系學生而寫，也可供社會學系學生與在職教師閱讀、研究參考之用。書中除詳細介紹「教育社會學理論」、「教育的社會環境」、「教育機會均等」等主題，亦運用現代社會科學理論來分析「教育制度」、「學校社會組織」與「班級社會體系」，更具體探討「教學方法」、「師生關係」、「青少年次文化」等重要議題。本書歷經多次修訂，在既有的主題架構下更新書中資料，使內容更為周全以符合時代性，是為新版特色。